INTRODUCTION TO MANAGEMENT PRACTICE

경영실무개론

유 승 규

성공의 비밀
STRATEGY

들어가는 말

성공이라는 말을 먼저 공유하고 싶다. 성공이란 무엇인가? 성공에는 비밀이 있는 것일까? 성공하려면 어떤 비밀을 알아야 할 것인가? 그리고 그 비밀은 어디로부터 오는 것일까? 개인이든 조직이든 기업이든 성공하려면 개인의 역량에 의존될 수밖에 없다는 것이다. 개인의 역량에는 다양성이 존재하지만 경영실무를 통해 성공역량을 습득하고자 한다. 그렇다면 경영이란 무엇인가? 경영은 누가 하는 것일까? 경영을 잘하려면 어떻게 해야 하는가? 성공적 경영을 위해 필요한 역량은 무엇인가? 경영역량을 함양하기 위해서는 어떤 실무를 배워야 하는가? 따라서 경영역량을 습득하여 경쟁력있는 인재로 거듭나고 지속가능한 조직으로 발전하기 위해 대학에서 공부하고 있는 학생뿐만 아니라, 이미 사회에 진출하여 활동하고 있는 조직원과 조직을 관리하는 경영자가 반드시 함양해야 할 경영실무를 전달하기 위해 이론적 지식과 경험적 지식을 바탕으로 본서를 집필하였다.

저자는 삼성그룹에 입사하여 삼성전자(주), 삼성그룹구조조정본부, 삼성그룹전략기획실, 삼성경제연구소 등에서 26년 넘게 근무하면서 습득한 지식과 경험을 바탕으로 반드시 성공하기 위해서 습득해야 할 경영실무를 이 한권의 책에 담으려고 노력하였다. 본서는 공부하는 학생의 경우 사회에 진출하기 전에 반드시 배워야 할 경영실무지식과 역량을 습득하도록 하여 경쟁력있는 인재로 거듭날 수 있도록 하는데 목적을 두었다. 뿐만 아니라 이미 사회에 진출한 조직구성원의 경우 개인발전과 조직성과를 창출하는데 필요한 경영실무지식을 전달하고자 하였다. 또한 조직의 리더와 경영자의 경우 경영실무와 직무수행역량을 기초하여 조직성과와 더불어 지속발전 가능한 조직으로 거듭날 수 있도록 하기 위해 본서를 집필하게 되었으며, 이 책의 구성은 다음과 같다.

CHAPTER 1 경영이론과 전략이다. 경영이론과 역할, 경영발전과정, 경영자역량, 경영자성과관리 등에 대해 살펴보았다. 그리고 새로운 경영개념으로 부각되고있는 공유경제와 플랫폼 비즈니스, 공유가치창출 경영에 대해 전반적 이해를 돕고자 했다. CHAPTER 2 기업경영과 창업이다. 기업경영이 무엇이고, 기업성과관리, 기업경영분석 등 기업의 실질적 경영과 관련된 개념을 정리하였다. 또한 주식시장, 주식거래, 주식실무 등을 통해 시장에 대한 이해를 도모하였고, 창업개념, 창업요소와 유형, 기업가정신 등을 통해 창업의 이해를 알아보았다. CHAPTER 3 마케팅이해와 전략이다. 마케팅은 곧 경영이라고 생각한다. 즉, 마케팅을 모르고 경영을 한다는 것은 이해할 수가 없다고 생각된다. 마케팅이란 무엇이며, 마케팅전략수립을 위한 시장조사, 마케팅전략수립 프로세스, 마케팅유형과 커뮤니케이션, 마케팅전략분석 등 마케팅기초에서 전략수립까지 전반적 과정을 분석하였다. CHAPTER 4 브랜드전략과 스토리텔링이다. 브랜드는 제품과 서비스를 가치화하는 함축적 요소이다. 브랜드가 무엇이며, 브랜드역할과 기능, 브랜드자산, 브랜드관리, 브랜드아키텍처 등 브랜드전략과 이해를 알아보았다. 한편 스토리텔링은 제품과 서비스의 가치를 제공하는 과정이다. 스토리텔링개념과 요소, 스토리텔링 마케팅, 브랜드 스토리텔링 등에 대해 이해를 도모하였다. CHAPTER 5 서비스전략과 고객관계관리이다. 서비스는 고객접점에서 일어나는 모든 행위과정을 말한다. 서비스개념과 특성, 서비스요소, 서비스품질, 서비스마케팅 등 서비스에 대한 전반적 이해를 도모하였으며, 고객개발과 관리 등 고객관계관리이해와 전략에 대하여 공유하였다. CHAPTER 6 경영기술역량이다. 실질적 경영업무를 수행하는데 필요한 실무역량 요소를 분석하였다. 경영과 관련된 실무역량에는 다양한 요소가 존재하지만, 프리젠테이션 기술과 전략, 협상기술과 전략, 문제해결 역량과 사고력, 리더십과 대인관계기술, 커뮤니케이션 이해와 유형, 퍼스널 아이덴티티 등 실질적으로 직무를 수행함에 있어 반드시 필요한 실무수행 역량과 관련된 요소중심으로 개념과 이해와 전략중심으로 언급하였다. 끝으로 CHAPTER 7 경영보고서 기술이다. 보고서는 의사결정권자의 사고의 변화를 유도하는 커뮤니케이션 수단이다. 보고서는 무엇이고, 어떻게 작성해야 되는지 알아보았다. 뿐만 아니라 기획보고서 개념과 작성원칙, 사업계획서 작성방법 등 조직에서 필요로 하는 경영보고서에 대하여 작성법과 고려요소에 대해 알아보았다.

따라서 본서는 경영실무와 직무수행에 있어 반드시 습득해야 지식과 역량이 무엇인지 경험적 지식, 실무적 지식, 이론적 지식을 바탕으로 경영실무에 대한 전반적인 내용을 분석하는데 집필의 목적을 두었다. 그리고 경영실무와 직무수행 역량을 근거로 경쟁력있는 인재로 거듭나고 지속성장 가능한 조직으로 발전하는 계기가 되기를 바란다. 끝으로 본서를 작성하는데 있어 실질적 경영자로써 다수의 기업을 경영하고 있는 강병만 대표님의 건설적 고견과 충고, 그리고 경험적 지식을 공유해 주신것에 깊이 감사드립니다. 또한 본서의 출판에 적극적 도움을 주신 도서출판 북넷 류재식 대표님께도 감사의 인사를 전합니다.

2020년 03

유 승 규

차 례

CHAPTER 01 경영이론과 전략

제 1 장 경영이론과 역할

제 2 장 공유경제와 비즈니스

CHAPTER 03 마케팅 이해와 전략

제 1 장 마케팅이해

제 2 장 마케팅 전략수립

제 2 장 서비스전략

제 3 장 고객관계관리 전략

CHAPTER 06 경영기술역량

제 5 장 커뮤니케이션 기술

제 6 장 퍼스널 아이덴티티

CHAPTER 07 경영보고서 기술

CHAPTER 01

경영이론과 전략 (Management Theory & Strategy)

제 1 장

경영이론과 역할 (Management Theory & Role)

제1절 경영이해(Management Understanding)

1. 경영개념(Management Concept)

조직의 목표를 능률적이고 효과적인 달성을 위해 조직이 가지고 있는 경영자원(인적, 물적, 재무적, 기술과 정보 등)을 효율적으로 계획(Planning), 조직화(Organizing) 지휘(Leading), 통제(Controling)하여 제품과 서비스를 생산하고, 경영목표를 달성하여 재무적 가치를 창출하는 프로세스를 경영(management)이라고 한다. management는 말을 훈련시키고 다루다의 의미를 가진 이탈리아어 mannegiaire에서 유래되었다. 그러나 경영에 대한 개념은 다양하게 정의하고 있다. Rue & Byars는 조직의 목적이나 목표를 달성할 수 있도록 사람들에게 방향을 제시해주는 활동의 형태나 과정을 경영이라고 했다. 또한 Koontz는 의미있는 조직목표를 성취하기 위해 가능한 가장 효율적인 방법으로 조직의 일을 계획하고, 조직하고, 충원하고, 지휘하고, 통제하는 활동이라고 정의했으며, Robbins는 사람들로 하여금 일을 효율적이고 효과적으로 수행하도록 하는 활동이라고 했다.

국어사전에서는 경영은 "기업이나 사업따위를 관리하고 운영함. 규모를 정하고 기초를 세워 일을 어떤 일을 해 나감. 일정한 목적을 달성하기 위하여 인적, 물적자원을 결합한 조직 또는 그 활동, 계속적 사업을 경제적으로 해나가기 위한 작업상의 조직"이라고 정의

그림 1-1 경영 프로세스

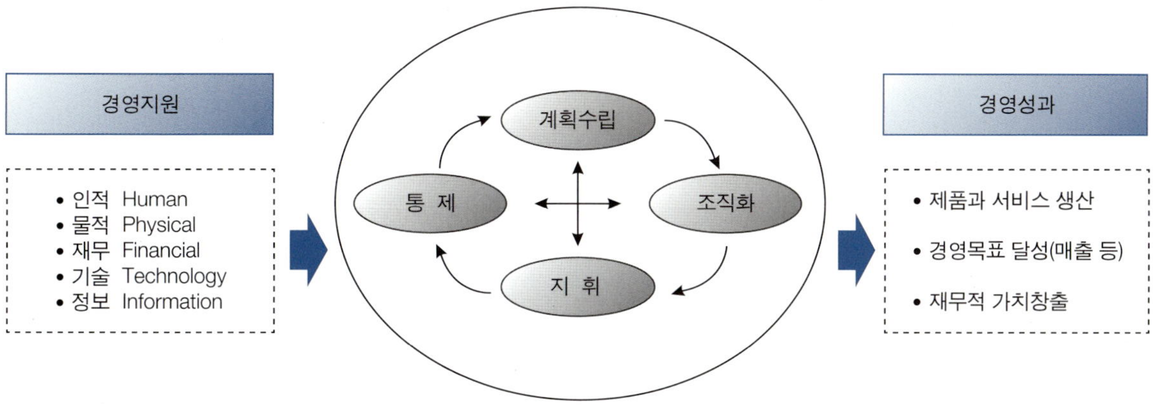

되어 있다.

경영의 기본은 최소의 희생(비용)으로 최대의 효과(수익)를 거두려는 영리추구를 목적으로 하는 활동으로 조직목표달성을 위해 조직구성원으로 하여금 능률적이고 효과적으로 맡은 일을 수행하도록 조직을 운영하고 관리하는 시스템을 말한다.

기업이 재무적 이윤을 극대화하는 것이 경영의 기본적 목적이지만, 기업경영의 역할은 제품과 서비스를 생산하는 주체이며 가계소득을 창출하는 역할을 한다. 또한 고용을 창출하고 신기술개발의 주체이며, 사회, 경제적 발전에 기여하며, 국가경제의 위상을 제고하는 역할을 한다.

기업은 기업의 형태에 따라 개인기업, 공기업, 협동기업으로 크게 분류하며, 기업의 기능에 따라 사회적기업[Social], 벤처기업[Venture], 강소기업(Small Giants)으로 분류할 수 있다. 사회적기업은 사회적 목적을 우선적으로 추구하면서 사회서비스는 물론 일자리를 제공하거나 지역사회에 공헌하는 경영활동을 수행하는 조직으로 사회적 목적을 추구하면서 제품과 서비스를 생산하고 판매하는 기업을 말한다. 벤처기업은 신기술과 창의적 아이디어 통해 신규사업에 도전하는 기술집약형 모험기업을 말하며, 고도의 기술과 전문성, 전문지식 등 기술집약형 모험기업을 의미한다. 하지만 벤처기업은 사업성공을 하게 되면 경제적 이익을 크게 얻을 수 있지만 위험성이 크다. 강소기업은 한 마디로 작지만 강한기업을 지칭하며, 사업발전성, 신용상태, 미래성 등이 탁월한 규모는 작지만 미래 발전성과 글로벌 시장경쟁력이 높은 기업을 의미한다.

2. 경영원칙(Management Principle)

경영의 기본원칙은 매출극대화와 재무적 가치창출을 위해 생산성, 경제성, 수익성을 어떻게 효율화하고 가치화하는 것이다.

생산성 원칙은 기본적으로 투입물에 대한 산출물의 비율을 말하며, 생산효율화로 생산

그림 1-2 경영기본 원칙

생산성 (Productivity)	경제성 (Economizing)	수익성 (Profitability)
생산성 = 산출량/투입량	경제성 = 목표/수단 = 수익/비용	수익성 = 이익/자본

성달성 및 생산활동의 능률을 향상시키는 것이다. 생산을 위해 투입된 생산의 제요소가 생산과정에서 어떻게 효과적으로 결합됨으로써 생산물로 실현되는가를 나타내는 지표를 말한다. 수익성 원칙은 일반적으로 투자자본에 대한 이익의 관계를 말하며, 기업이 시장에서 이윤을 획득할 수 있는 잠재적인 능력을 말한다. 이윤 및 손익을 극대화하는 것이 목표이며, 기업의 수익과 자본에 대한 관계로 영리성 원칙이라고도 한다. 수익성 원칙은 순수한 화폐가치상의 비율인 수익률에 따른 기업의 행동원칙으로 이익극대화의 원칙(principle of profit maximization)과 직결되는 개념이다. 경제성 원칙은 최소의 비용(희생)으로 최대성과를 달성하는 개념으로 경제적 가치에 의해서 측정된 투입가치(input value)에 대한 산출가치(output value)의 관계투입가치란 일정한 수단의 사용에서 발생한 비용이며, 산출가치는 일정한 목표로서의 성과에서 나타난 수익을 말한다.

그럼 경영은 어떤 의미를 가지고 있는 학문인지 간단하게 언급하고자 한다. 경영은 경영활동을 합리적으로 수행하고 경제적 가치를 창출하는 것이다. 우리나라 경영은 독일과 일본의 경영보다는 미국경영의 영향을 많이 받았다. 독일의 경영은 경제성 원칙, 생산성 원칙, 수익성 원칙을 강조했으며, 2차 대전 이후 미국경영의 영향을 받아 경영관리를 대폭 수용했다. 미국의 경영은 과학적 관리법, 인간관계론을 강조했으며, 일본의 경영은 종신고용, 전원일치의사결정, 집단책임 등 집단공동성을 강조했다.

경영에 있어 중요한 요소는 재무적 가치를 창출하기 위해 경영계획을 수립하는 것이다. 경영계획은 기업이 기업활동해서 재무적 이윤을 추구하고 기업환경변화에 대응하면 미래

그림 1-3 경영의 패러다임 변천

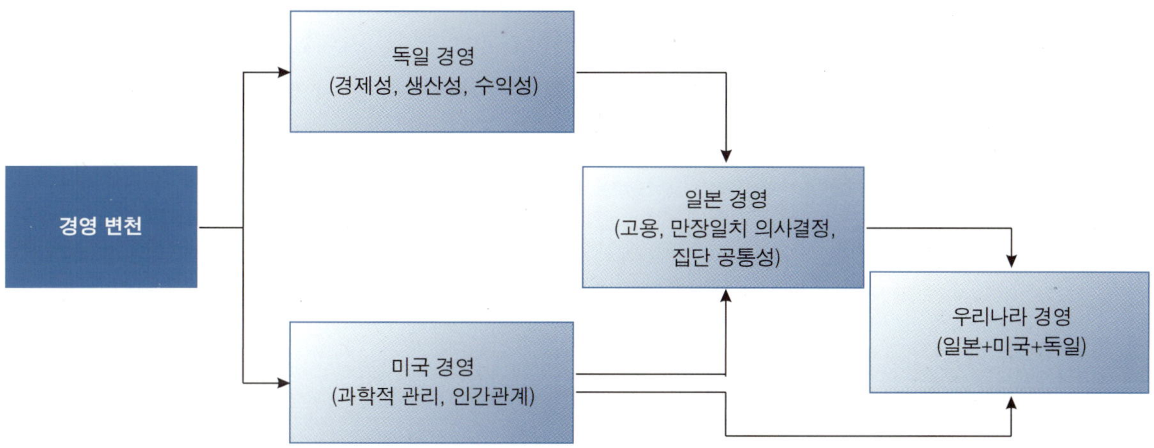

의 방향을 설정하고 계획하는 일련의 과정을 말한다. 경영계획을 설정하려면 경영목표와 목적 그리고 세부실행계획을 수립하는 것이 우선되어야 하며, 경영전략수립에 포함되어야 할 주요 요소는 다음과 같다. 재무적 가치창출(매출, 수익성 등), 시장점유율(market share), 연구개발(상품기획, 제품개발, 기술혁신 등), 생산성, 원재료 조달계획, 재무설계(자금조달, 현금흐름 등), 인력운영 및 관리(임금, 채용, 교육, 노동 등), 경영방침 등에 대한 계획이 설정되어야 한다.

제2절 경영이론(Management Theory)

경영을 수행함에 있어서 사람, 또는 조직을 어떻게 이끌것인가? 경영과정을 어떻게 개선하고 개혁할 것인가? 에 대한 대책을 강구하는 이론을 말한다. 경영이론이 체계화된 것은 19세기 말 무렵이지만 그 이전에도 경영학적 사고는 존재했다고 볼 수 있으며, 산업혁명과 함께 대규모 사업장을 관리할 필요에 직면하면서 부터 과거와는 다른 새로운 방법을 모색해야했고 이것이 경영이론을 발전시키는 계기가 되었다.

1. 고전적 관리이론(Classical Management Theory)

19세기 후반 산업기술과 기계화의 급속한 성장과 발전에도 불구하고 종업원의 생산성은 비교적 낮고 제자리수준에 머물렀다. 이에 따라 사업장에서 생산능률을 증진시키기 위하여 관리방법에 대해 집중적으로 연구하기 시작했다. 이러한 연구들은 관리자와 종업원과의 관계에 역점을 두기 보다는 조직의 효율적인 운영을 강조하였다. 고전적 관리이론은 제품과 서비스를 생산하는데 있어 효율성과 생산성향상을 위한 조직의 효율문제를 해결할 수 있는 기법을 개발하고자 하는 이론으로 작업자와 작업의 관리에 중점을 두고 있다. 고전적 관리이론으로는 테일러시스템(Taylor system), 포드 컨베이어시스템(Ford Conveyor System), 페이욜 관리원칙(Fayol management principles) 등이 있다.

테일러 과학적 관리론(Taylor System)

테일러(F.W. Taylor, 1856~1915, 미국, 노동자)는 노동에 대한 시간동작 연구를 통해 과학적 관리법인 테일러시스템을 창안했다. 조직의 최상의 목표로서 합리성과 효율성을 강조하고 있으며, 조직의 효율성과 생산성을 극대화하기 위해 노동의 분업, 적정 과업 및 시간의 효율적 사용을 주장하였다. 특히, 테일러는 개인의 과업에 대한 소요시간을 극대화하기 위하여 기본 동작의 형태 및 소요시간을 표준화하고 고도의 분업을 통해 과업의 성과에 따라 임금을 지급해야 한다고 주장했다. 테일러시스템은 작업과정에 있어 노동자의 태만을 방지하고 최고능률을 발휘할 수 있도록 시간연구와 동작연구를 통해 1일 최고 적정과업량(a large daily task)을 결정해 주고 과업관리를 하고 차별적 성과급제도를 도입하여 노동의욕을 고취시키고 생산성을 향상시키는 경영관리기법을 의미한다. 테일러는 과학적 관리법을 창안함으로써 능률향상에 큰 기여를 하였고, 과학적 관리법의 기본정신은 노동자에게는 높은 임금과 자본가에게는 높은 이윤을 얻게하는 것이 목표이다. 이러한 목표를 달성하기 위해 테일러는 차별성과급제도, 노동자선발 및 교육훈련, 직능식조직과 직장제도, 계획부와 지시표시제 등을 통해 경영능률 향상을 기여하고자 했다.

차별적 성과급제도(differential piece-rate pay system)는 노동자의 태만방지 및 최대능력을 발휘하도록 하고 노동의욕을 고취시키기 위한 관리방식으로 성공 인센티브제공(high pay for success)과 실패에 대한 손실부담(loss in case of failure)을 적용하여 작업능률의 향상을 꾀하였다. 즉, 표준과업을 설정하고 표준작업량 이상을 한 사람에게는 고율의 임금률로 적용하여 지불하고 표준작업량을 미달한 사람에게는 낮은 임금률을 적용하여 지급하는 방식을 말한다. 노동자선발 및 교육훈련은 과업에 적합한 노동자의 선발과 교육방법을 과학적으로 고안하여 채용과 교육의 효율성을 추구하고 합당한 교육훈련을 통해서 작업능률을 향상시키는 것을 말한다. 한편 직능식조직과 직장제도는 사업장조직을 종래의 군대식조직에서 탈피하여 직능중심으로 조직을 전환하고 직장제도를 도입하여 관리의 효율성을 추구했다. 한편 과업관리를 합리적으로 운영하기 위해 계획부제와 지시표제도를 도입했다. 계획부제도는 작업과 관리를 분리하여 계획부에서는 모든 계획과 관리업무를 전담하도록 하는 것이며, 지시표는 계획부와 작업현장을 연결하여 효율적이고 계획적인 생산이 실현될 수 있도록 하는 것이다.

포드 컨베이어시스템(Ford Conveyor System)

헨리 포드(포드자동차 설립자, Henry Ford, 1863~1947)가 1903년 포드 자동차공장에 생산성을 향상시키기 위해 컨베이어시스템(이동식조립법)을 도입하여 작업능률을 향상시키고, 대량생산과 원가절감을 이루어 생산의 효율성을 획기적으로 개선하였다. 즉, 생산(규격)표준화(Standardization), 부품의 단순화(Simplification), 작업의 전문화(Specialization) 등 3S 운동을 전개하여 작업시스템 개선을 통해 이동조립방법(moving assembly method)을 채택하여 생산능률을 극대화한 대량생산관리방식을 포드의 컨베이어시스템이라고 한다.

포드의 컨베이어시스템은 모든 작업을 단순작업으로 분해하고 작업의 소요시간을 거의 동일하게 하여 일정한 속도로 이동하는 컨베이어로 전체공정을 연결하여 작업을 수행하였다. 이러한 컨베이어시스템을 도입함으로서 대량생산이 가능하였고 자동차의 원가를 절감하여 판매가격을 인하시킬수 있었다. 포드 컨베이어에 의해 시간적 규제 때문에 감독폭이 확대되었으며, 공정이 자동적으로 이루어지기 때문에 작업의 효율성을 증대시킬 수 있고, 생산진행이 중단없이 진행되기 때문에 생산시간을 단축할 수 있었다. 즉 컨베이어시스템은 미국 포드자동차에서 생산성 향상을 위해 도입한 시스템으로 작업시스템 개선을 통한 생산성 향상에 중점을 둔 경영시스템이다. 그러나 포드시스템의 한계는 인간의 기계화화로 노동자의 자율성이 약화되고 노조결성을 촉진하는 결과를 초래했으며, 한 공정의 정지가 다른 공정에 미치는 영향이 절대적이므로 설비투자비용의 과다발생으로 제조원가에 커다란 부담을 가져오게 되었다.

그림 1-4 포드의 컨베이어 시스템

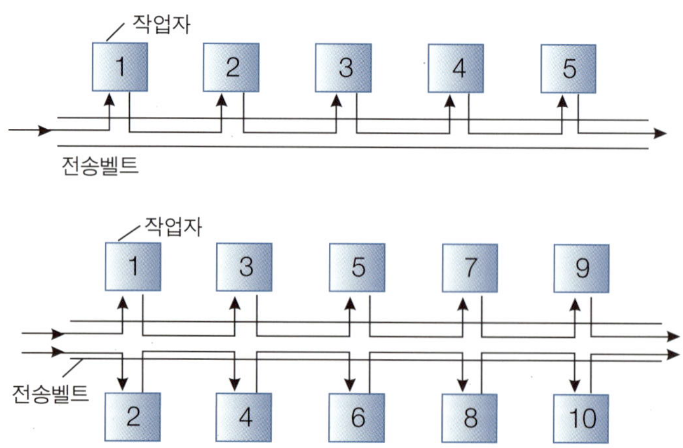

표 1-1 테일러시스템과 포드 시스템

비 교	테일러시스템	포드시스템
일반명칭	· 과업관리	· 동시관리
기본원리	· 차별적 인센티브제도 → 능률중심	· 대량생산과 원가절감
일반원리	· 표준과업결정 · 직무의 전문화	· 이동식 조립법 · 직무의 자동화
수단방법	· 시간 및 동작연구 → 적정작업량/표준작업량 · 차별적 성과급 → 노동자의 태만방지 · 직능조직 및 직장제도 → 관리효율성	· 생산의 표준화 · 제도구조 단순화 · 제조공정 전문화
차 이 점	· 개별생산 공장에 있어서의 관리기술의 합리화 · 작업의 과학화와 개별생산관리 · 동작 및 시간연구를 통해 인간노동 기계화 시도	· 테일러시스템의 결점을 보완한 생산성 향상 · 생산공정 전체의 합리화 · 인간노동을 기계로 대체화

앙리 페이욜 관리원칙(Henry Fayol)

앙리 페이욜(Henry Fayol, 1841~1925, 프랑스 사업가)은 생산성 향상과 능률향상을 위해 경영활동 원칙과 관리원칙을 제시하였다. 30년 동안 광산경영회사의 최고경영자로 재직하면서 경영전반의 프로세스를 경영하면서 관리의 중요성을 강조했다. 테일러는 주로 생산현장의 작업관리에 관심을 기울인 반면, 앙리 페이욜은 기업조직 전체의 관리문제에 대해 관심을 갖고 생산성 효율에 관심을 가졌다. 페이욜은 경영활동원칙에는 기업규모나 산업유형에 관계없이 6가지의 본질적인 경영기능과 역할이 있다고 하였다. 앙리 페이욜이 주장한 경영활동 6가지는 기술활동, 영업활동, 재무활동, 보전활동, 회계활동, 관리활동 등이다.

기술활동(technical activity)은 생산, 제조, 가공, 개발을 말하며, 영업활동(comercial activity)은 구매, 판매, 교환 등을 말하다. 한편 재무활동(financial activity)은 자본의 조달과 운영이며, 보전활동(security activity)은 재산과 종업원보호를 의미한다. 그리고 회계활동(accounting activity)은 재고관리, 대차대조표, 원가계산, 통계관리를 말하며, 관리활동(managerial activity)은 계획, 조직, 지휘, 조정, 통제하는 것을 의미한다. 관리활동에서 계획은 미래에 대한 탐색과 활동계획을 수립하는 전략을 말하며, 조직은 기업의 인적, 물적 자원을 조직화하는 것이고, 지휘는 조직원 각자에게 부과된 활동을 지속하기 위해 명령하고 관리하는 기능을 말한다. 한편 조정은 조직의 모든 활동과 노력을 결합 · 조화 · 통일화 시키는 것이며, 통제는 조직원 모두가 확정된 규칙이나 규정, 계획이나 기준을 따르

그림 1-5 앙리 페이욜 경영활동원칙

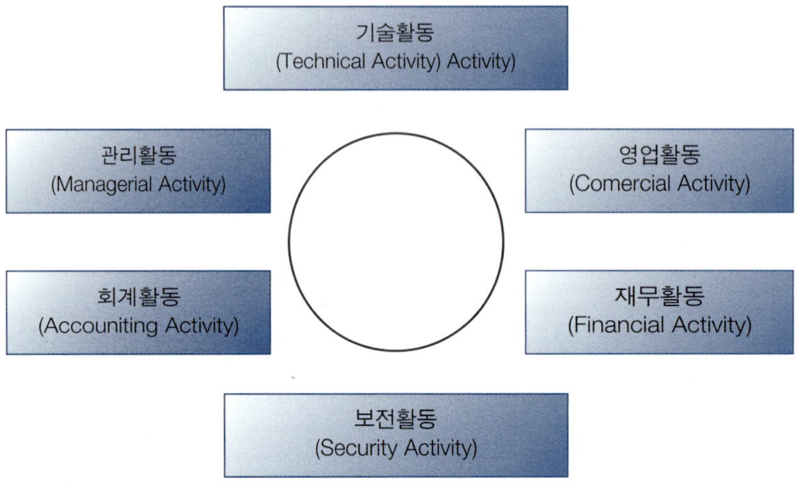

도록 감시하는 것을 말한다.

앙리 페이욜의 관리원칙은 경영활동원칙을 합리적으로 수행하여 생산성 향상에 기여하기 위해서는 14가지 관리원칙을 적용해야 한다는 것을 말한다. 페이욜의 14가지 관리원칙은 분업의 원칙, 권한과 책임의 원칙, 규율의 원칙, 명령일원화의 원칙, 지휘일원화의 원칙, 공동이익 우선원칙, 공정보수의 원칙, 권한 집중화원칙, 계층조직의 원칙, 질서의 원칙, 공정의 원칙, 고용안정의 원칙, 주도권의 원칙, 종업원 단결의 원칙 등이다.

분업(divison of work)은 전문화의 정도가 클수록 자신의 일을 더 잘할 수 있다는 것으로 노동의 효율적 이용을 위해 전문화(specialization)가 필요하다는 원칙으로 기술작업뿐만 아니라 관리업무 등 모든 업무에 분업화를 적용해야 한다는 것이다. 권한과 책임(authority & responsibility)은 경영자에게 일을 수행하고 명령할 수 있는 권한을 부여하고 그에 따른 책임을 물어야 한다는 원칙이다. 즉, 권한과 책임이 서로 관련되어야 한다는 것으로 책임은 권한의 필연적인 결과이며 책임은 권한으로부터 생겨나고 책임을 관리자의 직위로부터 생겨난다는 것이다. 규율(discipline)은 조직 구성원들은 조직이 정한 규율과 제도를 지켜야 한다는 것이다. 즉, 조직원들은 규칙을 준수하고 그에 따라 일을 처리하고 노력해야 한다는 것으로 잘못된 업무수행에 대한 처벌은 공정한 감독과 결부되어야 한다는 것을 의미한다. 명령의 일원화(unity of command)는 조직구성원들은 특정 직무에 대하여 한 사람으로부터 지시 또는 명령을 받아야 한다는 것을 의미한다. 지휘의 일원화

표 1-2 앙리 페이욜 경영관리원칙

① 분업원칙(division of labor)	⑧ 권한집중화 원칙(centralization)
② 권한과 책임원칙(authority and responsibility)	⑨ 계층조직의 원칙(hierarchy)
③ 규율원칙(discipline)	⑩ 질서의 원칙(order)
④ 명령일원화 원칙(unit of command)	⑪ 공정의 원칙(equity)
⑤ 지휘일원화 원칙(unity of direction)	⑫ 고용안정 원칙(stability)
⑥ 공동이익 우선원칙(subordination)	⑬ 창의성원칙(initiative)
⑦ 공정한 보수원칙(remuneration)	⑭ 종업원 단결원칙(esprit de corps)

(unity of direction)는 동일한 목적을 갖는 직무는 한 사람의 관리자에 의해 조정되어야 한다는 것이다. 즉, 동일한 목표를 가지고 활동하는 각 집단은 한 명의 상사로부터 지휘를 받아야 한다는 것으로 명령의 일원화와 다른 점은 인적요소라기 보다는 조직체와 관계있는 것이다. 공동이익의 우선(subordination of individual to general interest)은 공동이익과 개인이익이 충돌할 경우 개인이익보다 공동이익이 우선될 수 있도록 결정권자는 조정해야 한다는 것이다. 공정보수(remuneration)는 성과에 대한 보상은 경영자와 종업원 모두에게 공정하게 이루어져야 한다는 것이다. 보수의 금액과 지불방법이 공정해야 하며 종업원과 경영자 모두에게 똑같이 최대의 만족을 주는 것이어야 한다는 것이다. 권한집권화(centralization)는 의사결정에 대한 최종적인 책임은 의사결정권자에게 집중되어야 한다는 것이다. 계층조직(hierarchy)은 조직의 계층을 길어서는 안 되고 짧아야 효율성을 창출할 수 있다는 것이다. 질서원칙(order)은 조직구성원은 적재적소에 배치해야 한다는 것이다. 페이욜은 질서를 물질적(material) 질서와 사회적(social) 질서로 나누었으며, 인적, 물적요소의 배치에 핵심이 되는 적재적소의 조직배치원칙을 말한다. 공정성(equity)은 관리자는 조직구성원들을 공정하게 관리해야 한다는 것이다. 상사에 대한 부하의 충성 및 헌신은 부하를 공평하게 다루는 상사의 공정성에 기초한다는 것을 의미한다. 고용의 안정성(stability of tenure)은 조직기능이 효율적으로 발휘되기 위해서는 조직구성원의 이직이 최소화되어야 한다는 것을 의미한다. 불요한 이직은 나쁜관리의 원인이며 위험성과 비용을 만들어 낸다고 지적한 것이다. 즉, 인적자원에 대한 관리가 소홀하면 미래를 보여줄 수 없고 비전을 제시해줄 수 없다는 것이다. 주도권(initiative)은 조직구성원들에게 자신의 계획을 세우고 실행할 수 있는 자율을 주어야 한다는 것이다. 주도권이란 계획을 세우고 실천하는 것이다. 페이욜은 지식인들은 주도권을 주었을 때 만족도가 높다고 강조했다. 종업원 단결(esprit de corps)은 조직에서 팀 정신이 충만하면 조직구성원 사이에서 일체감

이 형성된다는 것으로 팀워크의 중요성과 그것을 조성하기 위한 의사소통의 중요성을 강조한 것이다.

2. 인간관계이론(Human Relations Theory)

인간관계이론(human relations theory)은 고전이론에서 나타난 여러 가지 결함을 보충하기 위하여 개발된 이론으로서 조직내에서 집단적 관계를 중시하고, 민주적이고 참여적인 관리를 통하여 목표달성을 도모하는 조직에서의 인간적 요소의 중요성을 강조한 이론이다. 또한 인간의 정서적·심리적 측면을 중시하여 인간은 물질적 요인뿐만 아니라 정신적 요인이 중요하다는 것이며, 인간관계이론은 개인의 욕구가 충족된다면 조직에서의 개인은 조직의 목표를 위해 일할 것이라는 기본적인 가정에서 출발한다. 그러나 인간의 태도나 감정을 중시하는 감정의 논리를 주된 논리로 삼고 있는 인간관계론은 지나치게 인간적 요소만을 강조하고 있다는 일부 부정적 시각도 있다. 인간관계이론으로는 메이요의 인간관계론과 아브라함 메슬로우(Abraham Maslow)의 욕구계층이론, 맥그리거의 X이론과 Y이론 등이 있다.

엘튼 메이요(E. Mayo)의 인간관계이론

엘튼 메이요(Elton, Mayol, 하버드대학교, 1880~1949)교수는 인간을 기계적 현상으로 취급할 것이 아니라 조직구성원의 사회적, 심리적 욕구와 조직내 비공식집단 등을 중시하고 민주적이고 참여적 관리방식을 통해 조직효율을 극대화해야 하는 것을 인간관계이론이라고 했다. 메이요의 호손실험(Howthorn Experiments)은 어떤 사람은 열심히 일하고 어떤 사람은 왜 게으른가? 또 종업원의 생산능률을 높이거나 떨어뜨리는 요인은 무엇일까? 라는 의문을 갖고 1924년부터 1932년까지 하버드대학 메이요(E. Mayo)교수를 중심으로 연구자들과 함께 미국 시카고에 위치하고 있는 전화기만드는 회사인 웨스턴 일렉트릭회사의 호손 공장에서 10년간 조명실험, 계전기조립실험, 면접실험을 실시하였다.

첫째, 조명실험에서 연구자들은 처음에는 조명이 생산성에 미치는 효과를 측정하기 위한 실험이 진행되었는데, 한 개의 집단은 조명의 밝기를 다양하게 조절했고 한 집단은 계속같은 조명을 유지했는데 두 집단 모두 생산성이 증가하였다. 또한 조명의 밝기를 점차 낮추면서 작업속도를 측정하였는데 여전히 생산성이 높아졌다. 이는 생산성이 조명의 밝기에 의존하는 것이 아니라 테스트를 받는 다는 자체가 작업자들에게는 감사의 대상이라는 것으로 이해되어 작업효율이 증가하게된 것을 의미한다. 조명실험으로 생산성 효율을 확정할 수 없어 다시 릴레이 계전기조립시험을 실시하였다.

둘째, 계전기조립시험에서는 전화기를 조립하는 근로자를 대상으로 실험을 진행했다. 실험방법은 근로자를 작업실에 배치한 후 근로환경에 변화를 주었을 경우 생산성에 어떤 변화가 일어나는지 보는 실험이다. 휴식시간 유무, 휴식시간 횟수, 일일 근무시간, 주간 근무시간 등 물리적으로 통제할 수 있는 요소들을 설정하였다. 그러나 조명실험에서와 마찬가지로 근로환경이 자신들에게 유리하든 불리하던 관계없이 생산성은 계속 높아졌다. 이는 근로시간이나 작업형태 등이 생산성에 영향을 주는 변수가 아니라는 과학적 관리의 기본과정과 배치되는 결과였던 것이다. 셋째, 작업자들과 면접실험을 통해서 종업원들의 관심사에 대해 이야기를 하도록 하여 무엇을 생각하고 원하는 것이 무엇인지 파악하기 위한 실험을 했다. 실험결과 종업원들은 이상보다는 감정에 의존하는 행동을 하고 자신의 의견과 생각을 우회적으로 표현하며, 어떤 상황의 판단을 자신의 입장에서 고려하는 현상이 나타났다. 따라서 이 실험에서는 면접은 종업원의 태도나 생각을 파악하려는 수단뿐만 아니라 종업원의 불만을 해소시켜 조직에 대한 긍정적 태도를 갖도록 한다는 사실을 알게되었고, 인간적 관계요인을 중시한 관리가 필요함을 알게 되었다.

일반적으로 경영자는 종업원이 임금의 많고 적음에 따라 부지런히 일하기도 하고 게으르기도 하다는 생각을 했다. 그러나 실험결과 그런 생각이 반드시 옳은 것만은 아니라는 결론을 얻게 되었다. 즉, 작업능률을 좌우하는 요인은 경제적 이득(급여 등)이 아니라 종업원의 심리적 안정감이며, 또한 작업방법의 개선과 표준화, 휴식시간, 보상제도 등이 물리적 조건보다 인간관계가 작업효율성에 영향을 미친다는 것을 알게 되었다. 결론적으로 생산성을 좌우하는 것은 물리적 조건보다 노동자의 감성과 심리적 요소에 좌우되며, 노동자의 태도, 감정에는 개인적·사회적 환경, 사내관계에 좌우된다는 것을 알았다. 호손실험을 통해 작업자의 감정관리의 중요성과 관심도의 필요성을 인지하게 되었다. 또한 조직내의 여러 계층사이의 효율적 의사소통경로를 개발하는 것이 매우 중요하다는 것을 알게 되었다.

매슬로우(A, Maslow)의 욕구단계이론

메슬로우(Abraham Harold Maslow, 1908~1970, 심리학자)의 인간욕구단계이론은 인간의 욕구는 위계적으로 조직되어 있으며 하위단계의 욕구충족이 상위계층욕구의 발현을 위한 조건이 된다는 이론으로 욕구의 강도와 중요성에 따라 생리적 욕구, 안전욕구, 애정(사

그림 1-6 메슬로우의 욕구단계 이론

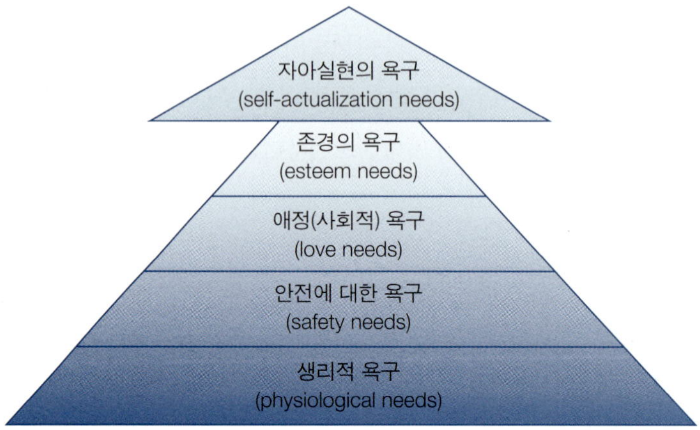

회적)욕구, 존경욕구, 자아실현욕구를 5단계로 분류한 이론이다. 메슬로우는 인간에게 동기를 부여하려면 단계별로 상승하는 인간의 욕구를 제대로 이해해야 된다고 주장했다. 인간의 욕구는 낮은 단계의 욕구로 시작하여 그것이 충족됨에 따라서 점차적으로 상위단계로 올라간다는 것이다. 이러한 메슬로우의 욕구단계이론은 브랜다이스 대학에 재직할 당시에 집필한 『인간의 동기와 성격(Motivation and Personality)』이라는 책에서 소개되었다.

생리적 욕구(physiological needs)는 개인자신의 생리적 균형을 유지하는데 요구되는 기본적인 의식주에 관련된 욕구이다. 생리적 욕구는 유기체의 생물학적 유지에 직접적으로 관련되어 있다. 가장 기본적인 것은 먹는 것과 성적인 욕구가 해결되지 않으면 다른 욕구는 생기지 않는다는 것이다. 안전에 대한 욕구(safety needs)는 생리적 욕구가 어느 정도 해결되면 육체적, 심리적 안전에 대한 욕구가 생긴다는 것이고, 애정(사회적)욕구(love needs)는 생리적 욕구와 안전에 대한 욕구가 충족되면 애정에 대한 욕구가 생긴다는 것이다.

한편 애정(사회적)욕구는 대인관계에서 나타나는 욕구로서, 상호교제, 친분 등의 관계에 소속되고 친교를 나누고 싶은 욕구를 희망한다는 것이며, 존경의 욕구(esteem needs)는 인간은 어느 조직에 소속하여 어느 정도 만족하게 되면 단순한 구성원에서 탈피하여 내적으로는 존경을 받고싶고 외적으로는 관심을 받고 인정받고 지위를 확보하고 싶다는 욕구이다. 즉, 다른 사람으로부터 존경을 받고 인정받고 싶어하는 심리적 상태가 나타난다는 것이다. 자아실현의 욕구(self-actualization needs)는 존경의 욕구가 충족되면 자신의 능력을 발휘하고 싶고 자기개발을 하고 싶으며 자아를 실현하고 싶은 욕구가 생긴다는 것이다. 이는 무엇인가 성취하려는 욕구가 생긴다는 것이다. 가장 상위욕구로 개인의 잠재능력을 충분히 개발, 발휘하고 자기발전을 통해 성장하고 싶어하는 욕구이다.

맥그리거(McMgregor)의 XY 이론

맥그리거(McGregor, 1906~1964, MIT대학 심리학)교수의 XY이론은 상반되는 인간본질에 대한 가정을 중심으로 제기한 이론으로 경영자가 종업원을 통하여 조직의 목표를 달성하기 위하여 동기를 부여하는 방법에 있어서 우선 종업원의 본성을 파악하여 조직원의 제반활동을 조정해야 한다는 이론이다. 즉, 세상에는 두 가지 유형(X형, Y형)의 인간이 있다고 가정하고 맥그리거의 XY이론은 출발했다.

X이론은 인간은 남의 지시를 받고 움직이는 것을 편안하게 생각하는 수종적인 인간형을 말하며, 인간이 게으르고 타율적이고 선천적으로 일을 싫어하므로 목표를 달성하게 하려면 강제하고, 통제하고, 감시하고, 처벌해야 한다고 보는 것이다. 또한 직원들은 책임감이 없고 비자발적이고 수동적이라서 명령이나 강압이 있어야만 일하며, 조직에 대해 무관심하고 안전만을 우선시 한다고 봤다. 이런 전제로 인해 X이론에 의한 경영은 권위적, 억압적, 제한적 조직문화를 형성하게 되며, 구성원에 대한 교육의 중요성을 강조했으며, 인간을 관리의 대상으로 보고관리해야 한다고 했다.

Y이론은 노동을 놀이와 같이 좋아하며 남들의 지시를 받기보다는 자기 스스로 결정하고 움직이기를 좋아하고 능력발휘와 자아실현을 위해 노력하는 능동적 인간형으로 통제, 위협 등이 조직을 위한 유일한 방법은 아니라는 이론이다. 또한 목표의 공유가 된다면 스스로 열심히 일하며 의사결정에 참여하기를 원하는 등 적극적 존재라는 것이며, 금전적

그림 1-7 맥그리거 XY이론

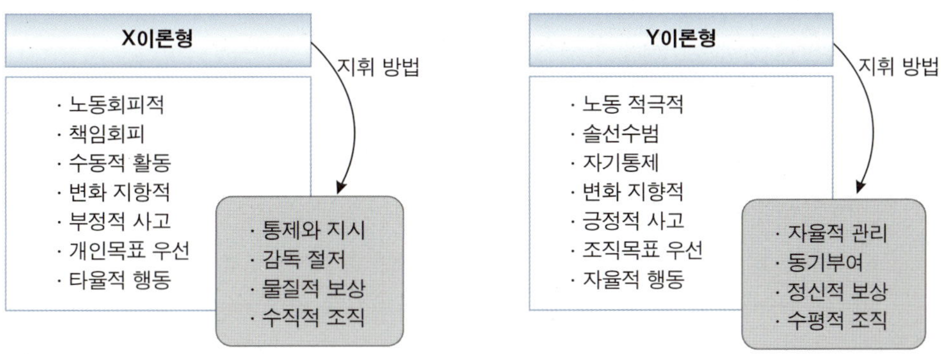

보상이 동기부여가 된다는 것을 부정하지는 않지만 좀 더 높은 수준업무를 달성하며 성취감을 느끼고 기여하며 동기부여를 이룬다고 했다. 일반적으로 조직원은 책임감을 가지고 일을 배우려하며, 창의력, 혁신을 위해 활동하려는 잠재력이 있으므로 역량을 발휘할 수 있는 여건을 제공해 주어야 한다고 했다. Y이론에 바탕을 둔 경영은 자유방임적이고 개발지향적이며, 직원들의 잠재력과 개발가능성을 믿기에 지속적으로 교육훈련을 하며 임파워먼트(Empowerment, 권한위임)통해 자기관리할 수 있도록 해야 한다고 강조했다. XY이론의 기본개념은 인간과 일에 대한 관계를 X이론과 Y이론이라는 가설에서 출발한 이론이다.

맥그리거의 XY이론은 조직의 목표를 달성하기 위하여 경영자는 조직원에게 동기를 부여해야 하는데 동기부여하기 위한 방법에 있어서 우선 종업원의 본성에 대한 파악을 해야 한다는 것이다. 즉 조직원이 X이론적 인간인지 Y이론적 인간인지 파악해야 한다는 것이다. 조직원이 X이론적이라면 조직목표를 달성하기 위해서는 강제, 명령, 처벌, 위협의 방법을 이용하여 동기부여를 시키는 것이 필요하고 효과적이라는 것이다. 그러나 조직원이 Y이론적 인간이라면 조직목표를 달성하게 하기 위해서는 경영자가 적극적 지원역할을 수행하는 것이 필요하고 효과적이라는 것이다. Y이론적 조직원은 명령과 통제를 받지 않더라도 자기 스스로 방향을 정하고 계획을 세워서 실행하며 자기 스스로 통제하며 일의 성과 효율성을 추구한다는 것이다.

3. 시스템 경영이론(System Management Theory)

시스템(system)이란 여러 개의 독립된 구성인자 또는 요소가 공동의 목표를 달성하기 위해 유기적으로 연결되어 상호작용하는 부분들의 집합이다. 시스템이론은 1930년대 폰 베르탈란피(L. Von Bertalanffy, 독일, 생물학자)가 여러 학문분야를 통합할 수 있는 공통적인 사고와 연구의 틀을 모색하는 과정에서 처음으로 주창되었다. 1950년대에 들어와서 여타의 학문분야로 급속히 확산되어 가던 중 시스템이론의 목적과 기본적인 골격을 작성하여 일반 시스템이론을 체계적으로 정립하였다. 그러한 과정에서 시스템이론이 경영학분야에 적용하여 시스템 경영이론으로 발전하게 되었다.

목표와 효율달성을 위하여 Plan(전략계획수립), Do(업무실행관리), See(성과결과평가) 기능을 상호 체계적, 협조적으로 연계시켜 연속성과 효율성을 강화할 수 있도록 시스템화하여 고효율중심의 자율경영을 실행하여 조직성과를 창출하는 경영을 시스템경영(System

Management)이라고 한다. 즉, 업무를 표준화, 시스템화하여 체계적으로 업무실행과 성과평가를 연계하여 업무 Quality와 Speed를 제고시키는 동시에 생산성과 효율성을 향상시키는 경영시스템을 말한다.

시스템경영 플랫폼을 구축하기 위해서는 부서별, 개인별로 연간계획, 월간계획, 주간계획, 일간계획수립 및 업무추진 등을 표준화해서 상호 시스템적으로 연결되어 진행업무에 대한 공유와 관리 및 평가가 체계적·효율적으로 이루어지게 해야 한다.

시스템경영 플랫폼을 도입하여 비체계적 업무관행에서 탈피하여 체계적인 업무수행이 가능하도록 해야 하고, 무계획적 경영에서 비전경영으로, Low Quality를 High Quality로, Low Speed에서 High Speed로, 수직경영에서 수평경영으로, CEO에 의한 경영이 아니라 조직과 시스템에 의한 조직구성원 스스로의 자율경영을 통해 혁신경영을 추구해야 한다는 것이다. 시스템경영이 필요한 이유는 시스템과 시스템적 사고가 모든 관리가 실시간으로 작동될 수 있도록 하기 때문에 예측가능한 미래를 만들 수 있다는 것이다. 따라서 시스템경영을 통해 유연한 업무처리(smart work)를 하고 예측가능한 미래를 만들고 신뢰할 수 있는 업무계획 및 실행을 할 수 있다는 것이다. 또한 신속한 대응과 변화(quick reaction & change)를 통해 경쟁력을 확보할 수 있다는 것이며, 전체적 업무수행정보를 공유(business sharing)함으로써 변화의 속도와 복잡성이 가속화되는 환경에 대응할 수 있다는 것이다.

따라서 사람중심 경영에서 탈피하여 시스템으로 경영을 할 수 있는 시스템중심 플랫폼

그림 1-8 시스템 경영 플랫폼 체계

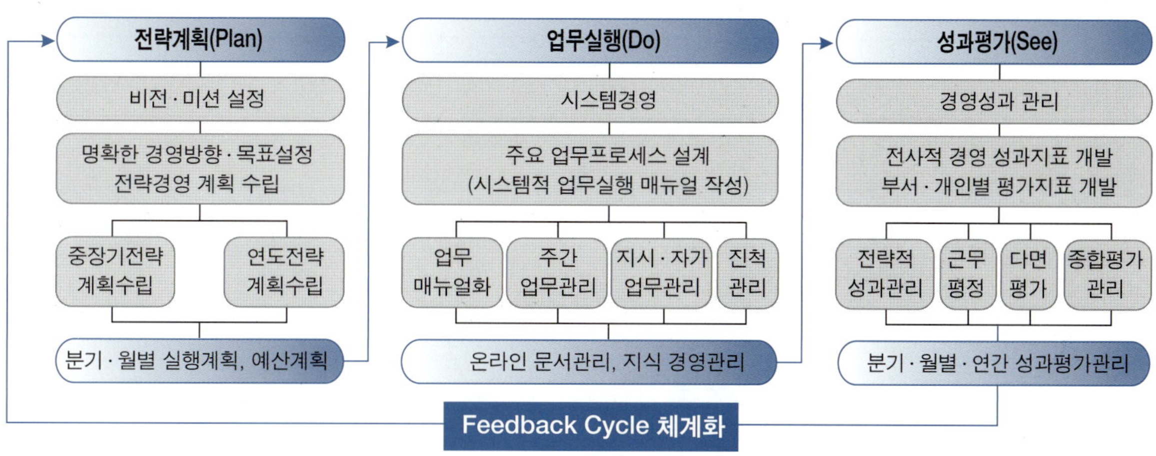

구축을 통하여 혁신경영 추구하여 성장해 나가야 할 것이다. 시스템의 기본속성은 어떤 시스템이든지 목표성을 갖고 있어야 하며, 시스템 구성인자가 유기적으로 연결되는 구조성이 있어야 한다. 또한 목표달성을 위해 서로 상호작용하는 기능성이 있어야 하며, 구성인자가 하나로 결합되어있는 전체성을 가져야 한다.

제3절 경영자 역량(Manager Competency)

1. 경영자 권력(Manager Power)

권력(power)은 다른 사람에게 영향을 줄 수 있는 잠재력을 가진 권한으로 다른 사람의 태도와 행동을 바람직한 방식으로 변화시키는 능력을 말한다. 즉, 행동에 영향을 주고, 행동방향을 변화시키며, 조직구성원이 업무를 수행하도록 하는 능력을 말한다. 권한(authority)은 조직구조에 있어서 역할과 지위에 관련하여 인간행동에 대해서 갖게 되는 공식적인 영향력을 행사하는 힘이며, 조직의 규범에 의하여 합법적으로 인정된 권력(legitimate power)을 의미한다. 권력은 권한보다 포괄적 개념으로 권력의 원천은 개인적 속성(personal attribution)과 직위적 속성(positional attribution)을 포함한다.

경영자는 조직의 목표를 설정하고, 그 목표를 달성하기 위해 조직구성원의 업무활동을

그림 1-9 경영자 권력

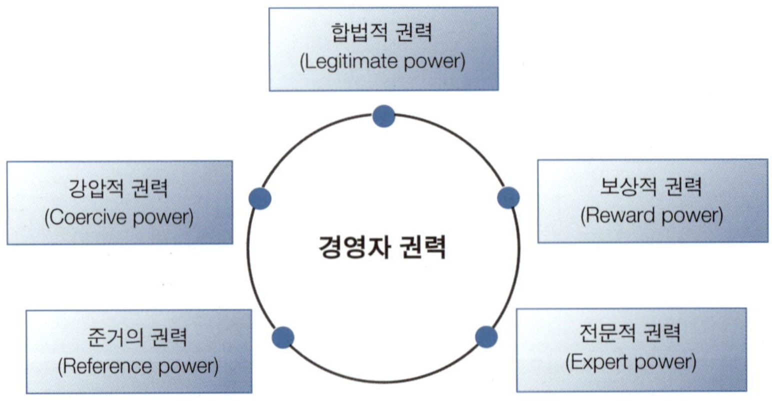

조정하여 조직의 성과를 창출해내는 사람을 말한다. 조금 더 구체적으로 말하자면 경영자는 기업이 가지고 있는 인적, 재무적, 물적, 기술과 정보자원을 계획, 조정, 지휘, 통제하는 사람이다. 또한 경영자는 기업목적달성을 위해 경영활동과 조직구성원의 행동을 지휘하고 통제하는 권한을 지닌 사람으로 의사결정권자(decision-makers)이다. 한편 현대경영학에서 정의하는 경영자는 통제자, 지배자, 조정자, 협상자, 촉진자, 혁신자의 개념을 넘어 조직내부의 조직구성원뿐만 아니라 외부 이해관계자들과의 상호작용을 통하여 제품과 서비스를 전달하고 공유가치를 확산하고 지속적으로 경쟁우위를 확보해야 하는 주체라고 말한다.

경영자는 조직구성원과 끊임없이 상호작용하며 그들의 행동을 변화시키고 정해진 목표를 달성하기 위해서 영향력을 행사한다. 경영자는 경영계획을 수립하는 사람이며, 조직을 관리하고 지휘하고 통제하며, 어떤 현안이나 문제가 발생했을 때 의사결정하는 사람이다. 그러므로 경영자는 조직을 관리하고 지휘하고 통제하려면 권력이 주어져야 하는데, 경영자 권력에는 합법적 권력, 강압적 권력, 보상적 권력, 준거적 권력, 전문적 권력 등이 있다.

합법적 권력(legitimate power)은 영향력 행사자가 일정한 범위내에서 영향력을 행사할 수 있는 자격이 부여되어 있다고 하위자가 인정할 때 존재하는 권력으로 공식적 권한(formal authority)이라고도 한다. 또한 이 경우 피영향자는 이러한 권력을 수용해야 할 의무가 있음을 의미한다. 보상적 권력(reward power)은 피영향자가 명령을 수행하거나 요구하는 성과를 달성했을 때 영향력을 행사하는 사람이 피영향자에게 보상을 할 수 있는 능력을 갖고 있는 경우의 권력을 말하고, 강제적 권력(coercive power)은 피영향자가 요구하는 성과를 달성하지 못한 경우 피영향자를 처벌할 수 있는 영향력 행사자의 능력과 관련된 권력으로 보상적 권력의 반대개념이다.

또한 전문적 권력(expert power)은 전문기술 또는 전문지식으로부터 나오는 권력으로 영향력을 행사하는 사람이 피영향자가 갖고 있지 않은 전문적 기술이나 지식을 갖고 있다고 지각하거나 믿는 경우 발생하는 권력이며, 준거적 권력(referent power)은 개인의 특성에 기반하고 있는 권력으로 개인의 힘 또는 능력이 다른 사람들에게 영향을 주고 충성심과 존경심을 형성하게 만드는 것을 말한다. 한 개인이나 집단에서 발생하는 권력으로 피영향자가 영향력을 행사하는 사람과 동일시하거나 모방하려는 욕구에서 발생한다.

2. 경영자 유형(Manager Category)

자본주의 초기에는 경영자가 기업설립 및 경영의 모든 책임을 지는 구조였지만, 기업규모가 확대됨에 따라 조직의 기능적 분화와 전문화정도의 필요성이 높아지면서 고용경영자, 전문경영자라는 용어가 등장하게 되었고, 주식회사에 초점을 두고 소유와 경영의 분리가 바람직하다는 지배구조의 문제로 사회적 요구가 확대되기 시작했다.

경영자는 분류기준에 따라 여러 가지 유형으로 나눌 수 있다. 경영자를 수직적 위계에 따라 분류하면 최고경영자, 중간경영자, 일선경영자로 구분할 수 있고, 최고경영자(top manager)는 기업의 중장기목표와 전략을 결정하고 회사방침과 비전을 설정하며, 사회적으로 우호적인 관계를 형성하는 등 경영의 총체적 책임자를 말한다. 중간경영자(middle manager)는 최고경영층의 목표와 전략이 기업전체에 잘 전달될 수 있도록 조직구성원과 상호작용하는 중간관리자로 최고경영자의 전략과 방침이 조직구성원 등이 잘 실행할 수 있도록 구체적인 목표와 계획으로 전환시키는 중간관리자를 말한다. 한편 일선경영자(first-line manager)는 조직구성원을 직접 관리하는 사람으로 경험과 기술을 바탕으로 조직구성원의 업무를 조정하고 활동을 감독하는 현장관리자를 말한다.

한편 경영자를 경영체계에 따라 소유경영자(owner), 전문경영자(professional), 고용경영자(employed or salaried)로 구분할 수 있다.

소유경영자는 원래 산업화초기에 기업의 규모가 그리 크지 않고 전문적인 경영능력도 별로 요구되지 않아 기업에 대한 출자와 경영기능을 동시에 수행하던 사람을 의미하며, 자기가 자본을 출자하고, 기업내의 경영관리를 직접 수행하며 경영의 주요 의사결정을 지배 및 통제하고, 창업부터 기업의 제반경영활동을 스스로 책임지는 경영자로 소유권에 바탕을 두고 막강한 권한과 리더십을 행사할 수 있다. 그러나 소유경영은 개인적인 이익을 위한 경영의 가능성이 있고, 경영활동에 대한 감사기능이 약하고 순환출자구조(circular equity investment)의 문제점이 발행할 가능성이 높고 이사회의 실질적 기능을 발휘하기 힘들 수 있다.

그림 1-10 경영자 유형

전문경영자는 산업사회의 본격화에 따라 기업의 활동범위가 확대되고 시장경쟁이 심화되고 기업의 경영환경이 복잡해짐에 따라 경영의 범위가 확대되어 전문경영의 필요성이 대두되었다. 따라서 과학적이고 전문적인 경영지식과 능력과 경험을 가지고 있으면서, 기업의 소유권으로 부터 독립되고 기업에 대한 경영권을 확보하고 소유권과 경영권이 분리된 의사결정의 주체로써 경영의 중요한 의사결정권을 갖고 조직을 지배하고 통제하는 전문경영자가 필요하게 되었다. 오늘날 경영환경이 급속도로 변화하고 국제경쟁이 치열해짐에 따라 과거 소유경영자가 가졌던 도전심이나 모험심외에 전문적 지식을 통해 계획성과 치밀함을 갖춘 전문경영자가 요청되고 있다.

그리고 고용경영자는 경영대리인으로서 소유경영자의 업무중에서 일부가 위임된 권력을 가진 경영자로 기업규모가 확대되고 경영활동의 내용이 복잡하게 되면 경영자가 스스로 모든 경영활동을 전부감당할 수 없게 됐다. 이러한 문제점을 해결하기 위해서 고용경영자를 영입하며 소유경영인을 보좌하고 경영상의 지휘 및 감독에 대한 업무일부를 위임받아 경영하는 고용경영자가 점점 늘어나고 있다.

3. 경영자 기능(Manager Function)

경영자는 조직목표달성을 총괄할 뿐만 아니라 조직내 주구성원과 외부 이해관계자들과의 상호작용속에서 제품과 서비스를 통하여 경쟁우위를 확보하는 주체이며, 경영자는 기능에 따라 CEO, COO, CIO, CTO, CFO, CKO 등으로 분류할 수 있다. CEO(Chief Executive Officer)는 대규모 기업집단의 최고경영자로 이사회를 주재하고 기업경영계획을 수립하는 기업의 전략담당 최고경영자를 말한다. 조직계층상 최고의 지위에 있으면서 조직의 전략과 경영성과에 책임을 지며 일반적으로 이사회의장직을 수행한다. 실적이 부진한 CEO는 이사회 및 주주총회를 통해 언제든지 경질될 수 있다. COO(Chief Operating Officer)는 전반적인 기업운영을 책임지고 수행하는 운영담당 최고경영자이며, CIO(Chief Information Officer)는 기업의 정보시스템 기능(데이터베이트, 네트워크, 시스템운영 등)을 책임지는 정보담당 최고경영자를 말한다. 정보기술을 통합관리하고 함으로써 정보기술을 활용하는 방안을 모색하는 경영자이다. 한편 CTO(Chief Technology Officer)는 기업의 기술적 의사결정의 모든 과정을 책임지면서 전사적 기술담당 최고경영자로, 신기술개발을 총괄하고, 기술합작투자, 기술적 문제점과 기술시너지 효과를 조정하는 기술담당 최고경영자이다. 또한 CFO(Chief Financial Officer)는 사업 및 재무구조와 관련된 주요 의사결정을 책임지는 재무담당 최고경영자로, 신규투자, M&A, 사업매각, 투자관리, 세무관리 등의 재무 및 회계, 자금 등 금융관련 업무를 총괄하는 경영자를 말한다. CKO(Chief Knowledge Officer)는 지식경영 시스템을 도입하고 있는 기업에서 지식의 발견, 창조, 전파 및 활용, 제도적 장치 및 지식인프라의 구축 등 지식을 기업의 주요 자산으로 구축하기 위한 전략적 책임을 지면서 CEO를 보좌하는 지식담당 최고경영자이다. 또한 기업경영의 조직과 역할에 따라 CMO(chief marketing officer, 마케팅 총괄책임자), CRO(chief risk officer, 리스크 총괄책임자), CCO(chief communication officer, 홍보 총괄책임자), CHO(chief human resource officer, 인사담당 총괄책임자), CQO(chief quality officer, 품질담당 총괄책임자) 등이 있다.

앞서 경영자는 기업이 가지고 있는 인적, 물적, 재무적, 기술과 정보자원을 계획, 조정, 지휘, 통제하는 사람이라고 했다. 그런데 경영자가 합법적 역할을 하지 않고 자신의 이익을 위하여 본연의 임무를 수행하지 않고 불법행위를 하여 재산상의 이익을 취득하거나, 제3자로하여금 이를 취득하게 하여 회사에 손해를 가하는 행위를 하는 것을 배임(breach of duty)이라고 한다. 배임행위는 권한남용, 의무위반을 말한다. 배임의 구성요건은 타인의 사무를 처리하는 자가 위법한 임무위반행위를 하여 본인 또는 제3자가 재산상의 이익을 취득하고 회사에 손해를 가했을 경우를 말한다. 단, 타인의 사무를 처리하는 신분이 없는 자는 배임죄의 주체가 될 수 없으며, 배임죄성립은 경영상의 판단에 기준하기 때문에 경영판단원칙에 근거하여 처벌여부를 결정한다. 경영판단의 원칙(business judgment rule)이란 회사의 경영자가 자신의 권한내에서 합리적인 근거에 따라 회사에 최상의 이익을 창출하기 위해 판단했을 경우 그 결과가 회사에 손해가 생길지라도 경영자에게 의무위반을 부정하고 손해에 대한 책임을 묻지 않는다는 원칙을 말한다. 따라서 경영자가 충실의무를 위반하고 주의의무를 게을리하여 회사에 피해를 입혔다고 판단될 경우 법적책임을 묻는 제도가 집단소송제(Class-action suits)이다. 집단소송제는 피해자 중 한 사람 또는 일부가 가해자를 상대로 소송을 해서 승소하면 다른 피해자들은 별도 소송없이 그 판결로 피해를 구제받을 수 있는 제도를 말한다.

4. 경영자 역할(Manager Role)

조직이 목표를 달성하도록 방향을 제시하고 조정을 수행하며, 조직구성원의 역할 및 행동을 조절하고 경영활동에 대한 포괄적인 판단과 결정을 내리는 사람을 경영자라고 한다.

그림 1-11 경영자의 역할

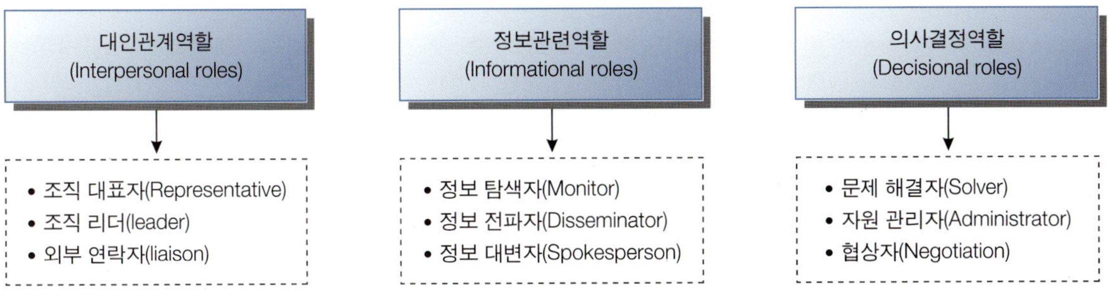

경영의 대가라고 불리는 헨리 민츠버그(Henry Mintzberg, 케나다 McGill Univ)교수는 경영자가 다루는 업무특성과 경영자에게 주어지는 요구들을 바탕으로 경영자의 역할을 크게 대인관계역할, 정보관련역할, 의사결정역할 등으로 구분했다.

대인관계역할(interpersonal role)은 조직내·외부의 사람들과 상호작용하는 역할을 해야 한다는 것으로 경영자는 조직대표자, 조직리더, 외부연락자로서의 기능을 한다는 것을 의미한다. 정보관련역할(informational role)은 의사결정을 위해 정보를 수집하고 분석하며 주고받는 것을 말하며, 경영자는 경영판단을 위해 다양한 정보가 필요로 하기 때문에 외부로부터 정보를 받아들이고 활용하는 정보탐색자, 정보전파자, 정보대변인으로서의 역할을 수행한다. 의사결정역할(decisional role)은 문제를 해결하거나 기회를 포착하기 위해 수집한 정보를 활용하여 의사결정에 이용하는 것으로, 경영자는 여러 가지 선택대안 중에서 하나를 결정해야 하는 의사결정권자로 문제해결자, 자원배분자, 협상자의 역할을

그림 1-12 경영자의 경영역량기술

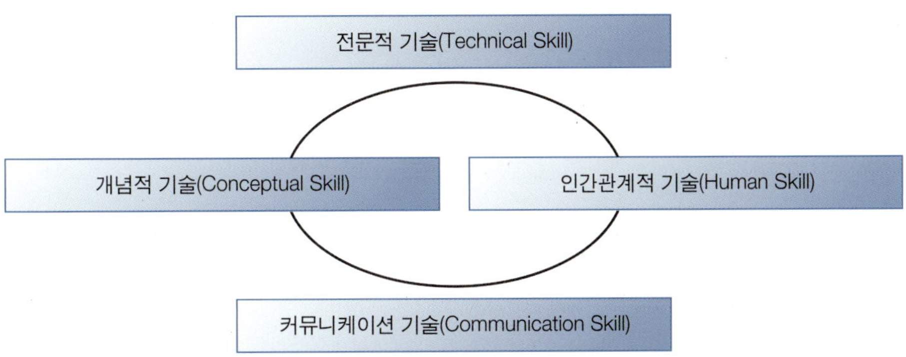

수행해야 한다는 것이다.

또한 경영자는 조직운영과 목표달성을 위해 다양한 역량을 가지고 있어야 하며, 경영자가 갖추어야 할 경영역량기술은 전문적 기술, 인간관계적 기술, 개념적 기술, 커뮤니케이션 기술 등이다.

전문적 기술(technical skill)은 전문화된 활동을 수행하는데 필요한 기술로 특정 업무분야와 관련된 지식을 활용할 수 있는 능력을 의미한다. 인간관계적 기술(human skill)은 조직의 일원으로써 조직구성원 및 타집단과 함께 더불어 일하고, 의사소통을 하고 이해하고 동기부여를 할 수 있는 기술이며, 중간경영자에게 상대적으로 중요한 경영기술이다. 개념적 기술(conceptual skill)은 조직의 모든 이해관계와 활동을 조정하고 통합할 수 있는 기술로 조직전체를 구성하는 구성요인 또는 부분간의 다양한 인과관계를 이해할 수 있는 능력을 의미하고, 최고경영자에게 그 상대적 중요성이 요구되는 경영기술이다. 한편 커뮤니케이션 기술(communication skill)은 둘 이상의 사람 사이에서 일방적이 아닌 상호작용(interaction)을 통한 정보(Information), 의견(Opinion), 감정(Sentiments) 등을 교환하는 기술을 말한다.

제 2 장

공유경제와 비즈니스
(Sharing Economy & Business)

제1절 공유경제 이해

제2절 공유경제 거래

제3절 공유경제 서비스

제4절 플랫폼 비즈니스

제5절 공유경제 미래

제1절 공유경제 이해(Sharing Economy Understanding)

1. 공유경제 개념(Sharing Economy Concept)

제품과 서비스를 공유하고 협업하고 개방하는 협력의 공유경제시대에서는 수요자의 욕구에 맞춰 원하는 형태와 시점에 상품과 서비스를 공급하는 수요자중심의 경제로 급속하게 변화하고 있다. 공유경제가 급속하게 발전하게 된 계기는 정보통신기술(ICT, information and communication technologies) 및 네트워크 기술발달로 실시간 맞춤형성격이 강화된 다양한 O2O 서비스발전에서 비롯되었다고 본다. O2O(online to offline, 온라인과 오프라인을 연결한 마케팅서비스)는 오프라인에 온라인기술이 접합되면서 온라인과 실제소비가 일어나는 오프라인의 장점을 접목해 새롭게 탄생한 혁신시장이다. 하지만 O2O는 단순히 기술적 혁신만을 의미하는 것이 아니다. O2O는 온라인과 오프라인융합의 효율성을 통해서 지속가능한 공유경제(sharing economy)의 가치를 내포하고 있다.

서비스의 수요자와 유휴자산을 보유한 공급자가 정보통신기술(ICT) 플랫폼을 이용하여 시장거래를 중개(공간, 물건, 지식과 정보, 서비스 등)하는 경제활동으로 소유하지 않고 공유, 교환, 임대하여 사용하는 협력적 소비경제(collaborative consumption economy)를 공유경제(sharing economy)라고 한다. 공유경제는 2008년 로렌스 레식(Lawrence Lessig, 하버드대학교)교수가 처음 사용한 용어로, 자신이 소유한 물품이나 유·무형의 자원을 다른 사람에게 빌려주거나, 필요한 만큼 차용하여 사용하는 인터넷과 스마트폰 기반의 사회적 경제모델을 제시하면서 처음 사용하게 되었다.

그림 2-1 공유경제 범주

에어비앤비(AirBnB)는 집이나 방만 가지고 있는 사람이라면 누구나 자신의 공간을 숙박할 수 있도록 빌려줄 수 있는 서비스로 폭발적인 인기를 얻고 있다. 뿐만 아니라 랜트카 시장에도 우버화가 진행되고 있는데, 자신의 차를 쓰지 않을 때 다른 사람에게 빌려주고 임대료를 받을 수 있는 공유경제 비즈니스가 급속하게 성장하고 있다. 한편 은행이나 대부업체 등을 끼지 않고 자금의 대여자와 수요자가 직접 거래하는 형태, 즉 인터넷에서 개인과 개인이 직접 연결하여 비즈니스를 만들어 내는 P2P(peer to peer)금융 역시 공유경제의 한 형태라고 할 수 있다.

공유경제 비즈니스가 새로운 경제모델로 발전과 성장을 하게 된 이유는 첫째, 삶의 질과 양에 대한 불만족과 경제적 압박으로 인한 중산층의 붕괴로 새로운 대안경제모델을 추구하고 있기 때문이다. 기술과 산업의 급속한 발전과 세계화로 인해 중간급기술이 필요한 직업의 고용기회 및 소득을 크게 감소시켰고, 이에 따라 많은 이들이 자신의 일과 소득원을 새로 만들어내야 했다. 둘째, 개인이 제공하는 독특한 물건과 서비스가 새로운 가치를 만들어 낸다는 것이다. 사람들은 새로운 제품과 기업이 내놓는 대량생산된 물건과 서비스보다 기존 제품을 저렴하게 그리고 가치를 제공받는다는 느낌 때문에 기존의 것에 더 매력적이라고 느끼는 사람들이 상당히 늘어나고 있기 때문이다. 여행할 시간은 많은데 돈은 별로 없는 사람들은 비싼 숙박비를 지불해야 하는 호텔보다 저렴한 가격에 숙박하기를 희망하게 되고 결국 적당한 가격에 숙박을 원하는 수요가 증가하게 되었다. 셋째는 인터넷 및 모바일 등 정보통신기술의 급속한 발전이다. 인터넷이 발달되지 않은 상황에서는 이러한 환경변화에 즉각적 대응은 물론이고 실제적으로 적용하기가 쉽지 않다. 그러나 정보통신기술이 발달하면서 쉽게 접근할 수 있는 시스템과 모맨텀을 만들게 된 것이다. 또한 인터넷, 모바일, 온라인 결제도구가 급속히 발전하면서 개인이 물건과 서비스를 인터넷 상에서 상호공유하는 일이 가능해졌기 때문에 공유경제의 비즈니스 모델은 계속해서 확대 성장하고 있는 것이다.

2. 공유경제 패러다임(Sharing Economy Paradigm)

제레미 리프킨(Jeremy Rifkin, 경제학자)은 2000년 출간된 자신의 저서 『소유의 종말, The Age of Access)에서 미래의 경제방식은 소유가 아닌 접근, 즉 공유위주로 변화할 것임을 강조했다. 인터넷의 확산은 모든 사람이 수많은 정보를 인터넷으로 접속하여 접할 수 있기 때문에 공유경제는 지속발전할 것이라고 했다. 그러한 현상에 주목하여 생산된

그림 2-2 공유경제의 패러다임 변화

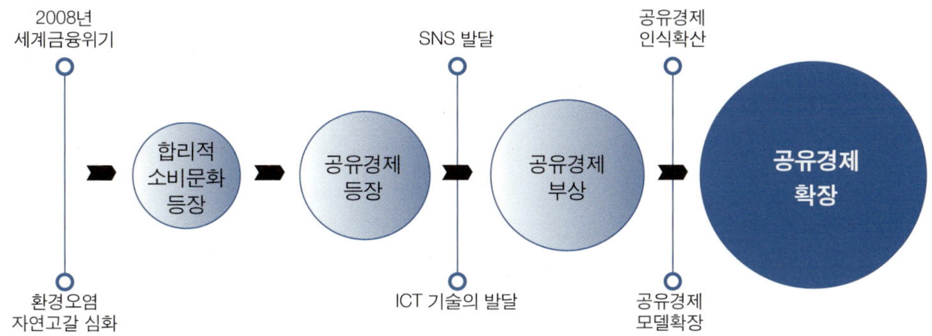

재화에 대해 '소유'하는 기존의 경제방식에서 탈피하여 '공유'가 중심이 되는 공유경제로 변화될 것이라고 시사했다. 그의 이러한 주장과 더불어 정보통신기술(ICT)의 발전으로 인한 인터넷 접근성이 쉬워지고 소유하지 않고 공유하는 소비문화변화 등이 공유경제를 급속하게 확산시키는 계기가 되었다.

전통경제에서도 공유는 임대서비스의 방식으로 존재했으나, 특정한 자원에 한정되고, 실제 이용시간에 비해 대여료부담이 크다는 점에서 일상 생활에서까지 폭넓게 이용되기보다는 특정한 경우에 한시적으로 이용되었다. 공유경제는 특정 자산에 대한 개인소유가 아닌 거래주체 간의 공유가 핵심으로 작용하는 경제방식이다. 따라서 공유경제거래는 유휴자원을 임대하는 대여자와 이용자 간에 이루어지며, 거래중개 플랫폼을 통해 거래가 이루어진다. 과거 임대서비스에서는 대여자가 임대전문업체에 한정되었으나, 공유경제에서는 대여자가 자신이 보유하고 있는 자원을 공유하기를 원할 경우 모두가 직접 대여자 또는 공급자로 공유거래에 참여가 가능하다.

이러한 방식을 통해 이용자는 대여료를 지불하고 필요한 만큼의 자원을 이용하고, 대여자는 유휴자원을 대여함으로써 수익을 얻게 되며, 거래를 중개한 플랫폼은 수수료수익을 얻게 되는 구조이다. 과거부터 자신의 노동력을 이웃에게 나눠주는 "품앗이 : 힘든 일을 서로 도와주고 갚는 교환노동행위)"와 서로의 중고물품을 교환하는 "아나바다 운동 : IMF시대에 경제가 어려운 상황에서 물자를 불필요하게 낭비하지 말고 재활용할 수 있는 것을 버리지 말고 다시 사용하여 불필요한 지출을 줄이자는 캠페인)"등이 공유경제활동으로 해석될 수 있다. 공유경제는 생산된 제품을 여러 사람이 공유해 사용하는 협력소비 경제로 대량생산과 대량소비의 자본주의 경제와 대비되는 비즈니스 형태이다.

그림 2-3 전통경제 vs 공유경제

전통경제 (Classic Economy)		공유경제 (Sharing Economy)
소 유 (ownership)	→	공 유 (sharing)
자원고갈 (resource depletion)	→	자원절약 (resource saving)
이윤창출 (profit)	→	가치창출 (value)
경 쟁 (competition)	→	신 뢰 (trust)
과잉소비 (excessive consumption)	→	합리적 소비 (reasonable consumption)

또한 IT 기술과 네트워크의 발달은 개인과 개인 간의 거래의 신뢰성과 확장성을 가져왔으며, 이는 협력소비의 수단으로 발전되어 다양한 공유경제활동을 가능하게 만드는 계기가 되었다. 공유경제의 수익모델은 이용자와 사용자 모두가 상호 win-win하는 구조라는 점이다. 기존의 전통경제는 제품을 생산하고 판매하는 일방적 시장경제를 통해 수익을 창출하는 것이었지만, 공유경제 수익모델은 기업의 수익이 사회적 기여로 연결시켜 생산자는 유휴자원을 활용하여 수익을 창출하고 이용자는 원하는 목적을 달성하면서 비용은 절약하고, 사회전체적으로는 자원의 절약과 환경문제 등을 해결할 수 있다는 점에 주목해야 한다.

소비측면에서, 전통경제는 '소유'개념에 기반함으로써 과잉소비로 나아가는 경향이 있는 반면, 공유경제는 협업과 커뮤니티가 활성화될 수 있는 협력적 소비(collaborative consumption)가 주요한 소비방식이다. 글로벌기업의 공유경제성공은 우리나라에서도 다양한 공유기업이 설립되고 다양한 서비스를 제공하는 비즈니스 모델을 만들어 내고 있다. 공유기업은 물품, 인력 등 유형의 자원뿐만 아니라 공간, 정보 및 서비스 등의 무형의 분야까지 확대되면서 일상생활에 밀접하게 접근하고 있다.

3. 공유경제 발전요소(Sharing Economy Growth)

공유경제의 성장배경은 20세기 자본주의 경제의 한계가 가져온 환경오염문제, 글로벌 경제위기, 그리고 IT기술의 발달과 소셜네트워크 발달 등이 공유경제를 발전하게 만든 배경이며, 환경적 요인, 경제적 요인, 기술적 요인, 사회적 요인에 기인하고 있다.

첫째, 환경적 요인(Environmental Factors)은 2000년대 지구온난화, 온실가스 배출문제 등 기후변화이슈가 본격적으로 제기되고, 사회전반적으로 자원고갈과 환경에 대한 우려가 커지면서 친환경적 트렌드와 부합하는 공유경제에 대한 관심이 급증하게 되었다. 1대의 자동차를 다수가 공유할 경우 9~13대의 자동차소비를 대체한다는 분석이 있었고, 사용하지 않는 사무실이나 다양한 서비스공간까지 공유할 경우 불필요한 소비를 줄이고 자원의 활용도를 높일 수 있다는 공유경제의 장점이 강조되기 시작했다. 이러한 현상은 자원낭비와 환경오염을 줄일 수 있는 새로운 경제모델의 필요성이 가시화되기 시작되면서 공유경제에 대한 필요성이 더욱 더 본격화되는 계기가 되었다.

둘째, 경제적 요인(Economical Factors)은 2008년 금융위기 이후 글로벌경제가 급속하게 침체되고 저성장기조가 지속되고 소비가 위축되는 뉴 노멀(New Normal) 현상과 중산층을 중심으로 실업증가, 고용기회와 소득이 감소하면서 유휴자원을 활용하여 새로운 부가가치를 창출하고자 하는 사회적 욕구가 발생하게 되었다. 자주 사용하지 않는 자동차 등 이동수단을 비롯한 내구재(전자기기, 의류, 액세서리, 기계설비, 공구)와 사용하지 않고 방치된 방 또는 사무실(공간 및 토지) 등의 유휴자산을 대여하고 공유함으로써 소유자 입장에서 수익창출이 가능하고 사용자 입장에서는 저렴하게 이용할 수 있다는 상호 필요성이 발생하게 되었다. 또한 개인의 재능(지식, 경험, 노동력)과 유휴자금에 이르기까지 다양한 유·무형의 유휴자산을 활용하여 새로운 수익을 창출하는 수단으로 이용하게 되었다. 한편 제공자입장에서는 잉여자원을 활용해 수익이 발생함에 따라 사회적 잉여가 증가하는 효과를 얻게 되었다.

셋째, 기술적 요인(Technical Factors)은 최근 ICT기술의 발달로, 즉, 인터넷 및 모바일

그림 2-4 공유경제 발전 배경

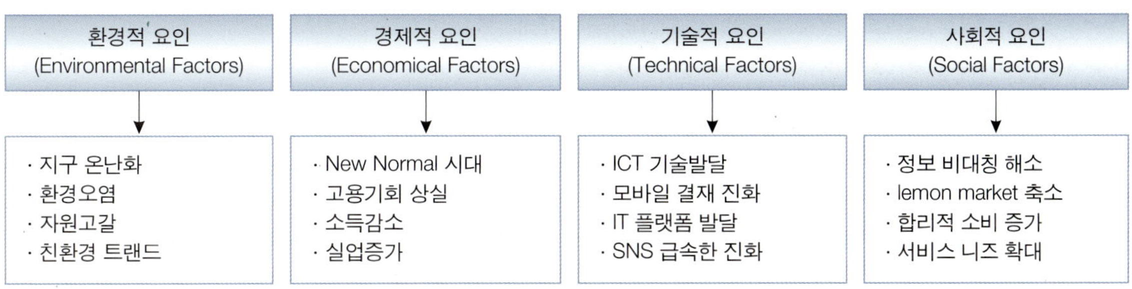

기술의 발달로 소셜·모바일결제기반이 지속적으로 진화하면서 개인이 물건과 서비스를 이용하기가 더욱 쉽고 편리해진 것도 공유경제성장의 주요한 요인이다. 모바일콜택시 서비스를 제공하고 있는 Uber는 소비자가 스마트폰을 이용해 차량을 요청하고 이용한 후 목적지 도착시 GPS(Global Positioning System, 위성항법장치)로 이동거리를 측정해 계산된 요금을 스마트폰을 통해 자동으로 결제함으로써 이용자입장에서 매우 편리한 시스템으로 자리메김하면서 공유경제의 성장을 가속화시키는 계기가 되었다.

넷째, 사회적 요인(Social Factors)은 모바일, SNS(Social Network Services)의 발달로 사회전반에 걸쳐 정보의 공개수준이 확대되고, 정보비대칭이 줄면서 소비자입장에서는 레몬마켓(Lemon market, 시고 멋없는 레몬만있는 시장처럼 저급품만 거래되는 시장을 말한다. 즉, 재화나 서비스의 품질을 구매자가 알 수 없기 때문에 불량품만이 나돌아 다니게 되는 시장상황)에 대한 불안감이 해소되고, 과거에는 제품 또는 서비스를 이용하고자 할 경우, 소비자는 제공자와의 전화통화를 통한 구두설명을 기반으로 상품의 질을 판단하고 의사결정을 해야 했으나, 최근에는 인터넷 상에서 상품의 이미지를 확인할 뿐만 아니라, 다른 이용자의 평판과 평가점수를 참고하여 제품과 서비스를 이용할 수 있다. 또한 개인이 제공하는 합리적인 가격대의 독특한 물건과 서비스가 기업이 대량생산한 제품과 서비스보다 더욱 매력적이라고 인식하는 소비자층이 확대되고, 물질적으로 부유하지 못한 젊은층을 중심으로 값비싼 호텔체인 대신 저렴한 가격대에 개인의 취향의 개성을 충족시켜주는 빈방을 선호하는 경향이 확산되면서 공유경제의 활용범위가 확산되기 시작했다. 따라서 상대적으로 인터넷과 온라인거래에 친숙하며 사회적 이슈와 환경이슈에 민감한 선진국대도시에 거주하는 젊은 소비자층을 중심으로 공유경제의 가치가 크게 지지받고 확산되기 시작한 것이다.

제2절 공유경제 거래(Sharing Economy Transaction)

1. 공유경제 프로세스(Sharing Economy Process)

공유경제 거래방식은 공유경제업체, 자원소유자, 이용자 모두에게 수혜가 돌아가는 플랫폼 비즈니스모델을 기반으로 자원소유자와 이용자 간의 직거래형태가 대부분이다. 공

그림 2-5 공유경제 플랫폼

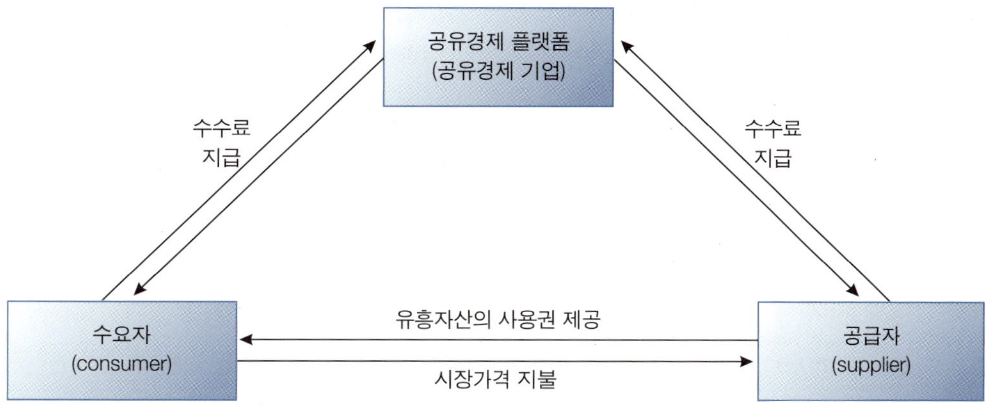

유경제업체가 구축한 온라인공유 플랫폼을 통해 유휴자원을 소유자 본인이 가격을 책정하여 공개하고 이용자는 자원소유자의 공개된 내용과 SNS나 커뮤니티에서 사용후 평가한 사용후기를 고려하여 제품을 구매한다. 또한 제품사용 후 제품사용 후기를 제시하는 형태로 신뢰도 높여가고 있다. 이러한 비즈니스 거래를 통해 공유경제업체는 거래가 성사되면 10~20%의 거래수수료를 받아 수익구조를 만들어 내는 것이다. 자원소유자의 신뢰도를 꾸준히 검증하고 거래하면서 발생하는 분쟁해결하는 것이 중요하다.

따라서 공유경제 플랫폼이 발전하기 위해서는 수요자가 제품과 서비스를 사용한 다음 후기에 대한 피드백을 통해 거래신뢰도를 높이는 것이 중요하다. 공유경제는 생산자와 소비자 모두에게 이익이 돌아가는 사업모델이라는 점에서 지속성장의 계기가 되고 있는 것이다. 자원소유자는 거래수익확보 및 자원판매를 위한 홍보 및 마케팅비용절약이 가능하고, 이용자는 유통마진이 제거된 저렴한 가격으로 필요한 기간만큼만 다양한 자원을 대여하여 사용할 수 있고 제공자는 적은 투자비용으로 사업을 시작하여 수수료수익을 확보할 수 있는 상호 Win-Win하는 비즈니스 형태이다.

2. 공유경제 형태(Sharing Economy Model)

공유경제 비즈니스 모델로는 유휴자산 임대형태, 직업적 서비스 제공형태, 범용 프리랜서 노동력 제공형태, P2P 자산매매형태 등이 있다.

유휴자산임대형태는 개인이 자기자산의 일부를 타인에게 일정 기간 임대하여 임대료수입을 얻을 수 있도록 수요자와 공급자를 매개하는 플랫폼운영이며, 직업적 서비스 제공형태는 조직에 속하지 않고 개인으로서 직업적인 서비스를 제공하도록 수요자와 공급자를 매개하는 플랫폼운영을 말한다. 또한 범용 프리랜서 노동력 제공형태는 기술자, 번역가, 작가 등 다양한 종류의 프리랜스 노동력이 거래되는 마켓플레이스를 운영하는 것이며, P2P 자산매매형태는 판매자와 소비자간 직거래가 이루어질 수 있는 마켓플레이스 운영하는 것이다.

공유경제 거래형태는 협력적 소비(collaborative consumption)를 의미하며 협력적 소비형태는 제품서비스 시스템, 재분배시장, 협력적 생활방식 등이 있다. 제품서비스 시스템(product service systems)은 개인적 소유에서 탈피하여 공동사용에 중점을 둔 소유가 아닌 사용효율에 집중하는 것이고, 사적소유의 재화들을 P2P marketplace를 통해서 공유하거나 대출하는 것이다. 재분배시장(redistribution markets)은 중고제품을 타인에게 유료 또는 무료로 제공하거나 서로 교환하며 소유를 공유. 대여, 교환, 재활용으로 혁신하는 것이며, 협력적 생활방식(collaboration lifestyles)은 유사한 욕구나 흥미를 가진 사람들이 모여 시간, 공간, 기술, 금전 등 무형의 자산을 공유하거나 교환하는 것을 말한다. 또한 공유경제 거래형태는 거래방식에 따라 B2C, B2B, P2P, C2B 등 여러 가지가 있다.

첫째, B2C(Business to Consumer) 유형이다. B2C 유형은 기업이 제공하는 물품 및 서비스가 소비자에게 직접적으로 제공되는 거래 형태로 기업이 자사의 자산을 소비자에게 직접 대여하는 방식을 말한다. 기업이 자사의 자산을 일반소비자에게 대여하는 방식으로 이루어진다. 미국의 카쉐어링(Car Sharing) 기업인 짚카(Zipcar)는 자사가 보유한 차량을 시간단위로 이용자들에게 대여함으로써 기존의 일(Day) 단위방식의 렌터카시장과는 다른 시장을 창출하여 운영하고 있다.

둘째, B2B(Business to Business) 유형이다. B2B 유형은 기업과 기업 사이에 이루어지는 거래형태로 대여자와 이용자 모두 기업으로 기업이 가진 자산을 기업 간의 거래자원으

그림 2-6 공유경제 거래형태

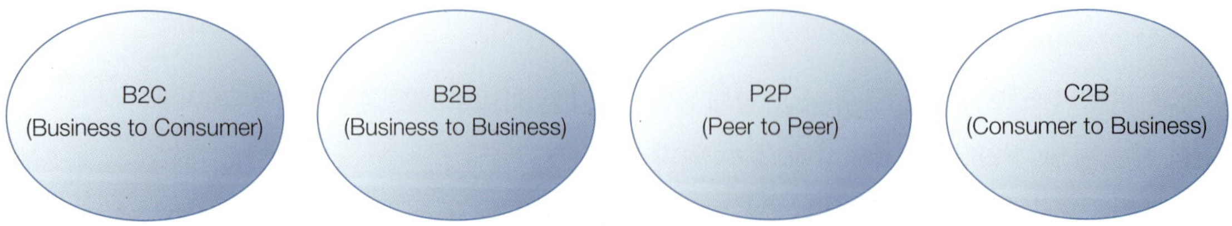

로 활용하는 방식이다. 성남 일반산업단지는 공유경제를 도입하여 단지내 입주기업 간 차량운반구, 회의공간 등 유형자산뿐만 아니라 정부정책 및 산업정보 등의 정보공유, 물류서비스 등의 유통공유 등 경영활동에 필요한 자원을 공유함으로써 비용절감 및 입주기업간에 상호교류를 실시하고 있다.

셋째, P2P(Peer to Peer) 유형이다. P2P유형은 인터넷에서 개인과 개인이 직접 연결되어 진행하는 거래형태로 공유경제의 가장 대표적인 유형으로 거래자와 이용자 모두 개인으로 개인간 중개플랫폼으로 필요한 재화와 서비스를 공유하고 활용하는 방식이다. 거래중개 플랫폼을 활용하는 것이 특징이다. 공유경제의 대표적인 사례로 꼽히는 미국의 숙박공유기업 에어비앤비(Airbnb)는 빈방(유휴자산)을 보유한 집주인(대여자)과 여행객(이용자)을 이어주는 거래중개 플랫폼의 방식이 대표적인 사례이다.

넷째, C2B(Consumer to Business) 유형이다. C2B유형은 소비자가 개인 또는 단체를 구성하여 상품의 공급자나 상품의 생산자에게 가격이나 수량 또는 서비스 등에 관한 조건을 제시하고 구매하는 거래형태로 일반개인이 자신의 지식, 능력 등을 제공하고 이를 이용하는 기업으로 부터 일정대가를 지불받는 방식을 말한다. C2B는 개인의 지식이나 능력등을 기업이 활용하는 방식이다. 미국의 온라인 구인구직 기업이랜스(Elance)는 프로그래밍, 소프트웨어개발, 마케팅 등 전문성을 갖춘 전 세계의 프리랜서와 이들의 능력을 필요로 하는 기업을 연결시켜주는 거래중개플랫폼을 하는 기업이다. 이랜스기업를 통해 전 세계기업들은 대면접촉없이 필요한 전문인력을 공급받고, 프리랜서들은 자신의 전문능력을 해당 기업에 제공함으로써 수익을 거두며, 이랜스기업은 중개수수료를 취하는 방식으로 수익모델을 운영하고 있다.

제3절 공유경제 서비스(Sharing Economy Service)

1. 공유경제 서비스 유형(Sharing Economy Service Type)

공유경제와 렌탈서비스를 상호 잘못이해하고 있는 경우가 있다. 공유경제와 렌탈서비스의 차이점은 소비자입장에서 물건을 소유하지 않고 일정기간 빌려 쓴다는 점에서 유사한 측면이 있다. 즉 렌탈서비스는 대여기간만큼 비용을 지불하는 거래모델이라는 점에서 공유경제와 유사하다고 할 수 있다. 그러나 렌탈서비스는 기본적으로 렌탈전문기업과 개인 간 거래인 반면, 공유경제는 개인과 개인 간 거래(peer to peer, P2P)라는 점에서 큰 차이가 있다. 렌탈서비스는 렌탈전문기업이 물품을 구매하여 대여해 주는 방식이지만, 공유경제는 개인이 이미 보유하고 있는 물품, 정보, 서비스 등을 활용하여 가치를 창출하는 방식이라는 것에 주목해야 한다. 공유경제는 유형과 무형의 분야를 포괄하며 제공하는 서비스에 따라 제품 및 서비스공유(Product & Service Sharing), 물물교환공유(Barter Community Sharing), 협력적 커뮤니티공유(Collaborative Community Sharing)로 구분할 수 있다.

첫째, 제품 및 서비스 공유(Product & Service Sharing)이다. 사용자들이 제품 혹은 서비스를 소유하지 않고 사용할 수 있는 방식이다. 카쉐어링, 바이크쉐어링, 장난감대여, 도서대여 등이 대표적인 제품공유 공유경제사례이다. 집카(Zipcar, 미국)의 경우 회원제 자동차 쉐어링회사로 사용자들이 제품 혹은 서비스를 소유하지 않고 사용할 수 있는 공유경제 방식으로 비즈니스 모델을 만들어 발전시켰다. 집카는 기존 랜트카 거래형태와 다르게 시간제단위로 차량을 대여할 수 있는 B2C 방식의 서비스로 멤버식카드를 통해 차량이용 및 사용시간, 운행거리 등을 산출하고 요금책정하는 시스템이다. 또한 차량을 단시간 필요로 하는 고객과 차량유지비용(구입비, 주차비 등)절감으로 사용자욕구를 충족시키고 있으며, 인터넷과 전화로 예약이 간편하고, 주유비용부담이 없고(주유카드 별도제공) 차량을 단시간 필요로 하는 고객의 니즈(Needs)를 반영한 비즈니스 모델이다. 또한 회원제이기 때문에 자동차를 빌릴 때 소비되는 시간낭비를 줄여 사용자의 불편을 해결했다.

또 다른 제품공유업체 우버(UBER)는 모바일 애플리케이션을 통해 차를 타려는 사람과

그림 2-7 공유경제 서비스 유형

태우려는 사람을 연결해주고 이용료의 일부(10~20%)를 수수료로 받는 차량공유 서비스 회사이다. 네트워크 기반 Ride-Sharing 서비스회사로 소비자와 차량을 연결해주는 차량 플랫폼 서비스기업이다. 이동을 원하는 소비자와 이동서비스(차량, 기사제공)를 제공하는 P2P(peer to peer)방식의 사업으로 온 디맨드(On demand, 스마트폰 등으로 상품이나 서비스 주문을 받아 오프라인으로 해결해주는 서비스)서비스를 제공한다. 또한 스마트 폰 애플리케이션을 통해 차를 타려는 사람과 태우려는 사람을 연결하여 비즈니스를 발전시키고 있다.

한편 스마트폰과 GPS기술발달 등으로 공유경제 비즈니스 모델은 증가하고 있으며 이러한 시스템을 이용하는 소비자의 합리적 소비성향 또한 증가하고 있다.

둘째, 물물교환 공유(Barter Community Sharing)이다. 필요하지 않은 제품을 필요한 사람에게 재분배하는 프리사이클(Freecycle) 방식으로 주로 거래하는 것을 말한다. 대표적 사례로는 경매, 물물교환시장, 무료/상품권교환 등이 있다. 프리사이클 방식의 비즈니스란 필요없는 물건을 처리하고 필요한 물건을 얻음으로써 자원을 재활용하는 방식의 물건을 상호 교환하는 재활용 공유경제를 말한다(Free 무료 + Recycle 재활용 = Freecycle). 물물교환은 이미 사용하던 제품, 혹은 더 이상 필요하지 않은 제품 등을 필요한 사람에게 재분배하는 방식으로 일반적으로 중고매매를 말한다. 우리나라에서는 중고나라, 번개장터 등의 카페를 많은 사람들이 이용하고 있으며, 각종 커뮤니티를 통해서도 많은 교환 또는 중고매매가 이루어지고 있다. 중고서점 또한 인기를 끌고 있으며, 대표적으로 알라딘 중고서점서비스가 있다. 물물교환시장을 통해 비즈니스를 하고 있는 쓰레드업(Threadup) 기업은 헌 옷을 팔려고 하는 사람이 옷을 보내오면 시진을 찍고 소개를 붙여서 사이트에 올리고 포장해서 판매, 배송까지 해주고 수수료를 받는 헌옷 중계쇼핑몰 기업이다.

셋째, 협력적 커뮤니티 공유(Collaborative Community Sharing)이다. 공유경제는 사람과 사람이 상호협동하고 나눔을 기반으로 하는 협력적 서비스이며, 공유경제를 통해서 사람들은 새로운 직업을 얻기도 하고, 바람직한 나눔의 형태를 체험하고 경험하기도 한다. 협력적 커뮤니티 공유는 특정한 커뮤니티 내부의 사용자 사이의 협력을 통한 방식으로 공간공유, 인력중개, 지식공유, 클라우드 펀딩 등 상호협력을 통해 가치를 공유하는 서비스로 사용자 간의 협력을 통한 방식으로 유·무형자원을 공유하는 비즈니스 형태를 말한다. 공간공유, 구인구직, 여행경험, 지식공유, 클라우드펀딩 등이 대표적인 협력적 커뮤니티 서비스이다.

AirBnB는 2008년에 설립된 세계 최대 숙박공유 서비스기업이며, 사람이 지낼 수 있는 모든 공간을 인터넷을 통해 거래를 중개하는 성공적인 매칭플랫폼을 구축하여 성공한 대

그림 2-8 공유경제 거래 플렛폼(AirBnB)

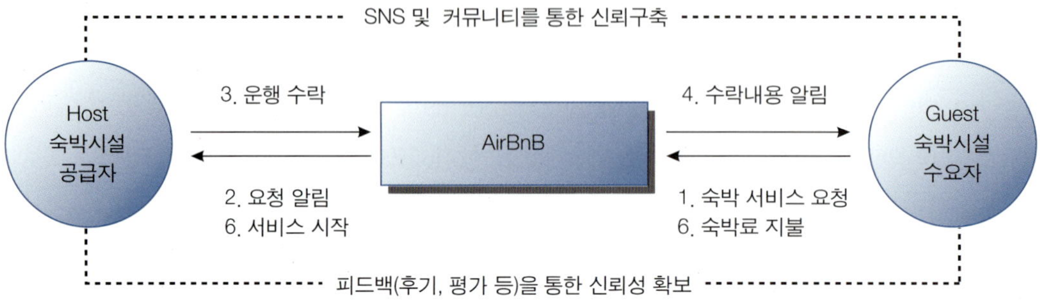

표적인 기업이다. 유휴공간 공유를 통한 수익정보제공 등으로 참여동기를 창출하며, 자체 지불결제 시스템구축을 통한 이용자편익을 제고하고 있다. 또한 커뮤니티의 형성, 특별한 경험과 인적교류의 기회제공 등의 역할을 강조하고 SNS를 활용한 평판시스템 도입 등으로 서비스와 사용환경에 대한 신뢰성을 구축하여 소비자의 편익을 도모하고 있다. AirBnB는 "Air Bed and Breakfast"를 줄여서 만든 이름이며, Air Bed란 평소에는 접어 두었다가 필요할 때 바람을 넣어서 쓰는 침대를 말하고, Bed and Breakfast란 하루 숙박할 침대와 아침식사를 제공해 준다는 것을 의미한다. 또한 뉴욕 브룩클린 다운타운에 위치한 디캘브마켓(Dekalb Market)은 이벤트장소, 식당 및 판매공간, 교육 및 예술작업공간이 한데 모여 지역사회를 연결하는 커뮤니티역할을 하는 비즈니스 시장이며, Teach Street사는 기술, 공부, 여가, 운동, 음식, 문화, 교육 등 배우려는 사람과 가르쳐 주려는 사람을 연결하는 지식공유역할로 비즈니스를 하고 있는 대표적인 기업이다. 인디고고(Indiegogo)는 세계 최초로 설립된 클라우드펀딩을 통해 창업자금을 지원해 주는 클라우드펀딩 사이트운영하는 플랫폼 서비스회사(기술개발, 제품개발 및 출시, 스타트업, 공동구매 등)이고, 태스크래빗(Task Rabbit)은 2008년 보스턴에서 설립된 온라인 인력중개 기업으로 임시로 일을 하려는 사람과 이들을 찾는 사람들을 연결해주는 생활밀착형 온라인 인력장터를 비즈니스 모델로 하는 기업으로 청소, 가구조립, 장보기, 아이돌보기 등의 서비스를 제공하고 있다.

2. 공유경제 서비스 형태(Sharing Economy Service Model)

공유경제를 진행하면서 비즈니스 모델개발은 당연히 중요하고 핵심적인 요소이지만 서비스를 어떻게 할 것인가에 대한 전략을 수립하고 실행하는 것도 중요하다. 공유경제 서비스형태는 온 디맨드 서비스, 옴니채널서비스, O2O 서비스, 서브스크립션 서비스 등이 있다.

첫째, 온 디맨드 서비스(On Demand)이다. 모바일기술 및 IT 인프라를 통해 소비자가 원하는 시점 및 장소에 상품 혹은 서비스를 공급하는 사용자 및 고객의 요구사항이나 수요에 대응하는 주문형 서비스 또는 맞춤형 서비스로 소비자 수요기반의 서비스이다. 사전적 의미는 '요구 또는 필요하거나 원할 때 언제든 이용가능하다'라는 의미로, 소비자요구나 주문에 맞춰 언제든지 필요한 물품 또는 서비스를 제공해 주는 서비스이다. 스마트폰 등으로 상품, 서비스주문을 받아 오프라인으로 해결해주는 서비스로 수요자와 공급자를 연결해주고 플랫폼 비즈니스 모델이다. O2O와 핀테크기반의 서비스가 결합되어 소비자에게 편리함을 제공하고 On-Demand가 활성화된 것은 모바일이 갖는 접근성, 편리성, 즉시성 때문이다. 온 디맨드 서비스의 대표적 기업은 에아마존 플렉스와 크린 바스켓 등이다. 인터넷쇼핑몰 아마존에서도 고객의 요구에 즉시 대응하는 새로운 온디맨드 서비스를 선보였다. 아마존 플렉스는 쉽게 말해 개인운전자와 소비자를 연결해주는 특급배송플랫폼 서비스이다. 기존에 유통, 물류기업은 일반택배 서비스와 같이 별도의 운송기사를 고용하거나 외주를 맡겨 소비자에게 물건을 전달하곤 했다. 아마존 플렉스 서비스는 개인운전자를 활용하여 조금 더 고객의 니즈에 맞는 배송서비스를 제공하는 것이다. 뿐만 아니라 이전에는 온디맨드 서비스가 배달정도에 국한되어 있었지만, 요즘에는 다양한 업종으로 확장되면서 생활밀착형 온디맨드 서비스가 늘어나고 있다. 크린바스켓은 대표적인

그림 2-9 공유경제 서비스 형태

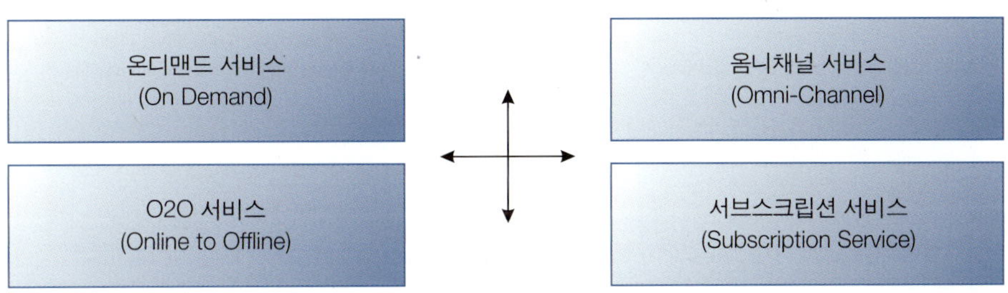

세탁물수거 및 배달서비스 업체이다. 1인 가구의 비중이 늘어가고 있는 요즘상황에서 바쁜 일상 속 세탁소를 직접 방문해 세탁물을 맡기고 찾는 어려움을 호소하는 사람이 늘고 있다는 것에 착안한 서비스이다. 사용자는 직접 세탁소에 가지 않고도 앱 또는 홈페이지를 통해 세탁물수거 및 배달시간과 장소를 지정하고 세탁물을 이에 맞춰 정확하게 받아볼 수 있도록 온디맨드 서비스를 통해 번거로움없이 서비스앱을 통해 모든 것이 한 번에 해결한 것이다.

둘째, O2O(online to offline) 서비스이다. 온라인과 오프라인을 연결하는 방식의 서비스로 소비자의 구매를 촉진하는 새로운 비즈니스 모델로써 인터넷상의 온라인서비스를 통해 오프라인으로 채널로 소비를 유도하거나, 반대로 오프라인 매장에서 고객에게 정보를 제공하여 최종적으로 온라인으로 구매를 유도하는 온라인과 오프라인 융합서비스 방식을 말한다. O2O 서비스는 고객이 어떤 채널을 통해 접근하더라도 편의성을 제공해 주고 고객이 어디에 있든지 원하는 시간에 서비스를 바로 제공해 주고 미리 알아서 해결해 주는 예측서비스이다. 대표적 사례가 사이렌 오더(Siren Order, 매장에 도착하기 전에 미리 주문하는 기능)와 비콘(Beacon, 근거리서비스 50~70미터)이라는 사용자위치를 확인해서 정보전송, 상품결제 등을 가능케해주는 근거리 모바일 통신기술이다.

셋째, 옴니채널(Omni Channel) 서비스이다. 온라인과 오프라인의 수많은 유통경로를 통합하는 것으로 인터넷쇼핑몰, 모바일, 소셜커머스, 백화점, 마트 등 고객이 그 어떤 채널을 통해 접근하더라도 동일한 서비스를 제공하는 서비스를 말한다. 옴니채널 서비스는 서비스형태에 따라 쇼루밍과 역쇼루밍, 모루밍과 역 모루망 등이 있다.

쇼루밍(Show rooming)은 오프라인 매장에서는 물건만 구경하고 온라인에서 구매하는

그림 2-10 옴니채널 서비스 유형

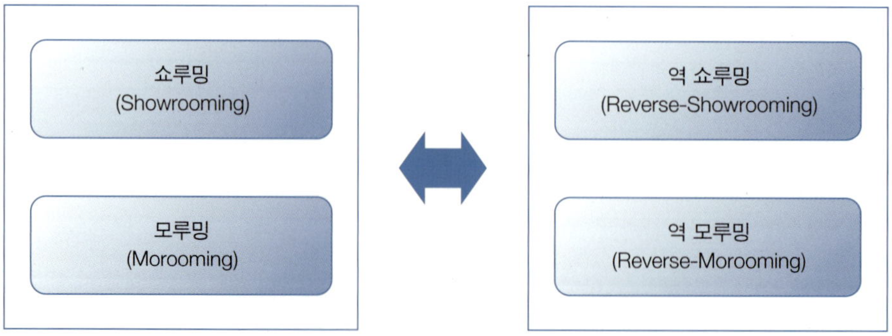

것이며, 역쇼루밍(Reverse-Show rooming)은 온라인에서 물건을 확인하고 오프라인에서 구매를 하는 것이다. 또한 모루밍(Mo rooming)은 오프라인 매장에서 물건만 확인하고 모바일로 구매하는 것이며, 역모루밍(Reverse-Mo rooming)은 모바일에서 물건을 확인하고 오프라인에서 물건을 구매하는 것을 말한다. 결국 소비자들은 옴내채널 서비스에 익숙해 가고 있으며 앞으로 이런 서비스는 기업비즈니스의 성공요인으로 강하게 각인될 것으로 보인다. 따라서 기업은 소비자가 제품의 탐색, 구매, 사용, 후기로 이어지는 소비자 라이프사이클을 분석하고 대응하여 최적의 효율성을 제공하여 기업경쟁력을 확보해야 한다.

넷째, 서브스크립션(subscription) 서비스이다. 일정금액을 지불하고 사용자가 원하는 상품이나 서비스를 공급자가 주기적으로 제공하는 서비스이다. 일정 기간 구독료를 지불하고 상품, 서비스 등을 받을 수 있는 경제활동 서비스로 지정된 날짜에 주기적으로 해당 상품을 배달해 준다. 화장품, 생활용품, 플라워, 식음료, 명품의류 등으로 서비스품목이 다양하고 전문지식을 갖춘 구매담당자가 소비자대신 우수한 제품을 선정하여 전해주기 때문에, 상품을 고르기 위해 쓰는 소비자의 시간을 절약해 준다. 또한 공급자는 상품홍보 효과를 톡톡히 누릴 수 있고 사용자요구를 쉽게 파악할 수 있어 서비스의 질을 지속적으로 높일 수 있으며, 이러한 서브스크립션 서비스는 기업의 비즈니스 모델을 확장해 가는 계기가 되고 있다.

3. 공유경제 효과(Sharing Economy Effect)

공유경제는 개인이 자산을 소유하는 대신 서로 대여하고 차용하여 사용함으로써 한번 생산된 제품을 불특정다수가 함께 사용하는 협력소비(Collaborative Consumption)를 전제로 한 경제방식을 말한다. 2000년대 들어와서 공유를 기반으로 한 비즈니스 모델인 P2P 마켓플레이스와 더불어 우버, 에어비앤비 등과 같이 공유서비스를 활용한 사업이 급격히 성장중이며, 특히 최근에는 사회전반에 걸쳐 SNS를 통해 음악, 사진파일 등을 비롯한 일상생활 전반을 거부감없이 불특정다수와 공유하면서 소비자들이 공유라는 개념과 친숙해진 사회적 분위기가 형성되고 있다.

이러한 분위기 속에 공유경제는 기존에 단순히 물리적 제품을 나눠 가지던 차원을 넘어 최근에는 공간, 지식, 재능, 서비스 등을 공유하는 새로운 시장으로 영역이 확대되면서 새로운 경제수익모델로 인식되고 있으며, 따라서 공유경제는 경제적 효과(Economic Effects)와 사회적 효과(Social Effects)를 만들어내고 있다. 경제적 효과는 거래자원의 범주를 확대하는 재무적 효과를 가져오며, IT플랫폼 이용으로 거래용이성이 확대되고 있다. 또한 신규시장창출 및 거래참여자 확대를 가져오고, 거래비용절감 및 유휴자원의 경제성 제고로 인한 수익성 증대효과를 창출하고 있다. 사회적 효과는 소유물을 다른 사람들에게 제공하기 때문에 자원활용을 극대화할 수 있고, 지역경제 활성화나 일자리창출 등의 사회적 가치증대효과와 단순한 소비가 아닌 사회적, 환경적 측면을 고려하는 가치소비문화의 확산효과를 들 수 있다. 또한 단순한 소비가 아닌 가치소비 문화확산에 기여하고 있다.

따라서 공유경제는 최근 대량생산·대량소비의 자본주의 경제와 대비되고 소유대신 한 번 생산된 제품을 다수가 함께 사용하는 협력소비를 전제로 한 공유경제가 급부상하고 있고 앞으로는 더욱 더 성장속도가 가속화될 것으로 예상된다. 뿐만 아니라 공유경제는 경제적, 비경제적 혜택과 온라인이라는 확장력, 그리고 젊은 소비세대의 반응 등을 고려할 때 향후 공유경제 비즈니스는 기존 경제체제의 틈새시장을 보완, 대체하면서 메가트렌드로 자리매김할 것으로 전망된다. 공유경제 비즈니스는 전자기기, 숙박, 자동차 등 유형자원의 공유에서 인력, 자본, 서비스 공유 등 다양한 형태로 창업 및 개개인의 참여기회를 제공할 것이다. 소유경제에서는 거래가 쉽지 않았던 숙박, 농산물, 차량공유, 파트타임 일거리 등 무형자원까지 거래되는 시장이 형성되어 새로운 사업모델 및 신규일자리가 창출되고, 특별한 기술없이도 일자리를 연결해주는 경제활동으로 소외되었던 노인, 비취업자, 주부 등에게도 다양한 경제활동의 기회를 제공할 것이다. 한편 소유경제를 보완하는 수단으로 발전하여 창업 및 새로운 일자리 기회를 제공할 것으로 보인다.

그림 2-11 공유경제 효과

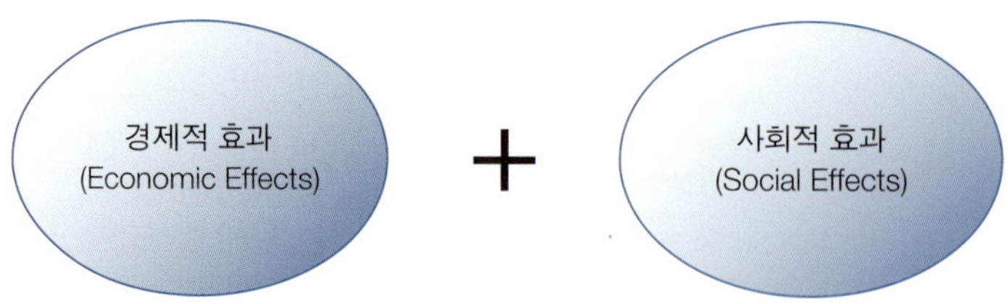

제4절 플랫폼 비즈니스(Platform Business)

플랫폼의 의미는 Plat(구획된 땅)과 Form(형태)의 합성어로 '구획된 땅의 형태'를 의미한다. 즉, 경계가 없던 땅이 구획되면서 계획에 따라 집이 지어지고, 건물이 생기고, 도로가 생기듯이 용도에 따라 다양한 형태로 활용될 수 있는 공간을 상징적으로 표현한 말이다. 플랫폼은 비즈니스 용도에 따라 다양한 형태로 활용할 수 있는 시스템공간으로, 충분한 규모의 구매자나 판매자를 확보하는 것은 기본이고, 해당 플랫폼만의 차별적인 가치가 창출되어 고객에게 편익을 제공해 주는 것이다. 또한 플랫폼주도 기업과 참여자, 또는 참여자 간 공동의 이익이 반드시 존재해야 하며, 비즈니스 플랫폼은 지속적인 확장성을 가지고 있어야 하고 차별적 기반기술을 확보하는 것이 중요하다.

과거의 플랫폼개념에서는 제품과 서비스제공자와 수용인원의 한계 등 공간의 제약성이 강했다면 ICT기술의 발전과 함께 플랫폼의 개념도 제품과 인간이 공간과 시간의 제약없이 교류하며 새로운 가치를 창출하는 공간이라는 의미로 확장되었고, 인터넷 플랫폼은 다양한 인터넷서비스·콘텐츠가 생성·유통되는 서비스제공자 간 소통의 기반을 제공하는 장소를 말한다.

1. 플랫폼 비즈니스 개념(Platform Business Concept)

플랫폼 비즈니스는 소비자가 시간과 공간의 제약을 받지 않고 참여할 수 있도록 하는 사업형태를 말한다. IT기술과 인터넷기술의 발달은 소프트웨어 공급자들이 다양한 서비스를 제공할 수 있는 플랫폼시스템을 만들어 주고, 인터넷쇼핑몰의 인터넷공간에 다양한 제품제공자(상점 등)들이 입점하게 유도함으로써, 소비자들이 원스톱쇼핑을 할 수 있도록 하는 비즈니스 플랫폼을 제공해 주고 있다.

사업자(공급자)가 네트워크를 구축하고 플랫폼 공급자와 소비자 등이 플랫폼을 매개로 다양한 비즈니스가 만들어지고 이를 기반으로 기업과 소비자의 생태계가 형성되는 비즈니스를 플랫폼 비즈니스라고 한다. 플랫폼 비즈니스는 외부생산자와 소비자 간의 상호작용을 통해 가치를 창출할 수 있게 하는 비즈니스를 말한다.

플랫폼 비즈니스는 구성원 간의 상호작용을 가능하게하는 개방적 참여시스템으로 생산

그림 2-12 플랫폼 비즈니스 개념

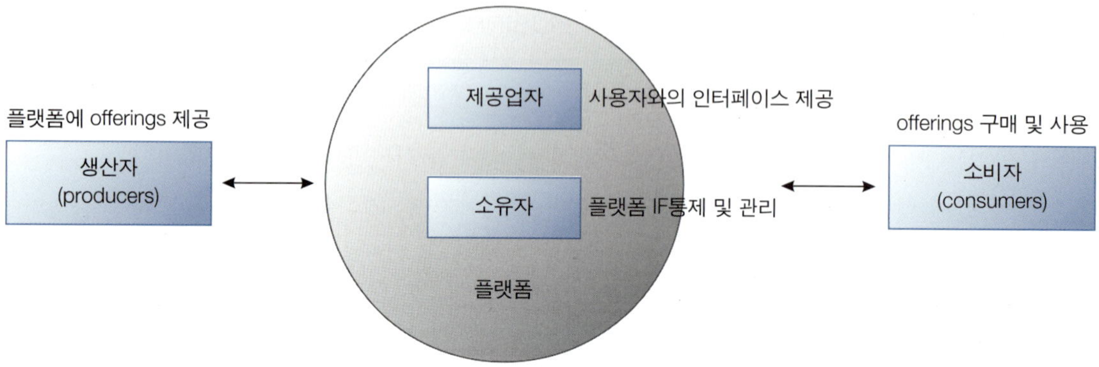

자와 소비자에게 win-win 구조를 제공해 주는 거래형태이다. 플랫폼 비즈니스의 목적은 사용자 간의 최적조합을 찾아내고, 제품과 서비스, 그리고 소셜화폐 등의 교환을 촉진함으로서 모든 참여자들의 상호가치를 창출하는 것이다. 이러한 플랫폼 비즈니스는 다양한 형태로 존재하지만, 소유자, 제공업자, 생산자, 소비자로 구성된 생태계를 형성하고 있다는 점에서 상호 협력적 비즈니스 구조를 가진다.

플랫폼기반의 비즈니스 모델로 성공한 대표적인 기업애플은 앱 스토어(Application Store)라는 플랫폼을 들고 나오면서 소비의 주체로만 인식되었던 휴대폰사용자들에게 소비자이자 생산자, 즉 프로슈머 역할을 할 수 있도록 하는 비즈니스 모델을 제공했다. 플랫폼 비즈니스는 개발자 및 서비스제공자 등 다양한 이해관계자 및 이용자를 플랫폼 서비스 공간으로 유인하여 가치를 창출하는 것으로 벤처기업 또는 중소기업에서 이러한 플랫폼 비즈니스 모델을 이용하여 인터넷 서비스영역을 확대해 나가고 있고 발전을 견인하고 있다. 한편, 에어비앤비, 카카오 등과 같이 혁신적 기술과 서비스 아이디어로 미개척분야를 적극공략하여 공룡기업의 플랫폼 내/외부에서 독자적인 플랫폼을 구축하며 가치를 창출하는 중소규모 인터넷플랫폼 비즈니스 사업자들이 세계 인터넷시장에서 고유의 영역을 확보해 나가고 있다.

플랫폼 비즈니스 모델이 성공하기 위해서 고려해야할 생산자와 소비자 간의 상호작용이 원활히 작동하여 네트워크효과를 견실하게 유지하고 있는지, 정보공유 및 재구매 등과 같은 네트워크효과를 고양시키는 활동에 구성원들이 적극적으로 참여하고 있는지, 생산자와 소비자 간에 적합한 연결이 이루어지고 있는지, 부정적인 피드백루프를 발생시키는 문제들이 무엇인지 등을 지속적으로 모니터링할 필요가 있으며, 플랫폼 비즈니스의 재무적 가치에 대해 이해할 필요가 있다.

플랫폼 비즈니스가 주목받는 이유는 급속도로 발전하는 기술 때문에 하나의 기업에서 모든 서비스를 제공하기보다는 기술력을 갖춘 기업과 제휴를 하는 편이 더 효율적이며 신속한 대응이 가능하기 때문이다. 또한 고객욕구가 점점 다양화되고 있는 가운데 다양화 욕구에 대한 즉각적 대응이 어렵고, 통신기술의 발달(전화, 방송, 통신 등)로 유선과 무선의 통합, 통신과 방송의 융합, 온라인과 오프라인의 결합을 통해 새로운 형태의 융합상품으로 디지털 컨버전스(digital convergence)의 사업화가 가능해 졌기 때문이다.

2. 플랫폼 비즈니스 모델(Platform Business Model)

요즘 사회적 이슈를 받고있는 페이스북, 구글, 애플, 알리바바, 에어비앤비, 우버 등의 성공요인을 살펴보면 공통점이 있는데 그들 기업들은 모두가 플랫폼 비즈니스 모델을 구현하고 있다는 점이다. 앞서 언급했듯이 플랫폼 비즈니스 모델은 사업자가 제품 또는 서비스를 직접 제공하는 것이 아니라 제품이나 서비스를 제공하는 생산자그룹과 이를 필요로 하는 사용자그룹을 서로 연결하는 비즈니스를 말한다. 사업자는 생산자그룹과 사용자그룹이 플랫폼내에서 활발한 거래가 발생하도록 함으로써 가치를 생성하고 궁극적으로 수익을 창출하는 구조를 말한다.

플랫폼 비즈니스 모델은 플랫폼으로서 거래사이트가 직접 매매를 하는 것이 아니라, 공급자와 수요자들이 자유롭게 매매할 수 있도록 서비스하는 대리인 역할을 하는 비즈니스 모델이다. 온라인서점의 대표주자인 아마존은 기존의 소매점전략을 시작해 성공한 바 있으나, 소매점전략을 에이전트전략으로 수정하면서부터 경영실적이 지속 성장하고 있다. 아마존의 에이전트전략은 모든 재고를 아마존이 관리하고 통제하는 것이 아니라, 아마존에 납품하는 협력업체들이 스스로 관리하고 통제를 하도록 하는 것이다. 단순한 유통업에서 플랫폼을 통한 디지털 중개업자가 된 아마존의 행보는 플랫폼 비즈니스의 미래 성공을 예상하게 하는 대표적인 사례모델이다. 플랫폼 비즈니스 모델유형은 가게형Biz 모델, 사슬형Biz 모델, 상거래형Biz 모델, 웹서비스Biz 모델 등으로 분류하여 생각할 수 있다.

첫째, 가게형(store) 비즈니스 모델은 수요자와 공급자들이 플랫폼을 근거로 필요한 가치를 교환하는 비즈니스 모델을 말한다. 애플은 iOS와 앱스토어를 기반으로 해서 디지털 허브를 만들고 앱 개발자들과 소비자들이 자유롭게 앱과 콘텐츠를 교환하도록 하고 있다.

그림 2-13 플랫폼 비즈니스 모델 유형

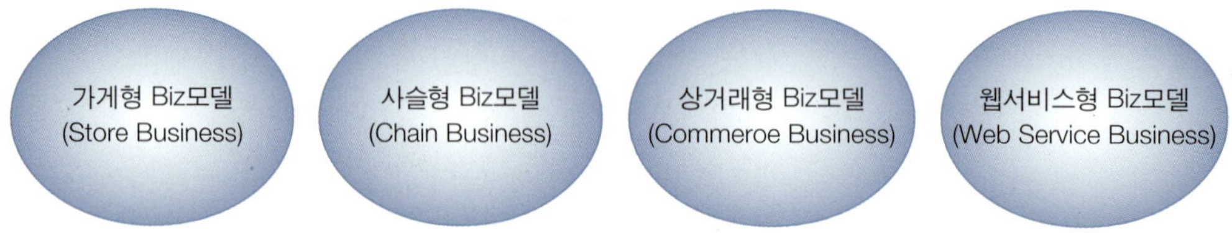

애플은 하드웨어 위주로 혁신을 해오다가 mp3 플레이어인 아이팟과 mp3 다운로드 사이트인 아이튠스를 개발, 서비스를 통해 하드웨어와 소프트웨어를 아우르는 업체로 급성장을 하게 되었다. 이를 기반으로 혁신적인 스마트폰인 아이폰을 출시해 현재까지 그 플랫폼시장을 선도하고 있다.

둘째, 사슬형(chain) 비즈니스 모델은 비즈니스 수행을 위한 가치사슬을 플랫폼에 형성해 두고 이를 기반으로 참여자들의 협업을 통해 가치활동을 전개해 비즈니스를 완성하는 비즈니스 모델이다. 사슬형 비즈니스 모델의 대표적인 사례가 리앤펑(Li & Fung)의 비즈니스 모델이다. 리앤펑은 생산설비나 공장도 없이 매출을 창출하는 아웃소싱 유통업체이다. 자체공장은 단 하나도 없지만 전문화한 생산, 배송능력이 있는 회사들과 협업을 통해 고객의 니즈를 충족시키고 있으며 모든 역량을 공급망관리에 집중하고 있다. 즉, 협력업체 네트워크를 관리하는 공급자관리시스템(SRM, system resource manager)을 통해 협업을 진행하고 있다.

셋째, 상거래형(commerce) 비즈니스 모델은 다양한 상품공급자와 수요자들이 만나는 상거래모델과 사이트를 플랫폼으로 운영하는 비즈니스 모델을 말한다. 일례로 단순한 정보의 중개자(open market)였던 이베이가 현재는 스마트기기를 통해 오프라인과 온라인을 하나로 묶는 사용자의 환경에 맞는 맞춤형 상거래서비스를 하고 있다.

넷째, 웹서비스(web service) 비즈니스 모델은 플랫폼기반의 각종 원격컴퓨팅 서비스를 비즈니스로 하는 모델이다. 아마존 웹서비스(AWS, Amazon Web Services)가 대표적이다. AWS는 클라우드 컴퓨팅환경에서 다른 웹사이트나 클라이언트 측 응용프로그램에 대해 온라인서비스를 제공하고 있다. 컴퓨팅설비, 스토리지(저장 공간), 데이터베이스, 데이터 분석 등 12가지 클라우드 서비스를 필요로 하는 수요자에게 언제 어디서나 필요한 만큼 사용하도록 서비스하고 있는데 이 서비스는 모두 플랫폼기반에서 제공되고 있다. 플랫폼 비즈니스 모델에 대한 설계를 중요하게 여기는 이유는 비즈니스 모델이 사업의 시작단계에서 사업의 목표를 정확히 규정하는 설계도의 역할을 수행해 비즈니스의 성공가능성을 높여 줄 수 있기 때문이다. 물론, 사업이 성장함에 따라 목표시장과 목표고객을 확장하는 전략을 고려할 수도 있으나, 사업의 시작단계에서는 목표로 하는 시장과 고객을 명확하게 하는 것이 무엇보다 중요하다.

3. 긱 이코노미(Gig Economy)

산업현장에서 필요에 따라 사람을 구해 임시로 계약을 맺고 일을 맡기고 바로 현금으로 급여를 지급하는 형태의 경제방식을 긱 경제(Gig Economy, 독립형 일자리 경제)라고 한다. 원래 "Gig"이란 용어는 1920년대 미국 재즈공연장 주변에서 필요할 때마다 연주자를 섭외하여 공연에 투입한 데서 비롯됐다. 긱 경제는 어딘가에 고용돼 있지 않고 필요할 때 원하는 만큼의 노동력을 제공하는 일시적으로 일을 하는 '임시직 경제'의미이다.

우버는 기사를 직접 고용하는 대신 '드라이브 파트너'로 계약을 하고 독립계약자 형태로 운송서비스를 제공하고 있다. 차량 등에서 시작된 긱 이코노미의 고용형태는 배달, 청소, 쇼핑도우미, 가사도우미, 요리사 등 여러 단순노동 서비스로 확장되고 있으며, 최근에는 변호사, 컨설팅 등 전문인력이 참여하는 서비스로 발전하고 있다.

한편 긱 이코노미 시장이 확대되면서 가사노동, 식료품배달, 옷세탁, 각종 심부름, 방문배송, 음식배달서비스 등 생활밀착형 서비스를 비교적 저렴한 가격으로 이용할 수 있게 됐다. 또한 법률적 조언이 필요한 사람과 변호사를 직접 연결해주는 서비스, 각종 컨설팅이 필요한 업체와 전문컨설턴트를 파트타임으로 연결해 주는 전문직 연결서비스도 시장 수요가 늘어나고 있다.

그림 2-14 긱 이코노믹 플랫폼

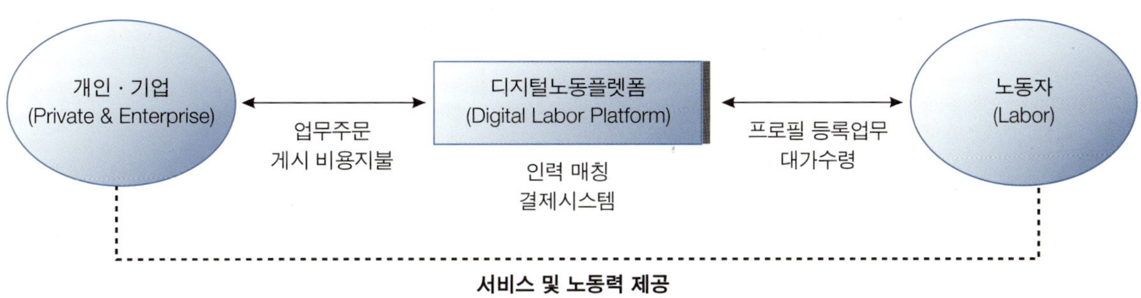

모바일시대에 접어들면서 이런 형태의 임시직이 급증하면서 전통적 개념의 기업봉급체계에서 탈피하여 현장에서 바로 현금으로 지급하는 인스턴트(Instant) 급여방식이 확산되고 있다. 공장, 병원, 콜센터 등 유연한 시간제 근로자에게 적합한 방식으로 우버운전자에게 직불카드로 수시로 급여를 인출가능하도록 하는 긱 경제에 기초한 급여를 제공하고 있다. 아마존은 총알배송서비스 '프라임 나우'를 제공하면서 비용절감을 위해 개인차량을 소유한 일반인을 배송요원으로 활용하는 '아마존 플렉스(Amazon Flex)' 서비스를 진행하고 있으며, 세븐일레븐은 포스트메이트(Postmates)와 제휴를 통해 인터넷물품구매 배송대행서비스를 제공중이며, 약국체인 월그린(WallGreen)도 태스크래빗(TaskRabbit)과 제휴해 의약품배달 서비스를 제공하고 있다. 재능마켓 오투잡은 자신이 보유한 재능을 원하는 사람들과 일대일로 연결해 주고 있다. 오투잡은 자신의 재능을 판매하기 위해 프로파일을 등록하면 구매자가 필요한 재능을 검색해서 이용할 수 있도록 하고 있고, 구매자가 필요한 재능을 직접 의뢰하는 오더잡서비스도 제공하고 있다. 이러한 행위가 무료로 진행되기 때문에 별도의 비용이 발생하지 않는 점도 특징이다. 우버이츠는 배달기사가 아닌 사람도 배달을 할 수 있는 새로운 형태의 긱 서비스로써 자전거, 모터사이클 등을 이용할 수 있는 누구나 신분증등록을 하고 일정 교육이수 후 배달파트너로 활동할 수 있다. 반려견문화가 확산되면서 반려견의 산책이나 돌봄을 도와주는 도그워커 등도 긱 경제의 사례이다. 앞으로 긱 이코노미 시장은 지속성장할 것으로 예상되며, 특히 원하는 시간에 원하는 만큼만 일할 수 있는 유연노동자(전업주부, 은퇴자 등)에게 노동시장 재진입기회를 제공하게 될 것이다.

제 3 장

공유가치창출 경영 (CSV, Creating Shared Value)

제1절 공유가치창출 경영이해(CSV Management Understanding)

기업을 둘러싼 경영환경이 급변하고 기업의 역할과 책임에 대한 사회적 욕구가 점점 커지고 있으며 기업에 대한 불신과 실망은 더욱 더 심화되고 있다. 따라서 기업은 이러한 문제점을 해결하기 위해 기업이윤의 일부를 기부, 사회공헌 등을 통해 기업이미지 제고를 위한 사회적 책임(CSR, Corporate Social Responsibility)활동을 추진해 왔다. 그러나 이러한 CSR활동이 기업이미지를 한시적으로 개선하여 새로운 이윤창출을 위한 도구로 인식되고 또 다른 목적성을 가지고 기업경영의 한 수단으로 이용하고 있다는 시각이 팽배하여 CSR활동에 대한 한계성이 대두되기 시작했다. 따라서 기업이 재무적 이윤을 추구하는 목적에서 벗어나 경제적, 사회적, 환경적 책임의 필요성에 대한 사회의 욕구가 강하게 표출되기 시작했다. 이러한 경영환경변화의 욕구에 대응하기 위해 기업은 재무적 이윤을 추구하면서 사회적 책임을 동시에 만족시킬 수 있는 새로운 경영패러다임의 혁신에 관심을 갖게 되었다.

1. 공유가치창출 경영등장(CSV Management Entrance Setting)

앞서 언급한 바와 같이 기존의 CSR 활동이 또 다른 기업이윤창출의 수단으로 이용하고 있다는 비판적 시각이 증가하면서 새로운 기업가치와 사회적 책임역할을 할 수 있는 경영혁신과 변화가 요구되기 시작했다. CSV경영은 계획부터 기업의 가치와 책임을 동시에 창출하는 것을 목적으로 하기 때문에 CSR경영과 비교해 볼 때 사회적 책임에 미치는 영향이 명확하다.

기업의 사회적 책임활동은 기업의 재무적 이윤(Financial Profit)일부를 사회에 환원하는 순환적 구조로 이루어짐으로써 기업의 CSR활동이 새로운 이윤창출을 위한 투자가 아닌 사회적 비용(Social Costs)으로 인식되어 기업의 경제적 수익성이 악화될 경우 사회환원 지출액이 감소할 수밖에 없는 구조적 문제점을 갖는다. 이처럼 CSR활동의 한계점으로 새로운 경영전략이 필요하게 되었고, 이러한 맥락에서 경제적 가치(Economic Values)와 사회적 가치(Social Values)를 동시에 창출할 수 있는 새로운 경영형태의 필요성이 사회적으로 이슈화된 것이며, 이런 상황에서 새롭게 등장한 새로운 경영개념이 공유가치창출(CSV,

Creating Shared Value)경영이다.

그러한 사회적 변화욕구가 증가하면서 마이클 포터교수(Michael E. Porter, 하버드대학교)는 기존의 CSR을 전략적으로 발전시켜야 한다는 '전략적 CSR'이라는 새로운 개념의 공유가치창출이라는 경영개념을 하버드 비즈니스 리뷰에 발표한 바 있고, 영국의 CSR International의 웨인 빗써는 '기업의 지속성과 책임'에 기초한 새로운 'CSR 2.0'을 고민해야 하고 과거의 CSR과의 결별까지 주장하는 등 사회적 책임에 대한 정의를 새롭게 발전시키기 시작했다.

마이클 포터 교수가 주장하는 CSV는 기업이 가진 비즈니스 모델을 통해 사회문제를 해결하고자 하는 개념이다. 구체적으로 CSV가 기존의 CSR과 어떻게 다른지 한 가지 사례를 통해 알아보자. 개발도상국 농부들에게 더 많은 수익을 보장한다는 취지로 생긴 '공정무역(fair trade)' 이라는 비즈니스 활동이 있다. 예컨대, 공정무역커피는 일반커피보다 보통 10% 정도 비싸게 구매해 줌으로써 생산자의 이익을 높여주고자 했는데 이것이 전형적인 CSR 활동이다. 하지만 이러한 도움만으로 농부들의 삶이 크게 변하지 않으며, 기업 입장에서도 양질의 원재료를 다량으로 확보할 수 있는 것도 아니고 특별히 이익이 될 만한 요소가 없다. 그런데 다국적 식품회사 네슬레는 아프리카의 코트디부아르에서의 코코아 생산, 인도에서의 우유생산과정에서 자신들이 가진 새 품종과 농사짓는 기술, 관리기술, 가공기술 등을 전달하여 스스로 생산성과 효율성을 높이는 방법을 교육해 준 것이다. 그 결과 현지 농부들의 수입이 300% 가량이나 늘어났고 네슬레도 양질의 원료를 안정적으로 확보할 수 있음으로 인해 계획된 커피생산과 공급을 원활하게 할 수 있었다. 이와 같이 생산자와 기업에 모두 이익이 되는 좋은 혁신이 바로 CSV이다.

2. 공유가치창출 경영개념(CSV Management Concept)

마이클 포터교수는 하버드 비즈니스 리뷰에서 "자본주의 어떻게 치유할 것인가"라는 논문을 발표하면서, 기업의 목적이 재무적 이윤추구에서 사회적 책임을 가진 자본주의로 변해야 한다는 주장을 하면서 공유가치창출 경영의 필요성이 본격화되기 시작했다.

기업이 당면한 사회적 요구를 파악하고 그 문제를 해결하는 과정에서 경제적 수익과 사회적 책임을 동시에 창출하는 비즈니스 모델로서 기업의 긍정적인 사회변화유도(사회이익)와 비즈니스 가치증대(기업성과)를 연결시키는 경영전략을 공유가치창출 경영이라고 한다.

그림 3-1 공유가치창출 경영 요소

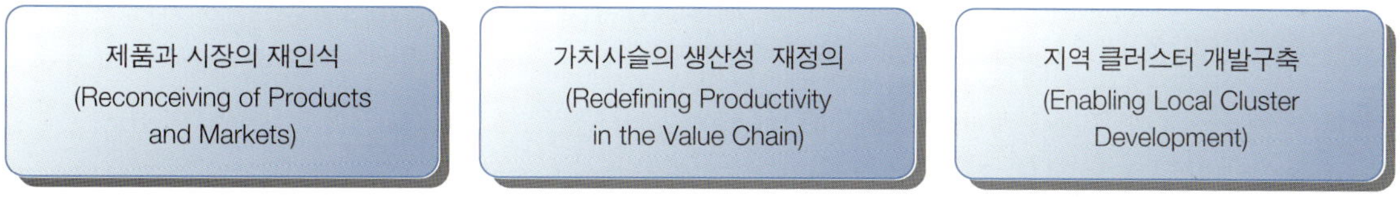

마이클 포터교수는 공유가치창출 경영을 위해서는 제품과 시장의 재인식, 가치사슬의 생산성 재정의, 지역 클러스터 개발구축 등 세 가지를 고려해야 공유가치창출 경영의 가치를 창출할 수 있다고 주장했다.

다시 말해서 공유가치창출 경영은 상품과 서비스에 반영할 수 있는 사회적 요구와 혜택 등을 발견하여 상품과 시장을 재인식해야 하며, 기업가치사슬의 경제적 비용을 증가시키는 사회적 문제에 대한 해결방법을 찾아 가치사슬의 생산성을 재정의하고, 지역업체와 인프라, 재능있는 인력 등과 함께 지역 클러스터를 구축하여 지역발전을 도모해야 한다는 것이다.

따라서 사회적 문제도 해결하면서 동시에 재무적 이윤을 창출할 수 있는 공유가치창출 경영이라는 새로운 경영이론이 등장하면서 CSV경영이 새로운 경영패러다임으로 각광받기 시작했다. CSV경영은 개발도상국, 저소득층대상의 BOP(Bottom of the Pyramid)시장에서 매우 유용하게 활용할 수 있는 사업전략이기에 기업들이 관심을 갖게 되었다.

BOP는 1998년 미시건대학의 프라할라드(C.K.Prahalad) 교수와 코넬대학의 하트(Stuart L. Hart) 교수가 처음 만든 개념으로, BOP 계층은 연소득 3천만 달러 미만의 기난한 저소득소비계층을 말하며, 낮은 소득수준에도 불구하고 세계 인구의 약 70%를 차지하고 있다. 따라서 미래에 중간소득 계층으로 성장할 가능성이 상당히 높아 넥스트 볼륨 존(Next Volume Zone), 넥스트 마켓(Next Market)으로 불리며, 미래 잠재고객으로 급성장할 가능성이 상당히 높은 계층이다. 그러므로 BOP 계층을 미래 고객으로 확보하기 위해서는 공유가치창출 경영을 통해 기반구축을 하는 것이 필요하고, BOP구매를 창출하기 위해서는 합리적 가격, 접근편리성, 이용가능성 등의 BOP 시장개발요소를 고려해야 한다.

합리적 가격(reasonable price)은 품질과 효율성이 떨어지지 않는 적정한 가격으로 책정하여야 하며, 접근편리성(Accessibility)은 저소득층의 직업과 거주지 등을 고려하여 쉽게 접근할 수 있어야 한다는 것이다. 또한 이용가능성(Availability)은 합리적 가격과 접근이 쉽고 편리해야 한다는 것뿐만 아니라, 저소득층의 현금흐름 등을 고려해야 하며 또한 저소득층은 주로 현금에 근거하여 구매하기 때문에 이런 요소를 반영해야 한다는 것이다. 물론 최근에는 ICT기술의 발달로 카드, 인터넷결재에 대한 지식도 점점 확대되고 있기 때문에 이런 변화를 반영할 필요가 있다.

제품과 시장의 재인식(Reconceiving of Products and Markets)

사회가 요구하는 니즈(Needs)는 주거, 복지, 의료, 환경, 노동 등 매우 다양하고 광범위하다. 특히 사회적 소외계층과 개발도상국은 고소득층보다 사회적 니즈가 더욱더 필요했지만, 지속가능한 시장으로 인식되지 않아 새로운 시장으로 반영받지 못하고 시장대상에서 소외되어 왔다. 그러나 이런 저소득계층과 저개발국가를 상대로 제품을 개발하여 사회적 혜택을 제공함으로서 기업은 재무적 이윤을 보다 극대화할 수 있고 사회적 가치를 제공할 수 있는 기회가 될 수 있다. 빈곤층과 저소득층에게 저렴한 휴대폰을 제공하여 모바일뱅킹 서비스를 제공하여 저소득층이 금융거래를 할 수 있는 기회를 제공하여 안전한 자금운영기회를 제공하게 됨으로써 기업은 단순한 제품판매가 아닌 재무적 이윤을 창출하면서 사회적 가치를 제공할 수 있게 되어 공유가치창출 경영을 실현할 수 있는 것이다.

이처럼 시장을 재인식함으로써 기업은 시장에 대한 차별화 및 리포지셔닝(Repositioning)의 새로운 시장기회를 창출하여 새로운 잠재력을 가진 미래시장을 창출하게 할 수 있다. 따라서 이러한 제품과 시장 재인식은 제품과 시장에 대한 사회적 요구와 잠재된 이익, 위협요소를 면밀히 분석하여 제품과 시장에 대한 다양한 소비자의 욕구를 충족하여 공유가치를 창출할 수 있는 것이다. 과거에는 시장으로 인식되지 않던 피라미드의 하부구조에 해당하는 계층이 가능성이 있는 새로운 소비시장으로 인식되어 이들을 위한 제품과 서비스를 개발함으로써 하위계층 소비자에게 제품과 서비스판매를 통해 점진적으로 재무적 이윤을 창출할 수 있는 것이다.

가치사슬의 생산성 재정의(Redefining Productivity in the Value Chain)

가치사슬의 생산성 재정의는 기업의 가치사슬에서 효율성을 확대하여 공유가치를 창출하는 방법이다. 먼저 기업의 가치공급사슬에서 발생할 수 있는 자원고갈과 환경오염, 노동안전성 등의 여러 가지 사회적 문제를 지각해서 가치사슬의 생산성을 재정의할 필요가 있다.

가치사슬 생산성을 조금 더 구체적으로 연구해 보면, 첫째, 에너지사용 및 물류방식(Process)을 변화시키는 것이다. 물류와 배송을 하면서 많은 탄소를 배출하는데 운송거리를 최소화하고 물류시스템을 개선하고 혁신하면, 운송비를 줄이면서 환경오염을 줄이는 공유가치를 창출할 수 있다는 것이다. 한편 자원을 효율적으로 활용하는 것이다. 원재료보다 재활용을 더 많이 사용함으로써 환경개선은 물론 유휴자원을 활용함으로써 환경과 이윤을 동시에 창출할 수 있고 사회적 책임역할도 할 수 있다는 것이다. 둘째, 협력업체에 기술을 상호공유하며 품질개선을 통해 생산성이 향상되는 가치를 얻게되고, 기업의 이익이 증진되어 상호 win-win하는 협력구조를 만들어 공유가치를 창출할 수 있으며, 유통분야에서도 새로운 유통모델개발, 유통방법과 프로세스를 개선하여 경제적 가치를 증진시킬 수 있다. 셋째, 직원들의 생산성 향상을 제고하는 것이다. 직원을 위한 최저임금 및 복지, 교육, 그리고 동등한 승진기회부여는 생산성을 높인다는 연구가 많이 있으며, 회사의 복지향상을 위해 노사가 함께 적극 동참한다면 직원의 생산성은 더욱 향상되고 개선될 것이다. 끝으로 지역 및 위치에 관한 분야이다. 네슬레(Nestlé)는 시장과 근접한 곳에 공장을 설립하여 필요한 자원과 재료를 현지에서 직접 조달하여 접근성을 확보하고 운송비를 절감하고 지역노동력을 활용하여 비용을 줄일 수 있었으며, 생산공정개선을 통해 탄소배출감소 등 환경개선을 통한 공유가치를 창출하였다.

지역 클러스터 개발구축(Enabling Local Cluster Development)

지역 클러스터구축은 클러스터 개발가능성 영역으로서 기업을 둘러싼 지역 인프라에 영향을 받는다. 지역 클러스터구축은 기업뿐 아니라 대학, 연구소 등 지역 인프라와 해당 산업과 연관된 다양한 주체들이 직·간접적으로 협업을 통해 기업생산성과 경쟁력을 향상시킬 수 있다. 많은 IT기업과 대학, R&D센터가 협력한 미국 실리콘 밸리가 대표적인 지역 클러스터구축 사례다. 그러므로 특정 지역에서 지역 클러스터가 형성되기 위해서는 기업, 정부, NGO, 지역주민 등 지역사회 구성원 모두가 지역 클러스터에서 창출되는 가치를 공유할 수 있도록 해야 한다. 이들 이해관계자 모두는 공유가치창출을 위한 상호협업을 통해 사회적 가치를 창출해야 하며, 지역 클러스터는 기업의 재무적 이윤을 창출하는데 목적을 두는 것이 아니라, 새로운 욕구충족과 효율성 제고, 차별화, 시장확대를 통해 새로운 가치를 창출하는 것이다. 따라서 기업은 상호협력을 통해 지역사회와 직·간접적으로 지역 클러스터개발에 참여함으로써 지역사회문제를 해결하고 편익을 제공 등을 통해 사회적 책임을 다하고 경제적 가치를 높일 수 있는 것이다.

제2절 사회적 책임경영(CSR, Corporate Social Responsibility)

1. 사회적 책임경영 개념(CSR, Concept)

기업이 경제적 책임과 법적책임, 윤리적 책임, 자선적 책임을 바탕으로 사회적 책임을 확대해 나가야 한다는 경영을 사회적 책임경영(CSR, Corporate Social Responsibility)이라고 한다. Carroll은 기업의 사회적 책임(CSR)을 크게 경제적 책임, 법률적 책임, 윤리적 책임, 자선적 책임 등 네 단계로 분류하였다. Carroll은 CSR 피라미드 모델을 제시하면서 기업의 사회적 역할을 강조했다. 경제적 책임(Economic Responsibility)으로 재화와 서비스의 생산과 판매를 통하여 재무적 이익을 창출하는 경제주체로서의 책임이 있으며, 기업은 사회가 요구하는 법적요구 사항을 준수하면서 기업경영활동을 수행해야 하는 법률적 책임(Legal Responsibility)이 있다고 했다. 그리고 법적규정의 유무를 불구하고 기업은 사회구성원의 일원으로 윤리적 책임(Ethical Responsibility)을 지켜야 하고 도덕적 행동과 활동을 할 의무를 가져야 한다는 것이다. 한편 자선적 책임(Philanthropic Responsibility)은 기업 스스로의 선택에 맡겨진 책임으로 기업은 지역사회발전을 위해 노력해야 하고 사회적 기부, 사회공헌활동 등을 다해야 한다고 했다.

이와 같은 CSR 피라미드 모델은 CSR 구성요소 사이에 계층이 있어서 피라미드 맨 상

그림 3-2 CSR 피라미드 모델

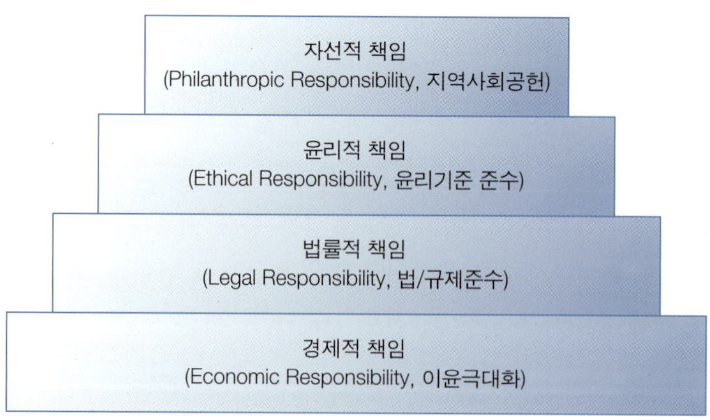

위에 위치한 자선적 책임영역이 가장 중요한 가치를 지니고 있고, 맨 아래에 위치한 경제적 책임영역을 가장 낮은 가치로 평가하는 오해와 또한 각 요소별 중첩되는 CSR의 영역을 설명하지 못 했다는 한계가 있다. 한편 CSR 피라미드에서 4개의 구성요소 경계의 선이 각각 다른 책임으로 표현되어 있기는 하지만, 상호 배타적인 것은 아니기에 그 경계는 변할 수 있고 모호해 질 수 있다. 기업은 윤리적 책임과 사회적 책임에 대한 이행을 간과하고 경제적 책임만을 최우선적으로 고려하는 것은 정당하지 못하다. 따라서 기업이 사회적 책임의 존재로 가치를 인정받기 위해서는 경제적 이윤을 창출하는 것은 당연하지만 도덕적으로나 법적으로 정당한 방법에 의한 것이어야 하며, 윤리적·도덕적·법률적 측면에서 책임을 다하면서 이윤을 극대화하는 것이 중요하다.

2. CSR과 CSV 경영상관관계(CSR & CSV Correlation)

사회적 책임(CSR)과 공유가치창출 경영(CSV)의 가장 큰 차이는 비즈니스의 연계성과 사회적 책임역할의 자발성이다. 기업의 사회적 책임(CSR)경영은 재무적 이윤의 일부를 사회를 위해 선행에 사용하는 것이며, 공유가치창출 경영은 재무적 이윤창출, 즉 경제적 이익을 추구하면서 사회적 책임과 가치를 동시에 창출하는 것이다. 기업의 사회적 책임경영은 비용으로 인식하는 반면에 공유가치창출 경영은 경제적, 사회적 책임을 동시에 창출하

표 3-1 CSR과 CSV 비교

	CSR (Corporate Social Responsibility)	CSV (Creating Shared Value)
기업의 목적	· 주주 이윤극대화	· 경제적, 사회적 가치창출
가치창출	· 선행(Doing Good), 부가적 가치창출	· 투입비용 대비 높은 사회, 경제적 가치
추진이유	· 기업의 독자적 판단	· 경제적, 사회적 가치고려 판단
인 식	· 이윤 극대화와 관계없는 활동	· 이윤극대화를 위한 필수요소
추진방식	· 외부관계자와 내부의 재량으로 설정	· 기업의 특정상황에 맞게 내재적 설정
예 산	· 기업 역량과 재무적 이윤고려로 한정	· 기업전체 예산(매출액 전체)에 고려반영
수행주체	· 독자적 또는 협력적 파트너 모색	· 공동 사업자(네트워크) 구성
성과기간	· 단기적/중기적 성과지향	· 장기적/미래적 성과 지향
한 계	· CSR 예산 규모에 따라 활동제한	· CSV 활동에 대한 낮은 인식수준
사 례	· 공정거래 구매(공정무역)	· 품질 및 생산량을 개선으로 효율창출

여 기업경쟁력을 향상시키기 위한 기회로 인식한다. 또한 기업의 사회적 책임활동범주를 넘어 경쟁우위를 확보하고 동시에 경제적, 사회적 환경을 개선하여 상생을 추구하는 전략 및 정책적 접근이라고 할 수 있다.

CSR과 CSV 경영의 근본적 개념은 기업의 사회적 책임을 창출하기 위한 활동이라는 점에서 취지는 같지만, 여러 가지 측면에서 개념적 차이점을 갖고 있다. Porter & Kramer는 CSR경영은 대부분 기업평판에만 집중하기 때문에 기업과 사회의 이익을 서로 연결시키지 못하기 때문에 미래 경영차원에서의 정당성확보와 지속적 운영이 어렵다고 주장했으며, 미래적 성과에 있어서도 한계점이 있음을 지적하였다. 반면에 CSV경영은 기업이 가진 내적자원과 전문성을 활용해 사회적 책임뿐만 아니라 경제적 책임도 동시에 창출할 수 있음을 강조했다.

제3절 지속가능경영(Sustainability Management)

지속가능경영(Sustainability Management)의 용어개념은 1972년 'The Limits to Growth'에서 인구, 식량문제의 해결방안으로 처음 제시되었다. 후에 1987년 국제연합환경계획(United Nations Environment Program : UNEP)에서 '환경적 관점에서 책임을 지고 사회적으로도 건전한 지속가능한 성장'의 개념을 제시하였고, 2002년에 세계 지속가능발전회의를 통하여 현재의 지속성장가능 경영의 개념이 정립되었다. 지속가능성은 경제발전과 환경이라는 논의의 틀에서 탄생된 개념으로, 과거 경제발전은 환경(또는 생태계)의 훼손을 필연적으로 수반해왔으며, 환경을 훼손하는 경제발전을 과연 얼마나 더 지속할 수 있는가 하는 질문에서 부터 지속가능성이라는 개념이 탄생하게 된 것이다. 산업혁명이후 가속화된 대량생산-소비-폐기로 인하여 부존자원의 고갈과 생태계의 파괴는 더 이상 감내하기 어려운 수준에 도달할 것으로 예상된다. 따라서 생태환경이 더 이상 훼손되지 않고, 미래세대의 삶의 질을 낮추지 않는 수준의 경제발전을 지속가능한 발전(Sustainable Development)이라고 한다.

1. 지속가능경영 개념(Sustainability Management Concept)

지속성장가능 경영의 3대 축인 TBL(Triple Bottom Line)은 지속가능경영을 위해 경제적 수익성(Financial profitability), 환경적 건전성(Environmentally Integrity), 사회적 책임성(Social Responsibility)으로 구성되어 있고, 그러므로, 지속가능 경영을 위해서는 기업 본연의 역할인 이윤추구와 친환경제품의 개발과 환경규제와 같은 환경적인 요소, 윤리경영과 투명경영과 같은 사회적 요소를 동시에 고려해야 하는 것이다. TBL은 기업의 경제적 가치뿐 아니라, 환경적 가치와 사회적 가치도 모두 균형있게 추구해야 한다는 개념이고, 기업본연의 목적인 주주이익의 극대화라는 개념에서 주주뿐만 아니라 기업활동에 영향을 미치는 모든 이해 당사자들의 고려도 함께 이뤄져야 한다는 뜻이다.

경제적 수익성은 기업은 지속적인 생산활동을 통해 이윤을 창출함으로써 경제적 책임을 다하여야 한다는 기존의 경영패러다임에서 추구되어 온 가치이며 기업의 영속성을 유지하기 위한 필수적 요소이다. 이를 위해 기업은 주주가치 극대화, 재무적 이윤, 생산성, 시장점유율, 수익률, 경쟁력 확보 등을 달성하기 위해 인프라 및 조직구조의 개선을 추진해야 한다.

한편 환경적 건전성은 기업활동에서 발생하는 환경영향을 최소화하고 환경문제해결에 적극 참여함으로써 결과적으로 환경적 가치를 향상시키는 것이다. 제품과 서비스를 생산

그림 3-3 지속가능경영의 Framework - Triple Bottom Line

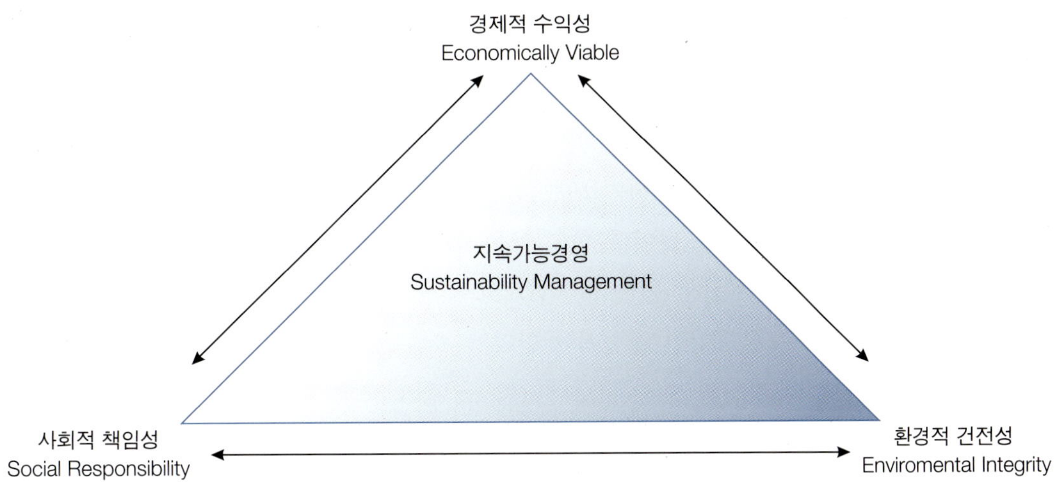

하고 제공하는 과정에서 모든 기업이 필연적으로 환경문제를 발생시키는데, 이를 최소화하고 지속적으로 환경보호활동을 펼침으로써 환경의 영향을 상쇄시키기 위한 모든 정책과 활동프로그램을 포함하며, Carroll은 기업의 성과에 환경을 사회적 책임의 요소로 내포시켜야 한다고 주장한 바 있다.

사회적 책임성은 급격하게 세계화되는 과정에 있어서 전반적인 기업의 경제활동이 사회에 미치는 영향을 말한다. 이윤추구가 기업의 역할이였던 과거의 경영목적에서 과감하게 탈피하여 이제는 기업이 재무적 이윤추구뿐만 아니라 사회적 가치를 제공하는 역할을 해야 한다. 즉, 기업은 사회적 책임성을 가지고 기업경영을 전개해야 한다는 것이다.

따라서 기업의 지속가능경영을 위해서는 기업은 경제적, 환경적, 사회적으로 건전하고 책임을 갖는 경영을 실천해야 한다. 또한 기업들이 전통적으로 중요하게 여겨왔던 경제적 측면의 재무성과뿐 아니라 환경적 건전성, 사회적 책임성 등 비재무적 성과 또한 동시에 고려하는 경영을 함으로써 기업의 가치를 지속적으로 발전시킬 수 있다는 것이다.

2. 지속가능경영 과제(Sustainability Management Subject)

지속가능경영이 일관되고 효과가 큰 실천이 되기 위해서는 실행조직, 비전과 강령, 사규 및 실천매뉴얼, 모니터링 및 평가와 보상, 교육훈련 및 홍보 등 5가지의 기본실천과제가 충족되어야 한다.

비전과 강령은 기업의 비전과 실천강령, 헌장을 수립하고 제정하는 것으로, 이는 지속가능경영실천의 최상위수준으로서 자사가 추구할 지속가능경영의 방향, 가치, 이념을 설정하는 것이다. 한편 조직구성원의 의사결정 및 행동의 규범이 될 뿐만 아니라 비전을 정립하여 추진방향과 실천의지를 대내외적으로 공표해야 하며, 비전과 강령, 헌장제정은 전사적으로 추진되어야 한다. 사규 및 실천매뉴얼은 사규, 내규, 실천매뉴얼을 개발하는 것으로, 수립된 비전을 실현하기 위한 업무수행방법과 필요한 기술적 수단을 문서화하여 제도적 기반을 구축하는 것이다. 여기에는 행위를 조정하고, 수단을 습득하는 방법도 포함되며, 사규, 실천지침서 등은 현실적으로 합당한 규정 및 절차를 정의해야 하며, 또한 지속적인 수정·보완작업이 이뤄져야 한다.

모니터링 및 평가와 보상은 모니터링 → 평가 → 보상 → 피드백으로 이뤄지는 관리시스템을 구축하는 것으로 지속가능경영 관리시스템의 Plan-Do-See 과정이 상호 밀접하고, 효과적으로 이루어질 수 있도록 필수행위를 규정하고, 발생하는 상황을 조정, 통제가

그림 3-4 지속가능 경영의 과제

능한 시스템을 말한다. 지속가능경영을 관리하기 위한 Top-Down과 Bottom-Up 관리 체제를 구축해야 하며, Top-Down 체제는 경영층의 방침, 의사결정사항을 하위계층으로 전달하고, 조직구성원의 참여를 유도하는 동기부여활동이며, Bottom-Up 체제는 실행과정을 모니터링 및 평가하여 경영층 또는 대외에 보고하고, 하위계층의 제안이 상위로 전달되는 체제 등을 말한다. 한편 관리시스템은 비전, 가치의 실질적인 실천을 뒷받침하고, 조직 및 개인의 참여동기를 유발할 수 있어야 한다.

교육훈련 및 홍보는 교육·훈련, 이벤트, 홍보활동을 통한 공감대형성하는 것으로, 지속가능경영을 이해하고, 전파하고, 변화된 체제에 신속히 적응하여, 실제행동으로 이어지게 하기 위해서는 구성원들의 의식개혁을 목표로 교육, 훈련 등의 실천행위가 전개되어야 한다. 직책별, 시기별로 적절한 교육프로그램을 개발하고 실시해야하며, 지속가능경영이 실천에 중요한 계층인 경영층, 부서장과 같은 이해관계자에 대해서는 보다 강화된 교육이 필요하다. 또한 신입사원, 신입관리직을 대상으로 행동지침을 전파하기 위한 교육, 연수 프로그램을 실시하며, 특히 지속가능경영의 이행은 대부분 리더십행위에서 결정되므로 조직내에서 의사결정권자를 대상으로 강화된 교육, 훈련 등을 전개하는 것이 필요하다.

또한 실행조직은 비전의 실천 및 감독을 위한 조직체계를 구축하는 것으로 지속가능경영의 실질적인 추진을 위해서는 관련업무의 기획과 조정, 사후 점검 등을 전담할 조직을 설치해야 한다. 그리고 전담조직과 커뮤니케이션하고 총괄하여 책임지고 수행할 공식부서를 설치하며, 각자의 기능과 역할을 명문화하여 규정해야 한다.

CHAPTER 02

기업경영과 창업

(Enterprise Management & Startup)

제 1 장

기업경영
(Enterprise Management)

제1절 기업이해
제2절 기업의 집중
제3절 성과관리
제4절 기업경영분석

제1절 기업이해(Enterprise Comprehend)

1. 기업의 개념(Enterprise Concept)

기업탄생에 대한 견해는 다양하고 그 시초 또한 명확하지 않은 것이 사실이다. 어떤 학자는 이탈리아 메디치가(Medici family, 은행업으로 상당한 부를 축적하면서 유명해진 가문)라고 하고 어떤 학자는 네덜란드의 동인도 회사(East India Company, 상업거래를 하는 해상무역회사)가 시초라고 주장하기도 하는데, 산업혁명이 시작된 이후 대량생산이 증감함에 따라 생산활동이 조직화되면서 기업이라는 조직이 본격적으로 부각되기 시작했다. 그러나 기업이 사회의 중요한 조직으로 인식되고 학문적으로 연구가 본격화된 것은 20세기 이후이다. 기업은 수많은 상품과 서비스를 제공하는 경제조직이면서 가장 많은 사람들이 일하는 사회조직이다. 피터 드러커(Peter Ferdinand Drucker, 뉴욕대학교, 경제학)교수는 1954년 경영의 실제(The Practice of Management)라는 책에서 기업목적은 이익극대화가 아닌 고객만족이며 고객을 창조하는 것이라고 했다.

제품과 서비스를 생산하여 제공하고 이윤획득을 목적으로 물적, 인적, 재무, 물적, 기술 및 정보자원을 경제성 원칙에 의해 경영의 효율성과 효과성을 창출하는 제반활동을 하는 조직을 기업(enterprise)이라고 한다. 즉, 기업은 이윤을 추구하는 조직으로서 제품과 서비스제공과 일자리창출을 통해 사회적 역할과 책임을 수행하고 국가경제의 원동력역할을 하는 조직이다. 기업은 영리활동을 목적으로 만들어진 구성체로 인간의 욕구를 만족시켜 주는 재화와 용역을 생산·판매하는 경제활동의 주체이며, 이윤추구를 위해 모인 영리조직이므로 이윤을 극대화하기 위한 가치제고활동을 한다. 기업이 물적, 인적, 재무, 기술

그림 1-1 기업경영 프로세스

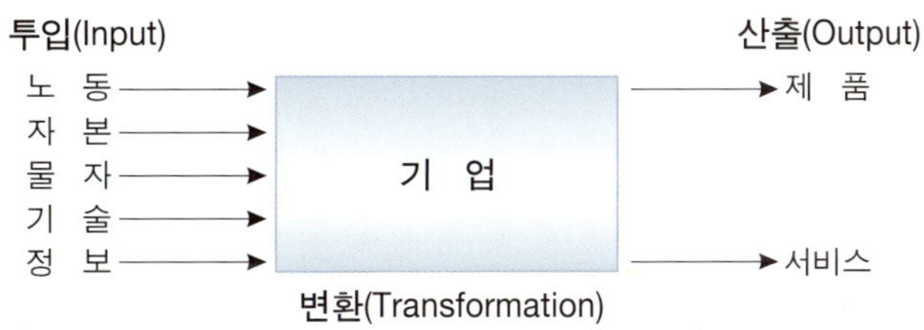

과 정보자원을 효과적으로 계획·조직·지휘·통제하여 제품과 서비스를 만들어 내는 역할을 하는 활동을 기업경영(enterprise management)이라고 한다.

기업은 이윤추구를 목적으로 제품과 서비스를 영속적으로 생산공급하는 협동적 조직 시스템이며, 소비자가 필요로 하는 제품 및 서비스를 효율성에 기초하여 생산하고 제공함으로써 중요한 사회적 역할을 하는 조직체이다.

2. 기업의 유형(Enterprise Category)

기업은 사회, 경제, 문화, 기술 등 외적환경과 생산, 판매, 운영 등 내적환경을 고려하여 경영을 하게 된다. 기업의 분류는 기업규모, 업종, 출자성격, 법제도, 소유방식에 따라서 구분된다. 첫째, 기업규모에 의한 분류는 매출액, 종업원 수, 자본금규모에 따라 소기업, 중소기업, 대기업으로 구분한다(중소기업기본법 제2조). 업종에 의한 분류는 한국표준산업분류기분에 기초하여 건설업, 금융업, 통신업, 유통, 서비스업 등으로 구분한다. 또한 출자성격에 따라 사기업, 공기업, 공사합동기업으로 구분되고, 소유방식에 따라 개인기업, 인적공동기업, 자본적 공동기업으로 구분할 수 있다. 한편 법제도에 따라 합명회사, 합작회사, 유한회사, 주식회사로 구분할 수 있다.

공기업(public enterprise)은 중앙정부 또는 지방자치단체의 자본에 의해 설립되었거나 공익을 목적으로 투자하여 운영되는 기업을 말한다. 공기업은 공공의 이익을 증진하기 위하여 전기, 철도, 가스, 수도, 전화 등과 같이 공중의 일상생활과 밀접한 관계를 갖고 있다. 사기업은 이윤추구와 자체생존, 주주가치를 극대화하는 것을 목적으로 운영되는 기업

그림 1-2 기업의 형태

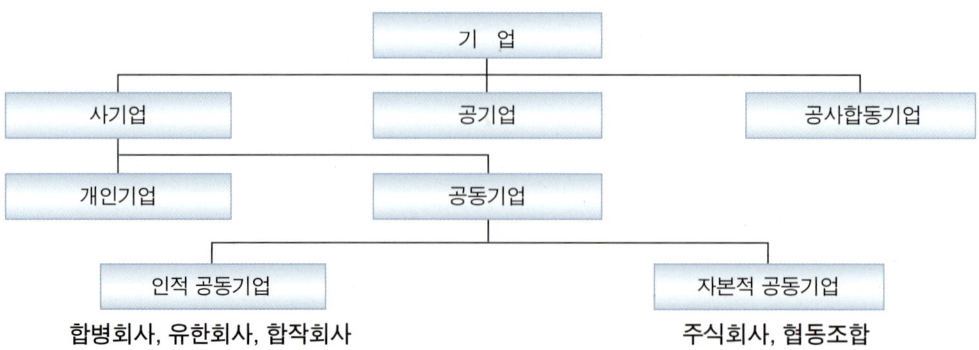

이다. 한편 공기업도 주식을 매각하여 주식회사형태로 민영화할 수 있다(한국전기통신공사 → KT, 한국이동통신 → SK텔레콤, 대한석유공사 → SK에너지, 대한항공공사 → 대한항공 등). 사기업(private enterprise)은 자본주의 경제체제의 기업으로 민간자본을 가지고 이윤과 영리를 추구하는 일체의 개별경제를 의미한다. 사기업의 특징은 사유재산제도, 자유경쟁, 이윤추구이다. 사기업은 조직관리와 경영활동을 위해 운영자금이 필요한데, 자금을 조달하기 위해 주식을 발행한다. 개인기업(individual enterprise)은 단독의 출자자가 출자하여 자신이 직접 경영하고 채권자에 대해서는 직접 무한책임을 지는 기업형태이다. 전문성이 필요하지 않은 업종으로 일반적으로 소규모경영(슈퍼, 부동산중개소, 세탁소 등)을 말한다. 또한 경영하면서 발생하는 재무적 이윤과 모든 손실에 대한 책임을 개인 스스로 지는 단독기업(single enterprise)이라고도 한다. 특별한 숙련을 필요로 하지 않는 업종이나 대규모 기계설비, 기업활동이 요구되지 않는 소규모업종에 적합하다. 따라서 모든 이익을 독점하며 경영관련 비밀의 유지가 가능하고, 뿐만 아니라 일관성과 의사결정이 신속하고 창업과 폐업이 용이하며 창업비용이 저렴하고 시장수요에 대한 즉각적 대응이 쉽다. 그러나 문제가 발생할 경우 무한책임을 지며 자본조달에 한계가 발생할 수 있고 개인능력에 따라 경영능력 및 기술한계에 접할 수 있다.

합명회사(general partnership company)는 2인 이상의 출자자인 무한책임사원으로 구성되며, 모든 사원이 회사채무에 대하여 직접, 연대, 무한의 책임을 지는 회사이다. 서로 신뢰관계에 있는 소수의 구성원으로 구성되고, 법률관계에 있어서 구성원의 개성이 강하고 회사의 인적요소에 중점이 주어지므로 인적회사라고도 할 수 있다. 개인기업에 비해 경영, 자금조달, 상대적 신뢰확보 등에서 유리하지만, 의사결정상의 신속성이 떨어지고 출자자모집에 어려움이 있을 수 있다. 중세 이탈리아 육상상업의 소키에타스(sociĕtas, 공동, 연합, 결합)에서 유래하였다. 합자회사(limited partnership company)는 무한책임사원과 유한책임사원이 각각 1명 이상 있어야 한다. 무한책임사원은 합명회사의 사원과 동일한 책임을 지고, 유한책임사원은 회사채무에 있어서 회사채권자에 대해 직접 그 재산출자의 가액을 한도로 하여 연대책임을 진다. 합자회사는 회사경영에 참여하는 무한책임사원과 단순한 출자만하고 이윤과 배당을 받으며 경영에는 참여하지 않는 유한책임사원로 구성된다. 무한책임사원의 지분은 모든 사원의 동의없이는 양도 불가능하며, 유한책임사원의 지분은 무한책임사원 전원의 동의가 있어야 양도가 가능하다.

주식회사(stock company)는 자유시장경제의 대표적인 기업형태로서 주식의 발행으로 설립된 회사이며, 다수의 자본가가 공동으로 출자하고 주주는 회사의 채무에 대하여 직접

그림 1-3 주식회사 설립 절차

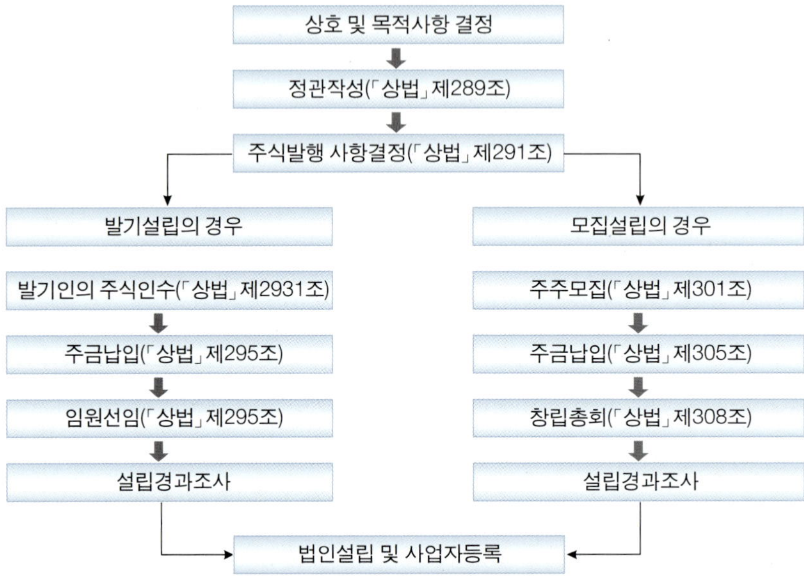

책임을 부담하지 않는 기업을 말한다. 자유롭게 주식의 매매, 양도, 발행 등으로 많은 자금조달이 가능하고 소유와 경영의 분리가 가능하다. 주식회사의 기관구성은 주주총회, 이사회, 감사제도, 사외이사제도 등으로 되어있다. 주주총회(general meeting of stockholders)는 회사의 기본조직과 경영에 관한 주요 사항에 대해 주주의사표시로 결정하는 최고 의사결정기관이다. 주주총회에서 의결하는 주요 결의사항은 주요 결의사항정관의 변경, 영업의 전부 또는 일부양도, 이사 또는 감사의 해임, 자본의 감소, 주식의 분할, 주식의 할인발행, 제3자에 대한 전환사채·신주인수권부 사채의 발행, 합병계약서의 승인, 이사, 감사, 청산인의 선임 및 그 보수의 결정, 재무제표의 승인, 배당금지급시기의 특정, 주식배당, 청산회사 재무제표의 승인, 검사인의 선임 등이다.

이사회(board of directors)는 회사의 경영에 관한 일체의 권한을 위임받은 상설기관이며, 주로 회사의 업무집행에 관한 의사결정을 하는 역할을 한다. 상법이나 정관에서 주주총회의 권한으로 규정한 이외의 업무집행사항에 대하여 회사의사를 결정하고 각 개별이사의 직무집행을 감독하는 기관이다. 이사회의 권한은 주총소집, 대표이사의 선임, 이사와 회사 간의 소송에 관한 대표자선임, 신주 및 사채의 발행 등이다. 이사의 수와 임기는 3인 이상으로 주총에서 선임하며 3년을 초과하지 못한다. 대표이사는 주총과 이사회의 결정방침에 따라 회사업무를 집행하고 대외적으로 회사를 대표하는 최고경영자를 말한다.

한편 사외이사제도(outside director system)는 경영의 투명성제고와 기업의 사회성을 제고하기 위하여 외부전문가로 구성된 이사제도를 말한다. 감사제도(auditor system)는 이사의 업무수행을 감사하고 주주총회에서 선임되며 회사의 회계 및 업무를 감사하는 상설기관이다. 감사의 임기는 주총에서 선임하며 1인 이상으로 임기는 2년이다.

주식회사의 특징은 자본의 증권화제도(주식을 통한 출자의무 및 의결권, 배당청구권), 유한책임제도(주식금액을 한도만큼 회사채무에 대해 유한책임), 소유와 경영분리(자본의 출자자와 경영직능을 수행하는 경영자), 지분양도의 용이성(주식시장을 통한 주식의 양도의 용이성) 등이다. 한편 기업의 발전은 개인기업, 합명기업, 합작회사, 주식회사 형태로 점진적으로 발전해 왔다.

한편 기업은 기업기능에 따라 사회적 기업, 벤처기업, 강소기업으로 구분할 수 있다. 사회적 기업(social enterprise)은 사회적 목적을 우선적으로 추구하면서 지역사회에 공헌함으로써 지역사회 삶의 질을 높이는 등의 사회적 목적을 추구하면서 재화와 서비스를 생산하고 판매하는 기업을 말한다. 벤처기업(venture enterprise)은 첨단의 신기술과 아이디어를 개발하여 사업에 도전하는 기술집약형 중소기업으로 고도의 기술과 전문성, 지식, 창조적 재능과 혁신적 사고가 필요하며, 연구개발기업, 기술집약기업, 모험기업을 의미한다. 벤처는 고도의 전문능력, 창조적 재능, 기업가정신을 기초로 하여 대기업에서 착수하기 힘든 분야에 도전하는 기술기반기업을 지칭하는 용어이다. 강소기업(small giants)은 사업발전성, 신용상태, 미래성 등을 고려하여 고용노동부에서 선정한 작지만 시장과 산업 내에서 강한 경쟁력을 확보하고 있는 중소기업을 의미한다. 강소기업은 중소기업에서 중견기업 그리고 대기업으로 올라가는 성장사다리를 구축하는데 있어 중요한 역할을 하며, 끊임없이 아이디어를 창출하고 기술혁신을 통해 경쟁력을 확보하면서 산업성장을 견인하는 역할을 한다. 또한 작지만 강한 기업으로 잘 알려져 있지 않지만 세계시장에서 경쟁력

그림 1-4 기업발전 패러다임

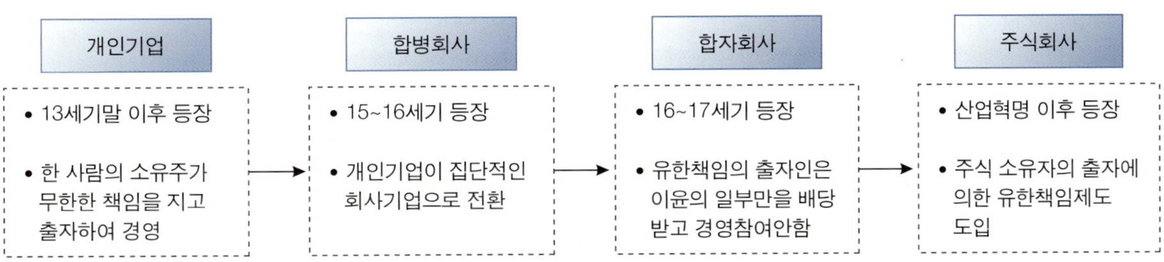

을 보유한 기업으로 수출측면에서 높은 점유율을 기록하는 기업을 말한다.

제2절 기업의 집중(Business Concentration)

1. 기업집중 개념(Business Concentration Concept)

기업이 자본적, 인적, 조직적으로 결합하여 기업상호 간에 불필요한 경쟁을 피하고 상호이익증진을 꾀함으로써 기업의 안정과 시장지배력을 도모하려는 것을 기업집중(enterprise concentration)이라고 한다. 기업집중은 합병(merger)과 인수(acquisition)가 합성된 용어로 공정거래법은 합병을 기업결합이라고 한다. 기업집중은 기업결합을 의미하며, 이미 설립되어 운영되고 있는 기업들이 서로 결합함으로써 자본의 규모가 커지는 것을 말한다. 자본의 집중은 기존의 기업들이 서로 독립성을 갖거나, 독립성이 제한되거나, 독립성을 완전히 상실하는 상태로 결합되어 각각 분리되어 있을 때보다 큰 자본을 형성하게 되는 것을 말한다. 기업결합의 목적은 생산과 판매 등 경영활동의 합리화, 시장에서의 경쟁완화 또는 제거를 통해 재무적 이윤을 창출하고 경쟁우위를 확보하는데 있다. 즉, 생산공정을 합리화하기 위해 원재료를 생산하는 기업과 그 원재료를 가공하여 제품을 생산하는 기업이 서로 결합하거나, 제품생산 기업과 제품판매 기업이 결합하여 경영합리화를 추구하는 것이 기업결합이다. 또한 기업의 규모가 확대되어 대량생산을 하게 되면 동종 기업 간 판매경쟁이 심화되기 쉽기 때문에 서로 큰 피해를 입을 수 있는 것을 방지하는 것을 목적으로 한다.

기업결합(combination of enterprise)의 유형은 거래관계형태에 따라 수평적 기업결합, 수직적 기업결합, 혼합적 기업결합으로 구분될 수 있다.

수평적 기업결합(horizontal concentration)은 동종 또는 유사제품을 생산하는 경쟁기업 간의 결합으로, 자동차회사끼리 결합하거나 동일지역의 백화점끼리 결합하는 것인데 생산규모의 확대로 규모의 경제를 실현할 수도 있으나 시장구조가 집중화되어 독점화될 가능성이 높다. 수직적 기업결합(vertical concentration)은 고객과 공급자관계에 있는 기업들이 하나의 기업으로 결합하는 것으로 어느 회사가 그와 고객관계에 있는 회사를 취득하는 형태 또는 공급자 관계에 있는 회사를 취득하는 형태가 있다. 즉, 생산자와 유통업자와

그림 1-5 기업결합의 유형

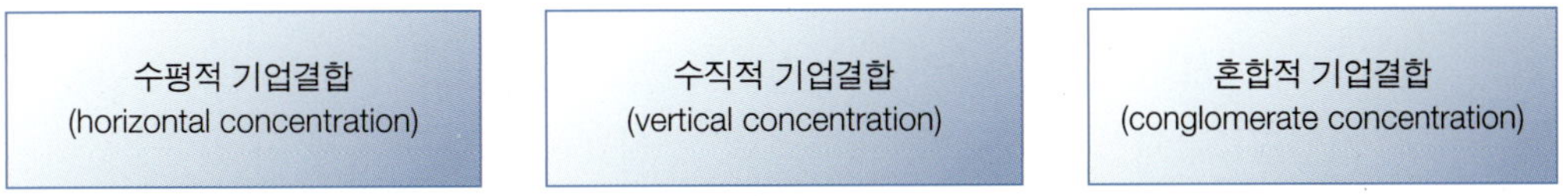

같이 동종산업에 속하나 거래단계를 달리하는 사업자 간의 결합으로 TV를 생산하는 회사가 브라운관 생산회사와 결합하여 거래비용을 감소시키고 원료구입, 판매시장의 안정적 확보를 가능하게 하여 경영효율성을 제고할 수 있는 것이다. 반면, 경쟁사업자의 판매선 혹은 구매선에 영향을 주어 진입제한이나 시장봉쇄 등의 경쟁제한현상을 가져올 수 있다. 혼합적 기업결합(conglomerate concentration)은 직접적인 경쟁관계나 거래관계에 있지 않은 기업들 간에 이루어지는 기업결합으로 서로 다른 업종을 영위하는 사업자 간의 결합인데 시장경쟁에 미치는 효과는 예측하기 어렵다. 여러 업종에 진출함으로써 경기변동에 따른 경영위험을 분산하고 경영기법, 판매망 등 공통적 요소의 활용을 통한 경영효율제고가 가능하지만, 잠재적 경쟁을 배제하고 경제력 집중을 초래할 수 있다.

2. 기업집중 형태(Business Concentration Forms)

자본주의가 발달함에 따라 독점기업이 나타나며 이러한 독점기업형태에 자본의 축적과 집중으로 나타난 것이 기업집중이다. 기업이 상호 불필요한 경쟁을 배제하고 독점적 이

그림 1-6 기업집중의 형태

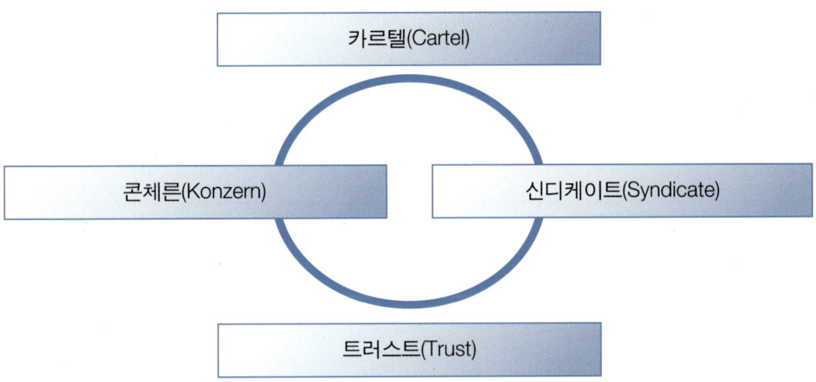

익, 경영적 이익 등을 얻기 위해 다른 기업과 다양하고 복합적인 기업결합을 한다. 또한 기업 간 경쟁을 제한하고 기업의 안전을 위해 경쟁관계에 있는 기업 간의 결합을 한다. 따라서 시장에서 경쟁을 완화하거나 제거할 목적으로 동종기업 간의 기업집중이 일어나는데, 기업집중유형에는 카르텔, 트러스트, 산디게이트, 콘체론 등이 있다.

카르텔(Cartel)

기업상호 간의 경쟁의 제한이나 완화를 목적으로 법률적, 경제적 독립성을 유지하면서 동종 또는 유사업종의 기업들 간에 협정을 통해 수평적으로 이루어지는 결합형태를 카르텔(cartel)이라고 한다. 즉 시장에서의 경쟁제한이라는 소극적 목적을 가진 동종산업 사이의 결합으로 동종기업들이 판매가격, 생산수량, 판매지역, 설비투자제한 등을 조절하기로 협정을 맺고 재무적 이윤을 추구하는 일종의 담합행위를 말한다. 법률적으로나 경제적으로 완전한 독립성을 유지하면서 시장의 통제 및 지배, 가격의 유지 및 기업안정 등을 목적으로 한다. 일반적으로 카르텔은 경쟁을 제한해 소비자이익을 침해하고 시장의 효율적 자원배분 기능을 왜곡하는 결과를 가져오므로 국제적으로 카르텔을 금지하거나 규제하고 있다. 그러나 기업이 경제적 이익을 얻기 위해 다른 기업과 담합하여 가격, 생산, 판매관련 물밑협의를 통해 경쟁을 제한하거나 부당한 이익을 챙기는 행위를 지속하고 있다. 이러한 현상은 1870년대 유럽에서 성행하였다. 카르텔유형은 구매카르텔, 생산카르텔, 판매카르텔 등이 있다.

생산카르텔(product cartel)은 생산은 각각하지만 판매하는 유통을 일원화하여 공동판매하는 카르텔을 말한다. 즉, 생산카르텔은 생산량을 제한하여 재무적 이윤을 추구하는 것을 말한다. 우리나라는 공정거래법으로 이러한 상황을 원칙적으로 금지하고 있다. 구매카르텔(purchased cartel)은 구매량과 구매가격에 대한 경쟁제한하는 것이다. 판매카르텔(sales cartel)은 판매가격, 판매지역, 판매조건 등에 관한 협정으로 판매상의 경쟁을 제한하기 위하여 동종 또는 유사기업 사이에 체결되는 담합행위를 말한다.

그림 1-7 카르텔유형

구매 카르텔 (purchase cartel)	생산 카르텔 (product cartel)	판매 카르텔 (sales cartel)

신디케이트(Syndicate)

공동판매 카르텔을 뜻한다. 판매소를 두고 공동으로 판매를 하는 가장 고도화된 카르텔의 형태이다. 동일시장내의 여러 기업이 출자하여 공동판매회사를 설립하여 생산에서는 독립성을 유지하나 판매는 공동판매회사를 통해서 이루어지므로 독점적 시장지배력을 가지고 있는 기업집중형태를 신디케이트(syndicate)라고 한다. 신디케이트는 카르텔과 트러스트의 중간형태라 할 수 있다. 카르텔의 경우, 가격, 수량협정안에서 각 기업이 경쟁을 하게 되는데, 이 같은 경쟁을 피하기 위하여 제품의 판매를 개별기업으로부터 공동판매기관으로 옮기고, 생산할당이나 합리화를 지도하여 시장지배력을 강화하려는 것이다. 다만, 판매에 관하여 갖는 구속력에 비하여, 생산단계에 대한 강제력은 상대적으로 작아서 그 면에서의 기업의 독립성을 유지한다.

콘체른(Konzern)

다수의 개별기업들이 법률적으로는 독립성을 유지하지만 출자 등 자본적으로 결합하여 지배와 종속관계의 지주회사관계를 형성하고 형식상독립을 유지하고 있으나 실질적으로는 자본 또는 금융관계를 통하여 경제적 독립성을 상실한 기업집중형태를 콘체른(konzern)이라고 한다. 독일에서 유래한 것으로 주로 금융적 방법에 의하여 결합되는 기업집중형태로 일반적으로 대기업이 여러 산업에 속한 기업을 지배할 목적으로 지주회사를 설립한다. 생산합리화, 생산비절감 등을 위한 종단적 결합을 하는 생산콘체른과 판매

그림 1-8 콘체른 유형

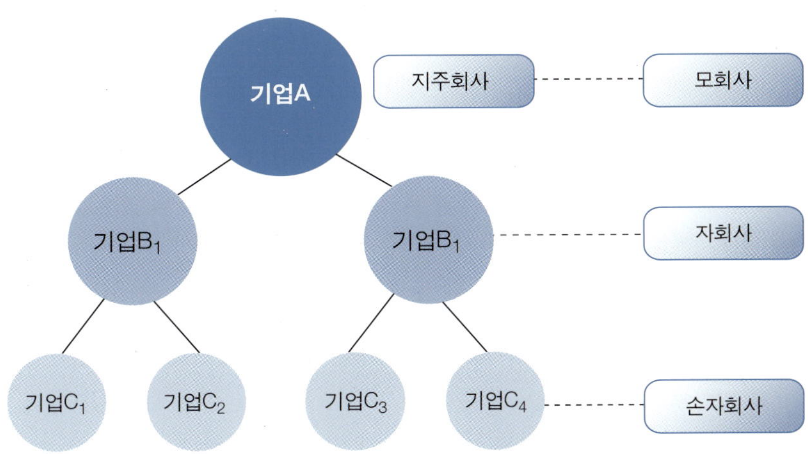

그림 1-9 카르텔과 트러스트의 기본형태

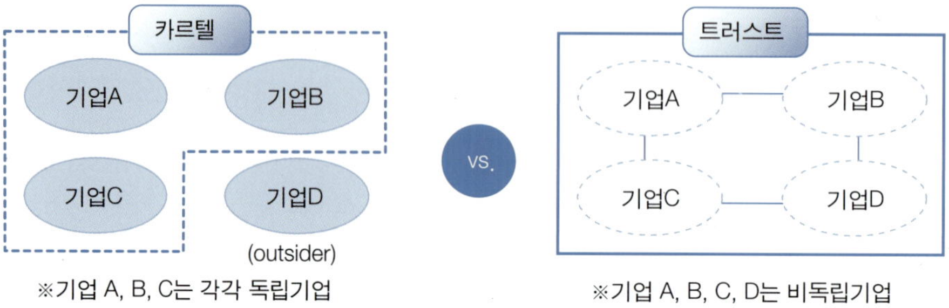

망확보, 판매비절약을 위한 횡단적 결합인 판매콘체른, 그리고 금융상 또는 기업지배의 목적으로 결합하는 금융콘체른이 있다.

트러스트(Trust)

다수의 개별기업들이 법률적으로나 경제적으로 독립성을 상실하고 시장독점을 위해 자본적으로 하나의 기업이 되는 기업형태를 트러스트(trust)라고 한다. 트러스트라는 용어는 19세기 말~20세기 초에 미국에서 성행한 기업합동의 하나의 특수형태에서 유래하였다. 트러스트는 시장지배 또는 독점을 목적으로 자유경쟁에 의한 생산과잉, 가격하락을 피하고 시장독점에 의한 초과이윤의 획득을 목적으로 카르텔보다도 기업결합정도가 높다. 19C말 미국에서 유래한 것으로 둘 이상의 기업이 결합하여 별개의 새 기업을 만들어 기존 기업은 경제적 독립성을 상실하는 것을 말한다. 기업상호 간의 출자액을 결합하여 대자본을 기초로 하는 기업의 복합형태로서 시장독점과 경영합리화를 위해 자본적으로나 법률적으로 각 기업은 독립성을 완전히 상실하고 결합한 기업집중형태이다.

3. 기업지배 구조(Corporate Governance)

지배구조(governance)는 한 조직이 특정 목적을 달성하기 위해 주요한 의사결정을 내리는 구조나 틀을 말한다. 여기서 조직은 기업, 국가, 학교, 비영리단체 등을 모두 포함한다. 한 마디로 지배구조란 한 조직을 다스리는 구조를 뜻한다. 따라서 기업지배구조(corporate governance)는 기업을 다스리는 구조를 가리키는 말이다. 기업경영의 통제에 관한 시스템으로 기업경영에 직접·간접적으로 참여하는 주주, 경영진, 조직구성원 등의 이해관계를 관리하고 조정하고 규율하는 제도적 장치와 운영기구를 기업지배구조(corporate governance)라고 한다. 일반적으로 주식회사는 최고경영자, 이사회, 주주총회 등의 기관들이 설치되어 있고, 이 기관들이 경영수익 및 기업가치 극대화와 같은 기업목적을 달성할 수 있도록 전략적 의사결정을 내리는데 이런 구조가 바로 기업지배구조이다.

기업지배구조라는 말은 영어의 corporate governance를 우리말로 번역한 용어이다. 이 말은 1995년 영국 베어링스 은행(Barings Bank)의 몰락, 2001년 미국 엔론사(Enron)의 파산 등 세계적 대기업의 몰락이 빈발하자 그 원인을 찾는 과정에서 기업의 운영체제에 문제가 있다는 것을 인식을 하게 되었고, 이를 계기로 기업의 운영체제와 관련하여 기업지배구조라는 말이 널리 사용되기 시작했다.

기업은 소유와 경영이 분리되어 있는 경우가 많아 기업지배구조를 잘 설계하는 것이 중요하다. 주식회사는 주주들이 회사의 소유자, 즉 주인이다. 지배구조는 한 조직을 다스리는 조작이므로 기업의 경우 이사진이 기업을 다스리는 것을 말한다. 그런데 이사진이 기업을 잘못 관리하고 경영하는 것을 감시할 수 있는 주체가 필요하다. 그래서 기업은 사외이사제도를 두게 된다. 기업의 이사회가 최고경영자에 대한 감시·견제 및 규율활동을 제대로 수행하려면 무엇보다 이사회가 최고경영자 혹은 지배주주의 영향력으로부터 독립적이면서 전문성을 갖춘 사람들로 구성되는 것이 중요하다. 이를 위해서 회사임원이 아닌 독립적인 외부인사를 이사회의 구성원으로 선임하게되는데, 이러한 독립적 외부인사를 사외이사라고 한다.

제3절 성과관리(Performance Management)

기대하는 성과수준과 경영활동을 통해 달성한 실적을 체계적으로 관리함으로써 조직목표를 달성하는 것을 목적으로 성과지표를 미리 제시하고, 집행과정 및 결과를 경제성, 능률성, 효과성 등의 관점에서 관리하는 일련의 활동을 성과관리(performance management)라고 한다. 즉 조직의 임무달성을 위해 전략적 관점에서 계획을 수립하고, 한정된 자원을 효율적으로 활용하여 업무를 추진한 후, 조직의 역량과 성과를 정확히 측정하여 그 결과를 정책의 개선이나 자원배분, 개인의 성과보상에 반영함으로써 조직의 전반적인 효율성을 높이고자 하는 과정이다.

경영에 있어 조직을 성공적으로 발전시키고 좋은 결과를 창출하기 위해 조직을 합리적이고 성과중심적으로 관리하기 위해 등장한 조직관리방식이 바로 목표관리지표 (MBO, management by objectives)지표와 핵심 성과지표(KPI, key performance indicator)이다. 1954년 피터 드러커(Peter F. Drucker)가 그의 저서(경영관리의 실제, The Practice of Management)에서 목표의 달성과 성취결과를 강조하고 모든 경영활동 분야에서 반드시 조직목표와 개인목표가 설정되어야 한다고 주장하면서 MBO와 KPI지표에 대한 연구가 본격화되기 시작하였다.

성과지표(Performance Indicator)는 성과목표 또는 관리과제가 추구하는 목적달성여부를 측정하는 도구이다. 또한 성과목표의 달성도를 어떻게 측정하고 측정결과를 어떻게 평가하고 관리할 것인가에 대한 구체적인 방법을 알려주고, 조직과 조직의 구성원이 성과목표를 달성하기 위해 무엇을 어떻게 해야 하는지를 명확하게 알 수 있도록 해야 한다. 성과지표는 성과목표달성기준을 구체적, 체계적, 객관적으로 제시해야 하며, 측정가능하고 계량화된 성과지표를 설정되어야만 평가자의 주관이 작용하지 않고 재평가를 실시하더라도 동일하거나 유사한 결과를 가져올 수 있다. 그리고 성과지표는 측정기준에 따라 정량지표(계량지표)와 정성지표(비계량지표)로 구분할 수 있으며, 정량지표는 구체화된 양적수치로 측정이 기능한 지표로 평가자의 주관이 개입될 수 없다. 반면에 정성지표는 양적수치로 측정이 불가능한 지표로 평가자의 주관적 입장이 개입될 수 있어 평가자의 양심적 사고가 필요하다.

그림 1-10 성과관리 체계도(BSC)

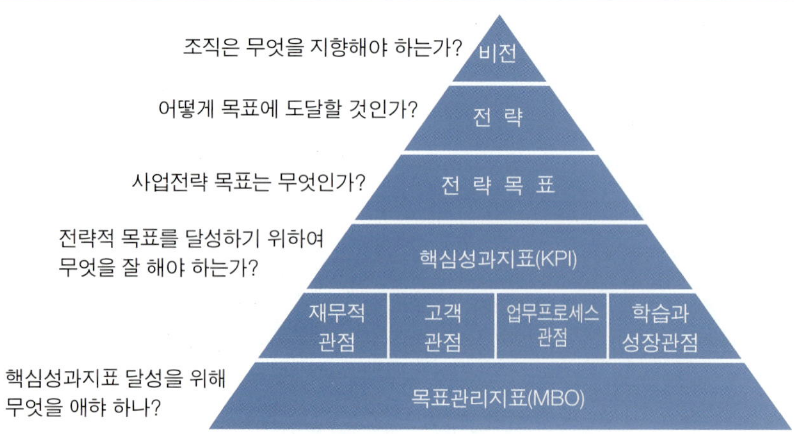

카플란(Robert S. Kaplan, 하버스 대학교)교수와 노튼(David P. Norton, 하버드대학교)교수는 1992년 균형성과관리(BSC, Balanced Score Card) 체계도를 개발했다. BSC는 조직의 비전, 전략을 기반으로 하여 엄선된 성과지표들의 균형된 조합이며, 조직의 리더들은 BSC를 통하여 조직의 전략을 전 조직원에 걸쳐 공유하고, 조직의 변화를 이끌어 낼 수 있다. BSC는 조직의 미션과 비전, 전략목표와 성과목표, 성과지표 등으로 전략체계를 구성하고, 재무, 고객, 업무프로세스, 학습과 성장관점 등에 의하여 장기·단기, 원인, 내부·외부 등을 균형있게 관리가능하도록 하는 성과관리모형이다. 재무관점(Financial perspective)은 기업의 수익과 성장, 주주의 가치를 어떻게 극복화할 것인가? 고객관점(Customer Perspective)은 어떻게 고객의 요구를 충족시킬 수 있는가? 업무프로세스 관점(Process perspective)은 어떻게 하면 업무프로세스의 생산성을 제고할 것인가? 학습 및 성장관점(Learning & Growth perspective)은 조직구성원의 역량을 어떻게 변화시키고 개선시킬 것인가?를 말한다. BSC는 비전, 전략, 전략목표, 핵심성과지표, 목표관리지표, 이니셔티브 등 6가지의 요소로 구성된다.

1. 목표관리지표(MBO, Management by Objectives)

조직에서 상사와 구성원이 상호합의하에 특정시점까지 구체적이고 측정가능한 목표를 설정하고, 그 실행계획을 수립하여 목표달성을 위해 공동으로 노력하여 조직전체의 목표를 달성하도록 관리해 나가는 과정을 목표관리지표(MBO, management by objectives)라고 한다. 조직과 개인의 계획과 목표를 수립하고 실행전략을 수립하는 과정이며, 미래 경영성과를 예측하고 통제하기 위한 접근방법이다. 목표관리지표에서 개인별목표는 전체목표의 세분에 따라 할당되는 것이 일반적이며 상사와 함께 합의하여 만들어야 한다. 상호합의에 의해 만들어진 목표관리지표는 목표수행과정과 목표달성에 대한 의욕을 향상시키는 역할을 한다. 목표관리지표 설정은 연간목표, 반기목표, 분기목표, 월간목표, 주간목표 등으로 세분화해야 하며, 진행상황에 따라 상호합의하여 수정할 수도 있지만 반드시 명확한 근거에 입각해서 변경해야 한다. 한편 자기통제에 의한 자기개발, 능력개발, 교육훈련을 촉진시켜 주며 목표달성도를 기준으로 해서 조직과 개인을 통제해 가는 경영방법이다. MBO탄생은 회계법인(Booz, Allen and Hamilton)으로부터 시작한다. 하급자가 그들의 관리자에게 다음 해의 성과목표를 제시하고 그것을 달성하기 위한 달성목표와 계획을 편지의 형식으로 보낸 것이 유래가 되었으며 이는 곧 “manager’s letter”라고 이름 붙여졌다.

경영학이 발전하면서 성공적이면서도 효율적인 관리방식으로 대두된 것이 바로 MBO의 등장이다. MBO는 1950년대 Harold Smiddy에 의해 적용·확장되었으며, 1960년 General Electric에 도입되었고 그 이후 Douglas McGregor가 이론적 기반을 마련했으며, Peter F. Drucker에 의해 학문적인 발전을 거듭하게 되었다. 피터 드러커는 그의 저서 "경영관리의 실제"에서 관리를 의도적인 것으로 보고 목표의 달성, 즉 성취결과를 강조하고 모든 경영활동분야에서 반드시 〈목표〉가 설정되어야 한다고 주장하면서 등장하였다.

오늘날 MBO는 선진국, 후진국 구별없이 글로벌하게 널리 실시되고 있으며 대기업, 중소기업, 벤처기업할 것없이 급속도로 확산되고 있다. MBO실행 프로세스는 목표설정, 지도 및 점검, 성과평가, 보상 및 피드백으로 진행된다. 목표설정은 전사차원에서 경영전략과 목표를 설정하고 하부조직에서 추진목표 및 구체적 달성기준을 정하고 평가자와 상호협의를 통해 MBO 목표를 설정한다. 점검 및 확정은 목표에 대한 추진실적을 점검하고 미진한 부분의 원인진단을 실시하고 목표달성을 방해하고 저해하는 요인을 제거하고 지원할 사항을 체크하고 실행한다. 그리고 성과에 대한 기여도평가는 수행실적을 구체적 분석하고 최종실적에 대해 본인평가를 실시하고 본인평가자료를 근거로 평가자에 의한 목표대비 달성도를 평가하게 한 다음 조직 또는 팀에 정성적 기여도를 분석해서 반영한다. 목표달성도 및 과정에 대한 확인을 통해 격려하고 동기부여해야 한다. 마지막으로 보상과 피드백은 평가결과에 따른 공정한 보상이 반드시 일어나야하며 성과급지급, 연봉인상, 승진, 연수기회제공 등 철저하게 성과에 대한 보상을 지급해야 한다.

목표관리지표 기준(MBO Standard)

목표관리지표의 핵심은 조직구성원 스스로가 조직의 목표와 목적을 이해하고, 자신의 업무분야에서 뛰어난 성과를 낼 수 있는 구체적인 목표와 계획을 세우는 목적이 있다. 목

그림 1-11 목표관리지표 결정기준

표관리지표는 조직과 개인의 목표를 명확히 하고 상호 연계성이 있도록 하여 목표를 효과적으로 달성할 수 있는 근간을 세우는 것이다. 또한 자발적으로 목표를 설정하고 수립할 수 있도록 하고 상급자와 하급자 사이에 반드시 상호협의된 목표를 통해 결과를 명확히 평가할 수 있는 근거를 만드는 것이 중요하다. 따라서 목표관리지표가 조직에 합리적으로 잘 정착되면 조직목표달성뿐만 아니라 동기부여를 통해 조직원의 역량을 강화시킬 수 있고. 또한 공정한 인사관리의 토대가 될 수 있고 조직구성원과 상호원활한 커뮤니케이션까지도 할 수 있다.

목표관리지표 결정은 구체적, 측정가능, 실행가능, 현실성, 기간의 명확성 등에 기초하여 결정해야 한다.

목표는 상위목표를 가장 확실하게 달성할 수 있도록 세분화되고 명확해야하며 달성방법과 기준이 구체적으로 작성되어야 한다(매출액 300억 → 500억, 손익 20억 → 50억). 목표는 측정가능하도록 구체적 수치로 계량화하여 수립하여야 하며, 계량화가 곤란할 경우 업무의 질이나 달성수준을 구체적으로 설정해야 한다(건수, 비율 등). 모든 지표는 실현가능성에 근거해서 작성해야 한다는 것이다, 또한 사전에 평가지표를 명확히 설정하여 이를 통해 평가될 수 있도록 하고 달성가능한 계획이되도록 목표를 설정해야 한다. 법적인 규제사항이나 현실적인 여건에서 가능한 목표이어야 하며, 돌발적 환경변화에 따라 수정이 불가피할 경우는 상호합의하에 수정할 수 있다. 그리고 목표는 과정관리가 가능하도록 구체적으로 언제까지 달성할 것인지를 달성목표일, 달성기간 등 세분화하고 기간이 명확해야 한다(주, 월, 분기, 반기, 년 등).

목표관리지표 프로세스(MBO Process)

MBO는 전략적 차원에서 목표달성을 위한 효과성과 효율성을 동시에 달성가능하게 하는 것으로, 일정한 프로세스에 근거하며 일정주기를 가지고 반복적으로 운영하게 된다. 목표관리지표는 혼자 세우는 것이 아니라 상사와 일차적 협의를 통해서 결정해야 하고, 무엇을 어떻게 할 것인지 구체적으로 목표지표를 설정해야 하다. 목표관리지표가 설정되면 목표달성을 위한 구체적인 과제를 설정하고 목표에 적합한 목표치와 기준을 설정하고 집중적으로 어떤 일을 해야할지 세부실행계획을 수립해야 한다. 목표관리지표 진행상황에 대한 정기적 면담을 통해 설정된 목표과제를 실행해 나가야 하고, 상급자는 하급자의 목표달성을 적극적으로 지원해 주어야 한다. 목표과제가 계획대로 잘 진행되는지 방향에 대한 점검도 주기적으로 해야 한다. 다음은 조직원 목표달성정도를 상사와 함께 공동으로

그림 1-12 MBO목표 실행 프로세스

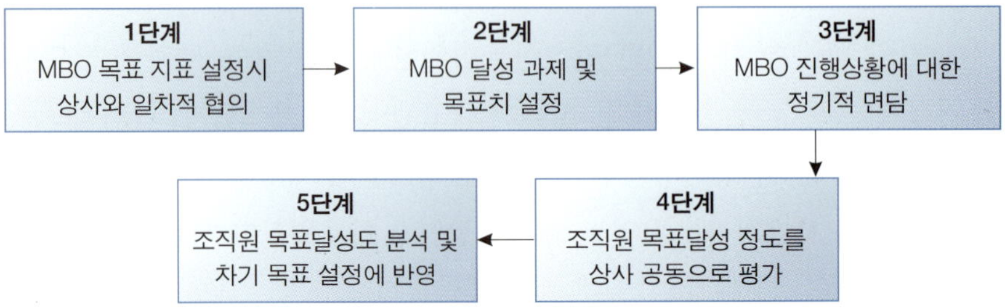

평가하는 것이다. 경영환경을 고려하여 평가주기를 결정하고 성과를 평가하는 단계를 말한다. 하급자는 자신의 성과를 스스로 평가하여 상급자에게 보고하고 상급자는 하급자의 업적을 공정하게 평가한다. 상급자가 하급자의 MBO를 평가할 때는 하급자의 태도 등을 고려하면 안 되고 평가대상에서 제외해야 한다. 즉 객관적으로 평가해야 한다는 것이다. 끝으로 조직원 목표관리지표 달성도를 철저하게 분석한 결과를 차기목표 관리지표설정에 반영한다.

이런 목표관리 실행프로세스를 통해서 얻는 목표관리지표 효과는 조직전체에 걸쳐 일관된 목표를 명확하게 설정할 수 있게 함으로써, 조직구성원들의 역할분담을 명확하게 하고 관리의 질을 향상시킬 수 있다.

2. 핵심 성과지표(KPI, Key Performance Indicator)

조직의 비전, 전략목표, 성과목표, 성과지표의 달성여부를 측정하는 척도로서 성과를 측정할 수 있도록 정량적 또는 정성적으로 나타낸 것을 핵심 성과지표(KPI, key performance indicator)라고 한다. 성과의 의미는 능률성과 효과성(질적측면)을 포함하는 의미로 능률성은 양적측면을 말하며, 결과를 산출물에 기초하여 파악하는 방법으로 산출물의 규모를 투입물에 기초하여 표준화한 것을 말한다. 효과성은 질적측면을 말하며, 조직이 의도한 목적에 대한 실현정도 또는 산출물이 목표로 제시된 상태를 실질적으로 성취한 정도를 말한다. 따라서 성과(performance) = 능률성(efficiency) + 효과성(effectiveness)으로 표현할 수 있다.

많은 기업들은 조직 또는 기업의 목표관리지표로 주로 측정가능성을 고려한 지표 즉 매출, 손익, 부채, 비용 등 재무성과를 주된 목표관리지표로 활용했다. 그러나 재무성과는 경영결과에 대한 활동성과이므로 어떠한 활동을 통해 성과를 달성할지에 대한 정보를 주

그림 1-13 성과관리지표의 개념적 모델

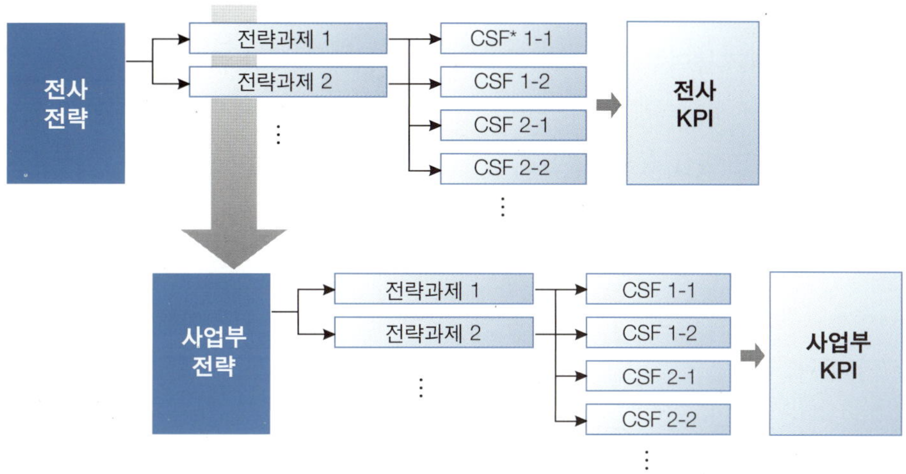

지못하는 한계를 가지고 있다. 따라서 기업들은 이러한 문제점을 해결하고자 새로운 평가지표방식에 대해 고민하기 시작했다.

핵심 성과지표설정 프로세스는 전사전략지표를 선정하고 전략지표를 달성하기 위한 전략과제를 결정하고 선정된 전략과제를 달성하기 위해 핵심 성공요인(CSF, critical success factor, 기업이나 개인이 성공하기 위하여 반드시 수행해야 하는 핵심적인 요소)를 수립하여 전사 KPI를 확정한다. 한편 사업부는 전사 KPI달성을 위해 사업부전략을 수립하고 사업부 KPI를 확정한다. 그리고 기능(팀)은 사업부 KPI 달성을 위해 세부전략과제를 수립하고 결정한다.

핵심 성과지표는 미래성과에 영향을 주는 지표로 성과관리지표를 통해 경영성과에 대한 투명성확보가 가능하고, 비전에 대한 전사적인 커뮤니케이션 및 공감대를 형성할 수 있다. 또한 객관적으로 측정이 가능한 프로세스 모니터링체제를 구축하고, 목표미달성시 원인 규명을 통한 혁신활동 및 역량강화에 활용하며, 성과위주의 보상시스템구축 등을 통해 성과관리를 정착시키는 것이 중요하다.

핵심 성과지표 요소(Key Performance Indicator Element)

핵심 성과지표작성의 3대 원칙은 관리가능성, 통제가능성, 측정가능성이다. 관리가능성은 경영활동에서 핵심 업무중심으로 관리가 가능한 지표를 선정해야 한다는 것이다. 비전달성에 영향을 미치는 핵심 성공요소들 간의 인과관계에 근거하여 작성해야 하며, 기업내에서 수행되고 있는 활동들이 빠짐없이 포함되어야 한다. 통제가능성은 조직의 업무권한범위 내에서 직접통제가 가능해야 한다는 것이다. 탑다운방식으로 배분된 성과지표에 대해서 통제가능여부를 파악해야 하며 조직원과 함께 공감대를 형성해야 한다. 또한 측정을 통한 KPI 모니터링과 피드백을 통해 미래 핵심지표개선에 활용할 수 있도록 측정이 가능해야 한다. 핵심 성과지표도출시 기본적 체크포인트는 사업전략 및 핵심 성공요인과 관련이 깊은가? 즉, 지표가 전략을 대표하는가? 또한 최고경영자, 이해관계자(주주, 고객 등)의 니즈를 반영하고 있는가? 지표의 숫자가 적절한가? 효과적으로 측정가능하고 명확한 지표인가? 통제가능한 지표인가? 등에 대해서 철저하게 체크해서 핵심성과지표를 작성해야 한다.

핵심 성과지표개발원칙(Key Performance Indicator Development)

핵심 성과지표는 정책대표성, 적절성, 인과성, 구체성, 측정가능성, 기한성, 비교가능성 등 7가지 원칙에 기초하여 개발한다.

정책대표성(policy representativeness)은 핵심 성과지표개발 시 가장 근본적으로 고려해야 하는 원칙이다. 전략목표와 성과목표를 대표하는 핵심적인 내용이 포함되도록 지표를 개발해야 한다는 것이다. 따라서 전략목표와 성과목표의 정책이 포괄적으로 포함되어 있는지? 부분적으로만 포함되어 있는지? 직접적으로 연관이 있는 내용인가?를 반드시 확인하여야 한다. 또한 성과지표가 정책대표성을 확보하기 위해서는 구체적이고 논리적이

그림 1-14 핵심성과지표 개발원칙

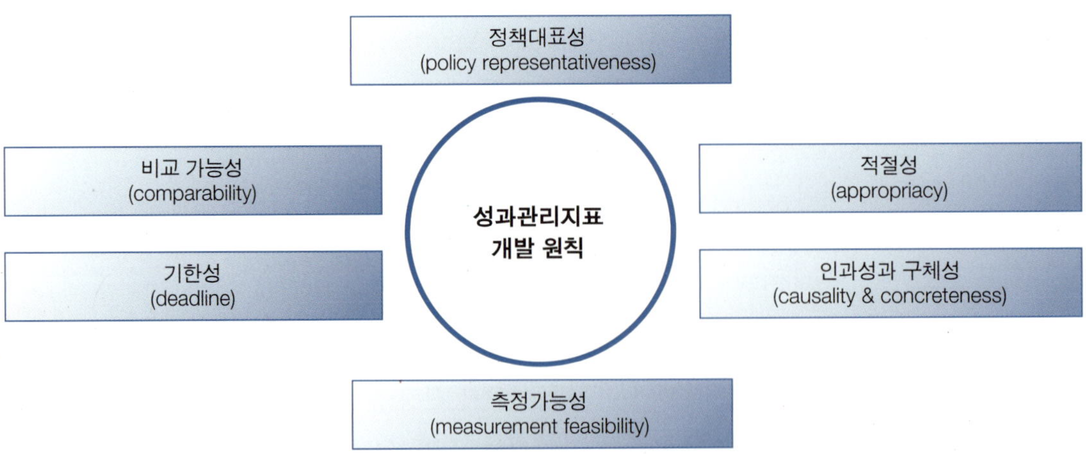

고 명확한 성과목표의 개발이 선행되어야 하며, 성과목표가 불분명할 경우 그 성과목표의 달성여부를 측정하기 위하여 개발된 성과지표 역시 타당한 것이라고 볼 수 없기 때문이다. 적절성(appropriacy)은 성과지표의 목표치설정이 적정한 것인가?에 기초하여 성과지표의 목표치를 적절하게 설정하고, 그 근거를 명확하게 제시해 주어야 한다. 구체적으로 어떠한 근거와 논리를 가지고 목표치를 설정하였는지에 대한 설명없이는 적절성을 판단할 수 없으므로 목표치설정의 근거는 명확하게 제시하여야 한다.

한편 인과성(causality)은 목표와 결과간의 인과관계를 파악할 수 있어야 한다는 것이다. 성과지표의 인과성을 충족시키기 위해서 결과에 영향을 미칠 수 있는 외부요인의 통제가 가능한 지표를 개발하여야 한다. 외부요인을 최소화할 수 있는 성과지표를 개발하여야 목표와 결과간의 인과관계를 파악할 수 있고, 인과관계가 명확할 때 보상이나 책무성 부여가 용이하다. 구체성(concreteness)은 달성하고자 하는 목표를 명확하고 구체적으로 제시하는 것이다. 성과목표 또는 사업의 핵심적인 내용을 대상으로 명확하고 구체적인 성과지표를 개발하여야 한다. 명확하고 구체적인 성과지표는 목표달성 정도를 쉽게 판별할 수 있게 해주고, 조직구성원들의 이해를 쉽게 해 줄 수 있어야하며, 조직구성원들의 의사소통에 문제가 없도록 구체적인 내용을 명확하게 제시해 주어야 한다.

그리고 측정가능성(measurement feasibility)은 성과목표달성 정도를 객관적으로 측정할 수 있는가?에 근거하는 것이다. 정책대표성과 적절성을 갖추었다 하더라도 지표를 객관적으로 측정할 수 없다면 그 성과지표를 활용하기 어렵기 때문에 성과지표의 측정방법을 명확하게 제시할 수 있는 성과지표를 개발하여야 한다. 즉, 성과지표의 측정가능성은 성과지표를 측정하는데 사용되는 자료의 타당성과 신뢰성을 입증할 수 있어야 한다는 것을 의미한다. 기한성(deadline)은 일정 기한내에 달성할 수 있는가? 이다. 사업이 종료되는 시점에 성과를 평가할 수 있는 지표를 개발하여야 하며, 만일 장기적인 사업목표인 경우도 연간성과지표를 설정하여 일정 기간 동안의 성과를 점검하도록 한다.

끝으로 비교가능성(comparability)은 추후 성과지표선정에 활용될 수 있도록 과거의 성과 및 유사사업의 성과와 비교가능하도록 설정하여야 한다는 것으로, 이미 객관성이 확보되었거나 통상활용되는 지표를 활용할 경우는 매년 동일한 지표를 설정할 수 있으므로 과거결과자료와 비교가 용이하다.

핵심 성과지표평가(Key Performance Indicator Evaluation)

핵심 성과지표평가는 투입지표, 과정(활동)지표, 산출지표, 결과지표로 나누어 평가한

그림 1-15 핵심 성과지표평가

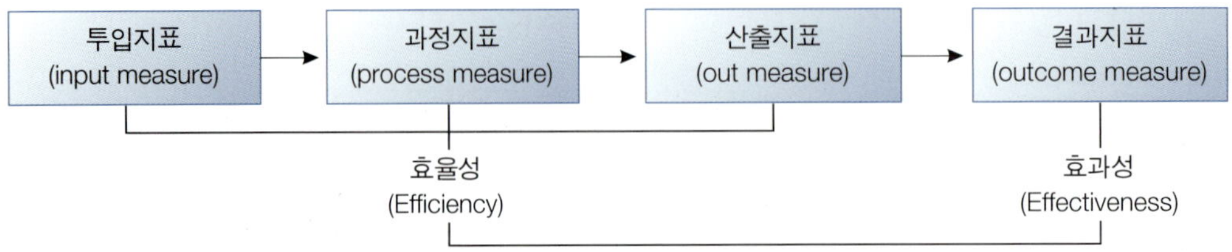

다. 투입지표(input measure)는 예산집행과 사업추진과정에 있어 문제점을 발견하는 것이 목적이다. 목표달성을 위해 필요한 예산 및 인력이 계획대로 집행되었는지 평가하는 지표로 예산집행과 사업계획에 따른 인력, 재원 및 물자의 지원여부 등이 잘 반영되었는지 평가하는 것이다. 과정지표(process measure)는 사업추진정도에 대한 중간점검을 하는 것으로 사업추진을 단계적으로 나누어, 각 단계의 목표달성여부를 평가하고 사업이 최종 완료될 때까지 진행사항을 점검하는 것이다. 진행과정에서 문제가 발생하여 목표달성 어려움이 예상되면 목표치를 현실성에 맞게 수정하는 것이 필요하다.

또한 산출지표(out measure)는 예산 및 인력 등의 투입에 비례하여 목표한 최종산출이 이루어졌는가를 평가하는 것이 목적이다. 최종산출물은 사업의 목표를 평가하는 수단이며 미래 사업계획을 수립할 때 참고하여 반영하는 지표로 활용된다. 결과지표(outcome measure)는 사업의 시행을 통하여 달성하고자 하는 최종효과를 측정하기 위한 지표이다. 산출물을 통해 나타나는 사업의 효과와 영향력을 나타내는 지표로 사업목표의 달성여부에 대한 평가이다. 궁극적인 목적달성 여부측정을 위해 핵심 결과지표위주로 선정하고, 관리하는 지표수가 너무 많지 않도록 주의해야 한다.

3. 인적자원관리(HMR, Human Resource Management)

기업은 조직목표달성을 위해 목표관리지표, 핵심 성과지표라는 수단을 통해 목표를 달성할 수 있도록 제도적 장치를 마련하고 있다. 그러나 결국 아무리 좋은 목표를 수립했더라도 그 일을 수행하는 주최는 사람이므로 조직의 인적자원을 관리하고 동기부여하는 것을 목표달성과 성과관리차원에서 절대적인 요소이다. 조직목표달성과 경영전략실현하는데 필요한 인적자원을 확보하고 구성원의 경쟁력과 잠재적 능력을 개발하기 위해 조직원을 관리하는 일련의 활동을 인적자원관리(human resource management)라고 한다. 인적

그림 1-16 인사평가유형

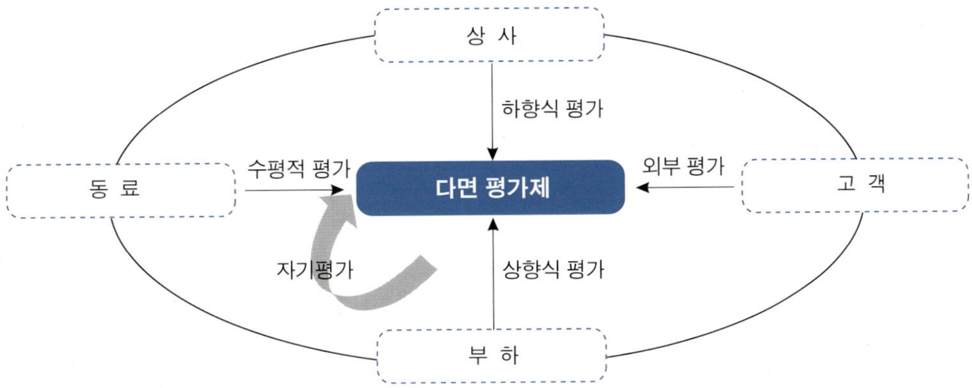

자원관리는 공정한 인사평가, 인사이동 및 상벌, 근무제도의 다양성이 기초되어야 한다.
첫째, 공정한 인사평가이다. 조직에서 사람을 평가하는 방법을 제도화한 것으로 구성원 개개인의 잠재능력, 업무능력, 근무태도 및 업적 등을 평가하는 것을 인사평가(personnel evaluation)라고 한다. 즉, 조직구성원의 능력, 태도, 직무관련 실적에 대한 장점과 가치를 사전에 설정된 목표나 기준에 비추어 체계적으로 판단하는 과정을 말한다. 인사평가는 조직구성원에 대한 여러 가지 의사결정을 내리기 위한 객관적 근거자료로 활용되므로 공정성과 객관성에 근거하여 평가해야 한다. 인사평가방법으로는 하향식 평가, 상향식 평가, 수평적 평가, 외부평가, 다면적 평가제 등이 있다. 인사평가는 조직구성원의 단순한 급여인상을 위한 것이 아니라 승진관리, 인사이동, 징계수간으로 활용되기 때문에 평가의 공정성과 객관성이 강하게 반영되어 평가하여야 한다.

둘째, 인사이동 및 상벌이다. 인사이동은 상향적 인사이동과 하향적 인사이동으로 구분할 수 있다. 상향적 인사이동은 승진을 의미하며, 개인이 현재 수행하는 직무보다 더 높은 직무로 이동하는 것으로 지위상승과 함께 보수, 권한, 책임 및 직무기능의 확대가 수반되는 상향적 인사이동(upward transfer)을 말한다. 인사이동(change of jobs)은 조직구성원이 특정 직무에 배치된 후, 직무수행능력, 경영실무능력, 조직역할 등을 고려하여 수직적· 수평적으로 배치상의 변화를 가져오는 것을 말한다. 인사이동은 조직성과와 개인역량발휘와 밀접한 관계가 있으므로 인사이동원칙과 방법이 명확한 근거에 기초하여야 한다. 징계(discipline)는 사용자가 기업질서를 위반한 구성원에게 그 책임을 부가하고 무너진 기업질서를 유지하기 위하여 행하는 인사상의 불이익을 주는 조치를 말한다. 징계유형

그림 1-17 인사이동 및 징계원칙

인사이동	인사징계
· 적재적소의 원칙 · 적정인력의 원칙 · 능력주의의 원칙 · 인재육성의 원칙 · 균형주의의 원칙	· 승진, 감임 · 전직, 전보 · 겸임 및 파견 · 인사교류 · 전입, 전출

은 견책, 경고, 근신, 감봉, 정직, 강등, 권고사직, 해고 등이 있다. 징계는 조직구성원의 활동과 역할을 강하게 구속하는 것이므로 인사위원회 등을 통해 객관적 평가를 근거로 징계처리가 되도록 해야 한다.

셋째, 근무제도의 다양성이다. 조직구성원의 업무효율과 동기부여차원에서 인적관리에 대한 근무형태를 다양화하고 있다. 따라서 조직에서는 정형화된 근무제도에서 탈피하여 조직구성원의 개인여건에 따라 근무시간, 장소, 형태 등을 선택할 수 있는 다양한 유연근무제(flexible working hours system)를 도입하고 있다. 유연근무제에는 탄력근무시간제, 선택적 근무시간제, 재량근무시간제, 보상휴가근무제, 집중근무시간제 등 업종과 기업형태에 따라 다양한 제도가 있다. 탄력근무시간제는 일이 많은 주(일)의 근로시간을 늘리는 대신에 다른 주(일)의 근로시간을 줄여 평균적으로 법정근로시간을 맞추는 근무제도이다. 선택적 근무시간제는 일정기간(1월 이내)의 단위로 정해진 총 근로시간 범위내에서 업무의 시작, 종료시각, 1일 근로시간을 근로자가 자율적으로 결정할 수 있는 제도이며, 재량근무시간제는 업무의 성격에 비추어 업무수행방법을 근로자의 재량에 위임할 필요가 있는 제도로 사용자가 근로자 대표와 서면합의로 정한 근로시간을 근무하는 것으로 인정하는 제도이다. 한편 보상휴가제는 근로자와 합의를 통해 연장, 야간, 휴일근로에 대하여 임금을 지급하는 대신 유급휴가로 부여하는 제도를 말한다. 그리고 집중근무시간제는 특정시간에는 회의 또는 업무지시 등을 하지 않고 조직원의 개인업무에 집중할 수 있도록 하는 제도이다.

그림 1-18 대차대조표 구성

제4절 기업경영분석(Enterprise Management Analysis)

기업의 대차대조표, 손익계산서 등 재무제표를 이용하여 각종 재무비율을 산출하고, 이를 기초로 기업의 재무상태나 경영성과를 종합적으로 분석하는 것을 기업경영분석(enterprise management analysis)이라고 한다. 재무제표는 기업에 대한 일정기간 동안의 경영실적과 재무상태를 표시한 재무관련 제반서류를 말하며, 대차대조표, 손익계산서, 현금흐름표 등으로 구성되어 있다. 대차대조표(statement of financial position)는 일정시점에서 기업의 재무상태 즉 자산, 부채 및 자본내용을 수록한 표이다. 기업은 자본주(주주)가 투자한 돈(자본)과 금융기관 등으로부터 빌린 돈(부채)으로 공장과 기계설비 등을 구입하여 물건을 만들고, 남는 돈은 예금이나 유가증권으로 운용한다. 따라서 자본과 부채를 합한 금액은 자산총액과 항상 일치하게 된다. 즉 '자산 = 부채+자본'이다.

손익계산서(income statement)는 일정기간의 기업의 경영성과를 나타내는 표이다. 즉 손익계산서는 기업이 일정기간 동안에 얼마나 이익을 남기거나 손해를 보았는지, 그 손해나 이익이 기업의 어떠한 경영활동에서 일어난 것인지를 설명해 준다. 생산이나 판매 등 기업의 고유한 영업활동의 결과로 발생한 손익을 영업손익이라 하고, 이자의 수입과 지급 등 영업외적인 활동의 결과로 발생한 손익을 영업외손익이라 한다. 영업손익과 영업외 손익을 합하여 경상손익이라하며 경상손익에 법인세비용을 차감하여 순수하게 기업에 이익으로 남는 몫을 당기순이익이라 한다. 현금흐름표(statement of cash flow)는 일정기간 동안 기업이 조달한 현금내역과 조달된 현금이 어떻게 이용되었는가 하는 운용내역을 영업활동, 투자활동 및 재무활동으로 나누어 정리한 표이다. 여기서 영업활동으로 인한 현금흐름이란 제품의 생산과 상품의 구매 및 판매 등으로 인한 현금의 유입과 지출을 기록하고, 투자활동으로 인한 현금흐름에는 현금의 대여와 회수, 유가증권, 유형자산 등의 취득 과처분 등에 관련된 현금의 유입과 지출을 기록한다. 재무활동으로 인한 현금흐름에는 현금의 차입 및 상환, 주식발행이나 배당금지급 등과 관련된 현금의 유입과 지출을 기록한

표 1-1 경영분석지표

비 율		산 식	의 미
수익성	매출액 영업이익률	(영업이익/매출액)×100	영업외손익을 제외한 순수한 영업이익만을 매출액과 대비한 이익률 지표
	매출액 경상이익률	(경상이익/매출액)×100	기업의 영업활동과 재무활동에서 발생한 경영성과를 종합적으로 나타내는 대표적인 이익률 지표
	총자산 경상이익률	(경상이익/총자산)×100= (경상이익/매출액)×(매출액/총자산)×100	총자산운용의 효율성을 나타내는 지표로서 수익성 변동요인 분석에 주로 활용
안정성	자기자본 비율	(자기자본/총자본)×100	자본구성의 안정성을 판단하는 지표
	유동비율	(유동자산/유동부채)×100	단기채무에 대한 지급능력을 판단하는 지표
	고정비율	(고정자산/자기자본)×100	기업자산운용 측면의 안정성을 측정하는 지표
성장성	매출액 증가율	(당기매출액/전기매출액)×100−100	영업활동의 신장세를 나타내는 대표적인 지표
	총자산 증가율	(당기말 총자산/전기말 총자산)×100−100	기업에 투하 · 운용된 총자산이 얼마나 증가하였는가를 나타내는 지표

다. 주요 경영분석지표에는 기업의 이익창출능력을 나타내는 수익성 지표, 기업의 채무상환능력이나 장기적인 재무안정성을 측정하는 안정성 지표, 그리고 기업의 지속적인 성장가능성을 평가할 수 있는 성장성 지표 등이 있다.

제 2 장

주식시장과 주식거래
(Stock & Market & Exchange)

제1절 주식시장 이해(Stock Market Understanding)

1. 주식시장 개념(Stock Market Concept)

기업이 발행하는 유가증권은 주식, 채권, 신주인수권증서 등 여러 가지가 있지만 대표적인 것이 주식이며, 주식은 기업이 경영자금을 조달하기 위한 목적으로 발행하는 것이다. 주식은 경제적 환경, 사회적 환경, 정치적 환경, 기술적 환경 등 사회의 전반적 환경에 영향을 미치고 이런 환경은 주식의 가치와 상호 연관성이 높다.

주식의 권리는 회사로 부터 경제적 이익을 받을 수 있는 권리, 경영의결권 행사권리, 주주권확보, 부당한 경영감시할 권리를 갖는다. 또한 주주총회결의취소 및 무효를 제소할 권리와 각종 경영상황열람을 청구할 수 있는 권리를 가지며, 이사회해임(경영진 등)을 청구할 권리를 갖는다. 주식을 보유하고 있는 주주들이 모여 상법에 정해 놓은 회사의 중요한 사안을 정하고 결정하는 회사최고 의사결정회의를 주주총회(general meeting)라고 한다. 주주총회에서는 주주를 대상으로 감사보고, 영업보고 등 회사 주요 현안을 보고하며, 대차대조표, 손익계산서 등 재무제표의 승인(경영실적)을 받는다. 또한 의장, 이사, 감사선임 및 해임의결, 등기 이사보수결정, 기타 회사경영과 관련있는 의사결정을 하는 회의로써 총회결의는 다수결의 원칙에 준한다.

주식은 구주와 신주, 보통주와 우선주, 유상주와 무상주 등으로 구분된다. 구주는 회사가 설립된 이후 현재까지 발행한 주식을 말하며, 신주는 새로이 증자하여 발행되는 주식

그림 2-1 주식시장과 환경적 요인

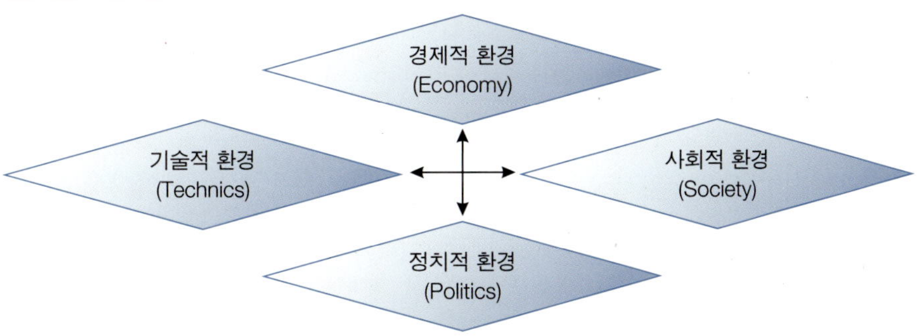

을 말한다. 보통주는 회사가 이익이나 이자의 배당 또는 잔여재산의 분배와 경영감시역할, 주주총회 참여권리, 경영관련 의결권이 있는 주식을 말하며, 우선주는 이익이나 이자의 배당은 보통주보다 높지만 의결권이 없는 주식을 말한다. 유상주는 현금증자를 하면서 이에 대해 교부되는 신주권이며, 무상주는 실질적인 주식출자금의 납부없이 무상으로 발행되는 신주권을 말한다.

기업은 경영상황과 투자자를 고려하여 증자를 결정한다. 증자는 회사가 자본을 증가시키는 것을 말하며 증자형태는 유상증자와 무상증자가 있으며, 자본을 증가시키는 데에는 신주의 발행이 따르므로 증자를 신주의 발행이라고 한다. 증자를 하는 목적은 설비자금과 운전자금을 조달하고 부채를 상환하기 위해서 한다. 또한 자본금 대형화에 의한 공신력제고와 주주에 대한 이익배당 및 재무구조개선을 위해 증자를 실시하고, 경영권의 안정적 확보와 주식분산과 유통주식수의 증가에 의한 원활한 주식거래의 유도하기 위해서 증자를 실시한다.

2. 주식상장 프로세스(Stocks Listing Process)

재무안정성, 성장가능성, 경영투명성 등이 일정수준에 도달한 기업의 주식을 일반 투자자들이 쉽게 거래할 수 있도록 한국거래소에 등록하는 절차를 주식상장(stocks listing, 기업상장)이라고 한다. 주식을 상장하기 위해서는 매출과 이익, 자본금 규모와 같은 일정한 자격요건과 절차가 요구된다. 즉, 한국거래소가 정하는 일정한 요건을 충족하여 주식시장에 주식을 등록하는 절차를 말한다. 코스피상장조건은 자기자본 300원↑, 상장주식수 100만주 이상, 주식분산(일반주주 25%↑, 공모주 25%↑, 법인 10%↑), 일반주주 700명 이상, 평균매출 700억원↑(최근 3년), 최대주주 6개월간 매각제한 등이 있다. 코스닥 상장조건은 일반기업의 경우 설립 후 3년 이상(벤처기업, 기술성장기업 제외), 자기자본(일반기업 30억↑, 벤처기업 15억↑, 기술성장기업 10억↑), 주식분산(일반주주 25%↑, 공모주 25%↑), 소액주주 500명↑, 최대부주 지분매각제한(일반기업/벤처기업 6개월, 기술성장 기업 1년)이다. 그러나 주식상장조건은 변동성이 심하다.

주식시장은 코스피시장, 코스닥시장, 코넥스시장, 기타 장외시장 등으로 구분된다. 코스피(KOSPI, korean composite stock price index)시장은 주로 검증되고, 매출규모가 큰 기업들이 주를 이루는 시장으로 1956년 설립된 대한증권거래소가 최초증권거래소이며 당시 12개 종목이 상장되어 거래되기 시작했다. 코스피지수는 국내의 종합주가지수로 증권거래소에 상장된 종목들의 주식가격을 종합적으로 표시한 수치이다. 투자성과를 측정하고 다른 금융상품과의 수익률을 비교하는 척도로 사용되며 경제상황을 예측하는 지표로도 사용된다. 코스닥(KOSDAQ, korea securities dealers automated quotations)시장은 첨단벤처기업 중심시장인 미국의 나스닥시장을 기초하여 만든 것으로 자금조달이 필요한 유망중소기업, 벤처기업, 기술성장기업 등이 자금조달을 목적으로 1996년에 만든 기술중심의 시장이다. 코넥스(KONEX, korea new exchange)시장은 거래소와 코스닥등록여건을 충족하지 못한 제3의 주식시장을 말한다. 우수한 기술력을 보유하고 있음에도 불구하고, 짧은 경력 등을 이유로 자금조달에 어려움을 겪는 벤처기업과 중소기업이 상장해 자금을 원활하게 조달할 수 있도록 하기위해 2013년 7월부터 개장한 비상장전용의 주식시장을 말한다.

일반적으로 주식상장조건은 다소변동성이 크지만 회사설립기간, 자기자본, 발행주식수, 주식분산요건, 매출액과 손익, 최대주주지분, 감사의견 등을 고려하여 상장여부를 결정한다. 기업공개(IPO, initial public offering)는 상장조건을 갖춘 기업이 상장을 위해 투자자에게 기업을 공식적으로 공개하며 자본금을 늘리는 행위를 말한다. 기업공개를 위한 절차는 상장준비, 상장예비심사, 일반공모, 주식상장 순으로 진행된다.

상장준비를 위해 외부감사선정, 대표증권사선정, 기업실사, 회계감리 등을 한다. 상장예비심사는 증권거래소에 상장심사를 제출하는 것으로 예비심사를 진행하고 상장위원회심의를 받은 후 금융감독원에 통지하는 순서를 진행된다. 한편 일반공모는 공모절차를 준비한 다음 IR(investor relations, 투자설명회)과 수요예측을 하고 증권신고서를 제출한 다음 일반투자자들을 대상으로 거래소에 상장하기 전에 주식을 공모청약 및 납입절차를 밟는다. 이런 절차가 끝나면 주식을 시장에 상장하고 주식매매가 시작된다. 일반적으로

그림 2-2 주식상장 프로세스

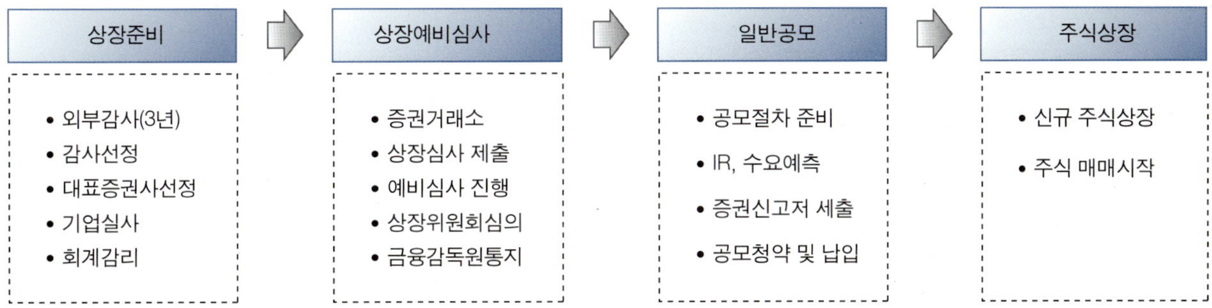

상장예비 심사청구일로부터 상장이 완료되는데 4~5개월 정도의 기간이 소요되며, 상장예비심사결과 통보후 6개월이 경과했는데도 상장을 진행하지 않으면 상장승인효력이 상실된다.

3. 주식시장 기능(Stock Market Function)

주식시장의 주요 기능은 기업의 산업자본조달, 개인자금운용 및 소득재분배, 정부의 금융정책실현 등이다. 기업의 산업자본조달은 자기자본을 조달하기 위해 기업이 주식이나 채권을 발행하여 일반인이 소유하고 있는 유휴자금을 흡수하여 투자자금을 조달하는 역할을 한다. 개인의 자금운용 및 소득재분배는 투자자의 유휴자금운용하는 장소역할을 하며, 소액의 자금을 투자하여 배당이나 이자 등 가치상승에 따른 수익을 창출할 수 있게 한다. 또한 정부의 재정금융정책 실현측면에서 정부와 공공기관 및 지방자치단체 등이 정책을 실행하는 데 필요한 재정자금을 조달하고 통화를 조절하여 금융정책을 실현하며, 금리조정 및 공개시장에 개입하여 시중 유동성조절 등 금융정책수단으로 활용한다. 또한 정부는 증권시장을 통한 재정증권의 발행과 상환으로 재정정책의 보완적인 수단으로 활용하고, 중앙은행은 증권시장을 통한 국공채매매로 통화량을 조절함으로써 경기와 물가를 조절하는 수단으로 활용한다.

제2절 주식거래 실무(Stock Exchange Service)

1. 주식거래 개념(Stock Exchange Concept)

주식투자자가 거래소시장에서 주식매매거래를 하기 위해서는 증권회사에 매매거래계좌를 개설하여 주식을 매매하는 행위를 주식거래(stock exchange)라고 한다. 주식거래를 하기 위해서는 증권업의 허가를 받고 증권선물거래소 회원으로 등록된 증권회사에 위탁하여 거래하는 것이 주식거래의 기본이다. 주식을 매매하기 위해서는 우선 주식계좌를 만들어야 한다. 은행이나 증권사에서 증권계좌를 개설하고 증권카드와 보안카드를 수령한다. 개설된 증권사홈페이지(homepage)에서 회원을 가입하고 공인인증서를 발급받고

표 2-1 주식거래 기본용어

① 매수 : 주식을 사는 것(주식을 사려는 주문)
매도 : 주식을 파는 것(샀던 주식을 파는 주문)
② 시가 : 당일 개장시점 09:00에 형성된 가격
종가 : 당일 폐장시점 15:00에 형성된 마지막 가격
③ 고가 : 당일 장중에 가장 높은 가격(가격제한 폭 +–15% 범위)
저가 : 금일 장중에 가장 낮은 가격
④ 상한가 : 전일 종가의 +30%의 가격 제한 폭으로 가장 높게 낼 수 있는 가격
하한가 : 전일 종가의 –30%의 가격 제한 폭으로 가장 낮게 낼 수 있는 가격
⑤ 등락률 : 전일 종가대비 등락비율
⑥ 거래량 : 조회 시점까지의 매수(매도) 거래체결 수량
⑦ 예수금 : 주식계좌에 남아 있는 현금

HTS(home trading system, 인터넷 주식거래 프로그램)설치 후 거래를 시작하는 것이다. 주식매매를 시작하기 위해서는 증권회사에 주식매매 위탁금을 입금하고, 전화 또는 무선통신이나 인터넷을 통해 거래를 시작한다.

주식을 거래함에 있어 기본적으로 이해하고 있어야 할 용어가 있다. 매수와 매도, 시가와 종가, 상한가와 하한가, 현재가, 거래량, 예수금 등이 있다. 주식을 거래하게되면 거래수수료와 세금을 내야하며 주식매매 수수료는 증권회사가 자율적으로 결정한다. 주식매매결제방법은 매매자금 결제기준으로 매매일기준으로 결재된다. 주식매매체결순서는 가격우선, 시간우선, 수량우선으로 진행된다.

2. 주식가치평가(stock valuation)

주식을 매매하기 위해서는 어떤 종목을 선택해야 할지 선택종목이 제일 중요하다. 주식종목선택은 이익과 직결되기 때문에 여러 가지 상황을 검토하고 분석한 후에 결정해야 한다는 것은 아무리 강조해도 부족함이 없다. 따라서 주식가치 평가방법으로는 자산의 규모를 판단하는 자산가치평가(property value evaluation), 다른 기업과의 경쟁력 가치를 평가하는 상대가치평가(relative value evaluation), 얼마나 많은 수익을 내는지 평가하는 수익가치평가(profit value evaluation)가 있다.

그림 2-3 주식가치 평가요소

자산가치평가(Property value Evaluation)

자산가치 평가는 기업의 재무상태를 나타내기 위해 기업이 보유하고 있는 자산과 부채, 자본의 잔액 등 재무상태를 분석하여 평가하는 것을 말한다. 자산은 부채와 자본의 합을 말하며, 자산은 기업이 소유하고 있는 재화나 채권을 말하며, 채권은 기업이 미래시점에 타인에게 지급해야 할 타인자본을 의미한다. 자본은 자산총액에서 타인에게 지급해야 할 부채총액을 차감한 잔액(=순자산, 자기자본)이며, 재무상태구성(statement of financial position, 자산과 자본과, 부채의 관계상태)을 기초하여 자신가치를 평가하는 것이다.

표 2-2 재무상태 구성표

<table>
<tr><th colspan="2">자 산</th><th colspan="2">자산 + 부채</th></tr>
<tr><td rowspan="2">유동 자산</td><td>당좌자산(현금, 단기매매 증권, 매출채권 등)</td><td rowspan="4">자 본</td><td>자본금</td></tr>
<tr><td>재고자산(상품, 제품, 원재료)</td><td>자본 잉여금(주식발행 초과금, 감자 차익)</td></tr>
<tr><td rowspan="3">고정 자산</td><td>투자자산(장기금융상품, 만기보유증권, 장기대여금 등)</td><td>이익잉여금(이익준비금, 처분전 이익잉여금 등)</td></tr>
<tr><td>유형자산(토지, 건물, 기계장치 등)</td><td>자본조정(주식할인발행자금, 자기주식)</td></tr>
<tr><td rowspan="2">무형자산(영업권, 특허권, 산업재산권 등)</td><td rowspan="2">부 채</td><td>유동부채(1년내 상환채무(단기차입금, 미지급금 등)</td></tr>
<tr><td></td><td>고정부채(1년후 상환채무(장기 차입금, 퇴즉급여 충당금 등)</td></tr>
<tr><td colspan="2">자금사용 결과</td><td colspan="2">자금의 조달</td></tr>
</table>

수익가치평가(Profit Value Evaluation)

수익가치평가는 기업이 얼마만큼 팔아 어느 정도의 이익을 청출했는지 기업실적을 나타내는 것으로, 구체적으로 매출액, 영업이익, 경상이익, 당기순이익, 부채비율, 배당성향 등을 고려하여 평가하는 것을 의미한다,

그림 2-4 수익가치 평가요소

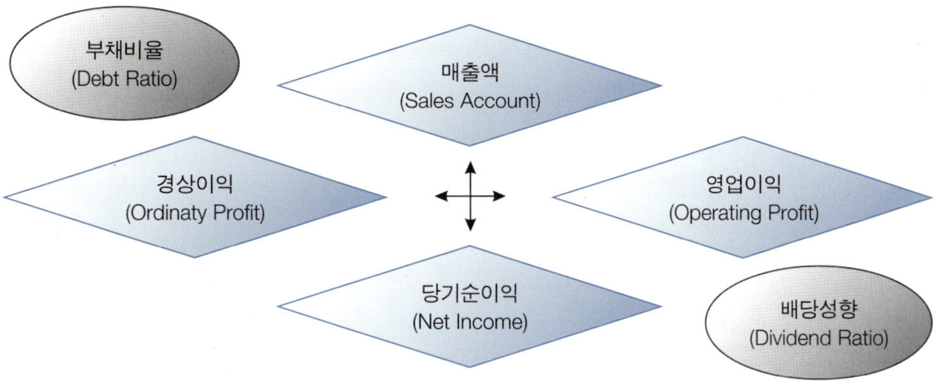

주식투자목적 중에 하나는 배당수익률을 받기위해 투자하는 것이다. 주식을 가지고 있는 주주에게 그 소유지분에 따라 기업이 이윤을 분배하는 것으로 기업이 한해 동안 경영을 해서 벌어들인 이익을 주식이나 현금으로 주주들에게 돌려주는 것을 배당(dividend)이라고 하며, 배당의 크기는 배당률에 따라 결정된다. 배당방법은 현금을 나눠주는 현금배당, 주식을 나눠주는 주식배당, 현금과 주식을 함께 주는 혼합배당이 있다. 배당률은 주식에 투자한 주식을 보유하고 있을 때 얻을 수 있는 수익을 나타내는 지표로 주가 대비 주당배당의 비율을 말한다. 따라서 배당비율은 주식투자결정에 중요한 지표로 이용된다.

상대가치평가(Relative Value Evaluation)

상대가치평가는 산업, 사업구조, 비즈니스 모델 등 비슷한 업종기업들의 가치를 평가하는 것을 의미하며, PER, PBR, PSR을 기준으로 평가한다. PER(주가수익비율, price earning ratio)은 시가총액을 당기순이익으로 나눈 것이고(시가총액/당기순이익), 주가를 주당 순이익(EPS, earning per share)으로 나눈 것을 말한다(주가/주당순이익). 기업의 1년 동

그림 2-5 상대가치 평가요소

안 이익으로 현재 평가받고있는 시장가격에 몇 년 안에 도달할 수 있는지를 나타내는 수익성 지표이다. 한편 PER는 절대적인 비교지표라기보다는 업종내 상대적 비교를 위한 수치로 활용될 수 있다. 예를 들어 A기업 PER가 4이고, B기업 PER가 8인 경우, 같은 업종이란 가정 하에서 보면 A기업이 B기업에 비해 저평가되었다고 봐야 한다. 또한 PBR(주가순자산비율, price book-value ratio)은 싯가총액을 순자산으로 나눈 것이고(시가총액/순자산), 주가를 주단 순자산으로 나눈 것을 말한다(주가/주당순자산). PBR은 한 기업의 시가총액이 순자산의 몇 배로 거래가 되고 있는지를 나타내는 지표이다. 통상 순자산은 청산가치라고 볼 수 있는데 기업이 파산했을 경우 투자자에게 최종적으로 남아있게 되는 돈을 말한다. 통상적으로 1미만이면 현 순자산간 대비주가는 저평가되어 있다고 볼 수 있다.

그리고 PSR(주가매출비율, price sales ratio)은 시가총액을 매출액으로 나눈 것을 말하며(시가총액/매출액), PSR은 한 기업의 시가총액이 매출액의 몇배로 거래되고 있는지를 나타내는 지표로 주로 플랫폼기업들의 성장성을 측정할 때 활용되는 지표이다. PER, PBR, PSR등이 무조건 낮다고 저평가되고 높다고 고평가된 것은 아니다. 그러나 투자자들은 이러한 요소들은 근거로 주식을 투자하기 때문에 PER, PBR, PSR이 높다는 것은 Hot한 주식이라는 것을 의미할 수도 있다.

제3절 주식투자(Stock Investment)

1. 주식투자 개념(Stock Investment Concept)

시세차익을 목적으로 주식회사의 증권을 매매하는 투자활동으로, 코스피 및 코스닥 등 주식시장에서 상장주식을 매매하여 이익을 창출하기 위해 투자하는 것을 주식투자(stock investment)는 말한다. 주식투자에서 종목선정은 매우 신중해야 한다. 미국월가의 증식거래 전문가인 멧 세토(Matt Setto)는 그의 저서에서 투자가들은 몇 달러짜리 피자(Pizza)를 주문할 때는 수십가지의 대안과 고민을 하면서 수천달러의 주식을 주문할 때는 단 몇 분간의 생각조차없이 결정을 내린다고 비판했다.

주식은 종목에 대해 연구하고 분석한 후에 그 종목의 현재가치와 미래가치를 생각하며 투자를 해야 한다는 것이다. 투자기법은 보유기간에 따라 크게 장기투자와 단기투자로 구분할 수 있다. 단기투자는 기업가치보다는 기술적 분석에 의거하여 단기간등락을 예측하고 주식을 매매하는 방식으로 스윙(swing), 데이트레딩(day trading), 스캘핑(scalping, 초단타)가 있다. 스윙은 한 주식을 사서 일정기간(1주~1개월)동안 보유하고 있다가 수익이 나면 매도하는 것을 말한다. 데이트레딩은 하루에 주식을 자주 사고 바로 파는 전략이다. 보통주식을 전업으로 하시는 분들이 많이 사용하는 전략이며, 하루에 1-2%의 수익을 내는 투자방법이다. 스켈핑은'가죽을 벗기다'라는 뜻으로 아주 얇은 가죽을 벗겨내듯이 아주 작은 이익만 남기고 수많은 매매를 반복한다는 것을 의미하며, 보통 3~4분 간격으로 주식을 매매하는 것을 말한다. 장기투자는 우량주를 매입하여 향후의 가치상승을 기대하고 배당금을 받기위해 장기간 보유하는 투자를 말한다.

주식투자의 주체는 크게 기관투자자(기관, 외국인)와 개인투자자로 분류되며, 주식투자 유형은 가치투자(value investment)와 펙터투자(factor investment), 배당투자(dividend investment)로 구분된다.

첫째, 가치투자(value investment)는 안정된 실적과 성장성, 자산 등을 갖추고 있으면서 주가는 저평가돼 있는 주식으로 시장으로부터 제값을 받을때까지 장기간보유하는 투자방식을 말한다. 가치투자방식은 시장을 지배할만한 잠재력을 갖춘 저평가주식을 보유하고 있는 것이므로 주식매매를 하는데 시간과 노력을 쓸 필요가 없고, 시장이 변동성을 보여도 다른 성장주에 비해 그 폭이 작아 비교적 안정적이며, 가치투자의 대표적인 사람은 미국 버크셔헤서웨이 회장인 워런 버핏(Warren Buffet)이다. 워런 퍼핏의 가치투자방식은 쉽게 "시장을 지배할 만한 잠재력을 갖춘 저평가주식을 사서 장기간 보유하는 것"이다.

둘째, 펙터(factor investment)의 사전적 의미는 '요인, 인자'를 뜻한다. 팩터투자는 시장의 갖가지 요인을 분석해 투자하는 것으로 투자할 때 고려하는 요소는 밸류에이션, 모맨텀, 퀄리티, 변동성, 사이즈 등이 있다. 밸류에이션(valuation)은 말 그대로 저평가된 종

그림 2-6 주식투자 유형

그림 2-7 펙터투자 고려요소

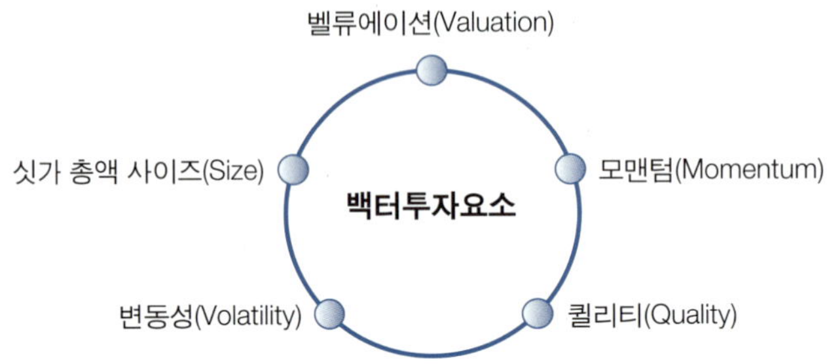

목에 투자하는 것을 말하며, 투자의 대가 워렌 버핏(Warren Buffett)이 즐겨쓰는 전략으로 고평가된 주식을 비싸게 사는 심리를 경계한다. 모멘텀(momentum)은 최근 상승세를 탄 종목이 더 오르는 경향이 있다는 의미로 현재의 모멘텀을 기반으로 강하게 오르는 종목에 투자하는 것을 말한다. 퀄리티(quality)는 재무구조와 수익성이 뛰어난 종목에 투자하는 것으로 위험한 주식임에도 향후 긍정적인 전망만 믿고 사는것을 경계하는 것이다. 변동성(volatility)은 변동성이 낮은 종목이 장기적으로 더 높은 수익률을 낸다는 것으로 변동성이 낮은 주식에 투자하는 것을 말한다. 변동성이 낮은 주식이 위험한 시기에 수익률이 높았다는 실증에 근거한 투자로 변동성이 높은 주식은 위험하지만 수익률도 높을 것이라는 심리를 경계해야 한다. 사이즈(Size)는 싯가총액이 상대적으로 낮은 종목에 투자하는 것으로 주식수와 주가의 관계를 체크해야 한다. 평균적으로 소형주의 주가상승률이 대형주보다 높다는 것을 의미하며, 대형주가 소형주보다 수익이 더 날것이라는 심리를 경계한다.

셋째, 배당투자(dividend investment)는 배당을 많이하는 주식에 투자하여 수익률을 높이는 것을 말한다. 배당이란 기업들이 한 해 동안 경영을 해서 발생한 매출과 손익을 고려하여 이익의 일부를 주식이나 현금으로 주주들에게 돌려주는 것으로 대주주와 소액주주를 구분없이 균등배당이 원칙이다. 배당의 크기는 배당률에 따라 결정된다. 앞서 언급했듯이 배당은 현금을 나눠주는 현금배당과 주식을 나눠주는 주식배당, 그리고 현금과 주식을 함께 주는 현금과 주식배당 등이 있다. 배당수익률은 주식에 투자한 투자자금이 생성한 가치이며 배당수익과의 비율을 나타내는 지표를 말한다.

2. 주식투자 분석(Stock Investment Analysis)

주식시세에 영향을 미치는 변동요인은 경제적 요인, 시장환경요인, 기업의 개별요인 등이 있다. 경제적 요인은 경기변동, 경제성장, 물가 및 금, 환율 등이 있고, 시장환경요인은 투자자동향, 자본이동방향, 국내외 정치, 경제, 사회, 기술 등이다. 시장요인은 정치, 사회, 기술, 환경 등 시장현상과 관련된 요인과 수요와 공급, 경쟁요인, 시장점유율 등이 있다. 기업의 개별요인은 증자 및 감자, M&A, 신제품개발, 배당정책, 이사회구성, 임원인사, 주주구성변화 등이 주식시세변동에 영향을 미친다. 한편 추가적으로 고려해야 할 요소는 세 가지 지표가 있다. 퀄리티펙터는 회사의 과거와 현재 영업경쟁력이 얼마나 주가에 반영되고 있는지를 보는 지표이며, 모멘텀펙터는 회사의 실적추이나 과거의 주가상승 트렌드가 주가에 반영되는지를 보는 지표이다. 벨루에이션 펙터는 투자했을 때 좋은 투자성과가 나타나는지를 보는 지표이다.

주식투자분석은 기본적 분석, 투자 및 매매시장분석, 기술적 분석, 차트 및 추세분석을 통해 분석한다. 첫째, 기본적 분석이다. 기업의 내재가치에 영향을 미치는 요인들을 분석 평가하여, 이를 현재 시장가격과 비교함으로써 매수 또는 매도여부를 판단하고 종목을 선정하는 것을 의미한다. 기본적 분석에는 경제분석, 산업분석, 기업분석이 있다. 경제분석은 기업의 수익성, 성장성, 불확실성을 예측하는 것으로 증자, 배당, 경영내용, 재무구조 등 전반적인 기초자료를 분석하는 것을 말한다. 산업분석은 산업의 특성과 전망에 대한 분석으로 관련있는 산업영향요인을 분석하는 것이다. 과거실적, 성장여부, 기업 간 경쟁관계, 정책, 업계동향, 노사관계 등이 포함된다. 기업분석은 회사의 연혁, 사업내용, 경영

그림 2-8 주식투자 분석요소

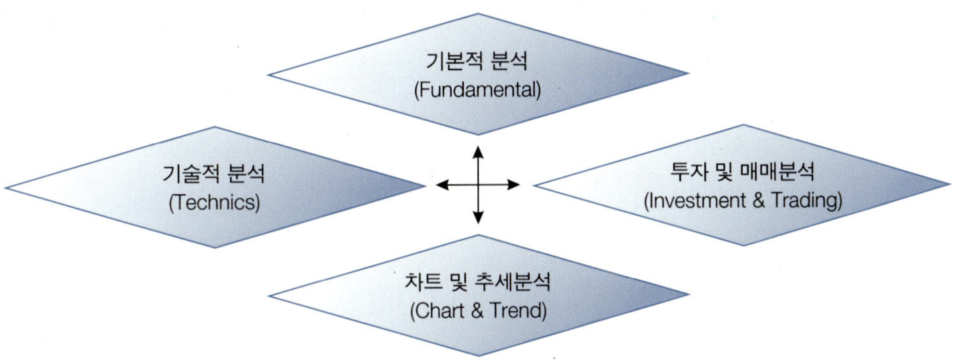

진, 업계지위 등 비계량항목에 대한 분석이고, 재무제표 등 수치화할 수 있는 총체적 경영분석을 말한다. 둘째, 기술적 분석이다. 주식의 가격은 일정한 추세나 패턴을 반복한다는 속성을 전제로 과거 통계자료를 분석하여 주로 매매시점을 포착하는데 이용하기 위한 분석이다. 기술적 분석범위는 자산의 시장가격은 수요와 공급에 의해 결정되고 추세변화는 수요와 공급의 변동에 의해서 일어난다. 주식의 과거흐름, 주가와 거래량분석, 매매동향 등을 분석하는 것을 말한다. 또한 수익성, 안정성, 환금성, 배당수익률, 주가수익비율 등을 고려하는 것으로 시장가격은 수요와 공급의 변동에 의해 결정된다.

셋째, 투자 및 매매시장분석이다. 투자하기 전에 검토해야 할 사항은 투자자금의 성격 및 규모, 투자목적(시세차익 또는 배당수익), 투자기간, 투자대상기업의 경영상황과 재무제표(부채, 자산, 유동성 등)를 기준으로 매매를 한다. 넷째, 차트 및 추세분석이다. 챠트지식과 이동평균선과 거래량을 활용한다. 차트지식을 활용하여 기본적 분석과 기술적 분석의 병행, 차트를 통한 주가흐름 등을 분석한다. 또한 기본적 분석으로 우량주를 식별하고 투자추세를 분석한다. 추세가 형성될 때까지 기다리고 상승추세의 종목을 매수하고 추세선을 통해 추세전환 시점을 파악한다. 또한 이동평균선과 거래량의 활용은 이동평균선을 활용하여 매매기법과 타이밍을 결정하고 주식거래량 분석으로 세력의 움직임을 예측할 수 있다. 한편 이동평균선과 거래량을 활용하여 세력의 움직임을 예측할 수 있다.

3. 주식투자 유형(Stock Investment Category)

주식투자에는 직접 주식시장에서 주식을 매매하는 것이 일반적이지만 주식에 대한 지식이 부족할 경우 주식거래소에서 주식을 거래하지 않고 주식전문가에게 위탁하여 주식을 매매하는 경우가 있다. 주식거래를 위탁하는 방법에는 여러 가지가 있다. 주식투자유형에는 펀드투자, 주가연계증권투자, 엔젤투자, 그리고 주식매매권리를 갖는 스톡옵션 등이 있다.

첫째, 스톡옵션(stock option)은 기업이 임직원에게 일정수량의 회사의 주식을 일정한 가격으로 매수할 수 있는 권리를 부여하는 제도를 말한다. 스톡옵션은 주식매입선택권 및 주식매수선택권을 말한다. 액면가 또는 시세보다 훨씬 낮은 가격으로 매입할 권리를 부여하는 것으로 일정기간이 지나면 임의대로 처분할 수 있는 권한을 부여하는 것이다. 스톡옵션제도는 1997년 증권거래법을 개정하여 시행되면서 도입되었다. 스톡옵션발행목적은

그림 2-9 주식투자 유형

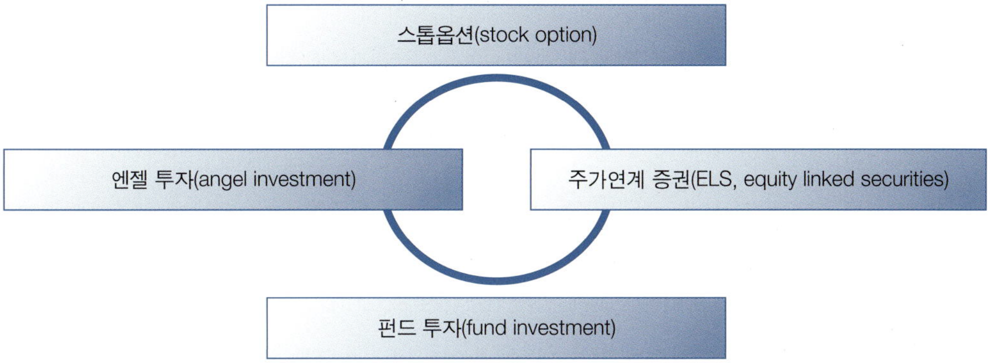

우수한 인재를 영입하거나 조직구성원에게 근로의욕고취와 동기부여차원에서 인세티브를 제공할 때 일반적으로 스톡옵션을 발행한다. 스톡옵션은 철저하게 능력중심으로 제공하는 일종의 능력급제도이다.

둘째, 주가연계 증권(ELS, equity linked securities)투자는 주가연계 상품으로 사전에 금리와 만기가 정해져 있고 개별주식의 가격이나 주가지수, 종목에 연계돼 투자수익이 결정되는 유가증권투자방식이다. 주가지수나 특정 종목을 기초자산으로 하여 만기까지 일정 조건을 충족하면 정해진 수익률을 제공하는 파생결합상품이다. 즉, 주가 또는 지수의 변동에 따라 만기지급액이 결정되는 주식상품으로 투자자는 만기시에 원금+α 또는 원금의 일정비율을 받게 된다. 우리나라는 증권거래법시행령 개정으로 2003년부터 발행했으며, 외국에서는 일반적으로 ELN(equity linked notes, 주식연계채권)이라는 말을 사용한다. 주가연계증권(ELS)은 원금의 손실이 발생할 가능성이 있으므로 투자조건 등을 세밀하게 검토해야 한다.

셋째, 펀드투자(fund investment)는 투자전문기관이 투자자로부터 투자자금을 모아 투자로 올린 수익을 다시 투자자에게 나눠주는 투자방식이다. 펀드투자는 투자자 스스로 주식을 직접 매매하는 방식과 다르게 투자전문가(펀드매니저)에게 위탁하여 주식을 투자하는 간접투자방식이다. 소액으로 분산투자가 가능하고 투자전문가에 의해서 관리되고 운영되는 장점은 있지만 투자에 대한 손실책임은 투자자 스스로 져야 한다. 펀드투자로 인해 발생되는 펀드수수료는 운용수수료, 판매수수료, 환매수수료 등이 있다. 사모펀드(private equity fund)투자는 소수의 투자자로부터 비공개방식으로 자금을 조성하여 주식, 채권 등을 운용하는 펀드를 말한다. 헤지펀드(hedge fund)투자는 단기간에 높은 수익률을 올리는 목적으로 투자자로 부터 투자자금을 조성하여 국제증권시장, 국제외환시장에 투자하는 개인투자신탁을 말한다. 투자지역이나 투자대상 등 당국의 규제를 받지 않고 고수익을 추구하는 펀드로 투자위험도가 높은 투기성자본을 말한다. 헤지란 본래 위험을 회피분산시킨다는 의미이지만 헤지펀드는 위험회피보다는 투기적인 성격이 높다. 뮤추얼펀드가 다수의 소액투자자를 대상으로 공개모집하는 펀드인데 반해, 헤지펀드는 소수의 고액투자자를 대상으로 하는 사모투자자본이다. 파생금융상품을 교묘히 조합해 도박성이 큰 신종상품을 개발하여 국제금융시장을 교란시키는 하나의 요인으로도 지적되고 있다. 뮤추얼펀드(mutual fund)투자는 주식회사방식으로 운영되는 펀드로 유가증권투자를 목적으로 설립된 법인회사의 주식을 투자자가 소유함으로써 수익자가 되는 것을 말한다. 회사는 투자자를 모집하여 투자자산을 전문운용회사에 위탁하여 얻은 운용수익을 투자자에게 배당금형태로 되돌려 주는 투자방식이다. 다수의 일반인으로부터 투자자금을 모아서 뮤추얼펀드의 자본금으로 납입하여 운용회사가 운영해 주는 형태이다. 뮤추얼펀드에 투자하는 것은 뮤추얼펀드가 발행한 주식을 매입하는 것과 같다. 결국 투자가는 수익자인 동시에 주주가 되고 투자자는 회사의 운영 및 투자정책에 의결권을 가지며, 투자로 발생된 이익은 투자비율에 따라 배당하게 된다.

넷째, 엔젤투자(angel investment)는 개인투자자들이 투자자금을 모아 창업하는 벤처기업에 필요한 자금을 지원해 주고 그 대가로 주식을 받는 투자형태를 말한다. 엔젤은 기업을 창업하는 기업가들 입장에서 천사같은 투자라고 해서 붙여진 이름으로 창업초기 벤처기업에 필요한 자금을 투자하고 경영성과에 따른 이익을 추구하는 것을 말한다. 또한 상장하거나 인수합병(M&A)될 때 지분을 매각하여 투자이익을 추구하는 것이다. 그러나 실패에 따른 책임은 모두 투자자가 져야하는 위험이 있다.

4. IR과 소송((Invertor Relations) & Suit)

경영환경변화에 대응하기 위해 기업이 주주를 대상으로 펼치는 전략적, 전사적 활동을 주주관계활동(IR, invertor relations)이라고 한다. 즉, IR은 기업의 재무기능과 커뮤니케이션 기능을 결합하여 주주들을 대상으로 회사관련 정보를 제공해주는 새로운 재무관리활동을 말하며, 주주를 대상으로 주식을 매수하고 우호적 의결권을 확보하기 위해 일반주주, 기관투자자, 외국투자자를 대상으로 커뮤니케이션 활동이다. 자본시장의 개방이 보다 확대되고 기업공개, 증자유도 등 대기업 경제력집중완화조치들이 지속적으로 취해지고 있는 상황에서 기업의 매수·합병에 대한 관심이 높아지고 있다. 이렇게 경영환경이 급속하게 변화하면서 안정적 경영권을 확보하지 못해 경영의사결정자체가 지연되거나 힘들여 가꾸어 놓은 기업이 인수·합병되는 일을 사전에 막고 기업의 생존권을 지키기 위해 적극적인 IR 활동을 중요성은 더욱 더 커지고 있다. IR은 주주들로 하여금 자사의 주가를 적정하게 평가할 수 있도록 적절한 정보를 제공해 결과적으로는 안정적이고 높은 주가를 유지시킴으로써 원활한 자금조달을 가능케하고 자금조달비용을 낮추는 기능을 갖는다. 또한 IR활동은 안정적인 주주층을 확보함으로써 향후 예상되는 적대적 M&A 등 경영권 침해행위를 방어할 수 있는 여건을 조성해준다.

IR활동대상은 협의로는 현재의 회사주주가 되지만 광의로는 잠재적 미래주주를 포함한 투자자 전체와 관련된다. 특히 주주의 의사결정에 크게 영향을 미치는 증권분석가, 기자, 펀드매니저 등도 IR활동대상이다. IR의 내용은 광범위하여 구체적인 실시방안들은 모든 경영활동과 연계되어 있다고 해도 과언이 아니다. 예를 들면 전통적으로 주주총회에서 보고되던 연간, 반기별, 분기별 결산실적발표 뿐만 아니라 비재무적 회사정보의 신속한 전달과 기업설명회, 신제품발표회, 기술개발 등 주가에 영향을 미칠 거의 모든 분야에서 IR을 진행한다.

그리고 주식투자로 인해 발생하는 손실은 다양하지만 기업이나 회사의 발생하는 손해를 보호받기위해 다양한 주주보호제도(shareholder protection suit)가 도입되고 있다. 따라서 주주는 경영자의 잘못된 경영판단과 배임으로 인해 주식이 폭락하는 등 경영자의 불성실의무로 인해 재산상의 손해를 입을 경우 경영진을 상대로 소송을 진행할 수 있다. 한편 소액주주들은 자신의 권리를 보호받기위해 제도개선과 더불어 주주총회참석, 입법운동을 전개하고 있으며, 기업과 경영진에 대한 소송제기 등 다양한 방법을 통한 소액주주운동이 확산되고 있다. 이렇게 경영진의 위법경영과 성실의무 불이행으로 주주에게 발생하는 재산상의 불이익을 보호받기위한 방법으로 증권집단소송제와 대표소송제도가 있다.

증권집단소송제도는 증권투자와 관련된 집단적인 피해를 효율적으로 구제하고 기업경영의 투명성을 제고하는 것을 목적으로 한다. 주가조작, 분식회계 등 기업이 증권관련 불법행위로 투자자들이 피해를 본 경우 소송을 제기하여 한 사람만 승소해도 같은 피해를 입은 투자자들 모두가 보상받는 제도를 증권집단소송제(securities group lawsuit system)라고 한다. 즉 민사소송의 일종으로 피해자가 다수이고 피해총액은 막대하나 각자의 피해자가 소액이어서 개별적인 소송이 어려운 경우 피해집단 중 1인 또는 수인이 나서서 피해자전체의 청구금액을 일괄하여 소송을 제기하여 모두의 피해를 구제받는 제도이다. 증권

표 2-3 대표소송제도 vs 증권집단소송제도

구 분	대표소송제도	증권집단소송제도
소송대상행위	정관에 위반한 행위를 하거나 임무를 위반하여 발생한 경우	허위공시, 분식회계, 시세조작, 미공개정보 이용 등
소송제기 주주	지분율 1 % 이상 주주 또는 6개월 이상 0.01% 이상 보유한 소액주주	모든 주주
소송대상자	이사, 감사	임원, 직원, 외부감사인 등
손해 배상금	회사에 귀속	주주 개인에 귀속

관련 집단소송제도는 피해주체가 주주이고 회사로 인해 주주들이 손해를 봤을 경우 주주 대표가 소송을 제기하는 것으로 승소하면 배당금이 주주에게 귀속된다. 한편 대표소송제도(derivative-action suits)는 경영자가 배임, 위법행위 등으로 회사에 손실을 입혔을 경우 그 손해를 회복해 놓으라고 회사를 상대로 소송을 제기하는 것이다. 소송에서 승소하더라도 소송으로 얻은 배상금이 원고인 주주에게 전달되는 것이 아니라 회사에 돌아가는 것이고 패소를 하게 되면 원고가 소송비용을 부담한다. 대표소송제도는 주주대표소송제도와 다중대표소송제도가 있다. 주주대표소송제도는 경영진의 결정이 주주이익에 손실이 발생할 경우에 주주(0.01%↑) 또는 법인(1%↑)이 경영진과 이사를 상대로 손해배상소송을 제기하는 것으로 소액주주의 권한을 강화해서 경영진의 전횡을 방지하려는 제도이다. 한편 다중대표소송제도는 모회사주주가 불법행위를 한 자회사경영진과 이사를 상대로 손해배상소송을 제기하는 제도로 자회사 주주권리를 침해하는 것을 방지하기 위한 것이지만 경영위축을 가져올 가능성이 높다. 주주들은 경영진의 배임행위 등으로 재산상의 손해를 보호하기 위해 경영진의 불법행위를 감시하고 투명한 경영을 할 수 있도록 하기 위해 소액주주들이 원하는 이사를 경영에 참여하도록 하기 위해 제도적 장치를 지속적으로 요구되고 있다.

제 3 장

창업과 기업가정신
(Start up & Entrepreneurship)

제1절 창업이해(Start up Understanding)

1. 창업개념(Startup Concept)

기업을 둘러쌓고 있는 정치, 사회, 경제, 환경상황이 급변하고 있다. 특히 경영환경에서 과거에서 탈피하여 급속하게 변화하고 있다. 글로벌 무한경쟁시대가 이미 시작됐고, 대내외 환경변화가 다양하게 일어나고 있다. 또한 기업은 생존하기 위해 저비용구조를 선호하는 등 사회경제환경이 급속히 변화하고 있다. 따라서 시대적 변화와 환경변화로 인해 창업에 대한 관심이 증가하고 있다. 창업은 좁은 의미에서 새로운 기업조직을 설립하여 경영활동을 수행하는 것을 의미한다. 즉, 제품이나 서비스를 생산하여 소비자를 대상으로 제공함으로써 재무적 가치를 창출하려는 목적으로 창업을 하게 되는 것이다.

창업에 대한 정의는 학자에 따라 다양하게 정의하고 있다. 전혀 새로운 사업을 시작하거나 타인의 사업을 인수하여 새로이 사업을 시작하는 것이 창업이다. 즉, 새로운 기업을 만들거나 사업을 시작하는 것으로 인적, 물적자원 등 경영자원의 효율적인 활용으로 기업이 추구하고자 하는 목적을 달성하기 위하여 재화와 용역을 조달, 생산, 판매 및 기타 활동을 수행하는 것을 창업(Startup)이라고 한다. 창업하기 위해서는 창업계획서가 필요하다. 창업계획서란 창업하고자 하는 사업에 관한 전체적인 개요와 계획을 체계적으로 정리한 문서로써 창업계획서에는 창업의 목적, 창업아이템, 사업의 타당성, 창업을 추진하는 구체적인 전략과 계획, 창업의 수익성과 경제성, 안정성 등을 기술해야 한다. 창업은 일자리 창출을 통한 실업률감소 뿐만 아니라 새로운 기술의 상업화측면에서 시장경제를 활성화하는데 기여한다. Fritsch and Mueller(2004)는 "Effects of New Business Formation on Regional Development over Time"라는 논문에서 창업자체의 직접효과로 단기적 고용증가를 유발하고 장기적으로 시장경쟁을 통해 경쟁력있는 산업경제환경을 창출하여 경제전체에 긍정적인 효과가 있음을 제시하였다.

미국 기업가정신 재단인 카프만 재단(Kauffman Foundation)에 의하면, 국가경제성장의 향방은 미래에 대기업으로 성장할 수 있는 창업기업의 수에 의해 좌우될 것이라고 했다. 많은 학자들은 미국의 경제성장 성과창출의 핵심요인을 혁신적인 성장중심의 창업환경조성에 있었다고 평가한다.

2. 창업의 요소(Startup Element)

창업에 성공하기 위해서는 시장조사를 통해 창업아이템을 개발하고 창업전략과 계획을 세부적으로 수립하는 것이 중요하다. 즉, 창업하고자 하는 창업아이템을 구체화하고, 사업화하는 데 필요한 합리적인 창업전략과 계획을 수립하는 것이 필요하다. 제품과 서비스 개발, 생산 및 판매, 유통과 물류, 인력채용 및 교육, 자금조달, 직원관리 등 창업을 하기 위해서 검토해야 할 요소는 다양하다. 또한 사회환경과 시장트랜드, 시장환경(입지, 상권) 등도 고려해서 창업전략을 수립해야 한다. 한편 창업하고자 하는 사업현장의 정보를 수집하고 계획을 수립하여 사실적인 창업을 계획해야 한다. 그리고 창업하기 위해서는 창업역량은 갖추고 있는가? 사업기회는 적기에 포착되었는가? 최적의 아이템을 선정하였는가? 사업자금의 조달은 가능한가? 시장수요와 공급은 충분한가? 창업가로서의 자질은 충분한가? 등에 대한 검토가 필요하다. 따라서 창업에 성공하기 위해 기본적으로 분석해야 할 핵심요소는 창업자역량, 창업자금조달, 창업업종선택 등을 고려해야 한다.

그림 3-1 창업의 3요소

창업자 역량(Founder Competency)

창업자는 재무적 가치를 창출하기 위해 제품과 서비스를 어떻게 소비자에게 전달할 것인지 계획하고 수립하는 사람을 말한다. 창업에 성공하기 위해서는 창업자의 사업수행능력이 절대적인 요소이다. 사업수행능력은 창업자 적성과 자질, 창업자 경영능력, 창업자 경험, 창업자지식 등이 충분한가를 고려하는 것으로 창업을 하기 의해서는 창업자가 창업을 수행할 수 있는 역량이 필요하다는 것이다. 따라서 창업을 하기 위해서는 창업자 역량에 대한 평가가 수반되어야 한다.

창업자의 적성과 자질(competency)은 사업을 추진할 수 있는 능력을 말한다. 즉, 리더

그림 3-2 창업자의 역량평가

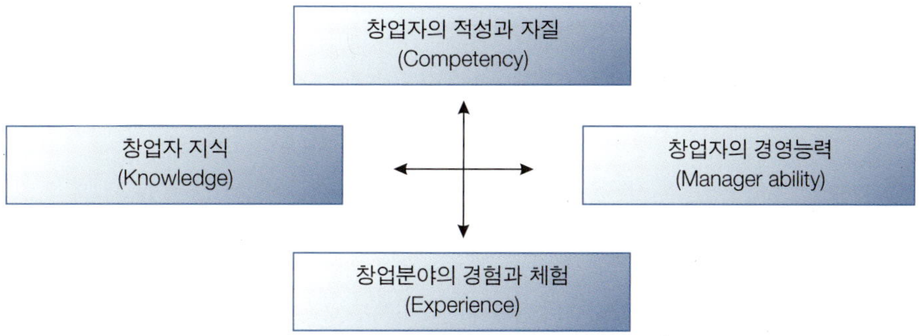

십, 인간관계기술, 커뮤니케이션 능력 등을 말한다. 창업자 경영능력(manager ability)은 사업전략수립능력, 사업추진능력, 마케팅능력, 고객관계관리능력, 서비스능력, 기술혁신 능력 등을 의미한다. 또한 창업자 경험과 체험(experience)은 창업자가 창업과 관련된 경험을 다양하게 경험했는지? 또한 창업관련 체험했던 사실이 있는지? 등과 관련성이 있다. 창업자지식(knowledge)은 창업관련분야의 전문성과 지식 등을 의미한다. 창업하고자 하는 제품이나 서비스에 대한 충분한 지식을 가지고 있어야 한다는 것이다.

창업자금조달(Startup Fund Financing)

창업하기 위해서는 무엇보다도 재무적 상황을 고려해야 한다. 창업자금조달은 자기자금조달과 여타자금조달로 구분할 수 있다. 자기자금조달은 자신의 자금을 통해 창업에 투자하는 것을 말하며, 여타자금조달은 정부자원, 금융기관, 투자유치 등을 통해 창업자금을 조달하는 것이다. 창업아이디어를 제품과 서비스로 발전시키기 위하여 필요한 자본, 기술, 설비, 재료 및 부품, 건물 등이 필요한데 이러한 필요요소를 해결하기 위해 자금조달이 필요한 것이다. 따라서 창업자금력 등을 고려하여 자신의 환경과 여건에 맞는 창업을 구상하는 것이 필요하다. 창업자금조달을 위해서는 재무상태를 철저하게 분석하고 조달방법과 계획을 수립해야 하며, 자기자본, 정부지원자금, 투자유치, 외부차입 등 다양한 형태로 창업자금을 조달하는 것을 검토해야 한다. 한편 창업을 준비하면서 예비자금을 준비하는 것은 중요한데 예비자금은 창업후 6개월~1년 동안 매출액이 발생하지 않는다는 것을 전제로 준비하는 것이 가장 안전하지만, 자금조달이 여의치 않을 경우 3~6개월 이상의 소요자금을 감안해서 준비해야 한다.

창업업종 선택(Startup Selection, 아이템 개발)

창업을 할 때 가장 중요한 것이 어떤 사업을 할 것인지 창업업종을 개발하는 것이다. 성공가능성이 높은 업종을 어떻게 발견하고 개발할 것인지가 중요하다. 창업업종개발이라는 것은 어떤 아이템을 생산·판매할 것인가와 관련된 것으로 창업자가 고객에게 제공하는 제품 및 서비스의 속성을 의미한다. 창업업종 개발을 위해 많은 정보탐색을 하는데, 경험이 있는 분야, 관심과 흥미가 있는 사업, 소비자의 필요성 중심사업으로 검토하며, 창업관련 포럼과 강좌, 언론 및 방송보도, 간행물 등을 기초로 하여 창업업종을 선정하게 된다. 또한 기존에 존재하는 사물이나 아이디어에 변화 또는 조작을 가해 새로운 것을 만들어내는 스캠퍼기법(SCAMPER)을 통해 창업아이템을 개발한다. 아이디어를 창출하기 위한 스캠퍼기법유형은 대체하기, 결합하기, 조절하기, 변경/확대/축소하기, 용도바꾸기, 제거하기, 역발상 등이다. 창업업종개발은 창업절차 중 최우선적인 과제로서 사업의 성공여부를 좌우하는 가장 중요한 과정이다. 따라서 창업자는 자신의 경험, 지식, 기술과 능력 즉, 인적, 물적자원을 고려하여 가장 경쟁력이 있을 것으로 판단되는 업종으로 개발하여야 한다. 창업업종개발에 있어 현재의 유행과 추세도 중요하지만 객관적으로 봐서 경쟁력이 있는 아이템을 선택해야 한다. 따라서 창업업종을 개발할 때 고려해야 할 사항은 활용성, 재무성, 경쟁성, 시장성, 수익성, 제품성 등이다

첫째, 활용성(availability)이다. 전문지식, 경험과 체험을 활용할 수 있는 것이 좋다. 자신의 관심사항을 고려하고, 자신의 적성과 잘 맞는 아이템을 선정하는 것이 우선이다. 즉, 해당업종에 자신감이 있는가? 적성과 성격에 맞는가? 경험 또는 지식이 있는가? 관련 기

그림 3-3 창업업종 개발원칙

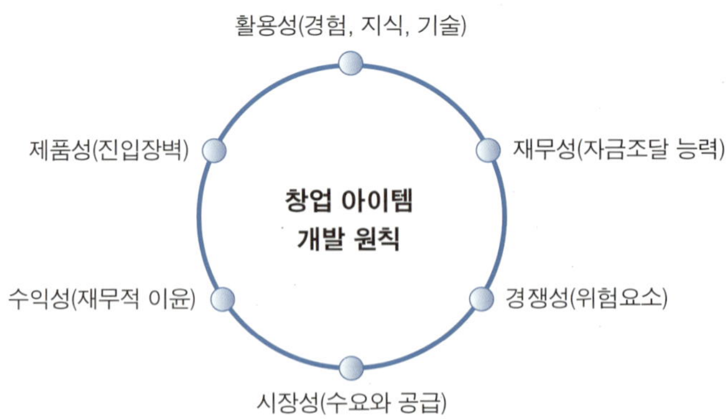

술을 알고있는가? 등에 대한 검토가 필요하다.

둘째, 재무성(financial ability)이다. 투자비용이 상대적으로 적고 투자 대비 수익효율성이 높은 것을 선택해야 한다. 자금조달능력 등을 고려해야 한다. 셋째, 경쟁성이다. 사회환경변화에 민감하지 않고, 경쟁이 적고 경쟁에서 이길 수 있는 요소를 확보한 아이템으로 선정하는 것이 필요하다. 한편 진입장벽이 높은 업종을 선택하는 것도 중요하다. 넷째, 시장성(market ability)이다. 시장입지가 해당업종에 적합한가? 라이프사이클(life cycle)상 도입기 또는 성장기업종인가? 시장규모가 커지는 미래 성장성이 있는가? 시장의 경쟁현황과 전망은 긍정적인가? 등을 고려해야 한다. 다섯째, 수익성(profit ability)이다. 투자비용에 비해 수익전망은 양호한가? 손익분기점은 언제인가? 경쟁사 대비 수익성이 좋은가? 소비자입장에서 가격에 비해 유용한 제품인가? 등을 고려해야 한다. 여섯째, 제품성(merchantable quality)이다. 소비자가 관심도가 높은가? A/S가 필요한가? 제품조달 및 유통용이성은 문제없는가? 사업의 형태를 도매업을 할 것인가? 소매업을 할 것인가? 어제품 및 서비스 취급율은 용이한가? 프랜차이즈 형식으로 경영할 것인가? 독립사업형식으로 운영할 것인가? 등을 고려해야 한다.

창업을 함에 있어 신제품개발은 무엇보다도 중요하다. 신제품개발을 위해서는 경영자의 내부적 원천과 고객, 경쟁사 등 이해당사자의 외부적 원천을 토대로 표적집단면접(FGI, focus group interview) 등의 방법을 이용해서 아이디어를 창출한다. 아이디어 평가는 아이디어 단계에서 창출된 여러 가지 아이디어를 일정기준에 의해서 평가하여 축소시키는 단계를 말한다. 다음으로 제품개발과 테스트는 아이디어 평가과정을 통과한 아이디어를 제품개발 테스트를 통해 구체화시키는 것이다. 그리고 소비자조사를 통하여 제품개념의 적합성을 검증하는 절차가 필요하며, 제품개발은 사업성이 충분하다고 판단되면, 실제로 물리적 형태의 제품을 개발하는 단계로 시험마케팅을 통해 신제품 및 마케팅프로그램을 실제로 시장에 도입하여 상품화하는 것이다.

3. 창업타당성 분석(project feasibility Analysis)

창업타당성 분석은 창업자가 추진하려는 사업타당성 여부와 성공가능성을 조사, 분석, 평가하는 것을 말한다. 즉, 창업하는데 필요한 요소를 명확하게 파악할 수 있도록 해주고, 창업운영능력을 향상시킬 수 있으며, 창업계획의 수립과 개선 및 수정의 기회를 갖기위해 창업아이템에 대한 창업타당성 분석을 실시하는 것이다. 창업타당성 분석이 필요한 이유

그림 3-4 창업타당성 분석요소

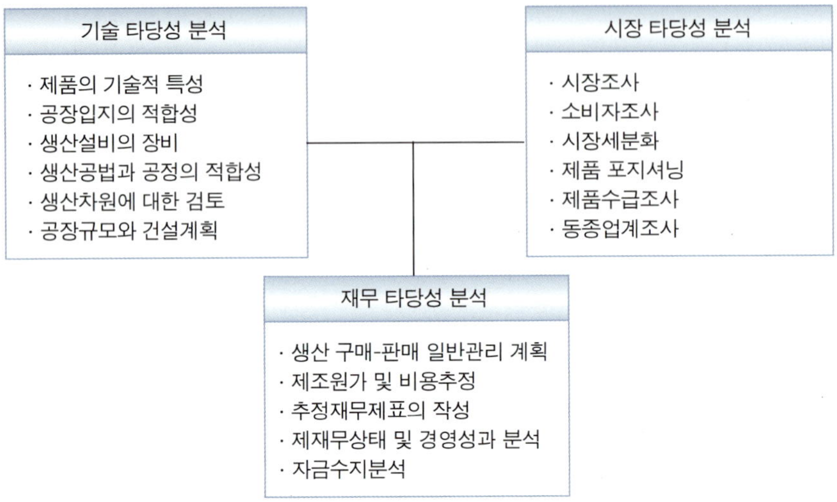

는 성공가능성이 낮은 투자를 회피함으로써 성공할 수 있는 확률을 높이고, 구상하고 있는 사업을 분석하여 리스크를 줄여 미래 위험상황에 대비할 수 있도록 하기 위한 것이다. 즉, 수익성은 있으나 자금, 기술 등이 경쟁자에 비해 취약하다는 분석결과가 나오면 향후 무엇을 집중적으로 보완해야 할 것인가 분명해지기 때문이다. 창업타당성 분석방법을 위해서는 SWOT 분석, 마이클 포터의 Five Force 모델분석, PESTEL 분석방법을 통해서 분석하는데 앞서 언급했기 때문에 여기서는 설명하지 않는다. 창업타당성 분석에 있어 고려해야 할 분석요소는 시장타당성, 기술타당성, 재무타당성, 환경타당성 관련요소를 분석하는 것이다.

첫째, 시장타당성 분석(market feasibility)이다. 기업이 제공하고자 하는 제품이나 서비스의 시장특성분석, 경쟁적 지위분석, 수요와 공급분석을 통해 시장상황을 분석하는 것이다. 즉, 시장타당성 분석은 생산할 제품과 서비스가 시장에서 어느 정도 팔릴 수 있는가? 제품에 대해 소비자가 어떤 반응을 보일 것인가? 경쟁제품에 대해 어느 정도의 경쟁력을 확보할 수 있는가? 등에 대한 분석활동을 말한다. 시장특성분석은 전체적인 시장규모와 경쟁제품 및 유사제품에 대한 시장분석, 잠재고객분석, 시장의 지리적 위치, 수송방법, 유통조직, 대금결제방법 등을 분석하는 것이다. 경쟁적 지위분석은 재무상태비교, 생산능력, 판매실적, 제품원가, 판매가격, 마진율, 경쟁제품의 제품특성과 품질을 고려한 제품의 강점과 약점, 제품수명주기(life cycle), 보급률 등을 분석하는 것이다. 수요와 공급분석은 일정기간 동안 판매될 상품의 수량 또는 가격을 예측하는 것으로 생산계획과 판매계획을 분석하는 것이다. 수요분석은 잠재시장, 수요처, 판매증가 요인분석, 불황적응도, 계절성 분석, 소비자 선호도 등을 분석하는 것이다. 공급분석은 국내·외의 주요 공급자, 유통경쟁력, 판매경쟁력, 가격경쟁력, 품질경쟁력 등을 분석하는 것을 말한다.

둘째, 기술타당성 분석(technology feasibility)이다. 신규사업에 대한 기술적 특성, 기술개발능력, R&D투자, 기술장악력 등 기술환경을 분석하는 것을 기술타당성이라고 한다. 기술타당성 분석은 기술성 분석과 입지성 분석으로 나누어 생각해 볼 수 있다. 기술성 분석은 제품이 기술적으로 타당한 것인지 기술적 사항에 대해 검토하는 것으로 기술적 실현가능성 여부에 중점을 두고 검토하여야 한다. 즉, 기술타당성의 분석내용은 제품특성, 제조공정, 기계와 장비, 원자재, 입지 및 시설 등을 대상으로 하여 제반기술적 측면을 검토하고 평가하는 분석을 말한다. 제품의 특성은 제품의 용도, 물리적·화학적 특성을 말하며, 제조공정은 채택하고자 하는 공정, 채택이유, 세부적인 공정흐름분석 등이다. 기계와 장비는 규격, 성능, 제조자, 애프터서비스, 부품조달, 인도방식 등을 분석하는 것이다. 원자재는 공급자, 공급자위치, 공급방법 등이며, 입지 및 시설은 건물크기, 대지의 크기, 건물형태, 건물위치 등을 분석하는 것이다. 입지성 분석은 상권분석, 점포여건, 경쟁점포, 입지상황 등을 분석하는 것이다. 상권분석은 상권의 수준, 상권범위, 상권유형이다. 점포여건은 건물위치, 건물층수, 건물상태, 적정임대료, 권리금 등이다. 경쟁점포는 경쟁점포수, 경쟁점포수준 등이며, 입지상황은 접근성, 가시성, 교통상황, 도로상황 등을 고려하여 분석하는 것이다.

셋째, 재무타당성 분석(financial feasibility)이다. 사업을 추진함에 있어 현금흐름, 손익, 투자자금회수율, 예비투자자금 등 자금수지계획을 분석하는 것이다. 재무타당성 분석은 어떤 사업이 경제적으로 매력적인 것인지의 여부를 판단하는데 필요한 정보를 입수하기 위해서 수익과 지출자료를 추정하고 분석·검토하는 것으로 경제타당성 분석을 의미한다. 재무타당성 분석에는 수익성 분석, 손익분기점 분석, 투자경제성 분석으로 구분할 수 있다. 수익성 분석은 창업후 3~5년 간의 추정손익계산서, 추정대차대조표, 자금수지예상표 등을 근거로 수익전망 및 흑자실현 가능시점 추정하는 것을 말한다. 손익분기점 분석은 매출, 손익, 투자비용, 제품원가, 손익분기점 등을 분석하는 것이다. 또한 투자경제성 분석은 투자규모, 수익실현 가능성, 투자에 대한 경제성 등을 검토하는 것이다.

결과적으로 창업타당성 분석은 시장타당성, 기술타당성, 재무타당성 분석을 통하여 획득한 정보 및 자료를 바탕으로 경제성을 분석하여 창업타당성을 확정하는 것이다. 한편 환경에 대한 중요성이 부각되면서 환경타당성 분석(environmental feasibility)에 대한 중요성을 강해지고 있다. 환경타당성 분석은 소비자에게 전달하려는 제품과 서비스가 환경에 미치는 영향을 분석하는 것을 말한다.

제2절 창업유형 분석(Startup Category Analysis)

1. 창업유형 분류(Startup Category Classification)

창업자는 창업을 시작하기 전에 우선적으로 창업이 무엇인지 창업에 대해서 정확하게 이해해야 한다. 창업은 창업하고자 하는 창업목적, 창업특징, 창업의 법적구조, 창업의 형태에 따라서 다양한 유형으로 분류되기 때문에 어떤 유형의 창업이 적합한지를 선택하는 것은 중요하다.

창업목적에 따른 분류

창업은 창업자가 어떤 목적을 가지고 창업을 할 것이지 창업의 목적에 따라서 기회형창업, 생계형창업으로 구분할 수 있다. 기회형창업은 창업자가 새로운 사업기회를 실현하

그림 3-5 창업의 유형 분류

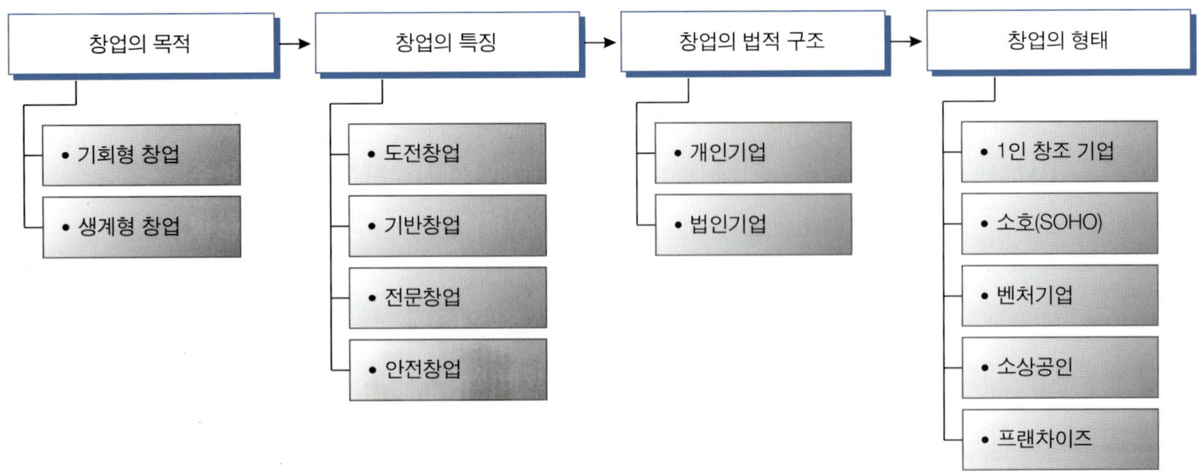

표 3-1 창업목적에 따른 분류

구 분	기회형 창업	생계형 창업
목 적	자신의 아이디어를 실현	생계 유지
창업기반 및 특징	기술 · 지식 집약적	노동 집약적
동 기	자발적	비자발적
형 태	벤처 창업, 소호(SOHO), 1인 창조기업	소상공인, 프랜차이즈

기 위해 본인스스로 자발적으로 창업하는 것을 의미한다. 따라서 기회형창업은 새로운 기술이나 새로운 아이디어를 기반으로 창업하기 때문에 위험성은 높으나 성공하면 큰 수익을 기대할 수 있다. 생계형창업은 창업자의 생계유지를 위해서 창업하는 경우를 말하며, 최소비용을 투자해 안정적인 수익을 창출하는 것을 목적으로 하고 있기 때문에 기회형창업과는 달리 노동집약적인 것이 특징이다. 생계형창업은 소자본창업으로 자영업, 외식업, 소매업 등이 위주이며, 대부분 자기자본으로 창업자금을 충당하며 사업타당성 분석 등을 스스로 하는 경우가 대부분이다.

창업특징에 따른 분류

창업의 특징에 따른 분류는 창업의 본질에 따라 도전창업, 기반창업, 전문창업, 안전창업으로 분류할 수 있다. 도전창업은 주로 20대 연령층에서 주로 이루어지며 열정과 도전정신을 바탕으로 이루어지는 창업을 말하며, 기반창업은 주로 30대 연령층에서 시작하는 창업으로 직장생활을 통한 경험, 지식, 인맥 등을 기반으로 하는 창업을 말한다. 한편 전문창업은 주로 40~50대의 연령층에서 창업하는 것으로 특정분야에서 오랜근무경력과 전

표 3-2 창업특징에 따른 분류

유 형	도전창업	기반창업	전문창업	안전창업
기 반	도전 정신	적성과 취미, 직장 경험	전문 지식과 경력	안전성, 생계수단
업종사례	App 개발업, WEB 서비스, IT 관련업종	제조, 정보 제공, Web 기반 등 기술개발 업종	제조, 컨설팅, 기술개발, 음식점 등	외식업, 제과점, 스크린 골프 등 프랜차이즈
형 태	소호(SOHO), 1인 창조기업	벤처, 1인 창조기업	벤처, 소상공인, 프랜차이즈	소상공인, 프랜차이즈

문지식을 바탕으로 창업하는 것이며, 안전창업은 주로 50대 이상의 연령층에서 이루어지며 창업으로 생계수단 및 노후대책을 위해 안전성을 바탕으로 하는 창업을 말한다.

법적구조에 따른 분류

창업기업은 법적구조에 따라 개인사업자와 법인사업자로 구분할 수 있다. 개인사업자는 창업기업의 소요자본의 전부 또는 대부분을 개인이 출자하고, 그 자본운영에 관한 책임을 개인출자자가 전적으로 지는 형태로서, 소규모자본을 투입하여 적은 인원이 운영하기에 알맞은 형태로 이윤의 전부가 개인에게 귀속된다. 그러나 경영성과가 개인의 역량에 의존할 수밖에 없어 경영의 한계를 극복해야하는 것이 문제이다. 물론 회사의 소유권 자체도 개인에게 귀속된다. 법인사업자는 주주중심으로 운영되는 주식회사 형태로 소유와 경영이 분리할 수 있으며 전문경영인 등을 영입하여 경영의 한계를 극복할 수 있다. 이윤배분은 출자자의 지분에 따라 분배하며 대표자는 회사운영에 대해 일정한 책임을 지며 일정 규모이상으로 성장가능한 유망사업의 경우에 적합한 형태이다.

창업형태에 따른 분류

창업의 형태에 따라서 벤처기업, 소호(SOHO), 1인 창조기업, 소상공인, 프랜차이즈로 나눌 수 있다. 벤처기업은 첨단기술이나 새로운 아이디어를 사업화하는 창조적이고 기술집약적인 창업형태를 말한다. 벤처창업은 높은 위험과 높은 수익성을 가진 신생기업창업으로 고도의 기술집약적이고, 일반적으로 벤처캐피탈에서 투자한 기업으로 연구개발과 기술개발이 중심인 블루오션(blue ocean) 창업을 말한다. 벤처기업의 사업영역은 WEB서비스, SNS, 모바일서비스, 소프트웨어 등 정보통신분야(ICT, information & communication technology)와 신약개발, 백신개발, 유전자치료 등 BT(bio technology)분야, 그리고 초정밀

표 3-3 창업형태에 따른 분류

형 태	벤처기업	소호(SOHO)	1인 창조기업	소상공인	프랜차이즈
창업목적	기획형 창업	기회형 창업	기회형 창업	생계형 창업	생계형 창업
창업기업의 형태	개인, 법인	개인, 법인	개인, 법인	개인	개인
규 모	1인 이상	2인 이상	1인	1인 이상(가족형태)	1인 이상(가족형태)
업종사례	첨단기술 IT, BT, NT 분야	Web 사업 온라인 사업	지식, 경험, 기술 소프트웨어, 유통	유통, 외식, 소매, 서비스분야	가맹점 창업

소재, 반도체 소재개발 등 NT(nano technology)분야 등이 있다. 벤처창업은 기술력을 인정받으면 자금조달이 상대적으로 유리하고, 대외적인 신뢰도가 높아져 코스닥시장에 상장할 수 있으며 빠르게 성장이 가능하지만, 기술개발 및 사업화과정에 큰 자금이 필요하므로 실패할 경우 경제적 타격이 크며, 기술개발을 위해 고급인력이 필요하지만 인력을 확보하기가 쉽지않다는 단점이 있다

소호(SOHO, small office home office, 소규모사무실)창업은 컴퓨터와 정보기술의 발달 덕분에 가능해 진 소규모 개인사업을 의미한다. 작은 사무실에서 정보나 지식 그리고 독특하고 창의적인 아이디어를 기반으로 시작하는 사업형태를 말한다. 컴퓨터 몇대와 주변장비만으로 하는 통신사업, 대기업과 계약을 맺고 원격으로 시스템을 관리해 주는 시스템프로그래머, 집이나 작은 사무실에서 소규모자본으로 사업하는 온라인쇼핑몰 등이 대표적이다. 창업자금이 적게 소요되고, 기업유지비용이 상대적으로 낮아 적은 투자비용으로 시작하지만 매출규모는 매우 크게 확대할 수 있는 장점이 있다. 그러나 진입장벽이 낮아 누구나 쉽게 창업할 수 있고 반면에 인지도가 낮고 아이템이나 사업분야가 중복되어 실패할 확률이 높다.

1인 창조기업은 자신의 지식, 경험, 기술' 등을 활용해 보다 창조적이고 새로운 서비스를 제공함으로써 이윤을 창출하는 기술집약적 기회형창업으로서, 개인이 사장이면서 직원이다. 주로 지식서비스 분야에서 독특한 아이디어를 갖고 있는 개인이 창업을 통해 매출과 이익을 창출하는 유형의 사업이다. 일반적으로 사업영역은 소프트웨어 개발과 같은 IT 서비스분야와 만화, 유튜브같은 문화콘텐츠 서비스분야, 그리고 전통공예품, 전통음식제조 등 전통소재의 제조업이 해당된다. 창업자금에 대한 부담이 적고 자유로운 경영활동이 가능하고 자신의 전문분야 혹은 기술을 바탕으로 시작하는 만큼 제품이나 서비스의 질을 높일 수 있다. 반면에 혼자서 모든 업무를 처리하므로 일의 강도가 높고 대외신뢰도가 상대적으로 낮다.

또한 소상공인 창업은 외식업, 소매업, 유통업 등 규모가 작은 점포형태의 창업을 의미하며, 생계를 영위하기 위한 사업으로 상대적으로 영세하고 사업주와 경영인이 동일한 개인기업형태이다. 사업영역은 분식점, 식당, 커피숍 등 외식업과 문구점, 화장품, 세탁소 등 소매업, 그리고 피부관리 Shop, 미용실, 네일아트 Shop 등이 있다. 업종의 폭이 넓고 특별한 기술이나 전문지식을 필요로 하지 않으며, 상대적으로 소규모자금으로 창업이 가능한 반면, 누구나 쉽게 시작할 수 있기 때문에 경쟁이 치열하고 실패확률이 높고 개인시간이 상대적으로 부족하다.

프랜차이즈 창업은 창업자가 기존의 브랜드를 가지고 있는 본사와 가맹점계약을 체결하고 상호, 상표, 서비스 등을 제공받아 동일한 이미지를 갖고 창업을 하는 형태를 말한다. 사업경험이 부족한 초보창업자가 본사로부터 경영지도 및 영업노하우 등에 대한 도움을 받을 수 있고, 유명한 브랜드나, 상호 등을 내걸고 사업을 시작하므로 일반소비자들에게 신뢰와 인지도가 높다. 반면에 일부본사의 무분별한 가맹점유치로 인하여 가맹점이 피해를 입을 수 있고 로열티가 다소 비싸며 본사의 간섭이 심해 독자적인 경영을 하는데 장애요소가 많다..

2. 창업실행 프로세스(Startup Execution Process)

법률적 정의에 의하면 창업은 중소기업을 새로이 설립하여 사업을 개시하는 것으로서 새로운 업(業)을 시작하는 것을 뜻한다. 새로운 업을 시작하려면 사업절차가 필요하다. 일반적으로 창업절차는 창업환경분석 및 아이템탐색, 사업형태 및 제품컨셉검토, 사업타당성 검토, 업종 및 아이템확정, 투자규모 및 자금조달계획, 사업계획서작성, 제품개발 및 마케팅전략수립, 제품출시 등의 프로세스를 거치게 된다.

첫째, 창업환경 분석 및 아이템탐색이다. 창업가는 사업주체로서 모든 창업과정에서 핵심적인 역할을 한다. 창업가는 사업착수와 운영에 대한 책임과 리스크를 지고, 그에 상응하는 보상을 기대하며 가치있는 새로운 것을 창조하는 사람이다. 창업을 결심했다면 우선적으로 해야 할 일은 창업아이템에 대한 철저한 분석을 해야 한다. 무엇 때문에 창업을 시작했고 어떻게 재무적 이윤을 창출하고 사업을 발전시키고 더나가 어떻게 사회에 기여할

그림 3-6 창업프로세스

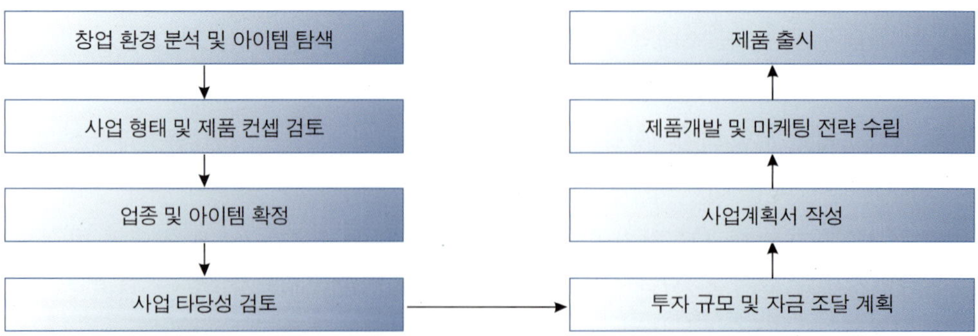

것인지를 성공할 수 있는 창업아이템을 검토함으로써 보다 의미있는 사업출발이 된다. 또한 창업가는 창업환경과 시장상황에 대한 이해가 필요하다. 기회요소, 위협요소가 무엇인지 체크하고 외부환경과 외부환경을 분석하고 강점과 약점을 분석한 후 명확한 사업결정을 내려야 한다.

둘째, 사업형태 및 제품컨셉검토이다. 업종선정에 있어서는 창업환경과 자신에 대한 객관적인 검토를 거쳐 시대의 흐름과 자신에게 맞는 사업형태와 제품켄셉을 찾아내는 것이다. 성공적인 업종선정을 위해서는 수익성, 안정성, 성장성 등을 갖추고 있어야 하고, 자금조달 범위안에 있는 업종이어야 하는 등 여러 가지 조건을 충족해야 한다. 셋째, 상권 및 아이템분석이다. 선정한 업종의 주요 고객층이 많이 모여드는 곳에 입지를 정한 다음 상권분석과정을 거치면 된다. 점포사업을 할 경우 상권분석은 사업의 성패가 걸릴 만큼 중대한 문제이므로 현장상권상황을 반드시 분석해야 한다. 상권분석의 핵심은 유동인구를 파악하고 고객층을 분석하는 것이다. 넷째, 사업타당성 분석이다. 제품과 서비스가 과연 얼마나 사업적으로 타당한가를 구체적으로 비교검토해볼 필요가 있다. 사업타당성 분야에서 이미 언급했듯이 이를 위해서는 우선 시장조사를 통해 시장성, 기술성, 경제성, 위험요인 등을 고려하여 업종을 최종적으로 확보하면 된다.

다섯째, 투자규모 및 자금조달계획이다. 창업자금을 준비하는 것을 말한다. 창업자금의 50% 이상은 자기자금으로 하는 것이 일반적인 원칙이다. 외부에서 자금조달을 과다하게 조달하게되면 창업초기부터 자금부담이 발생하는 경우가 많아 예측하지 못한 사태가 발생했을 때 사업대응능력이 저하된다. 사업을 하다보면 뜻하지 않게 자금수요가 발생하는

그림 3-7 창업의 단계별 성장경로

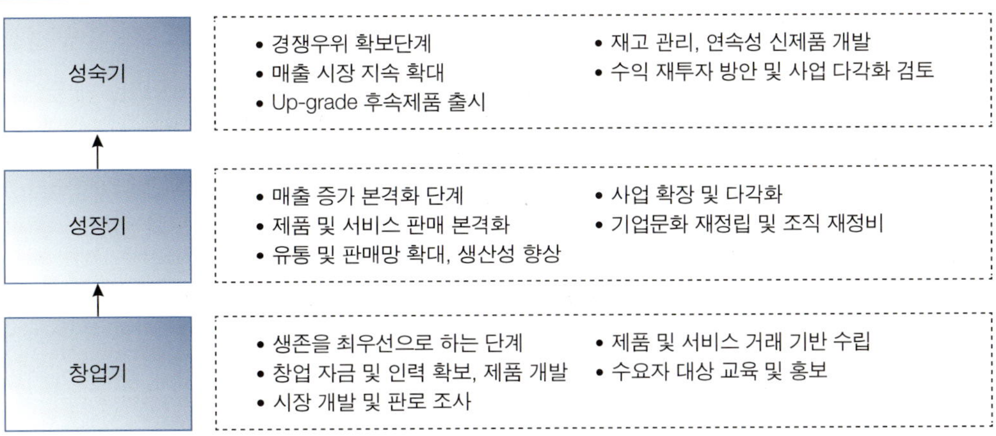

경우가 많기 때문에 사업을 시작하기 전부터 은행 등 금융기관의 자금, 정부지원자금에 대한 정보를 수집해 자금수지계획을 세워둬야 한다.

여섯째, 사업계획서 수립이다. 시장성분석, 사업타당성검토, 자금조달계획이 끝난 후에는 구체적으로 사업계획서를 작성해야 한다. 사업계획서는 사업의 추진방향과 성공여부를 결정하는 매우 중요한 문서이다. 사업계획서에는 사업업종과 제품, 시장현황에 대한 조사 및 분석결과를 토대로 마케팅계획, 조직운영계획, 인력운영계획, 자금수지계획 등이 포함된다. 일곱 번째, 제품개발 및 마케팅전략수립이다. 시장에서 성공을 거두기 위해서는 효과적인 마케팅전략을 수립하는 것이다. 우선 마케팅목표를 설정하고 제품, 가격, 유통, 홍보 등 다양한 마케팅수단을 활용해서 경쟁우위를 확보하기 위한 전략을 수립하는 것이다.

여덟 번째, 제품출시 및 시장대응이다. 모든 것이 준비가 완료되었으면 창업을 준비하는 것이다. 창업준비를 잘해 여러 가지 과정을 원만히 처리했다고 하더라도 창업의 마무리단계인 영업준비를 철저히 해야 한다. 판매할 상품을 준비하고, 종업원을 채용하고 훈련을 통해 경쟁력있는 조직구성원을 만들어야 하며, 그리고 실제로 사업을 착수함으로써 창업이 시작되는 것이다. 창업의 성장경로는 일반적으로 창업기, 성장기, 성숙기로 구분하는데 각 단계별로 특성이 존재한다.

첫째, 창업기(initial step)이다. 회사를 창업하고, 신규제품이나 서비스를 생산하여 판매하는 기반을 수립하고 창업에 필요한 자금, 인력 등을 확보하는 예비기를 거쳐 제품을 개발하고, 수요자를 대상으로 제품교육 및 홍보(market testing)하고, 생존을 최우선 과제로 하는 단계를 말한다. 둘째, 성장기(growth and development period)이다. 제품 및 서비스의 판매가 본격화되고 유통 및 생산성을 확대하여 사업확장 및 다각화를 추진한다. 또한 기업문화재정립 및 조직재정비를 실시하는 등 제품과 서비스가 시장에서 성공하면서 매출증가가 본격화하는 단계이다. 셋째, 성숙기(maturation period)이다. 매출이 지속확대되고, up-grade된 후속제품을 출시하며, 재고관리와 신제품개발과 수익의 재투자를 통한 사업확장내지는 사업다각화가 시도되고 경쟁우위를 확보하는 단계를 말한다.

3. 창업계획서 작성(Foundation plan writing)

창업계획서는 창업의 성공과 실패를 결정하는 사업계획서이다. 뿐만 아이라 창업자자신의 신용이다. 따라서 창업계획서는 창업자가 기업을 설립하여, 그 사업을 성장과 발전

그림 3-8 창업계획서 작성 고려 요소

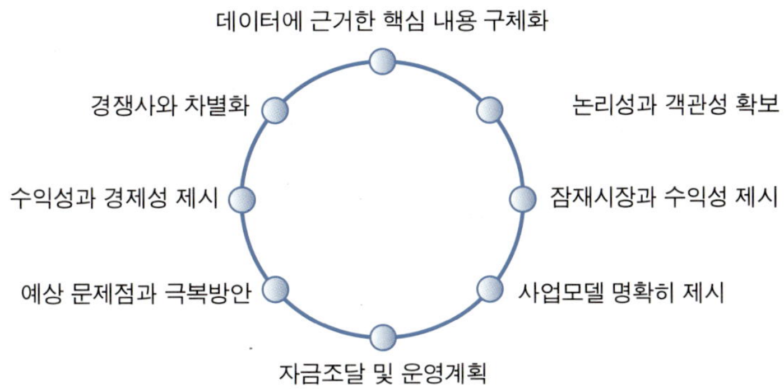

을 시키고자 하는 구체화된 의지를 체계적으로 정리하고 기술한 보고서이다. 따라서 창업계획서는 창업아이템의 필요성, 경쟁제품과의 차별성, 시장성 및 수익성 등 핵심 내용중심으로 구체적이고 명료하게 작성해야 한다. 창업계획을 이해당사자에게 설득하는 보고서이기 때문에 추상적 개념보다는 논리성과 객관적 데이터에 근거하여 신뢰성을 확보하는 것이 중요하다.

또한 시장분석을 통하여 잠재적인 시장의 존재와 성장가능성을 부각시켜야 하므로 수익모델과 수익성, 왜 투자를 해야 하는지에 대한 이유를 명확하게 설명해야 한다. 무슨 사업을 어떻게 수행해서 수익을 창출할 것인지에 대한 방법을 명확하게 제시해야 하고, 특히 IT와 기술창업의 경우는 사업하는 방식이 이해하기가 힘들기 때문에 사업모델을 명확하게 제시할 필요가 있다. 그리고 사업운영에 있어 필요한 소요자금을 정확하게 산정하고, 구체적인 자금조달방안 및 계획을 수립해야 하며, 따라서 창업자가 현실적으로 조달가능한 자기자본을 기술해야 하고, 사업을 추진하는 과정에 발생할 수 있는 문제점과 극복방안을 제시하여 만약의 경우에 대비하는 것이 필요하다. 또한 창업계획서의 가장 중요한 목적중 하나는 투자를 유치하는 것이기 때문에 창업자 능력과 역량, 경쟁사와 차별화요소, 사업내용의 독창성이 부각되도록 작성해야하며, 창업계획서를 읽는 이해당사자가 해당 분야에 전문가가 아닌 경우가 많기 때문에 전문용어사용을 자제하고 이해하기 쉬운 용어를 사용하여 구체적으로 작성할 필요가 있다.

그리고 긍정적 전망도 중요하지만 부정적 요소는 없는지 그리고 약점이 있다면 어떻게 극복할 것인지를 제시할 필요가 있다. 창업계획서 작성은 한 번에 끝나는 것이 아니라, 지속적인 수정 및 보완을 통해 정교화시켜야 하며, 창업계획서에 잠재되어 있는 문제점과 향후 발생 가능한 위험요소를 지속적으로 분석하고 대응방안을 수립할 필요가 있다.

제3절 기업가정신(Entrepreneurship)

1. 기업가정신 개념(Entrepreneurship Concept)

기회를 실현하기 위해 새로운 사업을 추진하는 사람으로 남들이 발견하지 못한 사업기회를 찾아내어 자신의 책임하에 필요한 자원(자금, 아이템, 인력 등)을 조달하여 사업을 시작하는 사람을 기업가(entrepreneur)라고 한다. entrepreneur는 "수행하다, 시도하다, 모험하다"를 의미로 프랑스어 entreprendre라는 동사에서 유래하였으며, 18세기 칸티용(R. Cantillon, 프랑스, 경제학자)에 의해 처음 사용되었다. 새로운 사업에서 야기될 수 있는 위험을 부담하고 어려운 환경을 헤쳐나가면서 기업을 키우려는 뚜렷한 의지를 가지고 위험을 감수하고 혁신을 도모하는 것을 기업가정신(entrepreneurship)이라고 한다.

기업(起業)은 한자로 일으킬 '기'와 일 '업'의 조합으로 '일을 새롭게 만들다' '사업을 일으켜 시작한다'라는 뜻이다. 기업가정신에 대한 정의는 학자에 따라 다양하게 정의하고 있다. 피터 드러커(Peter Ferdinand Drucker, 뉴욕대학교 경영학) 교수는 위험을 무릅쓰고 포착한 기회를 사업화하려는 모험과 도전정신을 가진 사람을 말한다고 했다. 즉, 변화를 추구하고 변화에 대응하며 기회를 포착하여 변화유도와 새로운 사업기회로 창출하는 것이다. 슘페터[Schumpeter, 오스트리아 경제학자]는 창조적 파괴(creative destruction)를 수행하고 주도하는 사람 또는 조직이라고 했다. 즉, 어떤 것을 새로운 방법으로 창조하거나 새로운 일을 창조함으로서 생산과 시장의 흐름을 교란시키는 역할을 수행하면서 동시에 재무적 이익을 추구하고 혁신성과 위험감수성, 진취성을 가진 기업을 만들어 일자리를 창출하는 정신을 말한다.

2. 기업가정신 구성요소(Entrepreneurship Elements)

미국의 경우 초등학교부터 대학, 직업교육과정에 이르기까지 평생학습과정으로 기업가정신교육을 하고 있다. 유럽의 경우에도 기업가정신교육을 함양하기 위해 2006년 오슬로

선언을 통해서 기업가정신교육을 적극적으로 실시하고 있다. 불확실성이 높은 위험에도 불구하고 주도적으로 기회를 포착하고 도전하며 혁신활동을 통해 새로운 가치를 형성해 나가고 창조하는 실천적 역량을 조성하는 것이 기업가정신이다. 기업가정신은 혁신성, 진취성, 적극성, 자율성, 위험감수성 등이 고려되어야 한다.

첫째, 혁신성(innovation)이다. 새로운 기회와 해결책을 찾고자 하는 노력에서 발생한다. 혁신의 범주는 기술혁신(새로운 제품개발, 제품프로세스 개발 등), 시장혁신(시장조사, 제품설계, 광고 및 촉진활동), 경영혁신(경영시스템 개선, 경영조직설계, 경영구조개혁) 등을 말한다. 따라서 이 세 가지 범주가 맞물려 있을 때 시너지효과가 창출되는 것이다. 둘째, 진취성(proactiveness)이다. 탁월한 성과를 내기 위한 의욕과 시장내 지위를 바꾸기 위해 경쟁자들에게 강하게 도전하는 도전정신이다. CEO뿐만 아니라 조직구성원들의 적극적인 경쟁의지를 가지고 미래 지향적 새로운 기술적용하고, 산업내에서 경쟁특성의 변화를 탐색하여 시장의 주도권을 확보하여 시장을 선도하기 위해 브랜드 정체성을 구축하고 산업내에서 새로운 기술을 적용하는 정신을 말한다. 셋째, 경쟁적 적극성(competitive aggressiveness)이다. 경쟁자 앞에서 새로운 틈새시장을 찾아 기회를 탐색하고 경쟁자들보다 빨리 새로운 제품과 브랜드를 도입하여 라이프 사이클에 비춰서 성숙기나 쇠퇴기에 접어든 활동을 전략적으로 제거하는 것을 말하다. 넷째, 자율성(autonomy)이다. 개인이나 조직의 아이디어와 비전을 제시하기 위해 독립적으로 수행하는 기업가적 감각을 말한다. 조직의 관료주의를 탈피하여 새로운 아이디어를 이끌어 낼 수 있는 독립성과 조직내 새로운 제품개발 및 다양한 아이디어 출현에 큰 역할을 하는 것이다. 여섯째, 위험감수성(risk sensitivity)이다. 기업이 새로운 사업성공의 확신이 없어도 과감하게 활동해서 기꺼이 새로운 사업기회를 포착하려고 하는 의지를 말한다. 위험한 프로젝트에 대하여 실행하

그림 3-9 기업가정신 구성요소

려는 의욕을 가지고 불확실성이 매우 높음에도 이를 도전하려는 의지로 사업위험을 감수하면서 위험성이 높은 프로젝트를 추진하는 활동과 노력을 말한다.

CHAPTER 03

마케팅 이해와 전략 (Marketing Understanding & Strategy)

제 1 장

마케팅이해 (Marketing Understanding)

제1절 마케팅 개요(Marketing Qverview)

1. 마케팅개념(Marketing Concept)

마케팅을 제품과 서비스를 판매하는 것을 돕고 지원해 주는 역할로 평가했던 것이 사실이다. 그렇지만 시장환경의 변화와 소비자의 니즈와 욕구가 급속하게 변화하면서 마케팅의 개념이 변화하고, 마케팅기능과 역할에 대한 중요성이 강화되고 있다. 마케팅을 영업 또는 홍보라고 이해하고 있는 경우도 많고 판촉활동으로 이해하는 경우도 있다. 마케팅을 이렇게 생각하는 것은 마케팅의 일부만을 이해하고 있는 것이다. 마케팅은 소비자가 선호하는 제품을 개발하여, 제품의 가치에 맞는 가격을 받고, 구매하기 편한곳에 유통되도록 하여 소비자들이 구매할 수 있도록 하는 것이다.

마케팅활동에서 가장 중요한 것은 제품가치를 전달하는 것이다. 과거에는 기업이 소비자들보다 더 많은 정보를 가지고 있었기 때문에, 소비자는 브랜드나 가격 등 부수적인 조건들에 의존하여 제품구매를 할 수밖에 없었다. 그러나 정보통신기술(ICT, Information Communication Technology) 및 모바일기술발달 등으로 제품과 서비스에 대한 정보를 더 많이 접할 수 있게 되면서 제품을 구매하는 구매형태의 변화를 가져왔다.

마케팅의 학술적 정의는 추상적이고 복잡하지만 실제 현장에서 마케팅(Marketing)은 시장을 움직이는 행위(Market+ing)를 의미한다. 시장을 움직이게 하는 것으로 제품과 서비스를 누구에게, 어디에서, 얼마의 가격으로, 어떤 방법을 통해서 전달할 것인가를 결정하는 것이다. 제품과 서비스를 소비자에게 설득력있게 전달하여 조직의 목표를 달성시키기 위하여 제품, 가격, 유통, 판촉, 서비스를 계획하고 수행하는 제반활동을 마케팅이라고 한다. 즉 고객의 Needs와 Wants를 찾아서 충족시킬 수 있는 제품과 서비스를 기획하는 것을 말한다. 미국 마케팅협회(American Marketing Association)에서는 마케팅을 "Marketing is the process of planning and executing the conception, pricing, promotion, and distribution of ideas, goods and services to create exchanges that satisfy individual and organizational objectives.".이라고 정의하고 있다. 마케팅은 기업에게는 재무적 이익을 제공하고 개인에게는 편익과 가치를 제공하고 사회를 발전시키며 더나가 소비자들의 삶의 질을 향상시키는 역할을 하게 된다.

2. 마케팅 패러다임 변화(Marketing Paradigm)

시대적 환경과 시장환경, 고객욕구가 급속하게 변화하면서 마케팅컨셉(concept)에 대한 패러다임 자체도 급속하게 변화하고 있다. 마케팅컨셉의 변화는 시장환경과 소비자의 행동, 시대적 상황에 따라 생산개념, 품질개념, 판매개념, 사회적 책임개념(CSV, Creating Shared value)으로 마케팅컨셉의 패러다임이 변화하고 있다.

첫째, 생산개념의 마케팅컨셉은 수요가 공급을 초과하는 시장상황을 판매자시장(Seller's Market)이라고 하고, 공급이 수요를 초과하는 시장상황을 구매자시장(Buyer's Market)이라고 한다. 그런데 생산개념은 기업의 마케팅컨셉 철학중에서 가장 오래된 개념으로 소비자들이 쉽고 싸게 구매할 수 있는 상품을 선호할 것이라고 생각하여 생산원가를 절감하여 생산의 효율성에 중심을 둔 컨셉을 말한다. 둘째, 제품개념의 마케팅컨셉은 소비자들이 최고의 품질과 성능을 가진 제품을 선호할 것이라고 믿고 기술적으로 품질좋고 우수한 혁신적인 제품을 만드는데 주력하는 컨셉을 말한다. 기업은 경쟁사와 차별화하기 위한 방법으로 품질에 중점을 두고 제품개발을 시작하게 되었으며, 마케팅전략도 품질중심으로 변화하는 현상을 초래하는 결과를 가져왔다.

셋째, 판매개념의 마케팅컨셉은 기본적으로 소비자들은 자발적으로 기업에서 생산하는

그림 1-1 마케팅컨셉 패러다임 변화

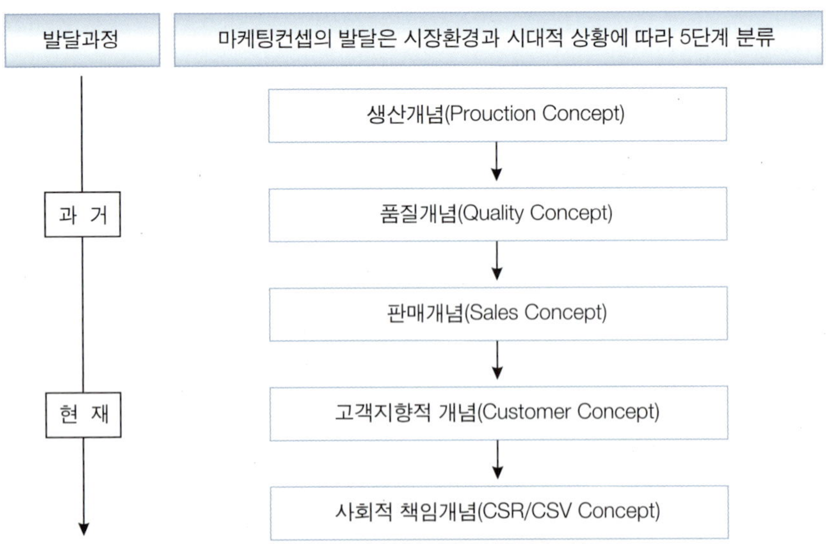

제품이나 서비스를 구입하지 않을 것이라는 전제하에, 공격적인 영업 및 촉진활동을 펼쳐야 된다는 컨셉이다. 고객은 자발적으로 제품을 구매하지 않는다는 것을 인지하고 공격적인 영업과 촉진활동을 통해 시장을 확대해 나가는 것을 말하며, 소비자가 제품을 구매하도록 하는 것이 목표인 마케팅컨셉을 말한다. 넷째, 고객지향적 마케팅은 고객이 마케팅의 중심이라고 판단하고 기업의 모든 마케팅행위의 중심에 고객을 위치시키는 개념으로 고객의 욕구를 잘 파악하고 충족시킴으로써 매출과 이익을 달성하고자 하는 컨셉이다. 기업중심의 마케팅에서 소비자중심으로 마케팅컨셉의 변화를 초래하는 계기가 되었다. 표적시장(Target Market)에서 고객의 욕구를 충족시키고자 하는 것이 기업의 목표이다. 고객을 단순히 제품과 서비스를 판매하는 대상으로 보는 것이 아니라, 고객니즈를 충족시켜 고객만족을 추구하는 것을 목표로 마케팅전략을 수립하는 것을 말한다.

다섯째, 사회적 책임마케팅은 기업이 제품과 서비스를 판매하여 매출과 재무적 이윤만을 추구하는 것이 아니라, 사회적 책임과 역할을 고려하여 고객의 몰입을 유도하는 컨셉을 말한다. 공급과잉의 시대로 경쟁이 치열해 지고 소비자가 제품소비는 물론 제품개발과 생산 및 판매에 직접 관여하고 유통에 이르기까지 소비자의 권리를 행사하는 프로슈머(Prosumer)의 등장과 기술의 발달로 제품가격과 성능의 차이가 급격하게 줄어들고 기업의 사회적 책임에 대한 소비자의 관심이 증가되면서 사회적 책임에 근거한 마케팅전략의 중요성이 점점 증가하고 있다.

제2절 마케팅조사(Marketing Research)

1. 마케팅조사 개념(Marketing Research Concept)

어떤 문제의 해결이나 의사결정에 필요한 정보를 파악하여 마케팅 전략수립에 반영하기 위해 자료를 수집하고 분석하는 것을 마케팅조사(Marketing Research)라고 한다. 조사범위는 시장환경, 제품개발, 가격, 유통, 촉진, 서비스, 제품의 수명주기(PLC, Product of Life Cycle) 등 마케팅과 관련된 전반적 내용을 포함한다. 마케팅조사과정에서 가장 먼저 실시되어야 하는 것이 문제에 대한 정의를 내리는 것으로 문제를 명확히 정의해야 문제해결에 필요한 자료를 수집할 수 있기 때문이다.

마케팅조사목적은 제품과 서비스에 대한 시장환경과 소비자반응을 파악하고, 기존시장 유지하거나, 새로운 시장을 진입할 때 소비자의 Needs와 Wants가 무엇인지 분석하여 시장지배력을 확대해 나가기 위한 것이다. 또한 경쟁사의 경영환경과 정책분석을 하여 리스크없는 합리적 의사결정을 위해 조사를 실시한다. 그리고 마케팅조사계획서에 포함되어야 할 내용은 조사목적, 조사범위와 유형, 자료수집 및 분석방법, 조사가치, 조사일정과 비용 등이 포함되어야 한다.

2. 마케팅조사방법(Marketing Research Method)

기업에서는 마케팅 전략수립을 위해 소비자정보를 얻기 위한 마케팅조사의 필요성이 강화되고 있다. 그 이유는 무엇일까? 시장상황의 변화가 생기면 소비자의 행동이나 추구하는 가치도 계속변화하기 때문이다. 만약 기업이 시장과 소비자의 움직임에 둔감하다면 언젠가 소비자에게 외면하게 될 것이다. 마케팅(Marketing = Market(시장) + ing(진행형))은 시장의 진행, 즉 변화대응을 의미하며, 효과적인 마케팅전략은 소비자와 교감속에서 이루어져야 한다. 마케팅리서치는 이러한 교감을 위해 소비자에 대한 이해과정이라고 볼 수 있다. 따라서 마케팅전략을 수립하기 위한 정보수집방법으로는 서베이조사법, 실험조사법, 관찰조사법 등이 있다.

서베이조사(Survey Research)

서베이조사(Survey Research)는 모집단으로부터 추출된 표본을 대상으로 주제와 관련

그림 1-2 마케팅 정보수집방법

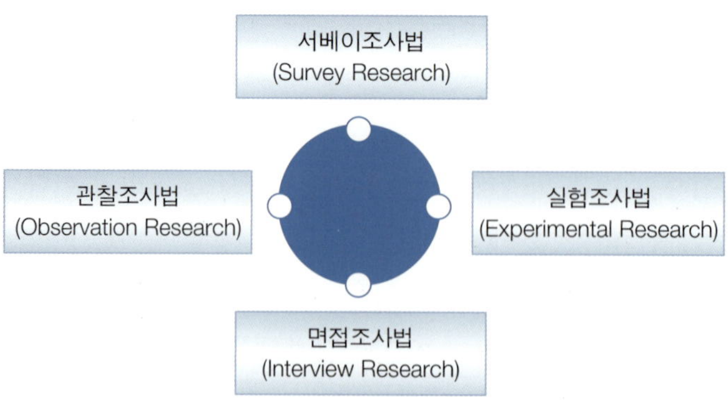

된 질문문항 혹은 면접절차를 사용하여 얻은 실증적 데이터를 통계분석절차를 통해 가공·분석하는 표본을 통한 모집단의 상황을 추론하는 조사방법을 말한다. 따라서 표본의 추출은 서베이결과를 일반화하는데 결정적인 영향을 미치며, 특정주제에 대한 사람들의 태도나 의식, 행동 등을 조사를 통해 예측할 수 있다. 조사의 목적은 시장상황, 소비자 제품구매실태, 제품이용실태, 경쟁제품평가 등을 수집하여 마케팅 전략수립의 기본자료로 활용하기 위한 것이다. 서베이조사는 체계적인 질문문항이나 면접절차를 사용하여 직접적인 방식을 통해 조사대상자로부터 자료를 획득하기 때문에 표본추출 못지않게 질문지의 설계와 작성요령이 중요하다.

한편, 서베이조사의 구성은 표본추출, 질문지설계 및 작성, 자료수집을 위한 조사실시, 자료분석을 위한 통계기법적용이다. 첫째 표본추출이다. 모집단의 표본을 대표하는 표본을 추출해야 한다. 표본추출을 하지 않고 전수조사를 하는 경우 모집단속의 개인의 의견 또는 생각을 모든 수집하여 분석할 수도 있다. 그러나 모집단의 규모가 너무 클 경우 전수조사는 시간적, 금전적으로 낭비를 가져올 수 있기 때문에 모집단을 잘 대표할 수 있는 표본을 추출하여 이를 분석한 결과를 가지고 모집단에 대해 추론하는 방법을 택하게 된다. 둘째, 신뢰할 수 있고 타당한 자료를 수집하기 위한 질문을 설계하는 것이다. 조사자는 기존에 사용된 문항들 가운데 다시 사용할 것인지, 사전검사를 수행할 것인지 등을 결정해야 한다. 셋째, 조사의 실시이다. 추출된 표본을 대상으로 질문문항을 사용하여 자료를 수집하는 과정을 의미한다. 넷째, 수집된 자료를 분석하기 위한 각종 통계기법을 들 수 있다.

서베이조사는 추출된 표본을 대상으로 자료를 수집하는 방법이기 때문에 설문에 답하도록하는 것이 중요하다. 또한 응답자가 설문내용을 잘 이해하고 자신의 생각을 명확하게

그림 1-3 서베이조사 방법

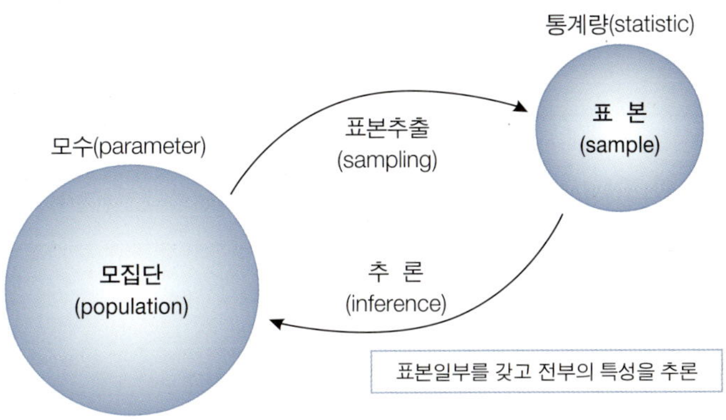

표현하고 응답하고자 하는 의지가 있어야 내용의 신뢰성을 높일 수 있다. 서베이조사법은 표본이 많아 일반화할 수 있고 비용과 시간이 적게 들어 마케팅조사에서 가장 널리 이용되는 자료수집방법이다. 그러나 조사의 한계점은 설문지개발이 어렵고 낮은 응답률을 극복해야 하며 설문지 회수율이 낮지 않도록 하는 것이 필요하다. 그리고 서베이조사를 위한 방법으로 주로 척도를 사용하는데 척도의 네 가지 유형은 명목척도, 서열척도, 간격척도, 비율척도가 있다. 명목척도(nominal scale)는 각 조사단위가 어떤 속성을 지니고 있는가, 또는 어떤 범주에 속하는가에 따른 분류로 선호도를 측정하는 척도이다(인종, 성별, 지지정당 등). 서열척도(ordinal scale)는 측정대상 간의 순서관계를 밝혀주는 척도로 대소관계, 높고 낮음 등의 순위 또는 순서를 부여하는 측정이다. 등간척도(interval scale)는 간격을 측정하는 척도로 속성 간의 차이를 간격을 균일하게 분할하여 정도를 측정하는 것이다(아주 좋다, 좋다, 보통, 싫다, 아주 싫다). 비율척도(ratio scale)는 가장 높은 수준의 척도이자 자세한 정보를 제공한다. 절대값이 존재하며 모두 숫자로 표현되고 상대적 선호도를 알아보기 위한 방법으로 합계가 100이 되도록 비율을 배정해야 한다. 서베이조사법은 자료를 수집하는 방법에 따라서 우편조사, 전화면접조사, 대인면접조사, 인터넷조사 등이 있다.

첫째, 우편조사(Mail Interview)이다. 우편으로 설문지를 발송한 후 응답내용을 반송용 봉투를 이용하여 회수함으로써 자료를 수집하는 방법이다. 우편조사법은 조사비용이 적게 들고 충분한 시간을 가지고 설문지에 답을 하기 때문에 응답에 대한 오류를 최소화 할 수 있으며, 설문을 실시하기 전에 사전허락을 통해 실시 할 수 있기 때문에 신뢰도를 높일 수 있다.

둘째, 전화면접조사(Telephone Interview)이다. 전화를 통하여 질문하고 응답내용을 기록하는 방법으로 지역에 대한 한계를 극복할 수 있으며 짧은 시간에 신속한 조사가 가능

그림 1-4 서베이조사방법

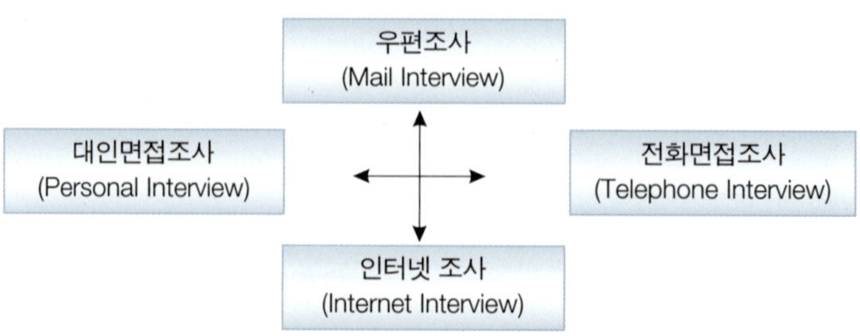

하다. 그러나 응답자가 질문내용을 이해하지 못할 경우 보충설명이 불가능하며 응답률이 낮은 편이고 응답자와 비 응답자 간에 인구통계적 특성에서 차이가 있어 응답자의 대표성에 문제가 있다.

셋째, 대인면접조사(Face to Face Interview)이다. 조사원이 직접 응답자와의 대면접촉을 통해 자료를 수집하는 방법으로, 조사원들이 설문지를 이용해 자료를 수집하는 방법으로 마케팅조사방법 중에서 가장 많이 사용된다. 조사를 실시하기 전에 면접원이 조사관련 내용을 충분히 교육받은 후 직접 대면접촉을 통해 자료수집하는 방법으로 어렵거나 난해한 질문에 대해 충분히 설명해 줄 수 있어 보다 정확한 조사를 실시할 수 있다. 그러나 다른 조사법보다 비용이 많이 들고 조사원이 임의적으로 내용을 해석함으로써 객관성이 결여될 수가 있다. 뿐만 아니라 질문과정에서 면접원이 응답자의 응답에 영향을 미치는 인터뷰 바이러스(interview virus)가 발생할 수 있다는 단점이 있다.

넷째, 인터넷조사(internet Interview)이다. 온라인상에서 인터넷을 이용하여 조사하는 방법으로 신속하고 편리하며 다른 조사방법에 비해 조사경비가 적게 들고 동영상, 사진 등을 제공할 수 있고 다양한 설문이 가능하다.

실험조사법(Experimental Research)

실험조사법(Experimental Research)은 실험대상자에게 원인으로 추정되는 변수를 조작하여 그 결과를 조사하는 방법으로 실험대상자의 반응결과 차이점을 측정하는 방법이다. 즉 실험대상자를 몇 개의 집단으로 나누어 구성하고 각각의 집단에 어떤 상황에 대한 원인변수를 다르게 제시한 후 집단별로 차이를 측정하는 방법이다. 실험조사법은 문제가 되는 원인중에서 중요한 원인이 무엇이지 정밀하게 파악할 수 있도록 실험설계를 정밀하게 하는 것이 중요하다. 즉, 원인으로 추정되는 변수를 조작하여 그 결과를 조사하는 방법으로 광고의 경우 각기 다른 광고를 집단별로 보여주고 그 반응과 선호도를 측정하는 조사방법을 말한다.

관찰조사법(Observation Research)

관찰조사법(Observation Research)은 조사대상자의 행동이나 태도 등을 조사하는 것으로 조사대상의 행동패턴을 직접(인적 관찰) 또는 기계장치(기계적 관찰)를 이용하여 자료를 수집하고 필요한 정보를 얻는 조사방법이다. 행동을 직접 관찰하므로 비교적 정확한 자료의 수집이 가능하고, 조사대상자가 응답을 거부하거나 회피하는 사항에 대한 정보를 획득

그림 1-5 관찰 조사법 유형

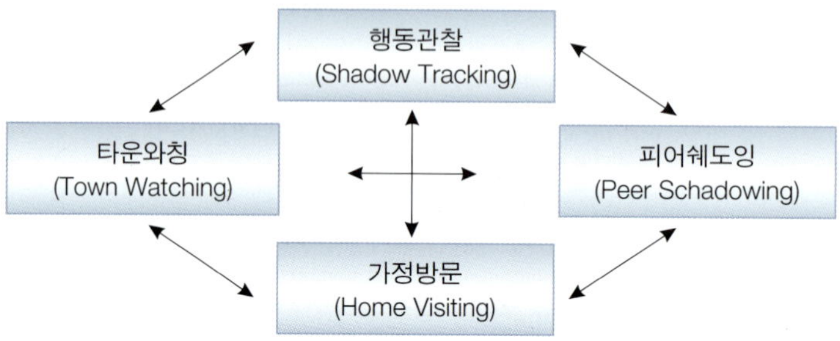

할 수 있다. 한편 조사대상자와 일반적 대화나 소통이 불가능할 경우에 사용할 수 있지만, 조사대상자의 행동유발동기 등 내면적인 부분을 파악할 수 없다. 그리고 관찰자에 따라 기록과 해석에 차이가 있을 수 있다는 한계와 비윤리적이라는 점도 있다. 관찰조사법에는 행동관찰, 피어쉐도잉, 타운와칭, 가정방문유형이 있다.

행동관찰(Shadow Tracking)은 소비자가 제품과 서비스를 이용함에 있어 불편한 점, 요구사항, 제품사용패턴 등 행동특성을 파악하기 위해 소비자의 일상생활을 동영상촬영을 통해 관찰하는 방법이다. 피어쉐도잉(Peer Shadowing)은 행동관찰과는 달리 친구나 가족 등 자신과 가까운 특정소비자의 행동을 관찰·기록(촬영)하는 방법이다. 타운와칭(Town Watching)은 소비자들의 라이프스타일과 트렌드를 파악하기 위해 도심의 특정장소를 중심으로 거리문화를 관찰·분석하여 소비자의 니즈와 욕구를 파악하는 방법으로, 거리의 행인, 매장, 상품 등을 주로 관찰한다. 그리고 가정방문(Home Visiting)은 조사대상의 가정을 방문하여 관찰하고 인터뷰하여 가족구성원들의 라이프스타일과 제품사용행태 등을 파악하는 방법이다.

면접조사(Interview Research)

면접조사는 조사자 또는 면접자가 직접 이해당사자를 상대로 일대일로 대면하여 필요한 질의를 통해 상대의 의견을 듣고 자료를 수집하는 방법이다. 일반적으로 면접조사는 대면면접조사와 전화면접조사가 있다. 면접조사는 표본크기가 지리적으로 시간적으로 제한될 수 밖에 없지만 제한적 표본을 대상으로 하기 때문에 구체적이고 세부적으로 심층적인 조사가 가능하고 동일한 주제에 대해 정례적으로 연구하여 트랜드를 분석할 수 있다. 면접조사는 조사자와 직접 대면을 통해 조사하다 보니까 조사를 신속성 있게 할 수 있고 심층적인 조사가 가능하며, 정확한 질문을 할 수 있고, 질문지 작성할 때 미처 인지하지 못했던 문제점이나 내용을 보충하기나 삭제할 수 있으며 관찰조사를 병행할 수 있다. 반면에 조사비용이 많이 들고 조사기간이 길어질 수 있고, 면접자의 질문기술, 설명방법, 면접자의 지식과 경험, 면접장소 등 물리적 환경에 따라 조사내용에 영향을 받을 수 있다.

3. 마케팅조사유형(Marketing Research Style)

마케팅조사문제를 해결하기 위하여 어떻게 조사할 것인가를 결정하는 것으로 조사의 구체적인 진행방향을 제시하는 청사진역할을 한다. 마케팅조사유형은 탐색적 조사(Exploratory), 기술적 조사(Descriptive), 인과적 조사(Causal) 등이 있다.

탐색적 조사(Exploratory Research)

탐색적 조사는 조사의 초기단계에서 문제가 명확하지 않을 때 문제를 명확히 하고자 하는 조사로 예비조사 또는 파일럿조사(pilot Research)라고 한다. 기업의 내외보고서 검토 등 문헌조사, 전문가 의견조사, 사례조사 등을 통한 분석을 말한다. 탐색적 조사에는 문헌조사, 사례조사, 심층면접조사, 표적집단면접조사 등이 있다.

첫째, 문헌조사(documentary survey)는 깊이 있는 연구를 하는데 있어서 핵심적인 요소중 하나이며, 선행연구가 어떻게 진행됐는지 파악하여 연구가 어느 방향으로 진행되어야 하는지 확인시켜주는 역할을 한다. 연구자가 연구주제를 선정하고 연구주제에 맞는 연구문제를 구체화하기 위해 학회지, 학위논문, 단행본, 학술대회자료 등 다양한 문헌들을 검토하는 것을 문헌조사라고 한다. 문헌조사는 자신의 연구주제와 방향을 설정해주는 역할을 하지만, 조사결과를 작성할 때에도 필요하다. 한편 문헌조사가 제대로 이루어지지 않으면 불필요한 반복연구가 되거나 시행착오를 겪을 수 있다. 자료탐색 및 검색은 대학도서관, 국립중앙도서관, 국회도서관, 한국교육학술정보원, 각 학회홈페이지, 포털사이트(Naver, Google), 해당 연구기관 등을 통해 실시한다. 둘째, 사례조사(case investigation survey)는 특정한 한 대상(개인, 프로그램, 기관 또는 단체, 어떤 사건)에 대해 조사의뢰자가

그림 1-6 마케팅조사유형

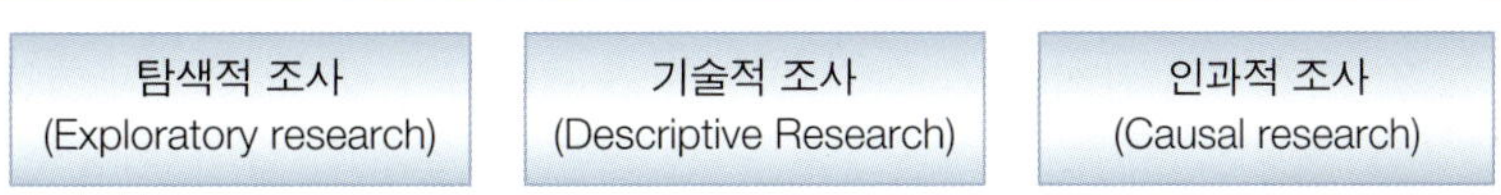

그림 1-7 탐색적 조사유형

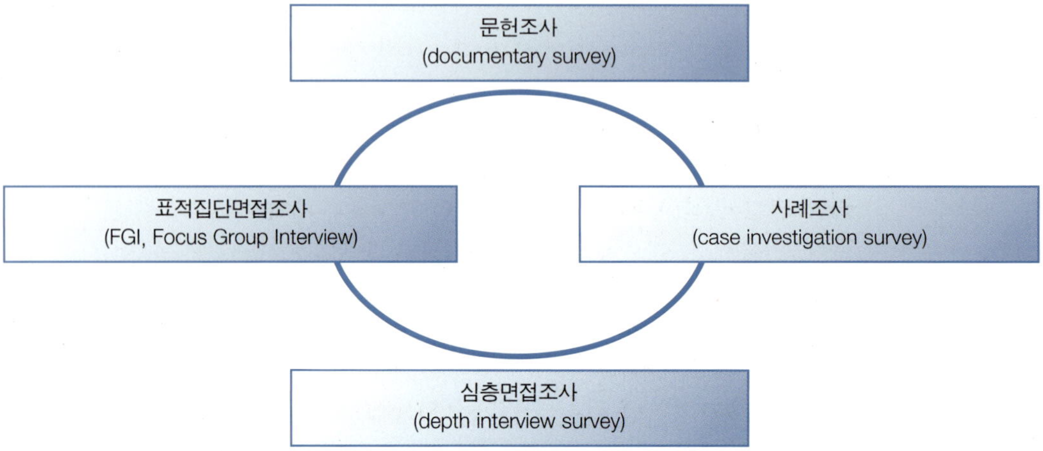

당면하고 있는 상황과 유사한 사례를 찾아서 깊이 있게 총체적으로 분석하는 것을 말한다. 즉, 하나의 사례에 대한 깊이 있는 분석을 통해 같은 상황속에 있는 다른 사례들을 분석하여 판단할 수 있도록 하는 것이다. 사례연구는 다양한 자료출처를 통해 현상을 연구하므로 보다 풍부하고 의미있는 정보를 제공해 주며, 탐색적, 설명적, 기술적, 평가적 연구유형과 같이 다양한 목적의 연구가 가능하여 교육분야와 같은 연구에 적절한 연구설계를 제공해 준다. 셋째, 심층면접조사(depth interview survey)는 전문가의견 조사로써 조사자와 응답자 간에 1:1 대면접촉을 통해 조사하는 방법으로 기업 또는 어떤 조직이 처한 문제나 해결책에 대한 아이디어를 얻기위해 조사하고자 하는 것과 관련된 경험과 지식을 갖춘 전문가를 통해 정보를 얻어 내는 조사이다. 즉, 조사자와 응답자 간의 대면접촉에 의해 심층적인 질문과 응답을 통해 소비자의 심리 및 욕구, 태도, 감정 등을 파악하는 조사방법이다. 소비자의 구매동기, 선호상품, 상품기획, 광고계획 및 아이디어 등을 파악하는데 사용하는 정성적(Qualitative) 조사방법으로 조사자의 면접능력에 의존해야 되어 조사자의 면접능력이 요구되고, 일반적인 설문조사에서 밝히기 힘든 내면적 욕구를 파악하는데 유리한 조사 방법이다. 넷째, 소수의 표적집단(5~10명)을 대상으로 자유스러운 분위기 속에서 사회자가 제시하는 주제와 관련된 현안에 대해 집중적 대화를 통해 필요한 정보를 발굴해 내는 소비자면접조사방법을 표적집단면접조사(FGI, Focus Group Interview)라고 한다. 즉, 사회자주관하에 소수의 참여자(5~10명)가 주어진 주제에 대하여 심도있는 토론을 하도록 함으로써 새로운 아이디어 창출 및 행동의 내면적 이유와 원인을 도출하고, 다양한 주제의 자료수집 및 전문적 정보를 획득하기 위해 상호토론을 통하여 필요정보를 파악하는 정성적 조사방법을 말한다. FGI 조사는 기본적 탐색조사로서 신상품개발기회를 찾기 위한 상세한 시장정보파악, 목표고객 시장의 변화와 정보파악, 새로운 시장의 마케팅이나 광고전략을 수립하기 위한 정보파악, 시장과 상품에 대한 소비자인식, 소비자구매의사결정과정, 가설수립시 현 시장내에서의 소비자욕구파악, 미래 시장변화에 대한 예측적 정보수집, 새로 참여하려는 분야의 상품과 서비스에 대한 전반적인 정보를 수집하는 것이다.

기술적 조사(Descriptive Research)

기술적 조사는 시장의 전반적 상황파악을 위한 조사로 기업들이 가장 자주 이용하는 마케팅조사방법으로 조사하고자 하는 대상을 객관적으로 정확하게 파악하고자 하는 조사이다. 또한 동일한 표본을 대상으로 시간간격을 두고 반복적인 조사를 실시하여 관심이 되는 마케팅변수의 변화추세를 파악하는 조사방법이다. 기술적 조사는 마케팅현상의 특징이나 마케팅변수들 간의 관련성 여부를 파악하기 위해 실시하는 조사로 상품의 시장잠재력, 소비자의 자사상품 및 경쟁상품에 대한 태도, 인구통계적 특성 등에 대한 조사를 말한다. 기술적 조사의 유형은 횡단형 조사와 종단형 조사가 있고, 종단형 조사는 모집단에서 추출된 표본을 통해 마케팅정보를 수집하는 방법이다. 기술적 조사방법으로는 갱 서베이 조사, CLT 조사, HUT 조사, 패널 조사 등이 있다.

갱 서베이 조사(gang survey test)는 갱(Gang)이라는 단어가 의미하는 것처럼 훈련된 조사원들이 직접적으로 소비자들을 찾아가는 일반 서베이와는 달리 면접원들을 일정시간에

그림 1-8 기술적 조사 유형

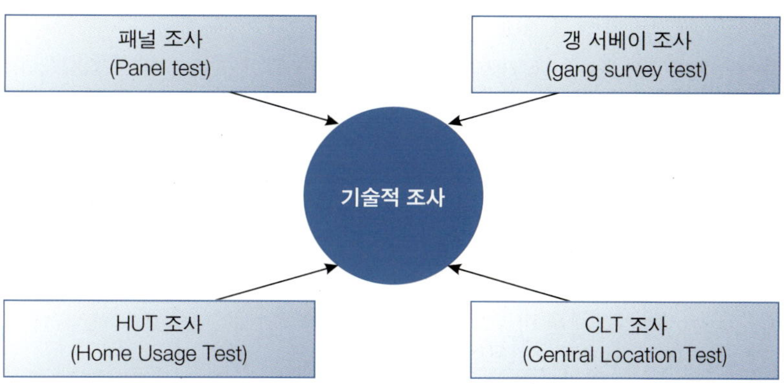

일정한 장소에 모이게 한 후 한 번에 조사를 진행하는 것을 말한다. 갱 서베이 조사는 기존 서베이 조사에서 나타나는 단점을 극복할 수 있는 방법으로, 조사 진행자가 직접 신제품 또는 광고카피 등과 같은 보조물(시제품, 사진, 영상, 슬라이드 등)을 이용하여 조사목적에 대한 상세한 설명을 하여 자료를 수집하는 방법이다. 자료수집과정에서도 통제가 가능하므로 보다 높은 질의 자료를 수집할 수 있고, 조사과정이 외부에 유출되는 것을 방지할 수 있다. 서베이 조사에서 수집되는 자료 외에 시제품이나 새로운 광고카피, 포장, 상표 이미지, 가격결정 등과 관련된 고객들의 반응을 조사할 수 있다. CLT 조사는 갱 서베이와 유사한 개념으로 이해하고 있는 경우가 많다. CLT 조사(central location test)는 응답자들을 일정한 장소에 모이게 한 후 시제품, 광고카피 등에 대한 소비자들의 반응을 조사하여 이를 제품개발이나 광고전략에 활용하는 조사기법으로 흔히 홀 테스트(hall test)라고 한다. CLT는 면접원들이 일정 시간 내에 자유롭게 조사 대상자가 많을 만한 곳으로 나가 대상자들을 불러 모아 간단하게 조사하는 방법이다. 이 때 조사하는 장소는 간이 탁자가 될 수도 있고, 차 안이나 주위의 적당한 실내 등 여러 곳에서 진행될 수 있다. 장소가 이렇게 안정된 곳이 아니다보니 자연히 질문은 간단한 내용이어야 하고, 지나가는 사람들을 적당히 선택해야 하기 때문에 응답자에게 긴 시간을 요구할 수도 없고 대표성도 결여되어 있다. 반면에, 짧은 시간에 간단한 내용으로 신속한 조사가 가능하다는 장점을 가지고 있다. 단, CLT의 경우, 실제 소비자의 구매 상황과 유사한 상황 하에서 조사가 이루어질 수 있도록 분위기를 조성해 주어야 한다는 것과 질문지의 편집 등과 같은 사항들이 면접과정에서 동시에 진행되어야 하며 조사 대상자가 떠난 다음에는 추가적인 질문이나 설문지의 수정 등이 불가능하고 정형화된 양식이 있다기보다는 조사내용과 성격에 따라 조사 내용의 변형이 가능하다. HUT 조사(home usage test)는 CLT조사와 유사하며, 응답자가 실제상황하에서 제품(예를 들면 샴푸나 화장품과 같은 가정용품)을 사용하여 본 후 소비자의 반응 조사하는 것이다. 조사대상자들이 집에서 혼자 사용함에 따른 통제의 어렵고, 제품 사용 과정에서의 부작용 등에 대한 대비책마련이 필요하다. 패널조사(panel test)는 동일한 대상자에게 시간의 흐름에 따라 조사대상이나 상황의 변화를 측정하는 것으로서 일정한 시간 간격을 두고 동일한 내용을 반복적으로 측정하여 자료를 수집하거나 변화 추세를 조사하는 조사방법이다. 즉, 동일한 대상자에 대하여 동일한 질문을 반복하여 그간에 의견이 어떻게 변하였는지를 조사함으로써 변동성을 정확하게 파악하려는 방법이다. 조사대상자는 한 번 이상의 검사를 받기 때문에 다음 번 검사에서 점수가 높게 나올 수가 있는데, 검사상황에 더욱 익숙해지거나 이전 검사에서 비슷한 문제를 어떻게 풀었는지를 기억하는 것과 같은 연습효과를 반영하는 것일 수도 있다. 조사방법으로, 동일한 조사대상에 대해서 동일한 내용을 장기간 반복적으로 조사하는 패널조사가 있고, 특정 주제에 대해서 장기간의 변화 경향을 조사하는 시계열조사가 있다.

인과적 조사(Causal Research)

인과적 조사는 어떤 현상의 원인과 결과를 정확히 파악하기 위해 두 가지 이상의 변수(예를 들면, 제품가격과 매출)의 관계 사이에 존재하는 인과적 관계(causality)를 밝히는 것을 목적으로 원인이 되는 변수와 결과가 되는 변수간의 인과관계를 파악하기 위하여 실질적 실험을 통해서 분석하는 조사방법이다. 즉, 마케팅담당자의 관심대상인 변수들 간의 인과관계(causality)를 규명하기 위해 인위적인 상황에서 원인변수를 조작한 결과 나타난 결과변수의 변화를 관찰하는 조사방법이다. 조사에 사용되는 변수는 독립변수(Independent Variables, 조사자에 의해 조작되는 변수)와 종속변수(dependent Variable, 독립변수에 대한 조작의 결과로 나타나는 시험단위(test units)의 반응), 외생변수(독립변수외에 종속변수에 영향을 미칠 수 있는 변수)를 고려하여 실험을 실시한다. 독립일반적으로 원인변수(독립변수) X가 결과변수(종속변수) Y에 미치는 관계는 X → Y와 같이 표시한다. 실험조사법이 대표적인 인과조사방법이다.

4. 마케팅조사절차(Marketing Research Process)

마케팅리서치는 마케팅의사결정을 위해, 실행가능한 정보의 제공을 목적으로, 자료를 체계적으로 획득, 분석, 해석하기 위해서 진행되는 조사이다. 기업은 마케팅리서치를 통해 상황분석, 세분시장, 마케팅전략수립, 마케팅믹스, 제품의 수명주기(PLC, Product of Life Cycle), 성과의 평가 등 효율적 의사결정을 내리는데 필요한 관련정보를 얻을 수 있다. 마케팅리서치 절차는 일반적으로 조사문제의 정립, 조사계획설계, 설문지 작성 및 자료수집, 조사자료의 통계적 분석, 결과해석 및 보고서 작성 등 5단계로 구분된다.

1단계는 조사문제의 정립이다. 마케팅리서치를 시작하기 위해서는 우선 기업이 당면하고 있는 문제점을 파악하여 전체적인 조사의 방향을 설정하는 것이 필요하다. 올바른 조사문제설정을 위해서는 조사를 통해 해결해야 할 마케팅문제 자체와 그 문제가 야기된 배경에 대한 분석이 병행되어야 한다. 배경분석에는 상황분석, 문헌조사, 전문가의견조사, 사례연구들이 주로 사용된다. 조사문제를 설정한 후에는 문제해결을 위한 체계적인 이론

그림 1-9 마케팅조사절차

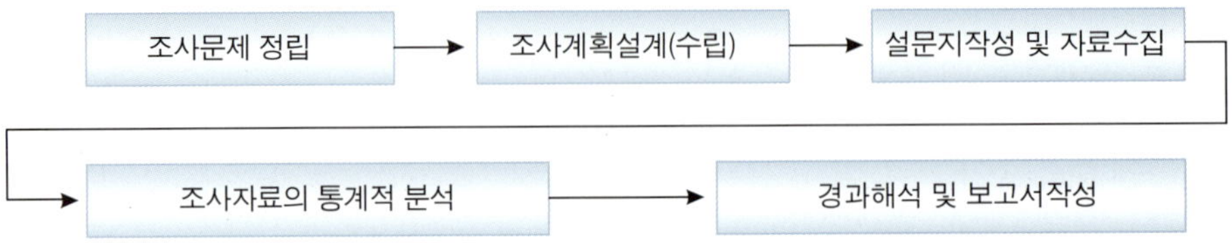

적 고찰, 구체적으로 조사에 이용될 각종 변수들의 규명, 변수들 사이의 관련성을 나타내는 가설의 설정을 한다. 2단계는 조사계획의 설계이다. 마케팅조사설계는 문제를 해결하기 위하여 어떻게 조사할 것인가를 결정하는 것으로 조사의 구체적인 진행방향을 제시하는 청사진역할을 한다. 조사계획을 수립할 때 가장 중요한 것은 문제해결 즉 조사목적달성에 적합한 자료수집방법과 표본설계의 절차이다. 또한, 조사결과로 산출될 내용의 목차를 통해 조사항목을 가늠해볼 수 있어야 하며, 조사일정이나 예산도 명확하게 제시되어야 한다. 자료의 수집방법은 조사결과의 품질에 막대한 영향을 미치므로 전수조사를 할 것인지 표본조사를 할 것인지 타당성 등에 대한 방법을 명확하게 언급해야 한다. 표본조사를 하기 위해서는 표본설계가 중요하며, 표본설계는 모집단의 정의, 표본의 크기, 표본추출방법 등이 구체적으로 언급되어야 한다. 3단계는 설문지작성 및 자료수집이다. 조사계획을 정확하게 수행하기 위해서는 적합한 설문지작성과 정확한 자료수집이 이루어져야 한다. 특히 설문지작성은 조사자료의 통계처리나 분석방법까지 결정시켜주기 때문에 마케팅리서치 과정에서 가장 핵심적인 단계이다. 마케팅리서치에 활용되는 자료의 형태는 이미 수집되어 있는 기존의 자료와 조사자가 직접 수집한 새로운' 자료가 있다. 즉, 자료수집유형은 내부적 자료와 외부적 자료로 구분할 수 있다. 내부적 자료는 판매 및 원가자료, 광고자료, 회계자료, 고객자료 등과 같이 마케팅리서치를 실시하고 있는 조직내부에서 획득할 수 있는 자료를 말한다. 외부적 자료는 논문, 학술자료, 도서, 조사보고서, 정기간행물 등과 같이 마케팅리서치를 실시하고 있는 조직외부에서 획득할 수 있는 자료를 말한다. 4단계는 자료분석이다. 조사자료의 통계적 처리를 하는 과정으로 회수된 설문지는 일반적으로 코딩(부호화) 과정을 거쳐 컴퓨터에 입력되고 통계패키지 프로그램(SPSS, AMOS 등) 등을 이용하여 빈도분석이나 교차분석 등의 통계처리가 이루어진다. 마지막으로 단계는 결과해석 및 보고서작성이다. 자료분석의 결과를 효과적으로 해석함으로써 마케팅전략에 활용할 수 있는 시사점을 도출할 수 있다. 이러한 시사점들을 전략부문별로 다시 정리하고 구체적 목적별로 시사점을 제시하는 보고서를 작성한다.

제 2 장

마케팅 전략수립
(Marketing Strategy Establishment)

마케팅전략은 시장환경분석, 마케팅전략수립, 실행계획수립을 기초로 하여 전략을 수립한다. 즉, 마케팅전략을 수립하기 위해서는 앞서 설명한 바와 같이 철저한 시장상황조사가 선행되어야 한다. 따라서 마케팅전략수립을 위한 시장환경분석을 위해 3C(Customer, Company, Competitor)를 분석, STPD(Segmentation, Targeting, Positioning, Differentiation)분석 및 계획수립, 마케팅믹스(4Ps, Product, Price, Place, Promotion)전략을 검토하여 종합적인 마케팅전략을 수립해야 한다

그림 2-1 마케팅전략수립 프로세스

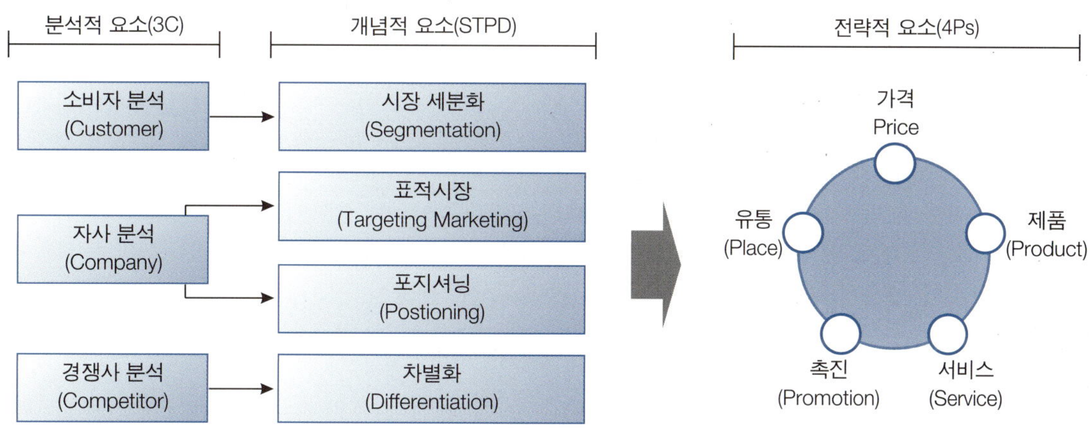

제1절 3C 분석(3C Analysis)

현재의 문제점과 미래 발생할 현안을 분석하여 사전대응하고 기업성장과 이윤극대화를 위해 소비자(Customer), 경쟁사(Competitor), 자사(Company)에 대하여 분석을 하는 것을 3C 분석이라고 한다. 소비자분석은 소비자의 니즈와 욕구가 무엇이며 소비자행동요인을 분석하는 것이고, 경쟁사분석은 경영사의 경영환경과 전략을 분석하는 것을 말한다. 또한 자사분석은 회사가 보유하고 인적자원, 물적자원, 재무적 자원, 기술&정보자원에 대한 효율성을 분석하는 것을 의미한다.

그림 2-2 3C 분석 요소

1. 소비자분석(Customer Analysis)

유형의 재화나 무형의 서비스를 구매 또는 소비하여 개인이나 가계의 욕구를 충족하고자 하는 사람을 소비자라고 한다. 제품과 서비스 구매고객을 분석하여 목표고객을 선점하기 위해 자사와 경쟁사를 비교하고 분석하여 자사의 경쟁력을 어떻게 확보할 것인가를 찾아내기 위한 분석을 소비자분석이라고 한다. 즉, 소비자구매행위, 구매의사결정 및 관여자, 구매고객특성, 구매과정, 기타 구매관련결정에 영향을 주는 요인 등을 분석하는 것을 의미한다. 우리의 고객은 누구인가? 왜 우리 제품을 구매하는가? 우리 제품을 구매하고자 하는 이유? 고객시장규모는 적절한가? 시장성장 가능성이 높은 시장인가? 시장잠재수요는 어느 정도인가? 등 소비자관련 요소에 대해 분석하는 것이다. 따라서 소비자가 제품구매에 있어 어떻게 행동하고 구매를 결정하는지 조금 더 구체적이고 세부적인 분석을 위해서는 소비자행동 요인분석, 소비자영향 요인분석, 소비자 세분화 요인분석, 소비자구매

그림 2-3 소비자요인 분석

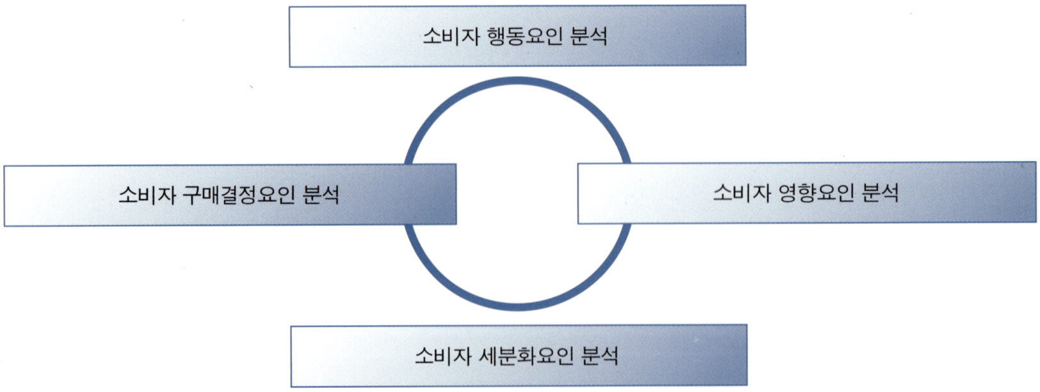

결정 요인분석 등을 실시한다.

소비자행동 요인분석

욕구충족을 위해 제품과 서비스를 탐색하고, 구매, 사용, 평가 및 처분과 관련된 과정에서 나타난 전체행동(신체적, 심리적, 정신적 활동) 등을 분석하는 것을 소비자행동 요인분석이라고 한다. 소비자행동 분석목적은 마케팅활동에 필요한 정보를 수집하여 기업 마케팅 전략에 활용하고자 소비자행동을 연구하는 것이다. 소비자행동분석은 소비자의 개인적 특성, 심리적 특성, 사회문화적 특성 등 구매결정요인을 분석하여 소비자의 구매형태를 유형별로 분류하여 시장을 세분화하고 표적시장을 선정하기 위함이다. 결과적으로 소비자행동은 고객의 필요, 욕구, 수요를 충족시키기 위해 제품과 서비스에 대한 경험, 선택, 사용, 폐기하는 모든 프로세스를 의미한다. 그리고 소비자행동분석은 크게 배분행동, 구매행동, 소비행동으로 분류하여 분석한다.

그림 2-4 소비자행동분석

배분행동 (allocation behavior)	구매행동 (buying behavior)	사용행동 (use behavior)

배분행동(allocation behavior)은 소득이나 소비형태에 따라 소비자구매성향을 분석하는 것이며, 배분활동을 분석하여 소비자의 구매성향과 추세에 맞추어 제품과 서비스규모를 예측해야 한다. 구매행동(buying behavior)은 소비자의 구매의사결정이나 구매행위 등을 말한다. 소비자가 제품과 서비스선택, 구입, 구매시기결정, 구매지역 등을 분석하는 것이며, 구매행동을 분석하여 제품과 서비스에 대한 마케팅전략을 차별적으로 수립해야 한다는 것이다. 또한 사용행동(use behavior)은 소비자의 제품과 서비스를 구입하고 사용하고 소비하는 과정을 말한다. 즉, 소비자가 제품과 서비스를 구매한 후 실제 사용과정에서 보여주는 반응을 분석하여 다음 구매활동에 반영하고자 하는 것을 말하며, 사용행동에 대한 분석을 토대로 사후관리전략, 시장확대전략을 세워야 한다.

소비자영향 요인분석

소비자가 제품과 서비스를 구입할 때 영향을 미치는 요소는 사회적 요인, 문화적 요인,

그림 2-5 소비자 영향요인

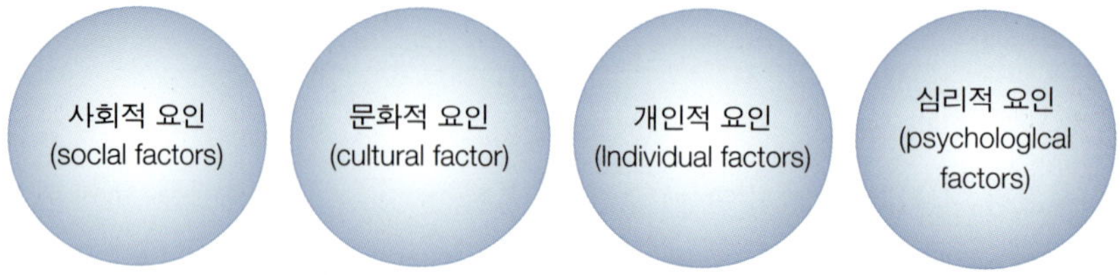

개인적 요인, 심리적 요인 등이다. 따라서 이들 요소에 대한 영향요인분석을 통해 소비자 구매영향에 대응하는 것이다.

첫째, 사회적 요인(social factors)이다. 사회적 요인은 사회계층집단, 준거집단, 가족집단으로 세분화할 수 있다. 사회계층집단은 가치관, 태도, 사고방식, 라이프스타일, 행동 등이 유사한 집단을 말하며, 직업, 소득, 교육수준, 거주지, 부의 정도 등에 따라 소비자 행동이 유사하게 나타난다. 준거집단은 개인의 판단, 태도, 선호, 신념, 행동 등을 결정하는 데 영향을 끼치는 집단(동창회, 회사원, 동호회 등)을 말한다. 사람은 자의적이든 타의적이든 준거집단에 소속되어 생활하게 되는데 그 집단의 성격에 영향을 받게 되고 구매행동 역시 영향을 받는다. 가족집단은 개인의 구매행동에 가장 밀접한 영향을 미치는 중요한 집단으로 구매에 있어 가족구성원의 영향력이 가장 크다. 사람은 가족이라는 테두리속에서 살아가기 때문에 가족구성원은 공통적 관심, 소비욕구 등을 가지며 구매성향도 비슷하여 제품과 서비스구매에 절대적 영향을 미친다. 그러나 가족집단은 사용자와 구매자, 구매결정자가 다른 경우가 많고 지출하는 사람과 소비하는 사람이 다르므로 제품의 성격에 따라서 마케팅의 초점을 잘 맞추어야 한다.

둘째, 문화적 요인(cultural factor)이다. 문화적 요인은 국적, 종교, 지역, 풍속 등과 같이 특정사회가 가지고 있는 가치관, 태도, 삶의 방식 등을 의미한다. 문화는 사람의 행동에 결정적 영향을 주기 때문에 사람들의 문화적 습성이 제품과 서비스를 선택할 때 영향을 미치게 된다. 또한 문화는 시대의 흐름에 따라 변하므로 변화된 문화에 적응하려는 소비자의 행동을 지속적으로 파악하여 마케팅전략에 반영해야 한다. 셋째, 개인적 요인(individual factors)이다. 개인적 요인은 연령, 직업, 라이프스타일(lifestyle)에 따라 제품과 서비스구매에 영향을 미친다는 것이다. 소비자의 연령과 직업에 따라 구매성향이 달라지며, 같은 제품이라도 10대, 20대, 30대 또는 블루칼라(blue-collar), 화이트칼라(white collar), 자영업자 등이 원하는 편익이 각각 다르고 구매성향도 다르다. 뿐만 아니라 라이프스타일은 개인의 가치와 개성에 의해서 살아가는 방식을 말하는 것으로 비슷한 생활양식을 가진 고객들은 비슷한 구매성향을 보인다는 것이다.

넷째, 심리적 요인(psychological factors)이다. 심리적 요인은 동기와 태도로 구분하여 볼 수 있다. 동기(motivation)는 생리적 욕구(배고픔, 목마름 등), 안전욕구(안정, 보호, 질서 등), 사회적 욕구(사랑, 우정 등), 자기존중욕구(지위, 명성 등), 자아실현욕구 등이 있다고 매슬로우(A. H. Maslow)는 주장했다. 매슬로우의 욕구이론은 선행되는 욕구가 충족되어야 다음 단계의 욕구가 강해진다고 주장하는 이론이다. 즉 생리적인 욕구가 충족되지 않으면 안전욕구, 사회적 욕구에 관심이 적어지고 생리적인 욕구가 충족되고나면 안전욕구가 강해지게 된다는 것이다. 소비자의 구매성향도 이런 욕구현상에 기인하기 때문에 기업은 마케팅활동을 통해서 소비자의 욕구를 자극하고 구매동기를 유발해야 한다는 것이다. 또한 태도(attitude)는 제품이나 서비스에 대해서 어떤 판단을 내리려고 반응하려는 상태를 말한다. 개인의 신념, 학습 등 지속적으로 습득해 온 개인성향은 소비자의 행동에 결정적인 영향을 미치고 소비자의 태도는 지속성을 가지며 변화하기가 어렵다. 이러한 특성 때문에 신제품에 대한 소비자의 태도조사는 수요, 시장점유율 등의 선행지표로 활용된다.

소비자세분화 요인분석

모든 소비자를 공략하는 위해서는 자원과 재원을 집중화해야하기 때문에 재무적 부담이 발생하므로 핵심소비자를 집중적으로 관리하기 위해 분석하는 것을 소비자세분화 요인분석(customer segmentation)이라고 한다. 소비자세분화를 위해 전통적 방식은 성별, 나이, 소득, 거주지, 구매이력 등 소위 데모그래피(demography)이라 불리는 '고객데이터'에 의존해 왔다. 그러나 제품과 서비스시장이 대량화, 다양화, 개인화 트렌드를 바뀌면서 기존 소비자세분화가 초세분화(hyper-segmentation)되어야 한다는 것이다. 따라서 소비자가 무엇을 원하고 바라는지 고객의 소리에 귀를 기울여야 한다는 것이다. 내·외부 현장에서 다양한 채널을 통해 들려오는 고객요구사항을 VOC(고객의 소리, Voce of Customer)라고 한다. VOC를 효율적으로 처리하여 고객의 체감서비스 품질을 향상시키고 고객만족을 극대화하여 업무효율을 증대시키고, 고객만족도 등을 향상시키는 것이 VOC 관리의 목적이다. 서비스 품질향상은 고객의 의견을 제품 및 서비스개선에 반영하여 서비스품질과 고객만족도를 향상시키는 것을 말한다. 업무효율증대는 VOC처리현황을 여러 부서가 공유할 수 있게 하여 부서간의 협력증대를 통해 조직업무를 효율화시키고 전사적 차원에서 업무프로세스 개선을 추구하는 것을 말한다. 한편 VOC 내용을 제품 및 서비스

그림 2-6 파레토법칙 vs 롱테일법칙

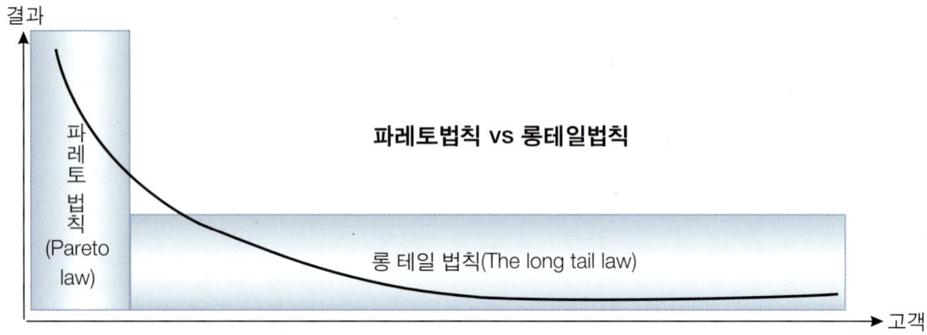

개선에 반영하여 마케팅전략수립의 기초데이터로 활용하여 고객만족도를 향상시키는 것을 말한다.

소비자세분화를 통해 집중적 마케팅을 전개함에 있어 중요한 것이 소비자세분화를 어떤 기준으로 반영하고 구성할 것인지 구체화해야 한다. 소비자세분화 전략을 수립하여 매출과 손익, 고객확보와 관리에 반영하는 대표적인 법칙이 파레토법칙(The Pareto law)과 롱테일법칙(The long tail law)이다.

파레토법칙은 19세기 이탈리아의 파레토(Vilfredo Pareto, 경제학자, 사회학자)에 의해 고안된 분석기법으로 전체결과의 80%는 20%에서 발생된다는 법칙이다. 그는 이탈리아 전체인구중에서 상위 20%가 80%의 부를 소유한다는 사실을 관찰해 냈다. 20%의 힘과 역할은 부(富)의 80%는 20%의 부자가 소유하고 있고, 20%의 뛰어난 직원이 기업부가가치의 80%를 창출하고, 투입된 업무시간의 20%가 전체가치의 80%를 창조한다는 것이다. 또한 조직구성원의 20%가 전체매출의 80%를 창출하고, 대부분의 기업에서 20%의 제품이 부가가치의 80%를 창출하고, 매출의 80%는 20%의 우량고객에서 발생한다는 것을 의미한다. 이러한 법칙을 마케팅측면에서 해석하면 20%에 대한 철저한 관리와 관계유지를 통해 제품판매안정과 시장점유율을 유지하고 발전시켜야 한다는 것을 말한다. 반면 롱 테일법칙(The long tail law)은 파레토법칙과 상반된 개념으로 소외된 80%의 고객에서도 상당한 영업기회가 주어지고 미래 잠재고객으로서의 가치를 창출하기 때문에 무시해서는 안 된다는 법칙이다. 즉, 롱 테일러법칙은 정보화, 지식화시대에서 파레토의 법칙은 생명을 다했다는 또 다른 개념이다. 롱 테일법칙은 80%가 미래수요를 창출하는 잠재고객이 될 가능성이 높기 때문에 기업측면에서 보면 80%의 잠재고객에 대한 철저한 관리가 필요하다는 것이다. 롱 테일러는 공룡의 긴 꼬리(Long Tail)처럼 'L'자 곡선을 의미하며 긴 꼬리에 해당하는 매출이 몸통을 능가한다는 것을 의미한다. 결론적으로 파레토법칙과 롱 테일법칙은 제품과 서비스의 성격과 시장상황에 따라서 어떤 법칙을 활용할 것인지, 또는 병행하여 활용할 것인지 합리적 판단을 할 필요가 있다.

소비자 구매결정요인 분석

소비자분석에 있어 또 하나 중요한 것은 소비자 구매결정요인을 분석하는 것이다. 구매를 결정하는 과정을 유형화하는 기준에는 여러 가지가 있을 수 있지만, 학습(learn: L), 감성(feel: F), 사용(do: D) 등 세 가지 행동에 근거하여 L-D-F 유형, F-L-D 유형, D-L-F 유형에 따라 분석할 수 있다.

첫째, L-D-F 유형은 먼저 제품과 서비스에 대한 상세한 정보를 수집한 후 실제사용을 해보고 마지막으로 감성적인 느낌에 따라 구매하는 유형이다. 기술적 내용이 복잡하고 용도가 전문화된 서비스, 새롭게 출시된 제품구매가 이 유형에 해당된다. 둘째, F-L-D 유형은 먼저 서비스로부터 감성적으로 좋은 인상을 받고 이에 대한 정보를 토대로 신뢰성을 확보한 후 사용한 경험에 따라 구매하는 유형이다. 성능보다는 서비스제공환경 등 감성적인 요소가 제품과 서비스구매에 영향을 미치는 것을 말한다. 셋째, D-L-F 유형은 먼저 사용을 해보고 제품정보를 확인한 후 느낌에 따라 구매하는 유형이다. 비싸지 않은 생활서비스의 구매가 이 유형에 속한다. 물론 위에서 제시한 세 유형 외에도 다른 유형들이 있을 수 있다. 따라서 마케팅활동의 실무에서는 다양한 유형들을 분류한 후, 해당 서비스가 어느 유형에 해당되는지를 파악하고, 그 유형에 맞는 소비자가 구매행동을 결정하는 전략을 구사해야 한다.

그리고 구매의사결정과정은 많은 상표중 특정 상표선택을 위해 관련정보를 조사·분석·처리하는 단계로 내적탐색과 외적탐색을 통해 대안평가를 실시한다. 즉, 소비자들은

그림 2-7 소비자 구매결정유형

그림 2-8 소비자 구매결정유형

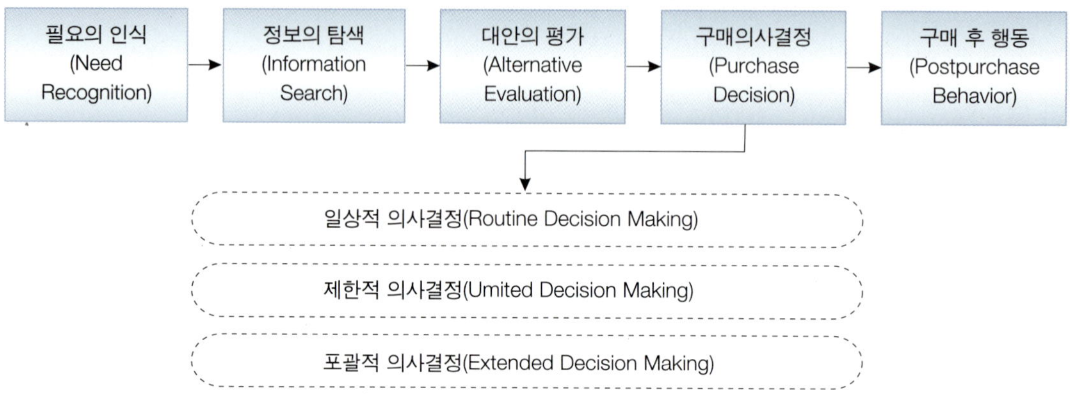

제품의 획득을 통해 자신의 필요를 만족시키며 필요를 만족시켜줄 수 있는 제품속성인지를 파악하는 것이다. 그리고 소비자가 선호하는 상표에 대한 다른 사람들의 선호도 등을 종합하여 구매의사를 결정하게 된다. 한편 구매가 끝난 다음에는 소비자들은 제품에 대한 만족 혹은 불만족 등의 반응을 나타내고 이는 다시 재 구매행동으로 연결된다. 따라서 소비자의 구매에 대한 만족 및 불만족은 소비자의 기대와 제품의 지각된 성능간의 차이에 의해 결정되므로 구매 후 만족에 대한 관리가 중요하다.

소비자의 구매를 위한 의사결정유형은 일상적 의사결정, 제한적 의사결정, 포괄적 의사결정이 있다. 일상적 의사결정은 구매빈도가 높은 저가의 제품이나 서비스에 대한 구매의사결정(라면, 음료수, 치약 등)을 말하며, 제한적 의사결정은 이전에 제품을 구매해 본 경험은 있으나 이용가능한 현재 브랜드와 친숙하지 않을 경우의 구매의사결정을 말한다. 포괄적 의사결정은 소비자에게 중요하지만 고가이거나 자주 구입하지 않는 품목(자동차, 여행, 명품 등)에 대한 의사결정을 말한다.

2. 경쟁사 분석(Competitor Analysis)

우리의 경쟁자는 누구인가? 잠재적 경쟁자는 누구인가? 또한 경쟁자의 강점과 약점은 무엇인가? 경쟁자의 성공요인은 무엇인가? 새로운 경쟁자 진입가능성은 없는가? 경쟁자 진입장벽은 높은가? 등 경쟁사의 역량을 파악하여 전략대안을 결정하기 위해 경쟁사의 경영전략과 경영환경을 분석하는 것을 경쟁사 분석(Competitor Analysis)이라고 한다. 경쟁사 분석목적은 제품시장에 대한 투자결정과 지속적 경쟁우위확보를 위해 사전에 경쟁사관련 경영환경과 시장환경 등을 조사하고 분석하는 것이다.

경쟁사 분석의 기본은 경쟁기업의 프로파일링(Competitors Profiling)과 포지셔닝(Positioning)등 경영전략과 경영환경 등을 파악하여 마케팅전략수립에 반영하고자 하는 것이다. 프로파일링이란 범행현장에 있는 흔적과 범행수법 등을 분석해 범인검거의 효율성을 높이는 수사기법을 말하며, 마케팅측면에서는 어떤 개인의 심리적, 행동적 특성을 분석함으로써 특정상황이나 영역에서의 행동을 예상하는 것을 말한다. 경영전략분석은 경영현황(경영이념, 경영철학, 지배구조 등), 경영비전(경영목표와 목적, 중장기전략, 사업계획 등), 재무상태(자금, 현금흐름 등), 조직관리(조직과 인사, 관리, 고객구조 등)에 대한 분석을 말한다. 한편 경영환경분석은 경쟁사 경영 SWOT분석, 마케팅환경(시장점유율 및 성장률, 가격정책 등), 연구개발능력(개발환경, 제품라인업 등), 홍보역량(홍보, 판촉, 프로모션 등), 제품라인업 등을 분석하는 것을 말한다.

경쟁사 분석의 목적은 제품시장에 대한 투자결정과 지속적 경쟁우위확보를 위한 것이며, 경쟁사의 미래경영활동을 예측하기 위한 것이다. 경쟁사의 현재 전략과 강약점을 이해하게 되면 대응해야 할 기회와 위협예측이 가능하고, 경쟁사의 미래의 기회와 위협에 대한 예측이 가능하다. 또한 경쟁사를 분석할 때 추가적으로 검토해야 될 요소는 경쟁사의 행동에 영향을 주는 경쟁사의 경영몰입도, 성장률과 수익성, 브랜드와 이미지, 포지셔닝전략, 조직문화, 원가구조 등을 고려하여 마케팅전략을 수립해야 한다. 또한 경쟁사가 고객의 마음속에 어떤 이미지로 각인되어 있느냐를 분석하는 것도 매우 중요하다. 경쟁사의 과거전략을 자세히 살펴보는 것도 필요하다. 경쟁사의 성공한 사례분석은 물론 실패한 사례분석을 통해 문제점과 원인을 파악하여 마케팅전략수립에 반영할 필요가 있다. 또한 최고경영

그림 2-9 경영역량 및 환경분석

경영역량분석	경영환경분석
· 경영목표 및 비전 · 경영철학과 이념 · 고객구조와 관리 · 관리운영시스템 · 영업과 마케팅 전략 · 교육과 인사 · 재무상태(자금, 현금흐름 등)	· 경쟁사 SWOT 전략 · 시장점유율 및 성장률 · 매출액 및 손익, 가격정책 · 유통채널 및 운영전략 · 연구 & 개발 · 홍보 및 프로모션전략 · 제품 Line-Up 등

자의 경험과 배경에 대한 지식은 경쟁사 미래전략을 통찰할 근거로 활용할 수 있기 때문에 최고결정권자가 추구하는 요소를 분석하여 마케팅전략수립에 반영할 필요가 있다.

3. 자사분석(Company Analysis)

마케팅방향을 설정하기 위하여 고객분석과 경쟁사 분석을 반드시 실시해야 하지만 무엇보다도 자사에 대한 분석이 철저하게 이루어져야 한다. 기업이 보유하고 경영자원 즉, 인적자원, 물적자원, 재무적 자원, 기술&정보자원을 파악하여 어떻게 효율적으로 활용할 것인지 분석하는 것을 자사분석(Company Analysis)이라고 한다. 즉 경쟁사 대비 자사의 제품, 유통, 가격, 촉진, 연구개발, 서비스 등 자사의 핵심역량에 대한 위치를 분석하는 것이다. 또한 자사분석은 자사의 강점과 약점이 무엇이며 위협요인이 무엇인지 분석하여 경쟁력있는 마케팅전략을 수립하기 위한 것으로 자사의 목표와 일치하는가? 인적, 물적, 재무적, 기술적 자원을 갖추고 있는가? 마케팅믹스요소를 연계하여 시너지효과를 가져올수 있는가? 등을 분석하게 된다.

따라서 경쟁기업의 경영상황을 분석하는 것도 중요하지만 자사에 대한 분석을 철저히 분석하여 회사가 보유하고 있는 가치사슬(value chain)에 근거하여 자사역량을 분석해야 한다. 가치사슬은 제품과 서비스가 최종적으로 소비자에게 전달되는 과정으로 가치를 제공하는 프로세스를 말한다. 여기서 가치제공은 제품기획 및 개발에서 시작하여 제조, 유통, 마케팅, 사후관리 등에 이르는 모든 과정을 의미한다. 그리고 마케팅전략수립의 기본원칙은 경영의 기본원칙인 생산성(Productivity), 경제성(Economizing), 수익성(Profitability)에 근거

그림 2-10 자사분석 요소

하여 수립하는 것이 필요하다.

생산성은 생산을 효율적으로 진행하여 목표생산량을 달성하고 생산활동의 능률을 극대화하는 것을 말하며, 생산성은 산출량 대비 투입량을 말한다. 수익성은 이윤과 손익을 극대화하는 것으로 이익 대비 투입자본을 의미하고, 경제성은 최소의 비용으로 최대의 효과를 내고 재화의 투입을 최적화하는 것으로 목표 대비 수단, 성과 대비 희생, 산출 대비 투입, 수익 대비 비용을 말한다.

제2절 마케팅 STPD 전략(Marketing STPD Strategy)

고객과 시장을 세분화하고, 세분화된 고객과 시장중에서 가장 적합한 표적시장과 고객을 선정하여, 소비자의 마음속에 바람직한 시장위치가 형성되도록 커뮤니케이션하며, 경쟁사제품 및 서비스와 차별화하기 위해 시장을 분석하여 전략을 수립하는 과정을 STPD 전략이라고 한다. STPD는 Segmentation, Targeting, Positioning, Differentiation의 첫 글자를 조합한 마케팅용어이다. 제품, 서비스, 브랜드 등에 대한 마케팅전략의 출발점이 STPD 분석에 있다고 말 할 수 있다.

시장세분화(Segmentation)는 소비자를 여러 소집단으로 나누는 과정으로, 다양한 니즈를 가지고 있는 소비자와 동질적인 니즈를 가지고 있는 소비자로 시장을 세분화하는 것을 말한다. 표적시장선정(Targeting)은 세분화된 시장을 자사의 제품이나 서비스의 특성에 맞추어 적합도가 가장 높은 시장을 선택하는 과정이며, 포지셔닝(Positioning)은 선택한 표적시장에서 소비자의 마음속에 각인되도록 커뮤니케이션하는 것이다. 또한 차별화(Differentiation)는 경쟁제품들과 비교하여 자사의 제품, 서비스브랜드가 소비자에게 인지되도록 경쟁사와의 차별적 요소를 부각시키는 것을 말한다. 수요가 공급보다 많아 제품을 대량으로 생산해서 판매하면 매출과 이윤이 창출되던 대중마케팅시대에서는 기본적으로 시장은 동질적이라는 가정 아래 마케팅활동을 하였다. 그러나 단일제품으로 소비자의 욕구를 충족시켜 주던 대중마케팅으로는 소비자를 지속적으로 만족시키는 것은 쉽지가 않다. 소비자의 욕구만을 충족시켜 주는 제품과 서비스는 다양한 소비욕구충족을 원하는 고객들을 만족시킬 수 없다. 그렇기 때문에 이제는 소비자의 욕구와 필요를 충족시켜 주고 소비자에게 제품의 가치를 제공하는 기업만이 살아남을 수 있다. 따라서 마케팅환경이 공

그림 2-11 STPD 전략

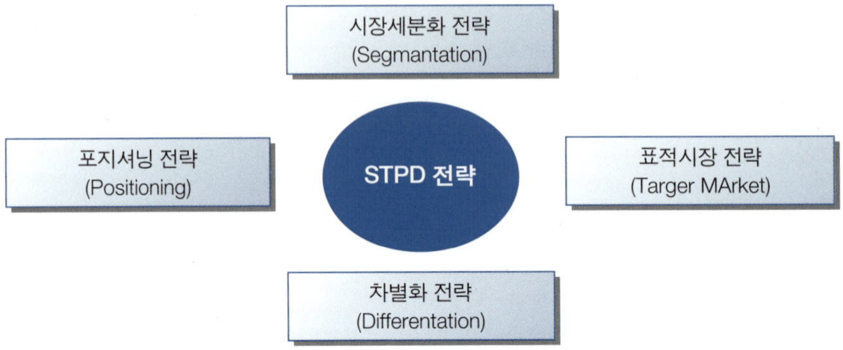

급자중심에서 소비자중심으로 급격하게 바뀌고 있기 때문에 시장환경의 변화와 소비자의 구매행동변화에 대응하기 위해 STPD 전략을 철저하게 수립해야 한다.

1. 시장세분화 전략(Market Segmentation Strategy)

제품과 서비스가 거래되고 있는 특정한 장소 또는 수요와 공급이 교환되는 장소를 시장(Market)이라고 한다. 미국 마케팅학회에서는 구매자와 판매자가 제품과 서비스의 이전이 이루어지도록 의사결정하고 수요와 공급이 이루어지도록하는 것을 시장이라고 정의하였다. 시장은 서로 다른 특성을 가진 소비자로 구성되어 있기 때문에 소득, 나이, 취미, 직업, 성별 등 소비자의 개인적인 특성에 따라 제품구매에 있어 다양한 현상들이 나타난다. 따라서 개인의 특성을 무시하고 시장을 공략하는 것을 위험성이 크게 존재하기 때문에 소비자의 특성에 따라 시장을 세분화하여 차별화된 마케팅을 전개하는 것이 필요하다. 시장세분화는 시장공략을 위한 선행작업으로 수요층별로 시장과 고객을 세분화하여 집중적 마케팅전략을 전개하는 것으로서 소비자의 필요와 욕구를 정확하게 충족시키는 것이다. 시장공략을 위해 어떤 시장을 대상으로 접근할 것인지 시장세분화 대상과 범위는 다양성을 가지고 있다. 일반적으로 시장세분화 변수는 인구통계적 세분화, 지리적 세분화, 행동적 세분화, 심리묘사적 세분화 등으로 구분한다.

인구통계적 세분화(Demographic Segmentation)는 성별, 연령, 소득, 직업, 교육수준, 가족크기 등 인구통계학적 변수들을 근거하여 시장을 세분화하는 것이며, 지리적 세분화(Geographic Segmentation)는 시장을 나라, 지역, 도시 등과 같이 서로 다른 지리적 단위

그림 2-12 시장세분화 변수

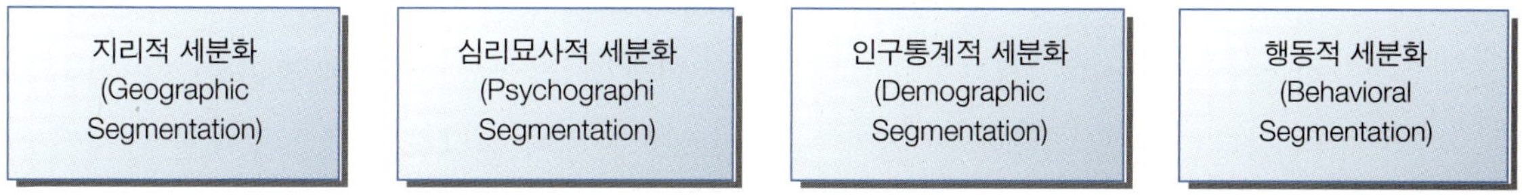

로 나누는 것으로 규모, 사회적 습관, 지역특성 등을 고려한 세분화를 말한다. 또한 행동적 세분화(Behavioral Segmentation)는 제품성능과 기능, 가격, 제품지식, 제품용도, 제품반응, 추구하는 혜택 등 제품에 대한 소비자행동을 고려하여 시장을 세분화하는 것이다. 심리묘사적 세분화(Psychographi Segmentation)는 구매자를 사회계층, 생활유형, 가치추구, 라이프스타일, 개성 등 심리적 특징을 근거로 세분화한 것을 말한다.

시장세분화는 마케팅전략수립을 위해 소비자의 반응을 조사하고 분석하여 기업의 경쟁좌표를 결정하여 정확한 표적시장을 설정하는데 목적이 있다. 따라서 시장세분화 전제조건은 측정가능성, 접근가능성, 규모의 적정성, 경쟁성(차별성), 실행가능성 등을 고려하는 것이 중요하다.

측정가능성(Measurable)은 시장규모, 구매력, 세분시장 특성 등을 선정된 세분시장에서 측정할 수 있어야 한다는 것이다. 예를 들면 자동차를 구매하는 소비자의 경우 경제성을 고려하는 소비자, 품질을 중요시하는 소비자, 자신의 지위를 상징하는 것을 고려하는 소비자로 시장을 세분화하였다면, 명백한 수요를 측정하여야 적절한 생산계획을 수립하여 판매효율을 최대화하고 재고를 최소화하여 경영효율성을 최대화해야 한다는 것이다. 접근가

그림 2-13 시장세분화 전제조건

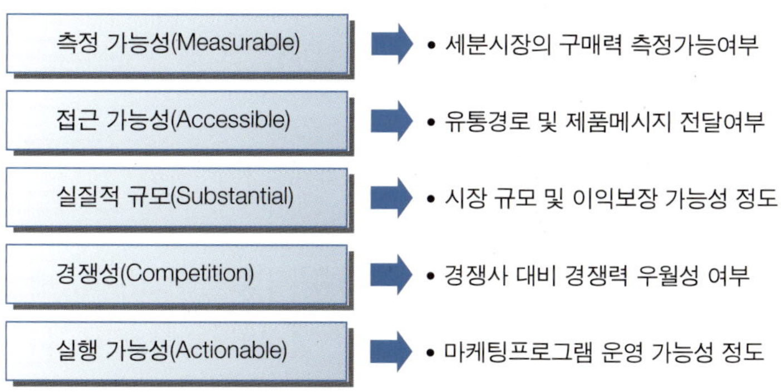

능성(Accessible)은 유통경로나 매체를 통해 접근이 가능해야 한다는 것으로, 세분화된 시장에서 어떤 특성을 가진 소비자를 파악하여 어떤 방법으로 접근할 것인지 검토할 수 있어야 한다는 것이다. 접근의 의미는 언제, 어디서, 무엇을, 어떻게 접근할 것인지 구체화해야 한다는 것을 의미한다. 한편 어떤 경로를 통해서 전달하든 제품에 대한 메시지를 소비자에게 전달할 수 있어야 한다. 규모의 적정성(Substantial)은 세분화된 시장의 규모가 매출과 재무적 이윤이 발생할 수 있어야 한다. 소비자들의 기호에 정확히 맞는 제품을 만들더라도 규모가 작으면 과다한 생산비용으로 인해 이익을 내기는 매우 어렵게 되므로 적절한 매출과 최소한의 이익이 창출되어야 한다는 것이다. 차별성(경쟁성, Competition)은 세분화된 시장이 경쟁사에 비해 경쟁우위의 경쟁력을 가져야 한다는 것으로 차별적 요소가 많을수록 경쟁력을 확보하기 쉽다는 것이다. 한편 실행가능성(Actionable)은 각 세분시장을 공략하기 위한 효과적 마케팅프로그램을 개발할 수 있어야 하며, 인적, 물적, 재무적, 기술 등 경영자원요소들을 잘 실행할 수 있어야 한다는 것이다.

그리고 세분시장의 평가는 시장을 세분화한 후 각 세분시장을 평가하고 어떤 시장을 표적시장으로 선택하고 세분시장의 규모와 성장률, 세분시장의 구조적 매력도, 기업의 목표와 자원 등을 고려하여 몇 개의 세분시장을 공략할지 결정해서 평가하여야 한다. 세분시장의 규모와 성장률은 각 세분시장에 대한 현재 판매량, 예상성장률, 예상수익률 등에 대한 자료를 수집 및 분석해야하며 충분한 규모와 높은 성장률이 중요하다. 세분시장의 구조적 매력도는 충분한 규모와 성장률이 있으면서 수익성 측면에서 매력적이어야 하며, 장기적인 세분시장 매력도에 영향을 주는 구조적 요인들인 경쟁강도, 대체상품의 위협, 구매자의 힘, 공급자의 힘 등을 분석하여 매력도를 측정해야 한다. 기업의 목표와 자원은 세분시장의 규모가 크고 성장률이 빠르고 구조적으로 매력적이라 하더라도 세분시장과 관련된 자사의 목표와 자원을 고려하여 시장의 매력도를 평가해야 한다. 또한 목표와 부합하더라도 그 시장에서 성공할 수 있는 기술과 자원이 있는 가를 봐서 경쟁적 우위를 얻을 수 있고 비용보다 혜택이 더 많다고 판단할 때 진입해야 한다.

2. 표적시장전략(Target Market Strategy)

제품 및 서비스의 이미지에 가장 적합한 시장을 선정하고, 매출, 마케팅비용, 수익률, 성장가능성 등을 고려하여 목표시장을 선정하는 것을 표적시장전략(Target Market Strategy)이라고 한다. 표적화(Targeting)라는 의미는 시장적합성을 판단하여 세분시장의

그림 2-14 표적시장 마케팅유형

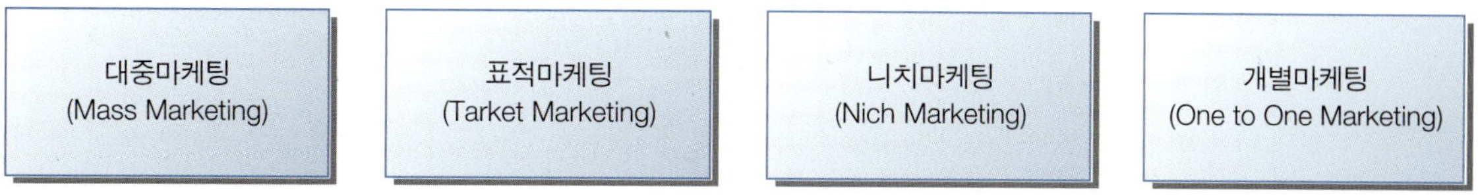

매력도를 평가하여 공략시장을 결정하는 과정을 말한다. 시장매력도는 시장규모, 경쟁 정도, 제품수명주기, 시장성장률, 예상수익률 등에서 평가된 자료에 근거하여 적합성이 있는지에 대한 유무를 의미하며, 분석자료를 토대로 투자적합성 판단하여 선정한다. 표적시장은 매출과 이익을 창출할 수 있는 적당한 시장규모이어야 하고 경영자원을 집중하여 미래수요를 창출할 수 있어야 한다. 세분시장을 선정하여 마케팅전략 추진방향을 설정하게 되며, 표적시장공략을 위해서 대중마케팅, 표적마케팅, 니치마케팅, 개별마케팅 등을 고려한다.

대중마케팅(Mass Marketing)은 불특정다수의 사람을 대상으로 제품과 서비스를 홍보하고 판매를 촉진하는 마케팅활동으로 하나의 제품으로 전체 소비자를 대상으로 시장을 공략하는 마케팅으로 무차별적 마케팅이라고도 한다. 즉 소비자를 더 세분화하는 것이 아니라 공통의 대상으로 보고 마케팅전략을 전개하기 때문에 소수의 소비자보다는 전체소비자를 대상으로 유통과 광고 등을 전개하는 것을 말한다. 세분시장의 고객을 쉽게 만날 수 있어 경쟁력있는 제품의 설계가 가능하며 적은 수의 경쟁사와 직면하게 되어 최고의 시장점유율과 이윤을 창출할 수 있지만, 대다수의 고객을 만족시킬 제품개발의 어려움이 있다.

소비자의 인구통계적 속성과 라이프스타일에 관한 정보를 활용하여 표적시장을 선정하고 표적시장에 적합한 제품과 서비스를 전달하여 시장점유율을 확대하고 시장의 위치를 경쟁력 있게 확보해 나가는 것을 표적마케팅(Tarket Marketing)이라고 한다. 표적마케팅은 소비자욕구를 최대한 충족시키는 차별적 마케팅과 집중마케팅으로 포함하는 세분시장마케팅(segment marketing)을 의미한다. 차별적 마케팅(Differentiated Marketing)은 여러 개의 표적시장을 선정하고 각각의 표적시장에 적합한 제품의 다양성을 통해 마케팅을 전개하고 각 세분시장내에서 높은 판매고와 강력한 위치를 구축하는 것을 말한다. 하나의 세분시장에서 이익이 약화되더라도, 다른 세분시장에서 이익창출이 가능하며, 규모의 경제와 범위의 경제를 통해 비용우위를 갖게 된다. 집중마케팅(Concentrated Marketing)은 소수의 작은 시장에서 높은 시장점유율을 확보하기 위한 전략으로 특정 시장에 속한 소비자의 특성을 명화하게 파악하여 세분시장 내에서 제품과 서비스에 대한 강력한 위치를 획득하는 전략으로 여러 개의 세분시장을 대상으로 마케팅을 전개하기 때문에 위험부담을 최소화할 수 있다.

니치마케팅(Nich Marketing)은 틈새시장이라는 말로 시장의 빈틈을 공략하는 마케팅으로 제품과 서비스를 계속해서 시장에 내놓음으로써 다른 특별한 제품과 서비스없이도 셰어(share)를 유지시켜 가는 판매전략을 말한다. 원래 니치(niche)는 틈새를 의미하는 말로서 '남이 모르는 좋은 낚시터'라는 은유적 의미를 가지고 있다. 니치시장은 대기업이 진출하지 않은 시장을 공략하는 것으로 소규모의 시장에 특화된 상품을 가지고 시장영역을 개척해 나가는 것을 말한다. 개별마케팅(One to One Marketing)은 구축된 데이터베이스를 바탕으로 개별고객의 요구에 맞는 제품과 서비스를 제공함으로써 고객을 유치하고 충성고객을 확보하여 장기경쟁력을 확보하려는 마케팅방법이다. 수요의 다양성이 매우 높고 경쟁이 치열하고 수요에 비해 초과공급발생하고 신규고객의 창출이 어려울 경우 진행하는 마케팅이다. 또한 고객점유율 확대가 필요하고 자기만의 제품이나 서비스를 추구하는 경향이 강할 경우에 진행하는 마케팅이지만 개인화된 마케팅전략으로 과다한 비용이 발생할 수 있다.

표적시장선정은 가장 매력적인 목표시장을 선정하는 것으로 시장매력도, 경쟁우위, 시장적합성 등을 고려하여 선정하여야 한다. 시장매력도라는 것은 세분시장에 진입했을 경우 당장 또는 잠재적, 미래적으로 얻을 수 있는 이익의 규모를 말하며, 경쟁우위는 가격경쟁력 또는 높은 가격을 정당화할 수 있는 혜택의 제공 등을 통해 소비자에게 더 많은 가치를 제공하는 것으로 시장진입 후 경쟁사들보다 유리한 위치에 있어야 할 요소를 말한다. 또한 시장적합성은 목표시장이 시장환경과 소비자의 욕구와 니즈에 적합해야 한다는 것이다.

3. 포지셔닝전략(Positioning Strategy)

소비자의 마음속에 지각되는 회사의 어떤 형상(제품, 서비스, 유통, 브랜드 등)이 경쟁사보다 우수한 위치에 있음이 각인되도록 소비자 의식에 자사의 긍정적 위치를 형성하게 하는 커뮤니케이션 활동을 포지셔닝전략(Positioning Strategy)이라고 한다. 포지셔닝은 제품을 경쟁제품에 비하여 차별적 특징을 갖도록 제품개념을 정하고 이에 따라 소비자들의 지각속에 적절히 위치하도록 하는 것이다. 필립 코틀러(Philip Kotler, 노스웨스턴 대학)교수는

그림 2-15 포지셔닝전략유형

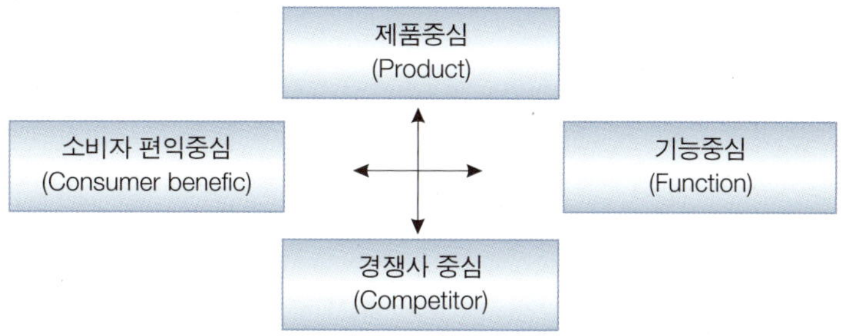

표적시장의 마음속에 독특한 자리를 확보하기 위해 자사의 제공물과 이미지를 디자인하는 행위 또는 기업의 잠재적인 이익을 극대화하기 위해 표적시장의 고객마음속에 그 브랜드를 각인시키는 마케팅활동을 포지셔닝전략이라고 했다. 포지셔닝 전략은 목표시장과 세분시장에서 경쟁우위를 달성하기 위해 전략으로 경쟁우위라는 것은 제품 또는 서비스, 브랜드가 경쟁사에 비해서 소비자에게 더 많은 가치와 만족을 제공해 주어 소비자가 자사의 제품과 서비스, 브랜드에 더 많은 관심과 높은 평가를 해주는 것을 말한다. 따라서 포지셔닝 전략유형에는 제품중심, 기능중심, 소비자 편익중심, 경쟁사중심 포지셔닝 등이 있다.

제품중심 포지셔닝은 제품이 소비자의 마음속에서 경쟁제품에 비하여 상대적으로 차지하고 있는 위치를 말하며 제품이미지, 브랜드, 품질 등을 고객의 마음속에 지각(Perceptions), 인상(Impressions), 느낌(Feelings)이 자리잡도록하는 것이다.

기능중심 포지셔닝은 제품의 기능과 성능의 우수성을 부각하여 소비자의 구매결정을 유도하는 것이며, 소비자 편익중심 포지셔닝은 사용자에 의한 포지셔닝으로 제품중심의 포지셔닝이 아닌 고객의 욕구와 감성에 초점을 맞춰 제품가치와 편익을 전달하는 것이다. 경쟁사중심 포지셔닝은 경쟁제품과 서비스를 상호비교하여 자사제품의 강점을 부각시키는 것을 말한다.

포지셔닝은 확실한 가치와 편익을 제공해야하고 경쟁기업과 차별적인 요소가 부각되어야 한다. 한편 소비자에게 쉽고 오래 기억될 수 있도록 전달성이 강해야 하며 경쟁사가 쉽게 모방할 수 없어야 한다. 필립 코틀러와 암스트롱(Kotler & Armstrong)은 포지셔닝전략으로 'More for More', 'More for the Same', 'The More for Less', T'he Same for Less', 'Less for Much Less' 전략을 제시하였다.

'More for More' 전략은 우수한 혜택을 더욱 비싸게 특별한 명성과 지위, 고품격의 라이프 스타일 제공하는 것으로 최상의 상품이나 서비스에 높은 가격에 포지셔닝하는 전략으로 베블렌효과(Veblen effect, 가격이 오르고 있음에도 불구하고 특정 계층의 허영심 또는 과시욕으로 인해 수요가 줄어들지 않고 오히려 증가하는 현상)를 노린 전략이다. 'More for the Same'전략은 좋은 혜택을 같은 가격으로 더 많은 혜택을 제공하는 'More for More' 전략을 구사하는 기업을 대응하기 위한 포지셔닝 전략으로 대표적 사례가 렉서스 자동차이다. 한편 'The More for Less' 전략은 더 많은 혜택을 더 저렴한 가격으로 혜택을 제공하는 포지셔닝 전략으로 장기적으로 추진할 경우 수익률에 다소 어려움이 있다. 'The Same for Less' 전략은 더 싼 가격으로 동일한 혜택을 제공하는 포지셔닝 전략으로 고객들에게 매력적인 전략이다. 그리고 'Less for Much Less' 전략은 훨씬 싼 가격으로 더 적은 혜택을 제공하는 포지셔닝 전략으로 상품의 품질을 높이는 노력을 줄이고 경쟁업체보다 낮은 가격으로 승부하는 전략이며 대표적인 사례가 다이소, 저가항공 등이다.

4. 차별화전략(Differentiation Strategy)

차별화는 소비자에게 독특한 가치를 제공하여 줌으로써 차별화에 소요된 비용이상으로 높은 가격프리미엄을 얻는 것을 말한다. 차별화된 제품이나 서비스제공을 통해 자사제품이 경쟁사제품과 구별되고 다른 가치를 느끼도록 하여 경쟁우위를 달성하고 확고한 시장위치를 구축하고자 하는 것을 차별화전략(Differentiation Strategy)이라고 한다. 차별화전략은 경쟁사가 쉽게 모방할 수 없도록 강력한 차별화를 통해 지속적으로 경쟁우위를 유지하는 것이 중요하다. 강력한 차별화는 경쟁업체에 비용부담을 유도할 수 있고 고객의 판단을 변화시킬 수 있고 경쟁사가 쉽게 따라오지 못하도록 경쟁우위를 확보하는 것을 말한다.

차별화를 통해 경쟁력을 확보하기 위한 차별화전략 유형으로는 제품차별화, 품질차별

그림 2-16 차별화전략

화, 서비스차별화, 유통차별화, 이미지차별화 등이 있다.

제품차별화(Product)는 다른 기업의 제품이나 서비스에 대해 소비자가 인식하는 가치보다 더 높은 제품과 서비스가치를 제공하여 경쟁우위를 확보하는 것으로 제품의 특성과 성능, 디자인, 스타일 등에 대한 차별화를 말한다. 품질차별화(Quality)는 경쟁사 제품보다 품질의 우수성을 전달하여 제품의 가치를 전달하는 것으로 제품의 내구성과 신뢰성, 편의성 등을 포함한다. 서비스차별화(Service)는 제품공급의 신속함과 접점에서의 서비스를 비롯하여 제품에 문제가 발생했을 때 고객의 불편을 최소화하기 위해 신속한 처리가 필요하다. 또한 제품설치가 필요할 경우 고객이 만족할 수 있도록 하는 것도 중요하다. 서비스는 또 다른 고객을 창출하고 충성고객을 유지하는 강한 수단이기도 하다. 유통차별화(Distribution)는 접근성과 편리성, 경로차별화, 취급상품의 다양성, 집약정도에 따라 유통경로 커버리지(Coverage)를 결정해야 한다. 이미지 차별화(Image)는 기업 또는 브랜드이미지를 통해 제품의 고유한 혜택을 전달하여 제품을 둘러 쌓고 있는 긍정적 이미지(기업, 브랜드, CEO 등) 차별화를 통해 경쟁우위를 구축하는 것을 말한다. 차별화를 성공적으로 달성하기 위해서는 차별화를 통해 소비자에게 제품과 서비스가치를 매우 깊이 인식할 수 있을 정도의 편익과 혜택을 제공해야 하며, 성공적 차별화를 위한 고려해야할 요소는 독특성(Uniqueness), 우월성(Superiority), 선점성(Preoccupancy), 가격적절성(Reasonable Price), 수익성(Profitability) 등을 고려해야 한다.

제3절 마케팅믹스전략(Marketing Mix Strategy)

마케팅믹스는 제롬 매카시(Jerome McCarthy, 하버드대학교)교수가 1960년 초에 창안한 개념이고, 필립 코틀러(Philip Kortler, 노스웨스턴 대학, 마케팅전문가)교수가 실행함으로써 발전하게 되었다. 시장의 환경적 조건과 마케팅수단을 적절하게 결합 또는 조화해서 시장지배력을 확대하고자 하는 전략으로 제품, 가격, 유통, 촉진요소를 가장 효과적으로 기획하여 시장을 최적화해 나가는 과정을 마케팅믹스(Marketing Mix)라고 한다. 마케팅믹스를 효과적으로 수행하기 위해서는 시장환경을 분석하여 세분화된 시장을 확인하고 목표시장을 선정한 다음 제품의 위치를 선정하여 제품, 가격, 유통, 촉진을 어떻게 할 것인지 결정해야 한다.

그림 2-17 마케팅믹스(Marketing Mix)

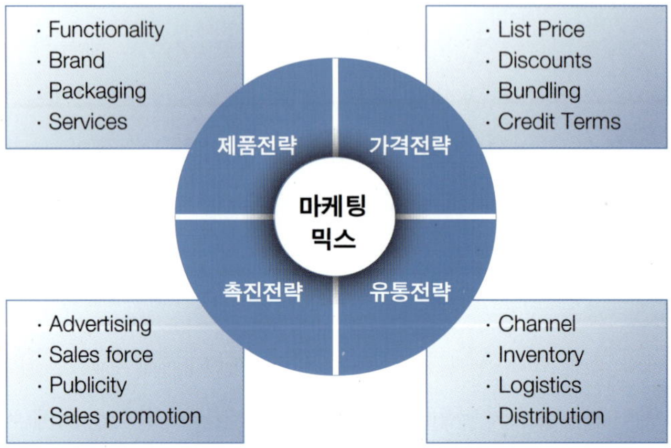

마케팅믹스의 핵심요소(4P)는 제품(Product), 가격(Price), 유통(Place), 촉진(Promotion)을 의미한다. 정보통신기술과 지식산업의 발달로 소비자의 니즈와 욕구가 점점 다양해지고 있어 3P(People, Process, Physical Evidence)를 추가하여 7P라고도 한다. People은 구매자의 의사결정에 영향을 미치는 사람이며, Process는 고객에게 서비스가 전달되는 과정을 말하며, 물리적 증거(Physical Evidence)는 종업원복장, 명함, 팜플랫(Pamphlet) 등 기업과 고객접촉이 이루어지는 환경을 말한다. 마케팅믹스는 마케팅핵심요소를 조화시켜서 고객의 니즈와 욕구를 만족시키고, 매출과 이익을 증대시키고, 고객에게 긍정적인 이미지를 포지셔닝하기 위해 제품, 가격, 유통, 촉진을 어떻게 추진할 것인지 계획하는 전략을 말한다.

1. 제품전략(Product Strategy)

소비자 욕구만족과 이윤극대화를 위해 제품(기능, 성능, 품질, 색상, 크기 등), 브랜드, 패키지, 서비스 등을 어떻게 할 것인지 마케팅전략을 수립하는 과정을 제품전략(Product Strategy)이라고 한다. 제품전략을 수립할 때 제품이 시장에서 언제까지 경쟁력을 확보할 수 있는지 검토하는 것이 중요하다. 제품이 처음시장에 도입되어 시간이 지남에 따라 다양한 수요패턴을 보이게 되는데, 한 제품이 시장에 출시되어 각 단계별과정을 지나 소멸하기까지의 과정과 기간을 거처 시장수요의 변화패턴을 나타내는 것을 제품수명주기(PLC, Product Life Cycle)라고 한다. 제품수명주기(Product Life Cycle)는 시장에 처음 등

그림 2-18 제품수명주기 곡선

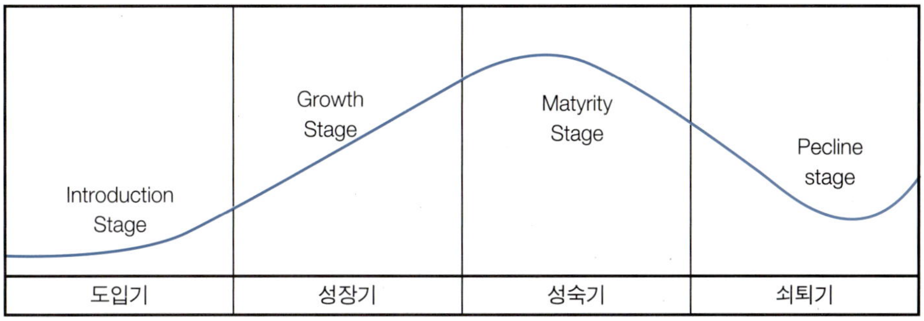

장하는 모든 제품이 마케팅 환경요인들의 변화에 따라 일정한 패턴이 있다는 이론이다. 따라서 각 단계별로 적절한 마케팅믹스전략을 세워야 하며 제품수명주기는 도입기, 성장기, 성숙기, 쇠퇴기 등 4단계로 구분된다.

도입기(Introduction Stage)는 많은 자원을 투입하는 것이 일반적이며, 인지도를 높이고, 초기구매를 자극함으로써 신상품의 확산을 촉진하고 새로운 고객을 확보하는 단계이다. 또한, 고객조사와 고객니즈 반응이 이루어져야 한다. 즉 제품이 시장에 출시하여 판매가 점점 늘어나는 단계로 유통망을 확장하고 판촉활동을 강하게 전개하여 빠른 시장안정을 찾는 것이 중요하다. 성장기(Growth Stage)는 시장이 성장하는 단계로 마케팅전략의 목표는 상표충성도가 높은 고객과 중간상들은 유지하고 구축하는 방향으로 옮겨진다. 또한, 생산원가가 낮아짐에 따라 가격도 낮아지며 이익과 매출을 확대할 수 있는 기회의 시기이다. 점차 시장안정을 찾고 판매증가와 더불어 실질적인 이익이 빠르게 증대하는 단계로 품질을 지속개선하고 신규시장에 진출하고 새로운 유통경로를 개발하는 것이 필요하다. 성숙기(Maturity Stage)는 대체로 수명주기 상에서 가장 긴 기간을 차지하는데, 시장성공을 거두고 소비자에게 친숙한 제품들은 대체로 성숙기가 길다. 성숙기에는 이익잠재력을 실제이익으로 실현시켜 수익성을 누리도록 해야 한다. 성숙기전략은 유지 및 방어의 전략을 구사하는 것이다. 대다수 구매자들이 이미 제품구매를 하게되어 판매성장이 둔화하기 시작하는 단계로 새로운 제품개발을 준비하고 새로운 소비자를 창출하는 것이 필요하다. 쇠퇴기(Decline Stage)는 매출이 감소하는 단계이다. 성숙기에서 쇠퇴기로 넘어갈 때의 전략은 수확전략으로 자연적으로 소멸하게 하는 것이고, 또 다른 하나는 재활성화 전략으로 재포지셔닝을 통해 다시 활성화시켜 새로운 수명주기를 만드는 방법이다. 다시 말하면 제품판매와 이익률이 급속하게 하락하는 단계로 제품을 공급을 중단하고 정리할

그림 2-19 저관여 vs 고관여 제품 구매결정 과정

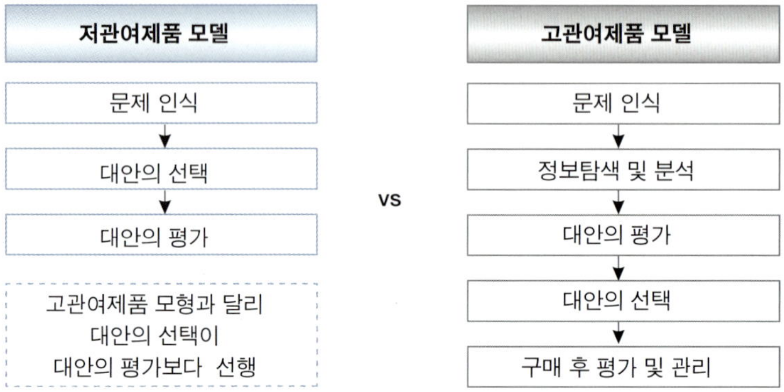

준비를 하고 재고관리를 통해 악성재고가 발생하지 않도록 해야하며 새로운 제품을 시장에 내놓기 위해 준비를 해야 한다.

그리고 제품전략을 수립할 때 고관여제품(high-involvement product)과 저관여제품(low-involvement product) 중에서 어느 제품군에 속하는지에 따라 유통, 홍보, 판매, 정책 등을 다르게 적용해야 한다. 관여도란 소비자가 어떤 제품이나 서비스를 선택할 때 얼마나 많은 관심을 가지고 고민하여 결정하는지를 의미한다.

고관여제품은 일반적으로 제품가격이 비싸고, 의사결정과 정보에 대한 해석이 오래 걸리며, 구매의사결정과정이 복잡하다. 사례를 보면 자동차, TV, 컴퓨터, 고급시계, 명품가방 등을 구입할 때 소비자들은 문제인식을 가지고 정보를 탐색하고 평가하며, 인터넷검색은 기본이고, 주위사람들에게 신중하게 결정을 내린다. 제품구매 후에도 일정기간 동안 제품에 대한 평가를 유지한다. 따라서 고관여제품은 같은 성능과 기능을 가진 동질제품과의 차별화와 제품이 주는 가치를 강조해야 한다. 반면에, 저관여 제품은 개인적 관심도가 크지 않고 상표간의 차이가 별로 없고 일상적 제품으로 구매결정을 잘못해도 지각된 위험이 없으며, 소비자의 의사결정과정과 정보처리과정이 간단하고 신속하게 이루어지는 제품을 말한다. 또한 구매결과에 대한 불안감이 없고 구매제품과 자신의 관계가 매우 희박한 경우가 많으며, 라면, 치약, 휴지 등 실용적인 상품이 저관여제품에 해당되며, 관여도가 낮아 습관적으로 충동구매하는 경우가 많다. 따라서 저관여 제품의 경우 소비자들의 인식, 흥미유발을 위해 인지적 광고를 신제품도입기에 집중하는 것이 중요하다.

2. 가격전략(Price Strategy)

가격은 일반적으로 판매자로부터 제공받는 재화나 서비스에 대하여 구매자가 지급하는 화폐의 양을 말한다. 제품과 서비스가격은 소비자의 구매여부를 결정하는 중요한 요소 중의 하나이다. 따라서 제품이나 서비스를 소유 또는 사용하는 대가로 지불하기 위해 가격 결정을 해야하는데, 가격결정을 할 때 가격기준(정가, 할인, 신용, 할부, 자본조건 등)과 가격 수용조건(수익률, 원가, 경쟁사 가격, 시장목표율, 시장진입 용이성 등) 등을 고려하여 금전적 가치를 결정하는 과정을 가격전략(Price Strategy)이라고 한다. 가격은 제품을 구매하고 그 대가로 지불하는 화폐가치를 말한다. 가격을 결정할 때는 가격수준과 적정이익을 보장하고 있는가? 가격정책의 방향과 채택배경이 정확하게 기술되어 있는가? 제품과 서비스에 대해 고객이 지불할 의사가 있는 가격인가? 등을 고려하여 결정하여야 한다. 한편 가격이 비싸더라도 일부계층의 사회적 지위 또는 과시욕으로 비싼 제품을 선호하는 배블린효과(Veblen Effect, 가격이 오르는데도 제품수요는 줄어들지 않는 현상)를 고려하는 것도 중요하다. 가격결정에 미치는 요소는 수요와 공급, 제품원가, 유통경로, 경쟁사 가격전략, 정부정책 등을 고려하여 결정한다.

가격결정에 가장 큰 영향을 미치는 것은 제품과 서비스에 대한 시장의 수요와 공급이다. 수요는 가격과 수요량 간의 관계로 일정기간 동안 소비자가 구매 또는 구입하고자 하

그림 2-20 가격결정에 미치는 요소

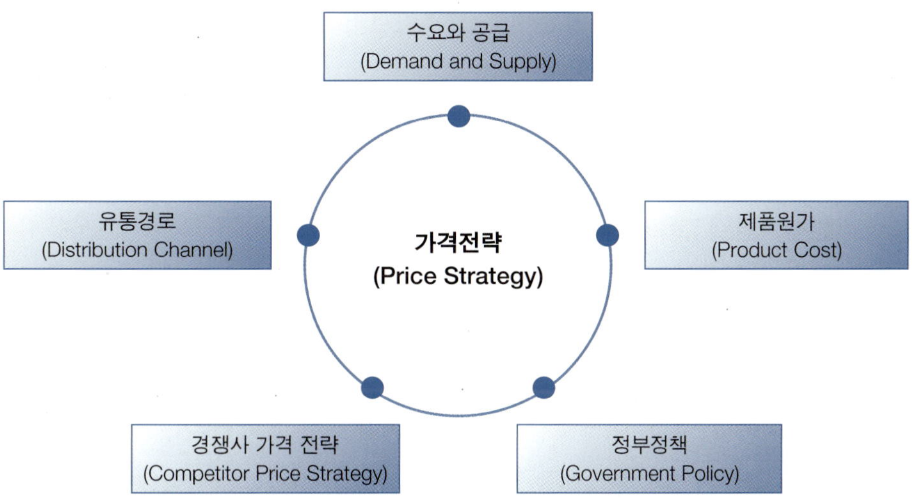

그림 2-21 가격결정과정

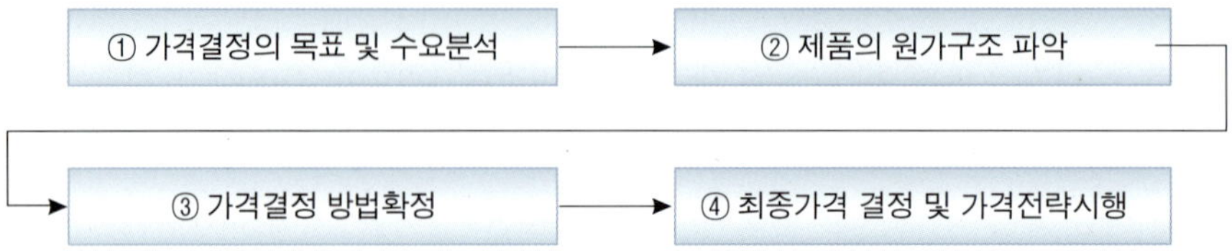

는 의향이며, 공급은 가격과 공급량 간의 관계로 일정기간 동안 소비자를 대상으로 생산 또는 판매하고자 하는 욕구나 계획을 말한다. 제품원가는 가격 하한선을 말하며, 기업이 지속적으로 상장하고 생존할 수 있는 제품의 원가에 의해 결정된다. 유통경로는 어떤 유통을 이용하느냐에 따라 제품가격결정에 영향을 미친다. 한편 경쟁사 가격은 시장에서 치열한 경쟁상황에서 경쟁사 가격전략에 따라 고가, 중가, 저가전략을 펼칠것인지 결정해야 한다. 한편 정부의 시장안정과 생활안정을 위해 생필가격인하, 수요억제정책 등 법적규제를 고려하여 제품가격을 결정해야 한다. 가격결정의 과정은 가격결정목표 및 수요분석, 제품원가구조, 가격결정방법확정, 최종가격결정 및 전략시행 순으로 진행한다.

가격결정의 목표 및 수요분석은 마케팅목표를 설정하고 실현할 수 있는 표적시장과 포지셔닝을 개발하는 단계를 말한다. 제품원가 구조파악은 최소한의 가격을 결정할 수 있는 가격결정의 상한선과 하한선을 결정하는 단계이다. 또한 가격결정방법은 결정된 기업목표를 바탕으로 구체적으로 제품가격을 결정하기 위한 방법을 선택하는 단계로, 비용중심으로 가격결정을 할 것인가? 소비자중심으로 가격결정을 할 것인가? 경쟁자중심 가격결정을 할 것인가? 아니면 통합적으로 가격결정을 할 것인가를 결정하는 것이다. 최종가격결정 및 가격전략실행은 앞서 언급한 요소를 고려하여 가격결정이 범위가 설정되면 최종적인 제품가격을 결정하고 실제집행에 있어서 추가적으로 고려해야 할 사항들을 검토하는 단계를 말한다.

한편 가격결정목표는 매출중심 가격목표, 이윤중심 가격목표, 현상유지 가격목표로 할 것인지를 결정하는 말한다. 매출중심 가격목표(Sales-Based Objectives)는 매출액증대나 시장점유율 확대와 같은 매출중심적 목표를 추구하는 기업이 현재의 매출성장이나 장기적 시장통제를 위해서 제품단위당 마진을 낮추고 판매량을 늘리기 위해서 설정하는 가격목표를 말한다. 또한 이윤중심 가격목표(Profit-Based Objectives)는 이윤극대화를 기업목표로 설정한 기업이 설정하는 가격결정목표로 제품의 가격보다는 제품의 품질이나 독특함, 사회적 위치 등을 중시하는 소비자들을 표적으로 고가격전략을 추구할 때 적합하다. 현상유지가격목표(Status-quo Objectives)는 현재시장에서 좋은 위치를 차지하고 있어서 더 이상의 가격변화를 원하지 않는 것을 목표로 하는 기업이 설정하는 가격결정목표이다. 그리고 시장지배력을 확대하고 경쟁사 제품구매를 경계하기위해 번들링전략과 버저링전략이 있다. 번들링전략(묶음판내, Bundling Price)은 두 개 이상의 다른 제품을 하나로 묶어서 단일가격으로 판매하는 마케팅전략을 말한다. 제픔과 서비스를 개별적으로 판매하지 않고 제품결합을 통해 가격을 결정하는 경우가 늘어나고 있다. 하나의 묶음으로만 판매되지 않고 개별적으로 분리되어서 판매될 수 있기 때문에 끼워팔기(tying)와 다르며, MS-Word, MS-Excel, MS-Power point 등 다양한 기능의 소프트웨어를 하나의 제품으로 묶어서 판매하고 있는 마이크로소프트 오피스(MS Office)가 대표적인 사례이다. 버저링전략(versioning price)은 고객의 선호, 상황, 지불의사에 따라 제품의 버전(version, 유형)을 나누어 차별화된 가격에 판매하여 수익을 높이려는 마케팅전략이다. 버저링버전의 기준은 성능에 의한 차별화, 타이밍에 의한 차별화, 지원을 통한 차별화(AS에 의한 차별화)이다. 예를 들어 소프트웨어를 개발했을 경우 적당한 기능에 기준을 두고 고기능과 저기능버전을 만들어 가격을 결정하는 마케팅전략이다.

3. 유통전략(Place Strategy)

제품이나 서비스를 어떤 유통경로를 통해서 표적시장이나 소비자에게 제공할 것인가를 결정하고 어떻게 새로운 시장기회와 고객가치를 창출할 것인가 계획을 세우는 프로세스를 유통전략(Place Strategy)이라고 한다. 유통은 생산과 소비를 연결해 주는 경제활동으

그림 2-22 유통경로 프로세스

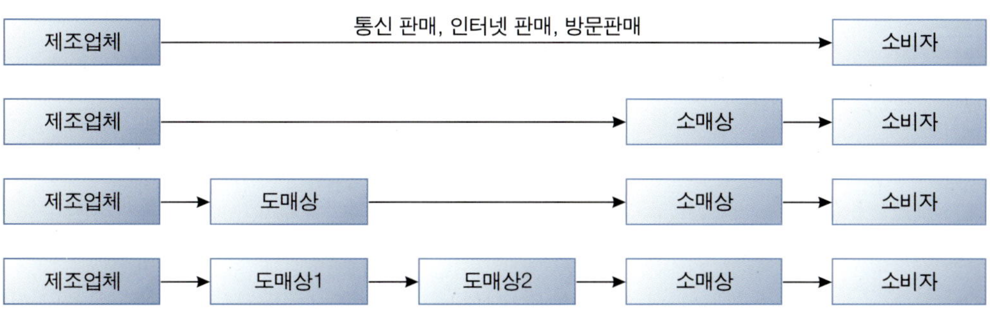

로 공급업체로부터 최종 소비자로 이어지는 경로로써 가치와 소비를 창출하는 기초가 된다. 생산된 제품을 소비되는 과정과 관련된 유통경로를 설계하고 물류 및 재고관리, 진열, 점포위치, 도·소매관리를 어떻게 할 것인가 계획을 세우는 것이 중요하다. 유통경로의 다양성이 증대되고 있어서 시장상황과 유통상태를 고려하여 선택가능한 방법에 대한 검토가 필요하다. 유통경로는 생산업체로부터 최종 소비자에게로 상품과 서비스를 이동시키는 과정을 말한다. 유통경로구조는 소비자 또는 도매 및 소매업자가 제품이나 서비스를 효율적으로 구매할 수 있도록 해주는 일련의 상호 의존적 유통조직을 말한다.

소매상(Retailers)은 제화와 서비스를 최종 소비자를 대상으로 직접 판매하는 모든 활동을 말하며, 도매상(Wholesalers)은 소매상에게 재판매를 전문으로 하는 개인이나 조직으로 중간상을 말한다. 프랜차이즈점(Franchise)은 라이센스 비용(license fee)를 납부하고 제품을 판매하는 것이며, 직영점(Stores)은 제품을 직접 소비자에게 공급하는 유통을 말한다. 다이렉트 메일(Direct Mail)은 우편을 통해 직접 소비자에게 제품을 판매하는 방식이며, 콜센터(Call Center)는 고객에게 전화로 구매를 유도하는 방식이고 인터넷판매(Internet Sales)는 인터넷 망을 통해 제품을 판매하는 것을 의미한다. 유통거래유형은 대상주체에 따라 B2C, B2B, B2G, C2C, C2B 등이 대표적이며 이외에도 수없이 많은 유형의 유통거래형태가 존재한다.

B2C(Business to Customer)는 기업이 제공하는 물품 및 서비스가 소비자에게 직접적으로 제공되는 거래형태로 기업이 회사의 제품을 직접 소비자에게 판매하는 거래경로를 말

그림 2-23 유통거래유형

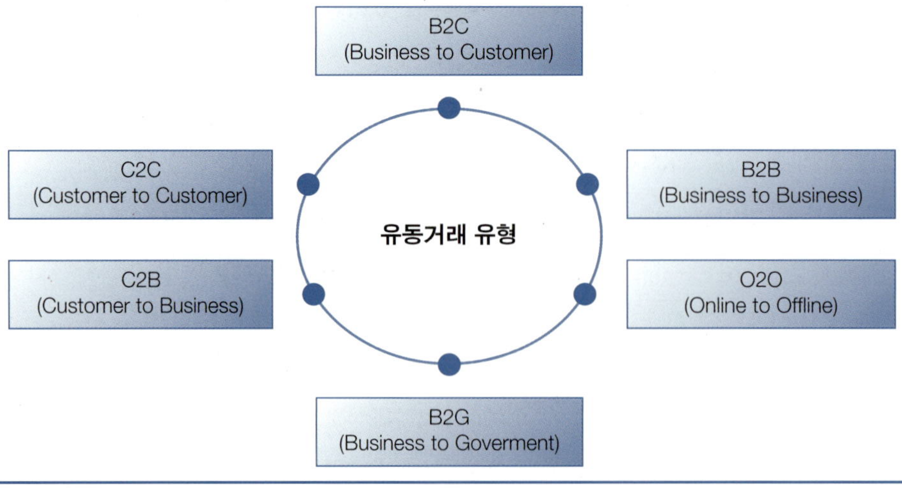

하며, B2B(Business to Business)는 기업과 기업사이에 이루어지는 거래형태로 구매자와 판매자 모두 기업으로 거래의 주체에 따라 판매자중심, 구매자중심, 중개자중심의 거래가 있다. 또한 B2G(Business to Government)는 기업과 정부사이의 상거래를 말하며, Government는 단순히 정부뿐만 아니라 지방정부, 공기업, 정부투자기관 등을 포함한다. 또한 C2C(Customer to Customer)는 소비자와 소비자 사이의 거래형태로 소비자는 상품을 구매하는 주체이면서 동시에 공급의 주체로 경매나 벼룩시장처럼 중고품을 중심으로 거래가 이루어지고 있는 거래형태를 말한다. 그리고 C2B(Consumer to Business)는 소비자가 개인적으로 또는 단체를 만들어서 제품의 공급자나 제품의 생산자에게 직접 가격, 수량 또는 서비스에 관한 요구조건을 제시하고 제품을 구매하는 거래형태로 개인의 지식, 능력 등을 제공하고 이를 이용하는 기업으로부터 일정대가를 지불받는 거래방식이다. O2O(Online to Offline)는 온라인과 오프라인의 경계를 허무는 새로운 형태의 거래형태로 오프라인에서 제품을 체크하고 온라인이나 모바일에서 구매를 하는 쇼루밍(Show rooming)과 온라인이나 모바일에서 먼저 물건을 구경하고 결제한 후, 오프라인 매장에서 제품이나 서비스를 받는 역 쇼루밍(Reverse Show rooming)이 있다. 유통경로는 제조업체로부터 최종 소비자에게 상품 및 서비스를 이동시키는 과정에 참여하는 조직이나 경로구성원으로 경로구성원은 제조업자, 중간상, 구매자를 말하며, 중간상을 이용하는 이점은 거래의 경제성, 시간효용성, 장소효용성, 소유효용성 때문이다. 유통경로의 설계는 직접성, 집약정도, 제품다양성, 관리패턴 등을 근거하여 경로를 설계한다.

한편 경로커버리지 전략은 입지의 편의성, 제품의 다양성, 시장특성, 제품특성, 경쟁사의 유통경로 등을 고려해야 하며, 집약적 유통, 선택적 유통, 전속적 유통 등이 있다.

집약적 유통(Intensive Distribution)은 한 지역에서 제품이나 서비스를 가능한 한 많은

그림 2-24 유통경로별 커버리지 전략

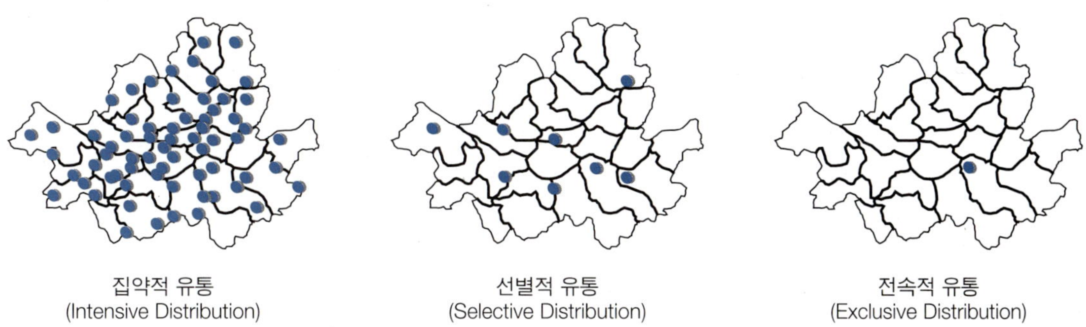

소매상이 제품을 판매하도록 하는 경로커버리지 형태로 제조업자가 유통을 통제하기 힘들고 재고관리가 어려우며 중간상에 대한 관리가 어려운 반면 소비자의 인지도를 확대할 수 있는 장점이 있다. 선별적(선택적) 유통(Selective Distribution)은 집약적 유통과 전속적 유통의 중간형태로 판매지역별에 따라 제품을 취급하고자 하는 중간상들 중에서 유통자격을 갖춘 소수의 제한된 중간상을 활용하는 경로커버리지 방법으로 제조업자가 제한된 범위내에서 유통통제가 가능하다.

또한 전속적 유통(Exclusive Distribution)은 특정 지역에서 하나의 중간상에게만 제품판매를 할 수 있도록 허용하는 유통독점권을 부여하는 유통경로커버리지 방식으로 제조업자가 유통을 통제하기 쉽다.

4. 촉진전략(Promotion strategy)

제품과 서비스를 어떻게 소비자에게 설득력있게 전달할 것인가는 매우 중요하다. 목표고객이 제품 및 서비스에 관심을 갖도록 판매활동을 보다 원활히 하고 제품구매를 유도하기 위해 촉진활동을 계획하는 커뮤니케이션 과정을 촉진전략(Promotion strategy)이라고 한다. 판매를 촉진하기 위한 촉진전략요소는 광고, 판매촉진, 인적판매, 홍보 등이 있다.

광고(Advertising)

목표고객에게 정보를 제공하거나 설득할 목적으로 채널을 통하여 제품과 서비스에 관한 메시지를 전달하여 구매되도록 촉진하는 커뮤니케이션 활동을 광고(Advertising)라고 한다. 광고전달수단으로는 정보전달광고, 설득광고, 상기광고형태가 있다.

설득광고(Persuasive Advertising)는 경쟁이 치열해 질수록 중요한 광고수단이며, 선택적 수요와 상표전환유도를 창출하여 제품속성에 대한 소비자의 생각을 변화시키기 위한

그림 2-25 촉진믹스요소

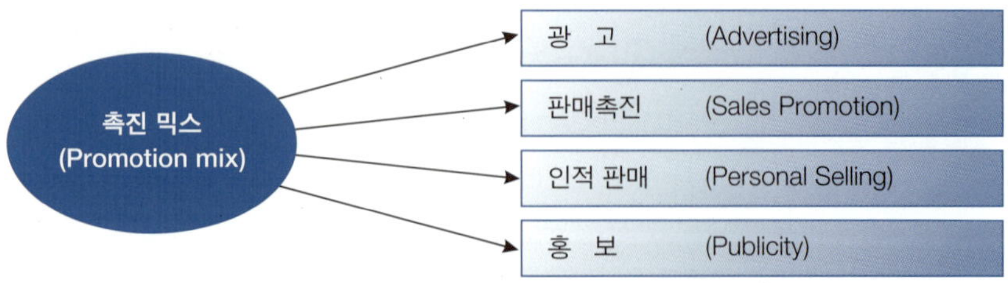

구매자를 설득하는 광고이다. 정보전달광고(Informative Advertising)는 새롭게 만든 제품을 시장에 런칭(launching)할 때 주로 사용하는 광고형태이며, 시장에 안정적으로 런칭하여 수요를 구축하는 것이 목표이다. 또한 기존 제품의 기능과 성능을 전달하고 서비스의 유용성 설명 등 시장상황변화에 선제적 대응을 하기위한 것이다. 상기광고(Reminder Advertising)는 과거에 성공했던 제품과 서비스를 소비자에게 재인식시켜 현재의 제품을 홍보할 때 사용하는 광고형태로 제품홍보보다는 소비자의 기억속에 기업제품 인지도가 없어지지 않도록 하는데 목적이 있는 광고이다.

한편 광고는 마케팅측면, 경제적 측면, 사회적 측면, 문화적 측면에서 다양한 역할을 하며, 소비자를 교육하고 정보를 제공하며 제품의 가치를 증대시키고 판매촉진을 도와 주고 유통의 판로를 확보하는데 도움을 준다. 광고는 광고내용에 따라 제품광고와 기업광고로 구분되는데 제품광고는 기업의 제품이나 서비스에 관한 정보를 시장에 제공하거나 구매를 자극하는 광고이고, 기업광고는 제품이나 서비스를 판매할 목적이 아니라 기업에 대해 호의적인 태도 및 좋은 이미지를 갖도록 하는 광고이다.

판매촉진(Sale Promotion)

제품이나 서비스를 고객들이 구매하도록 유도할 목적으로 해당 제품이나 서비스의 성능과 기능에 대해서 소비자를 대상으로 정보를 제공하거나 설득하여 판매와 제품취급률이 늘어나도록 유도하는 소비자 구매촉진활동을 판매촉진(Sale Promotion)이라고 한다. 판매촉진활동은 반복구매유도 및 구매가속화할 수 있고, 경쟁사 구매자를 대상으로 상표전환을 유도하며, 판매촉진수단(가격인하, 쿠폰, 경품 등)을 활용하여 단기간공급과 수요조

그림 2-26 판매촉진효과

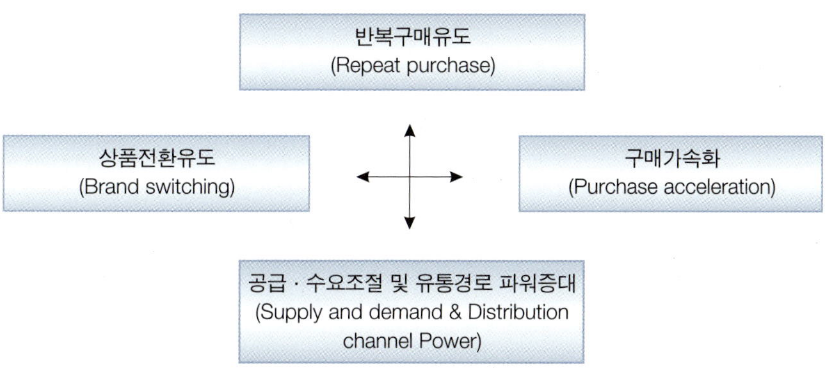

절 가능하다. 뿐만 아니라 광고보다 즉각적인 소비자반응을 유발하여 유통경로파워증대 및 신제품사용을 유도를 할 수 있다.

그러나 판매촉진이 상표중심의 구매력을 저하시키고 가격의 민감성을 초래하여 고품질에 대한 상품이미지를 저하시키는 등 유통의 부정적 행위를 초래할 수 있다. 소비자판매촉진이란 고객의 구매의욕을 자극하고 유통의 효율성을 향상시키기 위해 고객의 수요를 촉진시키고 유통경로에서 제품취급률을 향상시키기 위하여 특정 기간 동안 소비자와 유통경로에 가해지는 마케팅압력을 말한다. 유통에서 판매를 확대하기 위한 경로판매촉진 전략은 푸시전략과 풀전략이 있다. 푸시전략(Push Strategy)은 제조업체가 유통업체를 대상으로 판촉활동을 하여 소비자의 제품선택에 직간접으로 영향을 미치는 것으로 유통경로에 자사제품을 판매하도록 동기부여할 수 있는 다양한 촉진을 수행하는 전략이다. 반면 풀전략(Pull Strategy)은 최종 구매자를 대상으로 생산자가 직접 프로모션을 실시하는 것으로 제품의 선택은 소비자의 결정에 의한 것이기 때문에 소비자를 대상으로 직접 판촉활동을 전개하여 판매를 촉진하는 것을 말한다. 일반적으로 푸시전략은 저관여제품일 때 집행하는 정책이고, 풀전략은 고관여제품일 때 판매촉진을 위해 사용하는 정책이다.

소비자 판매촉진수단으로 가격판매촉진과 비가격판매촉진이 있다. 가격판촉수단으로는 가격인하, 쿠폰, 리베이트, 경품 및 콘테스트 등이 있으며, 비가격판매 촉진수단은 컨티뉴어티(Continuity, 구매의 누적에 따라 일정한 혜택을 주는 판촉으로 반복구매를 유도하기 위한 것으로 주로 고가제품에 활용), 이벤트판촉, 데몬스트레이션(Demonstration, 제품사용방법과 효용을 소비자에게 실증함으로써 구매욕구를 자극하는 판촉), 샘플링, D.M(Direct Mail), 카

그림 2-27 경로판매촉진 프로세스

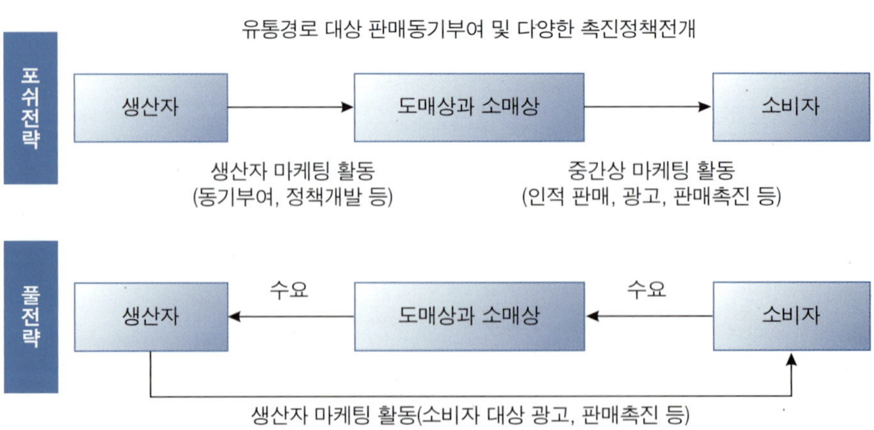

탈로그, 팜플렛, POP(Point-of Purchase) 등을 사용한다.

인적판매(Personal Selling)

판매원이 직접 소비자와 대면하여 제품과 서비스를 구매하도록 권유하는 판매행위를 인적판매(Personal Selling)라고 한다. 즉 소비자의 제품선호도를 높이고 제품구매행위를 강화하여 판매를 촉진하는 수단으로 제품이나 서비스의 판매와 고객관계구축을 목적으로 목표고객과 직접 대면을 통해 자사의 제품 또는 서비스를 구매하도록 설득하는 커뮤니케이션 활동을 말한다. 인적판매 특징은 소비자의 욕구를 직접 알 수 있고 소비자반응을 바로 알 수 있으며, 소비자와 판매원 간의 다양한 관계를 형성할 수 있다. 판매원은 판매행위 이외에 다양한 서비스를 제공하여 소비자의 로열티를 증대시키고 우호적 관계를 형성할 수 있다. 다만 광범위하게 소비자의 인식을 변화시키는데 많은 비용이 발생한다. 인적판매과정은 반복구매가 이루어지도록 고객을 지속적으로 관리하는 단계로 준비단계, 설득단계, 고객관리단계로 구분된다.

준비단계는 관련자료의 분석을 통해 가망고객을 탐색하고 접근방법을 검토하는 단계로, 고객정보자료(판매기록, 인적사항, 라이프스타일 등)를 통해서 잠재고객을 탐색하는 고객예측단계와 가망고객에게 효율적으로 제품을 소개하는데 필요한 자료를 추가적으로 수집하고 정리하는 사전준비단계가 있다. 설득단계는 표적가망고객에게 접근하여 제품과 서비스를 설명하는 단계로 접근→제품소개→의견조정→구매권유로 진행된다. 접근은 제품을 소개하기 위해 소비자를 처음 만나는 것이며, 제품소개는 소비자에게 제품과 서비스의

그림 2-28 인적판매 프로세스

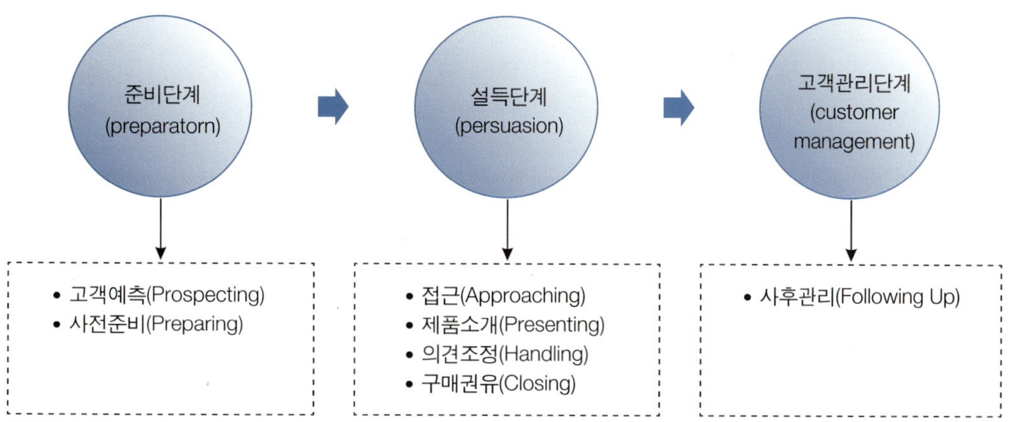

특성과 기능 등 각종 정보를 가망고객에게 전달하는 단계를 말한다. 의견조정단계는 제품 및 서비스를 설명하고 구매를 설득하는 과정에서 발생하는 여러 가지 부정적 상황을 해결하기 위해 객관적 자료 또는 데이터를 논리적으로 설명하여 소비자의 불안요소를 제거해 주는 단계를 말한다. 구매권유는 가망고객에게 구매의향을 물어보는 단계로 소비자가 구매하도록 구매결정을 유도하는 단계이다. 셋째, 고객관리단계는 구매한 고객이 반복해서 재구매를 하도록 고객을 지속적으로 관리하는 사후관리단계를 말한다. 판매가 끝나고 제품배달과 설치는 문제가 없는지 파악하고 제품성능과 기능에는 만족하고 있는지 등을 묻고 문제가 있을 경우 즉시 해결해주어 불편이 없도록 관리해 주는 것을 말한다. 한편 제품판매 후 제품에 대한 평가와 애로사항 등을 확인하여 향후 판매소구로 활용하고자 하는 것을 말한다.

인적판매를 하기 위해서는 판매자의 판매역량이 절대적 영향을 미친다. 제품을 판매하는데 있어 판매역량강화를 위한 핵심스킬을 철저하게 습득하고 실행에 옮기는 것은 소비자구매행동에 직접적 영향이 있다. 따라서 판매역량을 강화하기 위한 핵심스킬은 제품지식, 고객응대스킬, 협상태도 등으로 철저한 역량교육이 필요하다.

홍보(Publicity)

호의적인 이미지전달을 유지하기 위하여 회사와 관련된 내용을 전파할 목적으로 각종 매체에 보도되도록 뉴스 또는 기사로 소비자에게 알리는 커뮤니케이션 활동을 홍보(Publicity)라고 한다. 홍보방법은 일반적으로 ATL 광고, BTL 광고, 오프라인 광고 등이 있다.

ATL 광고(Above the Line)는 매체를 이용한 광고로써 TV(공중파, 유선방송, 위성방송 등), 라디오, 인터넷(이메일, 카페, 블로그, 지식검색, QR코드 등), 스마트폰, E-Book 등이 있다. BTL 광고(Below the Line)는 매체를 이용하지 않는 광고로 인적 네트워크, 이벤트, 전시, 상영, 박람회, 스포츠행사, 파티, 경품, 쿠폰, 시음, 시식 등이 있다. 그리고 오프라인 광고는 신문, 잡지, 옥외광고, 포스터, 카탈로그, 팜플렛, 브로슈어, 전단지, 스티커,

그림 2-29 홍보유형

ATL 광고 (Above the Line)	BTL 광고 (Below the Line)	오프라인 광고 (인쇄, 조형매체 등)

현수막, POP, 대중교통(버스, 택시 등) 사람들의 시선이 닿는 곳 특히 관심을 갖는 곳은 어디나 광고매체가 될 수 있다.

홍보와 PR은 넓은 의미에서 비슷한 개념으로 이해하기도 하는데, PR(public relations) 불특정다수의 대중과의 관계를 의미하며, PR은 정부, 재계, 업계, 메스미디어, 교육기관, NGO, 지역사회 등 조직과 좋은 관계를 형성하여 지속하는 모든 활동을 말한다. PR수단으로는 연설이나 간담회, 기자회견 등이 있고 기업의 아이덴티티(Identity, PR활동이 가능한 기업로고, 심벌, 명함, 건물, 유니폼, 자동차 등), 기부금출연, 봉사활동 등이 있다. 따라서 마케팅측면에서 PR수단을 지속적으로 개발하여 제품과 기업이미지에 활용하는 전략을 개발하여 소비자의 구매결정활동에 도움이 되도록 해야 한다.

5. 마케팅믹스 패러다임 변화(Marketing Mix Paradigm)

생산과 판매에 중점을 두었던 대량생산시대의 전통적 대중마케팅에서 고객만족과 가치중심 마케팅으로 마케팅믹스가 변화하고 있다. 즉, 과거에는 공급자중심(4Ps : Product, Price, Place, Promotion)으로 마케팅을 전개했지만, 프로컨슈머 등장 등 소비자의 영향력과 중요성이 부각되면서 소비자중심(4Cs : Consumer, Cost, Convenience, Communication)으로 마케팅 패러다임이 변화하고 있다.

소비자가치(customer value)는 과거에는 소비자를 단지 제품을 구매하는 구매자개념으로 생각했지만, 이제는 소비자는 기능중심에서 가치를 더 중요하게 생각하기 때문에 제품보다 소비자의 가치에 더 중점을 두어야 한다는 것이다. 따라서 기업이 제품을 만들어 고

그림 2-30 마케팅믹스의 패러다임 변화

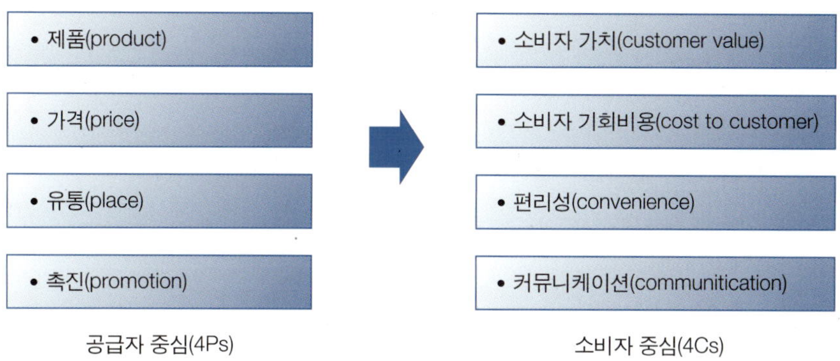

객에게 판매하는 것이 아니라, 고객이 가치를 느끼게 제품을 만들어야 한다는 것이다. 소비자 기회비용(customer cost)은 과거에는 소비자가 싼 제품을 선호했지만 이제는 가격보다 가치있는 제품에 관심을 갖게 되므로 제품의 가치를 전달하는 것이 중요하다. 소비자는 제품을 구입할 때 정보를 탐색하고, 주변사람 의견을 구하기도 하고, 제품을 소유했을 때 다른 사람의 시선을 의식하기도 한다. 소비자 편리성(Convenience)은 소비자는 제품과 서비스를 접함에 있어 편리하기를 바라고 편리하게 구매할 수 있기를 바란다는 것이다. 즉, 옴니채널, O2O 서비스처럼 고객이 온오프라인 경계없이 편리하게 제품을 구매할 수 있도록 해야 한다는 것이다. 촉진은 소통으로 볼 수 있으며, 소비자와 대화(Communication)를 의미하며 고객들은 생산자 또는 공급자가 일방적으로 전달하는 커뮤니케이션을 원하지 않으며 소비자와 상호 소통할 수 있는 쌍방향 커뮤니케이션을 원한다는 것이다. 즉, 기업이 전달하고자 하는 메시지를 TV, 신문, 잡지, 라디오, 미디어 등을 통해 일방적으로 전달하는 것이 아니라, 고객과 상호 커뮤니케이션하는 과정이 중요하다는 것이다.

제 3 장

마케팅 커뮤니케이션 (Marketing Communication)

제1절 마케팅 커뮤니케이션 이해(Marketing Communication Understanding)

1. 마케팅 커뮤니케이션 개념(Marketing Communication Concept)

디지털시대의 소비자들은 다양한 채널을 통해 많은 정보를 소유하고 있기 때문에, 기업과 고객들의 의사소통방법의 변화를 요구하고 있다. 기업은 제품과 서비스에 대해 분명하고 일관성있게 설득력있는 메시지를 소비자에게 전달하기 위하여 기업의 다양한 커뮤니케이션 채널을 한 방향으로 커뮤니케이션의 필요성을 인식하는 것이 현실이다. 마케팅목표를 효율적으로 달성하기 위하여 고객이 제품 또는 기업에 대하여 긍정적인 평가를 하도록 하기 위하여 광고, DM, 판촉, PR 등 다양한 커뮤니케이션 수단들을 이용하여 메시지를 전달하는 일련의 활동을 마케팅 커뮤니케이션이라고 한다. 따라서 기업은 마케팅 커뮤니케이션을 통해 지속적으로 소비자와의 관계구축을 통해 반복구매와 브랜드선호도를 실현해야 한다.

2. 마케팅 커뮤니케이션 과정(Marketing Communication Process)

마케팅 커뮤니케이션은 마케팅목표와 목적을 달성하기 위해 계획적 또는 의도적으로 소비자에게 전달하는 커뮤니케이션 활동을 말한다. 마케팅 커뮤니케이션 목적은 마케팅활동을 촉진시키는 것에 있으며, 마케팅활동수단인 마케팅믹스(4p, product, price, place, promotion) 중에서도 촉진은 커뮤니케이션의 핵심적인 역할과 기능을 수행한다. 마케팅 커뮤니케이션은 발신자, 매체, 수신자, 효과·반응, 피드백, 잡음과정을 거쳐서 진행되게 된다.

발신자(sender, source)는 전달하고자 하는 메시지의 내용(아이디어, 의견, 정보 등)을 이해 당사자에게 전달하여 커뮤니케이션을 시작하도록 하는 사람 또는 조직체를 말하며, 부호화(encoding)는 발신자가 자신이 전달하고자 하는 메시지를 보다 효과적으로 전달하기 위하여 메시지내용을 시각적 혹은 청각적 부호, 상징으로 전환시키는 과정을 말한다. 또한 매체(media)는 메시지를 수신자에게 전달해주는 수단으로 미디어 매체와 인적매체수단이 있다. 해독(decoding)은 전달된 메시지의 부호나 상징을 수신자가 자신의 경험과 지

그림 3-1 마케팅 커뮤니케이션 프로세스

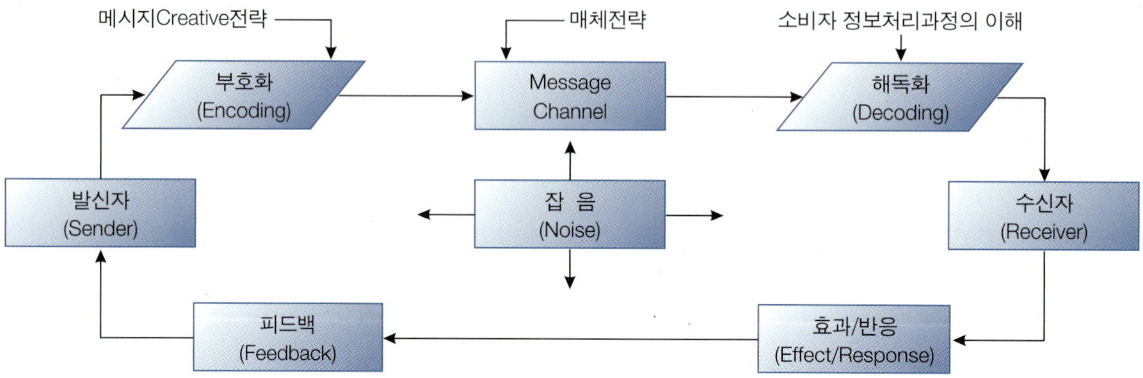

식에 기초하여 나름대로 의미를 부여하는 과정으로 전달할 메시지를 준비할 때부터 수신자의 해독과정을 고려하여 작성하여야 한다. 수신자(receiver)는 전달받은 메시지를 자신의 경험을 바탕으로 해독작업을 수행해야 하며, 해독작업이 정확하게 진행되어야 전달자가 의도한 메시지가 전달될 것이다. 한편 수신자는 전달받은 메시지를 자신의 역량, 경험, 가치관, 신념, 지식에 근거하여 해석하게 된다. 그리고 효과와 반응(effect & response)은 메시지를 받은 수신자가 보여주는 느낌이나 행동을 말하며, 피드백(feedback)은 메시지를 수신한 다음 수신자의 반응상황이 발신자에게 전달되는 것으로 결국 전달된 메시지수용 여부와 효과를 확인하는 것을 말한다. 끝으로 잡음(noise)은 발신자와 수신자가 상호의사 전달을 하는 과정과 경로에 끼어드는 모든 방해요인을 말한다. 잡음에는 외부잡음, 내부잡음, 경쟁잡음이 있다. 외부잡음은 외부에서 발생하는 소음 등 물리적 잡음을 말하며, 내부잡음은 수신자내부에서 발생하는 정신적 잡음(피로, 스트레스, 긴장, 걱정, 수면부족 등)을 말한다. 경쟁잡음은 경쟁자가 전달하고 있는 메시지 내용과 다른 상반된 메시지를 주장하거나 수신자의 판단을 방해하기 위해 경쟁자가 자신의 광고 또는 다른 광고를 통해 수신자의 주의를 혼란스럽게 하는 행동을 말한다.

3. 마케팅 커뮤니케이션 편익(Marketing Communication Benefit)

일반적으로 마케팅 커뮤니케이션은 소비자에게 제품의 가치를 전달하려 할 때 제품기능, 제품특성, 제품편익 등 세 가지 형태로 전달한다. 제품기능은 제품의 기능에 중점을 두는 커뮤니케이션이고, 제품특성은 제품의 가지고 있는 제품성능과 디자인 독특성 등을

그림 3-2 마케팅 커뮤니케이션 편익유형

기능적 편익 (Functional Benefits)	상징적 편익 (Symbolic Benefits)	경험적 편익 (Experiential Benefits)

전달하는 커뮤니케이션이다. 한편 제품편익은 소비가 인지하고 있는 가치중심으로 전달하는 커뮤니케이션을 의미한다. 한편 마케팅 커뮤니케이션 편익에는 기능적 편익, 상징적 편익, 경험적 편익 등이 있다.

기능적 편익(functional benefits)은 제품이 가지고 있는 제품의 직접적인 기능이 제공하는 편익으로 소화제의 소화효과, 진통제의 진통효과, 냉장고의 냉장효과, 세탁기의 세탁효과, 자동차의 운송효과, 프린터의 인쇄효과 등 제품이 가지고 있는 본질적인 기능을 말한다. 상징적 편익(symbolic benefits)은 제품의 특성이나 기능 등이 주는 상품의 기능적 역할이 아닌 제품의 디자인과 브랜드 등 감성적이고 주관적인 편익을 말하며 소비자의 자존감, 심적만족, 자부심 등과 관련이 깊다. 예를 들면 재활용상품, 명품가방, 브랜드제품, 독특한 로그 등은 사용자가 제품의 가치를 느끼게 하는 상징적 편익이다.

경험적 편익(experiential benefits)은 소비자가 직접 경험을 바탕으로 느끼거나 만족하게 되는 편익을 의미한다. 예를 들면 여행상품구매 및 여행후 만족, 즐거움 등이 모여서 하나의 편익이 되는 것이다. 이러한 편익들은 시장세분화, 고객타겟팅, 경쟁사와 차별화, 광고전략 등 마케팅도구로 많이 활용한다.

제2절 마케팅 유형(Marketing Category)

마케팅은 고객의 Needs와 Wants를 찾아서 소비자욕구를 충족시킬 수 있는 제품을 기획해서 판매하는 것을 말한다. 이러한 일련의 목적을 달성하기 위해 시장상황과 소비자 반응에 대응하기 위한 적합한 마케팅활동을 전개하게 된다.

그림 3-3 마케팅 유형

스토리텔링 마케팅(Storytelling Marketing)

스토리텔링 마케팅은 앞서 설명했기 때문에 여기서는 간단하게 언급하고자 한다. 기업에서는 고객의 감성을 유도하는 스토리텔링 마케팅이 널리 사용되고 있다. 제품의 기능 또는 성능, 가격으로 소비자와 소통하고 설득하던 것에서 탈피하여 제품에 담겨있는 가치를 극대화하여 고객의 감성을 자극하여 구매력을 증대시키는 마케팅과정을 스토리텔링 마케팅(storytelling marketing)이라고 한다.

스토리텔링 마케팅은 제품과 서비스가 기억되기 쉽고 깊은 감동을 느끼고 이해하기 쉽도록 '스토리'를 담아 고객에게 인지되도록 하는 것을 말한다. 스토리텔링 마케팅에 여러 차례 노출된 고객들은 해당 마케팅을 진행한 브랜드의 이름을 접할 때, 함께 들었던 스토리도 같이 떠올리게 되고, 이는 긍정적인 기업과 제품이미지와 연결된다. 또한, 스토리텔링 마케팅은 다른 마케팅방식들과는 다소 차이가 있다. 일반적인 마케팅은 제품과 서비스를 널리 알려 기업의 이윤을 향상시키는 것이 목적이라면, 스토리텔링 마케팅은 이윤보다는 브랜드의 가치제고를 더 직접적인 목적으로 삼고 있다.

코즈마케팅(Cause Marketing, 대의명분 마케팅)

기업이 제품판매를 통해 재무적 이윤만을 추구하지 않고, 사회적 책임활동을 통해 제품과 기업이미지를 제고하여 소비자들이 해당기업에 우호적 생각을 가지고 제품을 구매하게 하는 마케팅기법을 코즈마케팅(cause marketing)이라고 한다. 즉, 기업이 환경, 보건, 빈곤 등 사회적 이슈를 해결하면서 기업이윤을 창출하는 것으로, 경제적 가치와 공익적

그림 3-4 코즈마케팅

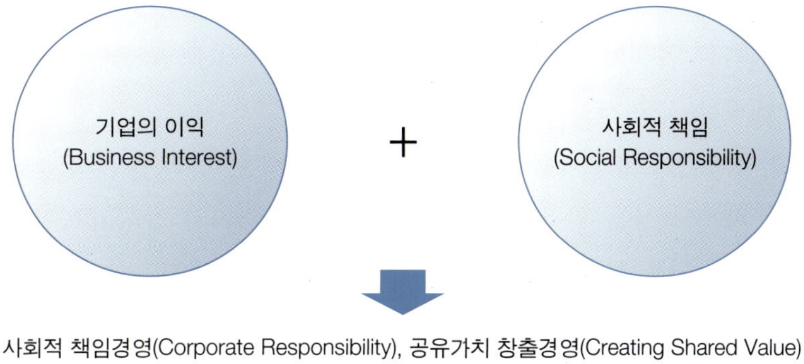

가치를 동시에 추구하는 것을 의미한다. 또한 소비자들은 착한 소비를 했다는 만족감을 얻고, 기업은 사회적 책임과 역할을 함으로써 소비자로부터 긍정적 브랜드 인지도를 형성하여 재무적 가치와 사회적 책임을 연결시키는 것이 코즈마케팅의 핵심이다. 코즈(cause)라는 단어의 일반적인 의미는 영어로 '원인,이유'이다. 그러나 마케팅적인 측면에서 해석하면 '대의명분'으로 번역할 수 있다. 국어사전에서 말하는 대의명분은 '사람으로서 마땅히 지키고 행하여야 할 도리 또는 역할', '어떤 일을 꾀하는데 내세우는 합당한 구실이나 이유'라는 뜻을 갖고 있다. 따라서 코즈마케팅이라는 단어'마케팅을 기반으로 한 기업의 사회참여활동'을 의미하며, 필립 코틀러(Philip Kotler, 노스웨스턴 대학)교수는 그의 저서 굿 워크 전략(Good Works Strategy)'에서 코즈마케팅을 기업의 사회참여활동으로 공익연계 마케팅을 의미한다고 했다.

한편, 사회적 이슈를 해결하면서 기업의 이익을 창출하는 코즈마케팅은 마이클 포터(Michael E. Porter, 하버드대학교)교수가 공유가치창출 경영(CSV, Creating Shared Value)에서 주장한 제품판매와 사회적 책임을 연계시킨 CSV 경영의 구체적인 실천방안이다. 블레이크 마이코스키(탐스창립자)는 2006년 아르헨티나를 여행하던 중 맨발로 걸어 다니는 아이를 보고 "One for One 마케팅전략"을 수립하게 되었다고 한다.

MOT 마케팅(Moment of Truth)

소비자가 제품 또는 서비스에 접촉하게 되는 극히 짧은 시간 동안에 제품, 서비스, 브랜드에 대한 좋은 인상을 가질 수 있도록 만드는 마케팅기법을 MOT 마케팅이라고 한다. MOT는 'Moment of Truth'의 영문약자로 "결정적인 순간 또는 진실의 순간을 포착하라"는 의미이다. MOT 마케팅은 고객이 여러 번에 걸쳐 최상의 서비스를 경험했다 하더라도 단 한 번의 불만족스러움을 느낀다면 결국 전체서비스에 대한 만족도를 0으로 만들어 버린다는 곱셈의 법칙, 100−1의 법칙에 따라 고객과의 접점의 순간에서 최상의 서비스를 제공할 것을 강조하는 마케팅이다.

스칸디나비아 항공사의 얀 칼슨(Yan Carson)은 MOT을 강조하면서 직원이 접점을 잘 관리할 때 고객들은 회사에 긍정적인 이미지를 가지고 충성고객이 될 수 있다며, MOT가 일어나는 순간을 15초로 보고 15초 안에 고객을 만족시켜야 한다고 주장했다. 이처럼 접점에 대한 관리는 고객만족의 기초이자 시작이다. 따라서 접점관리에 우수한 직원들을 배치하고 꾸준한 교육훈련을 통해 고객만족을 실행해야 한다. 미국의 소비자관련회사(TARP, Technical Assistant Research Program)의 연구에 따르면 제품이나 서비스에 만족한 고객들보다 불만족스러웠던 고객이 적절한 대응을 통해 만족하게 되었을 때 보다 더 충성스런 고객이 된다고 한다. 그것도 얼마나 빨리 대응하여 문제를 해결하느냐에 따라 충성도가 다르게 나타났다고 한다. 따라서 고객만족을 추구하는 기업이라면 불만고객을 소중하게 여기고 이를 신속히 해결할 수 있는 직원대상으로 마인드교육을 실시하는 것이 중요하다는 것이다.

프로슈머 마케팅(Prosumer Marketing)

제품의 기획, 개발, 디자인 등에 소비자를 참여시켜 기업이 소비자의견을 수용해 제품과 서비스의 개발에 활용하여 고객만족을 최대화시키는 마케팅을 프로슈머 마케팅(Prosumer Marketing)이라고 한다. 프로슈머는 생산자(Producer)와 소비자(Consumer)의 합성어로 새로운 제품이나 서비스를 개발할 때 기획단계에서부터 소비자의 의견을 반영하는 마케팅방법이다. 즉, 기업이 신제품을 개발할 때 시장상황과 소비자욕구를 반영하기 위해 제품기획단계에 전문가에 비해 뒤지지 않는 상품지식과 제품경험을 가진 소비자를 참여하게 하여 제품의 성공확률을 높이려는 것이다. 프로슈머는 기업과의 밀착정도를 기준으로 신제품개발 참가형, 정보공유형, DIY형(do it yourself, 소비자가 자신이 원하는 물건을 스스로 만들 수 있도록 한 제품)으로 분류할 수 있으며, 일반적으로 프로슈머 마케팅은 신제품개발 참가형에 초점을 두고 있다. 신제품개발 참가형은 특정기업과 고용, 또는 관계를 맺고 신제품개발에 필요한 의견을 제공하는 형태를 말한다. 정보공유형은 인터넷쇼핑몰, 제품평가 사이트에 제품사용경험이나 특성 등에 관한 전반적인 평가내용을 제공하는 것이다. DIY형 유기농야채를 재배하거나 주택가구를 제조하고, 아토피 등 건강을 위한 치료제를 직접 개발하는 등 자급자족의 생산에 중점을 둔 것이다.

PPL 마케팅(PPL Marketing)

영화, 예능 프로그램, 드라마 속에 소품으로 등장하는 상품을 일컫는 것으로 브랜드명이 보이는 상품뿐만 아니라 이미지, 명칭 등을 노출시켜 소비자에게 홍보하는 것을 PPL 마케팅(product placement)이라고 한다. PPL 마케팅은 브랜드노출뿐만 아니라, 기업이미지, 기업연상 등을 노출시켜 자연스럽게 홍보하는 일종의 광고마케팅을 의미한다. 원래의 의미는 영화, 드라마 등을 제작할 때 소품담당자가 사용할 소품들을 배치하는 업무를 뜻한다. PPL 마케팅은 소비자에게 무의식속에 기업과 제품과 이미지를 자연스럽게 각인시키는 간접광고를 통한 마케팅기법 중 하나로 전체프로그램 시간의 5%, 전체화면의 4분의 1을 넘지 못한다. PPL 마케팅유형은 온셋배치와 크리에이티브 배치로 구분할 수 있다. 온셋배치(on-set placement)는 의도적인 연출하여 노출시키는 것으로 직접 제품을 등장시키거나, 연기자의 실질적 멘트 또는 제품사용을 통해 제품 또는 이미지를 노출시키는 것을 말한다. 반면 크리에이티브 배치(creative placement)는 온셋배치처럼 의도적으로 두드러지게 제품이나 브랜드를 노출시키는 것이 아니라, 화면을 구성하는 자연스러운 요소로서 비교적 짧은 시간 동안 노출시키는 것이다. 즉, 화면상에서 옥외전광판 등을 통해 실제 브랜드가 우연히 노출되게 하거나, TV 드라마 배경에 가볍게 브랜드가 등장하는 것과 같이 교묘한 방법으로 브랜드를 노출시키는 것이다. 결과적으로 PPL 마케팅은 특정 기업이나 제품을 영화나 드라마에서 등장한 소품을 통해서 직접적으로 노출하지 않고 간접적으로 노출시켜 시청자의 저항감없이 무의식적으로 소비자가 제품의 이미지나 브랜드에 관심을 갖도록 하는 것이다.

바이럴 마케팅(Viral Marketing)

바이럴 마케팅(Viral Marketing)은 네티즌들이 E-mail, 메신저, 페이스북, 트위터, 블로그 등 전파가능한 매체를 통해 자발적으로 기업, 제품, 이미지 등의 노출을 유도하는 마케팅기법을 의미한다. 다른 마케팅과 차별적인 요소는 "자발적 구전확산과 빠른 파급력"이다. 바이럴 마케팅은 전달목적에 따라 경험적 바이럴, 결과적 바이럴, 의도적 바이럴 등으로 분류할 수 있다.

경험적 바이럴(experiential viral)은 제품이나 서비스와 관련하여 경험했던 내용을 자발적으로 공유하는 것이며, 결과적 바이럴(consequential viral)은 기업의 감동적 광고를 보

그림 3-5 바이럴 마케팅유형

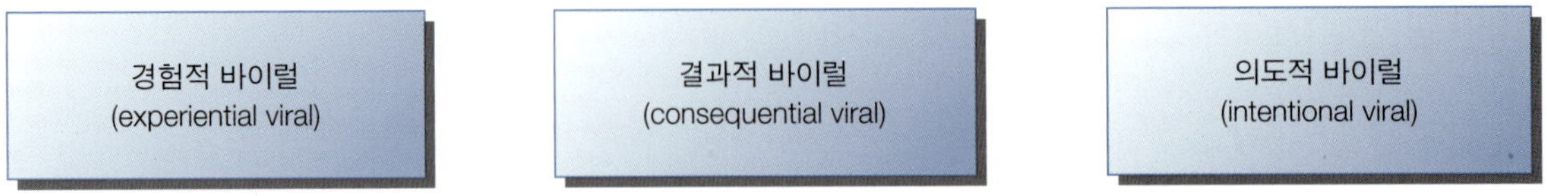

고 후기를 남기는 등 전통적인 마케팅활동을 일으키는 것이다. 또한 의도적 바이럴(intentional viral)은 기업이 자원을 직접 투자하여 의도적으로 구전이 일어나도록 유도하고 진행되도록 하는 것이다.

네트워크 마케팅(Networking Marketing)

중간유통단계를 배제하여 유통비 손실을 줄이고 관리비, 광고비, 샘플비 등 제 비용을 없애 회사는 싼 값으로 소비자에게 직접 제품과 서비스를 공급하고 회사수익의 일부를 소비자에게 환원하는 시스템을 네트워킹 마케팅(Networking Marketing)이라고 한다. 네트워크 마케팅은 프로세일즈맨이 아니라 보통사람이 하는 사업으로 대부분의 판매는 끊임없이 소비자를 찾아 판매를 하여야 하고 매월 새로운 실적을 쌓아야 한다. 피라미드와 근본적으로 다른 점은 회원을 아무리 많이 가입시켜도 소용없고 그 회원들이 그 제품을 애용해야 한다는 것이다. 소비자그룹이 형성되면 제품의 우수성으로 재구매가 계속 일어나게 되고 기존 소비자가 주위에 자기가 사용하는 제품의 우수성을 이야기하는 과정에서 자연스럽게 새로운 고객을 소개받게되어 매출이 신장된다. 회사가 제조한 제품을 유통하기 위한 유통망을 구축하지 않고, 제품을 구입하는 소비자를 판매원으로 활용해 다른 소비자에게 제품을 판매하는 사업구조이다. 또, 제품을 구입한 소비자도 판매원이 되는 과정을 연쇄적으로 거쳐 제품판매와 유통망을 확대해 나가는 방식이며, 전통적인 도·소매 유통구조로부터 벗어남으로써 물류비용과 유통마진의 일부는 커미션(수당)형태로 판매원에게 지급한다.

SNS 마케팅(Social Network Marketing)

SNS(Social Network Marketing) 마케팅은 전통적 대중매체를 통해 광고나 홍보를 했던 마케팅과는 다르게 웹기반의 소셜네트워크(트위터, 인스타그램, 페이스북 등)를 활용하는 마케팅이다. 마케팅환경의 변화중에서 가장 큰 변화는 인터넷마케팅 또는 온라인마케팅이

도입된 것이다.

SNS 마케팅의 시작은 블로그 마케팅이이다. 페이스북, 인스타그램과 같은 채널을 통해 홍보함으로써 하루에 수백만 명의 사람들에게 노출되고 소비자와 활발한 인터랙션이 가능하기 때문에 실제적인 제품구매활동으로 이어질 확률도 높다. SNS마케팅이 성공하기 위해서는 검색엔진을 최적화해야 한다. 기업제품 또는 이미지 등이 검색엔진에서 조금 더 노출이 잘되도록 만들고 제품 또는 서비스를 검색할 때 검색결과와 관련내용이 검색될 수 있도록 해야 한다. 또한 검색결과가 잘 노출되도록 해야하며 지속적인 컨텐츠개발을 통해 마케팅노출도를 향상시키는 것이 중요하다. SNS 마케팅은 자연스럽게 홍보를 진행할 수 있고, 빠른 확산과 지속적인 노출이 가능하며, 제품 또는 기업브랜드를 연속적으로 강화할 수 있다. 뿐만 아니라, 신속한 시장접근이 가능하고 다양한 충성고객을 확보할 수 있으며, 고객의 니즈를 즉시 파악할 수 있고 저비용 고효율홍보를 할 수 있다.

협업마케팅(Collaboration Marketing)

협업마케팅(Collaboration Marketing)은 업종은 다르지만 목표수요층이 겹치는 제품끼리 협업을 통해서 진행하는 마케팅으로 소비자의 이목을 집중시킬 수 있을 뿐만 아니라, 비용대비 효과를 극대화할 수 있는 마케팅기법으로 외식업계를 중심으로 빠르게 진화하고 있다. 외식업계는 자신의 매장에 자동차, IT, 출판업종 등과 협업하여 마케팅을 적극적으로 추진하고 있으며 우리가 잘 알고 있는 북카페가 좋은 사례이다. 수요층이 겹치는 제품끼리 함께 진행하는 마케팅으로 초기에 소비자의 관심을 집중시킬 수 있을 뿐만 아니라, 협업한 기업모두에게 상호이익이 되는 win win효과를 도모할 수 있고, 수요층이 겹치는 제품을 함께 공략하는 마케팅기법이다.

고객관계관리 마케팅(CRM Marketing)

기존 고객 또는 가망고객과 관련하여 구축된 고객정보를 분석하여 특정 고객을 대상으로 필요한 제품과 서비스를 판매하는 마케팅전략을 고객관계관리 마케팅(CRM marketing)이라 한다. 즉, 고객데이터를 기반으로 하는 마케팅으로 고객관계 유지활동을 통해 고객에게 제품관련 정보 또는 혜택 등을 카탈로그, 문자, 이 메일 등을 통해 전달하여 기존 고객을 충성고객으로 만드는 마케팅기법을 말한다. 제품판매뿐만 아니라 기존 고객의 유지 및 관계강회를 통해 충성고객을 확보하는 데 목적이 있다. 잠재고객의 니즈와 욕구성향과 취향을 파악한 다음 고객이 원하는 제품정보를 전달하여 마케팅을 전개하는 것을 말한다.

데이터베이스 마케팅(Database Marketing)

고객정보, 산업정보, 기업정보, 시장정보 등 각종 자료를 수집, 분석해 이를 판매와 직결시키는 마케팅기법으로 타 고객과는 차별되는 인적정보와 구매정보를 활용, 고객의 요구에 따른 차별적인 정보를 제공함으로써 고객의 만족도를 높이고 효과적인 마케팅효과를 얻는 기법이다. 데이터베이스 마케팅의 특징은 판촉이 끝나고 나면 DB를 근거로 ROI(투자수익률, Return on Investment)를 평가할 수 있다는 것이다. 또한 판촉프로그램을 실시한 후 고객반응을 쉽게 추적할 수 있어 효과적인 판촉을 전개할 수 있다. 데이터베이스 마케팅은 고객속성, 고객거래실적, 구매제품, 제품구매횟수와 금액 등과 관련된 고객데이터를 심층적으로 분석하는 활용하는 마케팅으로 개인정보보호법에 위배되지 않게 고객으로부터 개인정보를 활용하겠다는 사전동의를 반듯이 얻고 고객정보를 확보해야 한다.

노이즈 마케팅(Noise Marketing)

제품과 서비스와 관련해서 의도적으로 구설수에 휘말리도록 함으로써 소비자의 이목을 집중시켜 인지도를 높여서 판매를 늘리는 마케팅기법이 노이즈 마케팅(Noise Marketing)이다. 즉, 상품이나 브랜드를 일부로 구설수에 오르게 하거나, 상품에 대한 부정적 이슈를 오히려 이용하여 인지도상승을 꾀하는 마케팅기법이다. 사람들은 긍정적 이슈보다는 부정적 이슈를 오래 기억하는 경향이 있듯이 노이즈 마케팅은 인지도 제고와 사람들 기억에 깊이 인식시킬 수 있다는 점에서 효과적인 마케팅기법이다. 노이즈 마케팅을 적절하게 사용한다면 적은 비용으로 단기간에 큰 효과를 볼 수 있으며, 언론과 방송 등 미디어와 SNS을 통해 급속도로 퍼지기 때문에 적은 비용으로 확산될 수 있는 것이다. 그러나 노이즈 마케팅은 제품과 브랜드 인지도를 급속하게 높일 수 있는 장점이 있지만, 반면에 노이즈 마케팅을 자칫 제품 및 브랜드 신뢰성을 잃을 수 있다.

니치 마케팅(Niche Marketing)

니치는 틈새시장이라는 의미로 기존에 운영중인 시장의 빈틈을 공략해서 새로운 시장을 만들고 시장점유율을 확대해 나가는 판매전략이다. 대량생산, 대량유통, 대량판매가 아닌 기존 시장의 틈새를 파고드는 마케팅이다. 마치 틈새를 비집고 들어가는 것과 같다는 뜻으로 니치는 "빈틈"으로 해석되며 "남이 아직도 모르는 좋은 낚시터"라는 은유적 의미를 담고 있다. 소규모의 소비자를 대상으로 판매목표를 설정하는 것으로 남이 아직 모르고 있는 좋은 곳, 빈틈을 찾아 그곳을 공략하는 마케팅전략이다.

그림 3-6 니치마케팅 개념

기존에 운영중인 시장의 빈틈을 공략해서 시장점유율을 유지시켜가는 판매전략

니치마케팅을 성공적으로 이끌기 위해서는 제일 먼저 소비자의 동향파악이 중요하다. 타겟으로 잡고 있는 시장에서 얼마만큼 소비자의 욕구와 니즈를 분석하느냐에 따라 성공과 실패를 가르는 첫걸음이라 볼 수 있다. 핵심적인 구매동기를 분석해 수익성이 좋을 것이라고 판단되는 타켓계층에 집중을 해야 된다. 과거에는 핵심제품 하나를 가지고 모든 고객의 욕구를 만족시켜 매출을 확대하는 것이 기업의 목표였지만, 소비자의 욕구가 다양해지면서 틈새시장의 공략의 필요성이 점점 커지고 있다.

플래그십 마케팅(Flagship Marketing)

flagship이라는 의미는 함대가 움직일 때 맨 앞에서 진두지휘하는 기함을 의미하는 것처럼 기업의 대표적이 제품이 다른 제품의 이미지를 함께 통합적으로 이끌어 가는 것을 의미한다. 기함은 해군의 여러 함정들 중 지휘관이 타고 있는 배를 말한다. 선단에서 가장 중요한 배를 가리키는 말로써 마케팅에서는 브랜드를 대표하는 제품을 일컫는 단어로 쓰인다. 시장에서 가장 관심과 인기가 좋은 특정 제품이나 브랜드를 강하게 판촉하여 다른 제품에 긍정적 영향을 미치도록 하는 마케팅을 플래그십 마케팅(flagship marketing)이라 한다. 즉, 시장에서 성공을 거둔 또는 가장 인기가 좋았던 특정 제품에 초점을 두고 성공한 긍정적 이미지를 집중적으로 홍보하여 다른 제품으로 확대 · 전파하여 매출을 극대화하는 마케팅기법이다. 요즘은 출시되는 상품의 종류가 점점 다양해지고 있어 기업에서 출시하는 모든 제품을 성공적으로 홍보하는 것은 현실적으로 어려운 일이다. 따라서 시장의 반응이 좋은 한 가지 제품을 집중적으로 홍보하여 다른 제품과 서비스에 직 · 간접적 이미지를 미치도록 하는 플래그십 전략이 중요한 마케팅수단으로 평가받고 있다.

제 4 장

마케팅 전략분석
(Marketing Strategy)

기술과 산업이 발전함에 따라 소비자의 구매행동이 지속적으로 변화하고 있고, 소비자의 구매행동변화는 시장의 변화를 가져오고 이에 따른 마케팅전략도 끊임없이 진화하고 있다. 그러나 제품구매에 있어 변화하는 소비자의 기대, 관점 및 행동은 소비트렌드로 나타나고 있어 마케터가 반드시 익히고 대응해야 할 요소이다. 따라서 고객이 어떤 방식을 통해 브랜드와 교류하는지에 관계없이 어디서든 일관되게 제품가치를 전달하는 것이 마케팅의 승패를 가르는 중요한 요소가 된다. 이러한 일련의 상황에 대응하기 위해 마케팅 전략수립의 중요성이 점점 강조되고 있는데, 마케팅 전략수립이란 목표고객과 목표시장을 결정하고, 목표시장에서 목표고객의 욕구를 세부적으로 파악하여 고객욕구를 만족시켜서 기업매출로 연결되도록 하는 일련의 과정이다. 고객에게 더 큰 제품과 서비스경험을 전달할 수 있도록 최근 소비트렌드와 함께 소비자의 마음을 사로잡는 마케팅전략을 수립하는 것은 이제 기업의 생존의 문제로 확대되고 있는 것이 현실이다. 이렇게 소비자구매행동과 마케팅전략 컨셉의 패러다임이 급격하게 변하고 있는데 그런 변화에 신속히 대응하기 위한 마케팅전략수립은 기업의 성공을 위해 불가피한 요소이다.

마케팅이 기업경영에 도입된 이유는 제품수요와 공급의 불균형이 심화되면서 생산자보다 제품을 선택해서 소비하는 소비자의 힘이 점점 더 커지면서 마케팅의 필요성이 부각된 것이다. 과거에는 기업주도로 제품을 판매하고 소비자는 단지 선택의 주최였는데 제품과 시장의 경쟁이 치열해지면서 기업경영의 주도권이 생산자중심에서 소비자중심으로 변하면서 마케팅의 필요성이 더욱 강조되기 시작했다. 따라서 이제는 마케팅전략의 수립전략에 따라 기업의 성패가 좌우된다고 해도 과언이 아닐 정도로 기업들은 성공적인 마케팅전략을 수행하기 위하여 기업의 모든 역량을 집중하고 있다. 마케팅전략의 핵심은 바로 고객니즈(needs)와 원츠(wants)를 만족시킬 수 있는 방법을 찾아내는 것이 마케팅전략수립의 핵심이며, 마케팅전략 분석방법으로는 SWOT 분석, 마이클 포터 5 모델분석, PESTEL 분석 등이 있다.

1. SWOT 분석(SWOT Analysis)

시장환경분석을 위해 기업의 내부요인을 분석하여 강점과 약점을 발견하고, 외부요인을 분석하여 기회와 위협요인을 찾아 마케팅전략을 수립하는 것을 마케팅 SWOT 분석이라고 한다. SWOT 분석은 외부의 기회와 내부의 강점 간에 전략적인 적합성을 찾아내는 동시에 외부적인 위협에 대처하고 내부적인 약점을 보완하는 길을 모색하는 과정이라고

그림 4-1 마케팅 SWOT 요인 분석

		내부환경 요인	
		강 점 (Strengths)	약 점 (Weaknesses)
외부환경 요인	기 회 (Opportunities)	***SO*** 내부강점과 외부기회 요인을 극대화	***WO*** 외부기회를 이용하여 내부약점을 강점으로 전환
	위 협 (Threats)	***ST*** 외부위협을 최소화하기 위해 내부 강점을 극대화	***WT*** 내부약점과 외부위협을 최소화

할 수 있다. SWOT 분석의 목적은 경쟁사보다 경쟁우위를 확보하고, 시장상황을 분석하여 미래시장을 전망하고, 문제에 대한 해결책을 강구하기 우한 것이다.

강점(Strength)은 경쟁사와 비교했을 때 자사제품이 소비자로부터 강점으로 인식되는 요소가 무엇이고 경쟁사보다 경쟁우위에 있는 요소가 무엇인지 파악하는 것을 말한다. 약점(Weakness)는 경쟁사 보다 약점이 무엇이고 소비자가 약점으로 느끼는 것이 무엇인지 파악하는 것으로 강점의 반대적 의미를 말한다. 기회(Opportunity)와 위협(Threat)은 유리한 기회요인이 무엇이고 불리하게 작용할 수 있는 위협요인이 무엇인지를 의미한다. 필립 코틀러(노스웨스턴 대학교, 마케팅전문가)교수는 SWOT 분석에 대해 다음과 같이 정의하였다.

"The overall evaluation of a company's strengths, weaknesses, opportunities, and threats is called SWOT analysis. It's a way of monitoring the external and internal marketing environment : 기업의 강점, 약점, 기회, 위협의 전체적인 평가를 SWOT이라고 부르며 그것은 외부와 내부의 마케팅환경을 모니터링하는 하나의 방법이다"라고 했다. SWOT 분석을 통해 SO, ST, WO, WT전략을 도출하고 핵심 성공요소를 도출하는 것이 필요하며, 마케팅 SWOT의 네 가지 전략은 SO(강점, 기회)전략, ST(강점, 위협)전략, WO(약점, 기회)전략, WT(약점, 위협)전략이 있다.

SO(강점, 기회)전략은 강점에 근거하여 기회를 최대한 활용하기 위한 것으로 강점을 더욱 강화하기 위한 전략이며, 내부강점과 외부기회 요인을 극대화하는 것을 말한다. ST(강점, 위협)전략은 방어전략으로 시장위협을 회피하기 위하여 강점을 더욱 확대하기 위한 전략으로, 외부위협 요인을 최소화하기 위해 내부강점을 극대화한다.

WO(약점, 기회)전략은 약점을 극복하기 위한 전략으로 약점을 보강하여 기회로 최대한 활용하기 위한 전략이며, 외부기회 요인을 활용하여 내부약점을 강점으로 전환하는 전략이다. WT(약점, 위협)전략은 외부환경의 위협을 피하고 자사의 약점을 최대한 보완하는 전략으로 위협을 회피하고 약점을 최대한 보강하기 위한 방어적 전략을 말한다. 결론적으로 마케팅 SWOT전략은 내부환경분석을 통해 도출되는 강점, 약점요소와 외부환경을 통해 도출되는 기회, 위협요소 파악하여 SWOT 메트릭스인 강점, 약점, 기회, 위협의 네 가지 요인에 따른 전략적 시사점을 도출하여 SO전략, ST전략, WO전략, WT전략에 따른 대응방안을 제시한다. 또한 도출된 SWOT 전략으로부터 중장기 발전전략수립을 위한 핵심 성공요소(CSF, Critical Success Factor)를 발굴한다.

2. 마이클 포터의 5 Force Model 분석

마이클 포터(Michal Porter, 하버드대학교)교수는 의 Force Model 분석은 마케팅전략 수립을 위한 시장경쟁요인, 사업매력도 파악, 미래산업환경예측, 경영환경전망 등 산업구조분석을 하는 것을 말한다. 마이클 포터의 산업구조분석은 산업의 경쟁강도와 수익성 및 산업의 구조적 매력도 등을 경쟁전략수립의 기초자료로 활용하기 위한 것이다. 마이클 포터는 산업구조분석을 통해 시장상황을 분석하는데 잠재적 진입자, 구매자협상력, 세분시장내 경쟁자, 대체품위협, 공급자 협상력 등 5가지 요소를 고려해야 한다고 했다.

첫째, 잠재적 진입자(potential entrants)이다. 현재의 상황에서 기존 시장에 새로운 경쟁자의 진입가능성이 높으면 그 시장 또는 산업의 매력도는 떨어진다. 즉 진입장벽이 높

그림 4-2 마이클 포터(Michael Porter)의 경쟁요인

을수록 시장 및 산업의 매력도는 높아지고, 진입장벽이 낮을수록 시장 및 산업매력도는 떨어지는 것을 의미한다. 잠재적 진입위협요소는 진입장벽, 시장규모, 유통채널접근성, 제품차별성, 마케팅정책 등이며, 둘째, 구매자 교섭력(Bargaining power of buyers)이다. 구매자들은 가격인하 및 품질제고압력을 통하여 또는 판매경쟁자간 수익성을 훼손토록 조정하면서 산업과 경쟁하게 만드는 것을 말한다. 구매자의 힘이 제품업체의 힘보다 강한 경우와 제품구입을 하는 수요자로부터 위협을 받는 것을 말한다. 즉 구매자가 소수이고 제품차별성이 없고 최근 유통업체가 제조업체에 상당한 가격협상력을 갖게 되는 것이 한 예이다. 구매자의 힘이 강하려면 많이 사고, 자주 사고, 구매자 수가 적고, 상품의 차별성이 적고 다른 곳에서도 살 수 있으면 구매자의 영향력이 크게 된다. 결과적으로 보면 구매자의 힘이 셀수록 해당 산업의 매력도는 떨어지고 반대로 구매자의 힘이 약할수록 산업의 매력도는 높아진다.

셋째, 대체품위협(Threat of Substitute Product)이다. 경쟁제품이거나 동일한 성능과 기능을 가진 제품의 가격과 효능 등을 고려해야 하며, 5가지 세력가운데 가장 위협적인 것은 대체상품의 위협이다. 현재의 제품보다 가격, 성능, 기능, 효능면에서 월등히 뛰어난 대체제품이 나올 경우, 관련산업은 완전히 망해버릴 수도 있기 때문이다. 핸드폰이라는 대체제품의 출연으로 인해 삐삐가 사라진 것과 디지털카메라의 등장으로 필름산업이 철수하게 된 것이 좋은 사례이다. 따라서 대체제품의 위협이 낮을수록 산업의 매력도는 높아지고, 대체제품의 우협이 높을수록 산업의 매력도는 낮아진다.

넷째, 공급자 협상력(Bargaining power of suppliers)이다. 공급자는 가격을 인상하거나 품질을 저하시키려는 위협으로 협상력을 제고할 수 있고, 강력한 협상력을 갖고 있는 공급자는 더 이상 원가를 상승시킬 수 없을 정도로 수익성을 잠식할 수 있다는 것이다. 제품을 만들기 위한 원재료 대체품의 존재여부와 공급자가 소수기업에 의해 지배되는 경우, 즉 독점이나 과점인 경우, 또는 자사가 속한 업계가 공급자에게 그다지 중요한 고객이 아닌 경우, 또 공급자가 공급하는 상품이 자사가 속한 업계에서 중요한 부품인 경우에는 공급자의 교섭력이 강해지고 해당 산업의 매력도는 떨어지게 된다. 반대일 경우에는 공급자의 교섭력이 떨어지고 자사가 속한 산업의 매력도는 올라가게 된다. 다섯째, 기존 산업내의 경쟁강도(rivalry among existing firms)이다. 동일 산업내에서 기존 기업 간의 경쟁으로 동일 시장내에서의 경쟁자를 말한다. 일반적으로 같은 산업 또는 시장에 종사하는 기업이 많거나 비슷한 규모의 기업이 많고, 경쟁기업 간의 시장점유율이 비슷할 경우 산업내의 경쟁을 치열하게 된다. 기존 산업내에서 경쟁이 심하면 심할수록 이익을 내기가 힘들고 경쟁이 심하면 특히나 가격경쟁이 심해지면서 적자마저 감수하는 기업들이 생겨난다.

3. PESTEL 분석(PESTEL Analysis)

PESTEL 분석은 산업환경분석으로 현재시장과 비즈니스의 성장과 하락원인 분석과 미래 성장잠재력과 방향, 전망 등을 이해하고 전략을 수립하는데 필요한 분석이다. PESTEL 분석은 마케팅 SWOT 분석과 마찬가지로 비즈니스 환경을 분석하는 도구로 SWOT는 주로 내적환경을 분석하는 것이며 PESTEL은 외부환경을 분석하는 것으로 이해하면 좋다. 경영기획 및 비즈니스 모델개발, 마케팅계획, 신제품개발, 유통과 가격전략, 시장성장과 축소, 사업포지셔닝, 사업방향 등을 파악하고 분석하는데 효과적인 분석도구이다. PESTEL 분석요소에는 정치적 요소(Political), 경제적 요소, 사회적 요소, 기술적 요소, 환경적 요소, 법적요소(Legal) 등이 있다. 그러나 최근 들어서는 윤리경영의 중요성이 부각되면서 윤리적 요소를 추가하여 PESTELE라고도 한다.

정치적(Political) 요소는 정부가 경제를 규제하는 정도를 말한다. 여기서 정부의 규제라 함은 공정거래관련규제, 기업장려정책, 고용과 관련된 법규, 세금, 노동법, 시장규제, 무역제재, 환경규제 및 환경법, 관세, 정치적 안정성 등을 포괄한다. 또한 정치적 요소는 정부차원의 각종 규제와 제제를 포함하며 에서 미래시장 인프라구축 등에 영향을 미치는 요소이다. 경제적(Economic) 요소는 경제성장률, 경제규제, 금리·환율, 원자재, 경제환경, 인플레이션 정도 등을 포함하며, 이러한 요소는 경제주체(기업)가 의사결정을 내리는 데 영향을 끼칠뿐만 아니라 기업이 성장하고 발전하는데 있어 크게 관계된다.

사회적(Social) 요소는 인구성장률 및 연령분포, 직업태도, 출생률, 노동력 및 노동조

그림 4-3 PESTEL 분석 요소

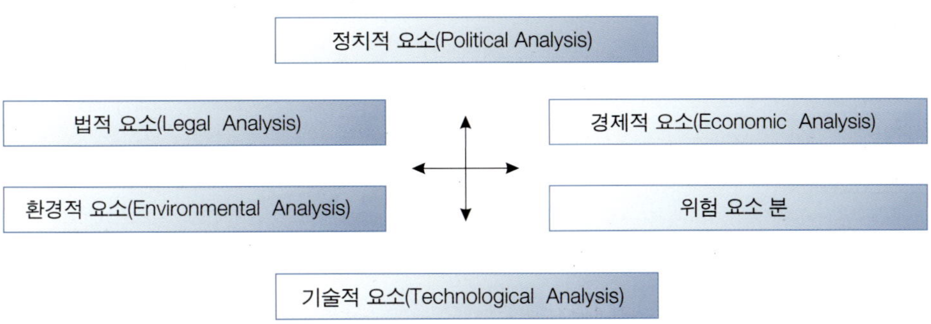

건, 노사분위기, 라이프스타일 변화가 포함되며 사회적 요소에 따라서 기업의 제품과 경영전략, 마케팅전략을 수립하는데 영향을 미친다. 기술적(Technological) 요소는 기술트랜드, 제품기능과 성능, R&D활동, 자동화, 기술관련 인센티브, 기술혁신 등을 포함되며 시장진입장벽, 기술투자와 품질, 비용 및 혁신에도 영향을 끼치는 요소를 말한다. 환경적(Environmental) 요소는 기후 및 환경변화의 문제점이 대두되면서 친환경제품, 신시장개척, 현존하는 제품의 단종과 변화, 제품의 시장축소나 소멸 등에도 영향을 미치는 부분이다. 법적(Legal)요소는 말 그대로 법적인 요소를 말하며, 제품과 서비스를 개발하는데 법 또는 법률에 위배되는지 또는 법적인 보호를 받을 수 있는 것인지 여부를 확인하는 요소이다.

CHAPTER 04

브랜드전략과 스토리텔링
(Brand Strategy & Storytelling)

제 1 장

브랜드 이해 (Brand Understanding)

제1절 브랜드 개론(Brand Introdution)

1. 브랜드 개념(Brand Concept)

브랜드의 어원적 기원은 고대 그리스와 로마시대에서 찾아볼 수 있다. 그리스와 로마시대에는 문맹률이 매우 높았기 때문에 상점주인들이 상점이름 대신 팔고 있던 물건을 나타낼 수 있는 그림이나 표시를 상점앞에 걸어 놓았는데 이것이 바로 브랜드의 유래라고 볼 수 있다. 중세기에 접어들면서 기술자, 공예품 작가들이 자기작품에 소유를 나타내기 위해 특별한 표시를 했는데, 이렇게 특별한 표시를 하면서 자기작품을 타인의 작품과 차별화하고 자기작품을 보증해주는 도구로 점점 일반화되기 시작했다. 한편 고대 노르웨이에서 목동들은 소, 말 등을 방목하여 키웠는데 자신의 가축임을 구별하기 위해 자신만 알 수 있는 표시를 만든 인두로 털을 태워 표시했다는 의미인 'Brandr, 화인(火印), 낙인(烙印)'에서 파생되었다고 한다. 또한 16세기 초 영국의 위스키 생산자가 자신의 위스키와 다른 위스키와 구분하기 위해 위스키보관 나무통에 낙인을 찍어 표시했다는 의미인 'burned'에서 유래되었다고도 한다. 이렇게 브랜드에 대한 유래는 여러 가지가 있지만 공통적인 것은 소유를 나타내기 위해서 사용했다는 것이다. 이렇게 소유를 나타내기 위해서 시각적으로 표시하는 것을 브랜딩(branding)이라 한다.

브랜드에 대한 정의도 학자 또는 전문가에 따라 다양하게 정의하고 있지만, 소비자에게 제품과 서비스를 식별하게하고 경쟁사와 차별화된 경쟁력을 확보하고자 하는 것이 목적이다. 기업, 제품, 서비스의 정체성을 만들고 경쟁자와 차별화할 수 있도록 하기 위하여 활용하는 이름, 용어, 숫자, 심벌, 캐릭터, 슬로건, 디자인, 패키지 또는 이들의 결합체를 브랜드(brander)라고 한다. 그뿐만 아니라 브랜드는 정체성, 차별성, 연속성을 만들어내기 위한 일련의 커뮤니케이션 과정을 의미한다. 미국 마케팅학회(AMA, American Marketing Association)의 정의에 따르면 브랜드란 자신의 제품이나 서비스를 식별하고 다른 경쟁자와 차별화하기 위해 사용하는 상표명, 심벌, 로고, 슬로건, 패키지뿐만 아니라 제품과 관련된 인식, 경험 및 이미지의 집합체라고 정의했다.

2. 브랜드 패러다임(Brand Pparadigm)

브랜드는 소비자로부터 자신의 제품과 서비스가 경쟁사보다 다르다는 인식을 끌어내는 방법으로 등장하게 되었으며, 시대적 상황과 기술의 발달로 브랜드가치에 대한 인식이 변화하고 있다. 즉 제품에 대한 관심과 평가에 있어 과거에는 제품의 성능과 기능에 대한 중요성이 강조되었는데 기술의 발달로 제품의 기능과 성능의 차이가 평준화되면서 소비자들은 브랜드가치에 대한 관심이 점점 더 커지고 있다.

산업혁명 이전에 브랜드는 단지 소유와 식별의 수단에 불과했다. 그러나 근대산업사회에 들어서면서 브랜드는 품질과 신뢰의 상징으로 의미를 확대하게 되었다. 한편 디지털 시대에는 경쟁사와 제품과 서비스의 차별화의 수단이 되었으며, 지식·정보화시대로 접어들면서 브랜드는 소비자에 제품과 서비스의 가치를 전달하는 경험적 상징체계로 평가받기 시작하였다. 한편 지식·정보화시대에 기업들은 일관성있는 브랜드 정체성구축과 확고한 브랜드 퍼스널리티를 통해 강력한 브랜드 이미지를 구축하고 있다. 더 나가 소비자의 감성을 포지셔닝하여 브랜드가치를 향상시켜 이익창출의 핵심으로 발전하고 있다.

브랜드의 현대적 의미는 무엇일까? 브랜드의 현대적 의미는 ICT 기술이 발달하면서 시장환경이 대량생산, 유통확대 등 경쟁적인 시장으로 급속하게 변화하기 시작하면서부터 브랜드의 위상이 변화하기 시작했다. 기업들은 경쟁시장환경을 극복하기 위해 여러 가지 대책을 강구하는 활동을 하고 있는데, 그 대표적인 것이 마케팅이다. 마케팅활동이 점차

그림 1-1 브랜드 위상변화

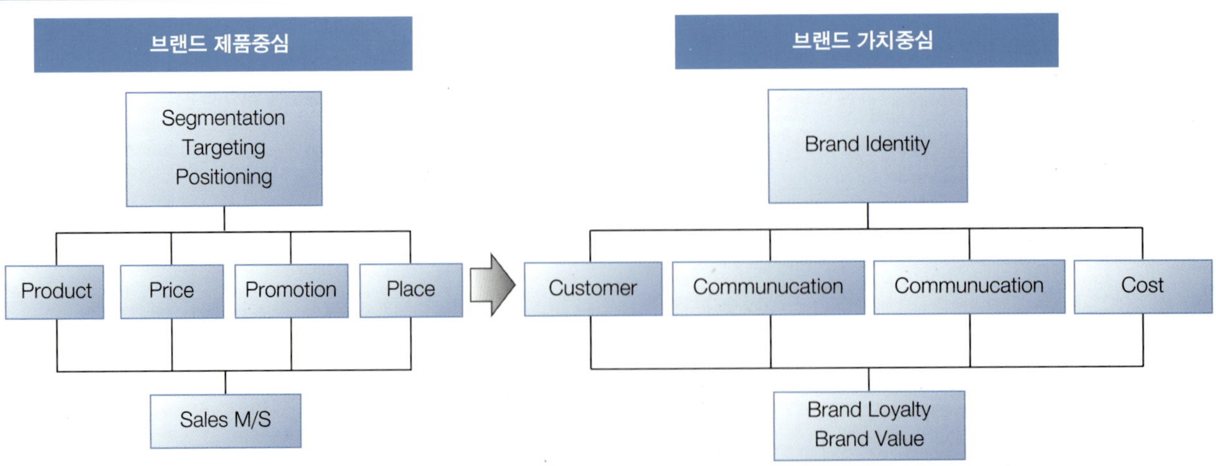

확대되면서 제품과 서비스를 차별화시키고 소비자에게 가치를 전달하는 전략이 개발되기 시작했고, 브랜드가 중요한 의미를 갖게 됐다. 이렇게 브랜드가 현대경영에서 중요한 경영수단으로 바뀌면서 브랜드의 패러다임도 제품중심 경영에서 브랜드중심 경영으로 이동하고 있는 것이다.

3. 브랜드 역할과 기능(Brand Role & Function)

브랜드는 왜 중요한가? 또는 브랜드의 어떤 기능 때문에 브랜드가 경영의 중요한 과제가 되고 있는가? 브랜드를 생산, 유통, 마케팅하는 기업이나 브랜드를 구매하고 소비하는 소비자입장에서 브랜드는 점점 중요한 이슈가 되고 있다. 브랜드는 제품이나 서비스를 소비자에게 식별시키고 긍정적 평판을 강화시켜준다. 또한 경쟁제품 및 서비스와 차별화를 통한 제품 신뢰도를 향상시켜주고, 소비자의 마음속에 가치있게 느끼게 하여 고객충성도를 확대해 준다. 뿐만 아니라 제품에 대한 강력한 연상을 통해 프리미엄 가격을 형성해 주고 가치를 제공해 준다. 브랜드는 기본적으로 생산자와 소비자 사이에 맺어주는 매개역할을 하고, 직접적 커뮤니케이션 역할을 하는 도구로써 중요하다. 브랜드 로얄티를 창출할 수 있으며 신제품런칭을 할 경우 시장리스크를 감소시켜 준다. 따라서 브랜드의 역할은 생산자와 소비자입장에서 다르게 역할을 한다.

그림 1-2 브랜드역할

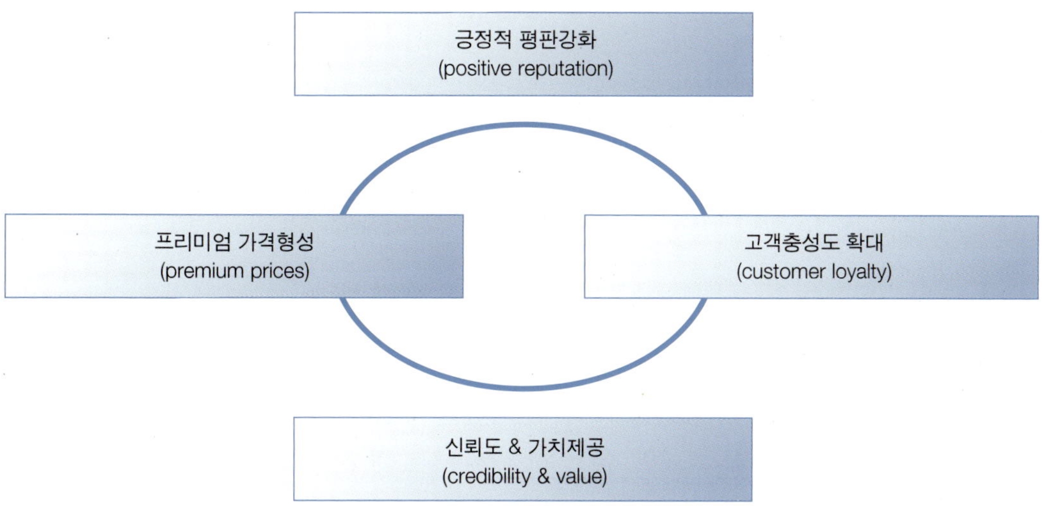

그림 1-3 브랜드기능

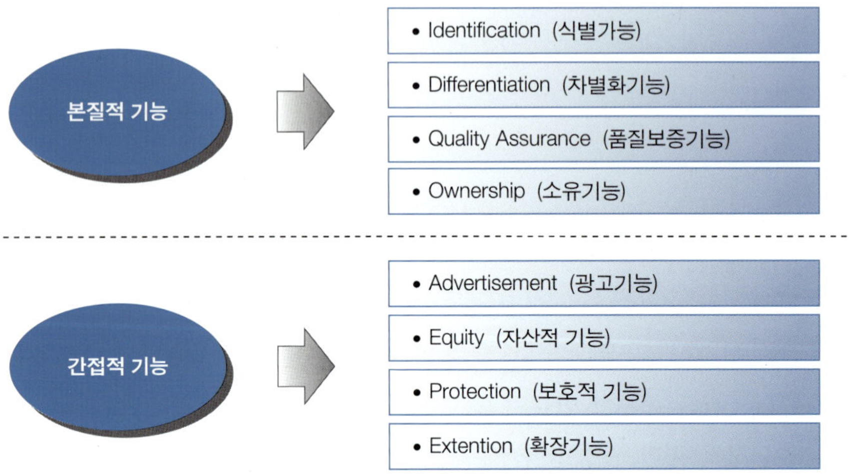

소비자측면에서는 충성도를 촉진시켜주고, 제품을 구매할 때 위험요소를 제거해 주고 품질 가치를 제공해 주며, 판매효율성을 촉진시켜 준다. 또한 제품과 서비스를 구매할 때 탐색비용을 줄여주고, 제품로열티를 제고해 준다. 한편 생산자 측면에서는 제품의 관리를 쉽게 해주고, 유통영향력을 강화해주고, 법적보호와 권리를 받을 수 있게 해준다. 그리고 차별화를 통해 경쟁력을 확대해 나갈 수 있으며, 품질보장 및 신뢰성 확보할 수 있다. 그리고 브랜드는 본질적 기능과 간접적 기능을 동시에 내포하고 있다. 본질적 기능은 식별기능, 차별화기능, 품질보증기능, 소유의 기능을 갖는다. 간접적 기능은 광고기능, 자산적 기능, 보호적 기능, 확장기능을 갖는다.

제2절 브랜드 요소(Brand Elements)

브랜드요소는 브랜드 인지도를 향상시켜주고, 강하고 호감가는 독특한 브랜드연상의 형성을 강화시켜 주며, 긍정적인 브랜드판단이나 감정을 이끌어내기 때문에 전략적 관리가 필요하다. 따라서 브랜드요소를 선택하는 기준은 높은 수준의 브랜드인지도 달성을 위하여 본질적으로 잘 기억될 수 있어야 한다. 또한 브랜드의 독특한 속성이나 편익정보의 의미를 명확하게 전달해야 하며, 브랜드가 경쟁자들로부터 법적으로 보호받아야 하고, 시간이 경과함에 따라 현대적 감각과 디자인을 고려하여 새롭게 변경이 가능해야 한다. 브랜드 요소구성은 언어적 요소와 시각적 요소로 구분할 수 있다. 언어적 요소는 브랜드네임, 슬로건, 징글, 숫자 등이고, 시각적 요소는 심벌 & 로그, 컬러 & 타이머, 패키지, 케릭터 등이다.

1. 언어적 요소(Verbal Element)

브랜드 네임(Brand Name)

브랜드 네임은 제품의 존재, 또는 아이덴티티(Identity)를 가장 집약적으로 표현하는 것이다. 브랜드 이미지를 인식시키고, 고객과의 커뮤니케이션에서 가장 중요한 핵심요소이며, 친숙성과 차별성 그리고 독특성을 고려하여 결정하여야 한다. 브랜드네임은 품질과 같은 제품의 핵심 연상뿐만 아니라 사용자의 지위까지도 일으키기 때문에 기본적으로 신중하게 선택하여야 하며, 브랜드명은 바꾸기 어려운 요소이기 때문에 체계적인 조사후 선택하여야 한다. 뿐만 아니라 브랜드네임을 결정할 때는 기억용이성, 의미전달성, 호감성, 적응성, 보호가능성 등의 요소를 고려하여 결정해야 한다.

기억용이성(memorability)은 본질적으로 잘 기억될 수 있어야 한다. 브랜드명, 로고, 상징 등이 소비자에게 쉽게 인식되고 잘 기억될 수 있도록 하는 것이다. 의미전달성(meaningfulness)은 브랜드요소가 지닌 본래의 의미가 마케터가 추구하는 연상이 보다 잘 형성되도록 촉진시킬 수 있어야 하며, 제품유형을 잘 담아내고 나아가 해당 브랜드제품의 이점이나 특성이 잘 표현되어야 한다. 또한 호감성(likability)은 시각적, 언어적, 디자인적으로 즐거움을 줄 수 있어 소비자의 호감을 이끌어내야 하며, 적응성(adabtability)은 시간

그림 1-4 브랜드 구성요소

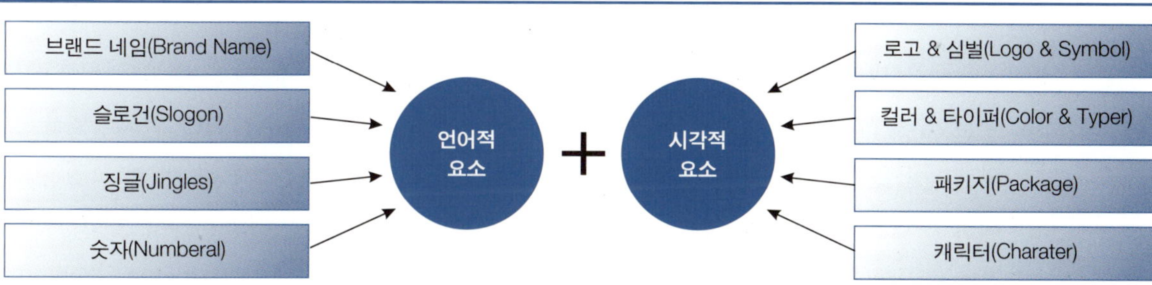

경과에 따라 소비자의 가치관과 취향이 달라지므로 시간의 경과해도 오래 지속되도록 해야 한다. 그리고 보호가능성(protectability)은 법적으로 보호받을 수 있어야 하며 경쟁자의 모방이 쉽지 않도록 해야 한다.

브랜드 슬로건(Brand Slogans)

브랜드에 관한 설명과 설득력있는 정보를 전달해주는 짧은 문구로 광고나 패키지에서 사용되며 브랜드 인지도나 이미지구축에 중요한 역할을 한다. 브랜드의 핵심정보를 전달해 주는 설득력있는 두 단어 이상으로 만들어진 짧은 문구로 브랜드 이미지를 소비자가 기억할 수 있도록 포지셔닝하고 압축된 문장으로 브랜드 인지도를 높이는 것이다. 따라서 슬로건은 구체적이고, 기억하기 쉬운 문장(Just do it, It's Sony 등)을 선택하여 전달해야 해야 한다.

브랜드 슬로건은 제품 정체성을 대표하는 짧은 상징문구를 이미지 디자인을 통해 시각화한 것으로, 임시적인 캠페인구호와 달리 지속적인 이미지창출과 통합, 차별성 제고 등을 목적으로 하는 짧은 어구의 비주얼 이미지표현이다. 브랜드는 초기단순한 상표, 이름, 소유권표시였으나 점차 시각화작업을 통해 이미지구축의 핵심적 수단이 되었다. 브랜드 슬로건은 브랜드에 슬로건을 추가한 것으로, 브랜드 슬로건에서 슬로건은 소비자와 소통하는 하나의 이미지 커뮤니케이션 요소이다. 슬로건은 누구에게나 친근한 용어로 작성되어, 브랜드연상을 자극하고, 아이덴티티의 모호함을 제거해 주는 역할을 한다. 또한 제품과 조직에 대한 매력, 긍정, 성공적 이미지, 차별적 기억, 호의적 이미지창출을 촉진한다.

브랜드 징글(Brand Jingles)

브랜드에 관한 음악적인 메시지로 오래 기억될 수 있는 쉬운 리듬감, 멜로디와 후렴구로 구성된 음악슬로건을 징글(Jingles)이라고 한다. 제품에 잘 어울리는 리듬과 기억되기 쉽고 소비자 마음속이 각인될 수 있도록 하는 것이 중요하다. 브랜드의 인지도에 효과적이며 광고에 많이 사용되며 브랜드의 느낌과 개성을 통하여 연상을 일으키게 된다.

징글은 마케팅에 이용하는 하나의 수단이다. 징글마케팅이란 짧은 멜로디나 효과음악 등을 통해 브랜드를 연상하게 만듦으로써 브랜드 이미지를 각인시키는 광고기법을 통한 마케팅을 말한다. 종소리만 나도 조건반사로 침을 흘리던 '파블로프의 개'를 보면 징글마케팅을 쉽게 이해할 수 있다. 징글마케팅은 흔히 CM송(commercial song, 광고방송용 노래)이라고도 하는데 정확한 영어표현은 징글(Jingle) 또는 싱잉커머셜(singing commercial)

이다. 징글은 소비자에게 쉽게 인지될 수 있도록 광고를 목적으로 만든 CM송으로서 회사명, 상품명, 슬로건 등의 기억과 재생을 위한 CM표현기법이다. 여기서 CM은 노래로 만든 것과 상품명만을 반복해서 호소하는 것 그리고 제품과 기업의 브랜드를 연상하게 하는 것을 말한다. 흔히 짧은 내용을 반복해서 연속적으로 호소 또는 노래하는 것으로 징글마케팅은 반복적으로 특정 소리를 들으면 오랫동안 그것을 기억하게 되는 현상을 이용한 청각적 광고기법으로 무의식중에도 소비자의 머리속에 브랜드에 대한 긍정적인 이미지를 부여하는 효과가 있다.

브랜드 숫자(Brand Numeral)

소비자의 기억속에 브랜드 정체성을 포지셔닝(positioning)할 때 효과적이다. 숫자는 이미지전달이 빠르고 제품의 특징을 상징적, 인지적으로 표현이 가능하며, 소비자들의 호기심을 자극해 제품을 각인하는 효과가 크다. 브랜드는 전략적으로 관리할 필요가 있다. 기억이 용이해야 하며 의미전달력이 명확해야하고 법적으로 보호가 가능해야 하며 적용가능성이 높아야 한다.

2. 시각적 요소(Visual Element)

로고 및 심벌(Logo & Symbol)

브랜드를 기호화된 모양이나 색 등 시각적으로 표현하는 것이다. 제품의 내용을 논리적 판단이 아닌 감정적으로 이해시키는 수단을 말한다. 로고는 역사적 기원, 소유권, 연상을 나타내는 수단으로, 브랜드네임을 다른 사람들이 쉽게 또는 오래 기억할 수 있도록 구성한 독특한 형태로 회사명이나 워드마크로 특정 브랜드를 표현하기 위한 고유의 형태를 의미한다. 한편 심벌은 글자체에 국한된 것이 아니며 특정한 회사라든지 상표명 등을 문화와 제품군을 초월하여 전달하고 나타내는 종합적인 상징체계를 말한다.

타이퍼 & 컬러(Typer & Color)

타이퍼는 브랜드의 목소리라 불릴만큼 해당 브랜드 아이덴티티(identity)를 형성하는 기초적 요소로써 제품의 성격에 따라 다양한 서체를 사용하며 서체만으로도 해당 브랜드기 연상되고 기억되게 하는 것이다. 컬러는 소비자의 감성과 욕구를 자극할 수 있어야 하고 소비자가 제품을 선정하는데 컬러는 중요한 요소이다. 컬러는 소비자와 가장 먼저 접하는 요소로서 시각적 요소 중에서 가장 중요한 요소이다. 또한 기업 또는 제품브랜드를 연상되도록 하며 기업의 철학을 반영하는 것으로 인식하게 된다.

패키징(Packaging)

제품을 위한 용기나 포장지를 디자인하고 생산하는 활동을 말한다. 제품을 담는 포장으로 제품을 보호하고 보관하는 용이성을 제공해야 하며 브랜드 이미지를 효과적이고 상징적으로 전달할 수 있어야 한다. 뿐만 아니라 브랜드를 인지시키고 정보를 전달하고 제품의 운송 및 보호를 용이하게 한다. 패키징은 심미적인 측면과 기능적인 측면을 고려해야 하며, 패키지 디자인에서 색상이 시각적인 측면에서 가장 중요하다. 또한 사용상의 편리함을 제공해야 하고 상품정보제공 및 시각요소를 통한 브랜드 이미지를 전달하는 기능을 한다.

케릭터(Characters)

특별한 유형의 심벌로 인간이나 동물 등의 모습 등 광고캠페인과 패키지 디자인에서 중요한 역할을 한다. 브랜드 인지도와 이미지창출에 효과적이다. 캐릭터도 시간의 경과에 따른 업데이트가 필요하다. 기업이나 특정한 상품의 특징을 강조할 목적으로 브랜드를 의인화한 것으로, 제품개성의 표출이나 친근감조성을 위한 효과적인 수단이다. 실생활에 보다 많이 활용되며 브랜드 인지도를 구축하고 제품의 주요 장점을 전달하는데 매우 유용하다. 또한 제품의 장점을 커뮤니케이션하는데 거부감이 적고 효과적인 수단으로 라이센싱(licensing)을 통해 수익을 창출할 수 있다.

제 2 장

브랜드 전략 (Brand Strategy)

제1절 브랜드 자산(Brand Equity)

1. 브랜드결정(Brand Decision)

어떤 브랜드를 부착할 것인가? 브랜드이름은 무엇으로 할 것인가? 브랜드소유는 누구로 할 것인가? 브랜드는 어떻게 결정할 것인가? 등 브랜드방향을 결정하는 것을 브랜드결정(brand decision)이라고 한다. 브랜드결정은 브랜드전략, 브랜드명 전략, 브랜드결정 단계로 진행된다.

브랜드전략은 브랜드 기본방향을 결정하는 단계이다. 브랜드소유에 따라 제조업자 브랜드, 유통업체 브랜드, 무상표 브랜드로 할 것인지를 결정하는 것을 말한다. 제조업자 브랜드(manufacturer's brand)는 제조업체가 브랜드를 소유하며 제품의 브랜드를 제조업자가 직접 통제하는 것을 말한다. 유통업체 브랜드(distributor brand)는 제조업자가 생산한 제품에 유통업체가 직접 브랜드를 부착하는 것을 의미하며, 무상표 브랜드(no brand)는 제품에 브랜드를 부착하지 않고 제품이용만 표시하는 것을 의미한다.

브랜드명 전략은 생산된 제품에 어떤 브랜드이름을 붙일 것인가 검토하는 것을 말하며, 개별브랜드 전략, 공동브랜드 전략, 혼합브랜드 전략 등이 있다. 개별브랜드 전략(individual brand)은 생산된 여러 개의 제품에 제품의 특성을 고려하여 개별브랜드명을 사용하는 것을 말한다. 또는 공동브랜드명을 혼합하여 사용하는 것이다. 공동브랜드 전략(family brand)은 생산된 모든 제품에 동일한 브랜드이름을 사용하는 전략을 말하며, 혼합

그림 2-1 브랜드결정 과정

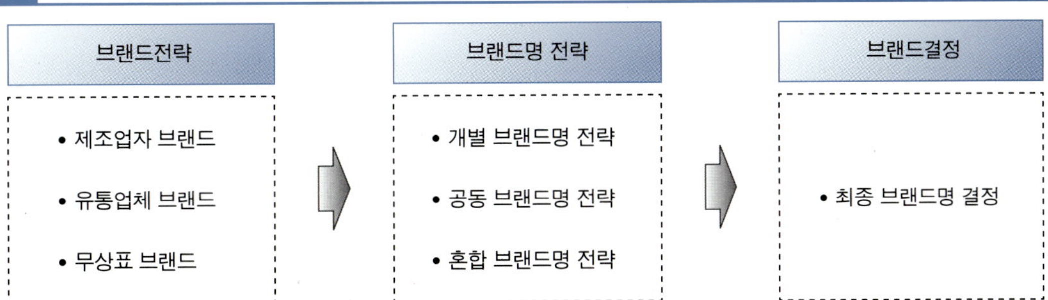

브랜드 전략(mix brand)은 생산된 제품에 각각의 브랜드 이름을 부착하는 전략을 말한다. 브랜드명의 최종결정은 제품의 특성과 기능 등을 고려하여 발음과 기억의 용이성, 차별성, 전달성 등을 고려하여 최종적으로 브랜드이름을 결정한다.

2. 브랜드 자산형성(Brand Equity)

브랜드에 대한 소비자의 인지도 및 충성도, 소비자가 인식하는 제품의 질, 브랜드이미지 및 브랜드이름 등이 가져다주는 미래의 경제적 가치의 현재가치를 브랜드자산(Brand Equity)이라고 한다. 브랜드자산은 고객이 제품에 대해 알고 있고 긍정적 연상을 기억하고 있을 때 형성된다. 브랜드 자산형성은 브랜드명 인지도, 브랜드연상, 브랜드 충성도, 브랜드품질 등을 고려하여 형성된다.

브랜드명 인지도(Brand Name Awareness)는 소비자가 제품범주에서 특정 브랜드를 인지하거나 회상(기억)할 수 있는 정도로 잠재구매자가 어떤 제품군에 속한 특정 브랜드를 회상 또는 재인할 수 있는 능력을 의미한다. 즉, 얼마나 쉽게 떠올리고 기억할 수 있느냐를 말한다. 쉽게 떠오른다는 것은 소비자가 그 제품을 구입할 경우 구매결정에 결정적 요인으로 작용할 수 있으며, 주변 가망고객에게 바이럴(viral)하는 역할에 영향을 미친다. 브랜드연상(Brand Association)은 특정한 브랜드 또는 제품과 연관되어 즉각적으로 떠오르는 이미지, 감정, 상징으로 특정 브랜드가 소비자의 감성을 통해 받아들여져 해석되는 의미라고 할 수 있다. 브랜드연상은 관점에 따라 제품, 사람, 기업(조직)으로 구분하여 연상될 수 있다.

브랜드 충성도(Brand Loyalty)는 특정 브랜드에 대한 선호와 소비자의 지속적인 재구매

그림 2-2 브랜드자산 형성요인

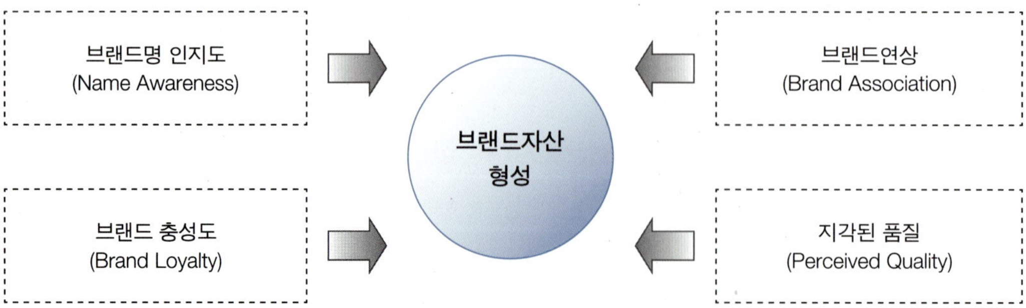

의사를 강하게 가지고 있는 성향을 뜻한다. 충성도는 브랜드자산의 중요한 한 측면이 되며 브랜드자산의 현재와 미래의 가치이다. 충성도가 높으면 경쟁자의 마케팅활동에 영향력을 감소시킬 수 있으며, 유통에서 자사의 영향력을 증대시킬 수 있다. 그리고 브랜드품질(Brand Quality)은 소비자가 인식 또는 지각하고 있는 제품의 질을 의미하며 해당 브랜드의 제품에 대한 품질을 어떻게 인식하고 있느냐를 의미하며 기술적 지식 등을 말하는 것은 아니다. 지각된 품질이 좋을 경우 제품과 서비스구매에 절대적 영향을 줄 수 있으며, 품질이 보증된 브랜드로 인식하고 있기 때문에 고가정책을 사용할 수 있다.

따라서 브랜드 자산형성은 브랜드와 관련된 모든 요소의 유기적인 작용으로 형성된다. 브랜드자산이 중요한 이유는 제품구매와 거래의 패턴이 기업중심에서 소비자중심으로 이동하면서 제품자체의 기능과 역할보다는 브랜드가 더욱 중요하게 되었고, 브랜드 충성도의 형성이 기업수익률 제고의 원천이 되기 때문이다. 또한 소비자의 소비패턴이 기능성 위주에서 가치성, 상징성을 강조하는 형태로 변화하고 있고, 브랜드가 시장을 선도하는 역할을 하기 때문이다.

3. 브랜드 자산구조(Brand Equity Structure)

브랜드자산은 브랜드 인지도와 브랜드연상을 중심으로 형성된다. 브랜드 인지도(brand awareness)는 소비자가 한 제품범주에 속한 특정 브랜드를 인식하거나 회상할 수 있는 정도를 말하며, 브랜드재인과 브랜드회상에 따라 형성된다. 브랜드재인(brand recognition)은 브랜드회상보다 상대적으로 강도가 약하며 소비자에게 한 제품범주내의 여러 브랜드명들을 제시하고 과거에 보거나 들어본 적이 있는지를 조사하여 측정한다. 브랜드회상(Brand recall)은 브랜드재인보다 강도가 강하며 기억속에 저장되어있는 특정 브랜드의 정보를 인출할 수 있는 능력을 말한다.

브랜드 인지도가 마케팅요소로써 중요한 이유는 브랜드 인지도가 높으면 소비자의 제품구매결정에 최우선적으로 해당 제품을 구매확률이 높아지기 때문이다. 또한 가격이 저렴하고 구매빈도가 높은 저관여 제품일수록 소비자들은 브랜드 인지도가 높은 브랜드를 구매고려대상으로 하기 때문에 브랜드 인지도가 없거나 낮은 브랜드가 선택될 가능성이 매우 낮다. 또한 일반적으로 소비자들은 친숙한 것을 좋아하는 경향이 있으므로 브랜드 인지도가 높을수록 소비자들에게 구매확률을 높일 수 있다. 한편 소비자들이 브랜드 인지도가 높은 특정 브랜드에 반복노출되어 상표친숙성이 높아지면 구매의사결정할 때 정보

그림 2-3 브랜드 자산구조

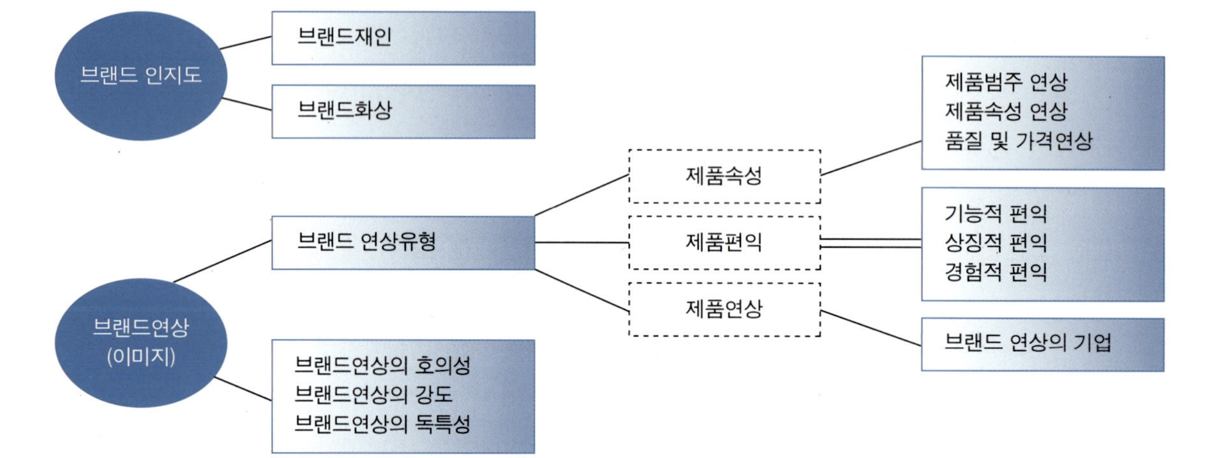

탐색을 않고서도 긍정적인 구매감정을 가질 수 있다. 브랜드 인지도를 증대하기 위해서는 반복적 광고, 시각적 정보제공, 가치역할제공, 구매시점에 단서제공 등을 할 수 있다.

브랜드연상(brand association)은 소비자들이 브랜드 혹은 상품을 접할 때 연관되어 즉각적으로 떠오르는 생각과 느낌, 그리고 영상과 이미지, 상징 등을 의미한다. 브랜드연상이 갖추어야 할 특성은 브랜드와 관련하여 호의적이면서 강력하고 독특한 브랜드연상이 형성되도록 하는 것이 중요하다. 부정적 연상이 아니라 브랜드와 관련된 호의적인 연상을 형성해야 한다. 어떤 브랜드를 접했을 때 관련된 연상들이 소비자의 마음속에 강력하고 즉각적으로 떠오르는 강한 연상을 형성해야 한다. 또한 브랜드연상들이 경쟁브랜드와 차별화됐다는 독특한 연상을 형성해야 한다는 것이다. 브랜드 연상유형에는 제품속성, 제품편익, 제품가치 등이 있다. 첫째, 제품속성(product attributes)이다. 기본적으로 모든 제품은 각기 다른 품질, 특성, 디자인을 통해 다른 제품과 차별화되는 것을 말한다. 제품속성은 제품의 범주가 주어질 때 특정 브랜드가 바로 연상되는 연계시켜서 떠오르게 하고 특정 브랜드를 떠올리면 품질과 가격이 연상되는 것을 말한다. 둘째, 제품편익(product benefit)이다. 소비자가 제품구매나 경험을 통해 얻고자 하는 주관적 보상이나 기대를 의미한다. 제품편익에는 기능적 편익, 상징적 편익, 경험적 편익 등이 있다. 기능적 편익은 제품의 직접적인 특성, 기능, 성능을 제공하는 편익을 말하고, 상징적 편익은 제품의 기능적 편익이 아닌 디자인, 가치 등 감성적, 심리적 만족을 주는 편익을 말한다. 경험적 편익은 소비자가 직접 경험과 체험을 통해해 느끼게 되는 개인의 느낌이나 만족감에서 오는 편익을 말한다. 셋째, 제품가치(product value)이다. 어떤 제품을 보거나 연상하게 되면 특정 기업이 떠오르고 필요와 욕구를 충족시켜주는 감성을 일으켜 주는 것을 말한다.

4. 브랜드 자산평가(Brand Equity Evaluation)

고객이 한 상표에 대해서 이미 알고 있고 그 상표와 관련하여 긍정적이고 강력하면서 독특한 연상들을 기억속에 갖고있는 요소에 대한 평가를 말한다. 브랜드자산을 평가하기 위해서는 시장지배력, 안정성, 트렌드, 지원능력, 국제성, 법적보호성 등의 요소를 고려하여 평가한다.

시장지배력(market power)은 기업이 속한 세분시장에서의 브랜드 포지셔닝에 대한 평가(매출규모, 시장점유율, 가격결정력, 시장영향도)를 말하며, 안정성(stability)은 시장에서의 브랜드 신뢰성 평가(시장투입기간, 브랜드 특성, 브랜드 상기도, 브랜드 호감도)를 의미한다. 또한 트랜드(trend)는 브랜드 사업영역확대 가능성과 방향성에 대한 평가(브랜드 현대성, 브랜드 화제성, 브랜드 적용성)를 말한다. 지원능력(support)은 브랜드를 어떻게 관리하고 경영자원을 어떻게 운영하고 있는지에 대한 질적, 양적인 측면에서의 평가(경영자원투입, 광고비투입, 판촉, 유통지원)이다. 그리고 국제성(internationality)은 글로벌 이미지와 인지도, 글로벌 시장점유율, 글로벌 매출가능성을 평가하는 것을 말하며, 법적보호성(legal protection)은 브랜드의 법률적 보호 및 상표관리체계에 대한 평가이다. 한편 브랜드자산을 평가할 때 브랜드의 수명주기도 중요한 요소로 검토할 필요가 있다. 어떤 브랜드는 100년 이상 지속되

그림 2-4 브랜드 자산평가 요소

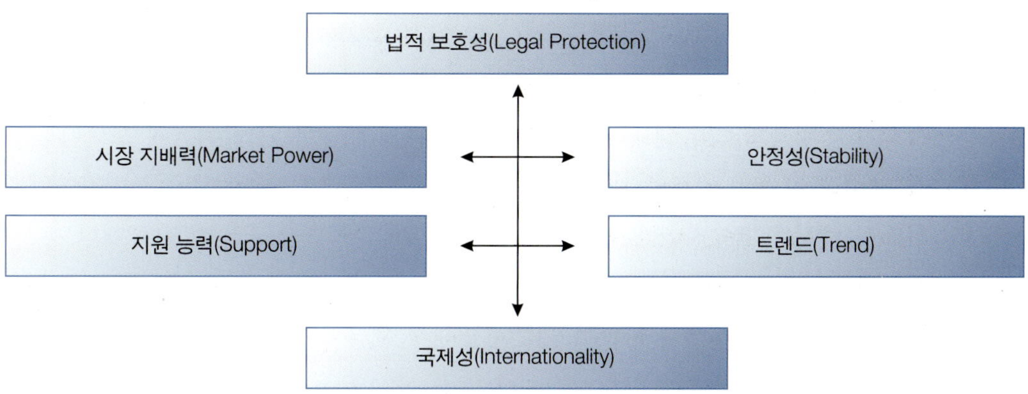

그림 2-5 브랜드 라이프사이클

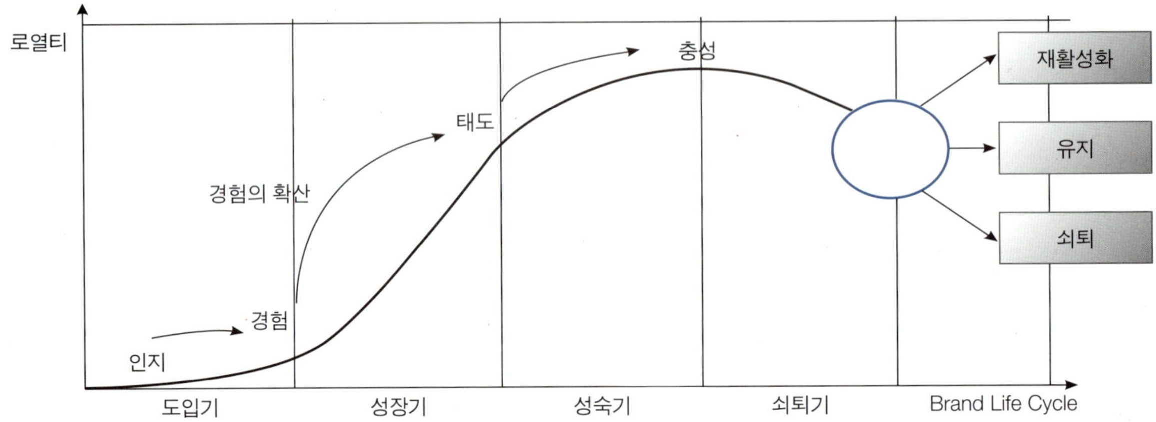

는가 하면 어떤 브랜드는 탄생하자마자 사라지는 경우가 많기 때문이다.

브랜드도 제품처럼 수명주기(life cycle)가 있다. 제품이 시장에 도입하게 되면 발전하고 성숙되고 포화된 다음에 쇠퇴하게 된다. 또한 다른 제품의 등장으로 판매량이 줄어들게 되는 일련의 과정을 제품수명주기라고 한다. 브랜드도 제품처럼 수명주기에 맞춰서 관리함으로써 높은 브랜드가치를 유지할 수 있으며 장수브랜드로 성장할 수 있다. 브랜드 수명주기는 소비자의 로열티에 따라 연장되거나 단축될 수도 있으며, 각 단계별로 효율중심으로 대응하여 마케팅 전략수립의 유용한 도구로 활용할 수 있다. 또한 소비자의 구매경험 확산과 함께 도입기, 성장기, 성숙기, 쇠퇴기 등으로 구분할 수 있다.

제2절 브랜드 관리(Brand Management)

시장과 경쟁업체의 상황과 변화에 대응하기 위해 중장기적 관점에서 브랜드를 개발, 육성, 관리하는 프로세스를 브랜드관리라고 한다. 브랜드관리목적은 소비자에게 제품과 서비스의 가치를 제공하기 위해이다. 브랜드를 잘 관리함으로써 상표에 대한 충성도를 증가시켜 주고 마케팅 커뮤니케이션 활동효과를 증대시켜 주며, 상표확장을 통해 신제품성공 확률을 높여 준다. 뿐만 아니라 세분시장에서 제품차별화로 경쟁우위확보가 가능하며 소비자가 제품과 서비스평가에 긍정적 영향을 제공하여 구매를 촉진시켜 준다. 브랜드관리는 브랜드 아이덴티티(Brand Identity), 브랜드 커뮤니케이션(Brand Communication), 브랜드 이미지(Brand Image) 등을 통해서 관리한다.

1.브랜드 아이덴티티(Brand Identity)

소비자들이 제품을 더욱 매력적으로 느끼기 하기 위하여 제품의 특성을 상징화하여 제품의 가치를 높이고 소비자들로 부터 기대하게 만드는 브랜드집합의 연상을 브랜드 아이덴티티(brand identity)라고 한다. 아이덴티티의 언어적 의미는'사물의 핵심적 또는 총체적 특징의 동일성, 즉 사물의 실제를 구성하는 모든 것에 있어서의 동일성'을 말한다. 아이덴티티는 라틴어로 Idem인데 이 뜻은 the same(동일한 것)이다. 사람의 신분증을 영어로 아이덴티티 카드(identity card)라 하는 것도 바뀔 수 없는 어떤 사람의 동일성을 표시, 증명하는 것으로 아이덴티티의 의미를 잘 나타낸다.

브랜드자산을 유지하고 강화하기 위해 단순히 브랜드네임, 로고, 심벌 등을 포함한 외형적, 차별적 표시에 한정하지 않고 소비자들로부터 자사브랜드에 몰입하고 기억하게 하는 것이다. 브랜드 아이덴티티는 상징, 제품, 개성, 편익으로 구성되어 있으며, 서로 유기적 관계로 상호연계되어 있다.

제품(product)은 브랜드의 선택과 사용경험에 직접적으로 연결되기 때문에 제품과 관련된 연상은 브랜드 아이덴티티를 구성하는 중요한 부분이다. 그래서 제품은 6가지나 되는 연상 카테고리를 가진다. 제품의 범위, 제품의 특성, 품질과 가격, 사용경험, 사용자,

그림 2-6 브랜드 아이덴티티 구성

원산지에 대한 연상이 바로 그것이다. 그리고 구매나 제품의 사용에 직접 연결된 제품의 특징(속성)들은 고객들에게 기능적 편익과 정서적 편익 모두 제공해줄 수 있다. 편익(benefit)은 제품이나 서비스보다 조직의 속성에 초점을 맞추는 관점이다. 혁신, 품질에 대한 추구, 환경에 대한 관심같은 조직의 속성은 사람, 문화, 가치 그리고 기업의 프로그램에 의해 만들어진다. 즉, 회사의 문화나 가치 프로그램에 기초를 두고 있는 것이 조직과 관련된 속성이다. 조직적인 특성인 경우에 제품과 관련된 특성보다 더 지속적이고 경쟁사의 공격에 더 잘 대응할 수 있다. 편익은 기능적 편익, 개성적 편익, 감성적 편익, 사회적 편익을 말한다. 제품을 모방하는 것은 비교적 쉬울 수 있다. 하지만 독특한 사람들과 가치 및 프로그램들은 모방하기 힘들다. 따라서 편익은 일련의 제품군전체에 응용되기 때문에 경쟁사가 경쟁하기 어렵다. 개성(personality)은 브랜드가 사람처럼 여겨질 수 있다. 고상하고, 유능하고, 인상적이고, 믿을 만하고, 재미있고, 활동적이고, 유머스럽고, 평범하고, 형식적이고, 지적인 것을 말한다. 여러 가지 방법으로 브랜드에 개성을 부여함으로써 보다 강력한 브랜드를 만들 수 있다. 개성브랜드는 소비자가 자신의 개성(관계, 성격, 이미지, 스타일 등)을 표현하는 자아표현적 편익을 창출한다. 상징(symbol)은 아이덴티티에 대한 결집력과 구조를 제공하며, 브랜드와 관련된 호감과 연상을 효과적으로 창출할 수 있다. 강한 상징은 브랜드구축에 중요한 요소이며 상징이 없다는 것은 결정적인 결함이 될 수 있다. 상징은 잠재력을 가지고 있기 때문에 아이덴티티의 일부로 끌어 올린다. 상징은 브랜드네임, 슬로건, 징글, 숫자, 심벌 & 로고, 컬러 & 타이머, 패키지, 캐릭터 등을 말한다.

브랜드가 존재하는 이유와 브랜드가 달성하고자 하는 목표가 무엇이고 추구하는 것이 무엇이며, 이해관계자에게 쉽게 알리기 위한 슬로건(KISS의 원칙, Keep It Simple and Short)을 말한다. 브랜드 아이덴티티의 사명서(mission statement)는 미래에 이루고자하는 목표를 중심으로 기업 또는 브랜드에 장기적인 혜택과 차별성을 가져올 수 있어 브랜드 경쟁력확보에 매우 중요하다. 사명서는 목표고객, 문장길이, 사용할 언어, 지속성과 적시성, 차별성과 같은 요소들을 고려하여 작성하여야 한다. 삼성전자의 예를 들어보면 Vision은 "Inspire the World, Create the Future"이다. Mission은 "인재와 기술을 바탕으로 최고의 제품과 서비스를 창출하여 인류사회에 공헌한다"이다. 또한 핵심가치(Core Value)는 인재제일, 최고지향, 변화선도, 정도경영, 상생추구이다.

2. 브랜드 커뮤니케이션(Brand Communication)

소비자 마음속에 브랜드가 가지는 고유한 위상을 구축하기 위해 고객이 브랜드의 핵심 가치와 강력한 인상을 갖도록 계획하고 실행하는 과정을 브랜드 커뮤니케이션(brand communication)이라고 한다. 브랜드 커뮤니케이션은 결국 광고이다. 광고는 ATL 광고와 BTL 광고로 구분된다. ATL 광고(above the line)는 TV, 신문, 라디오, 잡지 등 전통적 매체와 인터넷, 케이블 TV 등 미디어를 통한 광고로 일방향 소통구조를 가지고 있는 광고이다. 반면에 BTL 광고(below the Line)는 전시, 매장디스플레이, 다이렉트 메일(DM), 홍보, 이벤트, 스포츠마케팅, 텔레마케팅(TM) 등 판촉중심의 광고를 말한다. 브랜드 커뮤니케이션은 제품 또는 기업브랜드에 관하여 표적집단에게 주요 메시지를 알리고, 설득하고, 기억하도록 하기 위하여 사용하는 커뮤니케이션 수단이다. 또한 고객중심의 브랜드 커뮤니케이션을 통해 브랜드 정체성과 브랜드 이미지의 교집합을 확대해 나가는 것을 의미한다.

브랜드 커뮤니케이션은 전달과정에서 노이즈가 발행한다. 즉 브랜드 이미지를 형성하는데 방해가 되는 현상이 발생하는 것을 말한다. 그 의미는 경쟁브랜드의 시장영향력 및 브랜딩활동으로 인해 발생하고 사회적 이슈 또는 환경변화로 인해 의도한 브랜드 이미지가 형성되지 않는 현상을 의미한다. 브랜드 커뮤니케이션 노이즈에는 긍정적 노이즈와 부정적 노이즈가 있다. 긍정적 노이즈(Positive Noise)는 긍정적 이미지를 만들어 내는 노이즈현상을 말하며 경쟁사의 부정적 브랜드 이미지로 인해 자사브랜드가 긍정적 효과를 보는 것을 말한다. 반면에 부정적 노이즈(Negative Noise)는 부정적 이미지를 만들어 내는 노이즈현상을 의미한다. 브랜드를 런칭한 시점에 사회적 이슈로 인해 자사브랜드 이미지 형성이 미약해 지거나, 경쟁사의 강력한 브랜드 이미지강화로 자사브랜드 이미지가 희석되는 것을 의미한다.

3. 브랜드 이미지(Brand Image)

소비자가 해당 브랜드를 연상할 때 떠오르는 생각이나 느낌으로 제품 또는 서비스와 고객을 연결해주는 역할을 하며, 소비자들이 브랜드에 대해 가지는 연상을 브랜드 이미지(brand image)라고 한다. 브랜드 이미지는 기능적 이미지, 상징적 이미지, 경험적 이미지가 있다.

그림 2-7 브랜드 이미지 유형

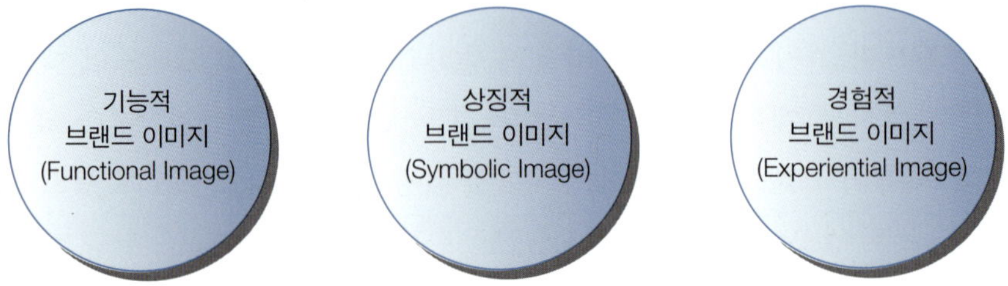

기능적 브랜드 이미지(functional brand image)는 제품의 성능, 속성, 품질을 의미하며 소비자가 기능적 역할이 필요해 구매하는 브랜드를 말한다. 기능적 이미지를 차별화하는 변수는 뛰어난 성능, 기능, 저렴한 가격이다. 상징적 브랜드 이미지(symbolic brand image)는 브랜드에 상징성을 부여하는 것으로 경쟁사와 차별화된 이미지를 전달하여 고객가치를 창출하는 것을 말한다. 이미 제품의 기능과 품질이 평준화되면서 상징적 브랜드 이미지는 더욱 더 중요한 요소로 인식되고 있다. 소비자들이 브랜드를 이용할 때 그 브랜드군의 대표성으로 인식하게 되는 이미지를 말한다. 그리고 경험적 브랜드 이미지(experiential image)는 표적고객이 브랜드와 상호작용에서 어떻게 느끼는지 문제로, 소비시점에서 브랜드와 소비자가 동시에 평가되고 지속적으로 다양한 형태의 서비스경험을 통해 소비자의 기대를 관리하는 것이다.

제3절 브랜드 아키텍처(Brand Architecture)

1. 브랜드 아키텍처 구성(Brand Architecture Composition)

브랜드구조(Brand Architecture)는 기업이 가지고 있는 브랜드질서에 관한 규정이며, 모기업과 계열사 그리고 제품과 서비스같은 각 하부브랜드 간의 상관관계를 말한다. 브랜드 아키텍처는 마케팅활동의 효율성 제고에 중요하며, 브랜드계층 구조분석을 토대로 대상제품이 어떤 식의 브랜드 아키텍처를 적용할 것인지 결정해야 한다. 뿐만 아니라 기업의 가치를 나타내는 기준이며 소비자에게 신뢰성과 일관성, 제품품질 및 서비스 가치에 대한

그림 2-8 브랜드 아키텍처 구성

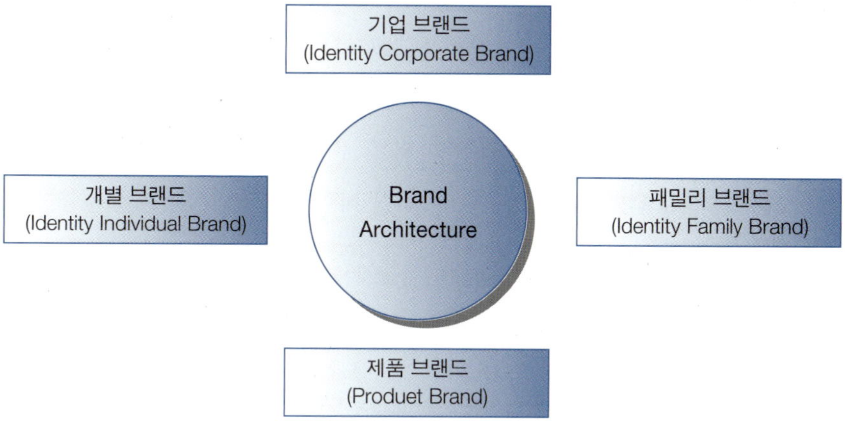

확신을 제공해주며 기업의 이미지를 통합하는 역할을 한다. 브랜드 아키텍처는 기업브랜드 아이덴티티, 패밀리브랜드 아이덴티티, 제품브랜드 아이덴티티, 개별브랜드 아이덴티티로 구성된다.

기업브랜드 아이덴티티(corporate brand Identity)는 소비자가 제품을 더욱 매력적으로 느끼게 하기 위하여 제품의 특성을 상징화하여 제품의 가치를 높이는 집합의 연상이다. 또한 기업의 이념과 철학, 기업문화, 기업로고와 네임 등이 소비자에게 전달되어 경쟁사와 차별화되게 인식시키는 이미지를 말한다. 패밀리 브랜드 아이덴티티(family brand Identity)는 기업에서 생산되는 모든 제품에 동일한 브랜드를 부착하는 상표정책으로 소비자에게 한 가지 브랜드만을 부각시켜 기업의 신뢰도와 이미지를 강화하는 방법으로 여러 제품범주에 동일한 브랜드를 사용하는 것을 말한다. 패밀리 브랜드를 도입하는 이유는 판매제품의 종류가 다양화되는 상황에서 특정 제품의 브랜드가 성공할 경우 다른 제품에 긍정적 효과를 나타내기 때문이다. 패밀리 브랜드구축방법은 대표성을 갖는 특정한 제품을 개별브랜드로 런칭후 점차 관련성이 있는 다른 제품으로 확대해 나가는 것으로, 처음부터 기업이미지와 제품이미지를 고려하여 브랜드를 계획적이고 체계적으로 구축해야 한다. 제품브랜드 아이덴티티(product brand Identity)는 브랜드에 대한 연상과 개성으로 형성된 인지도, 이미지, 품질인식, 고객충성도를 포괄하는 개념으로 기업이 생산·판매하는 개별 제품 이미지의 상호작용을 말한다. 소비자들이 제품을 더욱 매력적으로 느끼게 하기 위하여 제품의 특성과 개성, 이미지를 상징화하여 제품의 가치를 높이는 것을 의미한다.

개별브랜드 아이덴티티(individual brand Identity)는 기업에서 생산된 제품마다 다른 브랜드를 사용하는 것으로 라인 브랜드(Line Brand)라고도 한다. 신제품을 출시할 경우에 제품의 속성과 특징을 부각시켜 기존 브랜드와 차별화를 추구하는 것이다. 개별브랜드의 장점은 신제품출시할 경우에 기존 제품과 차별화하고, 특정 소비자집단의 욕구를 충족시키고 특정 브랜드의 실패가 전체제품의 브랜드에 부정적 파급효과를 최소화하기 위해서 사용한다. 단점은 개별브랜드의 이미지를 구축하는데 마케팅비용이 많이 발생하고, 경쟁시장에서 경쟁우위를 확보하는데 다소 긴 시간이 소요되며, 새로운 시장창출이 어렵다.

2. 브랜드 포토폴리오(Brand Portfolio)

장수브랜드가 되기 위해 브랜드 포토폴리오를 통해 소비자의 필요와 욕구를 충족시키고 시장변화에 신속히 대응하고, 기존 브랜드의 일관성 유지 및 체계적 관리가 필요하다. 오랜 기간 소비자들의 관심과 몰입을 받는 장수브랜드가 되기 위해서는 체계적인 브랜드 관리가 필요하며, 그렇게 하기 위해 브랜드 포토폴리오를 구성하는데 포토폴리오 구성요소는 브랜드 리브랜딩, 브랜드 리뉴얼, 브랜드 리포지셔닝 등이 있다.

브랜드 리브랜딩(Brand Re-Branding)은 기존 브랜드의 핵심가치와 이념을 유지하면서 새로운 가치를 추가하는 브랜드혁신활동을 의미한다. 리브랜딩이 필요한 이유는 지속적인 신규경쟁사의 등장과 브랜드 수명주기가 노후화되고, 목표고객의 관심성이 저하되고 소비자의 Needs와 Wants에 신속히 대응하기 위한 것이다. 브랜드 리뉴얼(Brand Renewal)은 브랜드명을 변경하거나 브랜드 아이덴티티 구성요소를 수정하고 변경함으로써 노후화된 이미지 개선과 새로운 이미지를 창출하여 브랜드 이미지를 강화하는 것이다. 브랜드 리뉴얼은 장수브랜드를 구축하기 위한 것이며, 브랜드개발 초기부터 장기적 시나리오를 고려해야 한다. 브랜드 리뉴얼은 진부한 이미지, 부정적 연상, 부정적 이미지를 혁신하고 브랜드철학을 명확히 하고 브랜드위상을 재정립하여 브랜드 이미지를 업그레이드하는 것이다. 브랜드 리포지셔닝(Brand Re-Positioning)은 기존 브랜드의 이미지를 변화

그림 2-9 브랜드 포토폴리오

시켜 소비자인식을 새롭게 혁신시키려면 막대한 마케팅비용이 발생하여 기존 브랜드를 리포지셔닝하여 시장을 확대해 나가는 것을 의미한다. 브랜드 리포지셔닝방법은 서브 브랜드전략을 통한 리포지셔닝, 기존 브랜드가 가지고 있는 의미를 진화·발전시키는 리포지셔닝, 완전히 새로운 목표시장을 타겟으로 겨냥한 리포지셔닝 등이 있다.

3. 브랜드확장전략(Brand Extension Strategy)

기존의 브랜드를 이용하여 소비자에게 호의적이고 긍정적인 이미지를 전달하여 제품과 서비스의 수용성을 높이기 위한 전략을 브랜드 확장전략(Brand Extension Strategy)이라고 한다. 즉, 브랜드확장은 높은 브랜드 가치를 갖는 한 브랜드의 이름을 다른 제품군에 속하는 신제품의 이름에 확장하여 사용하는 것으로 소비자가 기존 브랜드명에 익숙해 있기 때문에 신제품출시를 할 경우 소비자가 즉시 인지할 수 있어 긍정적 요인으로 작용한다. 또한 신제품출시할 경우 막대한 마케팅비용(광고, 유통, 촉진 등)을 최소화할 수 있고, 브랜드확장을 통해 성공을 거둔 신제품브랜드는 기존 제품의 브랜드 이미지에 긍정적으로 작용한다. 그리고 브랜드에 대한 법적권리를 가지고 있는 브랜드의 경우 상용권한을 허용함으로 인해 브랜드 로얄티수입을 창출할 수 있다.

브랜드확장전략은 마케팅효과를 높이려는 노력에서 발전된 개념이다. 소비자들이나 소매상들은 익숙지 않은 새로운 브랜드의 신제품을 선택하는 것보다 이미 익숙한 브랜드의 확장브랜드를 쉽게 선택하기 때문에 마케팅 리스크를 줄이기 위하여 브랜드확장전략이 새루운 마케팅저략으로 취급되고 있다. 소비자들이 친숙한 기존의 브랜드네임이 부착된 신제품을 보다 쉽게 선택하려는 이유는 알려진 브랜드가 신제품이라 할지라도 믿을 수 있는 품질을 제공하리라는 믿음과 기대때문이다. 한편 브랜드확장유형은 동일한 제품군내에서 확장하는 라인확장과 다른 제품군으로 확장하는 카테고리확장이 있다.

라인확장(line extension)은 기존 브랜드와 같은 라인에 추가된 신제품에 기존 브랜드를 사용하는 것으로 브랜드네임을 중심으로 기존의 제품을 꾸준히 보완하여 제품의 변화를 주는 것이다. 브랜드 이미지를 관리함에 있어 무분별한 브랜드확장은 기존 제품과 기업브랜드에 부정적 영향을 미칠 수 있으므로 무분별한 브랜드확장은 경계해야 한다. 또한 지나친 브랜드 상표확장도 원래 상품명이 가지고 있던 강한 이미지를 약화시켜 기존 브랜드에 충성도를 가지고 있던 소비자에게 불만적 요소로 작용할 수 있다. 따라서 무분별한 상표확장은 기존 제품과 기업브랜드 이미지에 부정적으로 작용하여 매출과 손익에도 부정적 영향을 미칠 수 있기 때문에 경계를 강화해야 한다.

카테고리확장(category extension)은 수평적 확장으로 기존 제품군과는 다른 새로운 제품군의 신제품에 모 브랜드를 적용하는 것을 말한다. 즉, 서로 다른 제품군 간에 기존의 동일한 브랜드명을 사용하는 것을 말한다. 카테고리확장에 새로운 브랜드를 확장하는 경우, 기존 브랜드명을 보완제품에 사용하는 경우, 동일고객을 대상으로 프랜차이즈와 관련된 제품으로 확장하는 경우, 기존 제품의 핵심역량을 이용하여 확장하는 경우, 브랜드의 이점, 속성, 고유한 특징 등을 이용하여 확장하는 경우 등 다양하다.

4. 브랜드 SWOT 분석(Brand SWOT Analysis)

브랜드를 만드는 것도 중요하지만 어떻게 관리하고 유지하여 장수브랜드를 만들 것인가는 제품과 기업의 생존과 직결된다. 브랜드를 잃게 되면 소비자들의 그 제품을 외면하게 되는 것은 당연하다. 또한 추락한 브랜드를 다시 재건하기 위해서는 시간과 투자가 지속적으로 병행되어야 하기 때문에 브랜드에 대한 SWOT(strength, weakness, opportunity, threat)를 분석하여 브랜드 정체성을 지속적으로 유지해 나가야 한다. 강점은 최대한 강하게 발전시키고 약점은 문제점이 무엇인지 철저하게 분석하여 강점화시켜야 한다. 또한 기회가 될 요소는 강점으로 성장할 수 있도록 발전시켜야 하며, 위협이 될 요소는 철저한 환경분석으로 통해 사전대응을 통해 문제의 원인이 되지 않도록 하는 것이 SWOT분석의 기본이며, 이런 분석과 대응을 통해 브랜드전략을 수립하고 관리해야 한다.

브랜드 SWOT분석은 기회를 최대한 활용하기 위한 강점을 더욱 차별화하는 SO전략(상품, 브랜드의 강점을 사용하여 시장의 기회로 활용하는 전략분석), 위협을 회피하기 위하여 강점을 더욱 차별화하는 ST전략(상품, 브랜드의 약점을 극복하여 시장에서 기회로 활용하는 전략분석), 또한 약점을 보강하여 기회를 최대한 활용하는 WO전략(시장의 위협을 상품, 브랜드

그림 2-10 브랜드 SWOT 분석

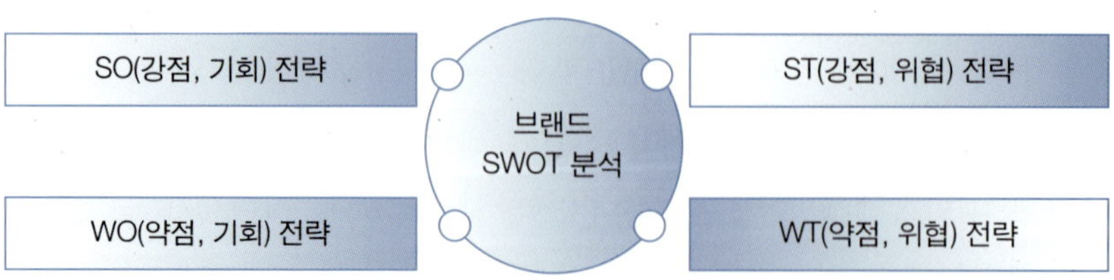

강점으로 극복하는 전략분석), 위협을 회피하며 약점을 보강하는 WT전략(상품, 브랜드의 약점을 최소화하여 시장에서의 위협에 대응하는 전략분석)에 근거하여 분석하는 것이 필요하다.

새로운 브랜드를 개발하거나 기존 브랜드 아이덴티티를 진단할 때는 반드시 소비자의 라이프스타일 트랜드, 시장환경, 경쟁사 동향 등을 조사·분석하여 소비자들의 Needs와 Wants 변화를 반영해야 한다. 또한 브랜드 아이덴티티수립은 브랜드컨셉을 우선적으로 개발하고, 개발된 컨셉을 중심축으로 하여 그 컨셉에 적합한 제품과 브랜드네임, 심볼, 슬로건, 징글 등을 개발해야 한다. 그리고 브랜드 아이덴티티는 SWOT 분석결과를 토대로 지속성과 일관성이 유지되도록 해야 하며, 효과적인 브랜드 아이덴티티관리를 위해서는 브랜드 이미지를 주기적으로 측정하고 브랜드 매뉴얼을 작성하여 실행전략과 리스크발생에 따른 가이드라인을 명확하게 해야 한다.

제 3 장

브랜드 스토리텔링 (Brand Storytelling)

1. 스토리텔링 개념(Storytelling Concept)

전달하고자 하는 내용을 상대방에게 쉽게 이해시키면서 정서적 공감까지 설득을 이끌어내는 커뮤니케이션은 쉬운 일이 아니다. 이런 문제를 해결하기 위해 '이야기를 풀어가는 형식'으로 커뮤니케이션의 필요성을 공감하는 조직이 점점 늘어나는 추세이다. 특히 고객과의 커뮤니케이션상황에서 자사제품의 기능이나 효과를 직접적으로 설명하기보다 제품스토리, 창업자스토리, 고객스토리 등을 통해 제품을 홍보하며 판매하는 것이 마케팅의 중심으로 부각되고 있다. 제품과 서비스를 스토리를 통해서 설득력있게 전달하여 소비자가 관심을 가질 수 있는 소재와 주제를 활용하여 열정적으로 받아들이고 행동을 취하도록 하는 커뮤니케이션하는 과정을 스토리텔링(storytelling)이라고 한다.

스토리텔링은 스토리(story) + 텔링(telling)의 합성어로 '이야기하다'라는 의미이다. 스토리텔링은 마케팅분야에서만이 아닌 교육, 문화, 엔터테인먼트 등 다양한 분야에서 사용되고 공유하고 있다. 한편, 스토리텔링은 전달하고자 하는 메시지를 플롯(plot)형태로 구성하여 전달하는 것이다. 플롯은 전달하고자 하는 내용을 스토리로 구성하여 전달하는 것을 말한다. 좋은 플롯을 만들려면 기발한 착상과 패턴을 중시해야 하며, 호기심을 자극하고, 반전과 반전을 통해 긴장감을 유지시키고, 완벽한 결말과 결론은 맺어야 한다. 스토리텔링 플롯개발 프로세스는 배경과 등장 → 갈등 → 반전과 극복 → 변화와 혁신을 말한다.

배경과 등장은 이해당사자가 처한 배경과 상황을 언급하고, 갈등은 위기에 대한 배경과

그림 3-1 플롯개발 프로세스

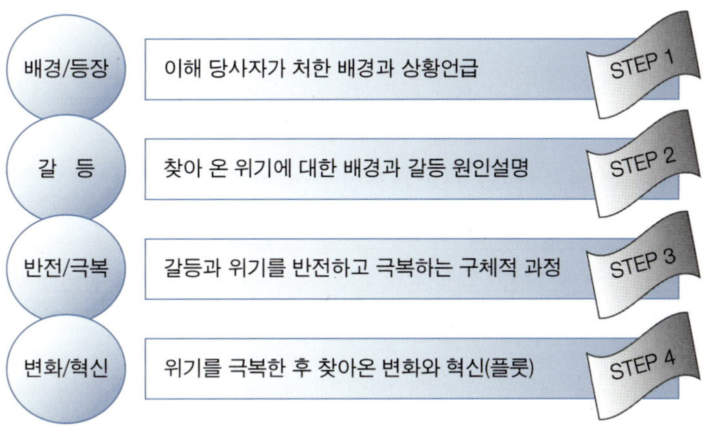

갈등원인을 설명하며, 갈등과 위기를 어떻게 극복하고 반전했는지 구체적인 과정을 설명하는 것이다. 그리고 갈등과 위기를 극복한 후 어떤 변화와 혁신이 이루어졌는지 몰입도를 높여서 메시지를 전달하는 것을 말한다.

2. 스토리텔링 소재(Storytelling Subject Development)

스토리텔링 소재는 스토리를 만들어내는 데 사용된 재료이다. 스토리를 만들어내는 과정을 보면 다양한 소재들이 모여 물리적 결합을 통해 변화를 일으켜 새로운 스토리가 탄생된다. 즉, 스토리소재의 개발은 다양한 원천에서 발굴할 수 있으며, 소비자에게 의미있는 소재를 발견하고 관심을 끌고 공감을 불러일으킬 수 있는 정도까지 구체화하는 방안을 찾아내는 것이다. 한편 새로운 이야기를 만들때에는 사회적 변화의 흐름과 트렌드를 고려하여야 한다.

스토리텔링 소재를 개발하는 것은 성공적 브랜드로 발전시키기 위해 중요하다. 소재개발은 구체적이고, 쉽게 기억될 수 있고, 흥미를 유발하며, 감동을 제공하고 쉽게 인지할 수 있어 하며, 강한 파급력을 가져야 한다. 또한 바이얼(viral)하기 쉽고, 감동적이고 충격적이며 창조적이고 혁신적인 내용이어야 하고 미래 역사를 청출할 수 있을 정도로 장기적 관점에서 소재를 개발하는 것이 필요하다. 제품과 서비스, 브랜드에 스토리를 삽입하여 소비들에게 전달할 것이지는 소재개발에서부터 시작한다.

소재발굴은 전통문화, 전설, 신화, 설화, 역사서, 생활도구 등 범위가 광범위하지만, 기업의 경우는 창업주와 CEO 스토리, 제품과 소비자, 라이벌스토리, 성공과 실패사례, 사건사고 등이 고려대상이다. 창업주와 CEO관련 스토리는 창업관련 스토리 또는 기업의 경영철학과 가치, CEO의 이미지관련 스토리 등을 말한다. 창업자의 이야기가 지속적으로 사람들의 관심을 끌며 끊임없이 회자되고, 기업의 가치와 문화를 대내외적으로 전달하는 스토리로 기업내부 직원들에게도 자긍심과 동기를 유발하는 강한 촉매역할을 수행하는 것이어야 한다. 제품과 서비스관련 스토리는 제품탄생, 기능, 가치 등과 관련있는 스토리로 소비자의 감성버튼을 자극하여 제품에 담긴 이야기를 구매로 연결시키는 스토리이다. 또한 제품기능 스토리는 소비자와 긴밀한 관계를 구축함과 동시에 열광적인 지지를 얻기위해 제품이 지닌 기능을 스토리로 소비자몰입을 유도할 수 있는 스토리이며, 제품가치 스토리는 제품역사나 신화적 배경에 기초한 스토리로 소비자들에게 제품에 대한 가치를 심어주어 절대적 관심을 이끌어내는 스토리를 말한다. 브랜드스토리는 제품의 기능 또는 특징, 가격으로 소비자와 소통하고 설득하던 것에서 탈피하여 브랜드에 담겨있는 의미를 이야기 형태로 전달하여 소비자몰입을 극대화할 수 있는 스토리를 말한다. 브랜드는 상징적인 도구이며 품질을 보증하는 표시이고 기호이며, 제품생산자와의 약속이고 보증을 의미한다. 결국 브랜드 스토리소재는 브랜드를 통해 소비자의 감성을 터치하여 제품의 편익과 가치를 제공하는 것이다.

소비자스토리는 소비자의 특성이나 일상이나 공감대가 형성될 수 있는 소비자관련 다양한 소재와 사연에 근거한 스토리를 만들어 고객에게 감성적으로 접근하는 것이다. 라이벌스토리는 비슷한 기능과 성능을 가진 제품과 유통 등에서 상호경쟁을 통해 자신의 가치가 경쟁사것보다 우수하다고 강조하여 제품시장을 확대하고 고객몰입과 가치를 창출하고 있다는 스토리소재이다. 뿐만 아니라 제품과 서비스관련 발생했던 사건사고 스토리와 성공과 실패했던 사례 등을 스토리소재로 사용하여 제품과 서비스의 가치를 확대해 나가는 것이 중요하다.

3. 스토리텔링 요소(Storytelling Element)

스토리텔링을 구성하는 요소는 메시지, 갈등, 등장인물, 플롯 등 이다. 이 요소를 잘 조합해서 총체적 결합체를 만들면 좋은 스토리텔링을 만들 수 있다.

첫째, 메시지(message)이다. 스토리의 주제로서 핵심내용이나 사상, 의도가 포함된다. 스토리는 메시지가 선명할수록 전달성이 높아지고 한 개의 스토리에는 하나의 메시지만 담는 것이 효과적이다. 만약 복수의 메시지를 담으려면 우선순위를 정해야 되지만 그렇디라도 이야기는 불분명해지고 혼란스러워질 수 있다. 따라서 메시지는 오직 한 가지만을 전달하는 것이 중요하다. 주제선정과 관련하여 중요하게 고려해야 할 것은 낯익은 주제를

그림 3-2 스토리텔링 요소

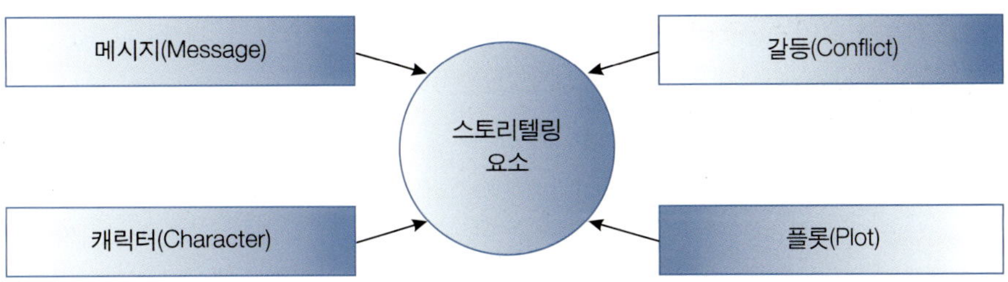

선택할 것인지 아니면 새로운 주제를 선택할 것인지 고려하여 결정해야 한다. 익숙한 주제는 사람들에게 편안함과 친숙감을 준다는 장점이 있는 동시에 과거답습이라는 부정적 메시지를 줄 수 있다. 반면에 낯선 새로운 주제는 사람들에게 신선함과 호기심을 불러일으키는 긍정적인 면이 있지만, 이해가 어렵거나 소비자를 설득하는데 실패할 위험이 있다. 또한 소비자의 범주에 따라 효과적인 주제는 달라져야 한다는 점이다.

둘째, 갈등(conflict)이다. 목표를 달성하는 길에 나타나는 장애물로서 극복의 대상이 된다. 갈등은 스토리에 긴장을 발생시켜 이야기의 동력을 유지시키고 이야기를 이끌어 가는 역할을 한다. 인간은 본능적으로 조화와 균형을 추구하므로 스토리의 핵심적 흐름은 갈등의 발생과 이를 해소하기 위한 혁신과 개선을 통한 조화의 회복으로부터 이루어진다. 갈등은 도전 및 행동을 불러일으켜 이야기에 필수적인 역동성을 만들어내며, 갈등이 부족하면 스토리는 지루하여 흥미나 감동을 주지 못할 뿐만 아니라, 강력한 메시지전달에 성공하기 어려워진다. 효과적인 갈등을 만들기 위해서는 모호하거나 약하지 않게 만들어야 하며, 갈등을 해소하는 예측이 어려워야 하고, 중심적 갈등 이외에 부수적 갈등이 많으면 중심적 갈등의 역할이 약화된다.

셋째, 캐릭터(character)이다. 스토리를 이끌어가는 주체로서 스토리의 전개를 위한 구조를 구축하고 행동을 만들어내며, 상호관계를 맺으면서 상대적 기능과 역할을 수행한다. 스토리에 대한 청중의 몰입도를 높이려면 캐릭터(등장인물) 성격이 뚜렷하게 표현되는 것이 중요하다. 많은 캐릭터 중에서 주인공역할을 하는 주 캐릭터와 보조캐릭터가 구분되어야 한다. 주 캐릭터는 스토리의 주인공으로서 어떤 목표를 추구하면서 스토리를 시작하고 이끄는 중심역할을 담당한다. 한편, 보조캐릭터는 주인공외에 스토리에 등장하는 캐릭터로서 스토리의 내용을 풍성하고 실감나게 하는 데 중요한 역할을 한다.

넷째, 플롯(plot)이다. 건축물의 설계같이 스토리를 구성하는 줄거리이다. 즉, 사건의 논리적인 패턴과 배치를 말한다. 플롯이 탄탄할수록 스토리의 완성도가 높아지고 정서적 공감역량이 높아지는 반면에 플롯이 부실하거나 약하면 스토리가 약하고 재미가 없고 관심에 멀어진다. 좋은 플롯의 스토리는 감동과 놀람이나 긴장감을 자아내는 요소가 곳곳에 적절히 포함되어야 하며 스토리흐름의 유기적인 통일성이 유지되어야 한다.

4. 스토리텔링 마케팅(Storytelling Marketing)

스토리를 마케팅에 접목시킨 스토리텔링 마케팅은 기업의 가치와 철학을 자사의 제품과 연결시켜 고객에게 전달해주는 마케팅도구이다. 즉, 스토리텔링은 제품과 서비스의 특성과 잘 어울리는 이야기를 만들어 소비자의 마음을 움직이고 소비자의 감성을 자극하는 행위이다. 소비자는 기술의 발달로 제품의 품질과 기능이 평준화되어 소비자는 더 이상 제품기능과 품질에만 의존하지 않고 제품가치에 대한 욕구가 증가하고 있다. 제품의 기능, 성능, 가격으로 소비자와 소통하고 설득하던 것에서 탈피하여 제품에 담겨있는 가치를 극대화하여 소비자의 감성을 자자극하여 제품과 서비스 구매력을 증대시키는 과정을 스토리텔링 마케팅(Storytelling Marketing)이라고 한다. 스토리텔링 마케팅은 이성보다는 소비자의 감성을 터치하는 감성마케팅이며, 상품에 얽힌 이야기를 광고와 판촉 등을 통해 전달하는 커뮤니케이션수단이다. 또한 제품과 브랜드에 얽힌 이야기를 스토리로 설득해 나가는 설득마케팅이고, 소비자에게 제품과 브랜드컨셉을 스토리를 통해서 알리는 바이럴 마케팅이다. 스토리텔링 마케팅은 문화, 제품, 서비스, 유통, 가격, CEO등 다양한 사례가 있다. 대표적인 사례는 벨기에 브르쉘 그랑프리광장에 있는 오줌싸게 동상, 노르웨이 오슬로 미켈란 조각공원에 우는 아이동상, 프랑스에비앙, 사우스웨스트항공 서비스, 필립모리스 담배, 다이소, KFC 창업주 실패이야기 등 다양한 스토리텔링 사례가 있다.

상품 그 자체에 대해서 소개하는 것이 아니라 상품에 담겨있는 의미나 개인적인 이야기를 제시함으로서 몰입과 재미를 불러일으키는 주관적이고 감성적인 의사소통이다. 마케팅활동에 이야기(story)를 도입함으로 단순히 물건을 사는 것이 아니라 그 물건에 담겨있는 이야기를 즐기도록 하는 감성지향적 마케팅활동이다. 스토리텔링 마케팅은 제품과 서비스를 스토리를 통해 소비자의 감성을 터치하고 제품편익과 가치를 제공하는 것으로 스토리텔링을 극대화하는 프로세스는 주의 → 이해 → 기억 → 선호 → 행동하게 만드는 것이다. 주의(Attention)는 흥미로운 스토리에 주목하고 관심을 갖게 하고, 이해(Understanding)는 추상적인 브랜드의 의미와 특징을 이해하기 용이하도록 구체성을 부여하는 것이다. 기억(Memory)은 브랜드에 대한 의미와 가치를 기억하게 만드는 것이며, 선호(Preference)는 몰입과 공감을 극대화하여 브랜드에 대한 긍정성을 높이고 호의적인 태도를 형성하는 것이다. 그리고 행동(Action)은 소비자에게 이성보다 감성을 호소하여 브랜드에 대한 열정을 갖고 행동으로 옮기도록 하는 것이다.

스토리텔링 마케팅이 성공하려면 오래 기억되고, 쉽게 인지할 수 있어야 하며, 흥미가 유발되어야 한다. 그리고 가치와 감동을 제공해 주어야 하며 강한 파급력이 있어야 한다. 따라서 스토리텔링 마케팅 기본원칙은 이야기를 이끌어내는 열정이 있어야 하며, 사람을 이야기 속으로 빨아들일 수 있도록 영웅적이어야 한다. 또한 이야기에 생동감을 불어넣어 이야기의 완성을 이끌어 내는 악당같은 기질이 있어야 하며, 마술같은 힘을 주는 깨달음의 순간이 있어야 한다.

CHAPTER 05

서비스전략과 고객관계관리

(Service Strategy & CRM)

제1장 **서비스 이해**

제2장 **서비스 전략**

제3장 **고객관계관리 전략**

제 1 장

서비스 이해
(Service Understanding)

제1절 서비스 개론(Service Outline)

1. 서비스 개념(Service Concept)

서비스는 단순히 고객의 부분적 편의와 필요를 채워주는 개념이 아니라, 고객과의 상호작용 속에서 고객이 필요로 하는 제반사항과 문제점을 종합적으로 해결해 주는 솔루션 제공을 말한다. 다른 사람을 위해 도움을 주기 위해 육체적, 정신적 행위를 서비스라고 정의하기도 한다. 서비스에는 물적서비스와 인적서비스가 있는데 물적서비스는 제품품질과 가격, 고객편의시설제공 등을 말하며, 인적서비스는 밝은 미소, 친절과 인사, 커뮤니케이션 기술, 매너와 에티켓, 접촉응대 등 소비자에게 전달하는 행위를 말한다. 서비스에 대한 정의는 학자마다 다양하게 정의하고 있지만 필립 코틀러(Philip Kotler) 노스웨스턴 대학 교수는 서비스를 기업의 제품이나 서비스를 구매하도록 고객을 설득하는 과정이라고 정의하였다. 한편 미국 마케팅협회(AMA, American Marketing Association)에서는 판매를 위해서 제공하거나 제품판매를 수반하여 제공하는 모든 행위, 편익, 그리고 만족이라고 정의하고 있다.

서비스라는 단어의 어원은 고대 라틴어 servus에서 유래되었으며 노예, 하인이란 의미를 가지고 있으며, 영어에서 서비스는 봉사하는 행위로 정의하고 있다. 하인은 항상 주인이 무엇을 원하고 바라는지 알아야 하듯이 경영학적 측면에서는 고객의 욕구와 니즈를 예측하여 고객의 만족을 창출하는 것이 중요하다는 의미를 내포하고 있다. 또한 사전적 의미는 아무런 말다툼, 핑계나 지연없이 고객에게 도움을 주거나, 고객의 문제를 해결하는 것이며, 고객이 원하는 대로 또는 고객의 입장에서 문제를 신속히 처리해 주는 것이라 한다. 서비스를 판매하는 것을 서비스 세일즈라고 하는데 서비스 세일즈는 제품과 서비스를 고객이 이해하고 만족할 수 있도록 고객의 구매의사결정을 돕거나 고객의 구매결정을 자극하는 행위를 말한다.

2. 서비스 특성(Service Attribute)

서비스는 제품판매와 다르게 독특한 특성을 갖는데 서비스를 유형의 제품과 비교할 때 서비스만이 갖는 독특한 특성이 있다. 서비스는 기본적으로 무형성, 비분리성, 이질성, 소

그림 1-1 서비스의 특성

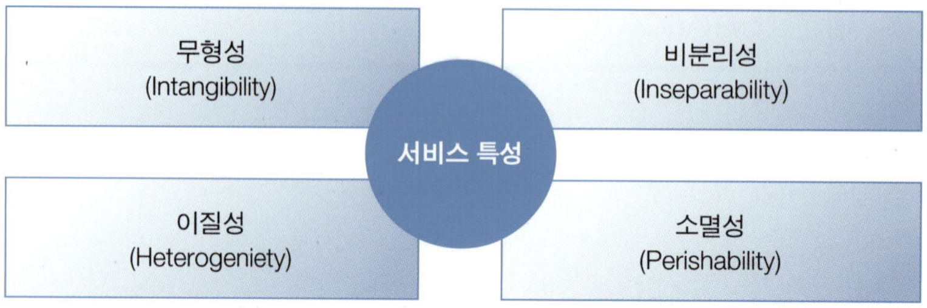

멸성의 특성을 가지고 있다. 결국 서비스는 무형의 서비스를 시각화, 실제화해서 표준화하여 고객에게 일관된 경험을 제공하는 것이다.

무형성(Intangibility)

서비스는 제품처럼 눈으로 보거나 만질 수 없고, 맛을 볼 수도 없으며 단지 가시성만 갖는다. 단지 소비자의 감성에 의해 느끼게 된다. 한편 저장할 수도 없으며 특허로부터 보호받을 수 없고, 진열 및 커뮤니케이션할 수 없다. 가격설정기준도 불가능하고 명확하지 않으며, 제품처럼 성능과 품질을 비교할 수도 없다. 또한 설명하거나 전달하기가 어려우며, 형태를 보존할 수 도 없으며, 가치를 비교할 수도 없지만 모방하기가 쉽다.

따라서 서비스의 무형적인 특성을 가능한 한 실체적인 것으로 표현하는 것이 중요한데, 예를 들어 미용실을 찾은 고객에게 말로써 머리스타일을 추천하는 것보다 모델의 헤어스타일이나 유형별로 다양한 머리모양을 볼 수 있는 사진 또는 영상을 통해서 보여주고 고객이 직접 선택하게 하는 것이 무형서비스의 사례이다. 이렇게 서비스의 무형성과 관련된 문제점을 해결하는 것이 중요하다. 하나, 실체적인 단서를 강조한다. 이는 보이지 않는 무형의 서비스를 보여줘서 고객이 간접적으로 지각하게 만드는 것이다. 예를 들면 법률사무소의 경우 법률가의 학력과 업무경력을 보여주는 것은 무형성을 극복하기 위한 실체적인 단서라고 할 수 있다. 둘, 구전에 의한 전달방법을 활용한다. 무형의 서비스를 소비자와 공유하기 위해 구전을 통해 서비스를 유형화하는 것이다. 포괄적 이미지를 전달하여 좋은 이미지를 만드는 것이다. 셋, 고객은 제품에 대한 선호도를 결정하기 전에 기업의 이미지 서비스로 제품을 판단하려는 특성이 있다. 이러한 기업의 이미지가 제품의 브랜드 파워로 이어지기도 하는데, 고객은 기업이 주는 이미지에서 신뢰와 믿음을 얻고 구매하게 된다는 것이다. 넷, 고객에 대한 조직 구성원의 직접적인 접촉과 구매후 지속적 커뮤니케이션을 유지한다. 서비스에 대한 인지도를 높이기 위해서 소비자의 불만모니터링 등 조직 구성원을 통한 간접적 서비스의 전달은 고객의 만족도와 신뢰도를 높일 수 있다.

비분리성(Inseparability)

서비스를 제공해도 소비자의 개입에 의해 이루어지고 제품같이 대규모생산이 불가능하다. 한편 생산과 소비가 분리되지 않고 동시에 일어난다. 서비스는 생산과 동시에 소비되기 때문에 고객이 서비스공급에 참여하는 경우가 많고, 제품생산처럼 사전에 품질을 통제하기 어렵고 대량생산할 수 없다. 그리고 서비스는 서비스 제공자의 능력과 역할, 자질에 따라 서비스 질이 직접 결정된다. 따라서 이러한 문제점들을 해결하기 위해서 종업원에 대한 교육이 절대적으로 중요하다. 서비스생산에 함께 참여하는 고객은 조직구성원의 서비스자세와 태도의 여하에 따라 서비스에 대한 직접적인 만족도를 갖기 때문에 조직구성원의 교육과 자질배양을 서비스 품질향상을 위해서 절대적인 요소이다.

이질성(Heterogeneity)

서비스는 표준화할 수 없고 품질의 통제하거나 평가할 수 없으며, 품질이 항상 일정하거나 고르지 않아 가변적인 요소가 많다. 따라서 서비스 표준화 및 실행을 통해 고객들이 사전에 인지할 수 있도록 하는 것이 필요하다. 직업의식이 투철한 서비스요원이라면 자기의 감정을 통제하고 조절할 수 있겠지만, 서비스 제공자의 기분이 늘 같을 수는 없기 때문에 서비스는 제공자와 이용자 사이의 환경과 조건에 따라 변한다. 또한 서비스장소나 시간 등의 여러 가지 상황에 따라 품질이 달라진다. 서비스는 기계장치에도 의존적인 영향을 미친다. 즉 조직구성원의 기기사용 이해도에 따라 고객이 느끼는 서비스품질이 달라진다. 예를 들어 자동인출기에서 돈을 찾고자 하는데 고객이 작동방법을 잘 이해가 안 되면 서비스에 불만을 갖게 된다. 따라서 서비스를 일정 수준 이상의 균일한 품질로 만들고 고객의 이질적 욕구를 충족시켜 주기 위해서 환경에 대한 서비스 질 개선도 중요하다.

소멸성(Perishability)

서비스는 발생과 동시에 소멸되기 때문에 저장 및 재판매가 불가능하고 재고로 보관할 수 없기 때문에 수요와 공급의 균형문제가 발생한다. 제품은 한 번 구입한 후 몇 번이라도 반복하여 사용할 수 있지만, 서비스는 생산과 동시에 소멸되므로 한번 사용으로 서비스편익은 사라진다. 서비스는 제품처럼 저장해 둘 수가 없기 때문에 항상 과잉생산에 따른 비용손실과 이익기회상실이라는 문제점들이 발생한다. 그러므로 서비스의 수요가 증대될 때는 공급을 확대방안을 강구해 놓아야 하며, 수요가 감소할 때는 유휴시설이나 장비의 새로운 용도를 개척하여 활용하는 방안 등도 검토할 필요가 있다. 또 예약이나 대기와 같은 형태로 수요를 일종의 재고처럼 보관하는 전략도 필요한데, 은행창구의 번호표제도, 진료예약 서비스 등이 서비스의 소멸성에 대한 재고전략의 한 사례이다. 그래서 서비스는 수급과 제공능력에 대한 동시 조절을 통해 수요변동을 극복해야 하며, 수요감퇴기에 촉진활동강화를 통해 수요변동에 대비하고, 조직 구성원의 다양한 서비스 업무능력을 제고해야 한다.

또한 서비스는 무형성, 비분리성, 이질성, 소멸성 등 기본적인 특성 이외에 노동집약성, 시간과 공간의 제약성, 측정곤란성, 기계화 및 자동화의 한계성, 불가역성(원상회복 불가능)의 특징을 갖는다. 조금 더 구체적으로 설명하면 서비스는 대체로 인적 의존도가 높고 또한 접촉빈도가 높으며, 제품은 생산과정에만 많은 노동력이 집중되지만 서비스는 생산과 판매과정에서 고객과 함께 호흡을 하기 때문에 노동집약성이 높고 접촉빈도도 높은 편이다. 한편 서비스는 시간과 공간의 특정성을 갖는다. 제품은 물리적인 변화가 없는 한 본래 기능이 유지되기 때문에 언제든지 필요시점에 판매 또는 사용이 가능하며 공간이동이 자유로운 특징이 있다. 그러나 서비스는 특정시간과 장소에서만 수요가 집중되기 때문에 공간이동이 어렵다.

그리고 서비스는 기본적으로 측정의 곤란성이 내재한다. 제품은 생산수량의 계량화가 가능하고 생산된 제품에 대한 물리적 측정이 가능하지만 서비스는 형태가 없기 때문에 측정할 수 없고 객관적 평가의 한계를 가진다. 따라서 고객의 주관적 평가 의존도가 높고, 평가의 객관화에도 한계가 있다. 한편 서비스는 기계화 또는 자동화의 한계점이 있다. 제품의 경우 연구개발을 통해 기계 또는 자동화가 가능하지만 서비스는 기계화와 자동화가 쉽지 않다. 또 기계화와 자동화의 비중이 높아질수록 서비스 품질평가는 낮아질 가능성이 크며, 서비스는 불가역성을 갖는다. 판매된 제품은 환매, 전매, 물림 등 본래의 상태로 환원이 가능하지만, 한번 제공된 서비스는 본래의 상태로 회복이 불가능한 특징을 갖는다.

3. 서비스 리더십(Service Leadership)

리더는 혼자서 존재하는 것이 아니라 조직 구성원과 소비자에 둘러싸여 함께 활동하는 존재이다. 리더의 역할은 조직 구성원과 파트너를 관리하는 사람이 아니라 동기부여할 수 있도록 에너지를 불어넣어주는 사람이 되어야 한다. 이제 리더십은 수직적 리더십에서 탈피하여 수평적 리더십으로 변화해야 한다. 수직적 리더십은 권위적 사고를 갖고 강력한 힘으로 조직 구성원과 파트너를 관리해 나가는 형태의 리더십으로 지시, 통제, 감시, 견제, 처벌 등의 요소로 나타난다. 그러나 수평적 리더십은 상호 수평적 관계에 기초한 쌍방향 커뮤니케이션에 초점을 두고 조직 구성원과 파트너의 자발적인 참여를 이끌어 내는것으로 협력, 배려, 지원, 칭찬, 격려 등의 요소를 포함하고 있다. 따라서 리더십은 리더가 가진 권력에 의해서 결정되는 것이 아니라 서비스에 의해서 결정된다는 것이다. 여기서 서비스는 내부조직원의 욕구와 충족을 위한 심적·물적자원을 수평적으로 제공하여 그들의 만족을 이끌고 그것을 토대로 소비자의 욕구를 충족시켜 고객만족을 창출해 나가는 것을 말한다.

따라서 서비스 리더십의 목표는 내부조직 구성원의 만족없이는 외부고객을 만족시킬 수 없다는 것에서 출발하여 내부고객과 외부고객을 동시에 만족시켜 성장과 발전의 계기가 되어야 한다는 것이다. 일반적으로 외부고객의 만족은 재무적 이윤의 기반이 되는데 내부고객의 만족은 추가되는 비용으로 생각하는 잘못된 시각 때문에 내부고객만족에 소극적이였던 것이 사실이다. 내부고객의 만족없이는 외부고객의 만족이 있을 수 없다.

서비스리더십의 구성요소는 서비스신념, 서비스태도, 서비스능력이다. CMS의 관계는 더하기의 관계가 아니라 곱하기의 관계로 상호 상관적 관계를 가지고 있다는 것이다. 즉 신념, 태도, 능력의 요소가 함께 움직여 주지 않으면 안 되기 때문에 상호적 관계로 발전시켜야 한다는 것이다.

서비스신념(Service Concept)은 인체의 머리에 해당하는 개념으로 서비스 제공자와 수

그림 1-2 서비스 리더십 개념

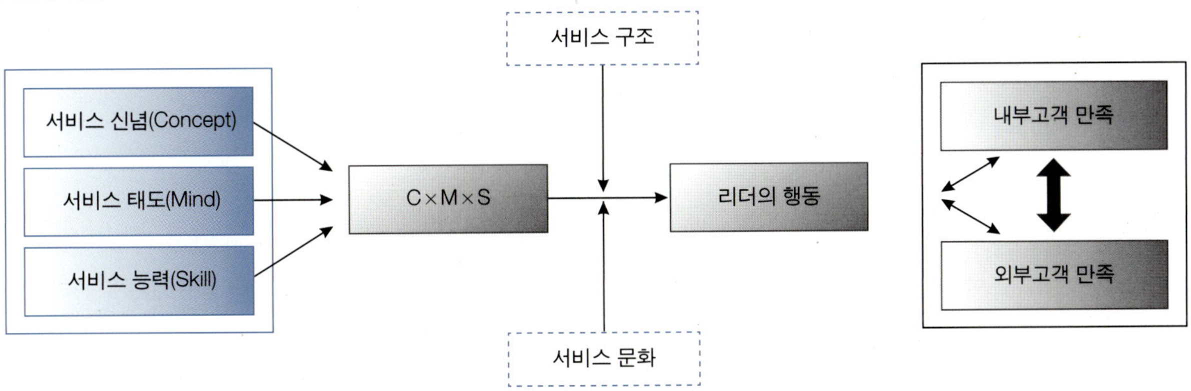

그림 1-3 서비스 리더십 요소

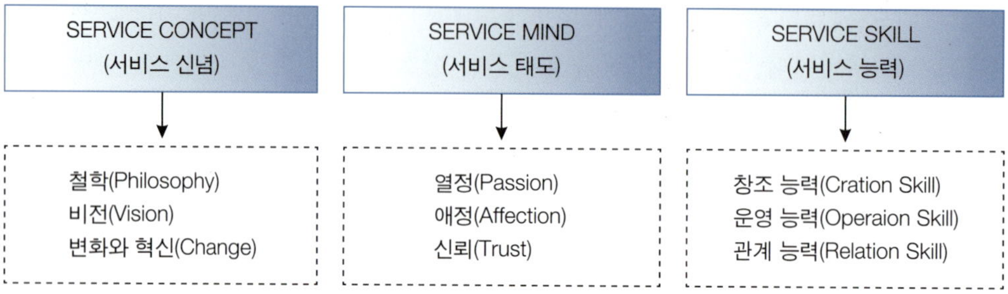

혜자의 파트너십에 대한 가치관으로 수평적 관계에 더 많은 가치를 두는 철학과 고객만족을 위해 내·외부 고객이 함께 실천하고 공유하고 실천하는 비전을 만들고, 고객만족을 위해 조직속에 내재한 비서비스적인 요소들을 부단히 혁신해 나갈 변화와 혁신을 말한다. 서비스태도(Service Mind)는 인체의 가슴에 해당하는 개념으로 긍정적이고 적극적으로 소비자와 서비스를 통해 파트너관계를 수립하고자 노력하는 열정과 파트너관계 형성을 위한 헌신적 노력과 그 과정에서 보람과 행복을 느끼는 애정적 태도와 고객에 대한 자발적인 관심과 배려 및 고객만족으로 파트너의 관계로 만들려는 신뢰의 자세를 말한다. 서비스능력(Service Skill, 서비스기술)은 인체의 손과 발에 해당하는 개념으로 고객의 욕구를 파악하고, 이를 충족시키기 위해 필요한 서비스 창조능력, 관리운영능력, 인간관계형성 및 개선능력을 말한다. 창조능력은 계속적으로 고객이 만족할 수 있는 서비스를 새로 만들어 내는 것이며, 관리운영능력은 일상적인 서비스를 운영하기 위해 필요한 업무 및 서비스이다. 서비스 리더십의 세 가지 요소가 상호조화를 이룰 때 고객만족이 이루어질 수 있게 된다. 이것을 공식으로는 "C* M * S = 고객만족"으로 표현할 수 있다. 서비스리더가 곱하기의 관계를 갖는 C.M.S을 고루갖출때만이 진정으로 바람직한 서비스행동을 하게되고, 그 서비스행동은 고객만족뿐만 아니라 직원만족과도 밀접한 관계를 갖는다.

4. 서비스 패러독스(Service Paradox)

과거에 비해 경제적으로 풍요로워지고 다양한 서비스들을 누릴 수 있게 되었지만, 서비스에 대한 만족도는 오히려 떨어지는 현상을 서비스 패러독스(Service Paradox)라고 한다. 요즈음 자동차정비, 식당, 의료, 은행, 교육, 보험 등에 대해 불평하는 소비자나 보도자료를 쉽게 볼 수 있다. 현대사회는 과거에 비해 풍요롭고 경제적인 부를 누리고 있고,

그림 1-4 서비스 패러독스

더 많은 자유시간을 갖고 여유로운 시간을 보내고 있는데도 서비스가 악화된다는 것을 볼 수 있다. 한편 서비스 패러독스가 발생하게 된 원인은 서비스 만족도를 결정하는 두 가지 요인인 서비스성과에 대한 기대와 실제 서비스성과로 나눠볼 수 있다.

우선 고객들의 서비스기대 수준이 높아졌다는 것이 한 원인이다. 이동통신서비스의 경우 우수한 통화품질은 더 이상 기업의 차별적인 역량이 될 수 없다. 고객들의 마음속에 통화품질은 당연히 갖춰야 할 서비스속성으로 자리잡고 있기 때문에 기업들이 혁신적인 서비스출시를 통해 높아지는 고객의 눈높이를 따라가지 못한다면 고객의 서비스만족도는 계속 떨어질 수밖에 없다.

한편 서비스성과 측면에서 서비스 질을 악화시키는 주된요인은 기업중심의 서비스 공업화(service industrialization)이다. 서비스 공업화는 기업의 효율성 제고, 비용절감을 위해서 노동집약적 부분을 기계로 대체하고 서비스활동에도 적용함을 말한다. 이러한 공업화의 한계는 서비스 패러독스의 발생원인이 된다. 많은 기업들이 서비스를 공업화함으로써 규모의 경제와 신속성, 품질의 일관성 등의 효과를 꾀하고 있다. 하지만 서비스 공업화를 모든 서비스영역에 획일적으로 적용한다면 고객불만족을 야기할 수 있다. 특히, 고객의 니즈가 이질적인 서비스, 종업원과의 감정적 교류가 필요한 서비스영역의 경우 서비스 공업화는 고객이탈로 이어질 수 있다. 서비스 공업화는 효율성제고 및 비용절감 등을 위해서 서비스활동의 노동집약적 부분을 기계로 대체하고, 생산현장에서 채택하고 있는 계획화, 조직, 훈련, 통제 및 관리를 서비스활동의 전개에도 적용하는 것을 말한다.

그러나 서비스 공업화가 여러 방면의 효율화를 가져왔지만 서비스 패러독스가 계속되는 이유는 서비스의 표준화, 서비스의 동질화, 서비스의 인간성 상실, 서비스기술의 복잡화라는 한계점 때문이다.

첫째, 서비스 표준화(service standardization)이다. 서비스관리, 직원교육, 매뉴얼 구축

따위를 통해서 고객들에게 일관성있는 서비스가 제공될 수 있도록 하는 것이다. 둘째, 서비스 동질화(homogeneity)이다. 서비스의 차별화를 추구하여야 하는 서비스에도 획일적인 서비스를 제공하고 상황에 따라 유연하게 대응하지 못하는 위험을 가지고 있다. 따라서 무리하게 서비스의 균형을 추구하다 보니까 서비스의 핵심인 개별성과 독특성을 상실하게 된 것이다. 셋째, 서비스 인간성 상실(humanity loss)이다. 서비스기업의 공업화, 자동화, 기계화를 추구하는 과정에서 효율성만을 강조하다가 인간을 기계의 부속품처럼 취급하게 됨으로써 제조업의 발전과정에서 나타났던 인간성 상실이 발생하게 된 것이다. 이로 인해 조직 구성원들이 정신적으로 육체적으로 피곤해지고 무수히 많은 고객을 상대하다 보니까 기계처럼 반응하게 되는 것이 불가피해져서 서비스 부작용을 낳고 있다. 서비스에서는 이러한 종업원의 사기저하나 정신적 피로가 서비스품질에 즉각적으로 반영되기 때문에 서비스 종업원의 인간성 상실은 제조업의 경우보다 더 심각한 문제가 된다고 볼 수 있다. 넷째, 서비스 기술 복잡화(technology complication)이다. 제품기능이 너무 복잡해져 소비자와 종업원이 기술의 진보를 따라가지 못하는 경우가 발생하게 되었다. 예를 들어 시계를 수리할 경우 과거에는 가까운 지역업소에서 손쉽게 수리를 받았는데 이제는 고객이 직접 서비스를 받기 위해 멀리까지 움직여야 하고, 기다려야 하는 시대가 되었다.

따라서 서비스 패러독스의 문제를 해결하기 위해서는 고객의 기대수준을 파악하고 관리해야 한다. 서비스에 대한 지나친 포장은 고객의 기대수준을 높여 불만족을 야기할 수 있다. 또한 고객의 입장을 고려해서 서비스 공업화 도입여부를 결정해야 한다. 즉, 서비스 공업화를 통해 효율성, 비용절감 등 회사가 얻는 가치뿐만 아니라 고객이 얻는 긍정적인 가치가 충분한지도 고려해야 한다. 한편 서비스 패러독스탈피를 위해서는 고객에 대한 서비스를 적극적으로 혁신하고 지원해 나가야 한다.

서비스를 할때는 성의와 스피드를 가지고 웃으면서 고객을 대해야 하고(sincerity, speed & smile), 활기찬 힘이 넘쳐야 하며(energy), 서비스방법이 신선하고 혁신적이어야 한다(revolutionary). 또한 서비스가 감동적이고 가치를 제공해야 하며(valuable), 감성적이고 감명깊은 것이어야 하고(impressive), 고객과 감성해 근거하여 쌍방향 커뮤니케이션을 해야 한다(communication). 한편 서비스는 즐겁게 춤추게 만들고 몰입하게 만들고 고객을 환대해야(entertainment) 한다는 것이다.

제2절 서비스 분류(Service Classification)

경제주체의 경제활동에 의하여 타 경제주체나 경제객체의 상태를 변화시키는 무형의 경제재 생산활동을 서비스업이라고 한다. 서비스산업은 모든 산업화된 국가에서 가장 비중이 큰 산업이며 국가경제를 선도하는 일자리를 만들어 내고 있고 모든 삶의 질을 향상시킬 잠재력을 가지고 있다. 서비스의 분류는 서비스시점(행위), 서비스대상, 고객접촉도에 따라 분류할 수 있다.

1. 서비스 시점에 따른 분류

서비스시점(행위)에 따라 판매전에 제공되는 판매 전 서비스, 판매중에 제공되는 판매중 서비스 판매하고 나서 제공되는 판매 후 서비스로 분류할 수 있다.

첫째, 판매 전 서비스(before service)이다. 제품과 서비스를 판매하기 전에 소비자와 사전공감하는 것을 말한다. 즉, 사전예약을 목적으로 하는 서비스로 매장방문권유, 예약전화, 문자서비스, 이메일, 사전예약우대 등의 행위이다. 둘째, 판매 중 서비스(on service)이다. 제품과 서비스를 판매하고 있는 현장에서 진행되는 현장서비스를 말한다. 고객응대, 제품지식전달, 고객가치전달, 인기품목세트화, 가격우대사항제시 등을 의미한다. 즉, 판매 중 서비스는 고객에게 전달하고자 하는 상품, 서비스의 이점을 조금 더 효과적으로 표현하는 서비스방법으로 상품과 서비스의 실질적 기능으로 상품과 서비스의 탁월함과 차이점을 설명하여 상품과 서비스를 통해 얻는 이익과 가치를 전달하는 것을 말한다. 이

그림 1-5 서비스 시점(행위)에 따른 분류

러한 행위를 서비스 고객상담이라고 한다. 고객상담 서비스는 적극적이고 공감적인 경청 기법을 사용해야 하며, 질문할 때도 효과적 질문기법을 통해 고객의 니즈에 대응해야 한다. 또한 메시지전달에도 FABE 기법(Feature, Advantage, Benefit, Evidence)을 활용하여 고객을 설득하여 구매결정을 유도해야 한다. 즉, 경청·질문·설득·구매결정을 유도하는 것이다.

셋째, 판매 후 서비스(after service)이다. 제품이나 서비스가 고객에게 전달된 후 이루어지는 서비스이다. 판매자가 수요자에 대한 판매후의 서비스를 위하여 자기가 판매한 제품과 서비스에 대해 문제점은 없는지, 만족도는 어떤지 등을 체크하는 것이다. 또한 제품이 정상적으로 가동되고 있는지 확인하는 서비스행위를 말한다. 판매 후 서비스는 DM, 전화, 이메일 등을 통한 불편사항 점검과 문제점을 발견할 경우 해결해 주고 다음 서비스로 이러질 수 있도록 하는 것을 의미한다.

2. 서비스 대상에 따른 분류

서비스 대상에 따라서 신체에 대한 유형적 서비스, 유형물에 대한 유형적 서비스, 정신에 대한 무형적 서비스, 무형자산에 대한 무형적 서비스로 분류할 수 있다.

신체에 대한 유형적 서비스(People Processing)는 사람신체에 대한 서비스로 고객의 신체를 대상으로 물리적 접촉을 통한 유형적 서비스로 고객의 서비스 참여도가 가장 높다. 이 유형에서 가장 중요한 것은 고객을 직접 응대하는 현장직원의 업무능력과 태도이다(병원, 미장원 등). 유형물에 대한 서비스(Possession Processing)는 유형적 서비스제공은 같으나 그 대상이 사람이 아닌 일반재화나 고객의 소유로서 고객은 반드시 서비스현장에 존재하는 것은 아니다. 'Door–to–Door' 서비스가 일상화되어 고객의 참여도는 적은 서비스이다(화물운송, 수리, 세탁, 택배 등). 정신에 대한 무형적 서비스(Mental Stimulus Processing)는 사람을 대상으로 하는 무형적 서비스로 고객이 받게되는 정신적인 서비스이다. 서비스를 받는 사람의 감성, 지성, 마인드 등 정신적 영역에 영향을 미치며, 매우 전문적인 서비스가 대부분이다. 무형적 가치를 제공하는 일이기 때문에 서비스의 질뿐 아니라 제공하는 행동이나 자세가 서비스평가의 매우 중요한 요소이다(연예, 교육, 예술전시, 공연 등). 무형자산에 대한 무형적 서비스(Information Processing)는 고객이 보유한 자산, 기록, 데이터 등의 무형적 자산을 대상으로 하는 서비스유형으로 정보화사회로의 진입이 본격화함에 따라 가장 발전하는 서비스분야이다. 서비스내용이 무형적이고, 고객이 느끼

그림 1-6 서비스 대상에 따른 분류

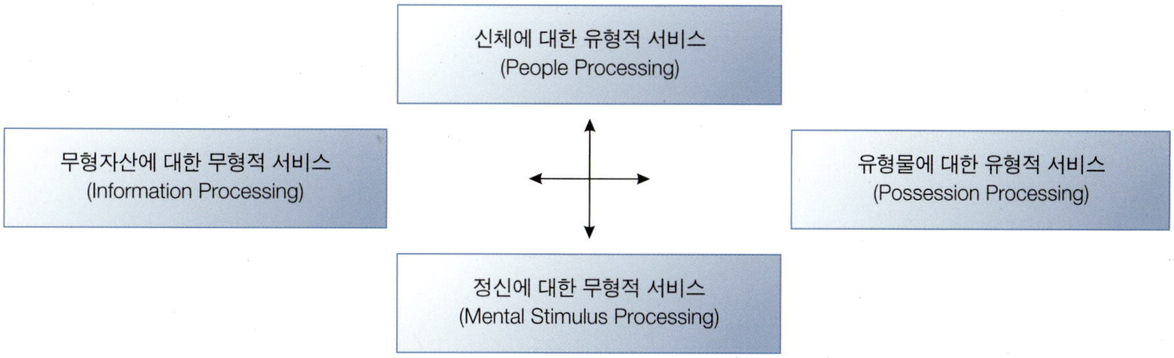

는 실질적인 혜택이 매우 중요한 평가요소이며, 직원의 훈련이 중요하다. 한편 전문성, 신뢰성에 기초한 이미지관리가 가장 중요한 과제이다(회계, 법률, 은행, 보험, 증권투자 등).

3. 고객접촉에 따른 분류

고객접촉에 따른 분류는 접촉도 높은 서비스(High-contact services), 접촉도 중간의 서비스(Medium-contact services), 접촉도 낮은 서비스(Low-contact services)로 구분할 수 있다. 접촉도가 높은 서비스는 주로 고객이 직접 방문하는 형태로 미용, 의료서비스 등이다. 접촉도가 중간인 서비스는 서비스 전 과정에 고객이 참여하지 않는 경우로 경영컨설팅, 보험가입, 소포 또는 세탁물이 그 예이다. 그리고 접촉도가 낮은 서비스는 물리적 접촉이 거의 일어나지 않는 경우로 고객편리성 측면에서 가장 빠르게 성장하는 형태로 TV 홈쇼핑, 온라인 주식거래 등이다.

한편 고객의 서비스편익에 따라 사람중심의 서비스, 설비중심의 서비스, 제품중심의 서비스로 분류할 수 있다. 사람중심의 서비스는 법률자문, 의료진찰, 안내서비스 등 주로 사람의 노력에 의해 제공되는 서비스를 말한다. 설비중심의 서비스는 사람의 노력도 어느 정도 필요하지만 상당한 설비의 지원이 필요한 숙박, 레저 등과 관련된 서비스를 말한다. 그리고 제품중심 서비스는 품질보증과 같이 제품이 본원적 제공물이고 서비스는 제품의 지원적 역할을 하는 배달서비스 같은 경우를 말한다.

제 2 장

서비스전략 (Service Strategy)

제1절 서비스 전략요소(Service Strategy Element)

기술의 발달로 제품성능과 기능중심의 경쟁력만으로는 시장을 선도해 나가기 쉽지 않다. 기업들은 이러한 시장에서 살아남기 위해 다른 기업들과 끝없이 경쟁하고 살아남아야 하는 명제를 안고 있다. 전통적인 제조기업은 물론 서비스기업에도 마찬가지 상황이 일어나고 있다. 따라서 서비스 비즈니스전략을 수립하고 새로운 서비스 콘셉트를 도출하고 서비스의 경쟁우위를 어떻게 획득할 것인가? 이다. 서비스 경쟁우위는 서비스전략의 바탕이자 중심이 된다. 왜냐하면 기본적 경쟁전략의 선택에 따라 이어지는 구체적이고 세부적인 전략의 내용과 방향이 정해지기 때문이다.

서비스기업이 선택할 수 있는 경쟁우위전략 중에서 가장 많이 사용되는 세 가지 기본전략은 첫째, 남들보다 싸게 서비스를 제공할 것인가? 둘째, 남들과 다른 서비스를 어떻게 제공할 것인가? 셋째, 경쟁기업과 비교하여 뛰어난 서비스를 어떻게 제공할 것인가?의 문제이다. 이런 문제를 경영전략에서는 서비스 가격화전략, 서비스 차별화전략, 그리고 서비스 집중화전략이라고 한다.

1. 가격화전략(Cost Strategy)

서비스에 들어가는 원가를 줄이고, 서비스의 가격을 낮추어 경쟁우위를 확보하는 저가전략이 서비스 가격화전략(service cost strategy)이다. 맥도날드는 경쟁업체들에 비해 제

그림 2-1 서비스 전략요소

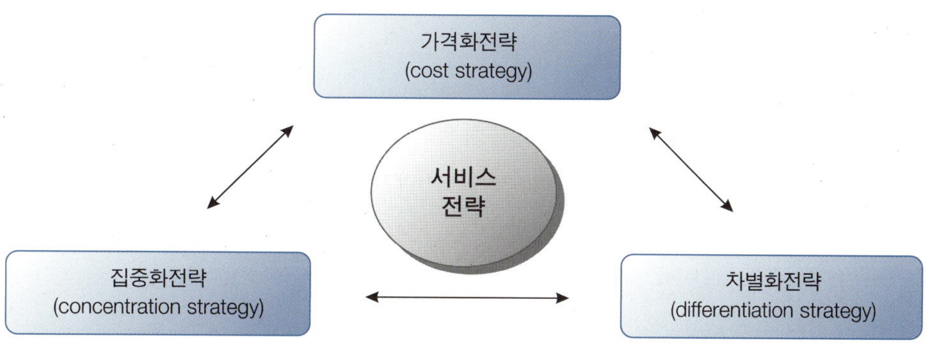

품가격을 낮게 책정함으로써 경쟁우위를 확보하고 있으며, 미국 유통업체 월마트의 성공비결도 ELP(Everyday Low Price)라고 불리는 저비용, 저가격정책에 있다. 서비스 가격화전략은 개념적으로는 가장 쉬운 선택이지만 실제로는 쉽지 않은 선택이며, 저가격서비스를 이용하기 위한 확실한 고객집단을 찾아야 한다. 또한 명확한 원가관리와 간접비관리를 통해 비용을 통제해야 하며, 서비스를 표준화하여 서비스비용을 감소시키고, 기술혁신을 통해 효율성을 올리고 원가를 절감해야 한다. 온라인서비스를 활용하여 기차표나 버스표의 자동예약 및 발권을 하듯이 서비스기술은 서비스비용을 획기적으로 절감할 수 있다. 따라서 저가격전략을 구사하기 위해서는 높은 기술투자비용과 시장점유율을 확보하기 위한 초기손실을 감수해야 하고, 공격적인 가격정책에 따른 수익성의 하락도 견딜 수 있어야 한다. 그러나 저가격전략을 쓸 수 있는 범위가 제한적이라는 점도 주의해야 한다. 제품과 다르게 서비스는 가격의 높고 낮음을 판정하기가 쉽지 않은 경우가 많다. 왜냐하면 서비스의 가격은 서비스제공할 때 지불하는 명목가격보다 그 서비스를 고객이 체험하고 느끼는 체감가격의 성격이 강하기 때문이다. 어떤 서비스는 서비스의 품질이나 수준에 비해 고객이 느끼는 가격은 낮지 않을 수 있다. 따라서 서비스경쟁의 저가격전략은 경쟁서비스에 비해 가격자체의 수준을 낮게 가져간다는 단순한 의미가 아니라, 서비스 품질체감가격을 낮게 한다는 잠재적 위험성을 고려해야 한다. 서비스는 제품과 비교하여 브랜드 이미지가 훨씬 강하게 영향을 받는다.

2. 차별화전략(Differentiation Strategy)

고객에게 자사의 서비스가 경쟁사보다 독특한 것으로 인식되게 하여 시장경쟁력과 경쟁우위를 확보하는 것이 서비스 차별화전략(Service Differentiation strateg)이다. 즉, 소비자가 다른 서비스와는 다르다고 인지할 수 있도록 독특한 서비스를 제공함으로써 경쟁력을 확보하는 전략이다. 저가격전략이 비슷한 서비스 가운데 가장 가격이 낮은 서비스에서 경쟁력을 찾는다면, 차별화전략은 가격이 낮지 않더라도 다른 서비스들과는 무엇인가 분명하게 차이가 나는 서비스로부터 경쟁력을 확보하는 것이다. 스타벅스 차별화전략을 살펴보면, 1960년대 미국의 커피산업은 소프트드링크의 득세로 커피시장은 침체기에 접어들고 있었다. 하워드 슐츠는 유럽식 고급커피숍의 개념을 미국에 도입하여 기존의 커피시장과는 달리 가장 질 좋은 원두를 사용하고 일정시간이 지나면 폐기한다는 원칙과 하루를 근무해도 한 달간 교육을 받아야 하는 커피전문가 제도도입 등을 통해 차별화전략을 수행했다. 이러한 스타벅스의 전략이 '스타벅스 임팩트'라는 용어가 생겨날 정도로 차별화전략이 성공했다. 또한 종업원이 만족해야 소비자를 만족시킬 수 있다는 슐츠의 종업원만족 서비스는 결국 접점에 있는 서비스 전달자가 소비자의 마음을 움직이게 하는 계기가 되었으며, 결국 소비자와 함께 커피문화를 만들어 가는 환경을 만들었다는 점에서 좋은 사례라고 할 수 있다. 차별화전략이 서비스비용이나 가격을 무시해서는 안 되며, 서비스를 차별화하기 위해 고객이 기꺼이 지불하고자 하는 추가비용의 수준을 넘어서면 안 된다. 합리적 비용으로 차별화된 서비스를 찾는 충성고객을 만들기 위해서는 서비스의 무형적 요소를 유형화하여 고객에게 서비스경험이 기억되게 만들고, 서비스가치를 제공해야 한다. 또한 서비스와 관련된 정보를 사전에 제공하여 서비스의 즐거움을 느끼게 하거나, 서비스 과정에서 생길 수 있는 문제점이나 위험을 줄일 수 있도록 하는 것이 필요하다.

3. 집중화전략(Concentration Strategy)

특정 소비자집단이나 지역적으로 한정된 시장만을 목표로 잡는 전략으로, 경쟁을 벌이고 있는 다른 기업들과는 달리 한정된 목표를 보다 효과적이고 빠르게 달성할 수 있도록 하는 것을 서비스 집중화전략(Service Concentration Strategy)이라고 한다. 즉, 다양한 전체시장을 공략하는 것이 아니라, 성격이 분명한 목표시장에 집중하는 전략이다. 집중화전략을 사용하는 서비스기업들은 기술력이나 마케팅 네트워크에서 전문화가 가능한 분야를 선정하여 집중적 서비스를 제공하는 것이다. 따라서 넓은 범위의 시장에 표준화된 서비스를 제공하기보다는 목표시장에 차별화된 서비스를 효율적으로 제공할 수 있다는 전제를 기반으로 집중화를 진행한다.

먼저 목표시장이 정해지면 목표시장에서 고객들이 원하는 특별한 요구를 만족시키는 서비스를 개발하여 제공한다. 예를 들면 젊은 고객들만을 대상으로 하는 특정 구매집단에 집중하거나, 고소득층 또는 저소득층을 표적으로 하는 것이 집중화전략이다. 그러나 차별화전략이 서비스자체의 성격이나 이미지의 차이만을 강조한다고 서비스가격이 올라가는 것은 아니다. 집중화전략을 통해 시장을 나누고 각각의 시장의 차이를 고려하여 시장마다 서로 다른 차별적 서비스를 제공하는 것이 중요한다.

제2절 서비스 품질(Service Quality)

1. 서비스품질 개념(Service Quality Concept)

서비스품질에 대하여 명확하게 정의하기는 쉽지 않고 학자마다 정의하는 기준도 각각 다르다. Lewis와 Booms(1983)은 서비스품질이란 인도된 서비스수준이 고객의 기대와 얼마나 잘 일치하는가의 척도라고 정의하였고, Grönroos(1984)는 서비스 품질은 소비자의 지각된 서비스와 기대한 서비스의 비교평가의 결과이며 기술적 품질, 기능적 품질, 이미지와 같은 제 변수와 함수관계가 있다고 주장하였다. 또한 Parasuraman, Zeithaml and Berry(1985)에 의하면 서비스품질이란 서비스기업이 제공해야만 한다고 느끼는 소비자의 기대와 제공한 서비스기업의 성과에 대한 소비자들의 지각의 차이라고 정의했다. 이처럼 학자마다 서비스품질에 대한 정의는 다양하게 표현되고 있다.

일반적으로 서비스품질(Service Quality)은 고객이 갖고있는 정보와 경험, 기업이미지, 개인적 욕구 등에 대한 평가이며, 기업이 제공할 것이라는 기대서비스와 고객이 제공받은 서비스과정을 인지할 것이라는 인지서비스가 있다. 기업이 서비스품질을 평가하는 접근방법은 소비자의 지각을 측정하는 것으로 서비스를 측정한 도구로 서브퀄(SERVQUAL)이라는 척도를 처음으로 개발하였다. SERVQUAL은 1988년 Parasuraman, Zeithaml, Berry에 의해 개발된 서비스품질 측정도구이다. SERVQUAL 모형은 서비스 품질이라는 것은 사람마다 생각이 다르기 때문에 객관적인 측정이 어려우므로 소비자의 지각을 측정하는 것이라 하였다. 예를 들면 아이스크림에 대한 맛의 기대수준과 판단수준이 다르기 때문이다. SERVQUAL 모형은 반복적인 자료수집과 분석을 통해 97개의 문형의 측정도구를 압축하여 5개의 품질차원에 대한 고객의 기대와 기대하는 22개의 문항으로 구성된 SRRVQUAL 모형을 개발하였다. Parasuraman, Zeithaml, Berry는 22개의 문항을 5가지 품질차원으로 나타냈다.

SERVQUAL은 서비스(service)와 품질(quality)의 합성어로 서비스의 품질측정도구로 서비스에 대한 고객의 기대와 자각의 일치정보를 분석하는 기법으로 서비스품질에 대한 고객의 인식을 측정하기 위해 제시한 서비스품질 평가척도이다. 서비스품질은 기업의 특정 행태에 대한 고객의 감정적 대응인 만족과 서비스의 탁월성에 대한 전반적인 태도와 서비스 기대와 인식간의 정도를 의미한다.

서비스품질에 대한 고객의 인식은 고객이 갖고있는 서비스 기대와 서비스인식 간의 불일치의 정도를 의미한다. 서비스품질은 고객과의 접촉하는 진실의 순간(MOT, Moments of Truth)을 의미한다. 고객만족과 불만족상황도 순간적으로 이루어지며 불만족고객을 다시 만족한 고객으로 만들어 충성도가 높은 고객으로 만드는 것을 서비스회복이라고 한다.

2. 서비스 품질평가(Service Quality Evaluation)

접점에서 소비자를 대상으로 서비스가 철저하게 이루어져야 한다는 것은 아무리 강조해도 부족함이 없다. 그러나 서비스를 실시하는 것 자체가 중요한 것이 아니라 서비스품질을 높여서 고객을 만족하게 만드는 것이 중요하다. 따라서 서비스품질을 관리하고 통제하기 수단으로 SERVQUAL 모형을 활용한다. SERVQUAL은 서비스품질에 대한 고객의 인식을 측정하기 위한 측정도구로 평가요소는 유형성, 신뢰성, 반응성, 확신성, 공감성 등을 고려하여 서비스품질을 측정한다.

첫째, 유형성(Tangibles)이다. 서비스기업의 외부환경, 종업원의 외양 등의 다양한 요소로 구성된다. 물리적 시설, 인테리어, 종업원 외모, 의사소통도구, 분위기 등 외적인 환경을 말한다. 둘째, 신뢰성(Reliability)이다. 기업에서 제공해 주기로 약속한 서비스를 믿을 수 있고 정확한 서비스를 수행할 수 있는 능력이다. 즉, 기업이 최초에 제공해 주었던 서비스와 동일한 서비스를 계속적으로 제공해 주는 것으로 고객은 신뢰성에 대한 영역을 서비스품질에 있어 가장 중요한 영역(서비스 철저, 청구서 정확도, 정확한 기록, 약속시간엄수

그림 2-2 서비스 품질 요소

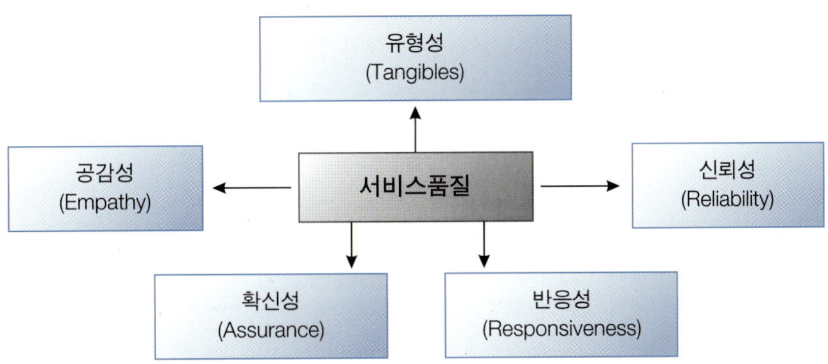

등)으로 인지하고 있다. 셋째, 반응성(Responsiveness)이다. 고객을 돕고 신속하고 즉각적인 서비스(서비스 적시성, 즉각적 응대, 신속한 서비스)를 제공하려는 자세이며, 서비스를 즉각적으로 제공하겠다는 서비스기업의 의지와 준비성을 뜻한다. 넷째, 확신성(Assurance)이다. 조직 구성원이 제공해 줄 것이라 믿는 확신과 신뢰, 종업원의 능력, 지식, 예의 등으로 전문지식과 기술력을 가진 직원이 신뢰와 자신감으로 고객에게 신뢰성을 전달하는 능력이다. 다섯째, 공감성(Empathy)이다. 고객에 대한 배려나 개인적인 친밀감으로 회사가 고객의 이름은 물론 구매이력 등을 기억하여 배려와 관심을 전달하는 것을 말한다. 즉, 소비자의 니즈를 이해하고 개별적 관심을 가지고 개별화된 서비스를 제공하려는 노력을 말한다. 이외에도 신용도, 접근가능성, 의사소통, 고객에 대한 이해, 고객이익중시 등을 추가적으로 포함하여 서비스품질을 측정한다.

제3절 서비스 마케팅(Service Marketing)

1. 서비스 경제화(Service Economization)

서비스산업에서 고용과 부가가치 비중이 커지면서 경제에 미치는 영향이 확대되는 서비스 경제화가 글로벌적으로 급속도로 진행되고 있다. 소득수준향상, 인구구조변화, 기술발달 등으로 새로운 서비스에 대한 수요가 증가하고 있기 때문이다. 따라서 서비스산업의 고도화, 융합화로 연관산업의 부가가치가 증가하고 제조업의 수익성도 함께 상승하고 있다. 국민총생산에서 서비스분야가 차지하는 비율은 날로 증가하고 있으며, 전체고용인구에서 서비스 종사자가 차지하는 비중 역시 점점 확대되고 있다. 뿐만 아니라 서비스산업의 시장확대와 서비스창업도 점점 증가하고 있다.

경제전체에서 서비스산업이 차지하는 비중 및 영향력을 확대하고, 가치창출의 원인이

그림 2-3 서비스 경제화

유형제인 제품에서 무형제인 서비스로 옮겨진 경제를 서비스 경제화라고 한다. 즉, 서비스사회와 서비스경제를 발전시켜 경재우위를 확보하는 것을 의미한다.

서비스사회(service society)는 개인 또는 사회전체의 복지증진 및 삶의 질 향상을 위해 사회적으로 제공되는 서비스를 말한다. 한편 제조업의 제품과 비슷하게 기술의 진보로 제조업과 비슷하게 서비스의 제품화가 진행되고 있다. 과거에는 서비스업이 제조업에 비해 혁신성과 진보성이 떨어지는 것으로 평가되었지만 이제는 서비스업이 새로운 범주를 창출해나가고 있다.

서비스경제(service economy)가 성장하는 이유는 서비스부문 지출비중이 지속적으로 확대되고 있다는 것이다. 정보기술의 발달로 전통적 서비스 제공방식을 대체하는 새로운 개념의 서비스 등장이 활발하기 때문이다. 뿐만 아니라 소비자욕구의 다양화와 고급화됨으로 인해 라이프스타일 변화에 따른 다양한 서비스의 출현하고 있기 때문이다. 또한 기업경쟁심화로 인해 기업이 서비스의 필요성을 절실히 인식하고 있기 때문이다. 여성의 사회진출과 참여로 인한 가사노동 서비스의 대체가 증가하고 삶이 복잡화되면서 전문적인 서비스기관을 통한 문제해결 증대하고 있고, 제품의 복잡화로 제품사용상의 어려움으로 인한 교육과 수리서비스 수요가 증가하는 등 새로운 서비스영역이 지속적으로 창출되고 있기 때문이다.

2. 서비스 마케팅전략(Service Marketing Strategh)

수요와 공급의 변화에 따른 적극적 서비스활동 필요와 기업 간의 치열한 제품과 서비스의 경쟁, 고객욕구의 다양성 및 다양한 제품과 서비스의 지속적 등장, 기업경영의 핵심적 가치변화요구 등 소비자의 기대수준이 높아지고 욕구가 증가하고 있기 때문에 서비스의 중요성은 점점 더 강조되고 있다.

서비스가 중요한 이유는 서비스는 고마진 서비스가 가능해 수익성이 일반제품에 비해 상대적으로 뛰어나며, 잠재적 성장가능성도 높기 때문이다. 최근 고객만족과 고객충성도가 제품자체의 특징 및 장점에서 결정되기보다는 서비스수준에 의해 결정되는 경우가 점차 증가하고 있다. 서비스는 경쟁이 심한 업종이나 분야에서 차별화전략의 일환으로 활용도가 훨씬 높다. 서비스를 차별화하기 위해서는 서비스 마케팅이 필요하다. 서비스라는 제품을 통해 고객의 필요와 욕구를 충족시키려는 조직의 마케팅활동을 서비스마케팅(service marketing)이라고 한다. 서비스 마케팅전략을 수립하기 위해서는 서비스 상황분

그림 2-4 서비스 마케팅전략수립 프로세스

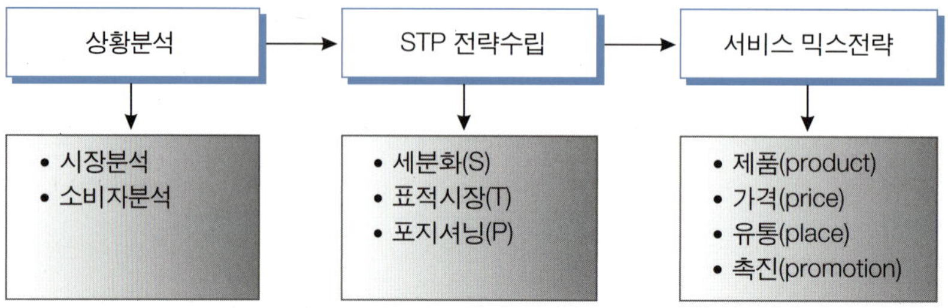

석, 서비스 STP전략, 서비스 믹스전략을 분석하여 수립한다.

서비스 상황분석(Circums tantial Analysis)

마케팅조사는 일반적으로 3C분석(소비자, 경쟁사, 자사)을 통해 시장상황을 조사분석하지만 서비스 마케팅조사는 시장조사와 소비자분석을 통해서 서비스 상황분석을 한다. 서비스는 제품과 달라서 소비자라고 부르기 보다는 사용자라고 부르는 것이 더 적합할 수 있다. 시장조사는 시장의 특성과 현황을 설명하는 정보를 수집, 분석 및 보고하는 활동을 의미하며, 시장가능성 평가, 시장점유율 분석, 시장특성분석, 지역별 특성 등을 조사하는 것이다. 그러나 마케팅조사는 시장보사보다 더 포괄적 개념의 조사이다. 마케팅조사는 시장조사뿐 아니라 경제, 사회, 정치, 기술, 환경조사와 경쟁기업조사, 제품특성, 유통시스템 조사 등을 포함한다. 서비스 마케팅전략을 수립하기위한 정보수집방법으로는 시베이조사, 실험조사, 관찰조사, 면접조사 등이 있으며, 구체적인 설명은 앞에서 언급했기 때문에 여기서는 생략하기로 한다. 시장조사가 거시적이고 외형적인 시장환경을 다루는데 비해, 소비자분석은 소비자 개인의 개별적이고 내면적 특성과 경향을 조사하는 것이다. 소비자분석이 중점적으로 다루는 조사주제는 누가, 무엇을, 어디서, 언제, 어떻게, 왜 구매하는가 하는 등과 같이 소비자행동의 외적패턴을 분석하는 것이다.

서비스 STP 전략(Service STP Strategy)

시장과 고객을 다양한 영역으로 세분화하고 세분화된 시장과 고객 가운데 집중적으로 공략할 영역을 선택하며, 선택한 영역에서 차별적인 서비스를 제공하여 소비자에게 포지셔닝하기 위해 분석하는 것을 서비스 STP 분석이라고 한다. 서비스 STP 분석은 한 마디로 목표시장(target market)을 찾기 위해 수행하는 조사이다. STP 분석은 시장세분화, 목표시장선정, 제품과 서비스 포지셔닝 단계를 거쳐 수행된다. 앞서 마케팅전략 파트에서 제품에 대한 STP 전력에 대해 언급했기 때문에 여기서는 간단하게 개념만 언급하고자 한다.

시장세분화(segmentation)는 전체시장을 몇 개로 구분하기 위한 기준을 결정한 뒤 세분시장의 특징을 기술한다. 효과적인 시장세분화를 위해서는 각각의 세분시장이 적정규모 이상이 되면서 서로 다른 니즈(needs)를 가지고 있어야 한다. 목표시장선정(targeting)은 세분시장별로 매력도를 측정하여 목표시장을 선정한 다음 집중적으로 진출해야 할 세분시장을 가리키는 것으로 표적시장이라고도 한다. 시장매력도 측정은 시장규모, 성장률, 경쟁우위, 자사와의 적합성 등으로 조사하고 평가한다. 포지셔닝(positioning)은 제품과 서비스를 포지셔닝하는 것을 말하며, 목표시장내 고객들에게 인지될 자사의 위치를 결정하며, 다른 경쟁기업에 대비하여 상대적 위상을 정하는 것이라고 할 수 있다. 제품의 경우는 위상을 정하는 기준이 주로 성능, 가격, 품질 등과 같이 위치를 정하는 기준이 비교적 분명하며 정량적 수치로 비교할 수 있지만, 서비스의 경우에는 고객들의'마음'속에 우리 서비스의 위치를 잡는 것이라는 의미를 갖는다.

서비스믹스전략(Service Mix Strategy)

마케팅목표를 달성하기 위해 서비스 STP 서비스전략이 수립되면, 그 전략에 따라 서비스를 소비자에게 홍보하고 판매하기 위한 세부적인 계획을 수립해야 하는데 이러한 과정을 서비스 마케팅믹스(service marketing mix)라고 한다. 서비스 마케팅믹스개념은 1953년 하버드 대학 닐 보든(Neil Borden)이 고안했다. 마케팅믹스는 통산 4P(product, price, place, promotion)를 의미하지만, 서비스 마케팅믹스는 서비스재화의 특성상 여기에 3P(process, physical evidence, people)를 더해 확장된 서비스 마케팅믹스(7P)로 구분하고 있다. 전통적인 마케팅믹스인 4P 즉, 제품, 가격, 촉진, 유통에 버나드 붐스(Bernard Booms)교수가 과정, 사람, 물리적 환경을 더한 것이 확장된 서비스 마케팅믹스이다. 단지 서비스 마케팅에서는 Product가 제품이 아닌 서비스를 말한다.

첫째, 상품(product)이다. 서비스상품을 말하다. 고객들에게 가치를 창출할 수 있는 모든 서비스수행의 요소를 의미한다. 서비스상품은 눈에 보이지 않기 때문에 이를 고객들에게 가시적으로 보여줄 수 있도록 하는 것이 중요하다. 따라서 철저한 품질관리와 고객만족을 통한 브랜드 이미지를 제고시켜 소비자들에게 서비스 상품구매에 따른 불안감을 줄여주고, 서비스품질의 가시적으로 확인시켜 주는 것도 필요하다. 둘째, 가격(price)이다.

그림 2-5 서비스 마케팅 7P

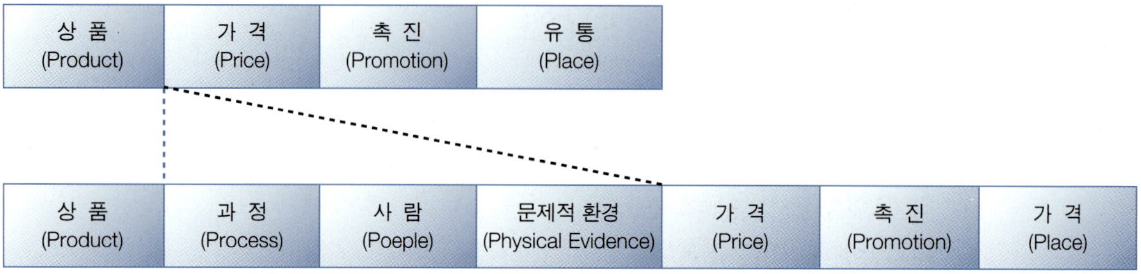

서비스를 구매하거나 소비하면서 고객들이 지불하는 돈, 시간, 노력 등을 말한다. 유형재화의 경우에는 가격이라는 비교적 통일된 명칭이 사용되지만 서비스의 경우는 다양한 명칭(입장료, 등록금, 이자, 진료비 등)으로 다양하게 불려진다. 원가요소를 객관적으로 정확히 산정할 수 없는 경우가 많기 때문에 가격결정 메카니즘이 매우 주관적이다. 셋째, 경로(place)이다. 고객들에게 언제, 어디에서, 어떻게 서비스를 전달할 것인지에 관한 문제이다. 서비스는 보관하거나 저장이 불가능하기 때문에 서비스를 전달하는 장소와 입지(location)가 매우 중요하다. 병원, 학교, 백화점같은 경우 서비스를 제공받는 고객들이 접근하기 편리한 곳에 위치하는 것이 경로관리의 핵심이다. 넷째, 촉진(promotion)이다. 고객들에게 서비스상품을 알리고 선호도를 높이기 위한 모든 커뮤니케이션활동을 의미한다. 서비스 촉진활동은 무형성을 전제로 이루어지기 때문에 직접적으로 보여줄 수 없고 서비스를 소비함으로서 얻게 되는 혜택이나 결과를 강조하는 활동이다. 또한 물리적 차별화가 불가능하기 때문에 심리적 차별화를 통해 포지셔닝활동을 전개하게 된다.

다섯째, 사람(people)이다. 서비스에 영향을 주는 모든 인적요소로 전달과정에서의 역할을 전담하며 구매욕구에 영향을 주는 서비스 생산자이자 전달자로 모든 행위자를 말한다. 따라서 서비스 행위자가 접점에서 소비자와 직접적 소통을 하는 주체이므로 행위자에 대한 교육훈련을 강화되어야 한다. 최근에 많은 기업들이 서비스품질을 일정하게 유지하고 생산성을 증대하기 위해 자동화된 설비를 통해 인적 서비스를 기계화로 대신하고 있지만, 고객만족이라는 목표와 충돌을 일으키지 않는지 철저하게 검토해야 한다. 여섯째, 프로세스(process)이다. 서비스는 하나의 과정을 통해 생산되고 소비자에게 전달된다. 따라서 서비스의 효율성을 높이고 고객만족을 증대하기 위한 서비스생산 및 전달시스템 설계가 대단히 중요하다. 아울러 고객이 생산과정에 참여하기 때문에 소비자의 욕구에 맞추어 개별화, 표준화정도를 정하는 것이 중요하다. 또한 고객들이 서비스품질을 느끼게 되는 서비스 접점관리가 강조된다. 일곱 번째, 물리적 환경(physical environment)이다. 서비스는 눈에 보이지 않기 때문에 물리적 근거를 통해 서비스품질을 고객들에게 전하려 한다. 물리적 근거란 실내온도, 조명, 소음, 색상 등과 같은 주변적 요소와 서비스매장의 공간적 배치, 편의시설, 설비, 그리고 표지판, 상징물과 조형물 등을 포함한다. 서비스는 무형적인 특성을 가지고 있어 서비스를 제공하기 전과 후 평가할 때 눈에 보이는 물리적인 증거를 필요로 하는데 이 증거를 관리하는 것 또한 중요하다.

그리고 제품이든 서비스든 실질적인 비즈니스는 마케팅에서 출발한다. 즉 앞의 경쟁전략을 실제로 뒷받침하는 것은 마케팅전략이 되는 것이다. 동시에 마케팅전략은 서비스 비즈니스의 성공여부를 결정하는 열쇠가 된다. 새로운 비즈니스를 누구에게 어떻게 제공할 것인가에 대한 전략적 분석과 결정에 따라 비즈니스가 성공의 길로 갈수도 있고 반대로 실패의 길로 갈 수도 있기 때문이다.

제 3 장

고객관계관리 전략 (CRM Strategy)

제1절 고객관계관리 이해

제2절 고객관계관리 마케팅

제3절 고객접점과 MOT전략

제1절 고객관계관리 이해(CRM Comprehension)

1. 고객관계관리 개념(CRM Concept)

기업경영은 무엇보다도 고객을 효율적으로 관리하여 양질의 서비스를 제공하는 것이 중요하다. 고객관계관리에 대한 정의는 다양하고 하나로 표현하기 어렵다. 마케팅단계에서 축적되는 기업이 보유하고 있는 고객과 가망고객에 대한 데이터를 수집 및 분석을 통해 고객과의 장기적인 관계를 형성하기 위한 제반활동을 고객관계관리(CRM, customer relationship management)라고 한다. 즉 고객정보를 효과적으로 이용하여 잠재고객을 발굴, 유지, 확대함으로써 고객만족과 충성도를 제고하고, 기업의 성장과 발전을 추구하는 일련의 과정이다. IBM은 고객에 대한 정확한 이해를 바탕으로 고객이 원하는 제품과 서비스를 지속적으로 제공함으로써 고객을 오래 유지시키고 결과적으로 고객평생가치(LTV, lifetime value)를 극대화하고 수익성을 높일 수 있는 통합된 고객관계관리 프로세스라고 정의하였다.

회사의 고객이 누구인지, 고객이 무엇을 원하는지, 고객이 구매하고자 하는 것이 무엇인지 파악하여 고객이 원하는 제품과 서비스를 지속적으로 제공함으로써 고객을 장기적으로 유지시키고 이를 통해 고객의 평생가치를 극대화하여 수익성을 높이는 통합된 고객관계관리 프로세스이다. 즉 고객데이터와 정보를 분석하고 통합하여 개별고객의 특성에 기초한 마케팅활동을 계획하고 지원하고 평가하는 과정이다. 따라서 고객관계관리는 공급자와 수요자 간의 다양한 접점에서 관계를 좀 더 효과적으로 전략적으로 관리하자는 것이다.

2. 고객관계관리 도입(CRM Introduction)

경영환경이 양적성장에서 수익성과 질적성장으로 변화하고, 지역중심 경영에서 글로벌 중심으로 경영환경이 확대되고, 시장경쟁에서 고객확보경쟁으로 기업경영 환경이 변화하고 있다. 또한 기술의 급속한 발전과 고객욕구가 다변화되고 시장경쟁이 치열해 지면서 시장환경에 능동적으로 대처하기 위해 고객관계관리를 적극적으로 도입할 필요성이 커지고 있다.

고객관계관리 도입배경은 수익성있고 충성도가 높은 고객들을 효과적으로 선별하여 지속적으로 유지관리하고, 시장점유율 확대와 고객점유율 비중을 증가시켜 나가기 위한 것이다. 또한 고객획득도 중요하지만 고객유지에 비중을 두며, 제품판매도 중요하지만 고객관계에 더 비중을 두기 위한 것이다. 고객관계관리 경영이 필요하게 된 배경을 구체적으로 살펴보면 시장개방으로 인한 경쟁이 글로벌화되고 시장성숙화로 제품수명주기(PLC, product life cycle)가 단축되고, 시장성장률이 둔화되고 기술수준이 평준화되고 있기 때문이다. 또한 다양한 채널을 통하여 고객과 기업의 접촉이 확대되고 고객욕구가 다양화되며 구매패턴이 급속하게 변화하고 있기 때문이다. 한편 마케팅비용과 위험의 증가와 고객중심으로 경영의 패러다임이 이동하고 있어 고객관계관리 경영이 점점 필요하게 되었다. 따라서 고객의 니즈와 요구에 부응하여 고객관계를 유지하고 차별화된 상품과 서비스를 제공하여 장기적으로 기업의 경쟁적 우위를 확보하기 위해 고객관계관리를 도입하게 된 것이다.

글로벌시장의 개방과 규제완화로 인하여 새로운 시장으로 진입기회가 늘어남에 따라 동종업종에서 경쟁이 심화되고, 시장의 수요가 늘지 않는 상황이 도래하는 등 시장과 사회적 환경이 변화하고 있다. 또한 제품공급자가 늘어나고 대체상품이나 서비스가 많아지면서 시장상황이 실제 수요자가 중심이 되는 구매자시장으로 변화하였다. 포화된 시장을 놓고 경쟁이 심화되면서 소비자들은 각자의 선호와 욕구에 맞는 제품과 서비스를 찾게 되었다. 또한 기업들은 과거처럼 소비자를 동질적 집단으로 간주하고 무차별적으로 공략하는 매스 마케팅(mass marketing)방식에 더 이상 의존할 수 없게 되었고, 이런 상황 속에서

그림 3-1 고객관계관리 도입 배경

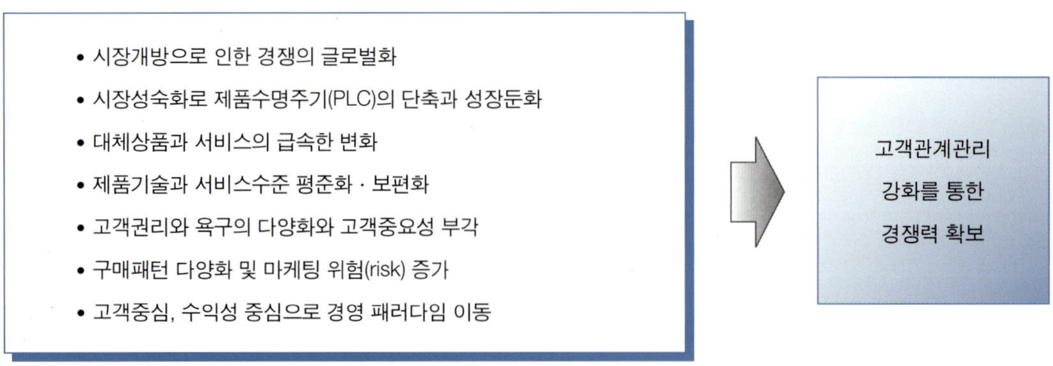

고객정보를 바탕으로 고객세분화를 통한 고객과의 관계를 강화할 필요성이 대두되었다. 뿐만 아니라 양적성장에서 수익성중심으로, 원가경쟁에서 고객중심 경영으로 기업경영환경이 변화하게 되었기 때문이다

따라서 기업내부적 변화가 일어나고 있다. 치열한 경쟁으로 고객충성도가 점차 낮아지자 기업에 대한 고객의 기여도를 인정하고 한번 고객을 평생고객으로 만들어 두는 것이 고객관리의 주요한 요소로 부각되었다. 이는 기존 매스마케팅방식의 비효율성을 변화시키고자 목표고객을 찾아낸 후에 그들의 필요나 욕구를 채워줄 수 있는 상품이나 서비스에 대한 차별화가 필요하게 되었다. 그래서 기업들은 고객관계관리를 이용하여 고객서비스 프로세스를 개선하고, 보유하고 있는 고객 DB를 적극적으로 활용하여 고객충성도를 높이고자 하는 것이다. 통합 고객 DB를 구축하고 고객세분화를 실시하여 원투원 마케팅을 실현하고 다양한 고객요구에 적극적으로 대처하기 위해 고객관계관리의 필요성이 증가하고 있는 것이다. 뿐만 아니라 기업경영이 고객중심 경영으로 급속하게 변화하고 있다. 어느 시장을 막론하고 고객들이 갖는 기대와 욕구가 다양화되고, 끊임없이 변화하는 고객의 니즈와 요구에 부응하여 고객관계를 유지하고 차별화된 상품과 서비스를 제공하여 장기적으로 기업의 경쟁적 우위를 확보하는 것이 불가피한 상황이다.

3. 고객관계관리 목적(CRM Objective)

고객관계관리는 고객정보를 과학적으로 분석함으로써 고객에게 최고의 서비스와 최적의 만족도를 제공하기 위한 것이다. 즉, 표적고객을 대상으로 제품과 서비스를 개발해 제공함으로써 고객이탈을 방지하고, 새로운 소비를 창출해 냄으로써 고객의 기업 기여도를 높이기 위한 것이다. 뿐만 아니라 고객서비스의 질을 높임으로써 치열한 경쟁속에서 살아남기 위한 경쟁우위를 확보하기 위한 것이다.

고객관계관리 목적은 무엇일까? 먼저 고객충성도 강화에 있고, 개별고객에게 맞춤서비스를 제공하여 경쟁사들과 차별화하여 경쟁력을 확보하기 위함이다. 또한 수익성이 높은 우량고객을 파악하여 평생고객으로 만들고 교차판매(cross-selling, 한 제품을 구입한 고객이 다른 제품을 추가로 구입할 수 있도록 유도, PC구입시 프린터, 스피커 구매유도 등)와 상향판매(up-selling, 어떤 상품을 구입한 고객에게 보다 고급의 상품을 판매)로 수익을 극대화하는데 목적이 있다. 뿐만 아니라 고객서비스의 신속성 향상과 기업의 비용절감과 고객과의 끊임없는 상호작용을 통한 최적화가 기업생존의 핵심이라는 사실을 인지하고 전사적 차원에

서 접근할 필요가 있다. 일반적으로 신규고객을 발굴하는 것이 기존 고객을 유지하는 비용보다 몇 배의 마케팅비용이 발생한다. 고객관계관리 도입은 불특정다수의 고객대상이 아니라, 고객평생가치(LTV, life time value)를 위해 세분화된 고객특성에 맞는 목표마케팅을 추진하고자 하는 것이다. 또한 고객과의 관계개선을 통한 우수고객확보 및 유지를 위한 기업의 핵심역량의 틀을 갖추기 위한 것이다

고객관계관리 도입목적은 첫째, 시장점유율보다는 고객점유율에 비중을 확대하기 위한 것이다. 기존 고객 및 잠재고객을 대상으로 고객이탈방지, 타 상품연계판매 및 수익성이 높은 제품판매를 위한 것이다. 이를 위해 고객데이터를 여러 가지 기준으로 분류하는 작업이 선행되어야 한다. 기존 고객을 분류하고, 분류된 고객별로 차별적인 마케팅전략을 집행하기 위해서 고객과의 다양한 접점을 활용하고, 고객반응을 고려하여 고객관계관리 전략을 수립해야 한다. 둘째, 고객획득보다는 고객관계유지에 중점을 두는 것이다. 즉, 확보된 고객유지가 새로운 고객창출보다 저렴하고 효율적이라는 것이다. 즉, 매스마케팅을 통해 검증되지 않은 고객을 확보하기보다는 충성고객을 많이 확보함으로 미래 생존기반은 물론 시장컨트롤이 쉬워지고 신제품출시에 대한 리스크를 최소화하겠다는 것이다. 셋째, 제품판매보다는 고객관계관리에 중점을 두어야 한다는 것이다. 즉, 고객과의 관계를 기반으로 고객의 니즈를 파악하여 고객이 원하는 제품을 공급하는 것이다. 고객관계관리는 고객을 어떻게 세분화할 것인가? 목표고객을 어떻게 설정할 것인가? 목표고객에 대한 포지셔닝은 어떻게 할 것인가? 고객에 대한 수익을 어떻게 증가시킬 것인가?를 고려한 고객관리가 지속적으로 전개되어야 한다. 따라서 고객관계관리 경영을 위해서는 고객통합

그림 3-2 고객관계관리 특징 요소

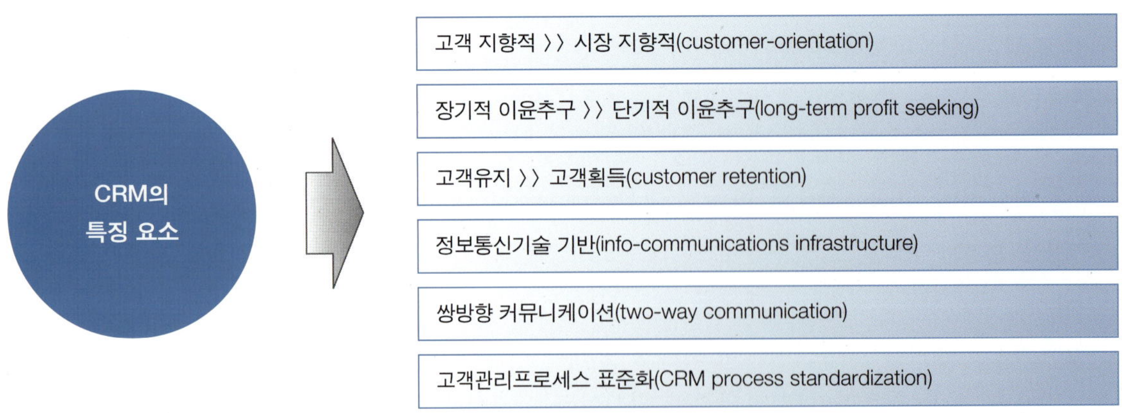

데이터베이스가 구축되어 있어야 하며, 고객과 관련된 전사적인 정보의 공유체제가 확립되어야 한다. 또한 고객특성을 분석하기 위한 데이터 마이닝도구가 준비되어야 한다. 데이터 마이닝작업은 표적고객의 행동을 예측하기 위한 목적으로 대용량 데이터를 분석하여 차별화된 정보를 획득하여 마케팅우위를 차지하기 위한 것이다.

고객관계관리는 고객관계를 구축하고 강화하여 수익성을 극대화하는 것이 목표이며, 고객관계관리의 특징적 요소는 고객지향적, 장기적 이윤추구, 고객유지, 충성고객확대, 정보통신기술 기반의 시스템구축, 쌍방향 커뮤니케이션, 표준화된 업무프로세스 등이다.

첫째, 고객지향적(customer-orientation)이다. 시장지향적 마케팅방식에서 벗어나 고객에게 필요한 제품과 서비스, 고객에 대한 보상 등 적절한 혜택을 제공하여 고객과의 관계관리에 중점을 두는 고객중심적 마케팅을 해야 한다는 것이다. 즉, 기존 고객 및 잠재고객을 대상으로 고객유지, 이탈방지, 타 상품과의 연계판매, 수익성이 높은 상품을 판매하기 위한 상향판매 등 1:1 마케팅전략을 통해 고객점유율을 높이는 마케팅전략을 수행하여 시장점유율보다 고객점유율에 중점을 두는 것이 목표이다. 둘째, 장기적 이윤추구(long-term profit seeking)이다. 고객과 지속적 관계구축을 통해 장기적인 이윤을 추구하고자 하는 것이다. 셋째, 고객관계유지(customer relationship)이다. 비록 단기적으로는 손해를 본다하더라도 고객과의 관계를 지속적으로 유지하여 미래이윤을 추구하는 것을 말한다. 고객과 기업 간에 상호혜택과 신뢰를 바탕으로 윈-윈(win-win)결과를 도출하기 위한 쌍방적 관계를 형성하고 핵심고객을 통해 기업의 수익성을 높이고자 하는 것이다. 넷째, 정보통신기술 기반(ICT, information and communications technologies)이다. 과학적인 방식을 통해 고객데이터를 분석하고, 구체적 투자수익률 또는 경영효율을 측정하여 가시적인 마케팅결과를 개선하는데 역점을 두는 것이다. 다섯째, 쌍방향 커뮤니케이션(two-way communication)이다. 고객과 접촉을 통해 쌍방향소통을 통해 일관된 메시지와 커뮤니케이션을 전달하여 지속적 고객관계를 유지하는 것이다.

여섯 번째, 고객관리 프로세스의 표준화(CRM process standardization)이다. 고객관계관리는 단순히 제품판매중심의 마케팅에 중점을 두는 것이 아니라 고객관계관리를 위해 표준화된 업무 프로세스를 통해서 조직역량향상, 교육 및 훈련 등을 통해 체계적인 고객관리를 지속해 나가는 것이 필요하다.

제2절 고객관계관리 마케팅(CRM Marketing)

1. 고객관계관리 마케팅개념(CRM Marketing Concept)

고객관계관리 마케팅은 고객데이터를 활용해 고객을 적극적으로 관리하고 유지하여 소비자가 지속적으로 제품이나 서비스를 구매할 수 있도록 만드는 마케팅전략의 일환이다. 산업혁명이후 경제구조는 소비자의사와 관계없이 기업에 의해서 주도의 일방통행적인 생산중심구조였다. 즉 기업이 제품을 만들어 시장에 내놓으면 소비자는 그것을 구매하는 주체가 되었다. 그러나 이러한 기업주도경제는 기술발전으로 생산량이 초과하는 시장경쟁환경을 만들게 되었다. 따라서 기업은 일방적 마케팅전략에서 고객중심 쌍방향적 마케팅전략으로 경쟁상황을 해결하고 고객들의 다양한 욕구에 해결하기 위해 대량생산중심의 매스마케팅에서 시장을 세분화하여 틈새시장을 공략하기 위해 세분화마케팅, 틈새마케팅, 표적마케팅으로 마케팅전략을 변화시키는 계기가 되었다.

첫째, 세분마케팅(segment marketing)이다. 세그먼트는 세분시장이라고 하며 비교적 유사하게 반응하는 동질적인 고객들의 집단을 의미한다. 세분마케팅은 목표고객의 Needs와 Wants를 고려하여 시장을 세분하여 대응하는 마케팅을 말한다. 시장세분화는 마케팅의 핵심과제인 우리의 고객은 누구인가?라는 질문에 대한 답을 제시하는 과정이다. 시장은 서로 다른 욕구를 갖는 소비자로 구성되어 있으며, 이들의 욕구는 지역, 나이, 라이프스타일, 구매동기, 등 여러 가지 시장변수에 따라 다양한 그룹으로 구분된다. 일반

그림 3-3 고객관계관리 마케팅

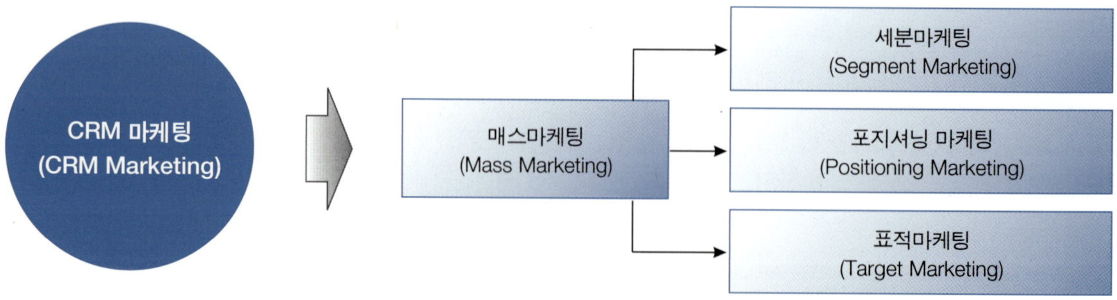

적으로 시장변수는 지리적 특성, 인구통계학적 특성, 정신심리적 특성, 행태적 특성의 네 가지 범주로 구분된다. 지리적 특성은 지역, 도시규모를 말하며, 인구통계학적 특성은 성별, 나이, 가족규모, 소득, 직업, 교육, 종교, 인종, 국적 등이다. 정신심리적 특성은 사회계층, 라이프스타일, 개성 등이며, 형태특성은 구매동기, 추구편의, 사용여부, 사용량, 충성도, 사용시기 등을 말한다. 시장세분화가 이러한 기능을 수행하기 위해서는 세분시장내의 동질성, 접근가능성, 측정가능성, 실질성, 차별적 반응 등 5가지 전제조건이 선행되어야 한다. 세분된 시장은 소비자욕구가 동질적이어야 하고, 비슷한 성향을 가지고 있어야 한다는 의미이다.

둘째, 표적마케팅(Target Marketing)이다. 표적(targeting)은 제품과 서비스를 필요로 하는 사람을 선정하는 절차이다. 표적마케팅(target marketing)은 세분시장의 크기와 성장성, 장기적 수익성, 기업의 목표와 자원(내부환경) 등을 고려해서 시장을 선정하여 어떤 곳에 집중할 것인지 선택하여 경쟁우위를 확보할 수 있는 시장을 공략하는 마케팅이다. 즉, 기업은 이익과 매출을 실현할 수 있는 규모인지 조사하고 현재뿐만 아니라 미래에 성장할 가능성을 조사하고, 적정한 시장규모와 성장성이 높은 세분시장중에서 수익성이 높고 미래성이 있는 시장을 선정하여, 자신이 지니고 있는 마케팅목표 그리고 자원과 그러한 평가요인들이 일치하는 지를 조사하여 시장은 선정하는 것이다.

셋째, 포지셔닝 마케팅(positioning marketing)이다. 포지셔닝은 하나의 제품이나 서비스, 혹은 회사를 소비자들의 인식속에 특정한 이미지로 자리잡게하는 것을 의미한다. 즉, 제품과 서비스 이미지를 고객의 마음에 자리잡게하는 것이다. 알 리스와 잭 트라우트의 저서 『포지셔닝』에 따르면, 넘치는 정보의 시대에서 새로운 것을 만들어내는 것만은 아니라고 말한다. 저자는 이미 고객의 마음속에 들어있는 내용을 조작하고 기존의 연결고리를 다시 엮어 소비자에 마음에 가장 먼저 자리를 잡고 한번 정한 포지션을 꾸준히 일관성이 있게 지속하는 것이 진정한 포지셔닝이라고 주장했다. 좋은 제품과 서비스를 보유하고 있으면서도 너무 많은 토끼를 잡으려다가 포지셔닝을 잘못하여 시장에서 실패한 기업이 많다. 알 리스와 잭 트라우트는 기업이 포지셔닝 마케팅을 할 때, 지나치다 싶을 정도로 단순화한 접근방식을 써야 한다고 기술한다. 이것은 마이클 포터교수가 '전략의 핵심은 하지말아야 할 것을 고르는 일이다.'라고 말한 것처럼 핵심에 집중한다는 것을 의미한다.

포지셔닝 마케팅유형은 제품속성, 이미지, 사용상황, 제품사용자, 경쟁제품, 모델, 상징대상, 재 포지셔닝 등이 있다.

제품속성에 의한 포지셔닝은 소비자들이 가장 중요하게 생각하는 점을 자사가 차별적

그림 3-4 포지셔닝 마케팅

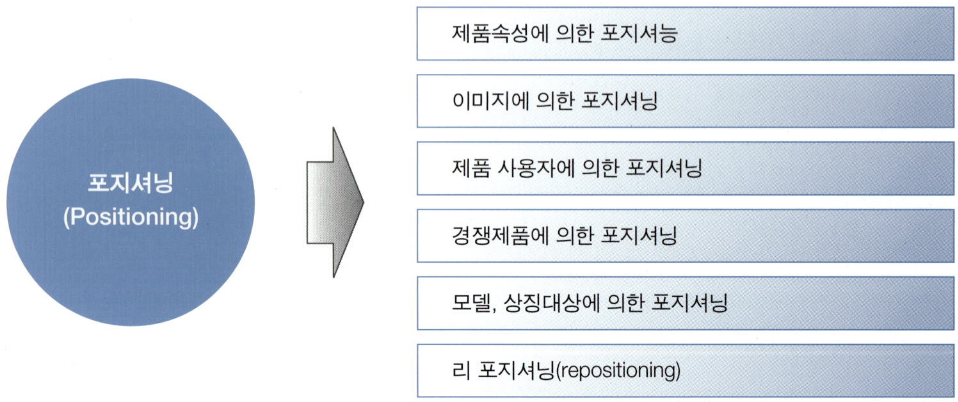

으로 가지고 있다는 것을 나타내는 방법이며, 이미지에 의한 포지셔닝은 제품에 특정한 이미지를 부여하는 것을 말하며, 고급화장품, 보석, 고급패션의류 등에 주로 사용된다. 그리고 제품사용자에 의한 포지셔닝은 표적소비자들이 자사의 제품이 가장 적절하다는 것을 어필하는 방법을 말한다. 또한 경쟁제품에 의한 포지셔닝은 소비자의 마음속에 인식된 경쟁제품 대비 자사제품의 차별성을 강조하는 방법이며, 모델에 의한 포지셔닝은 모델의 이미지를 통해 자사의 제품을 브랜드하는 방법이다. 또한 상징대상에 의한 포지셔닝은 제품에 특정한 이미지를 부여하여 상징대상을 통해 제품을 인식시키는 방법이고, 재 포지셔닝은 원래제품이 가지고 있는 포지셔닝을 변경하여 소비자에게 제품에 대한 새로운 포지셔닝을 제시하는 방법을 말한다.

2. 고객관계관리 마케팅목적(CRM Marketing Purpose)

시장확대, 효율성 증대, 고객관계유지에 있다. 시장확대(marketing extension)는 고객에게는 편익과 가치를 제공하여 고객점유율 확대, 수익제품 지배력강화, 신규시장지배력을 확대하고자 하는 것이 고객관계관리 마케팅의 목적이다. 효율성 증대(efficiency growing)는 점포망, 판매조직 정례화, 마케팅 프로세스혁신을 통한 효율성 증대이다. 그리고 고객로얄티를 향상하여 고객관계를 유지확대하는 것을 말한다. 결과적으로 보면 전체시장을 확대한 고객과의 유대관계를 강화하고 효과적인 고객관계관리를 통해서 시장을 확대하고 효율성을 증대시키며, 고객관계유지를 확대하여 수익성을 극대화하려는 것이다.

따라서 충성고객을 확대하고 진정한 고객만족을 통해서만이 장기적인 재무적 이윤을 실현할 수 있는 것이다. 이런 목적을 달성하려면 고객관계구축이 선행되어야 하는데 고객과의 관계구축을 위해서는 고객 개개인의 정보와 데이터를 가지고 있어야 한다.

CRM 마케팅전략의 기본방향은 고객, 상품 그리고 채널 등의 입체적 관점에서 분석하여 고객관리가 통합적으로 될 수 있도록 해야 한다는 것이다. 고객의 DB를 분석해서 고객별로 고객생애가치(LTV: lifetime value)를 산출하고, 고객을 세분화하고, 고객의 구매형태를 분석하고, 상품과 고객과의 관계분석, 상품간의 연관성, 추천상품선정 등 모델링을 통해서 그 결과는 고객 DB에 저장된다.

한편 ICT 기술의 발달로 CRM 마케팅의 패러다임도 변화가 시작되었다. 정보통신기술의 핵심인 지식정보기술은 빅데이터(Big Data), IoT(Internet of Things, 사물인터넷), 클라우드 컴퓨팅(Cloud Computing), AI(Artificial Intelligence, 인공지능) 등을 말한다. 이들 기술을 분석하여 실시간으로 생성되는 다양한 정보와 데이터를 수집하고 분석하여 소비자에게 과거보다 좀 더 신속하고 개별적인 맞춤형제품이나 서비스를 제공하게 되었다는 것이다. 따라서 ICT 기술을 기반으로 고객이 원하는 제품과 서비스를 개인화, 맞춤화, 고객만족이 급속하게 가능하도록 하게 할 것이다.

3. 고객개발과 관리(Customer Development & Management)

기존의 마케팅방식은 매출과 손익에 중심을 두었기 때문에 미래경영환경변화에 전향적으로 대응하지 못한 것이 사실이다. 이러한 문제점과 현상을 해결하고 장기적으로 경영의 안정을 가져오기 위해서 필요한 것이 CRM 마케팅이다. 매출과 손익이 아닌 고객을 마케팅의 중심에 놓고 경영방향과 프로세스를 고객중심으로 전환하는 것이 중요하다. 또한 고객의 Needs와 Wants를 신속히 파악하여 고객이 원하는 제품과 서비스를 제공하고 잠재고객을 충성고객으로 변화시키는 것이 결국 기업의 생존과 직결된다고 볼 수 있다. 여기서 충성고객이란 정기적으로 재 구매하는 고객이며, 해당 기업의 다양한 품목과 서비스를 포괄적으로 구매하는 고객이고, 다른 사람들에게 해당 기업의 제품과 서비스를 추천하고, 경쟁사의 유인전략에 동요하지 않는 고객을 말한다.

충성고객이 많아지면 기대되는 효과는 신규고객보다 마케팅비용과 거래비용이 절감되고, 고객이탈감소로 고객유지가 지속되고, 교차판매(Cross-Sell) 및 상향판매(Up-Selling)가 가능하고, 긍정적인 구전효과가 발생하여 판매실패에 따른 리스크가 감소할 수

그림 3-5 고객개발 프로세스

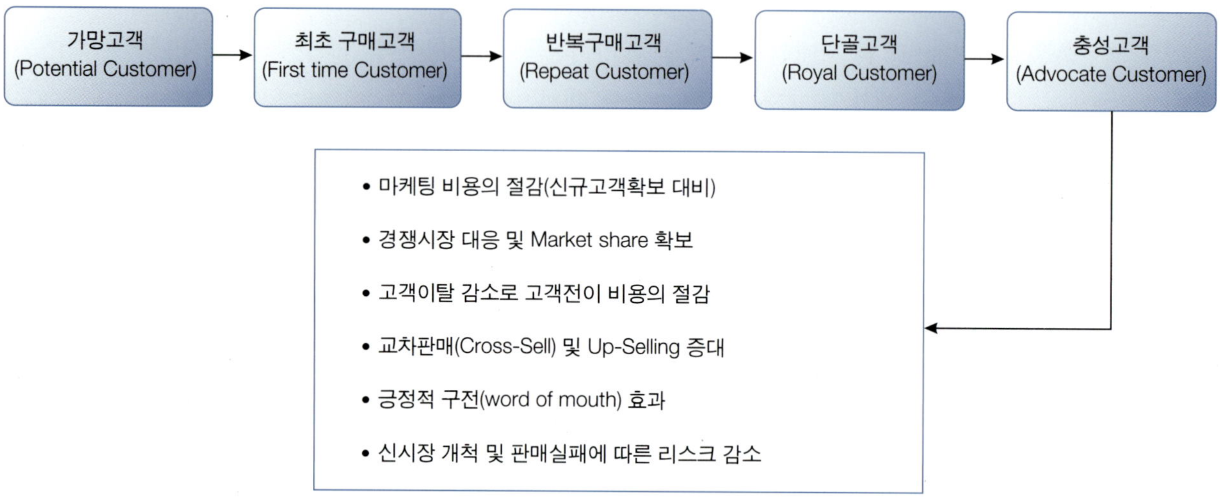

있다.

고객개발 프로세스(customer development process)는 불특정다수의 고객중에서 가망고객을 발굴하고 제품과 서비스를 사용하도록 만드는 것이 중요하다. 즉, 최초의 구매고객을 확보하는 것이 거래의 시작이다. 거래가 시작되면 반복방문은 물론 반복구매를 유도하여 점차적으로 단골고객이 되도록 지속적인 관리가 이어져야 하며, 좀 더 높은 수준의 제품과 서비스를 지속적으로 제공하여야 한다. 이렇게 확보된 단골고객을 대상으로 지속적 반복구매가 진행되도록 하여 충성고객을 만드는 것이 지속성장의 핵심이다.

고객관리 프로세스(Customer Relations Process)는 고객데이터를 통해 다양한 정책을 펼칠 수 있는데, 우선 우수고객의 유지비율을 향상할 수 있고, 고객의 이탈을 막고, 잠재고객을 활성화시켜 수익증대효과는 물론 과학적 분석을 통해 마케팅활동을 효율적으로 수행하여 비용절감효과를 기대할 수 있다. 그러나 고객의 Needs와 Wants를 파악할 수 있는 시스템이 갖추어져 있지 않고 단지 단순한 정보에 의존하고 있는 것이 현실이다. 고객을 어떻게 설정할 것인가? 고객을 어떻게 발굴할 것인가? 발굴된 고객을 어떻게 관리할 것인가? 어떤 지속적으로 유지하여 평생고객을 만들 것인가? 이러한 문제에 대한 철저한 전략수립이 필요하다. 지속적으로 고객에게 서비스를 제공할 방법은 무엇인가? 고객에 대한 정보가 있어도 어떻게 서비스를 실시하여 고객을 만족시킬 것인지 모르고 있다면 아무리 많은 고객정보를 가지고 있어도 모든 것이 무용지물일 것이다. 따라서 고객정보의 지속적인 발굴과 더불어 확보된 고객정보를 어떻게 관리하고 활용할 것인지 고객관계관리를 해야 한다.

고객선별(customer choice)은 기업에 도움을 주는 고객을 발굴하는 것이 기업의 입장에서는 중요한 요소이다. 따라서 고객을 세밀히 분류하여 가치있는 고객정보를 활용하기 위해 고객을 선별한다. 또한 고객관계에서 최고의 잠재적 수익성과 영향력을 지닌 고객군에 기업자원을 할당하여 판매 및 서비스에 대한 정확한 채널을 설정하고 신규고객유치, 고객재유치, 고객유지 등을 위한 캠페인을 통해서 고객을 획득한다. 뿐만 아니라 고객관리(customer relation)를 위해서 고객이 원하는 것을, 원하는 방법으로, 원하는 시간에 즉시적으로 신속히 제공할 수 있어야 한다. 이를 위해서는 고객의 요구사항 및 기대수준에 대해 정확히 알고 있어야 하고 자신의 제품과 서비스에 대한 고객의 접촉경험에 대해서도 정확히 이해하고 있어야 한다. 그리고 고객은 자신이 원하는 제품과 서비스를 지속적으로 제공받을 수 있어야 그 기업의 고객으로 계속 남아있기 때문에 고객에 대한 피드백관리(Feedback Management)가 통해서 고객관계를 유지(customer relation retention)해야 한다. 기업은 고객과 다양한 채널을 통해 계속적으로 커뮤니케이션하고 관리해서 시장정보를 획득하여야 할 것이며, 차별화된 서비스를 지속적으로 제공받은 고객은 결국 충성고객으로 발전하게 될 것이다.

CRM 마케팅은 특정 부서만의 일이 아니라 전사적 차원에서 고객에 대한 중요성을 함께 인식하는 것이 중요하다. 고객에 대한 마인드를 바꾸고 개선하는 것이 필요하고, 고객정보, 사내프로세스, 전략과 조직 등 경영전반에 걸친 통합된 관리체계를 갖춰야 한다. 결국 기존의 마케팅방식은 시장상황에 즉각적 대응을 위한 것이라면 CRM 마케팅은 고객과의 지속적인 관계를 유지하여 잠재고객을 충성고객으로 만들고, 충성고객을 평생고객화하여 미래시장을 극대화하는 수단인 것이다. 따라서 기업성장을 지속유지하기 위해서 신규고객개발의 필요성은 아무리 강조해도 부족함이 없지만, 확보된 고객데이터를 활용하여 제품을 구매하도록 유도하는 것은 충성고객확보뿐만 아니라 지속성장하기 위해 절대적으로 필요하다.

고객응대 프로세스(customer response process)는 잠재고객발굴을 위한 사전준비단계로 관련자료의 분석을 통해 가망고객을 탐색하고 이들에 대한 접근방법을 찾아내는 단계이다. 마케팅정보시스템 내의 자료, 판매기록, 구매이력, 전화번호 등을 통해서 가망고객을 탐색하는 것이다. 한편 고객개발(Customer Development)은 관련자료의 분석을 통해 가능고객을 탐색하고 이들에 대한 접근방법을 찾아내는 단계를 말한다. 또한 잠재고객에

그림 3-6 고객대응 프로세스

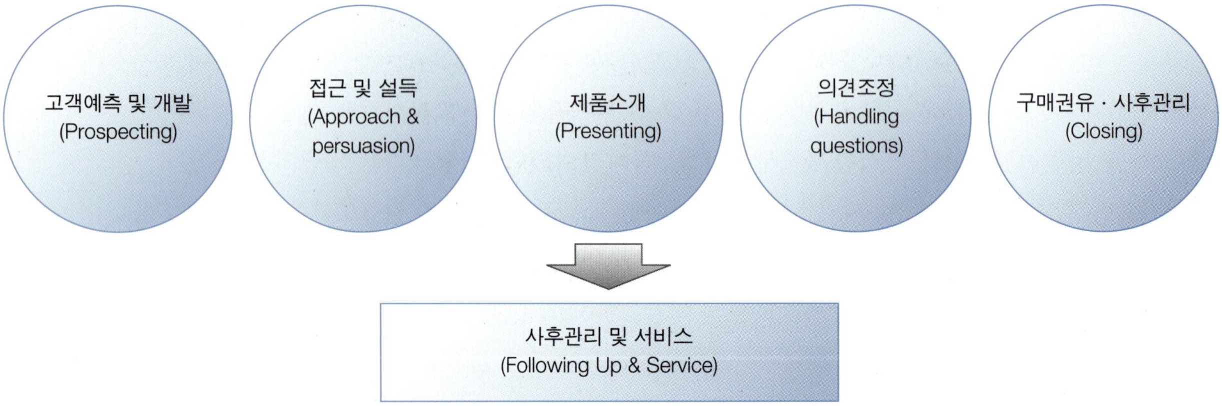

게 효율적으로 제품을 소개하는데 필요한 자료를 추가적으로 수집하고 정리하는 단계이다. 접근 및 설득(Approaching & Persuasion)은 자사제품을 소개하기 위해 고객을 만나는 과정이며, 적극적이고 공감적으로 경청하고 질문을 통해 고객의 니즈를 파악하고 질문의 연속성을 통해 대화를 유지한다. 설득단계는 표적잠재고객에게 접근을 시도하고 제품을 소개하는 단계이다. 제품소개(product Presenting)는 제품이나 서비스의 특성과 장점을 포함한 각종 정보를 고객에게 전달하는 단계이다. 또한 FABE기법을 통해 제품 특성→제품의 장점→이점→논리적인 근거를 제시하여 고객의 구매결정을 유도하여 제품과 서비스가 구매되도록 하는 것이다. 의견조정(Handling Questions & Objectives)은 제품소개와 구매를 설득하는 과정에서 발생할 수 있는 부정적 영향을 해소시키기 위해 객관적인 정보를 제공하고 소비자의 불안요인을 해결하는 단계이다. 끝으로 구매권유(Closing)는 잠재고객의 구매의도를 물어보고 제품과 서비스구매를 권유하는 단계이다. 사후관리(Following up)는 반복구매가 이루어지도록 고객을 지속적으로 관리하는 단계로 판매후 상품배달과 설치가 적절히 이루어졌는지 파악하고 불편한 사항은 없는지 고객만족을 유도하는 단계이다.

제3절 고객접점과 MOT전략(MOT Strategy)

1. MOT(Mont of Truth) 개념

MOT(moment of truth)는 서비스품질에 대한 인식을 결정하는데 결정적 역할을 하는 '결정의 순간, 진실의 순간'을 의미한다. 즉, MOT는 '피하려 해도 피할 수 없는 순간, 실수가 허용되지 않는 매우 중요한 순간'을 말하다. 스페인 투우용어 Moment De La Verdad에서 유래했으며, 투우경기에서 투우사가 검으로 소의 급소를 찔러 소의 숨을 거두게 하는 순간을 뜻한다. 여기서 순간은 소와 사람 중 어느 하나의 운명이 결정되는 죽음의 진실이 가려지는 순간을 의미한다.

MOT는 리처드 노만(R. Norman, 스웨덴, 마케팅전문가)이 처음 사용했고, 얀 칼슨(스칸디나비아 항공)사장이 1987년 'Moment of truth'라는 책을 펴내면서 널리 알려졌다. MOT를 마케팅측면에서 해석하면 기업이 고객과 처음 접촉할 때 바로 그 순간에 고객의 구매결정이 이루어지는 결정적 순간을 의미하는 것이다.

2. MOT(Mont of Truth) 법칙

소비자의 감성을 자극하고 우호적 감정을 증폭시킬 수 있는 짧지만 매우 중요하고 결정하는 순간이다. 고객의 입장에서 보면 그 제품을 살 것인가? 그 기업을 다시 방문할 것인가?를 결정하는 순간이다. 서비스 제공자와 고객과의 상호관계로써 직접적인(face to face) 상호작용이 발생하는 순간으로 고객접점순간이 영향력에 미치는 법칙을 MOT법칙이라고 한다. MOT법칙에는 곱셈의 법칙, 통나무물통의 법칙, 100−1=0의 법칙이 있다.

첫째, 곱셈의 법칙(multiplication rule)이다. 각 접점의 만족도가 아무리 우수해도 단 하나의 항목에서 불만이 발생하면 즉, "0"점을 받으면 서비스 만족도가 "0"으로 인식한다는 법칙이다. 매순간 소비자로부터 만족스런 진실의 순간을 만들어내야 하며 서비스는 곱셈의 법칙에 근거하기 때문에 하나라도 불만족스러우면 고객을 만족시킬 수 없다는 것으로 "가격 × 성능 × 품질 × 서비스 = 고객만족"을 의미한다. 앞서 언급했듯이 고객만족 서비스를 깨진 유리창의 이론(Broken Window theory)에 비유하기도 하는데, 작은 실수

그림 3-7 MOT(Mont of Truth) 법칙

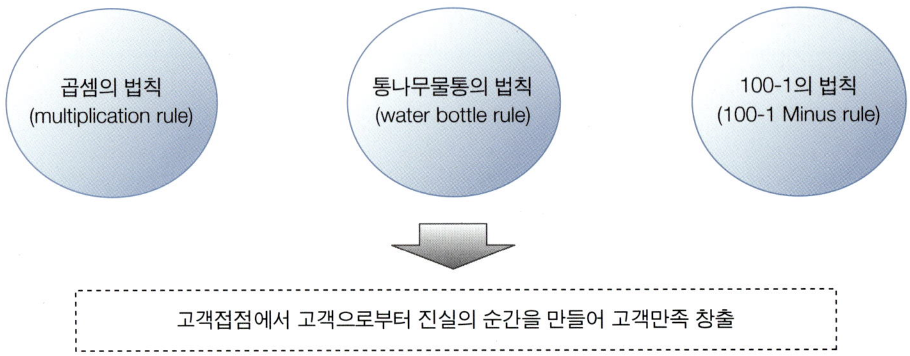

도 고치지 않으면 치명적인 결과를 초래할 수 있다는 것이다.

둘째, 통나무물통의 법칙(water bottle rule)이다. 통나무조각으로 만든 물통이 있다고 가정할 때 통나무물통은 여러 가지 조작을 연결하여 만들었기 때문에 어느 한 조각이 깨지거나 높낮이가 맞지 않으면 물이 담겨져 있을 수 없다는 것이다. 마찬가지로 고객서비스도 부족한 서비스항목 하나가 전체서비스 품질평가의 기준이 된다는 법칙으로 고객은 가장 부정적 서비스에 대한 기억을 가장 오래 유지한다는 의미이다. 결국 소비자는 아무리 제품과 서비스에서 장점과 만족도를 느끼더라도 단점을 기준으로 평가한다는 것이다.

셋째, 100−1=0의 법칙(100−1 minus rule)이다. 사소해 보이는 단 하나의 실수가 전체 서비스에 중요한 영향을 미친다는 의미이다. 미국의 유명한 물류회사 페덱스(Fedex)는 1:10:100 법칙을 모든 조직원에게 강조한다. 개발단계에서 문제점을 찾아 해결하면 1의 비용밖에 들지 않는데, 생산단계로 넘어간 뒤 뒤늦게 고치려면 10의 비용이 필요하고, 불량한 제품이 소비자에게 전달되고 나서 문제를 해결하려 하면 100의 비용을 들여야 한다는 것이다. 이처럼 고객과 만나는 접점이 100일때 99가지가 만족스러워도 한 접점에서 불만을 느낀다면 고객은 다른 제품을 찾아 떠난다는 법칙으로 고객만족을 위해 최선을 다해야한다는 것이다.

결과적으로 요약해서 보면 MOT에 미치는 영향은 하드웨어 요소, 소프트웨어 요소, 휴먼웨어 요소 등으로 구분하여 볼 수 있다.

하드웨어(hardware) 요소는 시설이나 건물, 장비 등 고객이 눈으로 보고 느끼고 사용하는 환경적인 요소를 의미한다. 즉, 서비스의 물리적 환경(매장위치, 분위기 등)으로 제품의 품질, 서비스기능과 편의성 등을 말한다. 소프트웨어(software) 요소는 고객이 처음부터

그림 3-8 MOT(Mont of Truth) 요소

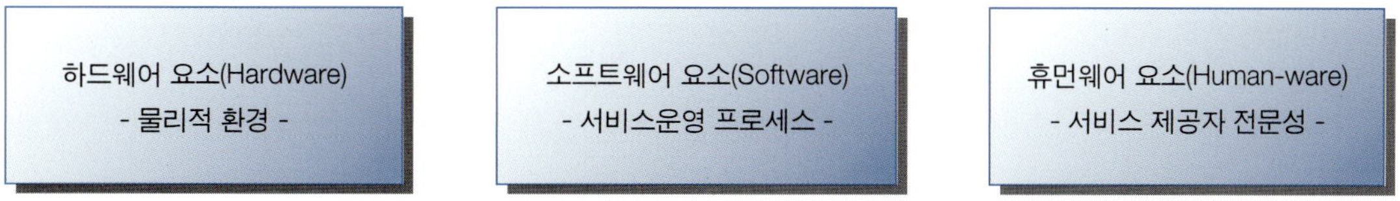

마지막까지 경험하는 모든 서비스가 막힘없이 제공되도록 하는 프로세스를 의미한다. 즉, 서비스운영 프로세스를 의미하며, 서비스제도, 서비스 이미지, 대기시간, 불만처리, 광고 및 홍보, 판촉활동 등을 말한다. 휴먼웨어(human-ware) 요소는 서비스를 전달하는 직원의 표정, 대화, 용모, 복장, 자세, 태도, 이미지, 매너, 공감 등 직원을 통해 받는 모든 응대를 말한다. 즉, 서비스 제공자의 전문성으로 고객관점의 응대, 표정과 언어, 자세 등 인적자원을 통한 서비스품질을 말한다.

기업의 이미지를 결정하는 MOT 관점에서 보면, 기업에서 가장 중요한 역할을 하는 사람은 최고경영자가 아니라 고객과 접촉하고 있는 현장접점을 담당하는 서비스 전달자라는 것이다. 고객에 대한 서비스 반응성(민감성)은 현장서비스 전달자의 의존성이 현저히 크다는 것이다. 예를 들면 전화교환원, 상담접수원, 안내원, 경비원, 주차관리원, 서빙담당자 등이 여기에 해당한다. 이와 같이 MOT를 잘 활용하고 디테일(detail)관리를 철저히 하면 기업, 제품, 서비스 이미지를 높일 수 있으며, 이러한 마케팅방법을 MOT 마케팅이라 부른다. MOT 마케팅은 비교적 적은 비용으로 큰 성과를 기대할 수 있는 매우 효과적인 마케팅 전략이다.

3. 고객불만 대응(Customer Complaint Processing)

컴플레인의 사전적 의미는 "불평하다, 투덜거리다"이고, 클레임의 사전적 의미는 "요구하다, 청구하다"이다. 컴플레인(complain)은 제품의 품질, 직원의 서비스정도, 쇼핑환경, 서비스구매 및 소비과정에서 다양한 이유로 불평과 불만을 제기하고 개선을 요구하는 것을 말한다. 반면 클레임(claim)은 제품과 서비스에 대한 문제점과 불만사항을 제기하고 개선과 배상을 요구하는 행위를 말한다. 이러한 고객불만처리는 우선 경청하고, 공감과 사과를 하고, 원인분석 및 해결방안을 모색한다. 다음에 문제처리 및 해결책을 제시하고 그래도 합의에 이르지 못할 경우 조속히 차선책을 강구해야 하며, 끝으로 제도개선 및 처리를 통해 재발방지 및 고객응대 매뉴얼에 반영한다.

결과적으로 보면 소비자의 불만사항(Complain & Claim)은 원인을 분석하여 조속히 해결하는 것이 무엇보다도 중요하다. 한명의 불평고객은 다른 수많은 소비자에게 불만을 전판하며, 불만고객의 90%는 재방문을 하지 않는다고 한다. 특히 현장에서 발생하는 불만고객에 대해서는 선제적이고(proactive), 계획적이고(planned), 철저하게 훈련된(trained) 접점조직원에게 권한을 위임(empowered)하여 신속한 문제해결을 통해 불평고객을 충성고객으로 만들 수 있도록 발상의 전환이 필요하다.

한편 제품과 서비스에 전혀 문제가 없는데도 일부러 문제가 있는 것처럼 고의적으로 문제를 만들어 보상을 요구하는 고객들도 늘어나고 있다. 이러한 고객을 블랙 컨슈머(black consumer)라고 한다. 즉, 블랙 컨슈머는 제품과 서비스에 대한 불만제기가 아닌 보상금을 목적으로 의도적인 악성민원을 제기하는 고객을 의미한다. 이러한 블랙 컨슈머는 제품과 기업이미지 실추뿐만 아니라 기업에 재무적, 정신적 피해가 유발하고 손상을 발생시켜 관리적 손실초래 등으로 기업매출과 손익악화를 초래한다. 뿐만 아니라 자칫 기업생존을 위협하는 결과를 가져올 수 있기 때문에 이에 대한 철저한 대비가 필요하다.

그리고 기업내 : 외부현장에서 다양한 채널을 통해 들려오는 고객의 각종 요구사항을 VOC(Voice of Customer)라고 한다. VOC를 소비자의 불평이나 불만으로 생각할 것이 아니라 고객이 기업에게 들려주는 피드백으로 이해하는 것이 중요하다. 통상적으로 불만고객 한명은 잠재고객 10명에게 영향을 미친다고 한다. 어떤 불만사항이 발행했을 때 불만을 표출하는 고객은 10%이고 나머지 90%는 불만을 침묵하고 있다고 한다. 그렇기 때문에 불만고객이 발행하면 엄청난 잠재리스크를 가지고 경영을 해야한다는 것이다. 물론 불만고객은 재방문을 하지 않을 것이다. 따라서 불만고객이 만족스러운 결과와 해결책을 얻

그림 3-9 불만고객 대응 프로세스

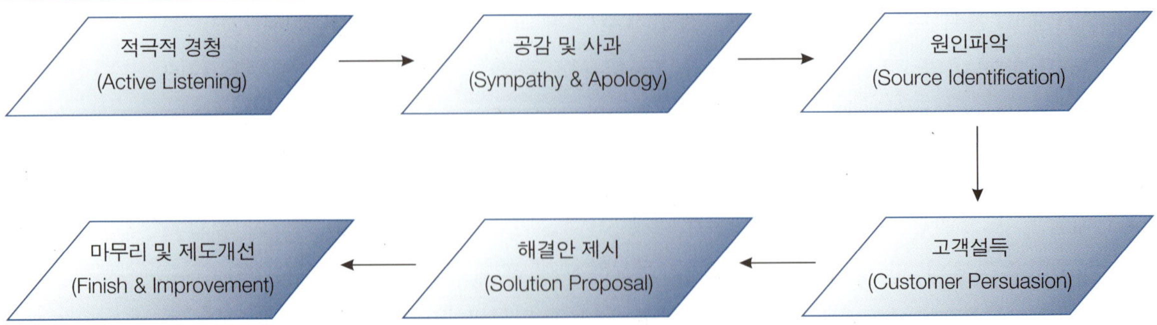

었을 때까지 철저하게 관리하고 대응해 주는 것이 필요하다. 불만고객이 발생하면 우선 고객의 불만을 적극적으로 경청하고 불만원인이 무엇인지 분석하고, 해결책을 검토하고 고객에게 대안을 제시하는 것이 중요하다.

1982년 범죄학자 제임스 윌슨과 조지켈링은 '깨진 유리창이론, Broken Window theory'을 발표했다. 깨진 유리창 하나를 방치해 두면, 그 지점을 중심으로 범죄가 확산되기 시작한다는 이론으로, 사소한 무질서를 방치하면 큰 문제로 이어질 가능성이 높다는 의미를 가진 이론이 깨진 유리창이론(Broken Window theory)이다. 즉, 깨진 유리창이 많은 지역일수록 범죄율이 높은 까닭은 깨진 유리창이 '아무도 관심을 갖지 않으니 당신 마음대로 해도 좋다'는 메시지를 전달하기 때문이라는 것이다. 사소해 보이는 것들이 사람들에게 중요한 메시지를 전달한다는 것을 의미한다. 이 이론은 비즈니스분야에도 큰 의미를 지닌다. 회사의 성패를 좌우하는 것은 고객의 인식이고, 그 인식은 아주 사소한 것에서 시작된다. 깨진 유리창은 바이러스와 같아서 발생초기에 해결하지 않으면, 점차 전염되어 광범위하게 퍼져 결국은 그 기업을 쓰러뜨리고 만다는 것이다.

불만고객을 대응할 때 주로 3변을 강조하는데 불만고객처리의 3요소는 장소, 시간, 사람을 말한다. 불만고객을 응대할 때 다른 고객의 선동과 동요를 방지하기 위해 내·외부 직원이 보이지 않는 곳으로 안내하여 고객의 불만을 적극적으로 경청한다. 분위기 전환, 또는 다른 고객을 위해 매장에서 사무실, 휴게실, 고객상담실 등의 장소를 바꾸는 것이다. 즉각적인 대응이 불가능할 때는 고객의 감정을 진정될 수 있는 시간을 주고 감정적인 처리보다는 이성적인 해결을 유도하고 내부적으로 대안을 강구할 수 있는 시간을 확보해야 한다. 고객불만에 대한 대응을 해도 고객이 받아들이지 않을 경우에는 불만고객을 대응했던 최초 상담자를 다른 상담자로 교체하여 변화를 유도하는 것이 필요하다.

CHAPTER 06

경영기술역량 (Management Skill Competency)

제 1 장

프리젠테이션 기술과 전략 (Presentation Skill & Strategy)

제1절 프리젠테이션 이해(Presentation Understanding)

1. 프리젠테이션 개념(Presentation Concept)

사회적 환경과 현상의 패러다임이 급속하게 변화하고 있는 상황에서 프리젠테이션 기술의 중요성은 더욱 더 강조되고 있다. 사회구조가 노동중심에서 지식정보사회로 변화되고 직장의 개념도 평생직장에서 평생직업으로 변화되고 있다. 산업의 패러다임도 농경중심에서 정보통신과 지식창조사회로 급속히 변화되고 있고, 뿐만 아니라 인재관도 창의적이고 끼있는 인재로 인재상이 사회현상과 함께 변화되고 있다. 한편 사회가 요구하는 능력기준도 스펙중심에서 직무역량중심으로 변화하고 있으며, 이미 많은 기업들은 스펙중심의 인재선발에서 탈피하여 직무역량중심으로 인재채용방식이 급속하게 변화하고 있다. 이제 사회는 실질적으로 직무를 할 수 있는 능력이 있는 인재를 선호하고 있고, 이런 변화현상의 중심에 프리젠테이션 기술의 중요성이 부각되고 있다. 프리젠테이션이 중요한 이유는 개인의 입장에서는 경쟁력확보와 절대적 관련성을 가지고 있지만, 기업의 경우 프리젠테이션은 회사가 고객들에게 제품과 서비스의 장점을 전달하여 우리 회사제품과 서비스를 이용해 줄 것을 당부하는 행위이므로, 설득력있는 프리젠테이션 행위가 거래성사 또는 계약성공에 절대적 영향을 미치기 때문이다. 이러한 거래와 계약의 성패는 곧바로 기업경쟁력의 원천으로 매출과 손익에 직접적인 영향을 주기 때문에 미래기업의 지속성장 발전에도 영향을 미치는 것이다. 따라서 업무를 수행할 수 있는 역량중에서 무엇보다도

그림 1-1 프리젠테이션 개념

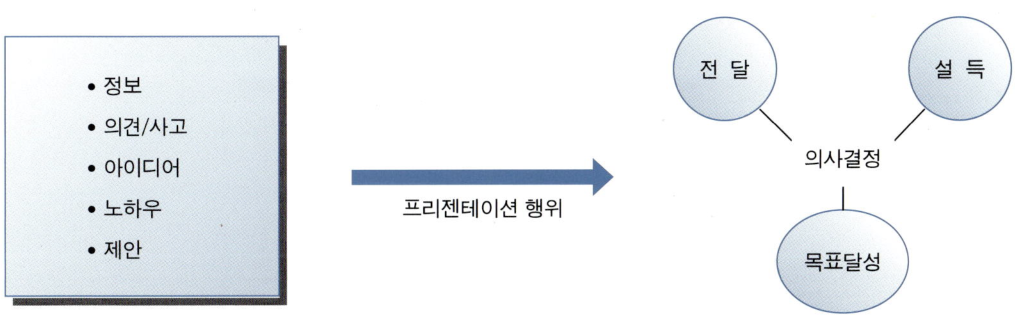

중요한 것이 프리젠테이션 기술이라고 생각된다.

성공한 사람의 공통점은 프리젠테이션을 잘한다는 것이다. 프리젠테이션은 단순히 메시지를 전달하는 것이 아니라, 이해 당사자를 대상으로 설득력있게 내용을 전달하여 의사결정권자의 사고를 변화시켜 원하는 목적과 목표를 얻는 것을 말한다. 즉, 이해 당사자에게 어떤 사실이나 정보, 아이디어, 노하우, 제안, 의견 등을 설득력있게 전달하고 설득하여 의사결정할 수 있도록하여 목표를 달성하는 커뮤니케이션행위 과정을 프리젠테이션(Presentation)이라고 한다.

한편 프리젠테이션의 목적은 이해 당사자에게 정보전달과 설득을 통해 의사결정을 하도록 메시지와 해결방안을 제시하여 사고의 변화를 이끌어 내는 것을 목적으로 한다. 프리젠테이션은 왜 필요한가? 한 마디로 이해관계자 설득을 통해 내가 원하는 성과를 창출하기 위한 것이다. 따라서 자신의 경쟁력을 확보하기 위해서는 개인뿐만 아니라 조직에 성과를 창출시키는 것이 중요한데 이러한 성과를 창출하는데 있어 필요로 하는 것이 프리젠테이션 기술이다.

프리젠테이션 설득행위가 부족할 경우 상대를 이해시킬 수 없게 되므로, 결국 경쟁력있는 인재로 거듭날 수 없다는 것이다. 즉, 의사결정권자를 설득할 수 없다는 것은 경쟁사회에서 살아가야 하는 현실에서 나의 능력과 가치를 제대로 인정받지 못하는 결과를 초래하게 된다. 이런 현상은 결국 자신의 경쟁력을 확보하지 못하는 원인이 되어 조직에서 성공하는데 어려움을 초래하게 된다. 따라서 프리젠티이션은 결국 개인뿐만 아니라 조직에서도 경쟁력과 직결되는 요소이므로 프리젠테인션 기술을 확보하는 것은 생존의 문제라고 표현하고 싶다.

그림 1-2 프리젠테이션 목적

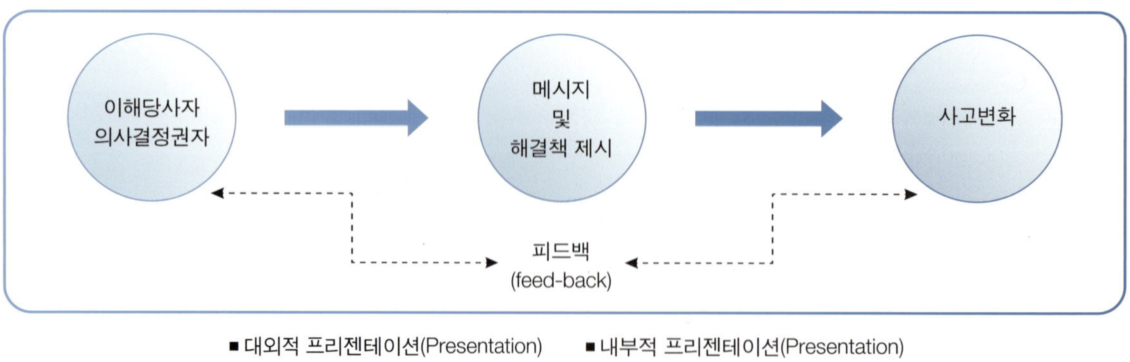

2. 프리젠테이션 요소(Presentation Element)

무한경쟁시대에서는 업무수행과 직무수행능력이 요구되는 사회이다. 이러한 요구에 대한 대응은 자신의 경쟁력을 확보하여 결국 개인과 조직의 성과창출에 기여하는 것이다. 조직의 성과는 개인의 경쟁력에서 시작하는데, 개인의 경쟁력을 확보하기 위해서는 프리젠테이션이 기술이 절대적이며, 프리젠테이션을 잘하기 위해서는 사전에 철저한 준비가 선행되어야 한다. 한번 발표한 프리젠테이션은 다시 되돌릴 수 없는 결과를 가져오기 때문에 성공적인 프리젠테이션을 하기 위해서는 철저한 준비가 필요하다. 프리젠테이션을 잘하기 위해 사전에 준비해야 할 3요소는 프리젠테이션 발표목적(Purpose)과 장소(Place), 그리고 청중(People)이다.

프리젠테이션을 진행할 경우, 프리젠테이션 발표목적이 무엇인지? 발표를 왜 하는지? 참석자는 무엇을 원하고 있는지? 이해 당사자에게 무엇을 전달할 것인가? 등 명확한 목표가 선행되어야 한다. 또한 청중 즉, 이해 당사자는 누구이며 청중의 유형과 참석자의 특성(성별, 연령, 직업, 직급 등), 의사결정권자는 누구인가? 등에 대해 분석해야 한다. 뿐만 아니라 장소의 규모는 어느 정도이고 기자재 등 발표매체 관련상황은 어떠한지 등 발표장소와 환경 등을 고려하여 프리젠테이션 준비를 해야 한다.

그림 1-3 프리젠테이션 준비요소

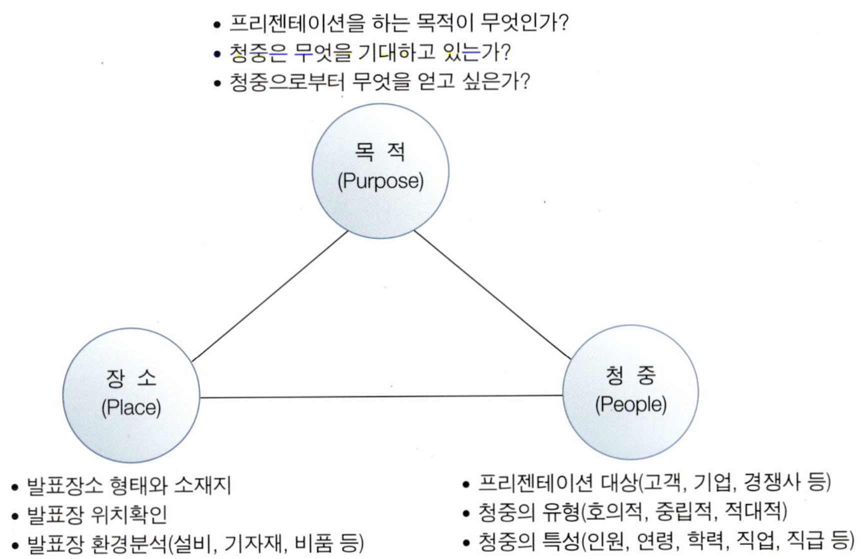

그림 1-4 프리젠테이션 발표요소

또한 프리젠테이션을 하면서 청중의 반응을 지속적으로 모니터링하면서, 청중이 어떻게 반응하고 공감하는지 상황판단을 하면서 메시지를 전달하는 것이 중요하다. 청중의 눈높이에 맞는 대화체를 사용하고 메시지전달은 데이터 또는 객관적인 자료에 근거하여 발표하고, 발표시간을 고려하여 시간내에 끝낼 수 있도록 해야 한다.

그리고 프리젠테이션 발표는 철저하게 준비하는 것이 무엇보다도 중요하다. 준비되지 않은 발표는 이해 당사자들로부터 절대공감을 이끌어 낼 수 없기 때문이다. 프리젠테이션을 발표할 때 발표자의 행동 하나하나는 이해 당사자를 설득하고 집중을 유도하는데 절대적으로 중요하다. 또한 설득력있는 프리젠테이션 발표를 위해서는 사례를 들어 설명하고 비교자료를 제시하면서 발표하는 것이 필요하다. 또한 연구자료를 인용하여 객관성을 높이면서 발표하는 것은 이해 당사자의 이해를 도울뿐 아니라, 발표내용에 대한 신뢰성을 한층 더 높여준다. 성공적인 프리젠테이션을 하기 위해서는 발표내용과 전달기술, 프리젠터 태도가 중요하다. 첫째, 발표내용(Contents)이다. 이해 당사자가 무엇을 욕구와 니즈를 고려하여 준비해야 하며, 청중에게 무엇을 전달할 것이고 청중이 목표하는 것이 무엇인지 고려하여 준비해야 한다.

둘째, 전달기술(Skill)이다. 준비된 내용을 이해 당사자에게 설득력있게 전달하는 기술을 의미하며 전달하고자 하는 내용은 언저적 요소를 통해서 전달하지만 전달하는 방법과 태도에 따라 이해 당사자가 받아들이는 정도에 영향을 미치므로 바디랭귀지(Body Language)를 적극 활용하여 전달하는 것이 중요하다. Body Language는 그리스의 마모스(Mimous)에서 유래했으며 "흉내를 내다"라는 의미로 육체언어, 신체언어라고도 하며, 문화와 관습에 따라서 다르게 해석되고 의미가 전달될 수 있다는 것을 고려해야 한다. 한편 프리젠테이션 발표는 청중이 명확하게 이해 할 수 있도록 쉽고(Easy), 간단하고(Simple) 그리고 감명 깊게(Impression) 발표함으로써 프리젠테이션 내용전달에 설득력있고 강하게 전달할 수 있는데 이를 "프리젠테이션 발표 3ESI"라고 한다.

셋째, 프리젠터 태도(Attitude)이다. 발표의 성공과 실패를 좌우하는 결정적인 요소이므로, 발표자는 얼굴표정, 눈첩촉, 발표자세, 몸짓 등 비언어적 요소를 최대한 활용하여 발표해야 한다. 한편 발표내용, 전달기술, 프리젠터 태도가 곱하기 개념이므로 세 가지 요소 중에서 하나라도 부족하거나 실패하면 성공적 프리젠테이션이라 할 수 없으므로 발표전에 반드시 리허설하는 것이 중요하다.

제2절 프리젠테이션 기술(Presentation Skill)

1. 프리젠테이션 내용구성(Presentation Content Component)

프리젠테이션 발표를 하기 전에 발표자료를 철저하게 준비해야 한다는 것은 아무리 강조해도 부족함이 없다. 일반적으로 프리젠테이션 자료구성은 도입부(개요, 목적, 핵심주제), 본론부(중점전달내용), 결론부(결론요약, 시사점)로 구성한다.

첫째, 도입부(Introduction)에는 전체발표 시간의 1/10정도 시간을 반영하여 발표주제에 대한 전체적인 내용을 간단히 요약하여 설명하여 이해 당사자가 신뢰성을 확보하도록

그림 1-5 프리젠테이션 내용구성

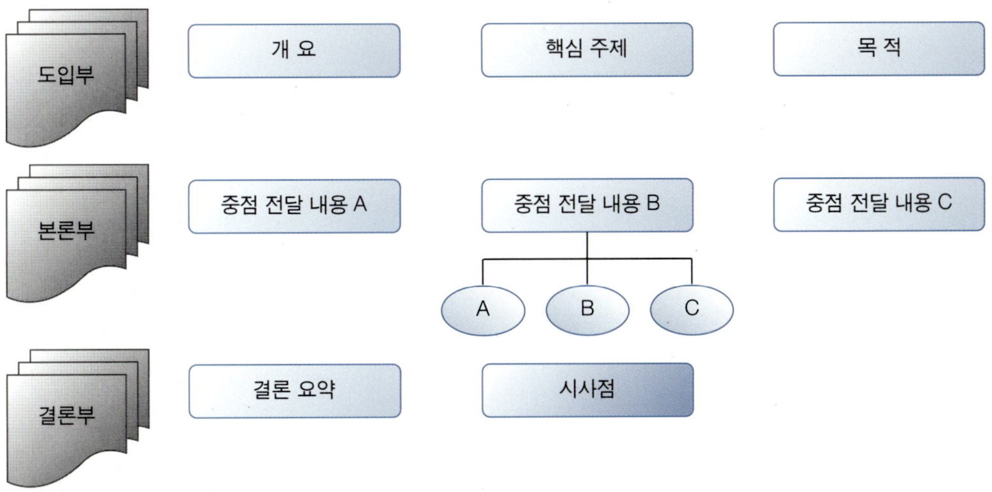

하는 것이 필요하다. 발표주제에 대한 관심과 흥미유발은 이해 당사자와 소통하고 공감하기 위한 것이며, 이해 당사자와 신뢰감을 형성을 통해 설득적으로 내용이 전달될 수 있도록 청중의 집중을 유도하기 위한 것이다. 발표자는 프리젠테이션 발표목적과 개요를 간단하게 설명하면서 자연스럽게 본론으로 들어가면 된다.

둘째, 본론부(Main Subject)는 발표하고자 하는 핵심내용을 3~4가지로 요약하여 전달하고자 하는 내용을 이해 당사자에게 명확히 전달하고 집중할 수 있도록 해야 한다. 단어의 선정과 문장을 연결하는 접속사를 적절히 구사하면서 발표할 내용과 핵심주제에 대하여 역점을 두고, 이해 당사자의 관심도를 체크하면서 프리젠테이션을 진행하면 된다. 프리젠테이션 내용전달은 이해 당사자의 니즈와 관심 등을 고려하여 진행하는 것이 기본이다.

셋째, 결론부(Conclusion)는 마무리하는 단계로 이해 당사자를 집중시킨 다음에 발표했던 내용을 핵심중심으로 요약해서 강조점과 중점전달내용을 다시 한번 강조함으로써 이해 당사자가 전체내용을 이해하고 기억할 수 있도록 할 필요가 있다.

2. 프리젠테이션 자료작성(Presentation Content Writing)

프리젠테이션 자료를 작성할 때는 발표 목적과 내용 그리고 이해 당사자를 고려하여 작성하는 것이 중요하다. 자료작성은 막연한 생각이나 의견, 아이디어 등 추상적인 내용을 언급하는 것이 아니라, 구체적이고 명확한 내용 중심으로 작성해야 한다. 자료작성 프로세스를 살펴보면 우선 전달하고자 하는 내용을 명확히 해야 한다. 그리고 관련정보나 자료를 수집하고 주제별, 내용별로 분류해서 체계적으로 분석하고 분석된 자료를 근거로 실현가능한 대안이 확정되면 발표목적을 고려하면서 자료를 작성하면 된다. 프리젠테이션 자료작성에 있어서 고려해야할 요소는 개념 명확화, 정보조사 및 분석, 자료작성원칙(형식과 구성요소, 레이아웃), 자료작성, 프리젠테이션 시각화, 이미지화(그래프와 차트 활용 등)이다.

프리젠테이션 자료작성 요소

첫째, 개념 명확화(conceptualization)이다. 전달하고자 하는 전체내용을 대변하는 총괄적 표현을 말한다. 작성하고자 하는 내용이 무엇이고 전달하고자 하는 목적이 무엇인지 전체적인 내용을 구상하는 것이다. 개략적인 목차를 결정하는 것도 필요하다.

둘째, 정보조사 및 분석(information gathering & analysis)이다. 프리젠테이션 자료작성

그림 1-6 프리젠테이션 자료작성 요소

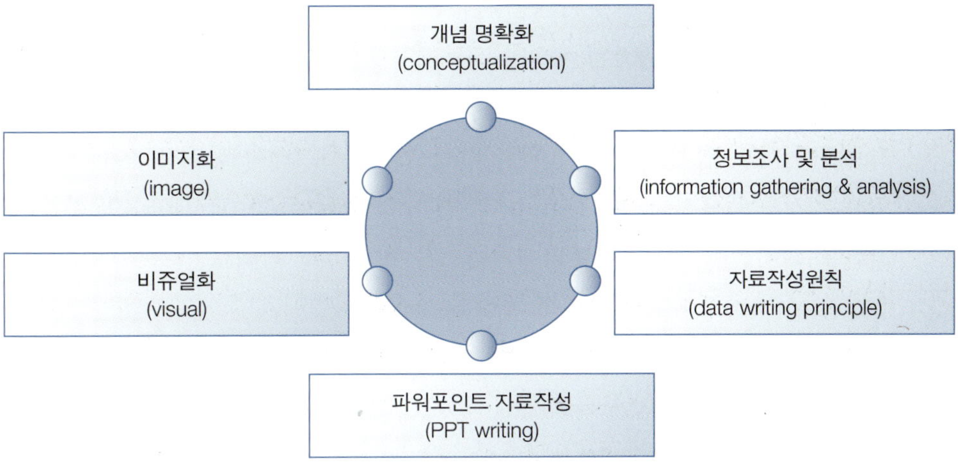

목적과 목표가 결정되면 자료작성을 위해 필요한 정보를 수집하고 분석하여 내용을 구체화하기 위한 것을 말한다. 셋째, 자료작성원칙(data writing principle)이다. 형식결정, 구성요소, 레이아웃결정을 말한다. 형삭결정은 용지반향을 가로형태로 작성할 것이지 세로형태로 작성할 것인지 결정하는 것을 말한다. 구성요소는 메시지(본문에 표현될 핵심적인 전달내용, 정보분석내용 등), 출처(데이터의 신뢰성 보증), 페이지번호, 작성연월일 등을 말한다. 그리고 레이아웃결정은 타이틀분야, 메시지분야, 그림 또는 표 분야를 말하며, 전체적인 가독성과 전달성 등을 고려하여 레이아웃을 배치하고 결정한다. 넷째, 파워포인트 자료작성(PPT writing)이다. 파워포인트(PPT, PowerPoint)작성을 말한다. PPT는 1장 1테마를 기준으로 키워드 중심으로 간결하게 작성하며, 1장에 8행 이내로 작성한다. 그리고 자료의 가독성을 높여 주기 위하여 특수서체를 사용하는 것이 좋고, 바탕체보다는 돋움체 또는 견고딕체 등을 사용하여 작성한다. 그래프, 차트, 그림 등을 적절히 사용한다. 그래프와 차트는 출처를 명가하는 것이 필요하다.

다섯째, 비쥬얼화(visual)하는 것이다. 프리젠테이션 자료작성은 시각화해야 한다는 것이다. 시각화라는 것은 자료를 보다 보기 좋게 작성하여 이해 당사자가 감동적으로 받아들이고 오래 기억되도록 만드는 것이다. 즉, 시각화는 집중도를 높일 수 있고, 의사전달이 용이하며, 전달내용이 오래 기억되게 한다. 또한 전문가적 이미지를 창출하여 신뢰성을 확보할 수 있고, 발표내용을 명확하게 전달해 주며 집중력을 높여주는 효과를 가져 온다. 또한 중요한 부분은 다른 서체나 칼라 등을 이용하여 포인트를 줄 수 있다. 시각자료를 작성할 때는 간결하게 작성하는 것이 중요하며, 시각화 3원칙(칼라, 폰트, 이미지 등)에 근거하여 작성하는 것이 좋다. 칼라는 한 슬라이드에 세 가지 이상의 칼라를 사용하는 것을 자제하고 동일한 계열의 색상을 사용하는 것이 좋다. 폰트(Pont)는 한 장의 슬라이드에 세 가지 이상의 폰트를 사용하면 집중도가 떨어진다. 그리고 정보, 데이터, 내용을 시각적으로 표현하고 쉽게 표현하기 위한 방법으로 인포그래픽을 적용하여 자료의 시각화를 강조하는 것도 중요하다. Inforgraphics은 Information과 Graphics의 합성어로 정보의 시각화를 의미한다. 비쥬얼 프리젠테이션은 정보습득 이해도가 높고 의사전달효과가 높고 일정 시간 경과후에도 기억력이 높다는 것이다.

여섯째, 이미지화(image)이다. 프리젠테이션 자료를 이미지화하는 것이 중요하다. 자료를 작성할 때 그래프와 차트(Chart), 에니메이션(Animation)을 활용하여 이미지를 효율화하는 것이 필요하다. 또한 Animation은 움직이지 않는 영상을 움직이는 것처럼 만들어서 자료의 비쥬얼을 강조한 것이다. 한 장의 슬라이드에 너무 많은 그래프나 통계 자료를 넣는 것은 자제하는 것이 좋고, 차트 작성도 텍스트중심에서 탈피하여 도표화 또는 Pie Chart하는 것이 좋다. 그리고 자료 작성할 때 피해야 할 요소도 있다. 눈을 피로하게 만드는 원색의 칼라 또는 바탕은 피하는 것이 좋고, 유치한 클립 아트(clip art)를 사용하는 것을 자제해야 한다. 너무 난잡한 색을 여러 가지 형태로 사용하지 말고, 복잡성을 피하고 너무 많은 내용을 표현하려고 하는 것도 피하는 것이 좋다.

스토리라인 PPT 작성(StoryLine PPT Writing)

프리젠테이션 자료작성은 고객의 니즈를 고려하고, 이해 당사자의 입장을 고려하여 작성하는 것이 필요하다. 또한 내용전개에 있어 논리적 흐름을 유지하고 다양한 방법으로 내용을 제시할 필요가 있고, 프리젠테이션 자료를 작성할 때는 스토리라인(StoryLine)을 고려하여 핵심내용을 전개하는 것이 효과적이다. 스토리라인에는 PESS 스로리라인, FABE 스토리라인, FREP 스토리라인 등이 있다.

그림 1-7 스토리라인 개발

PESS 스토리라인
(Point, Example, Solution, Summary)

PREP 스토리라인
(Point, Reason, Example, Point)

FABE 스토리라인
(Reature, Advantage, Benefit, Evidence)

PESS 스토리라인은 프리젠테이션 자료작성에 있어 기본적이다. 결론, 요약, 핵심을 먼저 언급하고(point), 사례와 객관적 자료 및 증언 등을 예로 들어 표현하고(example), 방법과 해결책을 제시하며(solution), 전체를 한마디로 요약(summary)하는 것이다. FABE 스토리 라인은 신제품을 제품 또는 서비스 관련 프리젠테이션 자료를 작성할 때 일반적으로 사용하는 스토리라인이다. 기능과 성능 및 사양 등을 언급하고(feature), 제품이나 서비스 관련 특성 등 차별적 특성을 고려하고(advantage), 소비자가 누리는 가치 즉 경제, 사회, 심리적 혜택을 제공하고(benefit), 구체적인 근거 및 자료 등을 제시(evidence)하는 것이다. PREP 스토리라인은 PESS 스토리라인과 비슷하며 프리젠테이션 자료를 간단하게 작성할 때 주로 사용하는데, 결론과 핵심내용을 제시(point)하고, 구체적 근거를 제시해야 하며, 사실관계와 사례, 통계자료 등을 활용하여 신뢰성을 확보해야 하며, 결론과 주장 및 제안을 다시 강조하는 것이다.

피라미드 구조 PPT작성(Pyramid PPT Writing)

프리젠테이션은 이해 당사자 또는 의사결정권자를 설득하여 사고의 변화를 일으켜 목적을 달성하는 행위이다. 이러한 행위를 이끌어내기 위해서 만드는 보고서가 프리젠테이션 보고서이다. 바바라 민토(Babara Minto, 여성컨설턴트)는 피라미드 구조식으로 프리젠테이션 자료를 작성해야 간결하고 핵심적이고 보고서를 작성할 수가 있다고 했다. 즉, 피라미드 구조식 자료작성은 결론메시지를 언급하고 그 결론메시지를 입증하는 핵심내용을 언급하고, 핵심내용을 입증하는 사실, 근거를 제시하는 것을 말한다. 이처럼 피라미드 구조식으로 보고서를 작성해야 함축적이고 집중화된 보고서를 작성할 수 있다고는 것이다.

그림 1-8 피라미드 PPT작성

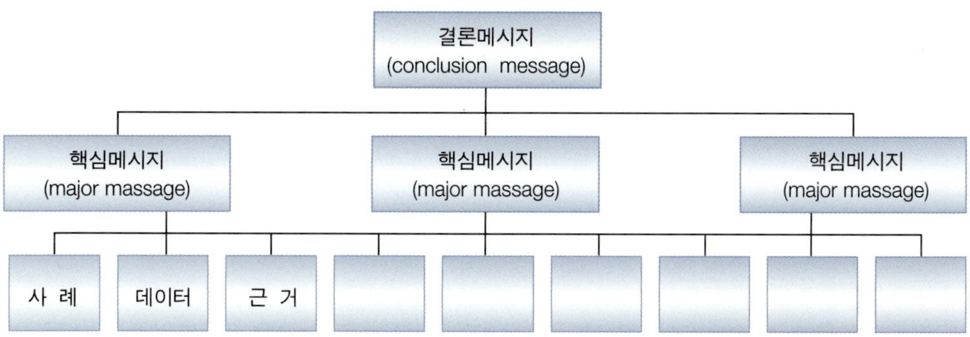

피라미드 구조는 결론메시지, 핵심메시지, 서포트메시지로 구성된다. 결론메시지(conclusion message)는 전달하고자 하는 핵심메시지를 함축하여 명료하게 피력하는 것이다. 핵심메시지(major massage)는 결론메시지를 지지하거나 입증하는 것이며, 구체적이고 논리적 근거를 제시하여 결론메시지를 지지해 줘야 한다. 서포트메세지(support massage)는 핵심메시지를 지지해 주는 사례, 데이터, 근거 등을 제시하는 것이다.

3. 프리젠테이션 발표원칙(Presentation Principle)

성공한 사람들을 보면 모두가 프리젠테이션을 잘 한다는 것이다. 스티브 잡스, 맥아더 장관, 마틴 루터, 오바마 대통령, 빌게이츠 등 나열하기 힘들 정도로 많다. 성공적인 프리젠테이션(Successful Presentation)을 발표하기 위한 원칙을 알아보면 다음과 같다. 우선 철저하게 준비해야 한다는 것이다. 충분한 자료를 조사분석하고 발표내용에 부합하는 지식을 가지고 있어야 하며 발표기술에 대한 연습이 필요하다. 목적이 무엇이며 발표 대상자가 누구인지? 어디에서 발표할 것인지 명확하게 인지하고 있어야 한다는 것이다.

첫째, 발표전략준비(Presentation Strategy)이다. 성공적인 발표를 위해서는 어떻게 발표할 것인지 전략을 준비하고 계획해야 한다. "어디에서? 누구를 대상으로? 어떤 내용을 전달할 것이며? 발표목적이 무엇인지?" 등에 대해 철저하게 전략을 수립하고 발표준비를 해야 한다.

둘째, 커뮤니케이션 스킬(Communication Skill)이다. 즉 전달하는 기술을 말한다. 무엇

그림 1-9 프리젠테이션 발표원칙

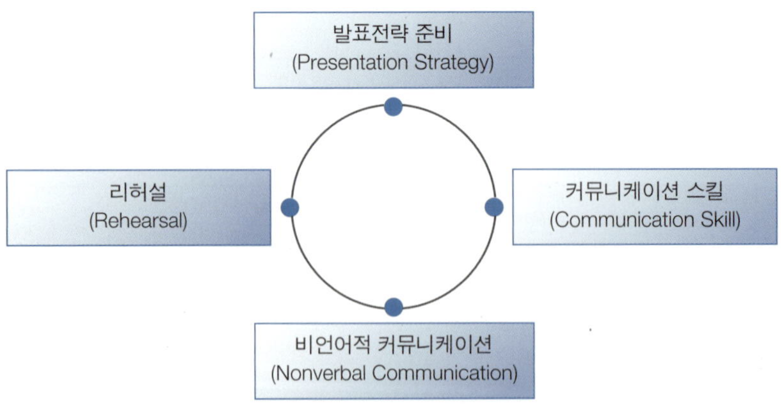

보다도 중요한 것이 발표자의 자신감있는 발표이다. 자신감이 없는 발표는 이해 당사자를 절대 설득하고 이해시킬 수 없다. 아무리 내용이 좋고 준비가 철저해도 발표자의 자신감 없는 목소리와 행동은 청중과 공감할 수 없으며 전달하고자 하는 메시지를 설득력있게 전달할 수 없다는 것이다. 자신감있는 발표를 하기 위해서는 철저한 준비가 선행되어야 하며, 암기하지 말고 발표내용을 이해해야 하며, 발표하기 전에 반복적 리허설을 통해 실전과 같은 연습을 해야 한다. 일반적으로 발표전에 자기소개를 하게 되는데 첫 인상은 전체 분위기를 좌우하는 결정적인 요소이므로 호감가는 자세로 발표하고자 하는 내용을 강렬하고 인상깊게 언급하면서 진행한다. 한편 내용전달을 위해 이해 당사자가 공감하게 만들고 적극적으로 경청하게 만들어야 한다. 발표자와 청중이 상호 공감하지 않은 상태에서 일방적으로 내용을 전달하는 것은 절대 성공적인 발표가 될 수 없다. 따라서 "Two Way 방식으로 Feed Back"를 하면서 메시지를 전달해야 한다.

셋째, 비언어적 커뮤니케이션(Nonverbal Communication)이다. 설득력있는 커뮤니케이션을 위해서는 Body Language를 활용하여 발표하는 것이 중요하다. 즉, 성공적 커뮤니케이션을 위해서는 내용중심으로 전달하는 것이 아니라 시선처리, 몸짓, 손처리, 얼굴 표정 등을 신체적 동작을 통해서 전달하고자 하는 의견이나 메시지를 표현하고 전달하여 이해 당사자를 설득시키는 행위가 중요하다. 시선은 한 곳에 머무르지 말고 이해 당사자를 대상으로 지속적으로 아이컨택(Eye Contact)해야 하며 "one sentence, one Person" 원칙하에 시선처리하고 시선은 한곳에 오래 머무르지 말고 2~3초 정도 머무르면서 공감하는 것이 좋다. 아이컨택은 쌍방향 커뮤니케이션의 기본이다. 또한 프리젠테이션 할 때는 한 곳에 머무르지 말고 움직이면서 설득하는 것이 중요하고, 손은 항상 허리위에서 자연스럽게 움직이면서 제스처하는 것이 필요하다.

비언어적 커뮤니케이션의 중요성을 강조한 엘버트 메러비언(Albert Mehrabian, 캘리포니아 대학교, 심리학자)교수는 1971년 자신의 저서 "Silent Messages"에서 프리젠테이션은 전달하고자 하는 내용이 중요한 것이 아니라, 발표자의 목소리, 말의 속도, 억양 등 청각적 이미지와 Eye Contact, 표정, 제스처 등 시각적 이미지가 더 중요함을 강조하였다. 즉, 프리젠테이션 발표에 영향을 미치는 정도는 언어적 이미지(7%), 청각적 이미지(38%), 시각적 이미지(55%)라고 했다. 그 만큼 프리젠테이션의 발표에 있어서 중요한 것이 비언어적 커뮤니케이션이라는 것이다.

넷째, 리허설(Rehearsal)이다. 성공적으로 발표하기 위해서는 철저하게 리허설을 해야 한다는 것이다. 리허설없이 프리젠테이션을 하지 말라고 강조하고 싶다. 리허설을 통해

그림 1-10 메리비언의 법칙(The law of mehrabian)

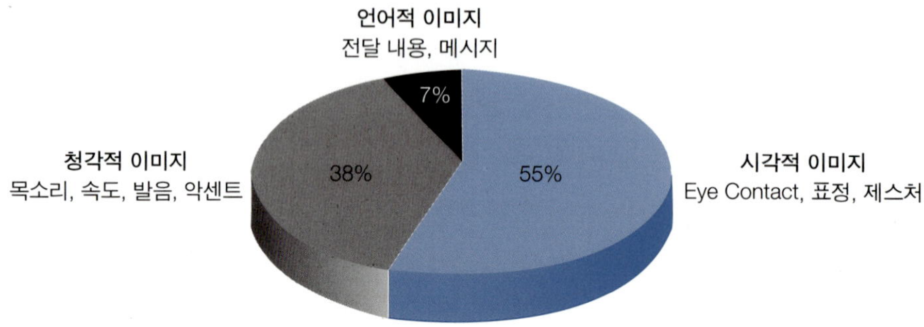

전체적인 발표시간체크와 강조해야 할 부분을 점검하고 전다하고자 하는 메시지를 설득력있게 전달하는 연습을 하는 것이며, 리허설은 자신감있는 발표를 할 수 있는 동기를 제공해 준다. 리허설에도 순서가 있다. 일단 준비된 자료를 낭독해 본다. 다음 중요한 부분이 어디인지 체크하고 리허설모습을 영상 등을 통해 분석하고 문제점을 무엇인지 점검하고 수정하고 보완해야 한다. 또한 리허설은 실전과 같이 해야 하며, 실제로 프리젠테이션 발표장소에서 리허설하는 것이 제일 좋지만 그렇지 못할 경우 제3의 장소를 활용한다. 리허설을 할 때 비언어적 커뮤니케이션 요소를 적극 활용하여 리허설을 해야 한다.

제3절 프리젠테이션 면접(Presentation Interview)

1. 면접유형(Interview Category)

면접유형에는 단독면접(일대일 면접, 일대다 면접), 집단면접, 집단토론면접, 프리젠테이션 면접, 영어인터뷰 면접, 다차원면접(술자리, 압박, 요리, 등산, 스포츠 등)등 여러 가지 종류의 면접이 있다.

첫째, 단독면접(Individual Interview)이다. 면접자 한 사람을 대상으로 면접관 1명 또는 다수가 질의하고 응답하게 하는 면접으로, 집중적으로 지원자의 역량과 자질을 평가한다. 그리고 단독면접은 면접자가 가장 부담을 느끼는 면접유형으로 면접관 전원이 지원자를

그림 1-11 프리젠테이션 면접유형

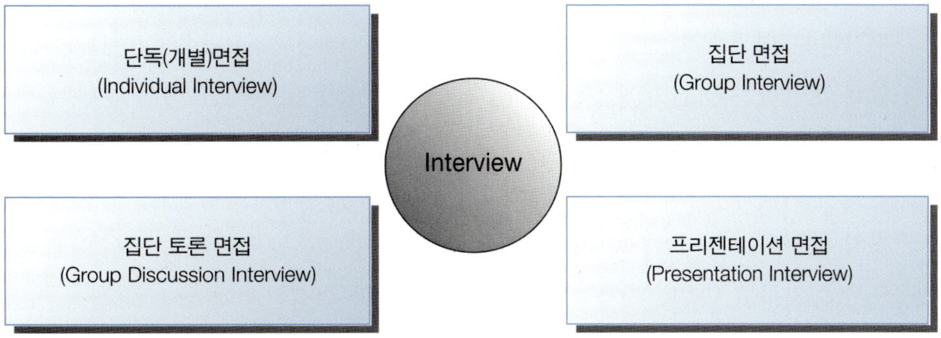

관찰하고 있다는 사실을 유념해야 하며, 다수(4~5명 정도)의 면접관이 1명의 지원자에게 질의하고 평가하는 경우도 많이 있다.

둘째, 집단면접(Group Interview)이다. 다수의 면접관(3~5명)이 다수의 지원자에게 질문하고 답변내용과 태도 등을 평가하는 면접이다. 다른 지원자와 비교되기 때문에 답변내용과 태도가 중요하고 다른 지원자의 답변을 경청하는 태도도 평가에 영향을 미치므로 적극적으로 경청하는 자세가 필요하다. 다른 지원자가 경쟁상대이지만 협조적 마인드로 대응하는 것이 필요하고, 상대방의 의견을 인정하면서 자신의 주장을 피력하는 것이 필요하며, 상대방을 비방하는 자세는 바람직하지 않다.

셋째, 집단토론면접(Group Discussion Interview)이다. 주어진 주제에 대해 지원자들끼리 토론하게 하면서 지원자의 표현력, 발언내용, 토론자세, 리더십, 설득력, 조직적응력 등 토론태도와 직무지식을 관찰하고 평가하는 면접이다. 지원자(5~10명)들이 자유롭게 토론하는 모습을 평가(30분~1시간)하는 면접으로 지원자 여러 명을 동시에 상대적으로 비교 관찰이 가능하다. 집단토론면접에서는 다른 지원자의 발언내용을 경청하고 주제이외의 발언을 삼가야 하며, 자기만 돋보이고자 유별나게 보이려는 것도 자제해야 한다. 토론주제에 결론을 내는 것에만 집착하지 말고 자신의 의견을 논리적이고 설득력있게 피력하는 것이 중요하다. 또한 전체적으로 토론분위기를 이끌어 자신의 발언이 면접관들에게 각인되도록 하는 것도 필요하다. 발언시간과 횟수가 지나치게 많거나 적은 것은 피해야 하며, 지나친 흥분과 과격한 언동(지나친 공박, 남의 말차단)은 절대 삼가야 한다. 한편 주제에 대해 자신이 없을 경우 다른 지원자의 발언을 경청한 후 자신의 생각과 의견을 피력하고 메모 등을 통해 정확성과 신뢰도를 부각하는 것도 필요하다.

넷째, 프리젠테이션 면접(presentation interview)이다. 전달하고자 하는 주제 또는 이슈에 대하여 주어진 시간에 분석하여 전달하는 과정에서 직무수행능력과 경영실무능력을 평가하는 면접으로 전달하고자 하는 내용을 바디랭귀지(Body Language)를 통해 설득력있게 전달하는 면접이다. 서류전형 등을 통해 선발된 인재를 직접 만나서 직무전문성, 커뮤니케이션 능력, 문제해결능력, 프리젠테이션 스킬능력 등을 평가하는 것이다. 면접하기 전에 준비해야 할 사항은 지원회사의 경영이념과 철학, 주력제품, 경영상황 등에 대해 철저히 분석하고 제출한 지원서류에 대한 질문빈도가 높으므로 지원서류에 대한 내용을 반드시 숙지하고 답변논리를 개발해야 한다. 또한 경쟁관계에 있는 경쟁사 경영환경을 분석하고 지원분야에 대한 철저히 분석해야 한다. 면접답변할 때 기본요령은 자신 있는 분분에서 전략적으로 자신감있는 단어를 사용하여 승부해야 한다. 단답형 질의응답이 되지 않도록 해야 하며, 면접관의 질문의도를 명확하게 파악하고 설득력있게 답해야 하며 적극적 경청자세를 보여주어야 한다. 또한 실수를 해도 당황하지 말고 자신의 의견을 자신감있게 피력해야 한다. 반면에 답변할 때 피해야 할 자세는 불안하고 자신감없는 시선처리와 단답형답변이 되지 않도록 하고, 말끝을 흐리거나 부정적 답변은 자제하는 것이 좋다.

2. 프리젠테이션 면접프로세스(Presentation Interview Process)

전문지식이나 사회적 이슈에 대해 자신의 의견을 제시하는 것이 중요하다. 프리젠테이션 면접주제는 자기소개, 특정 직무 및 사회이슈, 회사와 관련있는 자료발표 등 다양하다. 자기소개 프리젠테이션은 자신의 역량과 강점 등을 강조하고 지원동기 등을 구체적으로 언급하는 것이 필요하며 지원직무에 대한 역량 등을 강조하여 자신의 직무수행능력을 강하게 피력하는 것이 중요하다.

또한 특정 직무 및 사회이슈 관련 프리젠테이션은 핵심내용을 개괄적으로 설명하고 문제점과 이슈내용을 간단하게 요약하고 향후방향과 방안을 제시하는 것이 필요하다. 그리고 회사자료를 근거한 프리젠테이션 면접은 회사의 발전에 중점을 두고 발표하는 것이 필요하고, 문제점을 표현할 때는 대안까지 제시하여 설득력을 높이는 것이 필요하다.

프리젠테이션 면접발표는 발표주제에 대해 명확한 입장을 전달하는 것이 당연히 중요하지만, 감동적이고 핵심적 내용을 강조하면서 설득력있게 자신의 입장을 언급하는 것이 중요하다. 우선 발표에 앞서 발표자와 관련있는 핵심적이고 간략하게 자신을 소개한다. 즉, 이해 당사자에게 발표자에 대한 신뢰와 관심을 유도하는 것이다. 그리고 발표하고자

그림 1-12 프리젠테이션 면접 프로세스

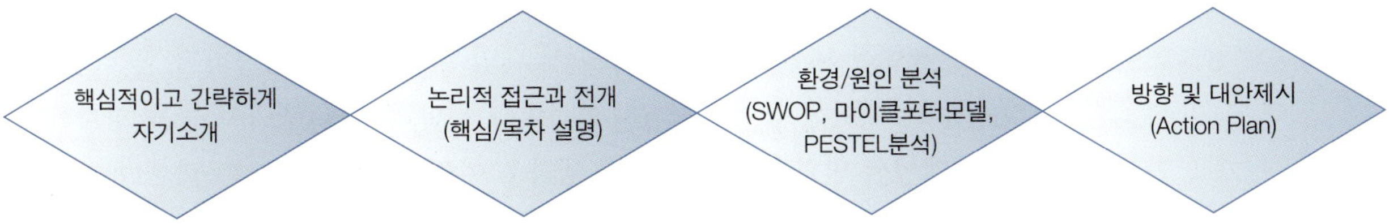

하는 내용에 대해 목차와 핵심내용을 언급하면서 논리적으로 접근해 나가는 것이다. 그리고 발표하고자 하는 주제에 대하여 환경분석과 원인분석 등을 통해 이슈를 철저하게 분석하는 것이 중요하다. 여기서 환경분석과 원인분석에 활용하는 분석기법으로는 SWOT분석, 마이클 포터의 5 모델분석, PEST분석 등을 실시한다. SWOT 분석은 내부환경을 분석하여 강점(Strength)과 약점(Weakness)을 발견하고, 외부환경을 분석하여 기회(Opportunity)와 위협(Threat)요인을 찾아서 외부의 기회와 내부의 강점 간에 전략적인 적합성을 찾아내는 동시에 외부적인 위협에 대처하고 내부적인 약점을 보완하는 길을 모색하는 과정으로 현안을 분석하고 방향과 대안을 제시하는 분석기법이다.

마이클 포터의 5 Force Model 분석은 시장경쟁요인, 사업매력도 파악, 미래산업환경 예측, 경영환경전망 등을 분석하는 것으로 잠재적 진입자, 구매자협상력, 세분시장내 경쟁자, 대체품 및 서비스위협, 공급자협상력 등 5가지 요소를 분석하는 것이다. PESTEL 분석(Political, Economic, Social, Technological, Environmental, Legal)은 미래 성장잠재력과 방향, 전망 등을 이해하고 전략을 수립하는데 필요한 분석이다. PEST분석은 경영기획 및 비즈니스 모델개발, 마케팅계획, 신제품개발, 유통과 가격전략, 시장성장과 축소, 사업포지셔닝, 사업방향 등을 파악하고 분석하는데 효과적인 분석도구이며, 정치적 분석, 경제적 분석, 사회적 분석, 기술적 분석을 통해 환경과 원인을 분석하는 것이다. 끝으로 방향과 대안을 제시하고 구체적인 실행계획 또는 시사점을 도출하고 프리젠테이션 행위를 통해서 이해 당사자를 대상으로 설득력있게 발표하는 것이다.

3. 프리젠테이션 면접평가(Presentation Interview Evaluation)

프리젠테이션 면접에서는 발표자의 직무 전문성, 커뮤니케이션 능력, 문제해결능력, 프리젠테이션 스킬 등을 평가 한다. 직무 전문성은 지원분야에 대한 이해, 직무수행능력과 업무수행능력, 업무적합성, 전문지식 등을 평가하고, 커뮤니케이션 능력평가는 의사표현 능력, 자신감과 표현력, 적극적 경청 태도 등을 평가한다. 또한, 문제해결능력은 창의력/논리력/비판력, 문제해결 대안제시, 현안 이슈에 대한 대응력 등을 평가하며, 프리젠테이션 스킬평가는 프리젠테이션 능력과 스킬, 설득력과 전달력, 바디랭귀지 등을 평가한다. 한 마디로 프리젠테이션 면접은 자기 자신의 생각을 이해 당사자에게 설득력 있게 전달하여 자신이 원하는 목적을 달성하기 위한 것으로, 사회로 진출하기 위해 반드시 넘어야 할 허들(Hurdle)이며, 프리젠테이션 기술은 사회에 진출해서도 개인뿐만 아니라 조직의 목표 달성과 경쟁력 확보를 위해서 반드시 갖추어야 할 절대적인 요소이다.

그림 1-13 프리젠테이션 면접평가 요소

직무 전문성
- 지원분야에 대한 이해
- 업무수행 적합성
- 직무수행 전문지식

커뮤니케이션 능력
- 의사표현 능력
- 자신감, 표현력
- 적극적 경청(Active Listening)

문제해결 능력
- 창의력, 논리력, 비판력
- 문제해결 대안제시
- 현안이슈 대응력

프리젠테이션 스킬
- 프리젠테이션 능력/스킬
- 설득력, 전달력
- Body Language(제스처, Eye Contact 등)

제 2 장

협상기술과 전략 (Negotiation Skill & Strategy)

제1절 협상의 기술(Negotiation Skill)

1. 협상개념(Negotiation Concept)

의견불일치 또는 합의되지 않은 공통의 관심사에 대해 상호만족할 만한 수준으로 합의에 도달하기 위해 쌍방향 의사소통을 통해 상호만족할 만한 수준으로 협의하고, 이해시키고, 교섭하는 과정을 협상(negotiation)이라고 한다. 따라서 협상은 원하는 것을 얻기위한 상호 커뮤니케이션하는 것이며, 이해 당사자가 함께 최적의 합의조건을 만들어가는 과정이다. 또한 서로의 기대를 일치시켜 가는 것으로, 상호합의를 돌출하기 위해 제안하고 논의해 가는 행위이다. 협상의 어원은 라틴어 negotium(neg 아니다 + otium 여가시간)에서 유래했으며, "not leisure", 즉 휴식이 아닌 일이나 사업을 의미한다. 따라서 서양에서는 옛날부터 협상은 일 또는 사업이라고 했으며 따라서 협상은 사업을 하는 것이다. 또한 협상은 프랑스어로 negociacion이며, 사람 다루기 또는 사람과의 상호거래를 의미한다.

협상을 한 마디로 정의하기는 쉽지 않으며 학자에 따라 다양하게 정의하기도 한다. 리처드 쉘 (펜실베니아 와튼 스쿨, Richard Shell)교수는 협상상대로부터 무엇을 얻고자 하거나 상대가 자신으로부터 얻고자 하는 상호작용의 의사소통과정이라고 했고, 모란과 해리스(Moran, R & Harris, P)는 상호이익이 되는 합의에 도달하기 위해 둘 이상의 당사자가 서로 상호작용을 통해서 갈등과 의견의 차이를 줄이고 해결해 나가는 과정이라고 했다. 또한 Thompson(1998)에 따르면 협상은 둘 또는 그 이상의 주체들이 희소자원을 어떻게 분배할 것인가에 관해 동의를 이루어 가는 의사결정과정으로도 이해할 수 있으며, Bazerman & Neale(1983)은 협상을 복수의 당사자들이 갈등적인 이해관계를 해결하기 위해 공동의 의사결정을 하는 과정으로 정의하고 있다. 협상개념을 주체, 대상, 방법, 이유의 측면에서 해석하면, 협상은 둘 이상의 당사자들이 공통의 이익이나 이익의 갈등상황에서 논리와 추론에 기초한 객관적이며 합리적인 정보를 바탕으로 의사결정과정을 통해 갈등을 해결하고 상호이익을 위해 노력하는 일련의 과정을 협상이라 할 수 있다.

세상을 살아가는 자체가 연속적인 협상과정이라고 생각되며, 협상은 개인과 개인 간의 협상뿐만 아니라 개인과 집단, 집단과 집단, 국가 사이에서 수많은 협상이 존재한다. 협상을 할 때 기본은 문제와 사람을 분리해서 진행해야 하며, 입장뒤에 숨은 이해관심사를 분석해야 한다. 또한 상호이익이 되는 대안을 돌출하되 상대방의 입장을 분석해야하며, 객관성있는 기준과 공정한 절차에 따라 협상이 진행되어야 한다. 또한 협상의 목적은 원하는 욕구의 충족이며 상호 Win & Win하기 위해 합의에 이루도록 협의해 가는 것이다. 또한 협상은 자신의 몫을 지키려는 방어적 본능을 가지며, 상대의 몫을 빼앗아 자기의 몫으로 만들려는 공격적인 본능을 가지고 있다. 인간이 살아가면서 모든 생활의 전부가 협상이라고 말해도 과언이 아니다. 협상은 상호타협을 통해 서로 원하는 것을 얻는 것을 목표로 한다. 협상의 주요 요소는 주제, 관계, 과정, 결과이다. 주제는 구체적인 목적을 달성하는데 중요하며, 관계는 협상상대자와 실질적인 교섭관계를 수립하는 것이고, 과정은 활발한 대화과정과 대화행동을 돕기 위해 회의장소와 시간을 결정하는 것으로 기본적인 규칙과 절차를 설정하는 것이다. 그리고 결과는 긍정적인 변화를 이루는 실제적인 결과를 성취하기 위한 협상이 되는 것을 말한다.

협상의 중요성을 점점 더 강조되고 있는데 왜 협상이 중요한지 살펴보면 비즈니스 형태가 다양해지고 노동인력의 다변화와 고객욕구의 다양성, 사회계층간 이해가 상충되고 경쟁구도가 형성되고 사회구조가 복잡하고 다양화 되고 있을뿐 아니라, 시장이 글로벌화되면서 각종 갈등이 발생되고 있어 협상의 중요성이 날로 증가되고 있다.

협상은 갈등을 해결하기 위한 과정이다. 갈등이란 둘 이상의 이해 당사자가 상호조화 또는 합의를 이루지 못하는 상태로 경쟁적이거나 적대적 행위를 유발하는 상태를 말한다. 갈등이 발생하게 되는 이유는 제한된 자원과 서로 다른 목표와 목적 때문에 발행하게 된다. 갈등은 이해가 상충되고 충돌되는 상황으로 자신과 자신, 개인과 개인, 개인과 집단, 집단과 집단 사이에서 서로 추구하는 욕구가 다르기 때문에 갈등상황이 발생하게 된다. 제한된 자원으로 인해 한쪽이 더 많이 가지면 다른 한쪽은 상대적으로 적게 가질 수밖에 없는 구조 때문에 갈등이 생긴다. 이러한 현상을 제로섬 게임(zero sum game)이라고 한

그림 2-1 갈등발생 원인

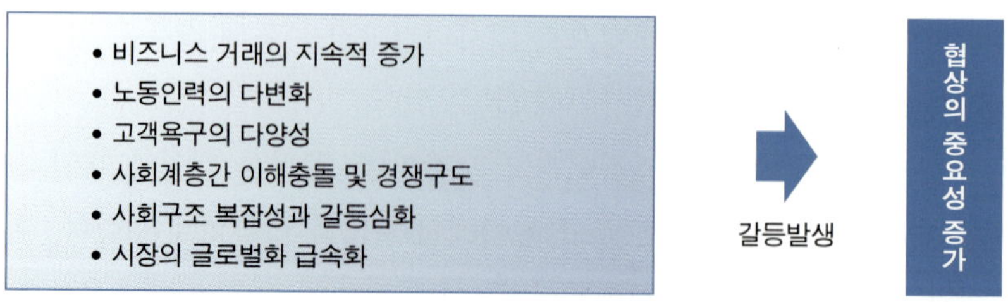

그림 2-2 갈등해결 프로세스

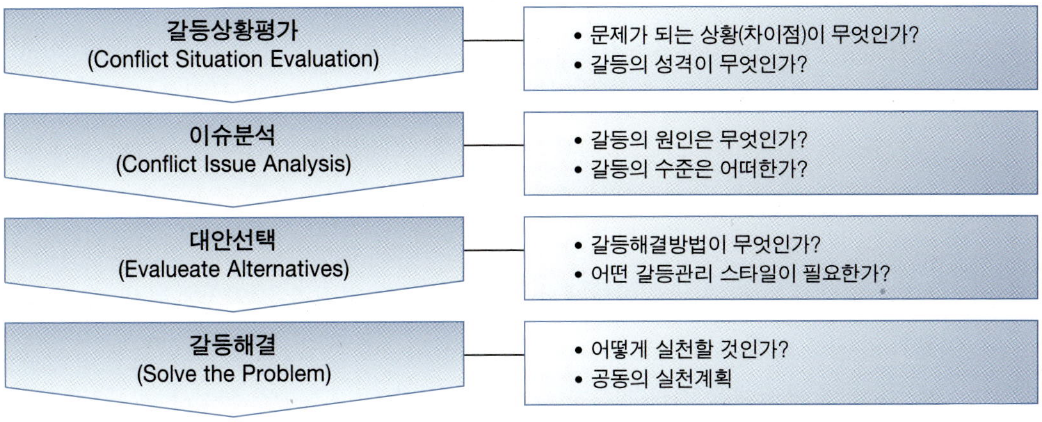

다. 서로 다른 목표와 목적으로 인한 갈등은 서로가 다른 욕구를 지니고 있기 때문에 발생한다. 상호목표와 목적이 크게 다른 경우 신체적, 심리적 고통을 수반할 뿐만 아니라, 불필요한 시간낭비와 소모적 논쟁으로 인해 소통의 파괴까지 가져온다. 조금 더 구체적으로 들어가면 갈등의 발생은 공무원과 민원인, 조직내부 및 타부서, 이해 당사자(국가, 조직, 개인 등), 상사와 부하, 고용자와 사용자, 소비자와 생산자, 가정에서 자녀와 부모, 심지어는 주말에 나들이 가기 위한 계획을 수립하는 과정에서도 갈등은 발생하고 있다.

이러한 갈등을 해결하기 위해서는 사전에 문제를 해결하는 것이 최상의 방법이겠지만 발생된 갈등은 상호협상을 통해 해결해야 되기 때문에 협상의 중요성을 날로 증가하고 있는 것이다. 갈등해결 프로세스를 보면 문제가 되는 상황이 무엇인지 갈등상황을 평가하고, 갈등의 원인이 무엇이고 갈등정도(수준)가 어느 정도인지, 갈등의 성격이 부정적 요소인지 긍정적 요소인지 갈등이슈를 분석해야 한다. 한편 갈등해결방법이 무엇인지 갈등의 원인을 파악하고 갈등정도와 수준을 진단하여 대안을 강구해야 한다. 또한 대안선택이 끝나면 어떻게 갈등을 해결할 것이고 어떻게 대응하고 실천할 것인지 대안을 선택하여 상호합의에 이루도록 갈등해결을 하고 진단과 대안이 선택되면 어떻게 실천할 것인지 실천계획을 수립해야 한다.

2. 협상 프로세스(Negotiation Process)

협상을 하기 전에 협상준비를 하는 것은 너무나 당연하지만 어떻게 준비를 해야 협상에서 원하는 결과를 얻을 수 있는지가 중요하다. 협상을 위해 무엇을, 어떻게 준비할 것인가? 협상준비의 기본은 먼저 정보를 수집 및 분석한다. 그리고 협상관련 환경을 분석하고 협상계획과 대안을 구체적으로 수립하고 협상일정과 장소를 조율하면서 협상준비를 구체적으로 진행한다. 협상하기 위해 정보를 수집 및 분석하는 것은 당연하면서도 너무 중요하다. 정보를 수집하는데 어디에서, 어떤 정보를 수집할 것인가? 협상 대상자에 따라 정보를 수집하고 분석하는 범위와 형태가 다르다. 협상 당사자와 관련있는 정보를 다방면으로 수집 및 분석해야 한다(신상정보, 경영철학, 이미지, 스타일, 관심사, 협상스타일, 과거 사례, 주변인물 등). 그리고 유리한 협상을 진행하기 위해 앞서 언급한 SWOT 분석, 마이클 포토의 Five 모델분석, PESTEL 분석을 한다. 또한 협상준비를 한다. 협상단계별로 어떻게 해야 하며, 협상 참여자의 업무분장, 협상자 역할 등을 준비하여 성공적 협상을 진행한다. 그리고 구체적인 협상계획과 대안을 준비해야 한다. 협상에 앞서서 어떤 방법과 형식으로 협상에 참여할 것인지 협상범위와 다양한 대안을 준비해야 한다. 철저한 준비는 협상에서 반드시 성공하기 위한 것으로 협상의 신뢰성을 높이고 유리한 협상을 이끌 수 있기 때문이다. 그리고 만약의 경우에 협상에서 결렬되었을 경우 어떻게 해야 할 것인지에 대한 협상결렬시 대안도 준비해야 한다. 한편 협상준비를 하면서 협상일정과 장소에 대한 협의를 진행하게 되는데 협상장소결정은 협상에 있어 너무 중요한 문제이다. 협상장소는 협상의 주도권과 관련있는 문제이므로 유리한 곳을 선점하는 것을 불가피하지만 서로 유리한 곳을 협상장소로 원하기 때문에 합의가 이루어지지 않을 경우, 제3의 장소를 대안으로 결정

그림 2-3 협상대응 준비

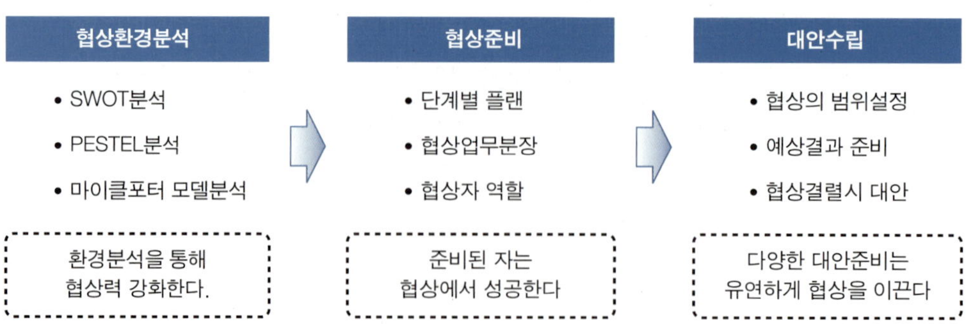

하면서 장소를 합의하는 것이 일반적이다.

3. 협상역량(Negotiation Competency)

협상가의 능력과 자질은 성공적 협상을 위해 중요한 요소이다. 아무리 협상관련 정보 수집과 분석, 그리고 대안준비를 철저하게 해도 협상가의 협상력이 부족하거나 협상자질에 문제가 있으면 성공적 협상을 할 수가 없다. 또한 협상가는 상대를 설득하면서 적극적인 의사소통을 하여 상대의 마음, 생각, 의도를 원하는 방향으로 유도하는 커뮤니케이션 스킬이 필요하다. 또한 프리젠테이션 기술과 설득력있는 비언어적 커뮤니케이션 스킬과 적극적이고 공감적인 경청기술이 중요하다. 한편, 협상을 하면서 다소 상대가 강한 표현 또는 나의 감정을 자극하는 행동과 언행을 하더라도 참고인내하는 감정을 통제할 수 있어야 한다. 뿐만 아니라 비즈니스를 할 때 이해 당사자의 문화를 이해하고 문화에 걸 맞는 매너와 에티켓을 통해 협상에서 상대의 마음을 상하게 하는 일이 없도록 글로벌리더십로서의 자질이 필요하다.

그리고 협상가는 협상결렬에 대비하여 차선책을 준비해야 하며, 양보를 할 때는 상대에게 양보가 크게 보이게 해야 하며, 또한 상대가 많은 이야기를 하게 하여 상대의 의도를 파악하고, 상대방의 요구에 즉각적으로 대응하는 것을 삼가해야 한다. 뿐만 아니라 상대방의 마감시간을 최대한 활용하여 유리한 협상결과를 가져오는 것도 잊지 말아야 한다.

모든 사람은 매일협상하면서 생활한다. 회사에서 상사와 부하 간에 업무협상을 하고, 물건을 저렴하게 구매하기 위해 판매원과 협상하고, 공정하게 집안일을 분담하기 위해 가족과 협상하고, 심지어는 저녁메뉴를 결정하기 위해 협상을 진행한다. 이러한 협상에서 성공하기 위해 필요한 협상요소는 협상지식과 정보, 협상력, 협상스킬 등이다. 첫째, 협상지식과 정보(Knowledge & Information)는 협상을 진행할 때 협상주제 및 협상대상자, 협

그림 2-4 협상역량 요소

상목표와 관련된 지식과 정보를 말하며, 협상에서 성공하기 위한 필수적인 요소이다. 둘째, 협상을 하면서 위험한 상황이 발생되었을 경우 위험도를 다루는 능력과 협상조건의 조율과 협상정보를 활용하는 협상력(Negotiation Power)이 필요하다. 셋째, 협상에서 성공하기 위한 협상스킬(Negotiation Skill)이다. 협상을 할 때 정보와 지식, 협상력도 중요하지만 협상자의 협상준비와 기획력, 자신감과 인간관계기술이 필요하다. 또한 의사소통스킬과 프레젠테이션 능력, 협상을 진행하면서 위기상황이 발생했을 경우 신속하게 대처하는 위기대처능력 등이 성공적 협상을 위해 필요한 협상기술이다.

제2절 협상원칙과 전략(Negotiation Principle & Strategy)

협상은 어떤 사람이 다른 사람으로부터 무엇인가를 원하고 그것을 얻기 위해 합의점을 찾아가는 상호 커뮤니케이션 과정이다. 또한 협상과정에 관여된 당사자가 협상이 끝날 때까지 자신이 원하는 것을 얻으려고 노력하는 과정이며, 협상은 타협과 합의가 목표이다. 그리고 이해 당사자의 입장뒤에 숨어있는 이해관계에 초점을 두고 실체적인 것과 비실체적인 것을 구별할 줄 알아야 한다. 뿐만 아니라 협상은 상호이익이 되는 방향으로 다양한 가능성을 만들어가는 과정이며, 공정한 절차와 원칙에 근거해 객관적으로 전개해야 한다는 것이다. 협상에서 문제해결접근법은 이해 당사자가 서로 이해관계의 대립이 있을 때 당사자들의 근원적 이해를 파악하고, 분석하여 상호입장교환과 절충과정을 통하여 해결하는 것으로 협상은 한 마디로 문제를 해결하여 많은 것을 얻는 커뮤니케이션과정이다. 따라서 협상의 전략은 다양하게 존재하고 있다. 당사자는 자신의 목적, 상대방의 목적, 상황적 요인에 따라서 다양하게 전략을 구사하여 협상을 성공적으로 할 수 있고, 문제를 해결하고 많은 것을 얻기 위해서는 협상원칙과 전략이 필요하다.

1. 협상의 유형(Negotiation Category)

협상은 분배협상과 통합협상이 있다. 분배협상(distributive negotiation)은 거의 양보하지 않는 협상이며, 확정된 가치를 분배하는 과정으로 확정된 몫(fixed pie)의 분배라고 한다. 즉, 한쪽이 이익을 보면 다른 한쪽에서는 손해를 보는 win-lose협상으로 제한적인 자원을 누가 더 많이 획득하는 것이 목표이다. 돌아갈 몫이 많지 않으며, 배분될 비율은 가변적이고, 한 사람의 이득이 다른 사람의 손실이 된다는 가정 때문에 zero-sum game 또는 win-lose협상이라고 한다. win-lose협상은 상대방의 약점을 알아내기 위해 상대방에 관한 정보를 많이 얻고 분석할수록 합의 가능성이 높고, 상대방의 약점을 추론하고 발견하는 것도 중요하다.

또한 상대방이 약점을 바꿀 수 있는 정보를 제공하고 설득하는 것이 필요하다. 따라서 협상이 결렬될 가능성이 높으므로 협상결렬시 어떻게 대응할 것이지 차선책을 반드시 준비하는 것이 필요하다. win-lose 협상을 할 때 고려해야 할 점은 유리한 협상을 위해 협상장소와 시간선택에 신중을 기해야 하며, 협상결렬시의 차선책을 반드시 준비해야 한다. win-loss협상은 양보에 신중해야 하며, 상대방의 요구에 즉각적으로 대응하지 말아야 한다. 상대방이 더 많이 말하게 하고 기대치를 낮춰야 한다. 손해가 없는 양보를 크게 보이게 하는 것도 필요하며, 상대방의 마감시간을 알고 그것을 최대한 이용하는 것도 중요하다.

통합협상(integrative negotiation)은 협상 당사자들이 자신들의 이해관계를 통합해 합의를 도출해 냄으로써 서로 극대화된 이익을 얻기 위해 협력하는 협상을 의미한다. 상호협조를 통해 양쪽이 모두 이익을 얻을 수 있고 상대방의 견해와 주장, 논리에 대하여 서로 믿고 협력하고 타당성을 인정하며 상호협조에 의해 이해 당사자 모두가 이익을 얻을 수 있는 win-win 협상이다. 가치창출과 자기몫획득이 동시에 추구되므로 통합이란 용어는 협력을 포함하며, 통합협상은 이해기반이나 원칙협상을 말한다.

win - win 협상에서 성공하려면 공동의 목적, 공유된 목적, 협력의 목적을 가져야 한다. 공통의 목적은(common goal)은 쌍방이 모두 공유하고 서로 협력하지 않으면 결코 이

그림 2-5 협상유형

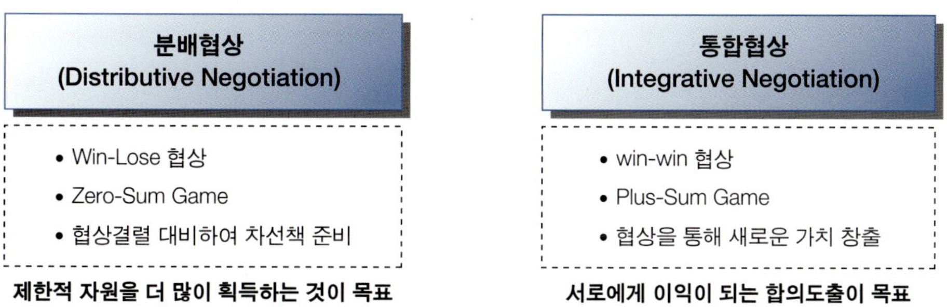

룰 수 없는 목표를 말한다. 공유의 목적(shared goal)은 쌍방이 공유하고 있지만 결과에 대한 보상은 다른 것으로 한쪽이 더 많은 보상을 받을 수는 있지만 상대방도 전보다 나은 보상을 받는 것이다. 협력의 목적(joint goal)은 서로 다른 목표들을 가지고 있어도 서로 협력하기로 결정하고, 서로 협동하는 것이 서로에게 이익이 된다는 것을 인식하는 것으로, 상대방의 문제해결 능력을 믿고 신뢰성을 인정하며, 쌍방의 견해, 논리, 주장에 대하여 서로 믿고 타당성을 인정하면서 협상하는 것이다. 통합협상은 서로 협력하면 더 많은 결과를 얻을 수 있다는 사실을 확인하고 인정하면서 서로에게 코멘트하면서 협상을 진행하는 것으로 확실하고 분명한 의사표현이 협상과정에서 중요하다. 협상 당사자들이 이해관계를 협의하여 도출해 냄으로써 서로 이익을 위해 협력하는 성공적 협상이 될 가능성이 높으며, 협상을 통해 새로운 가치를 창출할 수 있는 plus-sum game이라고 한다.

2. 협상전략(Negotiation Strategy)

협상의 원칙은 사람과 문제를 분리해서 생각해야 한다는 것이며, 입장이 아닌 이해관계를 고려하여 협상에 집중해야 한다. 또한 이해 당사자 상호간의 이익을 위한 대안을 찾고 옵션을 개발해야 하고, 주관적 기준에서 탈피하여 객관적 기준에 근거하여 설득력있게 주장해야 한다. 성공적 협상을 하기 위한 협상전략으로는 BATNA 전략, ZOPA 전략, 엥커링전략, 프레이밍전략, 매몰비용전략, 니블링전략 등이 있다.

BATNA 전략

BATNA(Best Alternative To a Negotiated Agreement)전략은 Fisher(하버드대학교, 1981) 교수에 의해 창안된 개념이다. Fisher 교수는 좋은 BATNA를 많이 가지면 가질수록 강한 협상력을 가지고 바라는 협상성과를 창출할 수 있다고 했다. Fisher 교수는 BATNA를 개발하는 세 가지 단계를 제시했는데, 합의에 이르지 못할 경우 취할 수 있는 행동목록을 작성하고, 가능성있는 아이디어를 개선해서 그것들을 실용적 대안으로 전환시키고, 진행중인 협상이 실패하는 경우 당사자가 선택할 수 있는 최선의 대안을 선택하도록 제시하는 것이라 했다. Fisher 교수의 협상전략은 첫째, 사람과 문제를 분리시키라. 둘째, 입장이 아닌 이해관계에 초점을 맞추라. 셋째, 상호이익이 되는 옵션을 개발하라. 넷째, 객관적 기준을 사용할 것을 주장하라며 4단계로 단계별로 세부전략을 제시했다.

협상에서 합의가 불가능 할 경우 협상당사자가 취할 수 있는 최선의 다른 대안을 의미

그림 2-6 협상전략

하며, 협상에 실패했을 경우에 대비하여 최선의 대안을 준비하여 협상하는 것을 BATNA 전략(BATNA Strategy)이라고 한다. 따라서 BATNA을 많이 개발하여 가지고 있으면 유리한 협상을 할 수 있다는 것이다. 거짓 BATNA를 제시하면서 협상을 압박하거나 재촉하는 경우가 있을 수 있으므로 상대방이 제시하는 BATNA가 객관적 근거에 입각한 제시인지 사실여부를 파악할 필요가 있다. 결국 BATNA는 협상자의 협상력을 증대시키고 유리한 협상결과를 이끌어 낼 수 있는 기능을 가지고 있다. 협상자는 시간의 경과에 따라 점진적으로 조금씩 양보하지 않고, 마감시간 직전에 양보하는 폭이 급격히 증가한다는 것을 인지하고 있어야 한다.

BATNA가 많으면 협상을 하면서 압박도 할 수 있고 차선책을 과감하게 제시할 수도 있으며 상대방의 주장에 대해 굴복하지 않고 강한 주장을 할 수 있다. 또한 양보도 전략(Walk Away Strategy)을 통해 상대의 의사결정을 유도할 수 있다. Walk Away 전략이란 한 마디로 “아니면 말고 전략”으로 그런 식으로 주장하신다면 앞으로 거래를 그만 두겠다며 협상장에서 자리를 박차고 나가 버리겠다는 것을 의미한다. 따라서 Walk Away전략은 협상에서 상대방을 위협하는 수단이 될 수 있다. 그리고 제안은 누가 먼저하는 것이 유리할까? 상대방보다 더 많은 정보와 BATNA를 가지고 있다면 먼저 제안하는 것이 유리하고, 반대로 그렇지 않으면 상대방이 먼저 제안하도록 하고 상대의 기준점이 무엇인지 파악한 후 협상을 진행하는 것이 필요하다.

ZOPA 전략

ZOPA 전략(Zone of Possible Agreement Strategy)은 협상타결이 가능한 범위를 말하며 협상에서 이해 당사자 모두가 받아들일 수 있는 모든 가능한 범위를 만들어서 합의가능한 영역을 만들어서 합의에 이르도록 하는 전략을 말한다. 즉, 합의가능영역은 흥정영역 또는 타협영역으로, 협상이 타결가능한 범위로 합의가능 영역은 두 당사자의 유보치 사이의 영역을 의미한다. 이해 당사자 사이의 협상이 가능하기 위해서는 합의가능영역이 존재해야 하는데, 이해 당사자들의 유보치영역이 중첩되어 긍정적 흥정영역이 존재할 때 협상이 가능해 지고, 유보치영역이 존재하지 않아 합의가능범위가 발생하지 않으면 협상은 이루어질 수 없게 된다. 즉 상대가 생각하고 있는 범위와 내가 생각하고 있는 합의범위의 교차공간이 클수록 협상이 성공될 가능성이 높다는 것이다.

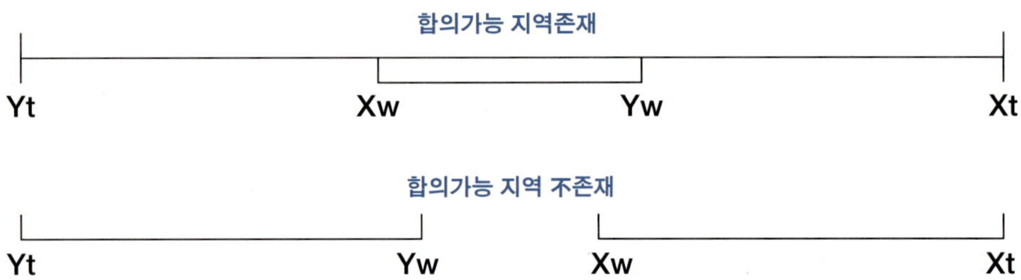

Xw : X의 최대양보가격(Walk-away Price)
Xt : X의 목표가격(Target Price)
Yw : Y의 최대양보가격(Walk-away Price)
Yt : Y의 목표가격(Target Price)

협상가능지역이 존재할 경우, Xw와 Yw지역이 크면 클수록 협상가능성은 높은 것이며, 협상가능지역이 존재하지 않는 경우, 즉 Yw와 Xw의 교차점이 존재하지 않는 경우 협상자체가 이루어지기 어렵다는 것이다. 따라서 성공적 협상을 하기 위해서는 ZOPA 영역을 크게 만드는 것이 중요하다.

Anchoring 전략

엥커링전략(Anchoring Strategy)은 배가 닻(anchor)을 내리면 바람이 불던 파도가 치든 더 이상 움직이지 못하는 것처럼 협상에서 어떤 판단을 내릴 때 초기에 제시된 기준(숫자, 상황 등)이 기준점이 되어 결정하게 된다는 현상으로 정박효과(Anchoring Effect)라고 한다.

Anchoring Effect는 마케팅전략에서도 유용하게 이용하고 있다. 예를 들면 대형할인 매장에 세일행사를 하는데 세일하기 이전의 가격을 표시해 두고 세일가격을 표시하는 것은 소비자가 정상가격을 미리 인지하도록 하여 할인가격이 싸다는 생각을 들게 만다는 것이다. 즉 소비자가 정상가격보다 저렴하다는 인지를 통해 구매를 유도하기 위한 판매기법이다. 명품업체가 매장입구에 최고의 가격제품을 전시하는 것은 판매가 목적이 아니라 다른 명품제품이 싸게 보이도록 하여 소비자의 구매를 유도하는 전략이다. 이와 같이 협상에 있어서 처음에 제안은 공격적으로 과감하게 제안을 하고 추후협상을 통해서 조정과정을 거쳐서 조율해 나가는 것이 유리하다는 것이다. 즉, 처음에 제시된 협상조건이 기준점이 되어 협상과 타협을 통해 성공적 협상을 이끌어 낼 수 있다는 것이다. 이렇게 기준점을 선점하는 효과를 Anchoring Effect라고 하며 쇼핑, 비즈니스, 일상생활 등에서 광범위하게 일어나는 현상이다.

Framing 전략

협상을 진행함에 있어 어떤 현상을 설명할 때 제시하는 방법과 내용에 따라 동일한 사안이라도 이해 당사자가 다르게 생각하고 의사결정하는 인식의 왜곡현상을 프레이밍전략(Framing Strategy)이라고 한다. 즉 표현을 다르게 하여 어떤 주제에 대한 틀(frame)을 다르게 제시함으로써 결과도 다르게 만들 수 있다는 의미로, 긍정적 표현을 하면 이해 당사자가 긍정적으로 받아들이고 부정적으로 표현하면 부정적 결론을 내리는 현상이다. 일반적으로 사람들의 의사결정은 질문이나 문제의 제시방식에 따라 크게 달라진다. 이러한 질문이나 문제의 제시방식을 프레임이라고 하고, 프레임의 변화에 따라 달라지는 판단이나 선택을 프레이밍 효과(Framing Effect)라고 한다. 즉, 표현방식변화에 따라 사람들의 행동이 달라진다는 개념이다. 협상과제가 긍정적인 틀로 제시되는 경우 협상가들은 긍정적인 틀에 의해 기대되는 결과를 예상하고, 반대의 경우 부정적인 틀로 손실의 관점에서 협상에 임한다. 따라서 제시되는 틀에 따라 협상전략은 달라질 수 있다.

예를 들어 의사가 환자에게 "당신을 사망할 확률이 70%입니다"라고 말했을 때와 "당신은 생존할 확률이 30%입니다"라고 환자에게 전달할 경우, 전자는 내가 곧 죽는 다는 생각을 강하게 하는 반면 후자의 경우는 나는 살수 있다는 희망적인 생각을 한다는 것이다. 협상도 마찬가지이다. 협상을 할 때 상대에게 질문하거나 문제를 제시하는 방법에 따라서 상대가 선택하고 결정하는 현상이 달라진다는 것이다. 긍정적인 협상을 진행할 경우 부정적 시각에서 협상을 진행하는 것보다 협상에서 성공할 확률은 훨씬 높다는 것이다. 즉 특정사안을 어떤 식으로 바라보느냐에 따라 해석이 달라진다는 것으로 손실보다는 이득이 발생한다는 표현으로 협상하는 것이 필요하다. 같은 말이라도 이해 당사자가 듣기 좋게 표현하는 것이 협상에서 좋은 결과를 가져올 수 있으며, 인간은 불확실한 이득보다 확실한 이득을 선호한다.

Sunk Cost 전략

매몰비용전략(Sunk Cost Strategy)은 이미 매몰되어 버려 다시 되돌릴 수 없는 비용으로 일단 투입하면 그것을 지속하려는 성향이 있다는 이론에 근거하여 협상하는 전략을 말한다. 매물비용이란 이미 써버려서 되돌릴 수 없는 비용으로 회수가 불가능한 비용(금전, 시간, 육체적, 정신적 노동 등)을 말한다. 매물비용을 함몰비용이라고도 하며 일단 사용하고 나면 다시 되돌릴 수 없는 비용으로 기업의 광고비 또는 연구개발비 등이 사례가 될 수 있다. 매몰비용이 많이 발생한 협상자는 적게 발생한 협상자에 비해 양보할 가능성 높다. 또한 협상자는 의도적으로 상대방이 매몰비용을 발생하도록 유도하는 전략이 필요하며, 매몰비용이 많이 발생할 경우 매몰비용을 회수를 위해 비합리적 의사결정을 하게 하는 것을 매몰비용오류라고 한다.

비용이 지출되지 않은 상태에서보다 비용이 이미 지출되어 매몰된 상태에서는 사람들이 미래비용을 추가로 더 많이 지출하는 비합리적 의사결정을 하는 경향이 있다. 영화를 공짜로 볼 때보다 돈을 내고볼때, 영화가 재미없더라도 영화를 더 오랫동안 보는 경우와 노쇼(no show)회원을 줄이기 위해 천원의 예약금을 받는 경우가 매몰비용 오류의 좋은 사례이다. 매몰비용 오류를 설명하려는 연구에서 인용되는 또 하나의 요인은 명성 또는 평판이다. 어떤 투자결정에 대해 책임이 있는 사람은 그 투자결정에 대해 책임이 없는 사람보다 비록 미래전망이 어둡다 하더라도 그 투자를 지속하려는 경향이 강하다는 것이다. 투자를 중단하는 선택은 자신의 과거선택이 옳지 않았음을 의미하는 것이자, 자신의 명성에 금이 가는 일이므로 이를 회피하기 위하여 투자를 지속하는 선택을 한다. 직장상사는 자신이 채용에 관여하지 않은 직원보다 자신이 직접채용한 직원에 대해서 근무평가를 긍정적으로 인정한 경향이 있다는 연구결과(Schoorman, 1988), 기업을 인수한 기업가보다 기업을 직접 창업한 기업가가 열악한 재무상태하에서도 미래를 더 긍정적으로 전망하는 경향이 있다는 연구결과(Mc Carthy et al, 1993) 등은 이와 맥락을 같이 한다.

결론적으로 협상을 할 때는 의도적으로 상대방이 매물비용을 많이 상용하도록 유도하여 유리한 협상조건을 만드는 것이 필요하다. 기업의 경우 광고비용 또는 연구개발비용 등이 매몰비용으로 이해 될 수 있는데 이러한 매물비용은 회사비용지출과 경쟁력에 큰 영향을 미치므로 매물비용을 최소화하는 것이 중요하다.

Nibbling 전략

협상내용에 변화를 주지 않으면서 추가적으로 몇 가지 양보를 얻어내는 것으로 협상의 마지막단계에서 협상성과의 3~5%를 더 얻어내는 전략을 니블링전략(Nibbling Strategy)라고 한다. Nibble은 쥐가 음식을 갉아 먹듯이 '조금씩 갉아 먹는 것'을 의미한다. 상대방은 협상이 모두 끝났다고 생각하고 있는 상황에서 막판에 양보를 하지 않으면 지금까지 진행해 왔던 협상노력과 결과가 물거품이 될 수도 있다는 생각 때문에 양보를 받아들일 가능성이 매우 높다. 니블링전략에는 니블링과 역니블링이 있으며, 니블링은 협상 막바지에 작은 조건을 붙여 추가적으로 자신이 원하는 걸 얻어내는 협상행위를 말한다. 그렇다면 니블링전술을 사용하는 상대에게 넘어가지 않으려면 어떻게 해야 할까? 상대방이 니블링전략을 사용할 경우 역니블링(Inverse Nibbling)전략을 통해 다른 조건을 제시하여 상황을 반전시키는 것이 필요하다. 긴 시간을 투자해 타결직전에 있는 협상이 깨지는 것을 원하는 사람은 아무도 없다. 이러한 심리를 이용한 협상전술을 니블링전술이라고 하며, 협상이 진행되는 단계에서 니블링전략을 사용하는 것은 주된 협상에 영향을 미치므로 자제해야 한다.

3. 협상전술(Negotiation Maneuvers)

협상전술은 성공적 협상을 하기위해 협상과정에서 어떻게 처신하고 대응하여 유리한 협상위치를 확보할 것인가를 결정하는 협상방법이다. 협상은 물건가격을 흥정하는 것도 협상이라고 할 수 있고, 타인과 의견을 조율하고 자신의 의견을 상대방에게 전달하는 모든행위를 협상이라고 할 수 있다. 협상은 갈등을 해결하는 역할을 하며 갈등이 발생했을 때 사람들은 여러 가지로 반응하게 된다. 갈등을 모르는 척하며 피하려 하거나 한쪽편이 되어 싸우려하거나, 또는 타협점을 찾아 해결하려 하거나 갈등을 기회로 삼아 더 좋은 방식을 도입하고 변화시키려 한다. 그러나 이러한 갈등을 해결하기 위해 여러 가지 전술을 활용하는데 토머스 킬만(Thomas Kilmann, 독일, 심리학자)교수는 갈등을 해결하기 위한 협상전술로 경쟁, 협력 & 협조, 수용, 타협, 회피 등을 제시했다.

경쟁(Competing)은 상대방을 희생시켜 자신의 갈등을 해결하는 방법으로 한쪽은 이익을 얻는 반면, 다른 한쪽이 손해를 보게 될 때 사용하는 방법으로 조직전체에 영향을 주거나 적극적으로 참여하지 않는 이해 당사자의 이익을 방지할 필요가 있을 때 사용한다. 협력과 협조(Collaborating)는 갈등해결을 통해 이해 당사자 모두 이익이 되는 문제해결책을 적극적으로 찾아 상호만족할 수 있는 갈등해소를 위한 Win-win전략이다. 이해 당사자의 관심사가 매우 중요하고 양측의 적극적 참여나 합의가 절대적으로 필요하며, 협력자는 상대방의 관심과 이익을 이해하기 위해 노력하고 서로 도움이 되는 방향으로 협상을 진행하는 것으로 진정성 유무가 중요하다.

수용(Accommodating)은 상대방의 문제를 해결하고 수용하여 개인적인 관계를 유지하려는 것으로 자신의 원하는 바를 포기함으로써 상대방의 갈등이 해결되도록 하는 방법이다. 현재의 갈등상황보다 향후 더 중요한 일을 위해 관계개선과 신뢰를 쌓을 필요가 있거나 갈등상태를 유지하는 것보다 해결이 더 중요할 경우 유용하다. 또한 자신의 잘못이 명확하여 설득력있는 주장이 어렵거나 권력구조 등 상황에 따른 패배가 불가피할 경우 피해를 최소화하기 위해 상황을 수용하는 것이다.

타협(Compromising)은 이해관계자가 서로 동등한 힘을 가지고 서로 배타적 목표때문에 서로의 주장을 강하게 고집할 경우 또는 복잡한 사안에 대한 잠정적 대안도출과 임시해결책마련 등 갈등의 이해 당사자가 조금씩 양보하여 절충안을 찾는 방법이다. 상황이 복잡하고 이해 당사자의 주장이 강하여 갈등해결의 실마리를 얻거나 일시적 해결방안을 얻고자 할 때 유용하다.

회피(Avoiding)는 자신과 상대방 모두를 무시함으로써 갈등관계에서 탈출하고자 하는 방법으로 갈등이 없었던 것처럼 행동하여 이를 의도적으로 피하는 것이다. 주로 다른 문제가 해결되면 자연스럽게 해결되는 하위갈등인 경우에 유용한다. 상대방의 입장에서 생

그림 2-7 Thomas-Kilmann 갈등모형

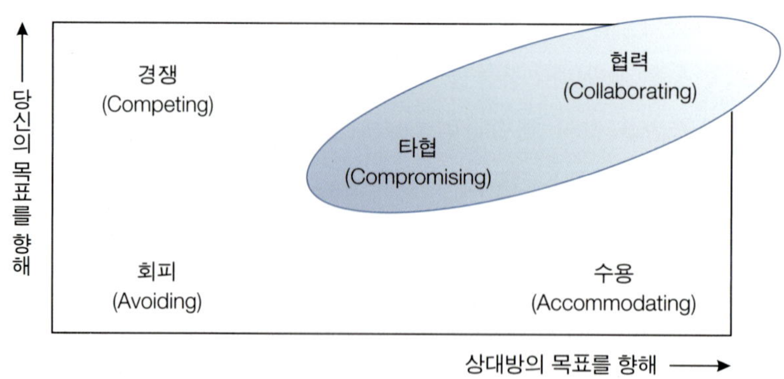

각해 보았을 때 사소한 갈등인 경우와 효과보다 비용이 크고 별로 중요하지 않은 일이거나, 대결하여 이익보다 손실에 크고 감정이 고조되어 사태를 진정시키고자 할 때 적절히 사용한다.

협상은 원하는 것을 얻기위한 과정이다. 협상기법은 사실전달기법, 질문기법, 인용기법, 도구활용기법, 연결기법 등이 있다. 사실전달기법(Factual Transfer)은 협상을 함에 있어 뉴스 또는 매스컴에 보도된 통계자료를 인용하여 협상을 설득력있게 전달하는 기법이다. 질문기법(Questioning)은 협상목적에 부합되는 질문을 하면서 상대방의 협상의도 또는 목표 등을 파악하는 것이며, 인용기법(Quotation)은 성공한 기업이나 사회현상을 인용함으로써 협상의 신뢰와 믿음을 높여가는 것을 말한다. 또한 도구활용기법(Sales Aid)은 가타로그, 사진, 샘플 등을 활용하여 상대의 생각을 자극시키는 것이며, 연결기법(Linkink)은 재협상을 할 경우 과거협상에서 있었던 내용을 상기시키면서 연결하여 협상을 진행하는 것이다.

협상기법을 활용함에 있어 전달수단으로 비언어적 커뮤니케이션을 통한 협상이 되어야 한다. 비언어적 커뮤니케이션은 이해 당사자에게 설득력있게 협상내용을 전달하기 위한 해위수단으로 언어 또는 문자를 통해서 협상을 진행하는 것이 아니라, 얼굴표정, 아이컨텍, 제스처, 손처리, 말의 속도 및 목소리 크기 등을 통해 설득력있게 협상내용을 전달해야 한다는 것이다. 마빈 칼린스(미국, 비언어행동 전문가)는 자신의 저서 행동의 심리학이라는 책에서 상대의 몸짓과 표정만으로 상대의 속마음을 알 수 있고, 행동의 소리가 말의 소

그림 2-8 갈등해결 방법

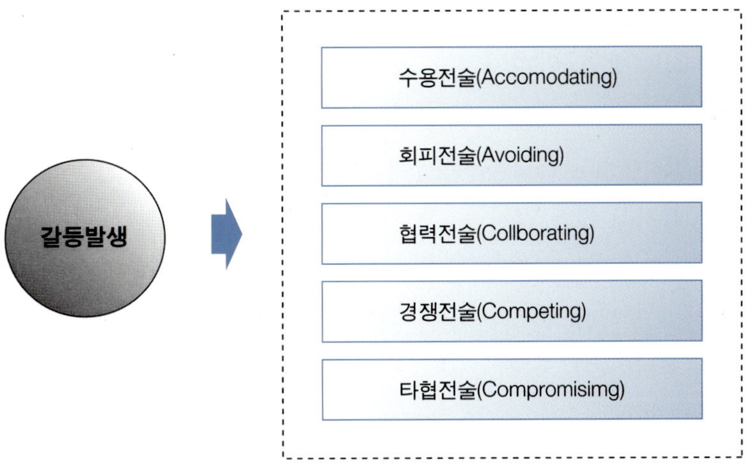

리보다 더 강하다면 비언어적 커뮤니케이션의 중요성을 강조하고 있다. 협상을 진행할 때 좌석의 위치도 중요한 요소로 작용하고 있다. 좌석배치도 우호적이고 친한 관계, 경쟁관계/방어적 관계, 질책과 지적관계, 무관심/독립적 관계, 협조와 협력관계인지 등을 고려하여 배치하여야 한다.

4. 협상 설득요소(Negotiation Persuasion)

데일 카네기(Dale Carnegie, 1888~1955, 컨설턴트)는 자신의 저서 인간관계론(원제 : How To Win Friends And Influence People)에서 상대방을 설득하는 12가지 방법을 제시했는데 요약하면 다음과 같다. “논쟁에서 이기는 방법은 논쟁을 피하는 것이다. 상대의 의견을 존중하라. 상대의 잘못을 지적하지 말라. 잘못을 했을 경우에는 빨리, 분명하게 잘못을 인정하라. 우호적으로 시작하라. 상대가 선뜻 ‘네, 네’라고 대답할 수 있게 만들어라. 나보다도 상대가 더 많이 애기하게 하라. 상대가 스스로 생각해냈다고 느끼게 하라. 상대의 처지에서 사물을 보려고 진심으로 노력하라. 상대의 생각과 욕구에 공감하라. 상대의 고상한 동기에 호소하라. 당신의 생각을 극적으로 표현하라. 도전의욕을 불러일으켜라” 등이다. 이는 어떤 일을 하든지 사람과의 소통과 설득은 필수적 요소라는 것을 강조하고 있는 것이다.

사람을 설득하기 위해서 어떤 능력이 필요한지 명확하게 정의하기 힘든 것이 사실이다. 아리스토텔레스는 그이 저서 수사학(The Art of Rhetoric)에서 상대를 잘 설득하기 위해서는 에토스법칙, 파토스법칙, 로고스법칙을 잘 활용해야 한다고 강조했다. 이것이 아리스토텔레스가 제시한 설득화법의 3요소이다. 설득화법의 개념은 이해 당사자의 논리, 감정, 품성을 통해 이해 당사자를 자신이 원하는 방향으로 변화시키거나 강화시키는 행위를 말한다.

에토스법칙(Ethos Law)은 품성에 근거한 설득방법으로 인간적인 감화를 통해 이해 당사자를 설득하는 것을 말한다. 에토스는 인간의 본래성품, 매력도, 진실성 등을 의미하다. 아리스토텔레스는 인간은 기본적으로 사람들은 말하는 사람을 신뢰해야만 설득을 받아드리려고 한다고 했다. 만약에 누군가를 좋아하고 신뢰한다면 비록 설득력이 떨어지고 상황대응을 부족하더라도 이해 당사자의 의견과 주장을 받아들일 수 있다는 것이다.

파토스법칙(Pathos Law)은 감정에 호소하는 설득방법으로 이해 당사자의 감성에 호소하여 설득하는 것으로 상대방의 심리상태와 감정상태가 설득에 큰 영향을 미친다는 것이

그림 2-9 협상설득 화법

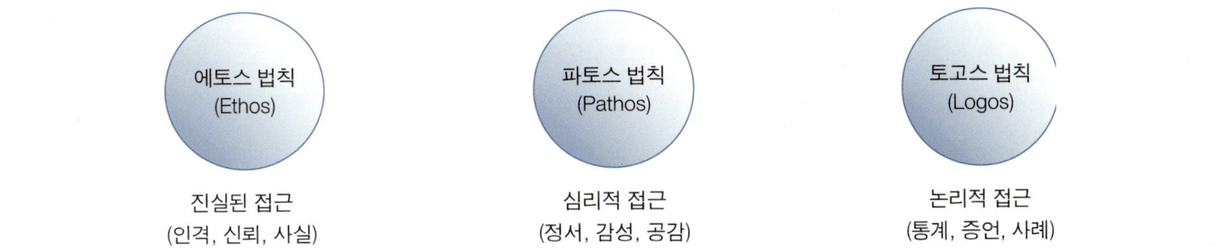

다. 기쁘고 호감을 느끼고 행복할 때와 고통스럽고 적대적 감정을 느낄 때는 설득의 효력이 다르다는 것이다.

로고스법칙(Logos Law)은 통계자료, 논문, 실증적 자료 등 논리적 근거에 기초하여 설득하는 방법을 말한다. 로고스는 원래 통나무를 의미하며 종이가 발견되기 전에 사람들은 통나무에 글자를 새겨 넣었는데 여기서 비롯된 말이 로고스로 글과 논리를 말한다. 즉 로고스는 상대방에게 명확한 증거와 제공하기 위한 논리로 인간은 이성적 존재이기 때문에 무엇인가를 결정할 때 합리적 근거와 논리와 증거가 부족하면 결정하려 하지 않기 때문에 이해 당사자를 설득하기 어렵다고 아리스토텔레스는 강조했다.

한편 협상을 할 때 상대를 설득시키기 위해 장소(Place), 시간(Time), 사람(People)이 중요하다. 협상장소는 협상주제와 대상에 따라 번화하고 화려한 곳도 좋지만 설득을 위해서라면 안정감이 있고 조용한 장소에서 협상을 진행하는 것이 효과적이다. 협상시간은 상황이 나쁘게 돌아가는데도 끝장을 보려는 심성으로 밀어붙이지 말고 협상상황을 고려하여 시간을 융통성있게 조절하는 것도 좋은 방법이다. 협상자는 이해 당사자가 협상을 계속하고 싶지만 협상대상자가 마음에 들지 않아서 성사가 어려울 경우는 다른 사람으로 교체하거나 상대와 친분이 두터운 사람을 중간에 내세워 협상을 진행하는 것을 말한다.

제 3 장

문제해결역량
(Problem Solving Competency)

제1절 문제개념과 유형(Problem Concept & Category)

1. 문제의 개념(Problem Concept)

원활한 업무수행을 위해 해결되어야 하는 질문이나 의논대상을 의미하며, 해결하기를 원하지만 실제로 해결해야 하는 방법을 모르고 있는 상태나 얻고자 하는 해답이 있지만 그 해답을 얻는데 필요한 일련의 행동을 알지 못한 상태를 문제(Problem)라고 한다. 한 마디로 기대와 현상 간의 차이(Gap)이며, 해결을 요하는 사항이다. 문제에 대한 개념은 학자에 따라 다양하게 정의하고 있어 한 마디로 정의하기가 쉽지 않다. 국어사전에서 문제란 '해결하기가 어렵거나 난처한 대상 또는 그런 일 또는 해답을 요구하는 물음' 등으로 정의하고 있다. 영어사전에서는 '모른다, 명료하지 않다, 해결하고 있다' 등의 뜻을 가지고 있다.

문제는 흔히 문제점과 구분하지 않고 사용하는데, 문제점이란 문제의 근본원인이 되는 사항으로 문제해결에 필요한 열쇠인 핵심사항을 말한다. 예컨대 난폭한 운전으로 전복사고가 일어났을 때, 사고의 발생이 문제이며 난폭운전은 문제점이다. 이렇게 문제점은 개선해야 할 사항이나 문제의 발생을 미리 방지할 수 있는 사항을 말한다.

2. 문제의 유형(Problem Category)

문제를 효과적으로 해결하기 위해 문제의 유형을 파악하는 것이 중요하다. 문제의 유형은 상황에 따라 여러 가지로 구분할 수 있다. 기능에 따른 문제유형(제조, 판매, 자금, 인사, 경리, 기술 등), 해결방법에 따른 문제유형(논리적 문제, 창의적 문제, 비판적 문제 등), 시간에 따른 문제유형(과거, 현재, 미래), 업무수행과정 중 발생한 문제유형(발생형 문제, 탐색형 문제, 설정형 문제) 등이 있다. 여러 가지 문제유형 중에서 업무수행과 관련있는 문제유형은 발생형 문제, 탐색형 문제, 설정형 문제이다. 첫째, 발생형 문제(보이는 문제)는 문제로 현재문제가 발생하여 원상복귀가 필요한 문제로 당장 걱정하고 해결하기 위해 고민하는 문제를 의미한다. 즉, 눈에 보이는 이미 일어난 문제로 어떤 기준을 일탈함으로써 생기는 일탈문제와 기준에 미달하여 생기는 미달문제로 문제의 원인이 내재되어 있기 때문에 원인

그림 3-1 문제의 유형

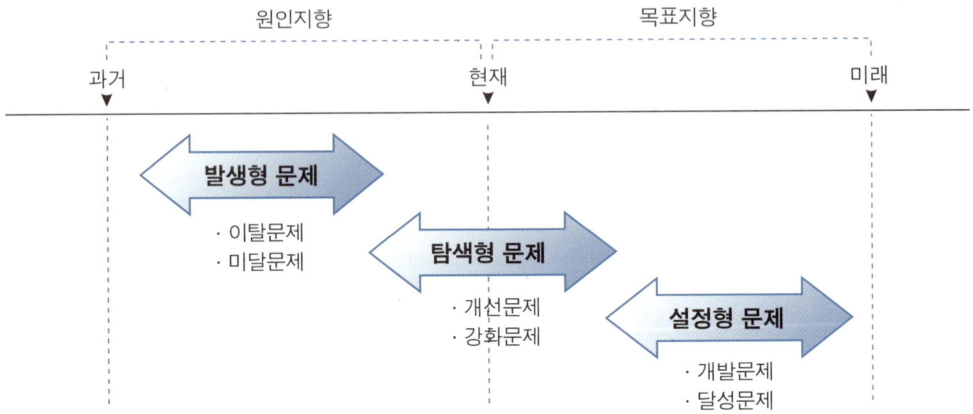

지향적인 문제라고도 한다.

둘째, 탐색형 문제(찾는 문제)는 현재는 문제가 아니지만 더 잘하기 위해 현재 상황을 개선하거나 혁신하여 현재 상황에 대해 효율을 높이기 위한 문제이다. 즉, 문제를 방치하면 향후에 큰 손실이 따르거나 결국 해결할 수 없는 문제로 발전하게 된다. 이러한 탐색형 문제는 잠재문제, 예측문제, 발견문제형태로 구분된다. 잠재문제는 문제가 잠재되어 있어 보지 못하고 인식하지 못하다가 결국은 문제가 확대되어 해결이 어려운 문제를 의미한다. 이와 같은 문제는 존재하나 숨어 있기 때문에 조사 및 분석을 통해서 찾아야 할 필요가 있다. 예측문제는 지금 현재로는 문제가 없으나 앞으로 일어날 수 있는 문제로 예측되는 문제를 의미한다. 그리고 발견문제는 현재로서는 업무에 아무런 문제가 없으나 업무방식이나 업무방법 등의 정보를 얻음으로써 보다 좋은 제도나 기법, 기술을 발견하여 개선하고 향상시킬 수 있는 문제를 말한다.

셋째, 설정형 문제(미래문제) 앞으로 발생할 수 있는 문제로 미래상황에 대응하는 장래의 문제로 앞으로 어떻게 할 것인가 하는 문제를 의미한다. 설정형 문제는 지금까지 해오던 것과 전혀 관계없이 미래 지향적으로 새로운 과제 또는 목표를 설정함에 따라 일어날 수 있는 문제로서 목표지향적 문제라고 할 수 있으며, 이러한 과제나 목표를 달성하는데 지금까지 경험한 바가 없기 때문에 창조적인 노력이 요구되는 문제이므로 창조적 문제라고도 한다.

제2절 문제해결역량 이해 (Problem Solving Competency Understanding)

1. 문제해결역량 개념(Problem Solving Competency Concept)

목표와 현상을 분석하고 분석결과를 토대로 주요과제를 도출하여 바람직한 상태나 기대되는 결과가 나타나도록 최적의 해결안을 찾아 실행, 평가해가는 활동을 문제해결이라고 한다. 문제해결을 통해서 원하는 목표를 달성하게끔 만들고 업무수행 중에 문제가 발생하였을 경우 창의적이고 논리적이고 비판적 사고를 통하여 올바르게 인식하고 문제를 해결하는 능력을 문제해결역량(Problem Solving Competency)이라고 한다. 문제해결역량은 사고력과 문제처리능력으로 구분하여 생각해 볼 수 있다. 사고력이란 어떤 상황에서 발생한 문제를 인식하고 해결하기 위해서 창의적, 논리적, 비판적 사고능력을 발휘하는 것을 말하며, 문제해결능력은 발생한 문제를 인식하고 해결하기 위해서 목표와 현상을 분석하고 문제해결과제를 도출하고 문제의 특성을 파악하여, 대안을 제시하며 최적의 해결안을 찾아 실행, 평가해 가는 활동이다. 한편 문제해결을 위해서는 조직적 측면, 고객적 측면, 자신적 측면을 고려해야 한다. 조직적 측면은 자신이 속한 조직의 최고수준을 지향하는 것이며, 경쟁사와 대비하여 탁월하게 우위를 확보하기 위해서 끊임없는 문제해결을 요구하는 것을 말한다. 고객적 측면은 고객이 불편하게 느끼는 부분을 찾아 개선과 감동을 통한 고객만족을 높이기 위해 문제해결이 요구되는 것이며, 자신적 측면은 불필요한 업무를 제거하거나 단순화하여 업무를 효율적으로 처리하게 됨으로써 자신을 경쟁력있는 사람으로 만들어 나가기 위해 고려해야하는 것을 말한다.

문제해결을 위해서는 체계적인 교육훈련, 문제해결방법에 대한 지식, 문제와 관련된 해당지식의 가용성, 문제에 대한 체계적인 접근 등 기본적 요소들이 요구된다. 첫째, 체계적인 교육훈련은 문제해결을 위해서 고정관념, 편견 등 심리적 타성 및 기존의 패러다임을 극복하고 새로운 아이디어를 효과적으로 낼 수 있는 필요한 스킬을 습득하는 것이다. 즉, 문제해결을 위해서는 체계적인 교육훈련을 통해 문제해결을 위한 기본지식과 스킬을 습득해야 한다는 것이다. 둘째, 문제해결방법에 대한 지식이 필요하다. 문제해결을 위해서는 다양한 문제해결방법에 관한 지식을 습득하여야 하고 이를 적절하게 사용할 수 있어야 하며, 문제해결방법을 알아야 효과적인 문제해결의 출발점이 될 수 있다는 것이다. 셋째,

문제에 관련된 해당지식 가용성이다. 문제해결관련 지식이 아무리 많다 할지라도 해결하고자 하는 문제와 해당업무에 대한 지식가용성이 없다면 문제해결은 불가능할 것이다. 따라서 문제에 대한 풍부한 지식과 경험을 통해서 해결하고자 하는 문제에 대한 지식가용성을 갖추고 있어야 한다. 넷째, 문제해결을 위해서는 체계적으로 접근하여야 한다. 문제를 조직전체적인 관점에서 바라보지 않고 각 기능단위별로 문제점을 분석하고 해결안을 도출하면 지속적으로 문제가 상존하는 경우가 있다. 따라서 효과적인 문제해결을 위해서는 체계적 접근을 통해 조직전체의 관점에서 문제를 분석하고 해결해야 한다. 한편 문제를 해결하여 성과를 도출하기 위해서는 문제해결의지 및 개선의식, 도전의식과 끈기가 필요하다. 특히 현상에 대한 도전의식과 새로운 것을 추구하려는 자세, 난관에 봉착했을 때 헤쳐나가려는 태도 등이 문제해결의 기본이 된다.

2. 문제해결유형과 방법(Problem Solving Category & Methode)

앞서 문제해결에 대한 개념을 정의했다. 문제가 발생하면 그 문제를 어떻게 해결할 것인가는 중요한 문제이다. 문제가 발행했을 경우 해결하는 문제해결유형으로는 유추적 문제해결, 발견적 문제해결, 대인간 문제해결, 창의적 문제해결 등이 있다. 유추적 문제해결은 발생한 문제들이 여러 가지 관점에서 비슷한 경우에 과거에 해결했던 문제의 경험을 이용하여 문제를 해결하는 것을 말하며, 발견적 문제해결은 고차원의 목표를 이루기 위해 문제 해결행위를 계획하고 관리해서 문제를 해결하는 것이다. 대인간 문제해결은 사람과의 관계에서 발생하는 문제를 해결하기 위해 목표를 세우고 목표달성을 위한 방법을 강구해 내는 것이며, 창의적 문제해결은 어떤 문제를 해결하기 위한 창조적 해결법을 만들어 내는 과정으로 문제해결을 위해 어떤 도움을 받기 보다는 독립적으로 문제를 해결하는 나가는 것이다. 그리고 문제해결을 위한 방법은 크게 소프트 어프로치, 하드 어프로치, 퍼실리테이션 문제해결 등으로 구분하여 생각해 볼 수 있다.

첫째, 소프트 어프로치(Soft approach)에 의한 문제해결방법은 문제해결을 위해서 직접적인 표현이 바람직하지 않다고 여기고 무언가를 시사 또는 암시를 통하여 의사를 전달하고 서로 통하게 함으로써 문제해결을 도모하려고 하는 방법이다. 즉, 이해 당사자들은 같은 문화적 상황을 공유하며 이심전심으로 서로를 이해하면서 문제를 해결해 나간다는 것으로 직접적인 표현보다는 어떤 은유적 표현을 통하여 의사를 전달하고 서로 공감하게 함으로써 문제해결을 도모하려고 하는 것이다.

그림 3-2 문제해결 방법

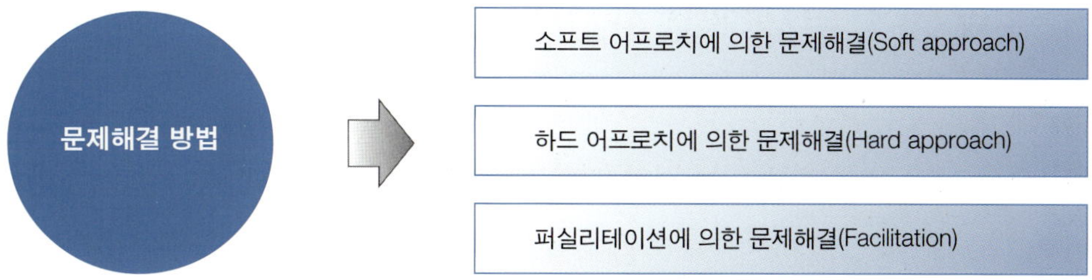

둘째, 하드 어프로치(Hard approach)에 의한 문제해결방법은 서로의 생각을 직접적으로 설명하고 사실과 원칙, 토론과 논쟁, 협상 등을 통해서 서로의 의견을 조정하여 문제를 해결해 나가는 방법을 말한다. 이 때 중심적 역할을 하는 것이 논리와 사실, 원칙에 근거한 토론이다. 즉, 구성원을 설득하여 전원이 합의하는 일치점을 찾아내려고 하는 것으로 합리적이긴 하지만 잘못하면 단순한 이해관계의 조정에 그치게 되어 창조적인 아이디어나 높은 만족감을 이끌어 내기 어렵다.

셋째, 퍼실리테이션(Facilitation)에 의한 문제해결방법은 사람과 사람 사이에서 상호작용이 활발하게 이루어지도록 하여 체계적이고 합리적으로 문제가 해결되도록 도와주는 방법이다. 퍼실리테이션 문제해결은 최근에 많이 사용되고 있는 방법으로 퍼실리테이션이란 '촉진'을 의미하며 어떤 그룹이나 집단이 의사결정을 잘하도록 도와주는 것을 말한다. 최근 많은 조직에서는 보다 생산적인 결과를 가져오고 합리적 방향을 제시하고 어떤 방향으로 나가는 것이 좋은지 주제에 대한 공감을 이룰 수 있도록 하기위해 퍼실리테이션을 활용하고 있다. 따라서 이 방법은 깊이 있는 커뮤니케이션을 통해 서로의 문제점을 이해하고 공감함으로써 창의적으로 문제해결을 도모하는 것이다. 소프트어프로치 또는 하드어프로치 문제해결방법은 단순한 타협점의 조정에 그치지만, 퍼실리테이션에 의한 문제해결방법은 초기에 생각하지 못했던 창조적인 해결방법이 도출된다. 동시에 구성원의 동기가 강화되고 팀워크도 한층 강화된다는 특징을 보이며, 문제해결을 구성원이 자율적으로 실행하는 것이다. 퍼실리테이션 스킬을 습득함으로써 자기자신의 변혁을 추구할 수 있으며, 객관적으로 사물을 보는 능력, 다른 사람의 견해를 편견없이 들을 수 있는 청취능력, 다양한 관점에서 사물을 볼 수 있는 관찰력, 현상에 대한 분석력, 논리적인 사고능력 등이 길러지는 것이다.

제3절 문제해결 사고력(Problem Solving Thinking Skills)

일생을 살아가면서 삶의 방향을 결정과 의사결정을 포함하여 수많은 문제들에 직면하게 되는데, 이러한 문제들을 어떻게 해결하느냐에 따라서 삶의 질이 달라질 수 있다. 기업도 마찬가지이다. 기업은 이윤추구라는 뚜렷한 목적을 가지고 있는 조직구성원의 집합체이며, 기업이 이윤창출을 통해 지속적으로 존속하고 발전하기 위해서는 고객이 원하는 가치를 설득력있게 제공할 수 있어야 한다. 따라서 기업은 기업이 보유한 경영자원을 효율적이고 효과적으로 활용해야 생산성과 경쟁력을 높일 수 있다. 그러므로 기업경쟁력과 생산성을 확보하는데 있어 필연적으로 다양한 형태의 수많은 문제들이 발생하게 되는데, 이런 문제를 어떻게 해결하느냐가 성공의 핵심이다.

문제해결은 문제의 발생부터 이를 인식하고 이해하며 새로운 해결대안을 수립하고 실행하는 것이 중요하다. 따라서 문제를 보다 합리적으로 해결하기 위하여 현재의 문제를 명확하게 인식하는 것이 필요하다. 문제해결과정은 문제를 보다 합리적으로 해결하기 위하여 현재의 문제를 인식하고 바람직한 목표상태에 도달하기 위하여 요구되는 체계적이며 논리적인 단계를 의미한다. 즉, 문제해결과정은 문제의 명료화→정보수집 및 문제진단→해결방안 및 의사결정→실행계획수립→평가 및 반영으로 진행된다. 문제의 명료화는 문제와 관련된 정보를 토대로 문제의 핵심을 분석하고 진술하는 것이며, 정보수집 및 문제진단은 문제해결을 위해 필요한 정보를 수집하고 탐색하여 문제해결방안을 모색하는 것이다. 또한 해결방안 및 의사결정은 문제해결을 위한 여러 대안을 평가하고 최적의 대안을 선정하는 것이며, 실행계획수립은 선택된 대안을 실제적으로 적용하고 집행하기 위해 세부계획을 수립하고 실행을 준비하는 단계이다. 끝으로 평가 및 반영은 객관적인 준거를 가지고 문제해결방법의 실제적 효과성에 대해서 검토하는 것을 말한다.

그림 3-3 문제해결 사고력

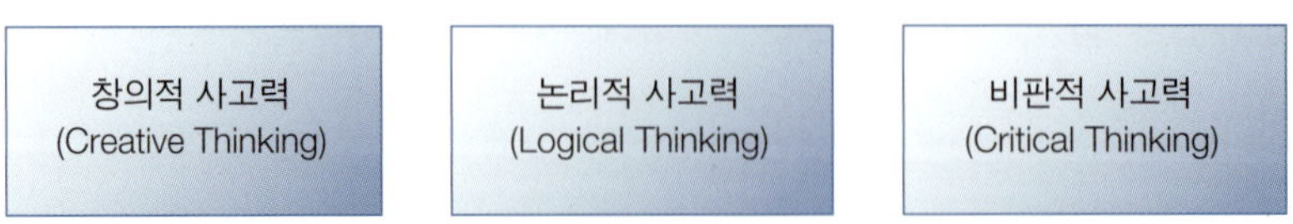

따라서 발생한 문제를 해결하기 위해서는 어떤 사고를 가지고 접근하느냐가 중요한데, 업무와 관련된 문제를 인식하고 해결하기 위하여 요구되는 사고는 창의적 사고력, 논리적 사고력, 비판적 사고력 등이 있다.

1. 창의적 사고력(Creative Thinking)

창의성(creativity)의 언어적 의미는 라틴어의 creatio(만들다)에서 유래되었다. 무에서 또는 기존의 것에서 새로운 것을 발견하고, 새로운 것을 만들어 내는 것을 의미한다. 따라서 창의성이란 기존의 정보를 바탕으로 새롭고, 독창적이며, 유용한 아이디어를 만들어 내는 능력이다. 당면한 문제를 해결하기 위해 이미 알고 있는 경험과 지식을 바탕으로 새로운 아이디어를 다시 도출하거나 또는 개인이 가지고 있는 경험과 지식을 통해 가치있는 새로운 아이디어를 산출하는 능력을 창의적 사고(creative thinking)라고 한다. 창의적 사고는 문제에 대해서 다양한 사실을 찾거나 다양한 아이디어를 창출하는 발산적 사고로서 아이디어가 다양하고 독특한 것을 의미하며, 새롭고 유용한 아이디어를 생산해 내는 정신적인 과정이다. 또한 통상적인 것이 아니라 기발하거나 신기하며 독창적인 것이며 유용한 가치가 있어야 한다. 한편 창의적인 사고는 문제에 대해서 다양한 사실을 찾거나 다채로운 아이디어를 창출하는 사고가 요구되는데 이러한 창의적 사고를 개발하기 위한 방법으로 자유연상법, 강제연상법, 비교발상법 등이 있다.

1) 자유연상법(Free Association)

머리속에 떠오르는 생각을 자유롭게 표현하는 것으로 어떤 단서, 대상, 주제, 방법, 상황, 형태, 소리, 문제 등을 제시하고 순간적으로 떠오르는 아이디어를 계속해서 열거해 나가는 발산적 사고를 자유연상법(free association)이라고 한다. 지그민트 프로이트(Sigmund Freud, 정신분석학자)가 1890년대에 환자에게 특정한 자극을 주지 않고 마음에 떠오르는 것을 차례차례 반응시키는 정신분석의 진단법에 적용했다. 예를 들면, 비행기하면 떠오르는 것은 무엇인가?, 모든 자동차에 빨간색을 칠하면 어떤 일이 벌어질까? 등이다. 자유연상법에는 브레인스토밍 기법, 만다라트 기법, 트리즈 기법 등이 있다.

브레인스토밍 기법(Brain Storming)

브레인스토밍 기법은 알렉스 오즈번(미국, Alex Osborn, 광고회사 BBDO 창립자, 1888~

1966)이 고안한 그룹발산기법이다. 창의적인 아이디어를 찾아내기 위한 방법으로 이해 당사자가 자발적으로 만들어낸 아이디어를 통해 특정한 문제의 해답을 찾아내는 자유분방한 아이디어 기법을 브레인스토밍 기법(Brain Storming)이라고 한다. 오즈번은 브레인스토밍은 '머리를 써서 어떤 문제를 공격하는 것'이라고 정의했는데, 회의실에서 신입사원들이 말을 꺼내지 못하는 것을 보고 생각해 냈으며, 오즈번은 1939년에 브레인스토밍 기법을 처음창안했다.

브레인스토밍 기법진행은 첫째, 주제를 구체적이고 명확하게 결정해야 한다. 즉, 주제는 구체적이고 명확해야 많은 아이디어가 도출될 수 있기 때문이다. 예를 들어 "현장사고를 줄이기 위해서는"이라는 주제보다는 "구성원 전원에게 안전헬멧을 착용하는 방법"이라는 주제가 주어졌을 때 현실적이고 좋은 아이디어가 나오기 쉽다는 것이다. 둘째, 구성원의 얼굴을 상호 볼 수 있는 좌석배치와 작성용지를 준비한다. 구성원들의 얼굴을 볼 수 있도록 사각형이나 타원형으로 책상을 배치하고, 특정공간에 용지를 붙여서 아이디어가 떠오를 때마다 작성할 수 있도록 준비한다. 셋째, 구성원들이 다양한 의견을 도출하고 제시할 수 있도록 편안한 분위기를 만드는 것이 중요하므로 그러한 역할을 할 수 있는 리더를 선출한다. 직급이나 근무경력에 따라서 리더를 선출하는 것은 경직된 분위기를 만들 수 있기 때문에 편안한 분위기를 잘 조성할 수 있는 리더를 선출해야 한다. 그리고 리더는 사전에 주제를 잘 분석하고 다양한 아이디어가 창출될 수 있도록 하는 방법들을 연구해야 한다. 넷째, 구성원은 다양한 분야의 사람들로 5~8명 정도로 구성한다. 주제에 대한 전문가를 절반이하로 구성하고, 그밖에 다양한 분야의 이해 당사자를 참석시키는 것이 다양한 의견을 도출할 수 있기 때문이다. 다섯째, 발언은 누구나 자유롭게 할 수 있도록 하며 모

그림 3-4 브레인스토밍 원칙

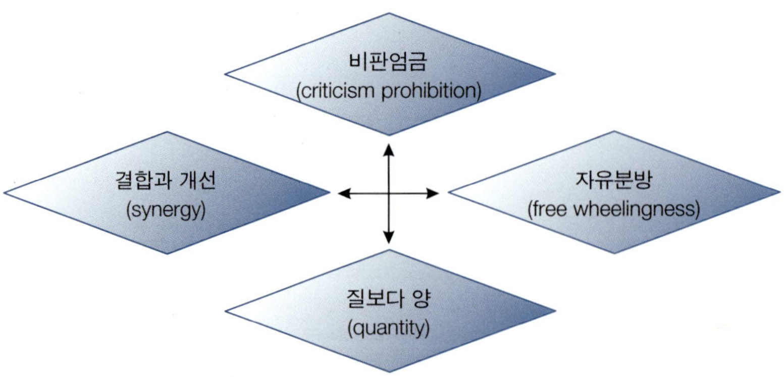

든 발언내용을 기록한다. 즉, 누구나 자신의 생각을 표현할 수 있도록 해야 하며, 발언내용은 잘 기록함으로써 내용을 구조화할 수 있어야 한다. 여섯째, 제시된 아이디어를 비판해서는 절대 안되며, 도출된 다양한 아이디어 중 독자성과 실현가능성을 고려해서 관련성 있는 아이디어를 결합해서 최적의 방안을 찾아야 한다.

브레인스토밍 기법은 창의적인 사고를 위한 발산방법 중 가장 많이 사용되는 방법으로 아이디어의 연쇄반응을 일으켜 자유분방한 아이디어를 내고자 하는 것이다. 따라서 브레인스토밍 원칙은 비판금지, 자유분방, 질보다 양, 결합과 개선 등이다.

첫째, 비판엄금(Support)이다. 개방이 기본이며 비판은 커뮤니케이션의 폐쇄와 연결된다. 둘째, 무엇이든 자유롭게 말하는 자유분방이다. 다소 바보같은 소리를 하더라도 이런 바보같은 소리하냐고 생각은 하지 않아야 한다. 셋째, 질보다 양이다. 질에는 관계없이 가능한 많은 아이디어들을 생성해 내도록 격려해야 하며, 양(量)이 질(質)을 낳는다는 원리는 많은 아이디어를 생성해 낼 때 유용한 아이디어가 들어 있을 가능성이 더 커진다는 것을 전제로 한다. 브레인스토밍 활동을 할 때는 시간을 정해 주거나 아이디어의 개수를 정해 주기도 한다. 이는 두뇌를 긴장시켜 빠른 시간에 많은 아이디어를 생성하도록 유도하는 것이다. 넷째, 결합과 개선(Synergy)이다. 아이디어의 공통적인 속성은 대체로 논리가 부족하거나 완성도가 떨어진다는 점이다. 그래서 서로가 가진 아이디어를 연결해보면 더 나은 아이디어를 만들어낼 수가 있다는 것은 다른 사람의 아이디어에 자극되어 보다 좋은 생각이 떠오른다는 것이다. 또한 서로 다른 현상과 조합하면 재미있는 아이디어 또는 서론 다른 생각과 조합하면 더 좋은 아이디어가 될 것같은 생각이 들면 즉시조합시키고 얻은 힌트를 헛되게 해서는 안 된다는 것을 의미하는 것이다.

만다라트 기법(Mandala-Art)

이마이즈미 히로아키(일본, 디자이너)가 1987년 창안한 발상기법이다. 목적을 달성하는 기술이라는 의미로 '가로3×세로3'으로 이뤄진 9칸짜리 사각형 9개가 기본형태이며, 사각형 9개 중 가장 중심 사각형의 중심 칸에 제일 중요한 목표를 둘러싼 8칸에 그 목표를 이루는 데 필요한 세부계획을 작성하여 목표를 달성하는 기법을 만다라트 기법(Mandala-Art Law)이라고 한다. Manda(본질, 참), La(성취, 소유), Art(도구 또는 기술)가 결합된 것이다. 미국 메이저 아메리칸리그 신인왕을 받은 일본 야구선수 오타니 쇼헤이가 인터뷰에서 성공의 비밀을 밝히면서 만드라트 기법이 만들어지게 된 것이다. 그는 세계적인 투수가 되기 위해 고등학교 1학년 때 세운 목표달성 양식표가 만드라트 기법으로 발전하게 된 것

그림 3-5 만다라트 기법모형

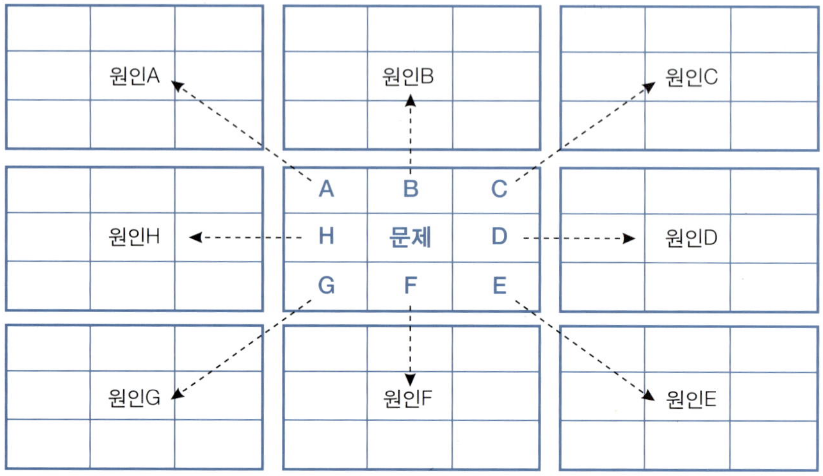

이다. 오타니 쇼헤이는 이루고 싶은 최종목표를 세우고 8개의 구체적인 실천계획을 세워서 집중적으로 실천하여 목표를 달성한 것이다.

만다라트 기법 작성방법은 아이디어를 방사형으로 자유롭게 발상하기 위해 기본적으로 가로 3칸, 세로 3칸으로 매트릭스(matrix)를 만들어 중앙블록에 해결해야 할 문제 또는 목표를 적고, 문제 또는 목표와 관련되어 연상되는 아이디어를 자유롭게 주변의 블록에 적어나가는 것이다. 주로 사용되는 구조는 3×3 또는 5×5 구조를 사용한다. 여러 아이디어를 한 번에 볼 수 있기 때문에 원하는 아이디어를 얻을 때까지 만다라트를 반복하여 새로운 아이디어를 쉽게 낼 수 있다. 또한 자유발상과 매트릭스의 빈블록을 채워야하는 강제성을 가지고 있기 때문에 자유연상법과 강제연상법을 혼합한 형태이다. 새롭게 작성된 만다라트가 완성되면 계속같은 방법으로 새로운 아이디어를 얻기 위해 반복한다.

트리즈 기법(Triz)

문제의 가장 이상적인 결과를 얻어내는 데 걸림돌이 되는 모순점을 찾아내고, 이를 극복함으로써 문제를 창의적으로 해결하는 원리를 찾아내는 것을 트리즈 기법이라고 한다. 즉, 어떤 문제가 있을 때 그 문제의 모순을 찾아내고 그것을 극복하여 아주 혁신적인 해결방안을 찾아내는데 유용한 방법이다. 트리즈 기법은 러시아 과학자 겐리히 알트슐러(Genrich Altshuller, 1924~1998)가 구소련의 우수특허 수백만 건을 제자들과 함께 분석해서 문제해결방안을 고안해 낸 창의적인 문제해결이론이다. 논리적인 과학에 기반을 둔 혁신적이고

그림 3-6 트리즈 기법

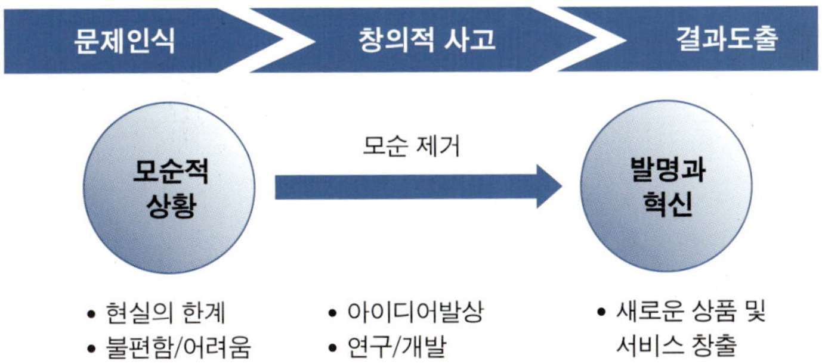

창의적인 문제해결기법으로 러시아 원어명인 'Teoriya Reshniya Izobretatelskikh Zadatch'의 이니셜을 따서 'TRIZ'라고 부르게 되었다.

트리즈 기법은 공산주의 체제하에서 러시아를 중심으로 초등교육에서부터 대학교육에 이르기까지 여러 공학적 문제를 해결하는 기법으로 알려져 왔다. 따라서 트리즈 이론은 자본주의적 요소인 경영이나 비공학적인 분야에서는 잘 활용되지 못했다. 하지만 최근에는 정치, 사회, 경제 및 비즈니스 분야 등에서 폭넓게 적용되고 있는데, 모순행렬과 발명의 원리를 응용해 활용되고 있다. 트리즈는 주어진 문제에 대하여 얻을 수 있는 가장 이상적인 결과를 정의하고 그 결과를 얻기 위해 관건이 되는 모순을 찾아내어 그 모순을 극복할 수 있는 해결책을 생각해 내도록 하는 방법이론이다. 예를 들어 전사적 품질관리나 6 시그마와 같은 기존 혁신기법은 주로 품질개선과 원가절감에 초점을 맞추고 있는 반면 트리즈는 제품구성이나 생산라인, 작업시스템 등을 통째로 바꾸는 창조적 혁신을 추구한다. 트리즈 해결의 대표적 사례는 분할(캇터칼), 여러 개를 동시에(맥가이버 칼), 사전조치(빈티지 청바지, 주름 구두), 모순적 상황(곧은 빨대와 구부러지는 빨대) 등이다. 트리즈의 특징은 모순과 모순해소를 체계화하는 것이다. 도르래문제에서 A를 올리려고 도르래 C를 오른쪽으로 돌리면 B가 내려가고, 반대로 B를 올리려고 도르래 C를 왼쪽으로 돌리면 A가 내려가는 모순된 상황이다. 또한 책상의 무게, A를 감소시키는 설계를 하면 책상의 강도 B가 떨어지고, 반대로 책상의 강도, B를 올리려면 책상의 무게, A가 늘어나는 형태의 모순이 생기는 기술적인 문제가 많이 있다. 이러한 문제를 어떻게 해결할 것인가? 이것이 트리즈 기법이다.

2) 강제연상법(Forcing Association)

어떤 현상에 대해 강제적으로 연결지어서 아이디어를 이끌어내고 주제에 대해 생각할 방향을 제시하고 발상하는 기법을 강제연상법이라고 한다. 반면, 자유연상법은 아무런 힌트도 없다. 예를 들어 '새로운 가위에 대한 아이디어를 생각나는 대로 내보자'라는 주제에 대해 생각해 보자. 자유연상법은 차례차례 연상을 통해 아이디어를 내는 것이다. 오래 사용해도 부드럽게 자를 수 있는 것, 필통속에 쏙들어가는 것, 코털을 자르는 가위로도 사용할 수 있는 것과 같이 자유롭고 활발하게 연상하는 방법이다. 그러나 강제연상법은 같은 주제에 대해 변형을 생각해서 사고하는 것으로 노인을 위한 아이디어는? 신소재를 이용한다면? 새로운 기능을 추가한다면? 모양을 바꾸면? 같은 식으로 리더가 문제를 제시해 주고 알맞은 아이디어를 창출해내도록 지시하는 발상기법이다. 연상범위를 강제적으로 좁혀서 사고를 집중시키고 더불어 더욱 구체적인 아이디어를 낼 수가 있다. 강제연상법으로는 체크리스트 기법, 스캠퍼기법, PMI기법 등이 있다.

체크리스트 기법(Check List)

어떤 개선점을 찾고자 할 때에 이에 대한 질문항목을 조목조목 표로 만들어 정리하고 그에 따라 하나씩 점검해가며 아이디어를 뽑아내는 방법을 체크리스트 기법(Check List Technique)이라고 한다. 오스본 교수(Osborn, 캘리포니아 대학)가 개발했으며 오스본 체크리스트 기법이라고도 한다. 적어 놓은 항목별로 하나씩 검토하기 때문에 누락의 염려가 없고, 반복적인 작업에는 편리하게 사용할 수 있다. 체크리스트법의 질문항목은 오스본의 체크리스트를 기본으로 필요에 따라 다양한 체크리스트 질문항목을 사용할 수 있다. 오스본 교수는 1963년 아이디어를 고무시키는 질문을 9가지 영역으로 제시하고 있다. 이러한 질문들은 개인적으로 아이디어 발상을 진행할 때나 또는 리더가 참가자들에게 상상력을 발휘하도록 방향이나 힌트를 주는데에 사용할 수 있다. 이와 같은 질문들을 미리 체크리스트로 만들어 놓고 그에 따라 다각적이고 체계적인 새로운 아이디어가 발상되도록 일련의 질문을 사용하면 효과적이다.

오스본의 9가지 질문법칙은 제1법칙 : 다른 용도로 쓰면 어떨까?, 제2법칙 : 응용하면 어떨까?], 제3법칙 : 변경해보면 어떨까?, 제4법칙 : 확대한다면 어떨까?, 제5법칙 : 삭제하거나 축소한다면 어떨까?, 제6법칙 : 다른 것으로 대체한다면 어떨까?, 제7법칙 : 바꾸어보면 어떨까?, 제8법칙 : 반대로 한다면 어떨까?, 제9법칙: 결합시키면 어떨까? 등이다. 막연하게 생각하기보다 발상을 재촉하는 중요한 포인트를 정해 놓고 순서대로 체크

표 3-1 오스본의 체크리스트 기법

주 제	내 용
· 전용(put to other uses)	다른 용도로 사용하면 어떤가?
· 응용(Adapt)	다른 비슷한 것은 무엇인가?
· 변경(Modify)	모용/구조/형태/색 등을 바꾸어 보면 어떤가?
· 확대(Magnify)	확대해 보면 어떤가?(무게, 깊이, 길이, 넓이)
· 축소(Minify)	축소해 보면 어떤가?(무게, 깊이, 길이, 넓이)
· 대용(Substitute)	다른 것으로 대체하면 어떤가?
· 교체(Rearrange)	순서/배열/시간 등을 바꾸면 어떤가?
· 역전(Reverse)	뒤집어 보면 어떤가?
· 결합(Combine)	결합해 보면 어떤가?(조합, 연결)

해 나가는 방법으로 9개 항목을 선정하여 새로운 아이디어 창출을 위한 체크리스트 기법을 제작하였다.

6하 원칙에 의한 체크리스트 질문항목은 When(언제), Where(어디서), Who(누가), What(무엇을), Why(왜), How(어떻게) 등 이다. 체크리스트 기법에는 MIT의 체크리스트법이라는 것도 있다. 아놀드 교수(메사츄세츠 공과대학)가 설계문제를 반드시 생각하지 않으면 안 될 분야를 강조한 것으로 네 가지 원칙은 기능확대, 성능향상, 외형개선, 가격인하 등으로 모든 발명은 설계에 의해 형체를 드러내므로 잊어서는 안 될 원칙이라고 강조했다. 기능확대로 현재의 상태이상으로 기능을 확장, 확대할 수 없는가? 성능향상으로 내구성, 품질, 안전성, 정확성, 편리성 등을 향상시킬 수 없는가? 가격인하는 재료를 바꾸거나 부품수를 줄여 가격을 내릴 수 없는가? 등이다

체크리스트법의 절차는 브레인스토밍의 절차와 유사하다. 단지 아이디어를 발상할 때 체크리스트의 9가지 질문항목과 5W1H에 따라 발상한다는 것이 다르다. 체크리스트 기법 절차는 참가자그룹을 형성하고 5~8명 정도의 참석자가 둥근테이블에 둘러앉는다. 체크리스트 기법을 적용할 문제나 주제를 준비하여 제시한다. 체크리스트 항목과 체크리스트 실습지(색종이, 포스트잇)를 준비한다. 주어진 주제에 대해서 체크리스트 질문항목에 따라 차례차례 발상한다. 끝으로 발상이 끝나면 다중투표법을 사용하여 평가한다.

체크리스트기법은 발명품제작에 앞서 발명아이디어 발상에 관련된 항목들을 나열하고 그 항목별로 어떤 특징적 변수가 있는지 검토해 봄으로써 아이디어를 구상하는 방법이다.

또한 주제를 통하여 떠오른 발상에 대한 질문의 형태로 정리하는 것인데, 새로운 무엇을 생각해 낼 경우 막연하게 생각하기보다는 발상에 도움이 되는 중요한 포인트를 미리 정해 두고 순서대로 체크해 새로운 아이디어를 얻는 것이다.

스캠퍼기법(SCAMPER)

브레인스토밍 기법이 사고의 제약없이 다양한 안을 마음껏 도출해 내도록 하는 방법에 비해 스캠퍼기법은 사고의 영역을 일정하게 제시함으로써 다소 구체적인 안들이 나올 수 있도록 아이디어 창출기법이다. 밥 에벌(Bob Eberle, 1971년)가 오스본의 체크리스트 기법을 7개의 키워드로 재구성하고 발전시켜 만든 기법으로 신제품을 발명하기 위해 7가지 질문을 활용하여 사고를 자극하는 기법이다. 스캠퍼기법(SCAMPER)이란 기존에 존재하는 사물이나 아이디어에 변화나 조작을 가해 새로운 것을 만들어내는 아이디어 전개방법으로 상상력을 자극하여 새로운 사고의 영역을 제시해 줌으로써 구체적인 방안들이 나올 수 있도록 하는 아이디어 창출기법이다. 아이디어를 창출하기 위한 스캠퍼기법의 7가지 사고유형은 대체하기, 결합하기, 조절하기, 변경/확대/축소하기, 용도 바꾸기, 제거하기, 역발상 등이다.

스캠퍼기법은 창의성 개발을 위한 사고활동방법으로 아이디어의 생성에 중점을 두고 있다. 창의적 사고기법 중 하나인 스캠퍼기법은 인위적 발상법으로서 문제해결을 위한 이

표 3-2 SCAMPER 기법의 사고 유형

사고 유형		질문의 내용
S	Substitute 대체하기	기존의 소재, 방법, 내용, 색깔, 절차 등을 다른 것으로 바꾸어 대체하는 방안을 생각
C	Combine 결합하기	아이디어나 주제를 두 가지 또는 그 이상의 것들을 결합하거나 혼합하여 새로운 것을 생각
A	Adapt 응용하기	무엇을 모방할 수 없는가, 다른 비슷한 것을 찾아 새로운 것을 생각
M	Modify 수정하기	기존의 상품이나 아이디어에 형태, 색채, 소 리, 재질, 기능 등을 수정하여 변화 생각
	Magnify 확대하기	어떤 기능, 형태, 규모 등을 더 크게, 길게, 확대해서 새로운 것을 생산하거나 변화 생각
	Minify 축소하기	기존의 상품이나 아이디어를 작게, 가볍게, 늦게, 가늘게 축소해서 새로운 것을 생각
P	Put to other use 다른 용도로 사용하기	어떤 사물이나 아이디어를 다른 방법이나 용도로 활용하는 방법을 생각
E	Eliminate 삭제하기	사물의 어떤 부분을 제거해서 새로운 상품이나 문제해결의 아이디어를 얻는 방법을 생각
R	Reverse 반대로 하기	앞과 뒤, 왼쪽과 오른쪽, 안과 밖, 위와 아래 등 뒤집어서 새로운 생각
	Rearrange 재배열하기	형식, 순서, 구성을 바꾸어서 새로운 상품이나 문제해결의 아이디어를 얻는 방법을 생각

출처 : 밥 에벌(Eberle, B.)의 스캠퍼기법 체크리스트

슈를 선정하고 여러 사고의 과정을 통해 새로운 표현적 의미를 가지도록 하는 의도적 발상을 말한다. 리스트된 질문을 통해 발상을 자극하여 다각적인 측면에서 사고할 수 있는 기회와 경험을 제공하는 것이 목적이다. 스캠퍼기법은 창의적인 아이디어를 얻을 수 있도록 도와주는 방법으로 목록화한 사고유형에 따른 질문의 패턴을 통해 질문하여 기존의 주제 및 문제상황을 색다르게 전환하며 사고할 수 있도록 하는 것이다. 즉, 사고유형별 질문의 패턴에 따라 자신의 내적동기나 태도, 경험, 생활을 의식적으로 연결시켜 사고하여 창조적인 내용을 생성할 수 있도록 도와주는 것이다.

스캠퍼기법의 특성은 첫째, 사고하는 과정에 있어 다양한 사고유형을 통해 능률적으로 아이디어를 얻을 수 있다. 둘째, 사고를 시작할 수 있는 힘을 준다. 셋째, 다양한 시각으로 인식하고, 독창적으로 사고의 전개를 할 수 있다. 즉, 기발한 아이디어를 창출하려면 기존 지식의 틀에서 벗어나 다양한 시각의 경험을 수용해야 하며, 다양한 사고의 경험을 통해 생각의 범위를 넓혀야 한다. 넷째, 탐색의 과정이다. 7가지 사고유형을 적용하면서 주제와 관련한 탐색의 과정이 이루어진다. 이러한 탐색의 과정을 통해 질문영역을 유연하게 적용하여 새로운 아이디어를 얻을 수 있도록 해준다.

스캠퍼기법의 절차는 이전의 체크리스트법이나 브레인스토밍 등의 절차와 유사하며, 단지 아이디어를 발상할 때 스캠퍼 질문항목에 따라 발상한다는 것이 차이점이다. 절차는 참석자 그룹(5~6명)이 둥근테이블에 둘러앉는다. 스캠퍼기법을 적용할 문제나 주제를 준비하여 제시한다. 스캠퍼 질문목록과 스캠퍼 실습지를 준비한다. 주어진 주제에 대해서 스캠퍼 질문항목에 따라 차례차례 발상한다. SCAMPER 기법에서 제시하는 질문목록에 따라 새로운 아이디어가 나올 수 있는지 생각해보고 가능한 한 모든 아이디어를 글이나 그림 등으로 기록한다. 끝으로 발상이 끝나면 다중투표법을 사용하여 평가한다.

PMI 기법(Plus-Minus-Interesting)

어떤 주제나 제안된 아이디어의 장점(Plus), 단점(Minus), 흥미로운(Interest) 측면에 대해 분석해 본 후에 그 아이디어를 평가하고 하나의 아이디어에 대해 집중적으로 분석하는 기법을 PMI 기법이라고 한다. 에드워드 드 보노(Edward de Bono)가 1973년 개발한 아이디어의 아이디어 평가기법이다. Plus(강점)는 아이디어를 실행했을 때 좋은 점, 장점, 긍정적인 측면을 떠올리는 것이고, Minus(단점)는 나쁜점, 단점, 부정적인 측면을 생각하는 것이다. 또한, Interesting(흥미)은 흥미로운 점, 독특한 점, 새로운 측면을 찾아내는 것이다. 결과적으로 PMI기법은 제안된 아이디어 중 무엇이 최선책인지를 파악하여 결정하

그림 3-7 PMI 기법 진행 프로세스

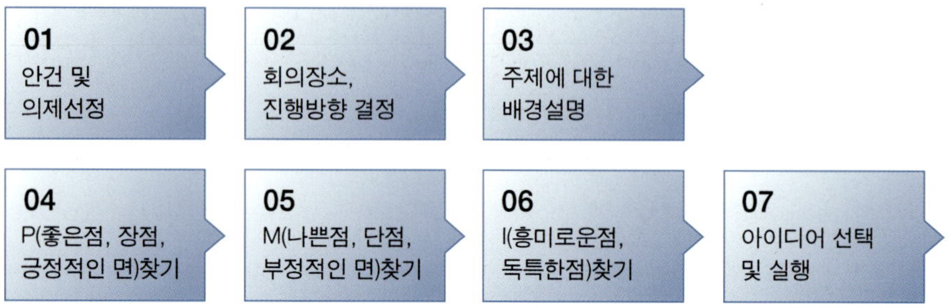

는 방법이다. PMI기법의 진행방법은 주제를 선정하고 그것에 대해 기술하고 정해진 주제에 대하여 3부분(P, M, I)으로 분류하여 아이디어를 도출한다. 그리고 P(Plus)에 해당하는 장점을 더욱 살릴 수 있도록 보완하고, M(Minus)에 해당하는 점에 대한 원인과 대책을 제시하며, I(Interesting)에 해당하는 흥미로운 점을 새로운 대안도출의 원천으로 삼는 것이다. PMI기법은 아이디어나 제안을 다룰 때 열린마음의 태도가 기본이다. 긍정적, 부정적, 재미있는 측면을 대안의 모든 측면을 고려해야 하며, 문제에 충동적 아이디어를 내거나 정서적 반응을 자제해야 한다.

PMI 준비절차는 회의시간 정하고 PMI 기본규칙설정한다. 기본규칙설정은 주제설명(회의시작 전 PMI 주제에 관해 배경설명을 한다), 집중하기(참여자들은 PMI를 진행하면서 각 단계에만 의도적으로 집중하도록 한다. Plus에 대한 의견을 제시하는 단계에서 Minus와 Interest의 의견이 나오지 않도록 주의한다), 함께 선택(아이디어 수집후 리더와 참여자 모두가 함께 최종 아이디어를 선택한다), 적극적 태도(참여자는 적극적인 태도로 회의에 참여하고, 리더는 참여자들을 주제에 집중할 수 있도록 진행한다). 그리고 PMI준비가 끝나면 PMI를 세부적으로 진행한다.

첫째, 안건 및 의제를 선정한다. 조직내 아이디어 도출을 위한 주제를 선정한다. 이는 리더가 진행해야 할 사항이며, 리더는 PMI에 참여할 참여자들을 위해 충분한 시간을 활용하여 아이디어 도출이 수월하게 이루어질 수 있도록 그에 맞는 적절한 의제를 선정해야 한다. 둘째, 회의장소, 진행방향결정한다. 자유롭게 토의할 수 있는 장소와 진행자를 선출한다. 업무의 효율을 높이는 방법 중 가장 많은 비율을 차지하는 것은 바로 주위환경이다. 그에 맞는 환경이 조성되어 있느냐 없느냐의 차이는 크게 작용을 한다. 기록이 자유로운 화이트보드나 칠판이 있으며, 자유롭게 의견을 제시할 수 있는 편안한 장소가 적절하다. 진행자를 선출할 때에는 분위기조성을 잘하고 의견분석과 조합이 뛰어난 사람으로 선택하는 것이 좋다. 셋째, 주제에 대한 배경을 설명한다. 리더가 선정한 PMI 안건에 대해서 참여자들에게 사전에 배경설명을 한다. PMI를 실시하고자 하는 목적과 그에 따른 필요한 준비 등을 공유하여 실질적으로 회의를 진행할 때 시간을 단축시키고 보다 효율적으로 진행하기 위함이다. 이는 반드시 진행하기 전 필수로 시행되어야 하는 단계이다. 넷째, Plus 찾기단계(좋은점, 장점, 긍정적인 측면)이다. Plus 참여자들은 리더에게 전달받은 주제의 좋은점, 장점, 긍정적인 측면들을 찾아 의견을 제시한다. 이때 해당하는 장점을 더욱 살릴 수 있는 보완점도 함께 생각하도록 한다. 의견을 제시할 때는 이 단계에만 집중하여 단점이나 흥미로운 점이 생각나더라도 흐름이 끊기지 않도록 다음 단계에서 제시하도록 한다. 다섯째, Minus 찾기 단계(나쁜점, 단점, 부정적인 측면)이다. 참여자들은 리더에게 전달받은 주제의 나쁜점, 단점, 부정적인 측면들을 찾아 의견을 제시한다. 여섯째, Interest 찾기단계(흥미로운 점, 독특한 점, 새로운 측면)이다. 참여자들은 리더에게 전달받은 주제의 흥미로운, 독특한 점, 새로운 측면들을 찾아 의견을 제시한다. 본 단계에 집중하여 의견을 내며 이미 지나간 단계에 대한 의견은 다음에 다시 제시하도록 한다. 마지막으로 아이디어 선택 및 실행단계이다. 각 단계에서 제시하지 못한 의견들은 추가적으로 받으며 마무리한다. 리더와 참여자는 PMI를 통해 제시된 의견을 토대로 주제에 맞춰 평가하여 경쟁력이 있는 의견을 선택하도록 하며, 리더는 선택된 아이디어를 통해 어떻게 프로젝트를 진행할 것인지 프로젝트 방향에 대해 계획을 수립한다.

3) 비교발상법(Comparison Association)

서로 다른 성질이나 관련성이 없는 두 가지 요소를 상호비교하여 새로운 아이디어를 창출해 내는 발상기법으로 관련성이 없는 요소들을 결합하여 새로운 아이디어를 내는 것을 비교발상법이라고 한다. 예를 들어, '금리인상'이라는 주제에 대해서 생각해 보면 금리인상으로 기업에 미칠 영향과 이에 따른 전략을 수립하기 위해 힌트를 먼저찾고, 만약 지난달에 문제점이 환율인상이었다고 한다면, "환율인상에 따른 전사적 전략을 토대로 금리인상에 따른 재무의사결정을 어떻게 수립할 수 있을까"하는 아이디어를 도출할 수 있을 것이다. 또 다른 예로서 "신차출시"라는 같은 주제에 대해서 생각해 보면 신차는 회사에서 새롭게 생산해 낸 제품을 의미한다. 따라서 새롭게 생산해 낸 제품이 무엇인지에 대한 힌트를 먼저 찾고, 만약 지난달에 히트를 친 비누라는 신상품이 있었다고 한다면, "지난달 신상품인 비누의 판매전략을 토대로 신차의 판매전략을 어떻게 수립할 수 있을까"하는 아이디어를 도출할 수 있을 것이다. 비교발상법에는 NM기법, 시넥틱스 기법이 있다.

NM기법(Nakayama Masakazu Method)

가설을 바탕으로 발상을 더욱 구체적으로 체계화한 아이디어 발상법의 하나로 해결해야 하는 문제대상과 비슷한 것을 찾아내 그것을 힌트로 새로운 아이디어 등을 생각해 문제해결을 위한 창조성을 개발하는 방법을 NM기법이라고 한다. NM기법은 1970년에 나카야마 마사가스(Nakayama, M, 창조공학연구소 소장)가 고든(Gorden, S. E.)의 시네틱스 기법을 더욱 구체적으로 체계화한 기법으로 그의 이름을 따서 NM기법이라고 명명했다. 예를 들어 신차출시에 대한 시장진출전략에 대해 좋은 아이디어를 구상할 때 과거에 진행했던 신상품핸드폰의 판매전략을 벤치마킹하여 자동차판매전략에 참고하는 것이다. NM기법은 문제해결 및 창의성 개발기법으로서 기법의 특수성 때문에 대상자가 기술자인 경우가 많다. NM기법 진행순서는 첫째, 과제를 설정하고 과제의 키워드를 결정한다, 키워드와 관련된 연상되는 것을 적어 나간다. 이것은 어디까지나 사고의 방향을 제시하기 위한 것이다. 둘째, 키워드로부터 연상유추를 도출한다. 키워드를 통해 연상되는 것을 계속 적어 나간다. 셋째, 표현된 유추에 대해 구조나 요소로 배경조사를 한다. 넷째, 테마에 연결시켜 해결을 위한 콘셉트를 발상하고 유효하게 조립한다. NM기법은 유추를 통합한 기법으로 두뇌를 자극하여 자동적으로 아이디어가 산출되게 하므로 독창성과 다양성을 가지며, 개인이 쉽게 발상할 수 있다.

시넥틱스 기법(Sysnectics Methode)

시넥틱스는 서로 관련없는 요소들 간의 결합을 의미하는 희랍어의 'syneticos'에서 유래했다. 서로 연관이 없어보이는 대상들을 조합 또는 비교하여 새로운 아이디어를 고안하는 방법을 시넥틱스 기법(Sysnectics Methode)이라고 한다. 이는 보다 일반적인 문제와 관련시켜서 좀 더 자유분방한 아이디어를 내게하는 방법으로 비슷한 성질도 전혀없고, 관련도 없는 요소들을 결합하여 새로운 아이디어를 내는것을 의미한다. 윌리암 고든(William Gordon)에 의해 고안된 발상법으로 직접적 유추, 의인적 유추, 상징적 유추, 환상적 유추 등이 있다.

직접적 유추(Direct analogy)는 실제로 닮지 않은 두개의 사실, 정보, 기술 등을 비교하여 유추하여 문제를 해결하는 방법이다(우산과 낙하산, 비행기와 새). 의인적 유추(personal analogy)는 사람들을 어떤 물체로 비유하여 문제가 무엇이며 문제자체가 요구하는 가정을 통해서 문제를 유추하는 것이다(사람을 자동차로 의인화). 상징적 유추(symbolic analogy)는 두 개의 서로 모순되어 보이는 또는 반대되는 단어를 갖고서 어떤 현상을 기술하는 것이

그림 3-8 시넥틱스 기법 발상법

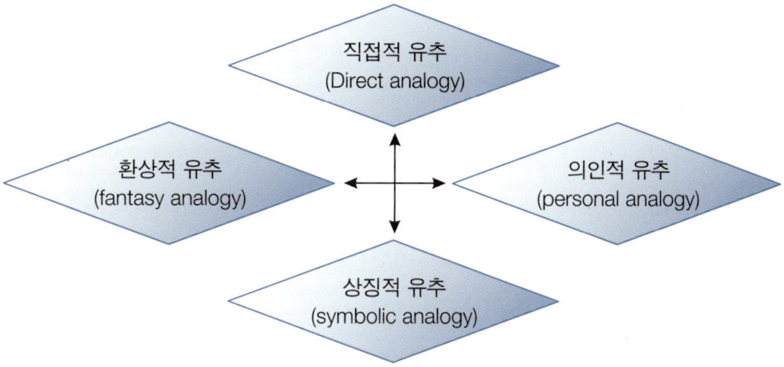

고(신데렐라 콤플렉스), 환상적 유추(fantasy analogy)는 현실적인 유추를 통해서는 해결될 수 없을 때 활용하는 환상적이고 신화적인 유추로서 성취적 욕구를 가지는 것이다(하늘을 나는 자동차). 시넥틱스 기법진행절차는 다음과 같다. 참가자전원에게 해결할 문제를 사전에 제시한다. 전문적인 부분에 대해서는 전문가에게 문제의 분석과 해설을 의뢰한다. 참가자들이 문제에 보다 흥미를 느끼도록 성공한 예제들을 제시해 준다. 해결목표점을 설정하고 목표의식을 고취시킨다. 리더인 사람은 참가자의 한 사람으로서 문제해결을 위한 유추가능한 것을 생각한다. 참가자들이 내놓은 유추중에서 적당한 유추를 검토한다. 문제해결에 결정적 도움을 줄 수 있는 것을 선택한다. 구체적으로 사용할 수 있는 아이디어로 나눈다. 해결책을 수립한다.

2. 논리적 사고력(Logical Thinking)

논리적 사고력의 사전적 의미는 '논리적 규칙(Rule)과 형식(Form)에 따른 사고'이다. 논리적 사고는 사회생활 중에서 지속적으로 요구되는 능력이므로 논리적 사고력이 없다면 아무리 많은 지식을 가지고 있더라도 자신이 만든 계획이나 주장을 이해 당사자에게 이해시켜 설득시키기 어려울 것이다. 이때 이해시키고 설득시키는 과정에 필요로 하는것이 논리적 사고력이다. 즉, 논리적 사고(Logical Thinking)란 특정한 근거로부터 주장을 이끌어내고 다른 사람들을 설득하여야 하는 과정에서 사용되는 사고방식으로 이해 당사자를 공감시켜 움직이게 하는 사고행위능력을 말한다. 따라서 논리적 사고를 하려면 생각하는 습관, 상대논리의 구조화, 구체적인 생각, 타인에 대한 이해, 설득 등의 요소가 필요하다. 첫째, 생각하는 습관을 갖는 것이다. 생각할 문제는 우리 주변에 쉽게 찾아볼 수 있다. 특정한 문제에 대해서만 생각하는 것이 아니라 일상적인 대화, 문서, 사설 등 어디서 어떤 것을 접하든지 늘 생각하는 습관을 갖는것이 중요하다. 즉, "이것은 조금 이상하다", "이것은 재미있지만, 왜 재미있는지 알 수 없다"라는 의문이 들었다면, 계속해서 왜 그런지에 대해서 생각해보아야 한다는 것이다. 특히 이런 생각은 언제 어디에서나 의문을 가지고 생각하는 습관을 들여야 한다. 둘째, 상대논리의 구조화이다. 결정권자에게 제출한 기획안이 거부되거나 추진하고 있는 프로젝트가 거부당했을 때 '왜 그럴까, 왜 생각한 것처럼 되지 않을까, 어떤 문제가 있는 것일까, 무엇이 부족한 것일까'라고 생각하기 쉽다. 그러나 이때 자신의 논리로만 생각하면 독선에 빠지기 쉬우므로 상대의 논리를 구조화하는 것이 필요하다는 것이다. 상대의 논리에서 이해하고 자신의 생각을 재구축하다면 분명히 다른 메시지를 전달할 수 있다. 즉, 자신의 주장이 받아들여지지 않는 원인중에 상대주장에 대한 이해가 부족하다고 하는 것을 생각해야 한다는 것이다. 셋째, 구체적인 생각이다. 상대가 말하는 것을 잘 이해할 수 없을 때에는 구체적으로 생각해 보아야 한다. 업무결과에 대한 구체적인 이미지를 상상해보던지, 숫자를 적용하여 표현을 해봐야하며, 구체적인 이미지를 활용하는 것이 필요하다. 넷째, 타인에 대한 이해이다. 상대의 주장에 반론을 제시할 때에는 상대주장의 전부를 부정하지 않는 것이 좋고, 상대의 다른 면을 부정해서는 안 된다. 끝으로 설득이다. 논리적인 사고는 고정된 견해를 낳는것이 아니며, 더구나 자신의 사상을 강요하는 것도 아니다. 자신이 함께 일을 진행하는 상대와 의논하기도 하고 설득해 나가는 가운데 자신이 깨닫지 못했던 새로운 가치를 발견하고 생각해 낼 수가 있다. 또한 상대에게 반론을 하는 가운데 상대가 미처 깨닫지 못했던 중요한 포인트를 발견할 수 있다. 설득은 공감이 필요하며, 설득은 논쟁을 통하여 이루어지는 것이 아니라 논증을 통해 더욱 정교해진다, 이러한 설득의 과정은 나의 주장을 이해 당사자에게 이해시켜 납득시키고 내가 원하는 행동을 하게 만드는 것이다. 논리적 사고를 개발하기 위한 방법으로는 피라미드 구조화기법, So What 기법 등이 있다.

피라미드 구조화기법(Pyramid Structure)

피라미드 구조는 보조메시지들을 통해 주요 메인메시지를 얻고, 다시 메인메시지를 종합한 최종적인 정보를 도출해 내는 방법이다. 허위의 사실이나 현상부터 사고함으로써 상위의 주장을 만들어 가는 방법으로, 보조메시지들을 통해 주요 메인메시지를 얻고, 다시 메인메시지를 통합하여 최종적인 정보를 도출해내는 사고기법을 피라미드 구조화

그림 3-9 Minto의 피라미드 구조화 기법

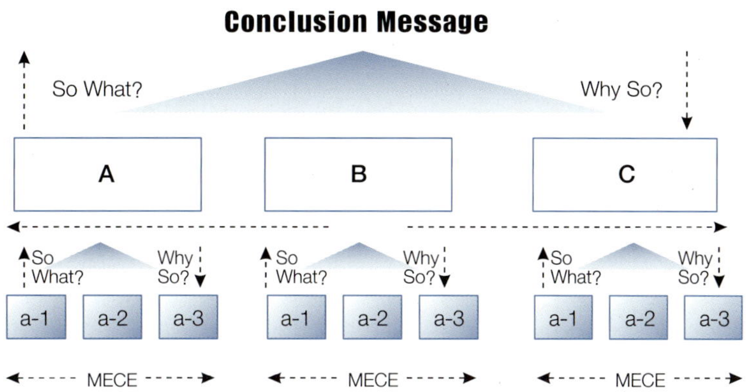

(Pyramid Structure)기법이라고 한다. 바바라 민토(Barbara Minto)가 주장하는 피라미드 구조화는 이해 당사자가 내용을 이해할 수 있도록 전달하고자 하는 결론메시지를 먼저 제시하고, 결론을 지지하거나 입증하는 주요 서브메시지(Sub Message)를 제시하며, 서브메시지를 지지하거나 입증하는 사실, 자료, 근거를 명확하게 제시하는 것을 말한다.

MECE(Mutually Exclusive Collectively Exhaustive, 품목과 누락없는 상태)는 각각의 항목들이 상호 배타적이면서 모였을 때는 완전히 전체를 이루는 것을 의미한다. 즉, 겹치지 않으면서 빠짐없는 단계로 대상을 잘게 쪼개 생각하는 논리를 말한다. MECE는 맥킨지가 개발한 사고기법으로 특정사안을 분석할 때 몇 개의 핵심요소를 분석하고, 각각의 핵심요소를 또다시 분석하는 과정을 반복하여 것으로 분해된 항목이 중복과 누락이 없고 분해된 항목들의 합이 전체의 부분집합이 되도록 고려하여 분석하는 것이다. 다시 말해서 어떤 문제에 대하여 문제해결을 위해 다양한 정보를 수집하고 수집된 정보를 체계적으로 분류하여 문제의 구조를 파악하여 대안을 제시하는 논리적 사고기법이다.

바바라 민토의 구조화방법은 핵심주제를 세부적으로 지지하는 작은단위로 그룹화하는 것으로 연역적 구조와 귀납적 구조가 있다. 연역적 구조는 논리적인 메시지 서로 연결되어 논리를 나열하면서 결론을 만들어 내는 것이고, 귀납적 구조는 근거들로부터 결론을 추론하거나 원인과 이유를 설명하는 것으로 서로 독립적이면서 직접적으로 결론과 연결되는 것을 말한다.

그림 3-10 So What 기법 개념도

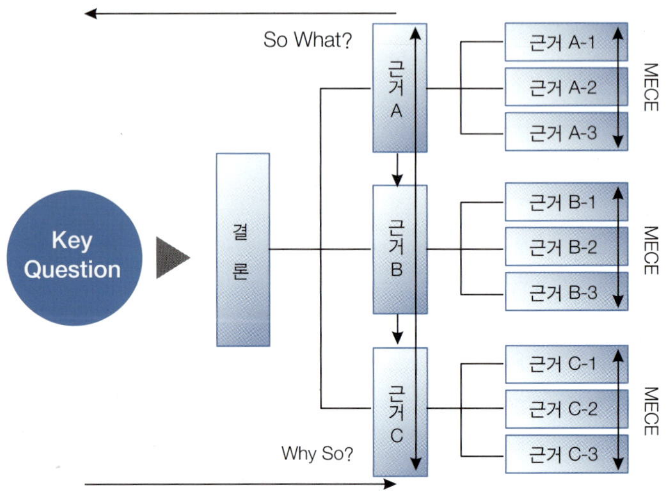

So What 기법

단순한 정보를 가지고 많은 정보를 신속하게 얻을 수 있는 기법이다. "그래서 무엇이지?"하고 자문자답하는 의미로 눈앞에 있는 정보로부터 의미를 찾아내어 가치있는 정보를 이끌어 내는 것을 So What 기법이라고 한다. 단어만으로 표현하는 것이 아니라, 주어와 술어가 있는 글로 표현함으로써 "어떻게 될 것인가?" "어떻게 해야 한다"라는 내용이 포함되어 있어야 한다. 단순한 사실을 기초로 다양한 정보를 신속하게 획득하는 기법으로 So What법은 그래서 무엇이지하고 자문자답하는 의미로 눈앞에 있는 정보로부터 의미를 찾아내어 가치있는 정보를 이끌어 내는 사고기법이다.

3. 비판적 사고(Critical Thinking)

어떤 현안이나 대하여 논증, 추론, 증거, 가치를 표현한 사례를 판단하기 위해 정보의 출처를 정밀하고 객관적으로 분석하는 것으로 타당한 것으로 수용할 것인가 아니면 불합리한 것으로 거절할 것인가에 대한 결정을 내릴 때 요구되는 사고능력을 비판적 사고(Critical Thinking)라고 한다. 일반적으로 비판적이라는 말을 부정적 의미로 받아들이고 있는데 사전적 의미를 보면 옳고 그름을 가리어 판단하거나 밝히는 것이라고 정의하고 있다. 비판적 사고는 어떤 주제나 주장 등에 대해서 적극적으로 분석하고 종합하며 평가하

그림 3-11 비판적 사고 기법

5Why 기법 (5Why Methode)	악마의 주장기법 (Devil Advocate Method)	토론기법 (Discussion Method)

는 능동적 사고로 지엽적이고 사소한 문제를 트집잡고 물고늘어지는 것이 아니라 지식, 정보를 바탕으로 한 합당한 근거에 기초하여 현상을 분석하고 평가하는 것이다. 비판적 사고를 갖추기 위해서는 주변에서 발생하는 사소한 일을 그냥 지나치지 않는것이 중요하며, 사소한 현상에 대해서 의문을 가지고 지속적인 관심을 갖는 것이 필요하다. 상대방을 모욕하거나 굴복시키기 위해 동의하지 않는 것이 아니라, 어떤 문제를 합리적이고 논리적으로 분석하고 평가하여 수용할 것 인가? 아니면 불합리한 것으로 거절할 것인가?에 대한 결정을 내릴때 요구되는 사고로 비판적 사고를 갖기 위해서는 문제의식과 고정관념을 타파해야 한다. 문제의식이란 주변에서 발생하는 사소한 일에도 새로운 아이디어를 끊임없이 생산하는 사고를 말하며, 고정관념 타파는 지각의 폭을 넓히는 것으로 정보에 대한 개방성을 가지고 편견을 갖지않는 것을 말한다. 고정관념을 타파하기 위해서는 선입관(preconception, 어떤 대상에 대하여 이미 마음속에 가지고 있는 주관적 판단기준)과 편견(prejudice, 어떤 사물이나 현상에 대하여 공정하지 못하도록 한 쪽으로 치우친 사고나 견해)을 버려야 한다. 비판적 사고개발 방법으로는 5Why 기법, 악마의 주장기법, 찬반양론기법, 토의기법 등이 있다.

5Why 기법(5Why Methode)

어떤 문제에 대한 근본적인 원인과 핵심을 찾아내기 위해 5번에 걸친 구체적인 질문을 통해서 문제를 해결해 나가는 기법을 5Why 기법(5Why Methode)이라고 한다. 즉, 문제에 대한 근본적인 원인을 찾기 위한 5번의 질문을 통하여 겉으로 나타나는 문제점과 이유가 아닌 핵심적인 원인을 찾아내어 명확한 원인을 발견하는 것이다. 진행방법은 문제, 관심사 또는 이슈를 관찰하고 문제기술서를 작성하는 것이다. 문제기술서를 활용하여 '왜~'라고 질문하고(Why1) 그 질문에 대답하고 다시 그 대답에 대한 이유를 질문하는 것이다(Why 2). 이런 방법을 반복하여 더 이상 필요가 없을때까지 되풀이 하면서 문제의 원인을 찾는 것이다. 잠재적 근본원인을 알기 위해 전체 프로세스를 여러 번 반복하는 것이며, 근본적 원인은 찾을때까지 반복하는 것이다. 제시된 답변을 문서화하고 수집된 정보를 통

그림 3-12 5why 기법 개념도

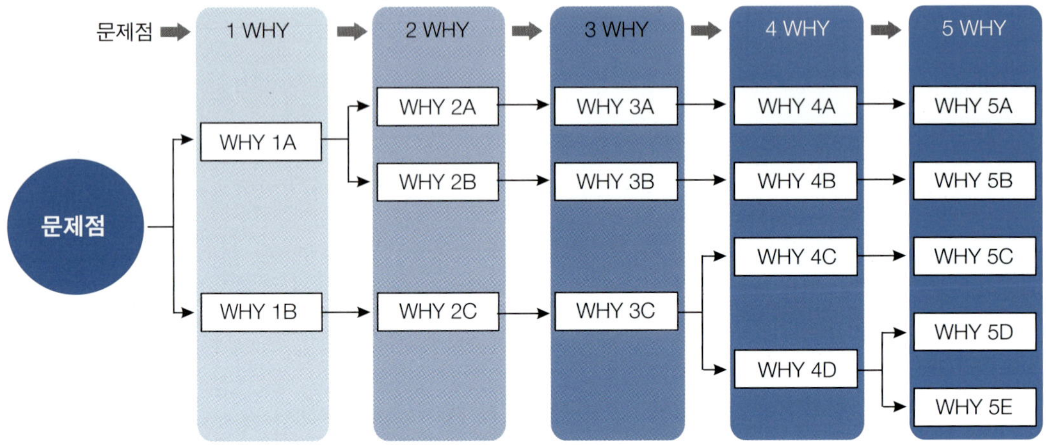

해 주제 및 패턴을 찾는다.

예를 하나 들어보자. 미국 워싱턴주에 있는 제퍼슨기념관의 벽이 심하게 부식되고 있어서 유지보수작업이 불가피하게 된 적이 있었다. 방문객들은 기념관에 대한 관리가 부실하여 훼손된 것이라며 불만을 터트렸고 기념관 이미지는 악화되었다. 또한 보수 및 청결유지에 너무 많은 시간을 소모하고 있었고 그만큼 비용도 증가하고 있는 실정이었다. 제퍼슨기념관은 이 문제를 '5WHY'를 통해 해결했다. 어떻게 해결했을까? Why1(왜 기념관 대리석이 부식되고 있는가? → 대리석을 비누물로 너무 자주닦기 때문이다). Why2(왜 비누물로 바닥을 자주닦는가? → 비둘기가 많아 비둘기의 배설물들이 많이 떨어지기 때문이다). Why3(왜 비둘기들이 많은가? → 기념관에 비둘기가 좋아하는 거미들이 많기 때문이다). Why4(왜 거미들이 많은가? → 해지기 전에 전등을 켜서 거미들의 먹이인 나방이 많기 때문이다). Why5(왜 해지기 전에 전등을 켜는가? : 기념관 직원들이 퇴근을 일찍하기 때문이다). 결론은 직원들을 2시간 정도 늦게 퇴근하게 했더니 문제가 해결되었다는 것이다.

악마의 주장기법(Devil Advocate Method)

집단을 둘로 나누어 한 집단이 제시한 의견에 대해서 반대론자로 지명된 집단의 반론을 듣고 토론을 벌여 본래의 안을 수정하고 보완하는 과정을 통해 최종대안을 도출하는 방법을 악마의 주장기법(Devil Advocate Method)이라고 한다. 이 때 주장을 하는 사람을 '악마(devil)'라고 하고, 악마의 역할은 타 구성원의 의견에 대해 비판하고 반박하는 것이다.

천주교에서 성인(saint)으로 추대된 각 후보에 대해 엄격한 심사를 거쳐서 성인으로서 적격이 아닌 이유를 실증적 자료를 통하여 주장하는 데에서 유래되었다고 한다. 일반적 악마의 주장법은 이미 제시된 이슈에 대하여 약점이나 단점을 토의하여 문제점들을 최대한 파악해낼 수 있는 장점이 있지만, 악마의 역할을 부여받은 개인이나 집단은 공식적으로 지명되어야 하며, 그 역할을 충실히 수행함으로 불이익을 받아서는 안 된다.

반대론자는 집단일 필요는 없고 집단내 2~3명 정도가 반론자의 역할을 담당해도 된다. 반대론자들은 고의적으로 본래안의 단점과 약점들을 지적해야 하며, 과정을 거쳐 선택된 안은 생각할 수 있는 여러 상황에 대한 대응방안까지를 포함하고 약점을 보완하게 되므로 좀 더 강력하고 현실적용성이 높아진다. 악마의 기법진행방법은 의사결정에 참여한 집단을 둘로 나누든가 집단구성원 중 몇명을 택하여 지명반대론자를 임명한다. 한 집단이 먼저 문제해결에 대한 수렴된 의견을 제시한다. 수렴된 의견을 지명반대론자에게 설명하고 이에 대한 반론을 제시하도록 한다. 제시된 이견을 바탕으로 최선의 해결책을 찾을 수 있도록 계속 토론을 한다. 이와 같은 절차는 최종안이 나올때까지 계속 된다.

토론기법(Discussion Method)

어떤 문제에 대하여 여러 사람이 각각 의견을 말하며 논의하는 것으로 어떤 논제에 대해 긍정하고 부정하는 양측이 논증을 통해서 자기주장의 정당함을 내세우고 상대방주장의 부당함을 밝힘으로써 합리적인 의사결정을 만들어 가는 과정을 토론기법(Discussion Method)이라고 한다. 토론참여자들이 토론을 통해서 의사소통능력이나 비판적 사고력 등을 향상시키는 것이다. 토론(debate)은 엄격한 규칙과 규율에 의해 이루어지며 논쟁적·과정적 사고를 중시하는 반면에 토의는 특별한 규칙이나 규율없이 자유로운 의사개진을 통해 이루어지는 비형식적·수렴적·결과적 사고를 중시하는 특징이 있다.

토론은 어떤 논제에 대해 대립된 의견을 가진 사람들이 논증을 통해 자기주장을 펼치고 합리적으로 의사결정을 하는 상호 교섭적인 의사소통행위이다 토론을 통해 의사소통기술이나 비판적 사고력을 향상시킬 수 있다는 교육적 가치 때문에 토론교육의 필요성이 높아지고 있다. 또한 사회가 민주적으로 발전하면서 여론을 수렴하는 절차로서 합리적인 의사결정을 중요하게 생각하게 되었고 이러한 절차적 특성을 갖는 토론의 사회적 비중은 더욱 커지고 있다. 따라서 토론하는 과정에서 토론을 수행할 수 있는 능력을 갖춰야 하는데 그것은 토론기법을 통해서 토론역량을 확보해야 한다. 토의기법의 특징은 목적을 달성하기 위해 집단을 소집단으로 나누어 상호 간의 의사전달을 하는 과정으로 정보나 아이디어,

의견 등을 나누기 위해 서로 이야기하거나 함께 문제를 해결해 나가는 방식이다. 토론기법에는 찬반양론 토론기법, 원탁토론, 패널토론 등이 있다.

일정한 제안에 대해 찬성이나 반대의 주장이 발생할 경우, 논제에 따라 제기된 문제에 대한 찬성 또는 반대의 의견을 말하도록 하는 것을 찬반양론기법이라고 한다. 즉, 찬반양론 토론기법은 개방적인 의사소통과 협조적인 분위기가 필요하며, 다양한 과제와 문제에 대하여 상호 간에 솔직하게 의견을 내어 공통의 이해를 꾀하면서 결론을 도출해가는 것이다. 원탁토론은 10명이내의 집단구성원이 원탁에 둘러앉아서 좌담형식으로 자유로이 발언하며 청중과도 대화를 나누는 비형식적인 토론형식이다. 즉, 찬·반의 입장이 명확하지 않거나 합리적인 대안을 모색하고자 할 때 유용한 토론기법이다. 패널토론은 몇 명의 대표자를 배심원으로 선정하여 토론하는 것으로 배심원으로 선정된 대표자 4~6명이 순서나 형식에 얽매이지 않고 자유로이 의견을 발표한 후 청중과의 질의응답을 통하여 청중을 토론에 참여시키는 방법으로, 배심원이 토론분야의 전문적 위치에 있어야 효과적이다.

제4절 문제처리능력(Problem-Solving Ability)

문제를 해결해 나가는 실천과정에서 실제적으로 요구되는 능력으로 업무수행중에 발생한 문제의 원인 및 특성을 파악하고, 적절한 해결안을 선택, 적용하고 그 결과를 평가하여 피드백하는 능력을 문제처리능력(Problem-Solving Ability)이라고 한다. 문제를 어떻게 합리적이고 효율적으로 해결할 것인가 하는 능력은 기업 또는 조직의 성패를 결정하는 중요한 요소로서, 문제처리능력을 배양함으로써 합리적인 문제해결이 가능하게 될 것이다. 직업인들은 업무수행과정에서 다양하고 수많은 문제를 직면하게 되는데, 이런 문제를 적절하게 처리하여야 한다. 그러나 같은 문제라고 하더라도 사람의 능력과 역량에 따라 해결하는 방법이 다르며, 결과도 다르게 평가된다. 따라서 문제가 발생하였을 때 문제를 효

그림 3-13 문제처리단계

과적으로 해결할 수 있는 절차를 학습하는 것은 중요하다. 문제처리능력은 문제점의 근본원인을 제거하기 위해 해결방안을 모색하는 능력으로 문제해결절차를 의미하며 5단계로 진행된다.

문제인식은 해결해야 할 전체문제를 파악하여 우선순위를 정하고 선정문제에 대한 목표를 명확히 하는 단계이며, 문제도출은 선정된 문제를 분석하여 해결해야 할 것이 무엇인지를 명확히하는 단계이다. 또한 원인분석은 파악된 핵심문제에 대한 분석을 통해 근본원인을 도출하는 단계이며, 해결안개발은 문제로부터 도출된 근본원인을 효과적으로 해결할 수 있는 최적의 해결방안을 수립하는 단계이다. 끝으로 실행 및 평가는 해결안개발을 통해 만들어진 실행계획을 실제상황에 적용하는 활동으로 장애가 되는 문제의 원인들을 해결안을 사용하여 제거하는 단계를 말한다.

1. 문제인식(Problem Recognition)

문제인식은 해결해야 할 전체문제를 파악하여 우선순위를 정하고 선정문제에 대한 목표를 명확히 하는 단계이다. 효과적인 문제해결을 위해서는 현상을 분석하여 무엇이 문제인지 인식하는 것이 필요하다. 문제해결과정 중 가장 먼저 해야 될 일은 해결해야 할 문제를 인식하는 일이다. 그러나 문제를 인식하기 위해서는 현상에 만족하지 않고 전향적인 자세로 개선을 하고자 하는 문제의식과 의욕이 있어야 한다. 따라서 해결해야 할 전체문제를 파악하여 우선순위를 정하고, 선정문제에 대한 목표를 명확히하는 절차를 거치며, 환경분석, 주요 과제도출, 과제선정의 절차를 통해 수행하는 것을 문제인식이라고 한다.

그리고 문제인식은 문제해결과정 중 "what"을 결정하는 단계로 해결해야 할 전체문제를 파악하여 우선순위를 정하고, 선정문제에 대한 목표를 명확히 하는 절차를 거치며, 환

그림 3-14 문제인식 분석기법

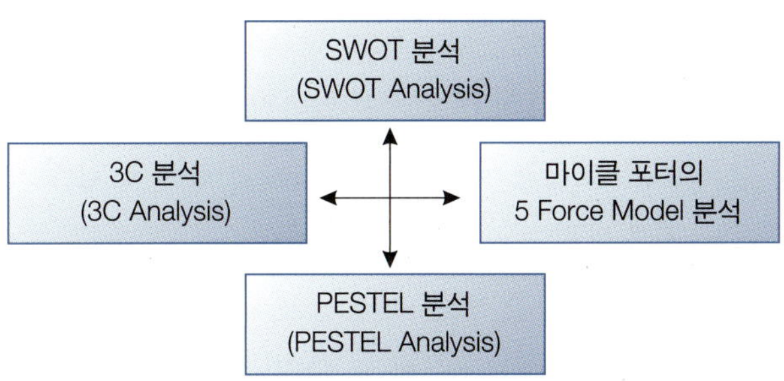

경분석, 주요 과제도출, 과제선정의 절차를 통해 수행된다. 문제가 발생하였을 때, 가장 먼저 고려해야 하는 점은 환경을 분석하는 일이다. 예를 들어 "A상품의 판매이익이 감소하고 있다"라는 현상이 발견되었다고 한다면, "A상품의 판매이익을 개선하는 것이 가능할까"라는 것이 주요 과제가 된다. 이 때 주요 과제를 해결하는데 있어서 가장 먼저 실시되는 것이 환경분석이 된다. 환경분석을 위해서 다양한 기법이 활용되고 있지만 주요 사용되는 분석기법으로는 SWOT 분석, 마이클 포터 Five 모델분석, PESTEL 분석, 3C 분석기법을 활용하며, 앞서 마케팅전략부분에서 언급했기 때문에 여기서는 간단하게 설명한다.

첫째, SWOT 분석은 SWOT 분석(강점Strength, 약점Weakness, 기회Opportunity, 위협Threat)은 내부환경요인과 외부환경요인으로 구성되며 내부환경의 강점요인과 약점요인을 분석하고 외부환경의 기회요인과 위협요인을 파악·분석·평가하여 전략적 대안을 도출 및 수립하고 문제해결방안을 개발하는 방법을 말한다. 내부환경요인은 자사내부의 환경을 분석하는 것으로 자사의 강점과 약점으로 분석하는 것이며, 외부환경요인은 외부의 환경을 분석하는 것으로 기회와 위협요인을 말한다. 내부환경요인과 외부환경요인에 대한 분석이 끝난 후 SO전략(외부환경의 기회를 활용하기 위해 강점을 사용하는 전략선택), WO전략(자신의 약점을 극복함으로써 외부환경의 기회를 활용하는 전략선택), ST전략(외부환경의 위협을 회피하기 위해 강점을 사용하는 전략선택), WT전략(외부환경의 위협을 회피하고 자신의 약점을 최소화하는 전략선택)에 해당되는 최종분석을 실시하게 된다.

둘째, 마이클 포터 Five Forces 모델분석은 여러 가지 기업환경중에서 사업에 직접 관련된 공급자와의 거래관계, 고객과의 관계, 경쟁기업 간의 경쟁관계가 가장 중요한 환경요소이다. 마이클 포터의 산업구조분석은 특정산업의 경쟁자, 공급자, 고객과의 관계가 산업환경을 이루고, 이러한 여러 기업과의 관계를 조직적으로 분석하는 것이다. 마이클 포터의 모델분석은 가장 널리 알려진 산업구조분석이며, 대부분의 산업에서 경쟁의 양상과 산업전체의 수익률을 결정하는 가장 중요한 요인으로 산업구조분석은 산업내에서 경쟁하고 있는 기업들 간의 경쟁관계를 분석하는 것이며 각각의 산업내의 기존 기업들 간의 경쟁양상과 강도를 결정하는 각각의 요소는 잠재적 진입자, 구매자협상력, 산업내경쟁, 대체품위협, 공급자협상력 등이다.

셋째, PESTEL 분석은 제품 또는 시장을 둘러싼 여러 가지 환경요인들의 변화를 파악하여 기업전략의 장기적 방향을 설정하는 데 사용되는 분석방법이다. PESTLE 분석은 거시적 환경을 분석하는 것으로 어떤 현상에 활동에 영향을 줄 수 있는 정치, 경제, 사회문화, 기술, 환경, 법적요인을 분석하여 전략수립의 기초자료로 활용하게 된다. PESTLE(Political, Economic, Social, Technological, Environmental, Legal) 분석은 정치적, 경제적, 사회문화적, 기술, 환경, 법적요인분석을 하는 것을 말한다.

넷째, 3C 분석은 사업환경을 구성하고 있는 자사, 경쟁사, 고객을 3C라고 하며, 3C에 대한 체계적인 분석을 통해서 시장환경과 소비자 니즈와 욕구를 분석하는 것이다, 고객분석은 목표시장의 시장규모, 성장성, 시장추세, 고객의 구매패턴, 고객만족과 불만족요인, 고객집단별 니즈현황 및 추이 등을 파악하는 것을 말한다. 경쟁사분석은 경쟁사의 경영전략, 재무성과(성장성, 수익성, 안정성, 활동성), 인적자원, 마케팅역량, 연구개발, 유통 및 가격전략, 시장점유율 등 파악으로 시장에서의 경쟁상황을 분석하는 것이다. 한편 자사분석은 경쟁사 대비 자사의 제품, 유통, 가격, 홍보, 서비스, 연구개발능력, 자금력 등을 분석하는 것이다.

2. 문제도출(Problem Resolution)

선정된 문제를 분석하여 해결해야 할 것이 무엇인지를 명확히 하는 단계로, 어떤 현상에 대하여 문제구조를 파악하고 핵심 문제를 선정하는 절차를 문제도출(Problem Resolution)이라고 한다. 문제도출은 문제와 이슈를 세분화하여 문제구조를 파악하고 문제에 영향력이 있는 큰 이슈를 핵심문제로 선정하고 문제의 원인분석과 해결책을 구체화하는 것이다. 즉, 문제도출은 문제구조파악, 핵심문제선정의 절차를 거쳐 수행된다. 문제구조파악은 전체문제를 개별화된 세부문제로 쪼개는 과정으로 문제의 내용 및 미치고 있는 영향 등을 파악하여 문제의 구조를 도출해내는 것으로 문제구조파악에서 중요한 것은 본래 문제가 발생한 배경이나 문제를 일으키는 메커니즘을 분명히 해야 한다는 것이다. 또한 문제구조파악을 위해서는 현상에 얽매이지 말고 문제의 본질과 실제를 봐야하며, 한쪽만 보지말고 다면적으로 보며, 눈앞의 결과만 보지말고 넓은 시야로 문제를 바라봐야 한다. 문제구조파악이 끝나면 파악된 문제중에서 어떤 문제를 우선순위로 선정할 것이지 결정해야 한다.

로직트리 기법(Logic Tree Methode)

주어진 문제에 대해 논리적 연관성이 있는 하부과제들을 나무모양으로 전개하여 문제

그림 3-15 로직트리 기법의 개념도

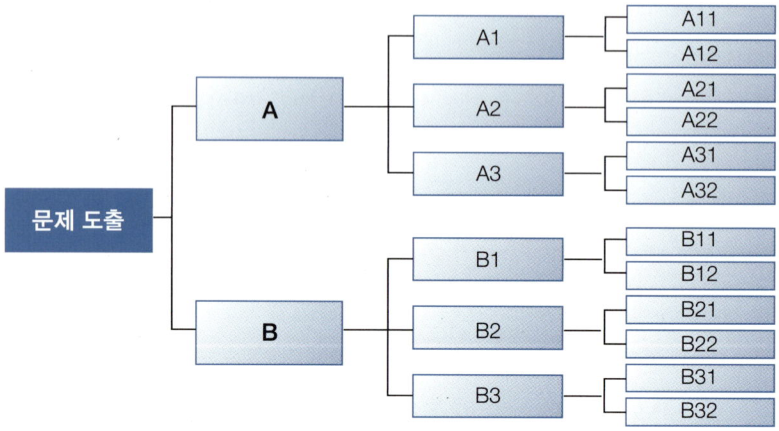

점을 도출하고 분석해 나가는 기법을 로직트리 기법(Logic Tree Methode)이라고 한다. 로직트리의 역할은 이슈를 확인하고 체계화하는 것으로 피라미드 스트럭처라고도 한다. 즉, 문제해결의 각 단계에서 풀어야 할 이슈가 무엇인지를 명확하게 알려주고, 가설설정, 가설의 검증을 위한 분석방법, 정보소스, 담당자선정 등 문제해결과정의 체계적인 진행이 가능하도록 도와준다. 문제도출을 위해서는 문제의 원인모색하는 경우와 문제의 해결책 구체화를 위한 Logic Tree가 있다.

로직트리 기법은 주어진 문제에 대해 논리적 연관성이 있는 하부과제들을 나무모양으로 전개하여 분석을 하는 기법으로 원인을 깊이 파고들거나 해결책을 구체화하여 주요 과제를 나무모양으로 분해하고 정리하여 문제를 해결하는 기법을 말한다. 즉, 주어진 문제 또는 과제에 대하여 서로 논리적 연관성이 있는 하부과제들을 나열하고 나열된 문제를 해결하기 위해 어떤 하부문제들을 고려해야 하는지, 어떤 수단을 고려해야 하는지 체계를 논리적으로 연결해 놓은 것이다. 최초의 시점에서 주요 이슈를 상세하게 도출하는 것이 문제해결의 첫 번째 단계이다. 로직트리를 전개할 때 사고의 논리적 연결을 계속해 나가기 위해서 MECE(Mutually, Exclusive, Collectively, Exhaustive)개념을 사용한다. MECE는 상호 배타적이며 총합으로는 전체를 이루는 요소의 집합을 의미하며, 어떤 부분이 중복되지 않고 누락되지 않게 하게 하여 부분으로 전체를 파악하는 것으로 이슈의 누락 또는 중복을 피하고 전략설정에 있어 논리적이고 실제적으로 사고하기 위해서 사용한다, 예를 들어 남성과 여성은 MECE이다. 그러나 남성과 여성, 아이들에서 아이들은 남성과 여성을 겹치기 때문에 MECE가 아니다. 남편과 부인에서 독신남과 독신녀 등을 포함하지 않아서 총합이 전체를 이루지 못하기 때문에 MECE가 아니다.

MECE가 어떤 관계에 의해 구성되었느냐에 따라 Parallel 트리와 Sequential 트리로 구분된다. Parallel 트리는 '남자, 여자', '국내시장, 해외시장', '기존 사업, 신규사업'과 같이 MECE관계의 기준이 상호 배타적이고 동등한 요소로 구성되는 경우를 말한다. Sequential 트리는 '단기, 중기, 장기, 실행계획' 등 MECE 관계의 기준이 시간의 흐름에 따른 구성요소로 구성된 경우를 말한다. 로직트리 기법유형에는 What Tree법, Why Tree법, How Tree법 등이 있다. What Tree법은 전체구성요소를 분해하거나 체크리스트를 작성할 때 문제를 구체화시켜서 과제를 선정해야 할 때 'What'이라는 질문을 계속 던져서 논리적 사고를 구조화하는 것이다. Why Tree법은 문제의 근본원인과 이유를 찾을 때 또는 선정된 문제의 원인이나 이유를 찾아야 할 때 'Why'라는 질문을 통해 논리적 사고를 구조화하는 것이다. 한편 How Tree법은 문제에 대한 구체적인 해결방안을 찾기 위해 'So How'이라는 질문을 통해 논리적 사고를 구조화하는 것이다.

로직트리를 작성할 때는 한 가지 과제에 대해 여러 가지 각도로 생각할 수 있는 유연적 사고가 필요하고, 진행중 여러 번 반복될 경우 중단하고 다른 각도에서 시도해 보는 것이 효율적이며, 다양한 문제를 도출하고 확보하기 위해서는 제 3자의 체크도 필요하다.

3. 문제원인분석(Problem Analysis)

직면한 문제를 확실히 알고 있더라도, 그 문제의 원인이 무엇인지를 파악하지 못한다면, 이에 따른 해결방안을 마련하는데 어려움을 겪게 될 것이다. 문제를 도출한 후에는 파악된 핵심문제에 대한 분석을 통해 근본원인을 찾기위한 원인분석단계를 거치게 된다. 원인을 분석하기 위해서는 문제상황에 대한 원인들을 모두 조사한 후, 주요 원인들로 범주화하는 과정이 필요하며, 해결방안을 결정하기 위해서 수행해야 하는 절차이다. 문제원인분석은 파악된 핵심문제에 대한 분석을 통해 근본원인을 도출해 내는 단계이며, 원인분석은이슈(Issue)분석, 데이터분석, 원인파악의 절차로 진행되며, 핵심이슈에 대한 검증을 위해 필요한 정보를 수집, 분석하여 문제의 근본원인을 도출해 나가는 것이다.

첫째, 이슈분석은 핵심이슈설정, 가설설정, output 이미지결정의 절차를 거쳐 수행된다. 핵심이슈설정은 현재 수행하고 있는 업무에 가장 크게 영향을 미치는 문제로 선정하며, 사내외 고객인터뷰 및 설문조사, 관련자료 등을 활용하여 본질적인 문제점을 파악하

그림 3-16 문제원인 분석절차

절 차	이슈 분석	데이터 분석	원인 파악
내 용	· 핵심이슈설정 · 가설설정 · Output이미지 결정	· 데이터 수집계획수립 · 데이터 정리/가공 · 데이터 해석	· 근본원인을 파악하고 원인과 결과를 도축

는 방법으로 수행된다. 가설설정은 핵심이슈가 설정된 후에는 이슈에 대해 자신의 직관, 경험, 지식, 정보 등에 의존하여 일시적인 결론을 예측해보는 가설을 설정한다. 가설설정은 관련자료, 인터뷰 등을 통해 검증할 수 있어야 하며, 간단명료하게 표현하고, 논리적이며 객관적이어야 한다. 그리고 Output 이미지결정은 가설설정후에 가설검증계획에 의거하여 분석결과를 미리 이미지화하는 것을 말한다.

둘째, 데이터분석은 데이터수집 계획수립, 데이터수집, 분석의 절차를 거쳐 수행된다. 데이터수집 시에는 목적에 따라 데이터수집범위를 정하고, 정량적이고 객관적인 사실을 수집하고, 자료의 정보원을 명확히 해야 한다. 데이터수집후에는 목적에 따라 수집된 정보를 항목별로 분류정리한 후 “what”, “why”, “how” 측면에서 분리하고 의미를 해석해야 한다.

셋째, 원인파악은 이슈와 데이터분석을 통해서 얻은 결과를 바탕으로 최종원인을 확인하는 단계이다. 원인파악 시에는 원인과 결과 사이에 어떤 인과관계가 있는지를 확인하는 것이 필요하다. 단순한 인과관계는 원인과 결과를 분명하게 구분할 수 있는 경우로, 어떤 원인이 앞에 있어 여기에서 결과가 생기는 인과관계를 의미하며, 소매점에서 할인율을 자꾸 내려서 매출 share가 내려가기 시작하는 경우가 이에 해당한다. 한편 닭과 계란의 인과관계는 원인과 결과를 구분하기가 어려운 경우로, 브랜드의 향상이 매출확대로 이어지고, 매출확대가 다시 브랜드의 인지도향상으로 이어지는 경우가 이에 해당하며, 복잡한 인과관계는 단순한 인과관계와 닭과 계란의 인과관계의 두 가지 유형이 복잡하게 서로 얽혀있는 경우로, 대부분의 경영상 과제가 이에 해당한다.

4. 문제해결안 개발(Problem Solving Development)

문제를 해결하라는 업무가 주어졌을 때, 어떤 해결방안을 우선적으로 추진해야 하며,

어떤 해결방안이 가장 효과적인지 결정하는 것은 쉽지 않다. 문제의 원인들을 분석하여 여러 가지 해결책을 도출하는 것이 필요하다. 해결안을 개발하기 위해서는 우선 문제상황에 대한 도출된 과제중에서 중요성과 실현가능성을 고려하여 어떤 해결안을 채택할 것인가를 선택해야 한다. 문제에 대한 해결은 문제로부터 도출된 근본원인을 효과적으로 해결할 수 있는 최적의 해결방안을 수립하는 단계로 해결안 개발은 해결안 도출(문제로 부터 최적의 해결안을 도출하고 아이디어를 명확화) → 해결안 평가(문제 what, 원인 why, 방법 how 고려) → 최적안선정(중요도와 실현가능성 등을 고려해서 가장 효과적 해결안 선정)의 절차로 진행한다. 문제해결을 위한 개발기법으로는 델파이기법(Delphi method), 명목집단기법(Nominal Group Technique), 카와기타 지로기법(kJ Method) 등이 있다.

델파이기법(Delphi method)

1948년 랜드 연구소(미국, Rand corporation)의 올라프 헬머(Olaf Helmer)와 노르만 댈키(Norman Dalkey)가 미국에 대규모 원자탄공격이 가해졌을 경우 예상되는 효과를 평가할 목적으로 다양한 전문가의 의견을 수렴하기 위해 개발된 기법이다. 개인의 지식을 통한 문제해결 및 미래예측에 대하여 적절한 해답이 없는 문제에 대하여 다수의 전문가를 대상으로 의견을 수렴하여 집단적 합의를 도출해내는 방법을 델파이기법(Delphi method)이라고 한다. 즉, 관리자(의견조정자)가 주관이 돼 다수의 전문가의견을 2~3회 청취하고 피드백을 받아 최종예측의 평균값 또는 중앙값으로 결과를 예측하는 방법이다. 델파이방법은 추정하려는 문제에 관한 정확한 정보가 없을 때에 "두 사람의 의견이 한 사람의 의견보다 정확하다"는 계량적 원리에 근거하며, "다수의 판단이 소수의 판단보다 정확하다"는 민주적 의사결정원리에 근거를 두고 있다. 전문가들이 직접 모이지 않고 주로 우편이나 전자메일을 통신수단으로 의견을 수렴하고 의견을 제시하는 방법으로 진행한다.

그림 3-17 델파이기법 개념도

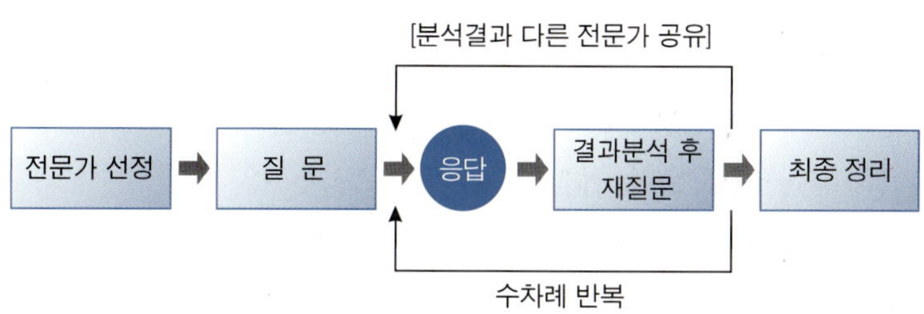

전문가 합의는 전문가들 사이의 합의가 도출될 수 있는 조건을 마련하여 합의된 의견을 찾아내어 문제를 해결하는 것이다. 델파이기법의 장점은 다양한 분야의 전문가 의견수렴이 가능하고 대규모로 의견조사가 실시가 가능하여 특정 연구주제와 관련된 많은 전문가들의 개입이 가능하고, 전문가의 의견을 통계적 방법을 통한 과학적인 자료로 수합하여 피드백이 가능하다는 것이다. 또한 익명으로 응답하여 전문가들의 독립적이고 자유롭고 솔직한 의견형성이 가능하며, 폭넓은 문제, 주제, 영역에 적용이 가능하고, 문제를 냉정하고 객관적으로 검토가 가능하다. 반면 단점은 질문 또는 진술문의 모호한 작성이 각 전문가에게 달리 해석될 가능성이 있고, 참가자들의 응답에의 성실성과 신뢰성의 문제가 있을 수 있고, 전문가 선정시 대표성에 문제가 있을 수 있다.

델파이기법에 있어서 전문가 선정에 대한 문제는 매우 중요한 문제이다. 원래 델파이기법이 전문가적 직관을 객관화된 수치로 나타내는 방법이기 때문에 조사에 참여한 전문가의 자질은 매우 중요시 될 수밖에 없는 것이다. 따라서 전문가의 선정기준은 전문가들은 응답을 하는 데에 필요한 필수적 지식을 갖고 있어야 하며, 조사에 참여하는 전문가들은 다양성이 있어야 하며, 합리적이고 객관적이며 편향되지 않은 사고를 할 수 있어야 한다. 또한 전문가들은 조사에 열성적으로 참여하여야 하고, 델파이과정에 소요되는 시간을 낼 수 있어야 한다.

명목집단기법(Nominal Grouping Technique)

구성원들 상호 간에 대화나 토론없이 각자 서면으로 아이디어를 제출하고 자신의 의견을 다른 구성원들에게 설명을 하고 그 내용을 진행자가 정리하여 비밀투표를 통해 최종적으로 우선순위를 결정하여 문제의 해결책을 제시하는 방법을 명목집단기법(Nominal Group Technique)이라고 한다. 즉, 팀의 구성원들이 모여서 문제나 이슈에 대한 의견에 대해 집단토론을 하여 이해 당사자의 생각을 이해하고 수정한 다음에 결론을 거쳐 문제를 해결해 가는 가중서열화 기법을 말한다. 1968년 A. Delbecq와 Q. Van de Ven이 처음으로 개발한 기법으로 문제해결을 위해 의사결정에 자주 사용되어지는 기법이다.

명목집단기법은 브레인스토밍의 개념을 기반으로 아이디어를 창출해내기 위한 고도로 구조화된 방법으로 문제와 관련된 집단의 생각을 조사하는 것이다. 진행방법은 구성원들은 집단으로 만나 토론하기 전에 독자적으로 자신의 생각과 아이디어를 제시하고 진행자는 이를 기록한다. 그리고 제시된 아이디어에 대해 상호토의할 시간을 갖는다. 멤버들은 좋은 아이디어를 선정하여 점수와 순위를 정하고 무기명으로 투표를 해서 최고점을 받은 의견을 최종결정하는 것이다. 즉, 팀원들은 서로 자신의 생각이나 아이디어를 적고 한사람씩 돌아가면서 발표하고 명확성과 신뢰성을 위해 투표를 통해 결정한다.

카와기타 지로기법(kJ Method)

다양한 각도에서 수집된 각 개인의 자료를 관련성이 있는 것끼리 그룹화하여 문제의 전체상을 구조화시켜 문제점을 파악해 나가는 창조적인 아이디어 발상기법을 카와기타 지로기법(kJ Method)이라고 한다. 즉, KJ기법은 참가자전원이 자기가 생각한 모든 아이디어를 카드(라벨)에 적어 내면 그것을 분류해서 차트화함으로써 참가자 전원의 모든 아이디어를 손쉽게 찾아낼 수 있는 방법으로 조직의 문제점진단, 창조적 발상법, 문제해결기법 등에 많이 사용된다. KJ기법은 카와기타 지로(Kywakida Jiro, 도쿄공업대학)교수가 고안해 낸 문제해결기법으로 본인의 이름을 따서 KJ기법이라고 명명했다.

KJ기법 진행방법은 아이디어 작성 → 아이디어 분류 → 데이터그룹화 → 데이터 전체 구조화(분류의 시각화) 및 친화도(Affinity Diagram)완성순서로 진행된다. 아이디어 작성은 아이디어나 의견, 각종 조사현장에서 수집한 다양한 정보 또는 데이터를 서로 비슷하거나 연관성이 높은 것끼리 그룹화한다. 데이터 전체구조화 및 친화도완성은 내용의 유사도에 따라 점차적으로 집약해나가고, 친화도는 많은 수의 아이디어를 자연스런 연관관계를 갖는 몇 개의 그룹으로 묶는 것이다. 즉, 연관성이 있는 것으로 그룹화하여 상위표제를 만들고 다시 상위표제들 간의 연관성을 고려하여 그룹화하고, 연관성이 높은 상위표제묶어 차상위표제를 만들어 그룹의 전체상을 문장으로 만드는 것이다.

그림 3-18 KJ 기법 프로세스 구조

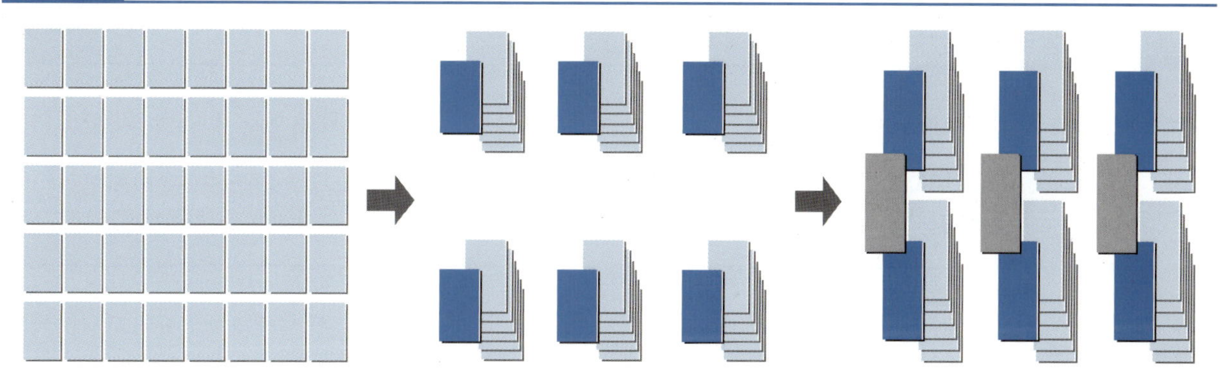

5. 실행 및 평가(Performance and Evaluation)

조직생활에서 문제를 해결했다고 생각했는데, 같은 문제가 다시 발생하는 경우가 있다. 이는 구체적인 실행계획과 지속적인 피드백이 부족했기 때문이다. 문제해결안을 개발한 후에는 실행계획을 수립하고, 해결방안을 실행한 후에도 해결방안을 수정·보완하여 나은 해결방안을 수립할 수 있다. 문제의 원인을 분석하고, 해결안을 개발한 후에는 실행계획을 수립하여 실제 실행하는 과정이 필요하다. 이를 통해서 실행결과를 평가하고, 문제해결이 제대로 이루어졌는지를 확인할 필요가 있다. 따라서 실행 및 평가는 해결안개발을 통해 만들어진 실행계획을 실제상황에 적용하는 활동으로 당초 문제의 원인들을 해결안을 사용하여 제거해 나가는 단계로 실행계획수립, 실행, Follow-up의 절차로 진행된다.

실행계획수립은 무엇을(what), 어떤 목적으로(why), 언제(when), 어디서(where), 누가(who), 어떤 방법으로(how)의 물음에 대한 답을 가지고 계획하는 단계이다. 실행계획 수립 시에는 세부실행 내용의 난이도를 고려하여 가급적 구체적으로 세우는 것이 좋으며, 각 해결안별 구체실행 계획서를 작성함으로써 실행의 목적과 과정별 진행내용을 명확하게 파악하도록 하는 것이 필요하다. 실행 및 Follow-up단계는 가능한 사항부터 실행하며, 실행과정에서 나온 문제점을 해결해 가면서 해결안의 완성도를 높이고 일정한 수준에 도달하면 전면적으로 전개해 나가는 것이 필요하다. 즉 pilot test를 통해 문제점을 발견하고, 해결안을 보안한 후 대상범위를 넓혀서 전면적으로 실시해야 한다. 특히 실행상의 문제점 및 장애요인을 신속히 해결하기 위해서 모니터링체제를 구축하는 것이 바람직하다.

그림 3-19 실행 및 평가절차

절 차	실행계획 수립	실 행	Follow-up
내 용	최종 해결안을 실행하기 위한 구체적인 계획 수립	실행계획에 따른 실행 및 모니터	실행 결과에 대한 평가

제 4 장

리더십과 대인관계기술
(Leadership & interpersonal Skill)

제1절 리더의 이해(Leader Understanding)

1. 리더의 개념(Leader Concept)

대외적인 복잡한 환경을 파악하고 신속하게 최선의 의사결정을 내릴 수 있는 리더가 조직의 경쟁력으로 부상하고 있다. 또한 급속한 환경변화에 대응하기 위한 조직내의 혁신적 변화가 필요하고 치열한 경쟁환경에서의 리더의 역할이 크게 부각되고 있다. 리더는 lead(앞선다, 앞지른다, 지도한다, 선도한다)의 명사형으로 앞선 사람, 지도하는 사람, 선도하는 사람이란 뜻을 가지고 있다. 조직이나 집단의 목표를 달성하기 위하여 부하 또는 구성원들을 동기부여시키고 영향을 미쳐서 자발적으로 따르게 하는 사람을 리더(Leader)라고 한다. 조직 내부문제해결 차원에서 직원들의 사기와 회사에 대한 만족감 저하와 외부환경변화에 따른 변화의 공감대형성부족 등 문제해결을 위해 리더의 역할이 필요하며, 뿐만 아니라 조직구성원의 역량과 능력향상을 위해 리더십이 필요하다. 리더가 어떻게 리더십을 발휘할 것인가는 조직성과와 관리차원에서 중요한 문제이다. 관리자와 리더의 역할에 대한 차이도 다양하게 나타난다.

표 4-1 리더와 관리자 개념

관리자 [조직원을 관리하고 감독]	리 더 [조직원을 지원하고 동기부여]
· 조직원에게 지시하고 명령	· 조직원에게 동기부여 및 자기개발
· 상호 경쟁력 분위기 조성	· 상호협력적 분위기 조성
· 직책과 직급을 활용	· 상호관계를 활용한 조직운영
· 동질이고 획일적인 것 추구	· 다양성과 유연성의 추구
· 위험회피 및 책임전가	· 위험을 스스로 감수 및 책임
· 개인별 기여도 평가 및 보상	· 조직결과에 대해 평가 및 보상
· 수직적 조직관리	· 수평적 조직관리
· 조직원을 비용으로 판단	· 조직원을 자산으로 평가

2. 리더의 역할(Leader Roll)

사람은 자신의 노력을 통해서 성공할 수 있지만 그렇지 못한 사람은 윗사람의 리더십에 의해서 성공할 수 있다. 이와 같이 윗사람이 가지고 있는 자질을 '리더십'이라고 표현하는데, 잘 이끌어주고 지도해 준다는 의미이다. 과거에는 관리자중심으로 조직을 관리하여 성과를 창출했지만 이제는 조직관리에 있어서 지시하고 명령하고 결과만을 가지고 평가하면 조직원이 능동적으로 자신의 일에 열중하지 않는다. 리더는 리더 스스로 위험을 감수하는 모습을 보일 때 조직원은 조직에 충성하고 적극적으로 조직성과를 위해 능동적이고 창의적으로 역할과 노력을 한다는 것이다. 따라서 리더는 조직의 비전, 목표, 전략을 수립하고, 철저한 조직관리와 성과관리가 이루어져야 하며, 조직구성원을 관리하고 감독하는 역할뿐만 아니라 조직원에게 동기부여해 주고 사고를 혁신해 주는 역할을 해야 한다.

그림 4-1 리더의 역할

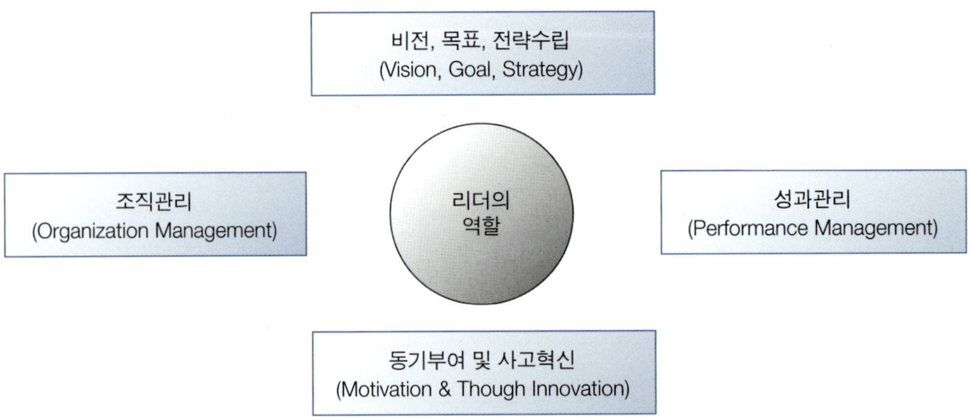

비전, 목표, 전략수립(Vision, Goal, Strategy)

비전은 거시적인 방향 제시 및 조직의 핵심가치를 창출하는 것을 말한다. 목표는 비전달성을 위한 구체적인 실행계획을 수립하는 것으로 비전달성을 위한 목표관리는 세부적이고 구체성과 명확성에 근거해서 실행계획을 수립해야 한다. 전략은 비전과 목표를 달성하기 위한 과정에서 세부적인 실행계획을 수립하는 것으로, 목표설립과 같이 구체적이어야 하며, 데이터에 근거해서 객관적 증거를 기초하여 전략을 수립해야 한다.

그림 4-2 비전·목표·전략수립단계

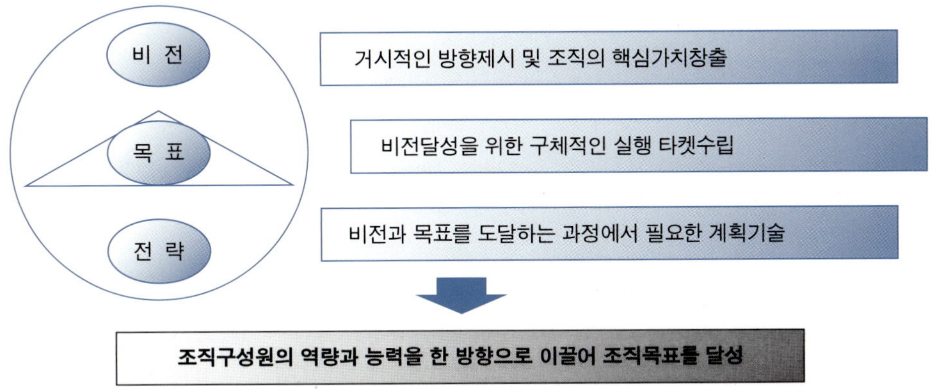

성과관리(Performance Management)

조직목표와 성과지표를 확정해 놓고 조직구성원이 직무수행계획을 수립하여 개인목표 달성은 물론 조직목표달성을 하도록 업무를 수행하고 성과를 낼 수 있도록 관리하는 일련의 활동을 성과관리라고 한다. 즉, 성과관리는 조직목표와 개인목표를 설정하고 계획을 구체적으로 설계하고 시행하여 계획했던 결과가 달성되었는지를 평가하여 성과보상을 함으로써 조직의 전반적인 효율성을 높이고자 하는 과정을 말한다.

리더는 조직발전을 위해 목표전략을 수립을 할 줄 알아야 하고, 조직 구성원에게 명확하고 합리적인 목표관리(MBO, Management by Objectives)를 제시해야 한다. 성과관리제도의 도입은 조직목표의 효율성을 제고하고 환경변화에 적극적으로 대응하며 문제발생시 신속하게 대응하여 조직의 경쟁력을 확보하는데 있다. 성과관리의 궁극적인 목표는 조직구성원이 열심히 일을 하여 성과를 창출하고 조직목표달성과 발전을 도모하고자 하는 것이다. 성과관리추진체계는 성과관리전략과 계획을 수립하고 성과관리 실행실태와 과정을 점검하고 추진실적을 평가하여 조직의 목표와 목적을 달성하고 개선점과 변화가 필요한 현안에 대해 대책을 강구하여 미래계획수립에 반영하고자 하는 것이다.

첫째, 계획(Plan)이다. 계획은 목표를 설정하는 것으로 상하협의를 통해 목표지표작성하고 실행계획을 수립하는 것이다. 목표설정은 성과관리계획을 수립하여 전략목표와 성과목표를 제시하고, 구체적으로 시행계획과 지표를 수립하는 것이다. 전략목표(Strategic objective)는 조직의 비전과 목표 등을 감안하여 최대한 중점을 두고 지향하고 추진해야

그림 4-3 성과관리 프로세스

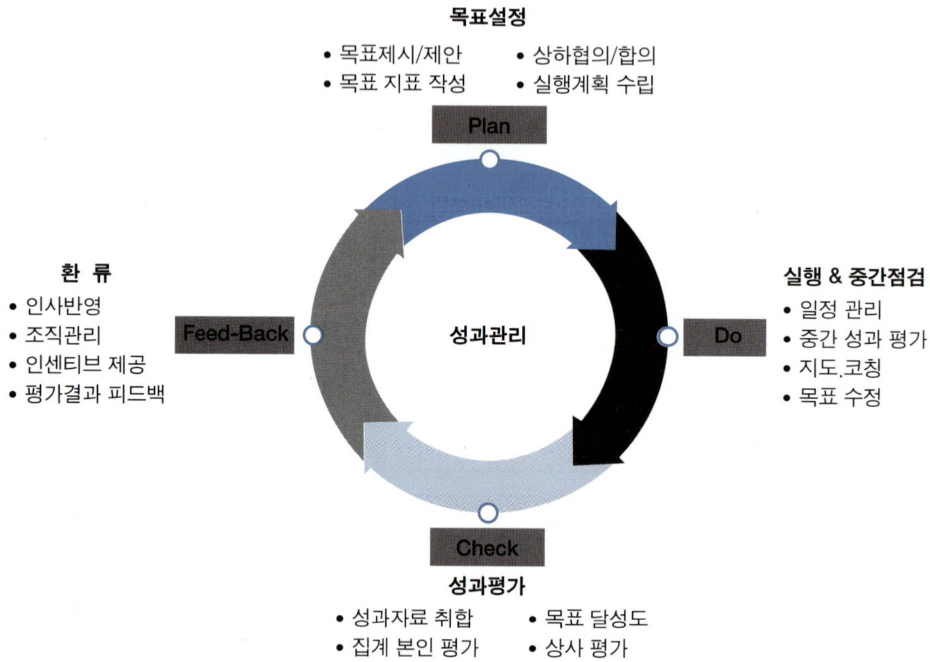

할 전략을 말한다. 성과목표(Performance target)는 전략목표를 구체화하는 하위목표로서 전략목표를 달성하고자 하는 세부적인 내용을 말하며, 달성도를 정량적, 정성적으로 나타내는 구체적인 세부지표를 말한다.

둘째, 실행(Do)이다. 실행은 일정관리, 중간성과평가, 지도코칭, 목표수정과정을 말한다. 즉, 실행은 목표달성을 위해 진행하면서 중간점검을 하는 것으로 실행 및 점검은 조직이 가지고 있는 경영자원을 효율적으로 배분하여 추진과정 등 진행상황을 점검하여 목표달성에 차질이없도록 관리하는 것을 말한다. 셋째, 평가(Check)이다. 평가는 성과를 평가하는 단계로 성과자료취합, 목표달성도 집계, 본인평가, 상사평가하는 과정이다. 평가는 조직이 이행하고 있는 과정과 계획한 목표와 결과를 정기적으로 평가하는 것이다. 넷째, 환류(Feed-Back)dlek. 환류는 평가결과를 통해 인사반영, 조직관리, 인센티브제공하고 성과지표로 활용하고 평가결과를 미래계획 설립에 반영하는 피드백과정을 말한다.

캘리포니아 대학 Jay R. Galbraith교수의 조직효과성(Organizational Effectiveness) 모델에서는 성과관리는 전략, 조직구조, 보상, 프로세스, 사람 등 5개의 요소로 구성되며 각 요소는 상호 연결성이 있다고 했다. 한편 각각의 요소가 상호 시너지가 발휘될 때 조직의

그림 4-4 성과관리 구성 요소

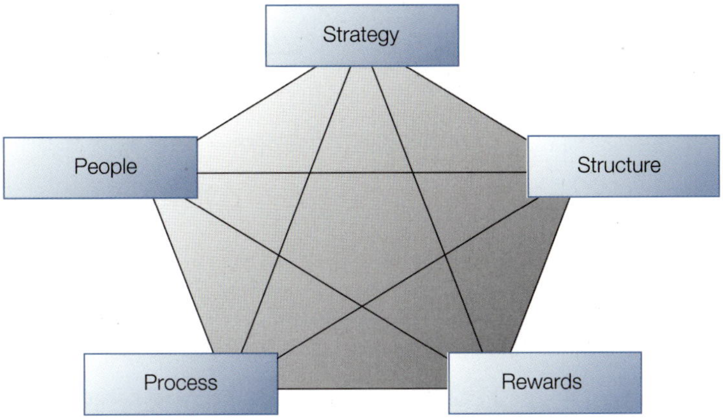

목표와 성과관리에서 긍정적 결과를 가져온다고 했다. 만일 조직의 성과를 극대화하려면 5가지 요소 중에 1~2개를 변화시켜서는 안 되고 모든 요소가 모두 변화해야만 된다는 것이다. 이는 마하경영(mach management, 비행기가 현재의 음속속도를 획기적으로 돌파하기 위해서는 비행기의 일부를 개선하는 것이 아니라, 설계부터 엔진, 부품, 소재 등 모든 것을 교체해야 가능하듯이 경영을 혁신하려면 기존 경영행위를 버리고 새롭게 틀을 만들어 한계를 돌파하자는 의미)과 맥락을 같이 한다.

성과관리평가(performance evaluation)는 투입, 활동, 산출, 결과과정으로 진행된다. 성과관리를 진행하면서 핵심적인 역할을 수행하는데 있어서 대표적인 수단은 성과감독과 사업평가를 말한다. 성과감독은 사업의 성과를 나타내는 성과지표를 설정한 후, 이를 주

그림 4-5 성과관리 평가

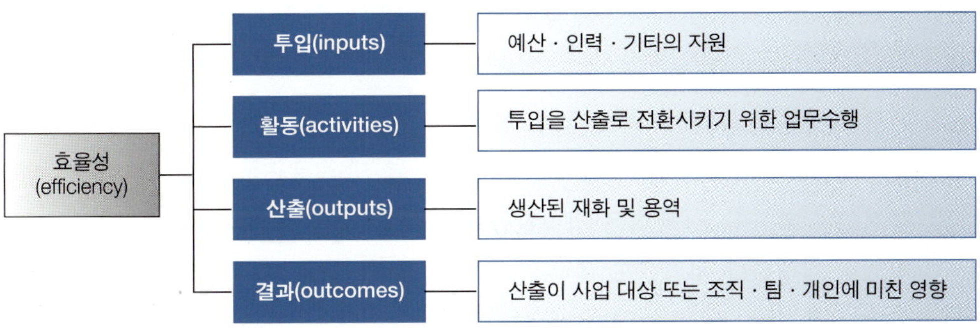

기적으로 측정하고 목표치 또는 기대치와 비교하는 작업을 말한다. 비교적 적은 비용으로 비교적 빠른 시간내에 산출 및 결과에 대한 정보를 생산해 낼 수 있는 반면, 투입과 산출 및 결과 사이의 인과관계를 보여주기 어려운 점이 있다. 사업평가는 사업이 기대했던 성과를 달성하는데 얼마나 기여했는지를 여러 가지 과학적 기법을 사용하여 분석하고, 그 성공요인 또는 실패요인을 객관적으로 기술하여 사업운영체계와 목표를 개선하는 용도에 활용할 수 있도록 하는 평가이며, 인과관계를 파악하여 정책형성에 도움을 줄 수 있지만 비용과 시간이 많이 소요된다.

한편 성과관리를 하기 위한 평가지표는 관련성(relevance), 영향파악 가능성(attributable), 명확성(well-defined), 적시성(timely), 신뢰성(reliable), 비교가능성(comparable), 검증가능성(verifiable) 등을 고려하여 성과지표를 만들고 평가해야 한다. 즉, 성과지표는 해당 조직이 달성하고자 하는 목표와 관련성이 있어야 하고 해당조직이 영향력을 미칠 수 있는 성과를 측정해야 하며, 성과의 책임이 누구에게 귀속되는지를 명확하게 영향력을 파악할 수 있어야 한다. 또한 자료가 일관된 방식으로 수집될 수 있도록 성과지표는 명확하게 정의되어야 하며, 쉽게 이해되고 사용될 수 있어야 한다. 한편 사업진행상황의 파악에 도움을 주어야 하며, 성과자료로서의 유용성과 적시성을 가져야 한다. 그리고 원하던 정보를 정확히 제공해야 하며 신뢰성을 주어야 하고 현재의 성과를 과거의 성과나 다른 사업의 성과와 비교할 수 있도록 해 주어야 한다. 끝으로 적절한 과정을 거쳐 성과지표가 측정되었는지를 검증할 수 있도록 분명한 근거자료를 제시해야 한다.

조직관리(Organization Management)

조직의 일체감을 높이고 고충이나 불만사항을 경청하여 신속하게 해결해 주므로써 조직의 안정화 및 생산성 향상은 물론 조직원들이 역량을 발휘할 수 있도록 하는 일련의 활동을 조직관리라고 한다. 즉, 조직관리는 조직의 목표달성을 위해 조직이 가지고 있는 경영자원을 효율적, 능률적으로 계획, 조직화, 지휘, 통제하여 목표를 달성하는 절차와 과정을 말한다.

첫째, 계획(planning)은 목표를 설정하고 달성하기 위한 행동의 순서와 방법을 결정하는 과정이다. 즉, 미래환경변화를 예측하고 조직의 목표를 달성하기 위한 전략과 전술을 결정하는 과정이다. 계획은 경영활동에서 가장 먼저 시작되는 활동이면서 잘못되면 성공적으로 실행한다 하더라도 좋은 결과를 얻을 수 없기 때문에 기업성과에 중요한 영향을 미치는 핵심요소이다. 계획과정에서는 누가, 무엇을, 언제, 어디서, 어떻게, 얼마만큼 할

그림 4-6 조직관리 요소

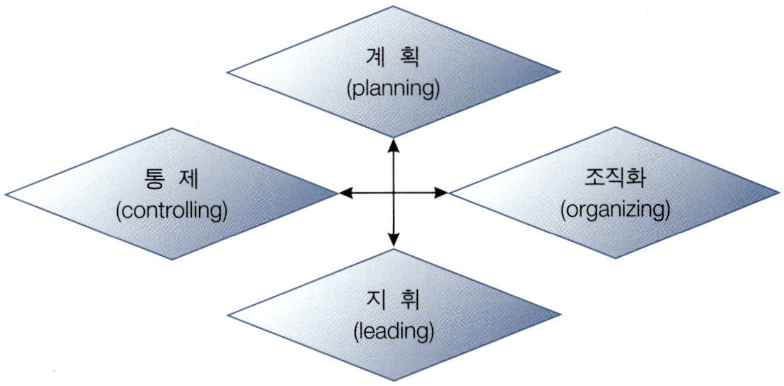

것인가에 대한 명확한 설정이 이루어져야 하며, 기업의 경영목표를 세우고 이를 달성하기 위한 가장 좋은 방안을 찾는 활동이다. 또한 환경변화에 대한 예측을 바탕으로 미래에 대한 기업의 전반적인 방향을 설정하고, 조직목표를 달성하는데 필요한 자원을 확보하여 효과적인 과업활동을 결정하는 데 목적이 있다. 계획구조는 전략적 계획과 전술적 계획으로 구분된다. 전략적 계획(strategic planning)은 조직목표를 정하고 목표달성을 위해 필요한 자원을 확보하고 확보한 자원을 효율적으로 활용하기 위한 정책과 전략을 설정하는 과정이며, 전술적 계획(tactical planning)은 조직목표를 달성하기 위해 무엇을 해야 하고, 누가 할것이며, 어떤 방법으로 할것인지 구체적이고 명확하게 방향을 계획하는 과정을 말한다.

둘째, 조직화(organizing)는 조직구성원이 조직의 목표를 달성할 수 있도록 조직의 업무와 권한, 자원들을 적재적소에 배치하고 조정하는 것을 의미한다. 아무리 계획을 잘 세워도 실행되지 않으면 성공할 수 없으므로, 기업목표의 성공여부는 조직화에서부터 결정된다고 볼 수 있다. 리더는 계획을 통하여 목표와 방법을 설정하고, 계획을 효율적으로 수행하기 위해서 조직의 인적, 물적, 재무, 기술자원을 결합하고 조정하는 역량이 필요하다.

셋째, 지휘(leading)는 조직비전을 수립하고 조직목표를 효과적으로 달성하기 위해 이해 당사자와 의사소통하고 동기부여하여 달성하고자 하는 목표달성의욕을 고취시키는 활동이다. 즉, 지휘는 조직구성원들이 업무를 수행할 때 끊임없는 자극을 주어 동기를 유발하는 과정으로, 조직구성원들이 조직의 목표를 달성하도록 리더가 영향력을 행사하는 것이다. 뛰어난 계획과 이를 수행할 조직이 있다 하더라도 지휘활동이 제대로 이루어지지 못하면 높은 성과를 기대할 수 없다. 따라서 리더는 지휘활동을 통해 공통의 비전과 활동방향을 제시하여 구성원들에게 동기를 부여하고, 조직구성원 간에 원활한 의사소통이 이루어지도록 하고 구성원 간의 갈등문제를 해결할 수 있어야 한다.

넷째, 통제(controlling)는 조직목표를 달성하고 있는지 확인하기 위한 명확한 기준을 설정하고 평가하는 것이다. 즉, 조직원이 목표를 달성했을 경우 결과에 대해 보상하고 목표 미달성시 개선책을 강구하는 과정을 말한다. 통제는 일의 성과를 측정하고, 초기에 수립된 조직목표와 실제결과를 비교하여 필요한 행동을 취하는 과정이다. 따라서 조직구성원들이 제시된 목표를 어떻게 수행하였는가를 측정하고 목표와 비교하여 필요시에는 수정방안을 강구하는 것이 통제과정이며, 통제는 경영의 관리과정 중 마지막단계로 평가결과를 미래계획수립에 활용한다.

동기부여 및 사고혁신(Motivation & Innovation)

조직구성원의 욕구를 충족시키면서 조직목표달성을 위해 구성원을 지휘, 감독하고 도전의식을 불어넣고 조직원들이 자발적으로 일할 수 있게 하여 생산성향상시키는 과정을 동기부여라고 한다. 조직원에게 동기부여하고 사고의 혁신을 가져오게 하려면 리더의 행동과 역할이 중요한데 그렇게 하기 위해 리더의 생각과 행동과 태도에 있어서 부정적 사고를 버리고, 부하가 하고 있는 일에 간섭하고 명령을 통해 관리하고 통제하는 등 불필요한 언행을 과감하게 줄여야 한다. 또한 조직원에게 감동을 주고 가치를 제공하는 일을 지속적으로 만들어내고, 조직원에게 칭찬과 격려를 통해 조직원이 긍정적 사고를 가지고 스스로 혁신할 수 있도록 하는 것이 필요하다.

동기부여는 일반적으로 결과와 보상을 향한 욕구에서 출발하는 것이다. 대표적 동기부여 이론으로 매슬로우의 욕구이론(Maslow’s motivation theory)이 있다. 매슬로우의 욕구이론은 생리적 욕구, 안전에 대한 욕구, 소속감과 애정욕구, 존경의 욕구, 자아실현의 욕구를 말한다. 매슬로우의 욕구5단계는 하위욕구에 만족하지 않으면 상위욕구가 발생하지 않는 다는 이론이다. 즉, 생리적 욕구가 해결되지 않으면 안전에 대한 욕구가 나타나지 않고, 안전에 대한 욕구가 만족하지 않으면 소속감과 애정에 대한 욕구가 만족하지 않으며 자아실현에 대한 욕구가 일어나지 않는다는 이론을 말한다. 왜 인간은 욕구에 관심을 갖게 되는 것일까? 욕구가 동기부여를 일으키는 요인으로 원하는 것을 얻기위해 행위를 하는 것이기 때문이다. 물론 사람들은 꼭 무엇을 얻기위해 행동하는 것이 아니라 단지 그 행위가 좋아서 하는 경우도 있다. 매슬로우의 욕구이론에 따르면 기업은 기업조직원의 인사관리측면에서 복지제공, 승진, 보너스, 인센티브 등과 연결된다고 볼 수 있다. 만약 조직원들이 기본적인 욕구가 충족되지 못한 상태에서 직원에게 목표달성과 자아실현을 제시한다면 동기가 유발되지 않을 것이기 때문이다.

3. 리더의 권력(Leader Power)

권력(power)은 다른 사람에게 영향을 줄 수 있는 잠재력을 가진 권한으로 다른 사람의 태도와 행동을 바람직한 방식으로 변화시키는 능력을 말한다. 즉, 행동에 영향을 주고, 행동방향을 변화시키며, 조직 구성원이 업무를 수행하도록 하는 잠재능력을 말한다. 반면 권한(authority)은 조직구조에 있어서 역할과 지위에 관련하여 인간행동에 대해서 갖게 되는 공식적인 영향력을 행사하는 조직의 규범에 의하여 합법적으로 인정된 권력을 의미한다. 권력은 권한보다 포괄적 개념으로 권력의 원천은 개인적 속성과 직위적 속성을 포함한다.

권력사용의 목적은 공동목표달성을 위해 쓰이는 사회화된 권력과 개인목표, 이해달성을 위해 쓰이는 개인화된 권력 등이 있다. 권력의 원천은 합법적 권력(Legitimate power, 타당성이 부여된 권력), 강압적 권력(Coercive power, 힘에 의한 물리적 권력), 보상적 권력(Reward power, 인센티브 부여에서 오는 권력), 전문적 권력(Expert power, 전문가로서의 권력), 준거적 권력(Referent power, 개인적 매력, 가치적 매력에서 오는 권력) 등이 있다.

첫째, 합법적 권력이다. 공식적이고 합법적인 권한에서 나오는 권력으로 명시적 계약보다는 암묵적인 상호이해관계에서 생기는 권력이다. 따라서 조직에 대한 정체성, 리더의 지위, 적법여부의 인지에 따라 권력의 크기나 수용여부에 좌우된다. 둘째, 보상적 권력이다.

그림 4-7 리더의 권력유형

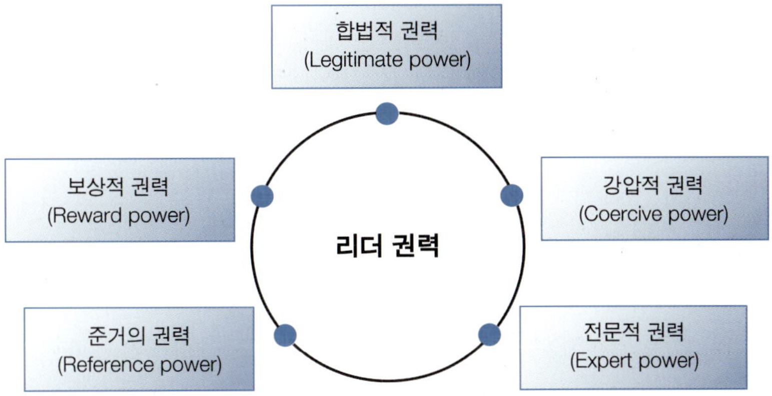

중요한 자원과 보상을 기초로 리더가 통하고 있다고 영향력을 받는 사람의 지각을 말한다. 원과보상을 할당하는 공식적인 권한에서 부분적으로 생기는 권력으로 속을 지킬 능력과 의지여부를 지각하는 것도 중요한 권력의 원천이 된다. 셋째, 강압적 권력이다. 처벌의 권한에 바탕을 두는 권력으로 제한적으로 사용되어져야 한다. 합법적 권력에 근거하여 권력을 행사해야 하며, 상호의존적인 성향을 가지기 때문에 강압을 사용하게 되면 보복을 유발하고 갈등을 확대시킬 수 있다는 점에 유의해야 한다. 넷째, 전문적 권력이다. 리더의 지식, 기술은 조직에서 개인적 권력의 주요한 원천이며, 영향력 행사자에게 의존할 때에만 전문성은 권력이 된다. 즉, 영향력을 받는 사람이 행사자의 전문성을 인정하고 정보와 조언이 신뢰할 만한 원천이라고 지각해야 영향력을 행사하는 권력이다. 다섯째, 준거적 권력이다. 개인적 특성에 영향력을 받는 권력이며, 영향력을 행사하는 사람에게 인간미, 감탄, 충성심의 강력한 감정을 가질 때 발생하는 권력이다.

제2절 리더십 이해(Leadership Understanding)

1. 리더십 개념(Leadership Concept)

리더가 일정한 상황에서 조직의 목표달성을 위하여 조직구성원들로 하여금 조직이나 집단의 공통목표를 달성하도록 설득하고 자극하며 영향력을 행사하는 과정을 리더십(Leadership)이라고 한다. 즉, 조직의 목적을 달성하기 위해서 구성원들에게 영향력을 행사하는 과정으로 조직과 개인을 변화시키고(Transform), 현재 상황을 혁신하고 개선하며(innovation & improvement), 동기부여하고 영감을 주어(Motivation & Inspire) 조직의 성과를 창출할 수 있도록 하는 행위를 말한다. 리더십의 어원은 앵글로 색슨어(old english)의 레단(ledan)에서 유래했으며, 가다(to go)라는 뜻의 '움직임을 나타내는' 동적성격을 가진 말이다. 그래서 리더는 '앞서 가는 자', '먼저 행하는 자'의 의미를 내포하고 있다.

미국의 사회학자 스톡딜(R. M. Stogdill)은 리더라는 말은 서기 1300년경 영국에서 처음 사용했고, 리더십이라는 용어도 영국에서 1800년에 처음 사용하였다고 한다. 결국 리더십이라는 말은 처음 쓴것은 그리 오래되지 않았다. 옥스퍼드 사전(Oxford English Dictionary, 1993)에도 리더십이라는 말은 1800년 이후에부터 사용하기 시작했다고 한다.

Leader는 영향력행사, 힘든 결정 등 속성을 보여주는 사람을 의미하며, Ship은 한 배를 탄 공동운명체 의미로 모두가 배안에서 함께 움직이도록 하는 것을 말한다. 즉, 리더는 공동운명체를 책임지는 사람을 말한다. 리더십이 왜 필요한가? 리더십은 급변하는 외부환경에 대응하고, 조직내부적인 문제를 해결하고 조직원의 역량과 능력개발을 통해 조직목표성과를 달성하기 위해서 리더십이 필요하다.

경영활동에서 있어 리더십은 조직의 의사결정과 더불어 가장 중요한 문제로 인식되고 있다. 리더십은 특정개인을 상대로 목표달성을 요구되는 것이 아니라, 전체구성원을 대상으로 기업의 전략과 목표수행을 통해 성과를 창출하기 위해 조직을 운영하는 능력을 말한다. 한편 리더십은 구성원 모두에게 기본적으로 요구되는 업무수행능력과 직무수행역량을 개발해 주는 것으로 이해할 수도 있다.

2. 리더십 패러다임 변화(Leadership Paradigm Change)

어떤 한 시대 사람들의 견해나 사고를 근본적으로 규정하고 있는 테두리로서의 인식의 체계 또는 사물에 대한 이론적인 틀이나 체계를 패러다임이라고 한다. 따라서 패러다임은 항상 생성, 발전, 쇠퇴, 대체되는 과정을 되풀이 한다. 리더십 패러다임은 리더십에 대한 사고나 견해가 시대에 따라 어떻게 변해왔는지를 의미한다. 리더십은 사회적 환경과 경영환경에 따라 변화하고 있으며, 리더십이론 역시 특성이론, 행동이론, 상황이론으로 변화하고 있다.

리더십에 대한 총체적인 특성은 1980년 이후에 본격화되었다. 리더의 특성과 리더십효과 사이에서 상관관계를 연구하여 리더로서의 성공가능성과 조직의 성과에 미치는 영향에 관심이 높아졌다. 특히 90년대 중반이후부터는 기업체를 중심으로 조직상황과 자신의 역할에서 달성하는 성과를 내기위해 리더가 갖추어야 할 역량(Competence)이 중요하다는 것을 인지하고 리더십을 육성하고자 실천적 접근을 강화하기 시작했다.

특성이론(Trait Theory, 20세기 초반)은 리더의 특성과 자질에 기초를 두고 리더의 특성에 따라 조직의 성과에 영향을 미치는 이론이다. 리더의 특성은 신체적 특성(외모, 키, 몸무게 등)과 능력특성(지식, 기술능력 등), 성격능력(적응력, 창의성, 자신감, 유머감각 등), 사회적 특성(대인관계, 협상, 커뮤니케이션 등) 등을 말한다.

행동이론(Behavioral Style, 20세기 중반)은 20세기 중반전후에 인간의 행동과 관련있는 연구를 많이 하기 시작하면서 나온 이론이다. 어떤 리더십 스타일이 가장 효과적인 리더

그림 4-8 리더십 패러다임 변화

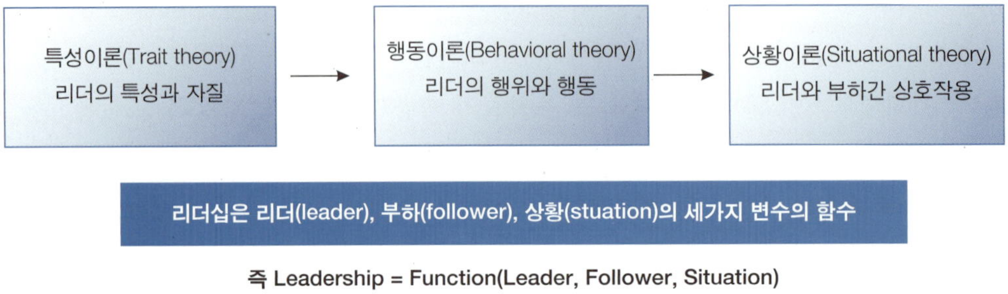

십인가? 즉 조직의 성과를 창출하는데 가장 효과적인 리더십행위는 어떤 것인지 원인을 찾기위한 연구가 시작되었다. 오하이오 주립대학에서 리더십을 연구하는 연구팀은 리더십 스타일을 배려와 구조중심으로 구분해 놓고 두 가지 경우에 대해 어떤 스타일이 더 효과적인 리더십인가를 연구했다. 그러나 어떤 스타일이 조직의 목표달성에 더 효과적인지 검증하기 위해 계속적인 연구를 했지만 주목할 만한 연구결과를 얻지 못했다. 따라서 행동이론은 리더의 행동에 초점을 맞추고 집단이나 조직의 성과를 높일 수 있는 리더십으로 교육 및 훈련을 통하여 사람들을 훌륭한 리더로 양성할 수 있다는 것에 초점을 둔 이론이다. 행동이론은 과업지향적이고 인간적 배려에 기초하고 있다. 과업지향은 목적을 달성하기 위해 리더가 자신과 부하직원들의 역할을 정의하고 조직화하는 것이며, 인간적 배려는 업무와 관련된 관계가 중립적인 신뢰에 바탕을 두고, 부하직원들의 아이디어를 존중하며, 그들의 감정을 인정하고 보호하는 것을 의미한다.

상황이론(Contingency Theory, 20세기 후반)은 리더의 특성이나 행동이 상황에 따라 다르게 작용하며 적용해야 한다는 이론이다. 많은 학자들은 주어진 환경속에서 가장 효과적일 수 있는 특성, 기능, 역할, 행위가 무엇인지에 대한 관심을 갖기 시작했다. 이를 상황적합 이론이라고 한다. 또한 리더의 영향력정도는 주어진 환경에 따라 다르게 적용되어야 한다는 주장이 나오기 시작했다. 상황이론은 일 중심적 스타일과 관계중심적 스타일중 어느 것이 더 효과적인 것인지 보다 주어진 환경과 조건에 따라서 어떤 리더십을 적용해야 하며 적용리더십에 따라 효과 역시 다르게 나타난다는 것이다. 따라서 리더십상황이론은 리더는 상황에 따라 상황에 맞는 리더십을 적용해야 하며 부하들과 리더의 특성, 리더와 부하가 맡고있는 과업구조와 같은 상황적 요소에 따라 리더십의 유효성은 달라지는데 초점을 둔 이론이다.

3. 리더십 요소(Leadership Elements)

리더는 상황에 따라 적절한 리더십을 발휘하는 것이 중요하다. 따라서 리더는 보상, 관리, 배려, 자극 등 다양한 리더십 실행요소를 활용하여 조직원이 조직목표를 달성할 수 있도록 유도하고 동기부여하여야 한다.

첫째, 보상(incentive, reward)이다. 보상은 리더가 설정한 수준의 성과를 부하가 달성했을 때 동기부여를 위해 보상을 제공하는 것이다, 이는 부하의 노력에 의해 이루어지는 리더와 부하간의 교환과정을 말한다, 이는 리더는 부하들이 수행해야하는 과제가 무엇인지를 제시하고, 과제를 수행하는 사람에게 목표를 달성하면 보상을 약속하겠다는 합의를 얻어내려고 노력한다. 둘째, 관리(management)이다. 관리는 하급자의 성과가 계획된 수준에 도달하지 못했을 때 리더가 개입하는 것으로, 적극적인 관리와 소극적인 관리로 구분된다. 적극적인 관리는 하급자의 실수와 규칙위반 등을 면밀히 관찰하고 업무가 정해진 절차를 벗어난 경우에 조치를 취하는 것을 말한다. 소극적 관리는 하급자들이 기준에 미달하거나 문제가 표면화된 후에 개입하는 것을 말한다. 즉, 일이 정해진 절차를 벗어날 경우에만 개입하여 조치를 취하는 것이다. 셋째, 배려(consideration)이다. 배려는 개별적 관심이라고도 한다. 리더는 부하들의 개인적인 욕구에도 세심한 관심을 기울이고 지원적 분위기를 조성하려는 리더들의 대표적인 특성이다. 이러한 리더들은 부하들이 자기가 맡은 일에 익숙해지도록 코치와 조언자의 역할도 한다. 넷째, 자극(stimulation)이다. 자극은 부하들의 창의성과 혁신성을 자극하고, 그들 자신의 신념과 가치뿐만 아니라 리더와 조직 신념과 가치까지도 새롭게 바꿔나가려고 노력하는 리더십이다. 이 유형의 리더십은 부하들이 조직의 문제점을 다루는데 있어 혁신적인 방법을 개발하도록 하고 새로운 접근법을 시도하도록 부하들을 지원하며, 부하들로 하여금 그들 스스로 판단을 내리고 보다 신중한 문제해결에 임하도록 만든다.

그림 4-9 리더십 실행 요소

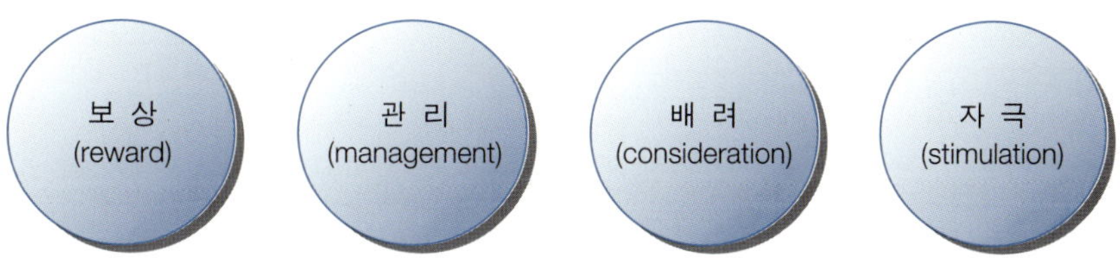

제3절 리더십 유형과 역량(Leadership category & competency)

1. 리더십 유형(Leadership Category)

21세기 자본주의는 경제구조와 산업구조가 급격한 변화하고 있고, 글로벌화, 디지털화, 지식정보화로 급속하게 구조변혁이 이루어지고 있다. 또한 제조업중심에서 서비스경제로의 대 전환이 이루어지고 있고, 공급자중심에서 소비자중심으로 경영의 패러다임(Paradigm)이 급속하게 전환되고 있다. 따라서 기업은 조직구성원을 "어떻게 이끌지, 조직할지, 명령을 내리고, 동기를 부여할지" 조직을 운영하는데 있어 중요성이 강조되고 있다. 이러한 산업과 기업환경이 급속하게 변화하는 상황에서 리더의 리더십 또한 어느 특정한 리더십을 가지고 조직을 이끌어 가는 것은 쉽지 않다. 과거에는 리더가 한 가지 리더십만 있어도 그 리더십을 가지고 조직구성원을 이끌고 성과를 창출했지만 사회환경이 복합화되고 조직원의 사고와 생각이 다양하게 변화하면서 복합화된 리더십유형이 요구되고 있다. 리더십유형은 다양하지만 서번트 리더십, 변혁적 리더십, 거래적 리더십, 셀프리더십, 카리스마적 리더십, 임파워먼트 리더십의 특징과 기능에 대해 알아보고자 한다.

그림 4-10 리더십 유형

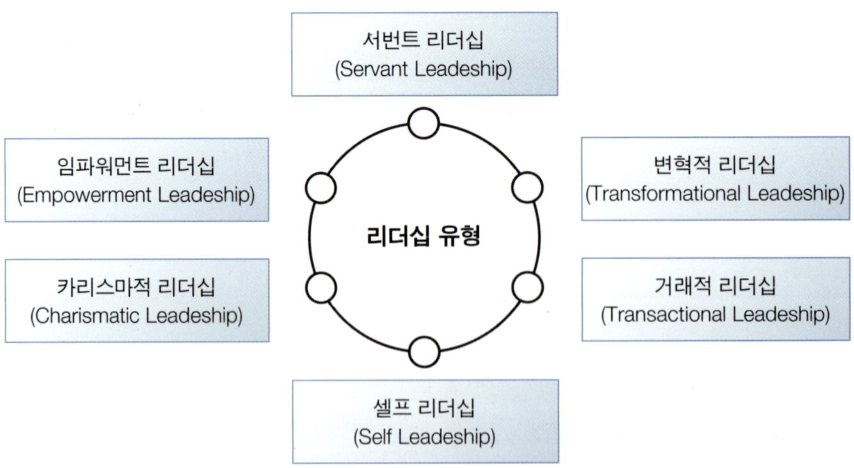

서번트 리더십(Servant Leadership)

조직구성원들의 의견이나 요구를 적극적으로 경청하고 인격적 존중과 헌신적 봉사를 통해 조직원 스스로 자기능력을 발휘하도록 이끌어주는 리더십을 서번트 리더십(Servant Leadership)이라고 한다. 서번트 리더십은 로버트 그린리프(Robert K. Greenleaf)라는 경영학자에 의해 1970년초에 처음으로 제시된 리더십으로 그린리프는 헤르만 헤세(Herman Hesse)가 쓴 '동방으로의 여행, Journey to the East'이라는 저서에 나오는 레오(Leo)의 이야기를 통해 서번트 리더십의 개념을 설명했다. 레오의 이야기는 "순례자들의 식사준비를 돕고, 심부름을 하고, 불편함이 없도록 봉사하고 때때로 지친 순례자들을 위해 밤에는 악기를 연주하는 사람이었다. 레오는 순례자들 사이를 돌아다니면서 필요한 것들이 무엇인지 살피고, 순례자들이 정신적, 육체적으로 지치지 않도록 배려했다. 그러던 어느 날 갑자기 레오가 갑자기 사라져 버렸다. 그러자 사람들은 당황하기 시작했고, 피곤에 지친 순례자들 사이에 싸움이 잦아졌다. 그 때 사람들은 레오의 소중함을 깨닫고, 그가 순례자들의 진정한 리더였음을 알게 되었다. 그 후 일행 중 한 사람이 레오를 만나기 위하여 여행을 후원한 단체를 찾아간다. 그곳에서 그는 그저 심부름꾼으로만 알았던 레오가 그 단체의 책임자인 동시에 정신적 지도자이며 훌륭한 리더라는 것을 알게 되었다.

서번트 리더십은 조직구성원들을 돕는 사람이 조직원들로부터 존경을 받을뿐 아니라 훌륭한 지도자가 될 수 있다는 내용의 이론이다. 서번트 리더십은 공감대형성 및 부하의 어려움 점에 관심 갖고 적극적 경청과 분명한 인식을 통해 대안을 제시해 주는 것이다. 또한 헌신적 봉사를 통해 조직구성원들의 의견을 조율해 주고 공동체를 형성해 주며 부하의 능력개발 및 성과를 지원해주는 조력자를 말한다. 서번트 리더십은 1977년 미국의 경영연구가 로버트 그린리프는 서번트 리더십을 "타인을 위한 봉사에 초점을 두며, 종업원, 고객 및 커뮤니티를 우선으로 여기고 그들의 욕구를 만족시키기 위해 헌신하는 리더십"으로 정의하였다. 서번트 리더십 특성은 적극적 경청, 공감과 배려, 스튜어드십, 공동체형성

그림 4-11 서번트 리더십 특성

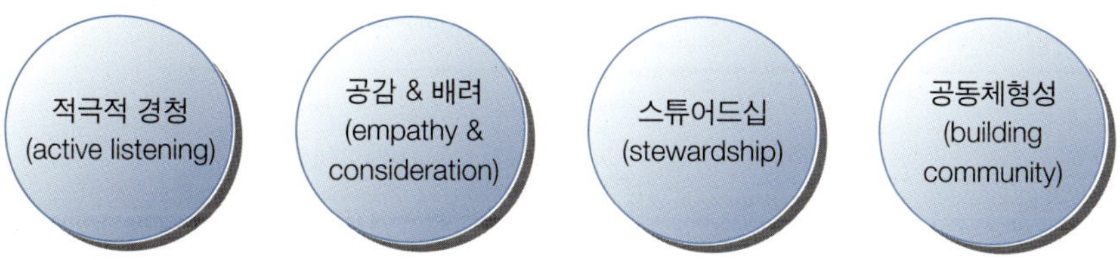

등이다.

적극적 경청(active listening)은 상대에 대한 존중과 수용적인 태도를 말한다. 리더는 적극적, 능동적인 경청을 해야만 이해 당사자가 바라는 바를 제대로 파악할 수 있다는 것이다. 공감과 배려(empathy & consideration)는 차원높은 이해심으로 풀이되고, 리더는 상대의 감정을 이해하고 이를 통해 상대가 필요로 하는 것이 무엇인지 알아내야 한다는 것이다. 또한 상대에게 어떤 문제가 생기거나 예기치 못한 상황이 발생했을 경우 이를 합리적으로 해결하고 보살펴줘야 한다는 것이다. 배려는 자신의 소속하에 있는 부하에 대해 각각의 상황에 맞게 리더십을 발휘하는 것을 말한다. 한편 스튜어드십(stewardship)은 부하의 성장을 위해 노력해야 하며, 리더는 이해 당사자의 정신적, 물질적 자원을 관리하고 보존해줘야 한다는 것이다. 뿐만 아니라 리더는 상대의 개인적 성장, 정신적 성숙 및 전문 분야에서의 발전을 위한 기회와 자원을 제공해야 하며, 상대의 성장을 위한 노력을 해야 한다는 것이다. 한편 리더는 조직구성원들이 서로 존중하고, 신뢰감을 형성할 수 있도록 건강한 조직문화를 만들어서 공동체형성(building community)을 해야 한다는 것이다. 그리고 서번트 리더십은 이해 당사자를 위한 헌신적 봉사자, 조직구성원의 의견조율자, 방향 또는 비전제시자, 일과 삶을 지원해주는 조력자로써의 역할을 한다.

변혁적 리더십(Transformational Leadership)

리더가 조직구성원에게 비전과 목표를 제시하고 비전과 목표달성을 위해 함께 노력할 것을 호소하여 부하의 가치관과 태도, 행동변화를 통해 조직의 목표를 달성하도록 하는 리더십을 변혁적 리더십(Transformational Leadership)이라고 한다. 변혁적 리더십의 특징은 방향과 비전제시자, 영감적 동기부여, 지원과 변화선도, 개인역량함양이다.

첫째, 방향과 비전제시자이다. 리더가 부하에게 비전을 제시하지 못하면 조직원은 충성도가 낮아지고 조직성과 달성에 영향을 미치며 리더의 비전제시는 조직원의 충성도에 결정적이 영향을 미치게 된다. 둘째, 영감적 동기부여이다. 조직의 비전을 구체화하여 구성

그림 4-12 변혁적 리더십 특성

방향과 비전 제시자 (Vision Direction)	영감적 동기부여 (Inspirational Motion)	지원과 변화선도 (Support & Change lead)	개인역량함양 (Personnel Competence Building)

원들에게 제시하고 확신, 자신감, 의욕을 불어 넣어주는 것이다. 도전과 열정을 불러일으키고 조직목표와 달성방법 등을 제시하고 자신감있고 명확한 태도로 다양한 동기유발을 통해 조직구성원의 의욕을 고취시키는 것이다. 셋째, 지원과 변화선도이다. 구성원 모두의 욕구와 성취를 위한 코치와 맨토를 통해 배려를 해야하며, 조직구성원의 욕구에 관심을 가지고 성장하도록 지원 및 변화를 선도하고, 목표달성하도록 해야 한다는 것이다. 넷째, 개인역량함양이다. 생각을 자극하고 새로운 프레임을 요구하며 창의적 질문을 통해 지적자극을 유도해야 하며, 새로운 지식과 아이디어를 제공하여 직무수행역량을 함양하여 조직목표와 개인의 경쟁력을 확대해 나갈 수 있도록 해야 한다는 것이다.

변혁적 리더십이론은 사회학자 번스(T. Burns)에 의해 1978년 처음 제기되었으며, 바스(B.M Bass)에 의해 정립된 리더십이론이다. 바스는 변혁적 리더십을 조직목표 및 비전과 방향을 제시하여 동기유발을 통해 조직구성원의 성과달성의욕을 고취시키고 조직구성원의 욕구를 충족시켜 변화를 유도하는 것이라 하였다. 변혁적 리더십의 대표적 사례는 이순신 장군이다. 국가존립의 위기속에서 부하들에게 나라를 구하자는 숭고한 비전을 제시하고, 본인이 솔선수범하여 전쟁준비에 최선을 다함으로써 부하들의 마음을 사로잡고 부하들이 이순신 장군의 지시에 철저히 복종하도록 유도한 대표적인 변혁적 리더이다.

거래적 리더십(Transactional Leadership)

조직의 목표를 달성하기 위해 부하들로부터 노력을 얻어내어 업적에 따른 조건적 보상 또는 인센티브를 제공하여 구성원의 동기유발을 촉진하는 리더십이 거래적 리더십(Transactional Leadership)이다. 교환관계에 기초를 둔 리더십으로 리더는 부하가 바라는 것을 제공해줌으로써 부하의 행동을 유도하고 리더와 부하의 상호욕구가 교환관계, 거래관계를 통해 상호만족되어 가는 과정에 초점을 둔다. 리더와 조직구성원이 거래와 교환을 통해 조직목표를 달성해 낼 수 있다는 이론이다. 즉, 리더는 조직의 목표를 달성하기 위해 조직구성원들로부터 목표달성노력을 독려하고 목표달성 대가로 보상 또는 인센티브 등을 제공하여 조직구성원의 욕구를 충족시켜 주는 거래관계의 리더십이론이다. 리더와 구성원 간의 교환 또는 협상관계에 기초한 리더십으로 업적에 따른 긍정적 보상과 결과에 따른 부정적 보상을 병행하여 상호관계성 보상을 하는 것을 말한다. 또한 목표관리 및 성과관리를 통해 성과가 있는 곳에 보상이 있다는 원칙에 근거한 리더십이다.

카리스마적 리더십(Charismatic Leadership)

카리스마란 대중을 심복시켜 따르게 하는 능력이나 자질, 예언이나 기적을 나타낼 수 있는 초능력이나 절대적 권위를 의미한다. 구성원의 자아개념을 변화시키고 가치관과 목표를 내면화시켜 리더가 제시한 사명에 몰입하도록 동기부여시키고 심복시켜 리더의 생각을 따르게 하는 리더십을 카리스마 리더십이라고 한다. 카리스마는 신이 주신 재능이란 의미로 그리스어 Kharisma에서 유래했다. 카리스마 리더십은 1920년 독일의 사회학자 베버(M. Weber)가 권위의 유형중 하나로 카리스마적 권위를 거론하면서 관심을 가지게 되었다. 그 당시 카리스마의 개념은 대중으로부터 능력을 인정받아 조직구성원으로부터 맹목적인 추종과 무조건적 헌신을 이끌어내는 영향력을 가진 리더십으로 타인을 지배하고자 하는 강한 우월성과 자신의 능력에 대한 높은 자신감을 갖고 조직원에게 영향력을 행사하고자 하는 강한 권력적 욕구를 가지고 있는 것으로 평가했다.

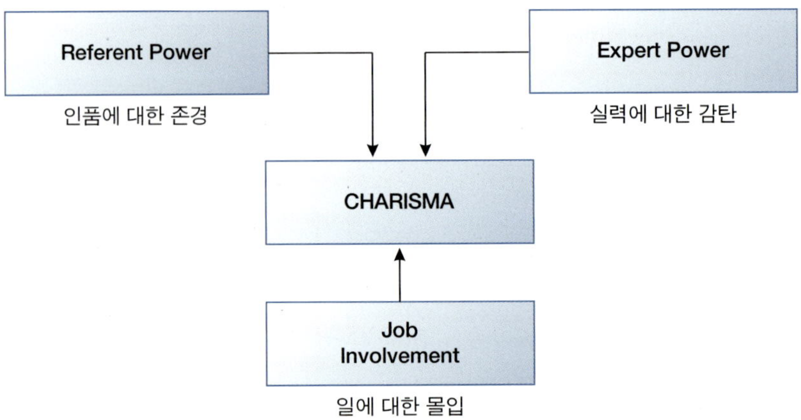

카리스마 리더십은 환경과 조직구성원 욕구에 민감해야 하며, 구성원의 가치관, 포부 등을 파악하고 관심을 표명해야하며, 값비싼 댓가도 감수하는 위험감수가 있어야 한다. 또한 관행을 타파하고 혁신을 추구하는 비 관습적 행동 등을 보이는 특성을 가지고 있다.

임파워먼트 리더십(Empowerment Leadership)

조직구성원의 업무수행능력을 제고하여 리더가 가지고 있는 권한을 실무자에게 이양하여 조직원의 잠재능력과 창의력을 최대한 발휘하도록 하는 리더십을 임파워먼트 리더십(Empowerment Leadership)이라고 한다. 임파워먼트는 권한위임, 권한부여, 권한이양, 권한이전, 자율성 부여 등을 의미하며, 임파워먼트는 파워(power)에서 유래된 것으로 파워에 관한 개념의 발전에 따라 변해왔다. 기술의 급속한 발전과 기업환경의 속도변화와 불확실성이 증가하면서 새로운 환경에 즉각적 대응을 위한 신속성, 유연성, 적응성 등 혁신의 필요성이 점점 증가하고 있다. 결국 과거에는 조직을 통제하고 관리중심이였는데 이를 임파워먼트 리더십을 통해 자율과 몰입으로 유도하여 스스로 성과를 낼 수 있도록 하는 이론이다.

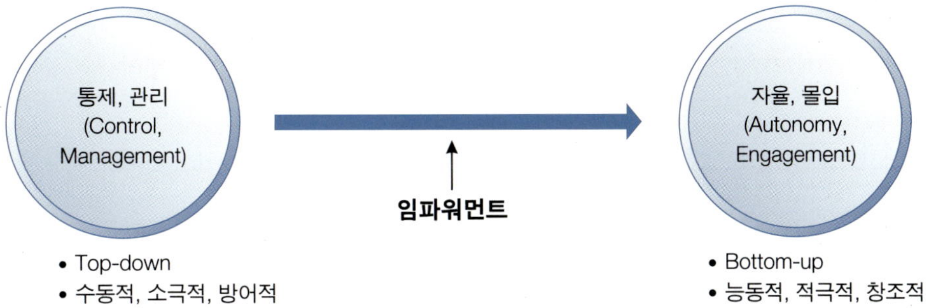

Empowerment = Em(주다) + Power(권력, 통제, 권한, 지배)

통제와 관리중심의 조직문화에서 벗어나 자율과 몰입중심의 문화로 이동하려면 조직의 임파워먼트가 일어나야 한다는 것이다. 대표적인 사례로 리츠칼튼 호텔에서는 고객의 불만이 생기면 상사에게 보고하여 지시를 기다리거나 내부규정을 검토하는 행위로 고객의 불만을 증폭시키지 말고 현장에 있는 직원이 상황판단을 하여 즉각적 조치를 취하도록 하여 고객불만을 최소화하고 고객과 우호적인 관계를 유지하여 호텔재방문을 창출하였다고 하는데 이것이 하나의 사례가 될 수 있다.

셀프 리더십(Self Leadership)

자기자신 스스로가 자신의 리더가 되어 스스로 통제하고 행동하여 자기경영, 자기관리, 자기변화를 이끌어 내고 스스로의 생각과 행동을 변화시켜서 자신과 조직의 목적, 목표, 가치 등을 달성해 나가는 것을 셀프리더십(Self Leadership)이라고 한다. 즉, 셀프리더십은 자신의 삶을 다스리는 것으로 가치를 정립하고, 목표를 세우고, 동기를 강화하여 자신과 조직의 경쟁력을 확보하여 목적을 달성해 나가는 과정으로 스스로 어떤 상황에 대해 올바른 판단을 하고 주체적으로 행동하고 방향성을 결정해 가는 것을 말한다. 셀프리더십은 자신 스스로를 리드해 가도록 하는 것이며 무엇보다도 '자율'이 강조되고 있다. 이러한 자율에 의한 참여가 기업의 지속적 성장과 경쟁력확보를 위해 중요하게 부각되면서 많은

그림 4-13 셀프리더십 행위전략

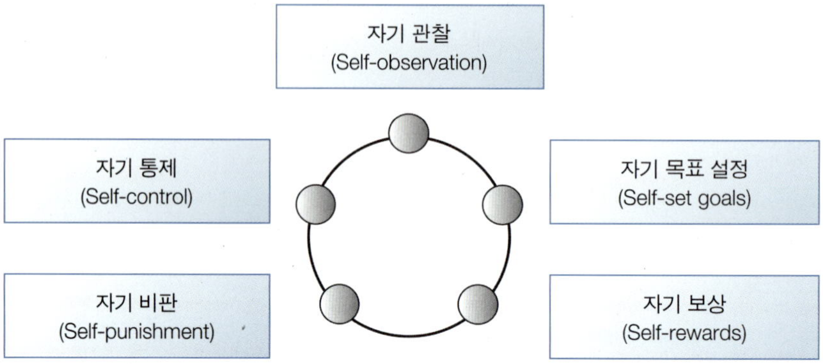

기업들이 셀프리더십 모형개발에 관심과 노력을 기울이고 있다.

셀프리더십을 효과적으로 수행하기 위해서는 자기관찰, 자기목표설정, 자기보상, 자기비판, 자기통제하는 것이 중요하다.

자기관찰(Self-observation)은 자신이 바꾸고자 하는 행동에 대해서 정보를 수집하고 관찰하여 업무활동의 효율성을 스스로 평가하고 무엇을 어떻게 바꾸어야 할지 스스로 단서를 발견하는 것을 말한다. 자기목표설정(Self-set goals)은 자신들이 처리해야 할 일들의 목표와 장기적으로 달성하고자 하는 목표를 설정한 후 우선순위를 정하고 실행하고 장기적인 목표와 방향을 설정하는 것이다. 또한 목표설정은 도전적이고 구체적이며 객관적 근거에 의해 달성가능한 것으로 설정하여야 한다.

자기비판(Self-punishment)은 자신의 부정적인 행동을 감소시키기 위해 스스로를 벌칙을 가하여 반복적인 실패를 하지않도록 하는 행위이다. 한편 바람직하지 못한 방법으로 행동했을 때 자신 스스로에 대해 일정한 징계나 비판을 가함으로써 동일한 실수를 반복하거나 습관적인 실패에 빠지지 않도록 하는데 도움을 주는 행위이다. 그러나 너무 지나친 비판과 벌칙은 의욕을 상실시킬 수 있으므로 조심해야 한다.

자기통제(Self-control)는 목표를 수행하고 실행함에 있어 독립적 권한과 자기통제감을 가지려고 것을 의미한다. 그리고 자신의 바람직한 행동에 대해 스스로 물질적, 정신적, 긍정적인 보상을 함으로써 의욕을 고취시키고 차후행동을 선택하는데 반영하고 미래의 성공에 발판을 만드는 것을 자기보상(Self-reward)이라고 한다.

2. 리더십 역량(Leadership Competency)

조직이 추구하는 가치나 비전을 달성할 수 있도록 업무를 성공적으로 수행하고 성과창출을 만들어 낼 수 있는 조직원의 행동특성을 역량(Competency)이라고 한다. 하버드 대학교 심리학 교수 멕클러랜드(McClelland, 1973)는 직원의 선발절차와 관련된 고질적인 문제를 해결하려는 취지에서 역량이라는 말을 처음 사용했다. 전통적인 인지능력중심의 선발시험의 한계를 극복하고 성과중심의 예측력을 극대화한 것으로, 이러한 관점에서 지성보다는 역량이 직무수행의 성공에 더 의존한다고 했다. 이후 역량에 대한 연구가 다양한 시각에서 논의되어 왔으며, 1990년대에 들어서면서 미국기업들이 인재선발을 할 때 본격적으로 역량의 개념을 인재선발에 적용하면서 인력채용과 관리의 도구로 사용하기 시작했다. 초기에는 역량을 능력함량을 위해 교육에 주로 사용하다가 최근에는 채용, 개발, 연구뿐 아니라 평가와 보상 등 인사관리전반으로 활용영역을 확대하고 있다. 일반적으로 역량의 구성요소는 내적특성인 지식, 기술, 태도를 포함한다(Spencer, 1993). 내적특성이란 다양한 상황에서 개인의 행동을 예측할 수 있도록 해주는 개인의 심층적이고 지속적인 측면을 말한다. 특정개인의 역량은 어떠한 사실을 알고, 정보를 보유하고 있으며, 지식을 습득하는 차원에서 '무엇인가 안다는 것', 즉 지식의 요소를 반드시 포함한다. 그리고 지식이 있더라도 실제경험이나 연습 등을 통해 습득된 업무스킬, 전략, 절차에 대한 체험적 기술이 없으면 제대로 그 역량이 발휘되지 못한다. 마지막으로, 지식과 기술을 기반으로 하여 업무에 대한 열성과 헌신, 긍정적 자세와 같은 태도의 요인이 없으면 성과를 창출하기 힘들다. 역량요소로 능력을 평가함으로써 동일한 시각에서 능력을 바라볼 수 있게 하여 개인의 편향을 줄일 수 있으며, 개별코칭을 가능하게 했다. 세상을 살아가면서 스스로의 생각과 행동을 변화시켜서, 자신의 목적을 달성해 나가는 과정으로 특정한 상황이나 직무에서 효과적이고 탁월한 성과를 창출하는 개인의 내적, 잠재적 능력을 리더십 역량이라고 한다. 리더십역량은 AT역량, CT역량, INF역량으로 분류할 수 있다.

AT역량(Analytical Thinking)은 문제나 상황을 계통적으로 분석하고 부분으로 분할하여

그림 4-14 리더십역량

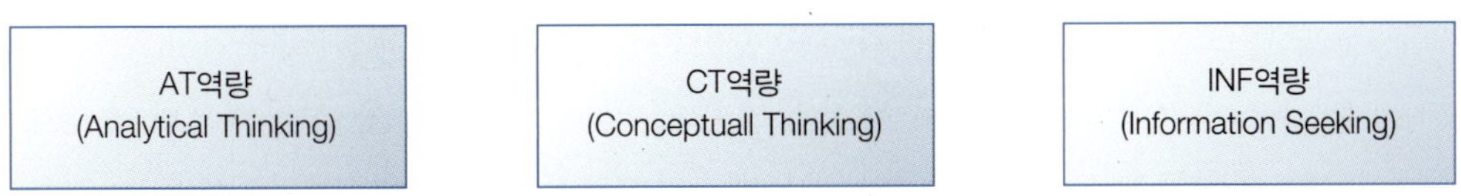

그림 4-15 리더십역량 요소

보는 분석적 사고를 가진 능력을 말한다. CT역량(Conceptual Thinking)은 개개의 문제현상에서 공통되는 패턴과 관계를 추출하여 새로운 개념, 모델을 구축하는 개념적, 전략적 사고를 가진 능력을 의미한다. 또한 INF역량(Information Seeking)은 사물, 사람, 문제에 대해 좀 더 알고 싶은 갈망과 근본적인 호기심으로 정보를 수집하려는 성향, 판단의 근거로 정보를 활용하고자 하는 정보지향적 사고를 가진 능력을 말한다. 그리고 리더십역량 요소에는 성취지향, 미래지향, 대인영향, 자신감, 전문성 등이 있다.

성취지향 ACH(Achievement Orientation)은 주어진 상황과 현실에 안주하지 않고 주변의 기대보다 높은 목표를 설정해서 끈기있게 추진하여 높은 성과를 창출하려는 것이다. 미래지향 FL(Forward Looking)은 미래에 발생가능한 문제를 인식하여 현시점에서 생각할 수 있는 대응책을 강구하고, 미래의 기회를 위해 능동적으로 준비하려는 성향을 말한다. 또한 대인영향 IMP(Impact and Influence)은 자신이 의도하는 참여와 협조를 이끌어내기 위해 상대를 설득하거나 납득시키고, 영향력을 행사하려는 성향을 말한다. 자신감 SCF(Self-Confidence)은 자신의 생각과 결정으로 원하는 바를 반드시 이룰 수 있다는 것이다. 또한 주어진 임무를 완수하기 위해 갖춰야 할 지식과 기술을 가진 전문성 EXP(Expertise)을 갖추어야 한다.

모든 조직의 리더들은 관리자로서 기본역량을 필수적으로 갖추어야 한다. 리더들은 또한 조직경영의 책임자로서 경영의 흐름에 맞추어 역할들을 성공적으로 수행하기 위한 다양한 역량들을 갖추고 있어야 하는데, 리더로서의 필요역량은 조직리더, 방향설계자, 변화촉진자, 조직관리자로서의 역량이 필요하다. 조직의 리더로서 기본적으로 요구되는 필요역량은 다양한 방식의 커뮤니케이션 스킬, 설득력있는 프리젠테이션 기술, 자기개발, 동기부여 등이다. 방향설계자로서 요구되는 필요역량은 외부환경변화에 즉각적 대응, 조직의 미래비전창출, 조직의 전략방향을 제시하는 전략적 사고, 신속한 의사결정 등이다. 또한 변화촉진자로서 요구되는 필요한 역량은 변화를 주도하고 변화에 신속히 적응하며, 조직구성원의 변화를 유도하고 동참을 이끌어 내는 역량이다. 끝으로 조직의 관리자로서의 요구되는 필요역량은 비전과 목표달성을 위한 시스템구축, 갈등해결과 관리능력, 조직원의 문제해결과 다양한 대안을 제시하는 코칭스킬, 조직원의 역량개발 및 육성 등이다.

제4절 대인관계기술(interpersonal skill)

1. 대인관계기술 개념(interpersonal Skill Concept)

인간은 사회적 동물이고 사회를 떠나서는 존재할 수 없다. 즉, 인간은 자신에 대한 완성과 생활을 언제나 사회속에서 어우러져 나아가야 한다는 것을 의미한다. 그리하여 사실 인간의 삶은 의식하든 의식하지 못하든 혹은 원하든 원하지 않던 여러 가지 형태의 끊임없는 인간관계로 다루어져 있다. 인간은 사회의 여러 가지 상황에 반응하고 적응하게 되며, 사회의 규범, 습관 등과 작용에 따라 인간행동을 규제받게 된다. 따라서 사회의 규범과 습관들을 습득하게되는 과정을 통해서 사회행동이 형성되고 인간관계가 이루어진다. 인간은 인간관계속에서 사람들을 때로는 만족스럽고 생산적인 인간관계를 발전시키지 못하면 스스로 좌절하고 사회적 문제가 야기된다. 이러한 과정에서 인간은 인간관계에서 일어나는 문제들을 해결해 줄 사람. 즉. 리더가 필요하다. 사회적 상호작용을 하면서 지도와 피지도자의 관계를 맺고 있으며 이는 인간사회의 역사가 시작된 이래로 어디에서나 찾아 볼 수 있는 보편적 현상이다.

오늘날 우리사회에서 지도와 피지도자 관계는 원시인간사회에서도 볼 수 있는 것이지만 그 양상이 다르다. 그 이유는 오늘날 인간관계는 다양하고 복잡해지고 있기 때문에 발생되는 다양한 문제들을 현안별로 분리하여 처리되어야 한다. 이와 같이 수많은 집단의 공동목표를 달성하기 위하여 리더는 다른 집단구성원 및 그 집단의 지도자와 서로 영향을

그림 4-16 대인관계기술 개발과 역할

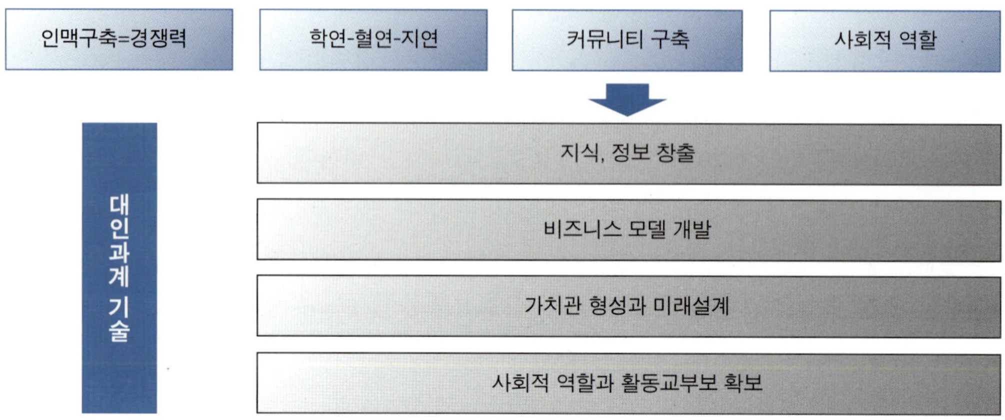

주고 받으면서, 조직목표를 달성하기 위해 리더십을 발휘하여야 한다. 사회적인 동물인 인간은 인간과 인간의 관계, 즉 대인관계가 사회에서 중심적 역할을 하고 있다. 대인관계는 바람직한 인간관계에 필요한 요구되는 능력으로 인간관계를 성공적으로 이끌어 가고 자신의 목표를 달성하기 위해 필요하다. 자신의 권리, 욕구, 만족, 또는 의무를 효율적으로 수행하며 동시에 이해 당사자의 권리, 욕구, 만족 등에 피해를 주지 않으면서 개방적인 교환관계속에서 상호권리 등을 생산적으로 소통할 수 있는 기술을 대인관계기술(interpersonal Skill)이라고 한다.

즉, 인간관계를 성공적으로 이끌어갈 수 있는 사교적 능력을 의미하며, 자신의 대인목표를 달성하기 위해 언어적 또는 비언어적 행동을 통해 대인관계를 구축하는 대인능력을 사회적 기술(social skill)이라고 한다. 대인관계형성은 정보를 얻고 비즈니스를 창출하고 삶의 질 향상과 미래를 설계하는데 도움을 준다. 대인관계능력은 조직생활을 하면서 접촉하는 사람들과 협력적이고 원만한 관계를 유지하면서 생활하는 능력이다. 대인관계능력의 하위능력은 팀워크, 리더십, 갈등관리, 협상, 고객서비스 등이있다

팀워크는 공동의 목표를 가지고 다양한 사람들과 상호 협조적으로 업무를 수행할 수 있는 능력을 말한다. 리더십은 업무를 수행하면서 공통의 목표를 달성하도록 조직원을 설득하고 자극하며 조직을 이끌어 가는 능력을 말한다. 또한 갈등관리는 조지관리 및 업무수행을 하면서 사람들 사이에서 발생하는 갈등을 원만하게 해결하는 능력을 말하며, 협상은 공동의 목표달성을 위해 쌍방향 의사소통을 통해 상호만족할만한 수준에 이루기 위해 협의하고, 이해시키고, 교섭하는 과정을 말한다. 또한 고객서비스는 고객이 필요로 하는 제반

그림 4-17 대인관계능력 하위능력

사항과 문제점을 해결하여 고객의 제품이나 서비스를 구매하도록 설득하는 과정을 의미한다. 따라서 대인관계능력을 집약해서 표현하면 조직에서 협조적인 관계를 유지하고(팀워크), 조직구성원들에게 도움을 줄 수 있으며(리더십), 조직내부 및 외부의 갈등을 원만히 해결하고(협상 및 갈등관리), 고객의 요구를 충족시켜줄 수 있는(고객서비스) 능력을 말한다.

대인관계기술은 위기관리능력, 지식과 정보공유, 가치관확립, 사회적 활동 교두보역할 등의 역할과 기능을 하기 때문에 중요하다. 위기관리능력은 자신에게 어떤 문제가 발생했을 경우 스스로 해결할 수 없을 경우 인맥에 의한 조언과 충고로 빨리 위기를 극복할 수 있다는 것이다. 일반적 정보와 지식은 인터넷 등 공개된 자료소스를 통해 입수가 가능하지만, 중요한 고급정보와 지식은 사람으로부터 얻을 수 있고 접할 수 있다. 또한 다양한 사람들과 의견을 공유함으로써 자신만의 편협된 가치관에서 벗어나 확장된 가치관을 정립할 수 있다는 것이다. 뿐만 아니라 사람들과의 우호적 관계, 즉 대인관계는 삶을 방향과 사회적 역할을 하는데 방향설정역할을 해준다. 데일 카네기(Dale Carnegie)는 자신의 저서 인간관계론(원제 : How To Win Friends And Influence People)에서 상대방을 변화사키는 9가지 방법을 제시했다. "칭찬과 솔직한 감사의 말로 시작하라(Begin with praise and honest appreciation), 상대의 실수를 간접적으로 지적하라(Call attention to people's mistakes indirectly), 상대방을 비판하기 전에 자신의 실수에 대해 먼저 이야기하라(Talk about your own mistakes before criticizing the other), 직접적인 명령 대신 질문을 하라(Ask questions instead of giving direct orders), 상대방의 체면을 세워줘라(Let the other person save face), 아주 조금의 진전이라도 칭찬하라. 모든 진전에 대해 칭찬하라. 신심으로 인정하고 아낌없이 칭찬하라(Praise the slightest improvement and praise every improvement. Be "hearty in your approbation and lavish in your praise), 상대에게 지키고 싶은 좋은 평판을 주어라(Give a man a fine reputation to live up to), 격려하라. 고쳐주고 싶은 잘못이 있으면 그것이 고치기 쉬운 것으로 보이게 하라. 상대방이 했으면 하는 행동이 쉬운 것처럼 보이게 하라(Use encouragement. Make the fault you want to correct seem easy to correct; Make the thing you want the other person to do seem easy to do), 상대방이 내가 원하는 바를 기쁜 마음으로 하게하라(Make the other person happy doing the thing you suggest)" 등이다. 결국 대인관계기술은 자신의 위기관리와 가치관정립은 물론 경쟁력확보를 위해서 절대적으로 필요하다는 것을 역설한 것이다.

2. 대인관계구축(interpersonal Building)

대인관계구축 프로세스는 먼저 인맥현황을 분석하고, SWOT(강점 strength, 약점 weakness, 기회 opportunity, 위협 threat)을 분석하고 필연이든 우연이든 의도와 계획을 만들어 인간관계구축위해 채널에 도전하여 네트워킹하고 커뮤니케이션하여 인맥데이터베이스(data base)를 구축하는 것이다. 인맥관계구축을 실천하는 사람중에서도 목표가 없는 사람이 많은데 목표가 없으면 좋은 인맥이 만들어지기 어렵다. 인맥관리를 체계적으로 하려면 구체적인 목표가 있어야 한다. 언제까지 몇 명을 인맥으로 만들겠다는 자신의 상황에 맞게 목표를 구체적으로 설정하고 인맥관리를 실행해야 한다는 것이다.

엘빈 토플러(Alvin Toffler, 미국 코넬대학교)교수는 권력의 이동이라는 저서에서 "고급정보, 유용한 정보, 차별화된 정보를 먼저 선점하기 위해서는 인맥구축과 관리가 중요하며, 미래의 세계는 정보를 소유한 자가 권력을 장악하게 될 것이다"라며 대인관계구축의 중요성을 강조했다. 대인관계관리의 중요성을 설명할 때 메칼프의 법칙(Metcalfe's Law)을 인용하는데, 메칼프의 법칙은 네트워크 가치는 사용자 수의 제곱에 비례한다는 이론. 즉 네

그림 4-18 대인관계구축 프로세스

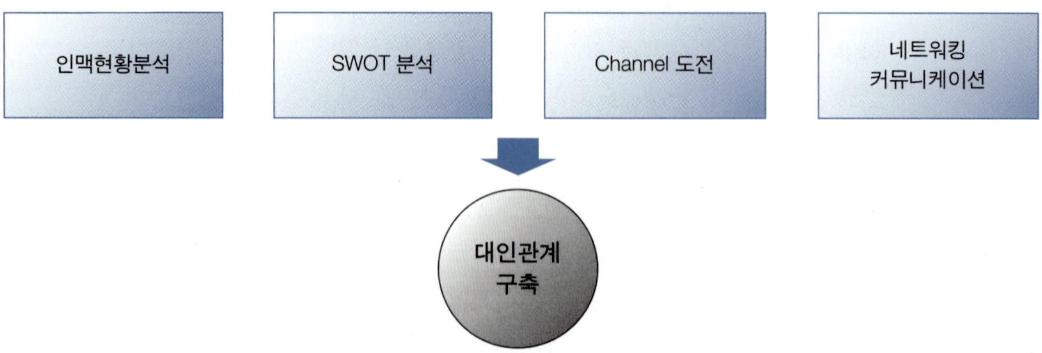

트워크에 일정 수 이상의 사용자가 모이면 그 가치가 폭발적으로 늘어난다는 의미로 인간관계구축이 확대될수록 대인관계의 영향력과 확장성이 커진다는 것을 의미한다. 대인관계에 부정적 요인으로 작용하는 것은 자기중심적으로 행동하고, 칭찬, 감사, 사과하지 않고, 대책없이 상대방의 약점을 잡아 비난하는 것이다. 또한 상대방의 주변인물까지 비난하며, 상대방이 부담스러워하거나 민감한 말을 꺼내고, 짐작해서 판단하고 다른 사람과 비교하는 것 등을 피해야 한다. 대인관계는 나를 중심으로 상사와 부하, 경쟁자와 협력자를 중심으로 인간관계가 구축되는데 Leadership과 Followership을 어떻게 관계하고 형성하느냐에 따라서 대인관계구축의 성공과 실패가 결정되게 된다. 그리고 사람이 평생동안 만나는 사람의 수는 몇 명일까? 미국 매사추세츠대학 사회학자 솔라 풀(Sola Pool, 사회학자)교수의 조사에 의하면 인간은 태어나서 일생동안 의식적이든 무의식적이든 평균 3,500여 명을 만나게 된다고 한다. 이 숫자는 대인관계가 지속되지 않았더라도 서로에게 영향을 주고 받았던 사람은 모두 포함된다. 결국 인간은 평생동안 3,500명을 만나서 어떤 관계를 형성하느냐가 인간관계구축에 영향을 미친다는 것이다. 인간(人間)이라는 한자가 '사람과 사람의 사이'를 의미하듯 사람은 누구나 대인관계없는 삶을 살아갈 수는 없다. 앞서 언급했듯이 메이요(Mayor, 하버드대학교)교수는 호손 공장(미국, 전화기제조 회사)에서 종업원을 대상으로 호손실험을 했다. 호손실험은 조명실험, 계전기조립실험, 면접실험 등을 했다. 연구결과에 따르면 노동자의 생산성은 물리적 상황보다 감성적 현상에 영향을 받고있다는 것을 알 수 있었다. 즉 종업원은 대인관계가 생산성영향을 미친다는 것을 알 수 있다.

제 5 장

커뮤니케이션 기술 (Communication Skill))

제1절 커뮤니케이션 이해(Communication Understanding)

1. 커뮤니케이션 개념(Communication Concept)

자신의 생각이나 의견을 이해 당사자에게 전달하여 자신의 생각과 일치시켜 나가는 과정이며, 둘 이상의 사람 사이에서 일방적인 이전이 아닌, 상호작용을 통한 정보, 의견, 감정 등을 교환하는 과정을 커뮤니케이션(communication)이라고 한다. 일방적 대화가 아닌 의사소통하는 일어나는 쌍방향 의사소통행위이며, 단어를 주고받는 것이 아니라, 목소리, 표정, 몸짓 등을 주고받는 과정이고, 이해 당사자들끼리 서로 생각, 느낌, 정보 등을 전달하고 교환하는 행위과정이다. 커뮤니케이션은 자신의 생각이나 의견을 이해 당사자에게 전달하여 자신의 생각과 일치시켜 나가는 행위이다.

커뮤니케이션의 어원은 라틴어 코무니스(communis)에서 유래했으며 "이야기하다, 협의하다"라는 의미를 가진다. '코끼리를 춤추게 하라'의 저자 루이스 거스너(Louis V. Gerstner, 전 IBM 회장)는 조직생활에서 가장 중요한 것은 첫째도, 둘째도, 셋째도 커뮤니케이션이라며 커뮤니케이션의 중요성을 강조했다. 커뮤니케이션은 개인, 집단, 조직 간에 상호정보, 아이디어, 감정 등을 교환하고 피드백을 통하여 발전적 공유를 하는 것이다. 그러나 정보를 전달하는 과정에서 커뮤니케이션의 두절, 오류, 왜곡, 오해 등의 문제가 발생하여 조직의 갈등을 만들어 내는 원인을 초래하기도 한다.

기상학자인 에드워드 로렌즈는 싱가포르에 있는 나비의 날개 짓은 허리케인에 영향을 미친다는 나비효과(Butterfly Effect, 초기값의 미세한 차이에 의해 결과가 완전히 달라지는 현상)처럼 커뮤니케이션은 개인생활뿐만 아니라 조직생활에서 자신의 경쟁력 강화에 있어서 중요한 영향을 미치는 요소이다. 피터 드러커(Peter Ferdinand Drucker, 뉴욕대학교)교수는 인간이 살아가는데 있어서 가장 중요한 능력은 자기신의 의견을 표현하는 것이며, 경영이나 관리는 커뮤니케이션에 의해 좌우된다고 했다. 그만큼 커뮤니케이션이 중요하다는 것이다. 빌 게이츠(Bill Gates, 마이크로소프트 설립자)는 기업경영에 있어서 성패는 커뮤니케이션 갈등을 얼마나 줄이느냐에 달려있다고 했다. 커뮤니케이션의 원칙은 명료성의 원칙, 일관성의 원칙, 적시성의 원칙, 배분성의 원칙, 적정성의 원칙, 관심과 수용의 원칙 등이다.

명료성의 원칙(principle of clarity)은 발신자는 수신자가 이해할 수 있는 공통적인 언어

그림 5-1 커뮤니케이션 원칙

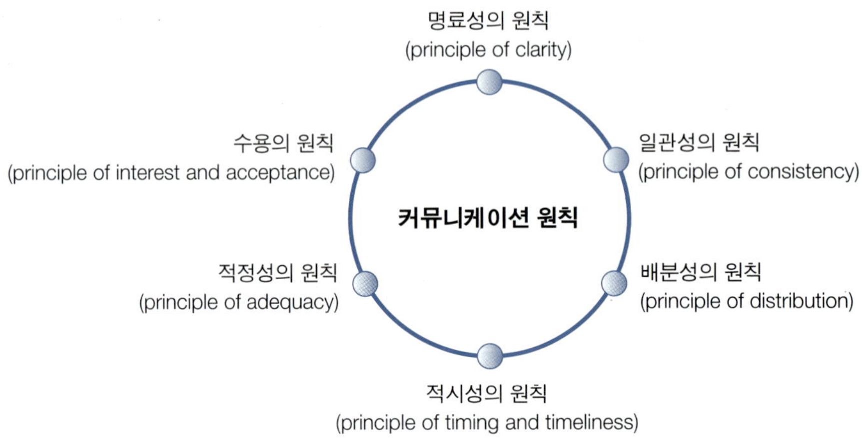

로써 명료하게 의사소통을 해야 한다는 것이다. 일관성의 원칙(principle of consistency)은 발신자는 전달하는 메시지의 내용, 표현방법, 언어의 사용, 매체의 이용 등에 있어서 일관성을 갖는 것이 효과적이다. 적시성의 원칙(principle of timing and timeliness)은 커뮤니케이션을 통해서 경영상의 모든 기능이 수행되므로 업무활동이 이루어지는 적시에 커뮤니케이션이 이루어져야 한다. 한편 배분성의 원칙(principle of distribution)은 커뮤니케이션은 조직구조상의 혈액순환과 같은 것이므로 조직전체의 필요한 모든 경로에 적절히 배분되어야 한다. 그리고 적정성의 원칙(principle of adequacy)은 조직의 의사소통 내용도 피전달자가 수용가능한 정도의 것이어야 하며, 관심과 수용의 원칙(principle of interest and acceptance)은 의사전달은 전달하는 데 의의가 있는 것이 아니라 '수용'하는 데에 큰 뜻이 있음을 말한다.

커뮤니케이션 이론의 특성은 기술, 예측, 설명, 통제의 특성을 가지고 있으며, 기술(description)은 어떤 현상이나 대상을 언어 또는 그림으로 경험한대로 표현하는 것이고, 예측(prediction)은 이론을 기반으로 앞으로 일어날 현상의 전개과정을 전망하는 것이다. 또한 설명(explanation)은 어떤 현상에서 그 원인과 결과, 그리고 그 둘 간의 관계를 명확히 하여 이해를 돕는 것이므로 무관계하게 보이는 현상들을 이론의 범주에서 공통적인 점을 발견하여 이해할 수 있도록 하는 것이다. 그리고 통제(control)는 이해와 예측을 기반으로 앞으로 일어날 현상을 제어하는 것이며, 일반적으로 통제는 예기치 않은 새로운 현상을 의미한다.

2. 커뮤니케이션 기능(Communication Function)

개인들이 집단을 이루어 활동할 때 그 활동이 효과적으로 수행되기 위해서는 구성원 간의 커뮤니케이션이 원활하게 이루어지는 것이 필수적이다. 커뮤니케이션은 가장 단순하게는 개인 간에 정보를 교환하는 과정이라고 할 수 있다. 보다 복잡한 조직에 있어서는 상급자와 하급자, 동료와 동료, 부서와 타부서, 조직내부와 외부 사이에서 의사의 유통 또는 정보의 전달을 말한다. 커뮤니케이션은 설득, 조정, 통제의 기능을 하며, 이해 당사자에게 정보제공하고 공유하는 기능을 한다. 또한 조직구성원을 동기부여하는 수단이며, 의사결정을 촉진하고 관계향상을 통해 가치관을 확립하는 기능을 한다.

커뮤니케이션의 기능은 자신의 생각을 상대방이 잘 이해할 수 있도록 전달하는 것이다. 그리고 상대의 생각과 행동을 자신이 원하는 방향으로 끌고가는 것이다. 조직에서 커뮤니케이션은 공식적인 커뮤니케이션 체계뿐만 아니라 비공식경로를 통해 자생적으로 형성된 비공식적 커뮤니케이션 체계가 존재한다. 비공식 커뮤니케이션은 복잡하게 얽혀있어 포도넝쿨을 닮았다고 하여 그레이프바인(grapevine, 조직내에 있는 공식적 커뮤니케이션 체계내에 자생적으로 형성된 비공식적 커뮤니케이션 체계)이라고 한다. 그레이프바인이 활발해지는 상황은 구성원 자신과 직접 관련된 중요한 사안일 때(중요한 상황), 명확히 결정되지 않고 아직 애매모호한 상태에 있는 사안일 때(모호한 상황), 구성원에게 불안감을 가지게 할 소지가 있는 사안일 때(불안한 상황) 활발히 일어난다. 커뮤니케이션 전달과정에서 전달내용을 수용함에 있어 타인의 행동이나 메시지를 선별적으로 선택하려는 경향이 있는데, 선택적 노출, 선택적 주목, 선택적 지각, 선택적 기억 등이 있다.

선택적 노출(selective exposure)은 자신이 선택한 것이 무엇이든 그것이 최선의 선택이라는 믿음이 흔들리지 않도록 그 생각을 지지하거나 강화하는 정보를 선별적으로 추구하

그림 5-2 커뮤니케이션 선택적 요소

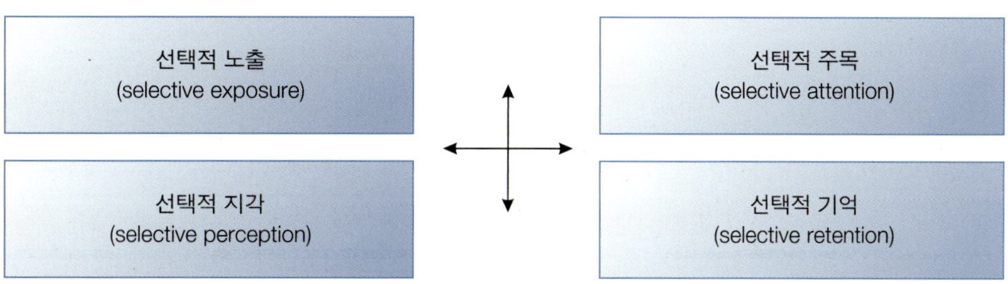

는 경향이 있다는 것이다. 선택적 주목(selective attention)은 사람들이 자신이 강하게 갖고 있는 태도, 신념, 행위와 일치하는 메시지의 부분에는 주의를 기울이고, 그렇지 않고 역행하는 메시지에는 주의를 기울이지 않는 경향이 있다는 것이다. 또한 선택적 지각(selective perception)은 사람들의 지각이 자신의 욕구, 필요, 태도를 비롯한 여러 가지 심리적인 요인에 의해 영향을 받는 경향이 있으며, 자기에게 유리한 것은 빠르게 받아들이고 불필요한 것들은 안 받아들인다는 것으로, 칵테일 파티효과(Cocktail Party Effect, 자기에게 의미있는 정보만을 선택해 받아들이는 선택적 지각현상)'라고도 한다. 선택적 기억(selective retention)은 사람들이 자신의 지배적인 준거기준이나 태도, 신념 및 행동과 일치하는 내용은 기억하고, 그것에 일치하지 않는 내용은 잊어버리는 경향이 있음을 말한다.

3. 커뮤니케이션 유형(Communication Category)

커뮤니케이션을 하는 것은 내가 가지고 있는 생각이나 사고, 의견 등을 상대방에게 전달하는 행위이다. 커뮤니케이션은 전달행위에 따라 언어적 커뮤니케이션과 비언어적 커뮤니케이션이 있다.

언어적 의사소통(verbal communication)은 음성이나 부호를 상징화하여 언어나 문자로 의사를 교환하는 것을 말하며, 대화, 지시, 명령 등 일상적인 말로서 의사를 전달하는 구두의사소통과 보고서, 메모, 이메일 등을 통해 의사를 전달하는 문서의사소통이 있다. 한편 비언어적 의사소통(non-verbal communication)은 언어나 문자가 아닌 행동과 느낌에

그림 5-3 커뮤니케이션 분류

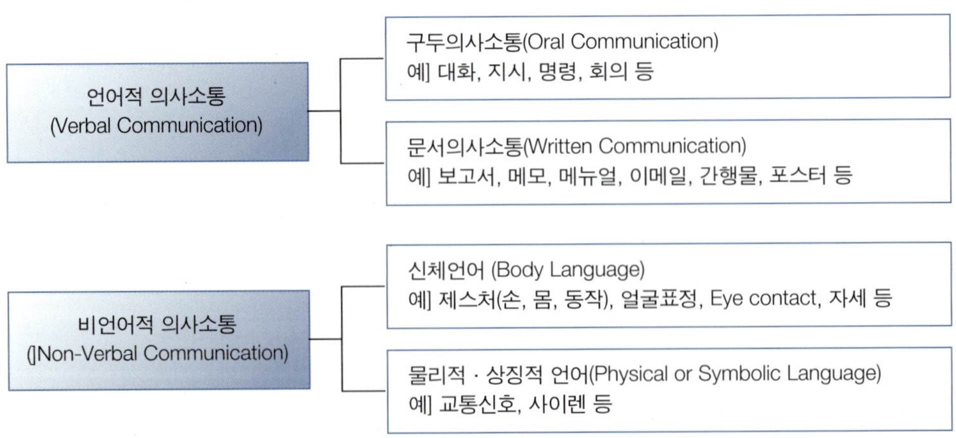

의해 의사소통하는 것을 의미한다. 비언어적 의사소통의 유형에는 자세, 접촉, 몸짓, 어조, 얼굴표정, eye contact 등 신체언어와 교통신호, 사이렌 등 물리적 또는 상징적 언어를 통한 의사소통이 있다. 비언어적 커뮤니케이션에 영향을 미치는 요소는 청각적 요소, 시각적 요소, 태도적 요소가 있다. 청각적 요소는 말의 속도, 억양, 목소리의 높낮이 등을 말하며, 시각적 요소는 상대의 눈빛, 시선, 표정, 헤어스타일, 옷차림 등이고, 태도적 요소는 손짓, 몸짓, 자세 등을 말한다.

의사소통에 있어서 지적되어야 할 문제는 너무 언어적 의사소통에만 의존하려고 하고 비언어적 의사소통을 소홀히 다룬다는 데 있다. 마빈 칼린스(Marvin Karlins, 사우스 플로리다 대학교, 경영학, 비언어적 행동전문가)교수는 'FBI 행동의 심리학'이라는 그의 저서에서 FBI는 진심을 파헤칠 때 얼굴뿐만 아니라 다리의 움직임에 주목한다고 했다. 또한 행동의 소리가 말의 소리보다 크다고 했다. '행동의 소리가 말의 소리보다 크다'라는 의미는 전달하고자 하는 메시지의 내용이 중요한 것이 아니라 전달하는 목소리와 표정, 태도 등이 훨씬 중요하다는 것을 의미한다. 마빈 교수는 인간은 언어보다도 비언어적 커뮤니케이션을 통해 표정뒤에 숨어 있는 진실을 통찰하고 무의식적인 행동이 상대의 의도를 알아낼 수 있다며 비언어적 커뮤니케이션의 중요성을 강조했다. 우리가 이미 알고 있는 후광효과도 비언어적 커뮤니케이션의 중요성을 강조한 것이다. 후광효과(Halo Effect)는 특정인이 가진 일부의 긍정적 또는 부정적 특성이 아무런 논리적 관계가 없음에도 나머지 전부에 대해 긍정적 또는 부정적으로 평가하여 일반화시키는 경향이 있다는 것을 의미한다.

한편 커뮤니케이션은 전달대상에 따라 자아커뮤니케이션, 대인커뮤니케이션, 조직커뮤니케이션, 매스커뮤니케이션 등으로 구분할 수 있다.

자아커뮤니케이션(intrapersonal communication)은 자기자신과의 커뮤니케이션으로 인간내부에서 일어나는 커뮤니케이션 행위로 한 개인의 내부에서 일어나는 태도와 행동, 그리고 행위, 표현 등을 말하며, 커뮤니케이션 주체가 송·수신자를 겸하고 메시지는 자신의 생각과 감정에 의해 만들어진다. 대인커뮤니케이션(interpersonal communication)은 두

그림 5-4 커뮤니케이션 유형

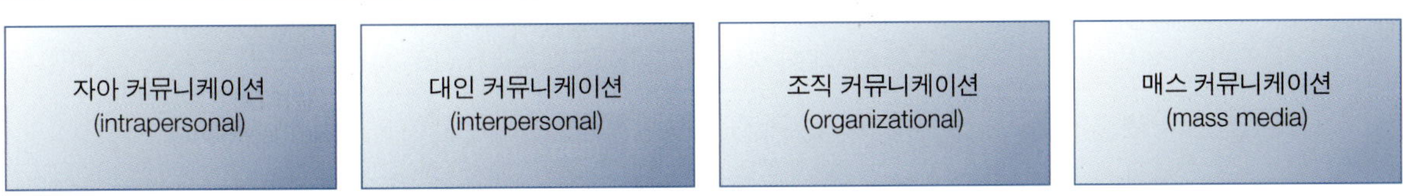

사람 이상의 사람과 사람 사이의 대화에서 일어나는 커뮤니케이션 행위로 일반적으로 발신자와 수신자가 상호 쌍방향으로 의견과 메시지내용을 교환하는 것을 말한다. 한편 조직 커뮤니케이션(organizational communication)은 조직과 조직구성원 간의 정보교환을 통한 상호작용으로 메시지흐름을 통해 조직내의 갈등을 조정하고 해결하며 조직의 공동목적과 목표를 달성하기 위해 커뮤니케이션하는 행위로 하향 커뮤니케이션과 상향 커뮤니케이션으로 구분할 수 있다. 매스커뮤니케이션(mass communication)은 한 방향 커뮤니케이션으로 일반적으로 대중매체를 통해서 전달되며, 불특정다수를 대상으로 책, 잡지, 언론 및 방송, 인터넷, 광고 등을 통해 커뮤니케이션하는 것을 말한다.

제2절 커뮤니케이션 전략(Communication Strategy)

리더는 다른 사람을 통해서 성과를 만들어 가는 사람이다. 그렇기 때문에 리더가 제대로 역할을 수행하기 위해서는 자신의 뜻을 아래 사람들에게 제대로 전달할 수 있는 커뮤니케이션 역량이 매우 중요하다. 아무리 자신의 역량이 탁월하다고 하더라도 리더 혼자서 모든 일을 할 수는 없으며, 혼자서 모든 일을 해내는 리더가 있더라도 그 사람은 뛰어난 실무자일뿐 리더로서의 역할을 하고 있는 것이 아니다. 피터 드러커(Peter Drucker, 뉴욕대학교, 경영학)교수는 '기업에서 발생하는 문제의 60% 정도는 잘못된 커뮤니케이션에서 일어난다'며 리더들이 커뮤니케이션에 있어 보다 많은 주의를 기울여야 된다고 강조했다.

사람들은 하루의 70~80%를 커뮤니케이션하면서 살아간다. 특히 조직을 관리하거나 운영하는 리더의 경우는 커뮤니케이션이 생활의 전부라고 해도 과언이 아니다. 부하들에게 업무를 지시하고 표현하고, 진행내용을 확인하고, 경쟁력있는 성과를 창출할 수 있도록 격려하고, 부하의 고충을 무엇인지 상담하는 등 리더의 업무는 모두가 커뮤니케이션에서 비롯된다. 조직목표를 성공적으로 수행하기 위해서는 체계적으로 조직화된 커뮤니케이션이 필요하며, 조직구성원 사이에서 상호 신뢰감을 형성하여 시너지효과를 창출하고 스마트한 조직분위기를 조성하기 위해서는 커뮤니케이션이 필요하다. 또한 커뮤니케이션은 조직내에서 조직구성원 간의 원활한 의사전달수단이며 참여의식과 스스로 노력하려는 마음을 가지게 하는 역할을 한다.

커뮤니케이션은 경영조직이 규모화되고 복잡화되면서 조직의 구성원에 대한 인간관계가 중요시되고 있으며, 인간관계의 핵심은 상호 원활한 의사소통을 통해 공통된 가치관을 확립해 나가는 것이다.

1. 커뮤니케이션 구성요소(Communication Elements)

커뮤니케이션은 경청, 질문, 피드백으로 구성된다. 이해 당사자의 말과 행동, 감정 등을 그냥 듣는것이 아니라 적극적으로 공감하면서 듣는 자세를 경청(listening)이라고 하고, 어떤 문제를 알고자 하거나 무엇인가를 알아내고자 하는 것을 질문(asking question)이라고 하는데 상호 커뮤니케이션을 할 때 질문은 내용에 대한 이해를 위한 목적성도 있지만 상대의 말에 관심이 있다는 행동의 표현이기도 하다. 커뮤니케이션이 끝나고 나서 결과와 과정에 대해 상호 의견교환을 하는 것을 피드백(feed-back)이라고 한다.

경청(Listening)

경청은 상대방 입장을 잘 이해하고, 올바른 사물판단과 자신있는 행동을 하도록 도와주는 행위를 말한다. 커뮤니케이션 행위에 있어 가장 중요한 것은 경청이다. 경청은 상호 대화를 가치있고 공감하며 감정을 공유하는 수단이다. 상대방의 이야기를 듣는 방법으로는 논리적 경청과 적극적 경청이 있다. 논리적 경청(critical listening)은 논의의 합리성을 따지면서 검증하면서 듣는것이고, 적극적 경청(active listening)은 능동적으로 긍정적으로 생각하면서 적절히 반응하면서 상대의 감성까지도 이해하면서 듣는 것을 말한다. 듣기(hearing)의 의미는 음파가 뇌의 신경을 자극하여 소리를 신체적으로 받아들이는 생리적 활동이며 수동적이거나 본능적이며 무의식적으로 들리는 것이다. 그러나 경청(listening)은 소리에 단순히 반응하는 것이 아니라 자발적 또는 심리적으로 노력하면서 집중해서 듣는 과정이며 들은 내용에 대한 분석과 평가까지 포함하는 행위이다. 맹목적으로 듣는것은

그림 5-5 커뮤니케이션 구성요소

경청이 아니다. 들을 준비가 되어있음을 알려주고, 듣고, 관찰하고, 격려하고, 기억하고 있다는 것을 알리며, 말하는 내용을 이해하고 공감하고 있다는 것을 보여주는 행위가 경청이다.

그러나 경청을 적극적으로 경청해야 한다는 것이다. 적극적 경청은 상대방이 말하는 내용뿐만 아니라 그 내면에 깔려있는 동기나 정서에 귀를 기울여 듣고, 상대방의 감정 등을 공감하면서 깊이 듣는 자세를 의미하며, 관심을 표명하고 집중하고 몰입하고 질문하면서 결과에 대해 피드백하는 것을 말한다.

칭기즈칸(Chingiz Khan)에 대해 모르는 사람은 없을 것이다. 칭기즈칸의 새로운 것을 듣고 토론하기를 좋아하며 특히 남의 말을 잘 들어주는 태도로 인해 주변에 항상 사람들을 모이게 했다고 한다. 칭기즈칸은 항상 남의 말을 적극적으로 경청하고 의사결정했다고 한다. 칭기즈칸의 어록에서 "어린 사람 셋이 옳다고 하면 옳은 것이며, 자신과 다른 말을 들으면 자신의 의견과 비교하라"라고 했다. 따라서 경청은 능동적으로 생각하면서 상대의 말에 적절히 반응하면서 공감하면서 이야기가 끝나면 피드백까지 해주는 과정으로 커뮤니케이션에 있어 중요한 요소이다.

질문(Asking Questions)

질문은 어떤 현안이나 상황에 대해 이해 당사자의 의견을 묻는 일련의 과정을 말한다. 원하는 정보를 더 확보하기 위하여 정확하게 이해했는지 명확히 하기 위하여 그리고 동의하지않거나 더 생각이 필요한 경우 컨트롤하고 유도하기 위하여 질문한다. 질문의 형태는 사실적 질문, 공감적 질문, 감성적 질문이 있다.

사실적 질문(factual question)은 사실에 근거해 적극적 경청할 준비가 되어 있음을 보여

그림 5-6 질문의 형태

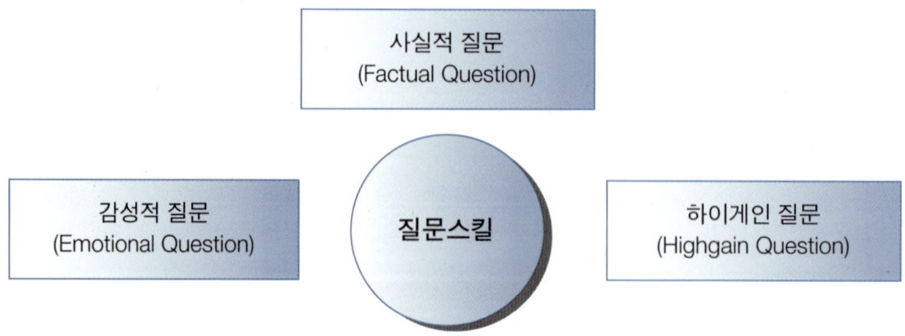

주는 질문이며, 공감적 질문(empathic question)은 말하고 있는 것을 이해하고 공감하고 있다는 것을 보여 주면서 하는 질문으로 이해 당사자와 커뮤니케이션 할 때 많이 사용하는 질문이다, 그리고 감성적 질문(emotional question)은 듣고, 관찰하고, 격려하고, 기억하고 있다는 감정을 전달하는 질문을 말한다.

피드백(Feed-Back)

피드백은 전달내용에 대한 수신자의 반응으로 수신자의 의견제시 또는 특정한 행동을 말하며, 즉각적으로 피드백을 하는 것은 커뮤니케이션을 강화하는데 중요하다. 피드백은 원활한 인간관계형성 및 신뢰감구축을 가져오며, 잘못된 행동수정을 위한 즉각적이고 효과적인 결과를 만들어내고, 상황이 다른 사람과 논의하여 생각을 정리하고 이해를 통해 미래에 더 발전할 수 있는 계기를 만들어 낸다. 피드백에는 긍정적 피드백, 비판적 피드백, 교정적 피드백, 무의미한 피드백 등이 있다.

긍정적 피드백(positive feedback)은 직원의 잘한 행동, 강점 등에 대해 짚어줌으로써, 직원의 자신감을 강화시키는 피드백으로 소통의 긍정적인 에너지에 바탕을 둔다. 서로가 서로의 견해를 존중하고, 배려하고, 격려하는 것을 말한다. 결과만 좋으면 무조건 칭찬하는 것은 긍정적 피드백이 아니다. 비판적 피드백(critical feedback)은 잘못에 대해 행동자체가 아니라 그 행동을 한 사람에게 초점을 맞춤으로써 받아들이는 사람의 입장에서 비난, 비판받았다고 여기게 만드는 피드백을 말하며, 교정적 피드백(corrective feedback)은 직원의 잘못한 행동, 조직의 방향에 부합하지 않는 행동, 개선이 필요한 행동 등에 대한 피드백으로 피드백받는 사람의 행동의 교정, 개선을 불러오는 피드백이다. 즉, 기존에 형

그림 5-7 피드백의 유형

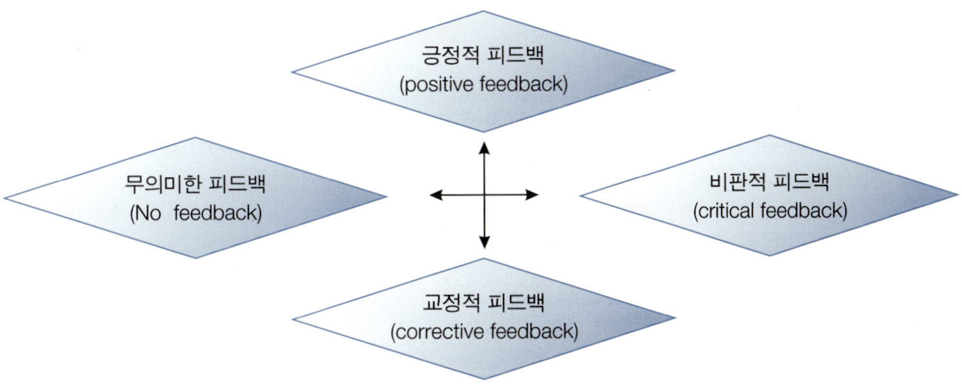

성된 관계를 개선, 발전시켜 나가는데 유용하며 열정과 성실함을 갖춘 이해 당사자관계에서 교정적 피드백을 통해 반복되는 실수나 잘못을 충고해 주고 고쳐 나가는데 유용하다. 또한 무의미한 피드백(no feedback)은 내용이 너무 막연하고 일반적이여서 상대방에게 아무 영향도 미치지 못하는 피드백을 말한다. 무의미한 피드백은 자칫 상호간의 신뢰성을 상실하는 결과를 가져올 수 있으므로 신중하게 접근하는 것이 필요하다.

2. 커뮤니케이션 기술(Communication Skill)

커뮤니케이션을 잘 한다는 것은 자신의 의사를 정확히 전달할 수 있고 타인의 의사를 정확히 받아들이는 것을 의미한다. 커뮤니케이션을 할 때 지켜야 할 의사소통의 기본적인 기술은 타인의 의사를 정확히 이해하기 위한 기술로서 의역과 지식검토가 있다. 의역(paraphrasing)은 언어적 의사소통을 할 때 사용하는 기술로 상대가 한 말을 바꾸어 본래의 말보다 더 세밀한 내용 또는 한 단계 진전된 내용으로 반문하는 것이며, 이 기술은 상대의 의사를 정확히 파악하는 것은 물론, 상대의 말에 흥미를 표시하고 대화의 속도를 빠르게 진전시키게 하는 것을 말한다. 지식검토(perception check)는 비언어적 의사소통할 때 사용하는 기술로써 상대방의 느낌을 지각한 것이 사실인지 상대방에게 물어 검토하는 것이며, 서로의 오해를 배제하게 되고, 상대방의 느낌을 존중하여 문제가 생겼을 때 해결하려는 노력을 보여주는 것을 말한다.

또한 커뮤니케이션 기술은 자신의 의사를 상대방에게 정확히 전달시키는 기술로서 행동서술과 느낌서술이 있다. 행동서술(description of behavior)은 상대방의 행동을 어떻게 관찰하고 있는지를 명확히 서술해 주는 기술로, 제 삼자가 공통으로 보고느낄 수 있는 사실에 근거를 두어야 하며, 상대방에게 어떤 행동에 반응하고 있음을 알리는데 목적이 있다. 느낌서술(description of feeling)은 현재 자신의 느낌을 상대방이 달리 지각하지 않도록 명확히 표현하는 것이며, 얼굴을 붉히는 반응은 당황했거나, 즐거웠거나, 불쾌했거나 단순히 온도가 높기 때문에 생기는 여러 가지 원인이 있는데, 왜 자신의 얼굴이 붉어졌는지 말하지 않는 한 상대방이 그 이유를 알기 곤란하기 때문이다. 이처럼 커뮤니케이션을 하면서 자신의 느낌을 표현하는 것이 중요하다.

커뮤니케이션을 효과적으로 하기 위한 기술은 스트로크, 레이블링, 퍼실리데이션 등이 있다.

첫째, 스트로크(stroke)이다. 표정, 감정, 태도, 스킨십, 언어, 기타 여러 형태의 행동을 통해서 상대방에게 표현되는 서로 주고받을 수 있는 모든 반응을 의미한다. 인간은 누구나 자신의 존재를 인정받기위한 욕구를 가지고 있다. 스트로크는 표현방식에 따라 언어적 스트로크와 비언어적 스트로크로 구분되며, 내용에 따라 긍정적 스트로크와 부정적 스트로크로 구분할 수 있다. 언어적 스트로크는 말로 칭찬을 하거나 인정해 주는 것이며, 비언어적 스트로크 신체적 접촉 즉, 스킨십(skin ship)을 통해 공감하는 것이다. 마크 트웨인(Mark Twain, 미국, 사회비평가)이 "나는 칭찬 한 마디에 두 달을 살 수 있다"고 말했듯이 우리는 스트로크 할 때 칭찬을 아끼지 말아야 한다. 긍정적 스트로크는 상대를 기분좋게 만들고 인간으로서의 의미를 느끼게 하며, 건전한 정서와 지성을 갖추게 하는 것으로서, 칭찬과 격려, 관심과 인정, 적절한 이해와 평가, 마음을 주고받는 행위 등을 말한다.

부정적 스트로크는 인간의 부정성을 유발시키는 자극으로서 상대방이 심각하게 느끼고 있는 일을 대단하지 않은 것으로 만들고, 어떤 의미를 왜곡하거나 비난하고 무시하고 폭력적 행동까지 하는 것으로서 관심의 결핍이나 잘못된 관심을 유발시키는 것이다.

둘째, 레이블링(labeling)이다. 의사소통을 원활하고 정확하게 하기 위해 상대방에게 내가 말하고자 하는 방향을 알려주어 적극적으로 경청하게 만들고, 대화의 주도권을 갖게 하며, 특히 내가 던진질문에 대답을 회피하지 않게하는 기술을 말한다. 즉, 의사소통을 원활하고 정확히 하기 위하여, 상대에게 다음 행동을 예고하여, 마음의 준비를 하게 하는 것이다. 논쟁의 열기를 식히거나, 화제를 자연스럽게 다른 것으로 바꾸며, 내가 하려는 전하고자 하는 설명이나 질문을 끝까지 듣게 하고, 대화의 주도권을 갖는 것을 말한다.

셋째, 경청과 질문(listening & question)이다. 적극적으로 경청하는 것이 중요하다. 상

그림 5-8 커뮤니케이션 기술

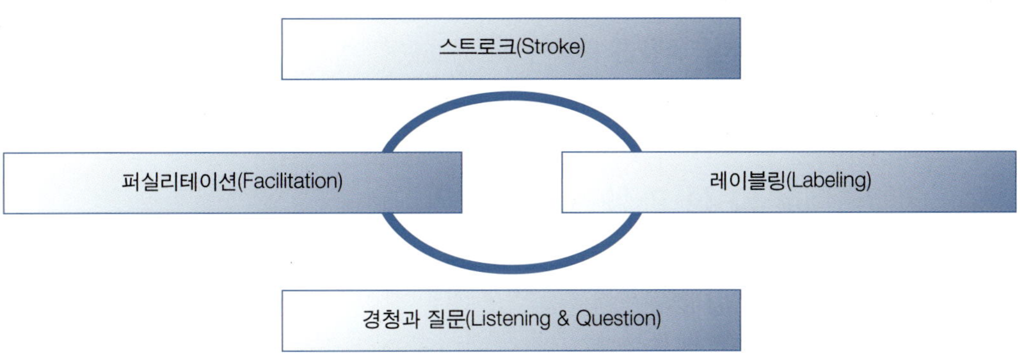

대에게 관심을 집중하는 것이고 상대방의 감정을 수용하고 배려하고 인정하며, 상대의 말에 몰입하고 공감하면서 적극적으로 듣는 행위를 말한다. 즉, 상대방의 감정이나 의견을 적극적으로 공감하면서 듣는것으로 내용외에도, 몸짓, 표정, 음성의 섬세한 변화까지 읽으면서 경청하는 것이다. 그리고 질문(question)이다. 원하는 정보 또는 지식, 자료를 얻기위해 이해 당사자에게 긍정적으로 묻고 상대방의 답에 공감하는 자세를 보이는 것을 의미한다. 질문을 통해서 상대방의 문제나 불만족, 니즈나 욕구를 파악할 수 있고, 자신이 원하는 방향으로 대화를 이끌 수 있다. 상대방이 답변하면서 스스로 설득되게 만드는 효과를 거둘 수 있다. 커뮤니케이션 환경조성을 위해서는 상대로부터 마음을 열고 대화를 이끌어내는 질문이 필요하기 때문에 닫힌 질문보다는 열린질문을 활용하는 것이 효과적이다. 경청에 매우 도움이 되는 중 하나가 질문이며 상대에게 생각할 기회를 주고 대화를 이끌어내는 동기를 유발한다.

넷째, 퍼실리테이션(facilitation)이다. facilitation을 직역하면 촉진 또는 활동이다. 조직 구성원들의 의사소통을 촉진하는 활동을 의미한다. 토론, 회의, 워크숍과 같이 여러 사람이 어떤 목적을 가지고 함께 일을 할 때 효과적으로 그 목적을 달성하기 위해 참석자 모두가 의견을 개진하고 의사결정에 효과적으로 진행되도록 의사소통과정을 설계하고 진행하는 일을 퍼실리테이션이라고 한다. 일상적인 업무회의, 사업계획, 전략수립, 비전수립 과정에서 주제를 명확하게 분석하기 위해 이해 관계자들이 모여 효과적으로 토의할 필요가 있을 때 퍼실리테이션 기법이 매우 유용하다. 모든 조직에는 커뮤니케이션을 합리적이고 효과적으로 잘 이끌어 가는 리더가 있는가 하면 그렇지 않은 리더도 있다. 결과적으로 퍼실리테이션은 조직구성원들의 의사소통을 촉진하는 활동을 의미하며, 커뮤니케이션 촉진활동을 말한다.

따라서 가장 효과적인 커뮤니케이션을 하기 위해서는 적극적으로 경청하면서 긍정적 스트로크를 사용하고 레이블링하게 만들고 개방적 질문을 통해 상대방의 의도와 심중을 파악하고 공감하면서 대화를 함으로써 설득을 이끌어내는 퍼실리테이션이 필요하다는 것이다.

3. 커뮤니케이션 과정(Communication Process)

의미의 전달과 이해를 가져오는 정보원(source)과 수신자 사이의 단계로 메시지의 발신과 수신, 혹은 정보를 한곳에서 다른 곳으로 전송하는 것을 커뮤니케이션 과정

(communication process)이라고 한다. 초기모형은 발신자, 채널, 수신자 세 주요 부분으로 이루어져 있다. 발신자는 사람이 말하는 전화기의 부분이고, 채널은 전화기자체이며, 수신자는 다른 사람이 듣는 전화기의 부분이다. 또한 쉐논과 워버는 전화를 들을 때 방해를 일으키는 것을 잡음으로 간주했다. 잡음은 신호의 결핍 또는 끊어짐을 말한다. 이러한 일반적인 커뮤니케이션의 개념은 커뮤니케이션을 정보를 송신하고 수신하는 수단으로 본다. 커뮤니케이션이 진행되는 과정은 여러 가지가 있는데 필립 코틀러 교수(Philip Kotler, 노스웨스턴대학교)는 커뮤니케이션 과정을 발신자, 부호화, 메시지 & 채널, 해독화, 수신자, 반응, 피드백, 잡음 등으로 모델화했다.

첫째, 발신자(sender)이다. 자신이 가지고 있는 생각, 아이디어, 의사, 정보, 주장, 의견 등을 전달하고자 하는 사람을 말한다. 발신자의 전달의도와 내용이 커뮤니케이션의 시발점이다. 둘째, 부호화(encoding, 기호화)이다. 발신자가 전달하고자 하는 생각이나 감정, 정보 등을 언어나 몸짓, 기호 등 특정한 형태의 체계화된 메시지로 변환시키는 과정을 의미한다. 발신자가 수신자에게 전하려는 내용을 부호화한 것이다. 명확할수록 커뮤니케이션의 효과가 높고 부호화과정에서는 전달자의 의도를 반영할 수 있는 적절한 매개수단이 필요하다. 말이나 문자와 같은 언어적 상징과 얼굴표정, 눈빛, 스피치속도, 자세, 제스처와 같은 비언어적 상징으로 구분된다. 메시지(message)는 기호화 과정의 결과로 나타난 의사나 정보의 표출형태(언어적/비언어적)로 메시지는 발신자가 수신자에게 "전달하고 싶은 정보"를 말한다. 셋째, 채널(channel)이다. 메시지를 전달하는 수단(대화, 회의, 전화)이다. 미디어는 매체를 통한 전송수단을 말하며, 채널은 커뮤니케이션의 경로이다, 즉, 메시

그림 5-9 커뮤니케이션 프로세스

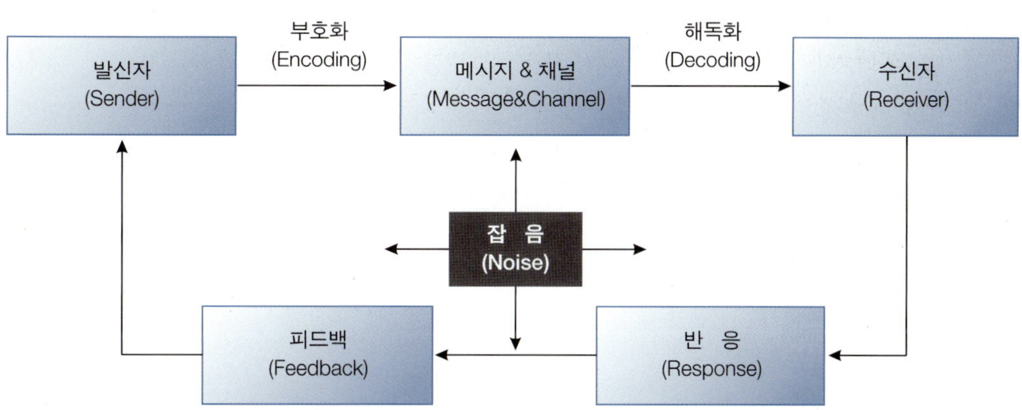

지가 어떤 경로를 거쳐 수신자에게 전달되느냐 하는 것이다. 직접 만나서 대화를 하거나 면담, 회의 등과 같은 직접적 경로와 메신저, 카카오톡, 트위터, 페이스북, 라인 등과 같은 각종 쇼셜미디어, 이메일, 화상회의, 전화, 스마트폰, 편지 등과 같은 간접적 경로가 있다.

넷째, 해독화(decoding)이다. 효과적인 커뮤니케이션을 위해서는 발신자의 메시지가 수신자에 의해서 정확하게 해석되고 그 의미가 발신자의 의도대로 받아들여지도록 하는 것이다. 다섯째, 수신자(receiver)이다. 수신자는 전해진 메시지를 아이디어로 환원하는 해독작업을 수행해야 하며, 해독작업이 정확하게 이루어진다면 아이디어는 발신자가 의도한 대로 전해질 것이다. 수신자는 메시지와 연관된 자신의 역량이나 과거경험, 가치관, 신념 등의 준거체계에 따라 메시지를 해석하고 수용한다.

여섯째, 반응과 피드백(response & feedback)이다. 반응은 심리적 과정을 말한다. 심리적 반응과정은 인지단계, 태도단계, 행동단계가 있다. 제품구매를 예를 들어 설명하면 인지단계(cognitive stage)는 수신자가 보이는 반응으로 제품의 존재에 대한 인식이나 제품에 대한 지식이 형성되는 단계이며, 태도단계(affective stage)는 제품에 대한 호의적 혹은 비호의적인 태도를 형성하는 단계이고, 행동단계(behavior stage)는 구매의도 형성과 구매행동을 포함하는 단계를 말한다. 피드백은 전달내용에 대한 수신자의 반응으로 수신자 의견제시나 특정한 행동을 말한다. 자신의 의사를 전달할 때마다 상대방이 무반응으로 일관(피드백의 결핍)하거나 회신에 많은 시간이 소요되는 경우 대인관계이던 비즈니스관계이던 간에 모두 악화될 가능성이 매우 높다. 따라서 즉각적인 피드백을 하는 것은 관계를 유지하고 강화하는데 매우 중요하다. 일곱번째, 잡음(Noise)이다. 의사전달경로에 끼어드는 일체의 방해요인을 말한다.

즉, 커뮤니케이션 과정에서 메시지가 의도하는 바를 왜곡시킬 수 있는 모든 요인을 의미한다. 잡음은 외부잡음, 내부잡음, 경쟁잡음으로 구분된다. 외부잡음은 수신자 외부에서 발생하는 잡음(자동차 소리, 놀이터 소음, 기계소리 등)이며, 내부잡음은 수신자 내부에서 발생하는 잡음(수면부족, 피로, 스트레스, 긴장 등)을 말하며, 경쟁잡음은 경쟁기업이 경쟁사 메시지내용과 다른 메시지를 주장하거나 광고 등을 통해 수신자의 주의를 혼란스럽게 하는 행동을 말한다.

제3절 커뮤니케이션 유형(Communication Category)

1. 커뮤니케이션 모형(Communication Model)

커뮤니케이션 모델은 일반적으로 조직을 관리하거나 조직구성원을 움직이게 할 때 사용하는 커뮤니케이션 경로구조를 의미한다. 커뮤니케이션 모델은 유형에 따라 사슬형, 바퀴형, Y자형, 원형, 상호연결형 등으로 구분할 수 있다.

첫째, 사슬형(chain, 연쇄형)이다. 집단내에서 상호간에 커뮤니케이션이 이루어지지 않고, 오직 수직적인 계층을 통해서만 커뮤니케이션이 이루어지도록 되어있는 네트워크형태이다. 커뮤니케이션이 상하로만 이루어져 있으며 공식적인 명령계통이 중심이 되는 구조이다. 수직적 커뮤니케이션과 수평적 커뮤니케이션의 두 가지로 구분될 수 있다. 수직적 커뮤니케이션은 공식적인 계통과 수직적인 경로를 통해서 정보전달이 이루어지는 형태로 조직의 라인이 대표적인 예라고 할 수 있다. 반면 수평적 커뮤니케이션은 중간에 위치한 구성원이 중심적 역할을 하는 경우에 해당되며, 이 유형은 정보수집과 문제해결이 비교적 느리며 중간에 위치한 구성원을 제외하고는 주변에 위치한 구성원들의 만족감이 비교적 낮다는 평가이다. 둘째, 바퀴형(wheel)이다. 집단내에 중심인물 또는 리더가 존재하여 구성원 간의 정보전달이 한 사람에게 집중되고있는 네트워크 형태이다. 모든 구성원이 결정권자에게만 보고하는 체계로 구성원들 간에는 소통이 없고 단지 의사결정권자 또는 핵심인물과 커뮤니케이션하는 것을 말한다. 집단구성원 간에 중심인물이 존재하고 있

그림 5-10 커뮤니케이션 모형

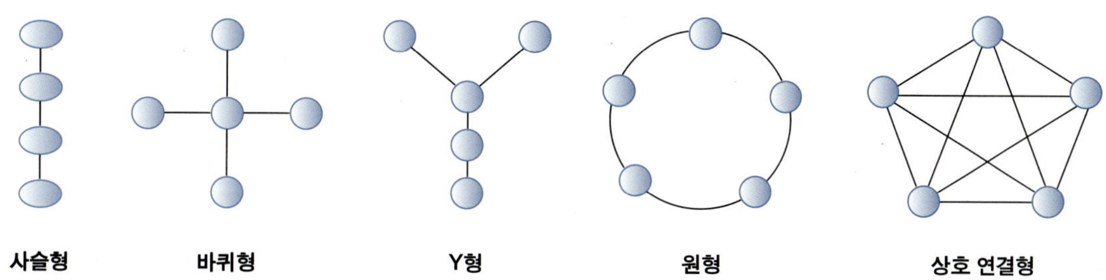

는 경우 흔히 나타나는 커뮤니케이션 유형으로서 구성원들이 정보전달이 어느 중심인물이나 집단의 지도자에게 집중되는 패턴이다. 이 유형은 신속한 정보수집과 중심인물이 정보를 종합할 수 있으므로 문제해결 시 정확한 상황파악과 신속한 문제해결이 이루어질 수 있는 장점을 지니고 있다.

셋째, Y자형이다. 집단내에 확고한 위치를 점하고 있는 중심인물 또는 리더가 존재하지는 않지만 비교적 다수의 구성원을 대표할 수 있는 인물이 있는 경우에 나타나는 네트워크 형태이다. 사슬형과 바퀴형이 혼합된 형태로 두 사람의 상사로부터 명령과 지시를 받는 형태로 자칫 구성원들의 피로도가 증가할 수 있는 위험성이 있다. 확고한 중심인은 존재하지 않아도 대다수의 구성원을 대표하는 리더가 존재하는 경우에 나타나는 유형으로, 라인과 스탭이 혼합되어 있는 집단에서 흔히 나타나며 효율성에서는 다소 혼란과 충돌을 야기할 수 있다. 넷째, 원형(circle)이다. 집단구성원 간에 서열이나 지위가 뚜렷이 드러나지 않고 거의 동등한 입장에서 의사소통을 하는 경우에 형성되는 네트워크형태이다. 구성원 간에 상호작용이 집중되지 않고 위원회와 같은 조직에서 볼 수 있는 유형이다. 집단구성원 간에 뚜렷한 서열이 없는 경우에 나타나는 커뮤니케이션 유형으로 중심인물이 없는 상황에서 커뮤니케이션의 목적과 방향없이 구성원들 사이에 정보가 전달된다. 지역적으로 분리되어 있거나 자유방임적인 상태에서 함께 일하는 구성원 사이에서 나타나는 커뮤니케이션이다. 일반적으로 정보전달 및 수집, 종합적인 상황파악, 문제해결들이 가장 느리지만, 커뮤니케이션 목적이 명백할 경우 구성원의 만족도는 비교적 높다.

다섯째, 상호 연결형(all-channel)이다. 집단내에 중심인물이나 리더가 존재하지 않고 각 구성원이 다른 모든 구성원과 자유롭게 정보를 교환하고 의사소통을 하는 네트워크형태이다. 특별한 리더없이 구성원 전체가 자유로운 의사를 표현하고 합의해 가는 커뮤니케이션이다. 가장 바람직한 커뮤니케이션 유형으로서 구성원들 사이의 정보교환이 완전히 이루어지는 유형이다. 구성원 모두 정보를 교환하기 때문에 바퀴형에 비하여 종합적인 상황파악과 실제 문제해결의 소요시간은 더 걸리지만, 상황판단의 정확성이 높고, 복잡하고 어려운 문제나 구성원의 창의성이 요구되는 문제에 가장 효과적이며, 구성원의 만족도도 가장 높게 나타난다.

2. 커뮤니케이션 경로(Communication Channel)

두 사람 이상의 이해 당사자(송신자와 수신자) 사이에 언어와 비언어 등의 수단을 통하여 이해 당사자가 가지고 있는 의사, 감정을 전달하고 피드백을 받으면서 상호작용하는 의사소통과정을 커뮤니케이션 경로(communication channel)이라고 한다. 의사소통은 경로에 따라 공식적 의사소통과 비공식적 의사소통이 있다. 공식적 의사소통(formal communication)은 공식적인 경로와 수단을 통하여 의사소통되는 것을 말하며, 공식적 의사소통의 목적은 조직원에게 조직의 목표와 지시사항을 공식적 명령계통(문서, 구두명령 등)을 통하여 전달하는 것이다. 비공식적 의사소통(informal communication)은 구성원 간의 인간적 유대 또는 친밀도에 따라 정보가 자연스럽게 흐르는 것(소문 등)으로 비공식루트를 통한 의사소통을 말한다. 조직의 의사소통은 공식적인 의사소통체계 뿐만 아니라 자생적으로 형성된 비공식적 의사소통체계도 존재한다. 이러한 비공식적 의사소통체계는 복잡하게 구성되어 있어 포도넝쿨을 닮았다하여 '그레이프바인(grapevine)'이라고 한다. 한편 비공식적 의사소통은 여론 또는 상황 등을 관리자에게 전달하는 수단으로 공식적 의사소통으로 전달될 수 없는 표현이 가능함으로써 직원의 만족감을 높여 준다. 그리고 의사소통은 소통방식에 따라 하향적 커뮤니케이션, 상향적 커뮤니케이션, 수평적 커뮤니케이션 등이 있다.

하향적 커뮤니케이션(downward communication)은 가장 전통적인 의사소통방식으로 구두방법과 문서방법이 있으며, 조직의 위계나 명령에 따라 상급자로부터 하급자에게 전달되는 명령, 지시, 조언, 지도 등을 말한다. 조직의 권한계층에 따라 상급자가 하급자에

그림 5-11 의사소통 방식에 따른 분류

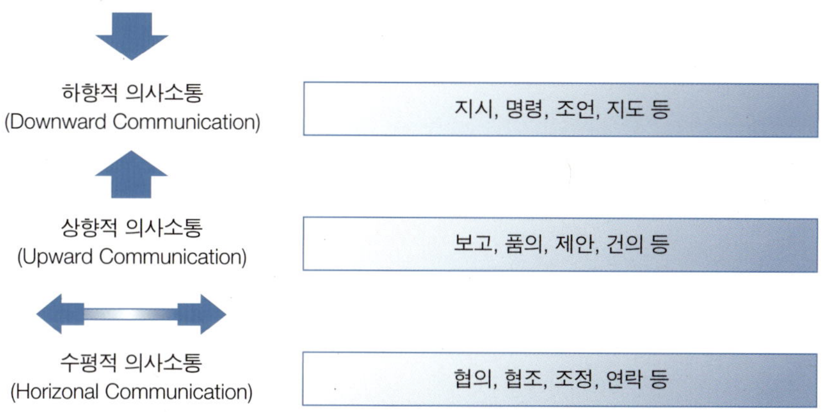

그림 5-12 의사소통방향에 따른 분류

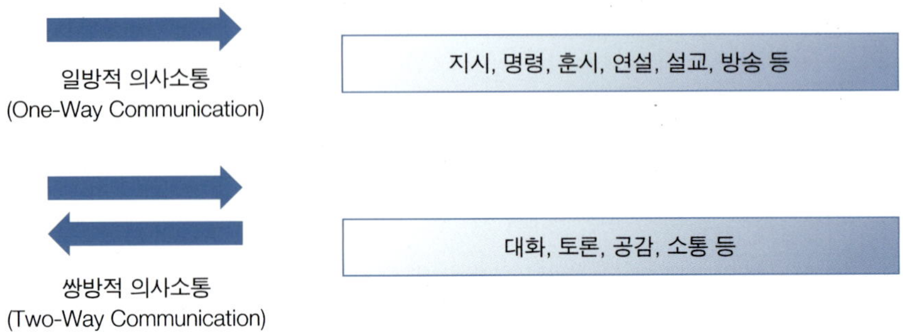

게 조직의 주요 정책, 전략, 목표, 직무지침 등이 전달되는 것이다. 상향식 커뮤니케이션(upward communication)은 하급자의 성과나 의견, 태도 등을 상위로 전달하는 과정으로 보고, 품의, 제안, 건의 등이 있다. 하급자가 상급자에게 업무결과 및 진척도의 보고, 필요한 자원의 지원요청 등의 메시지가 전달되는 것이다. 수평적 커뮤니케이션(horizontal communication)은 조직내에서의 위계수준이 같은 구성원이나 부서 간의 커뮤니케이션으로 협의, 협조, 조정, 연락 등 상호작용적 커뮤니케이션이다. 동일한 권한계층의 다른 부문이나 직무단위 사이에 이루어지는 것이다. 한편 의사소통의 방향에 따라 일방적 의사소통과 쌍방적 의사소통이 있다.

일방적 의사소통(one-way communication)은 지시, 명령, 훈시, 설교, 방송 등 이해 당사자에게 일방적으로 전달하는 커뮤니케이션을 말하며, 쌍방향 커뮤니케이션(two-way communication)은 대화, 토론, 공감, 소통 등 이해 당사자 간의 상호작용을 통한 커뮤니케이션을 의미한다.

제4절 커뮤니케이션 장애와 오류(Communication Barrier & Error)

1. 커뮤니케이션 장애(Communication Barrier)

커뮤니케이션 장애는 발신자 자세, 상황적 요인, 수신자 태도에 따라 장애가 발생하는 것을 말한다.

첫째, 발신자자세(sender posture)이다. 발신자의 자세에 인해 발생하는 커뮤니케이션 장애 요인은 커뮤니케이션에 대한 목적의식의 부족하고, 송신자가 의사를 전달하려는 명백한 목적이 없고 메시지의 내용이 명확하게 나타나지 않을 때 발생한다. 또한 커뮤니케이션 기술이 부족하고 발신자가 부적절한 단어의 선택, 문법상의 문제, 서투른 메시지전달, 설득력없는 문장력이나 언변 등으로 수신자가 메시지를 이해하기 어렵게 만들 때 일어난다. 발신자는 자기의 과거경험에 비추어 자신의 기준에 의해서 사물을 인지하고 이해하기 때문에 똑같은 상황에 대한 잘못된 해석을 전달하는 경우가 있다. 한편 정보의 여과는 정보나 메시지를 수신자에게 긍정적으로 지각할 수 있도록 정보를 조작하는 것인데, 발신자가 고의로 정보를 호의적 또는 부정적으로 여과하여 수신자에게 듣기좋아하는 메시지만 전달하고 싶은 정보는 여과함으로써 커뮤니케이션을 방해하는 요인이 된다.

둘째, 상황적 요인이다. 동일한 단어가 서로 다른 사람들에게 아주 다른 의미를 가질 때 일어나며, 특히 발신자가 매우 추상적 인용어나 고도의 전문용어를 사용할 경우에 수신자가 그 말뜻을 이해하지 못할 때 효과적 커뮤니케이션은 기대하기 어렵다. 한편 정보의 과

그림 5-13 커뮤니케이션 장애요인

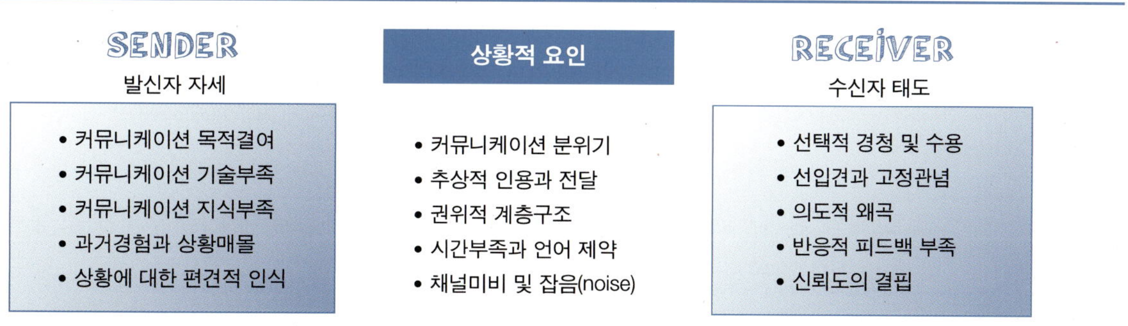

중이다. 수신자에게 사실과 다른 잘못된 메시지가 전달되면 의사소통의 유용성이 파괴된다. 또한 시간의 압박이다. 시간부족으로 대화가 피상적인 것이 되어버리는 경우, 커뮤니케이션의 정확성을 저해한다. 그리고 커뮤니케이션 분위기의 문제이다. 평소에 개방성과 신뢰성이 낮은 조직에서는 커뮤니케이션의 의도가 부정적으로 왜곡되기 쉽다. 그리고 의사소통에서는 언어적 메시지와 비언어적 메시지를 함께 사용하는데, 언어적 메시지와 비언어적 메시지의 불일치는 커뮤니케이션의 유효성을 감소시킨다.

셋째, 수신자의 태도(receiver attitude)이다. 수신자는 발신자로부터 메시지를 전부다 전달받기 이전에 메시지의 전반적인 가치를 평가해 버리는 경향때문에 메시지가 갖는 실제의 의미를 왜곡시켜 버린다. 또한 수신자는 발신자에 대해 선입관에 사로 잡혀있을 때는 상대방의 말을 건성으로 듣고 성급한 판단을 하기 쉽다. 그리고 선택적 청취이다. 수신자는 자신들의 욕구를 충족시키거나 자신들의 신념과 일치하는 메시지는 받아들이고 자신에게 위협을 가하거나 기존의 신념과 갈등을 일으키는 메시지는 부정하거나 왜곡하고 귀를 기울이지 않으며 그 정보를 거부하려는 경향이 있다. 또한 반응적 피드백의 부족이다. 수신자는 발신자의 메시지에 대한 무반응이나 부적절한 반응을 나타냄으로써 발신자를 실망시키게 한다. 이처럼 수신자의 무반응은 발신자의 메시지에 관심이 없다든지 그러한 사람과 말하기 싫다거나 어렵다는 것을 암시함으로써 공감적 커뮤니케이션의 기회를 줄이게 된다. 그리고 신뢰도의 결핍이다. 만약 발신자가 '양치기 소년'의 동화에서 나오는 양치기 소년처럼 평소에 신뢰도가 부족한 사람이 경우 발신자의 의사전달은 수신자가 전적으로 신뢰하지 않는다. 따라서 수신자는 상대방을 불신하거나 선입관에 의해 상대방의 내용을 신뢰하지 않기 때문에 커뮤니케이션의 어려움을 가져온다.

2. 커뮤니케이션 오류(Communication Error)

커뮤니케이션에서 오류가 발생하는 원인은 문제를 어떻게 받아들이느냐와 관련한 인식과 경험의 차이, 수직적 혹은 수평적 관계와 관련한 관계성의 차이, 애매한 표현, 발음 등 언어습관의 차이, 가치와 상황변화에 따른 차이, 역할, 성격, 문화, 성별, 나이 등의 차이 등 다양하고 범위가 포괄적이다. 뿐만 아니라 말하는 사람의 문제, 메시지 전달능력의 문제, 오해와 편견으로 인한 문제, 듣는 사람의 문제, 내용에 대한 감정적 반응 등 커뮤니케이션의 오류는 발신자와 수신자 모두의 문제이다.

그러나 이러한 다양한 문제점으로 인해 커뮤니케이션의 오류가 발생하지만, 그 중에서

그림 5-14 커뮤니케이션 오류

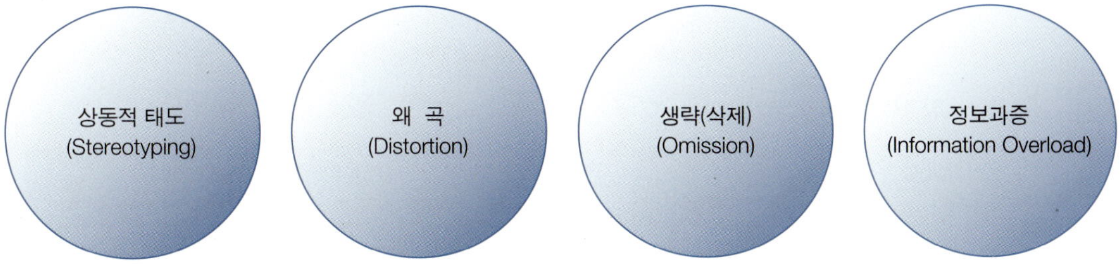

도 잘못된 판단에 의한 오류가 제일 심각한 문제이다. 판단오류는 상동적 태도, 왜곡, 생략(삭제), 정보과중 등이 있다.

첫째, 상동적 태도(stereotyping)이다. 일종의 고정관념이다. 사람을 한 가지 특정한 특징과 특성만을 가지고 전체를 평가하려는 태도를 말한다. 즉, 어떤 사람에 대한 전반적 지식없이 특징에 의해서 평가하기 때문에 오해와 편견으로 인해 잘못된 나쁜 이미지를 만들어 낼 수 있다. 둘째, 왜곡(distortion)이다. 경험한 내용을 어떤 식으로든 변형시켜 틀리게 지각하고 받아들이려는 태도이다. 사실 그대로 평가하지 않고 경험한 내용을 근거로 하여 정확하지 않고 틀리게 지각하려고 하는 것을 말한다. 셋째, 생략(omission, 삭제)이다. 과거의 경험에 의존하여 발신자 전달내용의 일부만 수용하려는 태도를 의미한다. 사람은 외부정보를 받아들일 때 자신의 욕구나 사전경험, 관심정도에 따라 자신에게 유리하거나 필요한 것에만 집중하고 나머지 부분에 대해서는 소홀히 하다가 결과적으로 생략 혹은 삭제하는 것을 말한다. 넷째, 정보의 과중(information overload)에 따른 오류이다. 개인이 받아들일 수 있는 수용범위를 초월한 상태의 과중한 정보는 커뮤니케이션의 유효성을 하락시키고 잘못된 판단을 결정하게 하는 요인이 된다. 즉, 과중한 정보의 양은 수용과 처리과정에서 질적으로나 관심면에서 신경을 집중시키지 못하게 되므로, 이는 메시지전달의 장애요인이 된다. 정보는 어떤 현상에 대해 정확한 선택과 판단을 결정하는데 도움이 되지만, 과중한 정보는 판단의 오류를 가져올 수 있기 때문이다.

3. 커뮤니케이션 클리닉(Communication Clinic)

커뮤니케이션 클리닉은 이해 당사자 간에 커뮤니케이션을 함에 있어 커뮤니케이션 상태와 상황에 따라 어떻게 말을 해야 할지 전략적으로 접근해야 한다는 것을 의미한다. 즉

그림 5-15 커뮤니케이션 클리닉(Clinic)

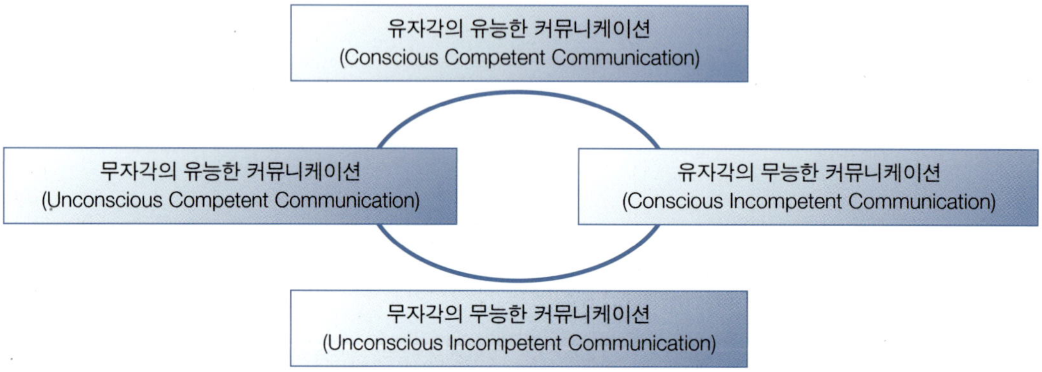

커뮤니케이션 능력을 명확하게 클리닉하여 성공적 커뮤니케이션을 하는 것이 중요하다. 커뮤니케이션 클리닉은 유자각의 유능한 커뮤니케이션, 유자각의 무능한 커뮤니케이션, 무자각의 무능한 커뮤니케이션, 무자각의 유능한 커뮤니케이션 등이 있다.

유자각의 유능한 커뮤니케이션(conscious competent com)은 목적을 달성하기 위해 상대와 상태와 상황에 따라 어떻게 말해야 할지 아는 전략적인 커뮤니케이션이다. 유자각의 무능한 커뮤니케이션(conscious incompetent com)은 커뮤니케이션 능력이 필요한 것은 알지만 어떻게 말해야 할지 몰라서 안타까워하는 커뮤니케이션을 말하며, 무자각의 무능한 커뮤니케이션(unconscious incompetent com)은 자신의 커뮤니케이션에 무슨 문제가 있는지도 모르고 상대방만 탓하는 무능한 커뮤니케이션이다. 무자각의 유능한 커뮤니케이션(unconscious competent com)은 커뮤니케이션 능력은 타고 났지만 상대의 상태와 상황에 대한 대응능력이 부족한 커뮤니케이션이다.

이렇게 커뮤니케이션 능력은 사람마다 차이가 있고 강점과 약점이 존재하게 된다. 커뮤니케이션을 잘하기 위해서는 언어적 커뮤니케이션 스킬도 중요하지만 비언어적 커뮤니케이션을 잘하는 것이 중요하다. 앨버트 메라비언(Albert Mehrabian, 캘리포니아 대학교, 심리학)교수는 그의 저서 침묵의 메시지(silent messages)에서 시각과 청각의 이미지가 중요하다는 커뮤니케이션 이론을 강조했다. 즉 메라비언의 법칙에 따르면 커뮤니케이션에서 언어적 요소보다 청각적 요소와 시각적 요소가 의사소통할 때 더 크게 작용한다고 했다.

제 6 장

퍼스널 아이덴티티 (Personal Identity)

제1절 이미지 메이킹 이해

제2절 첫인상과 이미지

제1절 이미지 메이킹 이해(Image Making Understanding)

1. 이미지 메이킹 개념(Image Making Concept)

이미지 메이킹의 어원은 '이마고(imago)'라는 라틴어에서 파생되었으며 "모방하다"라는 의미를 갖는다. 개인의 이미지전략은 수학공식처럼 규격화 될 수 없다. 타고난 개성과 상황에 따라 이미지가 모두 달라지기 때문입니다. 우리 주위에는 언제봐도 세련되고 매력적인 사람이 있는가 하면 자신의 존재조차 못 느끼게 하는 사람이 있다. 왜 누구는 매력적이고 누구는 상대의 눈길조차 끌지 못하는 것일까요? 나를 더 나답게 어떻게 연출할 것인가? 에서부터 출발하고 싶고 결국 자신의 본질과 상황에 맞게 이미지 연출을 할 줄 아느냐 모르냐의 문제이다. 따라서 이미지 메이킹은 자신의 잠재된 이미지를 재인식하고 자신감을 갖기위해 패러다임을 바꾸는 것이다. 즉, 행동습관을 개선하여 새롭게 하고 개성있는 자신만의 이미지를 연출하고 대인관계를 원활하게 하는 커뮤니케이션 능력과 자기표현력을 향상 시켜서 자신의 경쟁력을 확보하는 것을 의미한다. 일반적으로 이미지는 어떤 대상으로부터 감지된 정보가 사람의 마음속에서 내재되는 형상이며, 사고에 따라 편집되어 만들어진 타인에 대한 느낌이나 생각이고, 사람에 대한 생각, 감정, 느낌 등을 말한다.

이미지 메이킹은 개개인이 가지고 있는 내적요소와 외적요소를 통합하여 추구하는 목적에 맞게 최적의 이미지를 만드는 것이다. 즉, 이미지 메이킹은 자신의 본질을 바탕으로 상황에 걸 맞는 최상의 이미지를 만들기 위해 자신을 통합적으로 관리하는 행위로 자기

그림 6-1 이미지 메이킹 3요소

시각적 요소(Visual)
- 시각에 의한 이미지 형성
- 자세, 동작, 태도, 표정, 시선, 용모, 의상, 색채

청각적 요소(Auditory)
- 청각에 의한 이미지형성
- 말씨, 목소리의 톤, 억양, 어조, 말의 속도

언어적 요소(Verbal)
- 언어(말의 내용)에 의한 이미지형성
- 용어선택, 문장력, 언어구사력, 표현력 등

자신의 가치를 브랜딩(Branding)하는 것이다. 자신의 이미지를 이해 당사자에게 각인시켜 내면의 잠재적 능력을 표출하여 경쟁력강화시키는 것을 말한다. 이미지 메이킹요소는 시각적 요소, 청각적 요소, 언어적 요소로 구성된다.

시각적 요소는 자세, 동작, 태도, 표정, 시선, 용모, 의상, 색채 등 시각에 의해 이미지를 형성하는 것을 말한다. 청각적 요소는 말의 속도, 목소리 톤, 억양 등 청각에 의해 형성되는 이미지를 말한다. 또한 언어적 요소는 문장표현력, 용어선택, 언어구사력 등 언어에서 주는 이미지를 말한다. 사람을 처음 만났을 때 상대방의 이미지를 파악하는데 3초~5초 걸린다고 한다. 이러한 현상을 스넵스(snaps)현상이라고 한다. 스넵스현상은 사람이 어떤 물체를 봤을 때 단기적으로 기억되는 현상을 말하며 한번 각인된 이미지는 바꾸는 데는 상당한 시간과 노력이 소요된다는 현상이다. 앨버트 메라비언(Albert Mehrabian, 캘리포니아대학교, 심리학)교수는 전달하고자 하는 메시지가 중요한 것이 아니라 전달하는 비언어적 요소 즉, 시각적, 청각적 이미지가 훨씬 중요함을 강조하였다.

2. 이미지 메이킹 효과(Image Making Effect)

이미지 메이킹과 이미지관리를 명확하게 이해하지 못하는 경우가 있는데, 이미지관리는 이미지 메이킹을 포함하면서 조금 더 포괄적인 이미지를 통해 인간관계를 구축하는 등 커뮤니케이션에 기초하여 관리하는 것을 의미한다. 이미지 메이킹을 통한 이미지관리는 개인, 기업, 국가경쟁력과 강한 관련성이 있으며, 이미지는 예기치 못한 상황이슈로 순식간에 무너질 수 있는 것이다. 많은 기업과 조직, 개인, 국가적 차원에서도 이미지관리에 지속적인 관심을 기울이고 투자를 하고 있는데, 이미지는 경쟁력이기 때문이다.

배가 닻(anchor)을 내리면 닻과 배를 연결한 밧줄의 범위내에서만 움직일 수 있듯이 처음에 인상적이었던 숫자나 사물이 기준점이 되어 그후의 판단에 왜곡 혹은 편파적인 영향을 미친다. 이처럼 이미지는 잘못인식되고 각인되면 부정적 범주를 벗어나기 힘들다는 것이다. 조직에서 자신의 이미지가 어떤 이미지로 각인되느냐는 경쟁력과 관련이 있으므로 효과성과 효율성을 고려한 이미지 메이킹이 필요하다. 이미지 메이킹을 어떻게 관리하느냐에 따라 이미지효과가 나타나는데 이미지 메이킹효과에는 초두효과, 스티그마 효과, 후광효과, 피그말리온 효과 등이 있다.

첫째, 초두효과(primacy effect)이다. 여러 개의 단어 혹은 정보가 제시되었을 때 처음 제시된 단어 또는 정보가 가장 잘 기억되는 현상으로 초기정보가 후기정보보다 더 중요하

그림 6-2 이미지 메이킹 효과

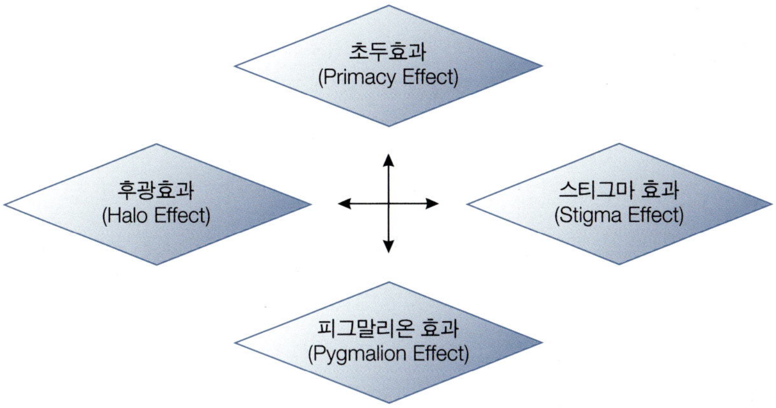

게 작용하는 효과를 말한다. 초두효과는 솔로몬 애쉬(Solomon Asch, 미국 심리학자)가 주장한 이론이다. 1946년, 솔로몬 애쉬는 A, B 두 집단으로 사람들을 나눠 C라는 인물의 성격특성에 대해 설명했다. A집단에게는 "지적이다, 근면하다, 충동적이다, 비판적이다, 고집스럽다, 질투심이 많다"라는 정보를 주었고, B집단에게는 "질투심이 많다, 고집스럽다, 비판적이다, 충동적이다, 근면하다, 지적이다"라는 정보를 주었는데, 사실 순서의 배열만 다를뿐 내용은 같았다. 하지만 긍정적인 정보를 먼저 나열한 A집단은 부정적인 정보를 먼저 나열한 집단B보다 호의적으로 느꼈다는 흥미로운 실험결과가 나왔다. 이 실험은 긍정적인 말을 우선 제시했을 때가 긍정적인 말을 이후에 제시하는 것보다 호감을 더 느끼게 한다는 것을 증명한 것이다. 미국의 뇌 과학자 폴 왈렌(Paul J. Whalen)의 연구에 의하면 뇌의 편도체(amygdala)를 통해 1초도 안 되는 극히 짧은 순간에 상대방에 대한 호감도와 신뢰도를 평가한다고 했다.

둘째, 스티그마 효과(stigma effect)이다. 스티그마는 독일어로 인두를 가축의 몸에 찍어 소유를 표시하는 것을 의미한다. 나쁜 사람으로 한번 낙인찍히면 부정적 인식과 평가가 쉽게 사라지기 어렵다는 이론으로 낙인효과를 의미한다. 과거에 대한 나쁜 기억은 오래 가듯이 기업의 경우 시장에서 신뢰를 잃게 될 경우 기업이 어떤 발표를 해도 시장에서 부정적으로 받아들인다는 것을 의미한다. 마찬가지로 개인에 대한 이미지도 초기부정적으로 인식되면 부정적 이미지가 지속된다는 것이다. 하워드 베커(Oward S. Becker, 미국, 사회학자)은 처음 범죄를 저지른 사람에게 범죄자라는 낙인을 찍으면 결국 스스로 범죄자로서의 정체성을 갖고 재범을 저지를 가능성이 높다고 했는데 이를 낙인이론이라고 했다.

셋째, 피그말리온 효과(pygmalion effect)이다. 누군가에 대한 사람들의 믿음이나 기대, 예측이 그대로 실현되는 현상으로 긍정적으로 기대하면 상대방은 기대에 부응하는 행동을 하면서 기대에 걸 맞는 결과를 내보이는 현상을 말한다. 특히 교육심리학에서는 교사의 관심이 학생에게 긍정적 영향을 미치는 심리적 요인이 된다고 강조한다. 1968년 로버트 로젠탈(하버드대학교, 사회심리학)교수와 레노어 제이콥슨(초등학교 교장)은 샌프란시스코의 한 초등학교에서 전교생을 대상으로 지능검사를 했다. 그 뒤 검사결과와 상관없이 무작위로 한 반에서 20% 정도의 학생을 뽑아 그 명단을 교사에게 주면서 지적능력이나 학업성취의 향상 가능성이 높은 학생들이라고 믿게했다. 그렇게 8개월이 지난 뒤 이전과 같은 지능검사를 다시 실시하였는데, 그 결과 명단에 속한 학생들은 다른 학생들보다 평균점수가 높게 나왔다. 뿐만 아니라 학교성적도 크게 향상되었다고 한다. 피그말리온 효과는 아프로디테가 조각상을 인간으로 환생시켜 준 신화로 간절한 열망이 꿈을 이루게 하고 자기암시의 예언적 효과를 통해 긍정적 사고가 사람에게 미치는 좋은 영향을 말한다. 로젠탈효과(rosenthal effect)라고도 한다.

넷째, 후광효과(Halo Effect)이다. 후광(halo)은 어떤 사물을 더욱 빛나게 하거나 두드러지게 하는 것을 말한다. 어떤 대상이 가지고 있는 두드러진 특성이 그 대상의 다른 특성을 평가할 때 전반적인 영향을 미치며 연관되지 않은 다른 특성에도 영향을 미친다는 현상을 후광효과라고 한다. 후광효과는 후광에 기인한 일종의 인지적 편견이다. 다시 말해, 이전에 어떤 사람 혹은 사물에 대해 가지고 있는 인식이 이후의 상호작용과 인식에 비논리적으로 영향을 주는것을 의미한다.

또한, 인지적 편견이 긍정적이건 부정적이건 이후에 쉽게 변하지 않는다. 긍정적 또는 부정적인 인식은 다른 영역의 평가 혹은 인식에도 영향을 미치는 것이다. 배리 스토(Barry Staw, 캘리포니아대학교)교수는 후광효과를 증명하기 위해 대학생들을 여러 조로 나누어 무작위로 선정하여 조편성을 구성하여 특정 조원에게는 칭찬하고 다른 조원들에게는 비판을 한 뒤 과제수행에 대한 자체평가를 실시했다. 칭찬받은 조들은 자신을 긍정적으로 평가한 반면 비판받은 조들은 자신을 부정적으로 평가했다. 이와 같이 어떤 특별한 현상이 전체에 미치는 영향을 후광효과라고 한다.

제2절 첫인상과 이미지(First impression & Image)

1. 첫인상 개념(First Impression Concept)

사람을 처음봤을 때 느껴지는 이미지로 소통의 시작이며 경쟁력의 창출로 개인의 인지구조에 의해 각인되는 것을 첫인상(first impression)이고 한다. 따라서 첫 인상은 개인에 대한 주관적인 정보이자 인간관계의 출발점이다. 파울 웰런(Paul Whalen, 미국 다스머스대학교, 뇌 전문학)교수는 "편도체가 눈으로 첫인상을 판단하는 데 걸리는 시간은 17/1000초"라고 밝혔다. 이는 사람의 두뇌는 짧은 시간에 본능적으로 이해 당사자에 대한 호감과 신뢰를 판단하게 된다는 사실이다.

로렌즈(Lorenz, 심리학자)는 '오리새끼 실험'을 통해 첫인상이 얼마만큼 중요한가를 설명하고 있다. 로렌즈는 오리새끼는 부화하는 순간부터 여덟 시간정도 함께 있어준 사람을 기억하고 뒤를 따라 다닌다고 한다. 이는 처음보고 함께 있어 준 사람을 어미오리로 기억하고 있다는 것이다. 첫인상은 대부분 시각에 의해 결정된다. 앨버트 메라비언(Albert Mehrabian, 캘리포니아대학교, 심리학)교수는 언어적 이미지(7%)보다 청각적 이미지(38%), 시각적 이미지(55%)가 전체 이미지에서 절대적 영향을 미친다고 강조했다.

2. 첫인상 관리법칙(First Impression Principle)

누군가를 만날 때, 새로운 환경을 접했을 때, 내 자신을 처음 소개할 때 첫 인상은 인간관계의 시작이므로 중요한 역할을 한다. 첫 인상은 나를 더 나답게 만들어 상대로부터 긍정적 이미지로 평가받도록 하여 나의 경쟁력을 확보하는 것이다. 일반적으로 첫 인상의 중요성을 강조하는 법칙으로 5초의 법칙, 콘크리트법칙, 부정성의 법칙, 시각이미지의 법칙 등이 있다.

첫째, 5초의 법칙(five seconds principle)이다. 5초안에 사람의 첫 인상이 결정된다는 것을 의미한다. 결국 순간성이 첫 인상의 핵심이며 면접에서도 첫 인상은 당락의 결정적 요소인 것이다. 일반적으로 인력을 채용하는 면접자는 평균 1분의 면접으로 첫 인상을 판단한다고 한다. 둘째, 콘크리트(concrete principle) 법칙이다. 콘크리트는 한번 굳어버리

그림 6-3 첫인상의 법칙

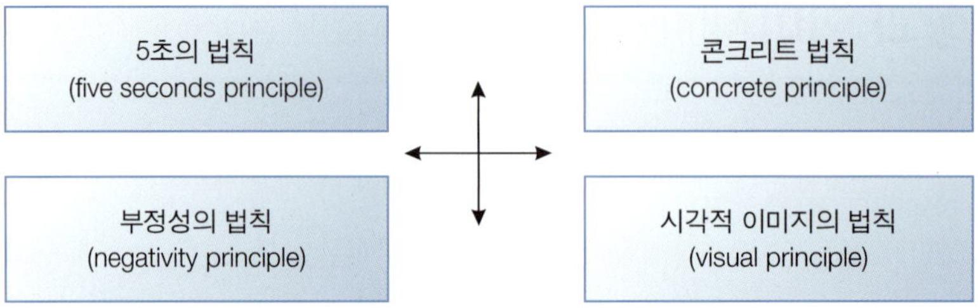

면 쉽게 풀리지 않듯이 처음에 형성된 이미지나 인상을 바꾸기 쉽지않다는 것을 의미한다. 셋째, 부정성의 법칙(negativity principle)이다. 사람은 긍정적인 이미지보다 부정적인 이미지를 더 잘 기억한다는 것이다. 한번 구겨진 인상은 회복하기 힘들다는 것을 의미한다. 즉, 긍정적인 인상보다 부정적인 인상 또는 이미지가 더 강하게 인식된다는 법칙을 말한다. 즉, 한 번 나쁘게 박힌 인상은 좀처럼 회복하기 쉽지않고, 한 번 굳어진 이미지가 부정적이라면 긍정적으로 바꾸기 어렵고, 구겨지고 나쁜인상은 긍정적 인상으로 회복하기가 힘들다는 것이다. 또한 부정적인 특징이 긍정적인 특징보다 그 사람의 첫인상형성에 더욱 강하게 작용하는 현상으로, 어떤 정보에 대해서 긍정적인 내용과 부정적인 내용의 정보를 동시에 접하게 되었을 때 부정적인 정보가 더욱 강력하게 작용하는 효과이다. 넷째, 시각적 이미지의 법칙(visual principle)이다. 엘버트 메라비언 교수는 커뮤니케이션 행위에 있어 언어보다 시각과 청각이미지가 중요하다고 주장했다. 즉, 시각적 이미지가 언어적 이미지보다 더 많은 것을 판단하게 한다는 법칙이다.

3. 첫인상 효과(First impression effect)

첫인상이 전달되는 데는 여러 가지 특징이 있겠으나, 일회성, 신속성, 일방성, 연관성 등 크게 네 가지로 구분할 수 있다. 일회성은 첫인상이 전달되는 기회는 거의 한번뿐이라는 것으로 첫 번째 전달되고 각인되어진 정보는 가장 인상깊게 보존되는 특성을 갖고 있다는 것이다. 또한 신속성은 첫인상이 전달되는 시간이 5초의 법칙에 근거해서 5초에 불과하다고 하지만, 일반적으로는 이보다 훨씬 빠른 순간에 전달되고 있다. 또한 일방성은 첫인상을 결정할 때 누구의 동의를 구하는 것이 아니라 결정권자의 고유의 권한이기 때문에 첫인상은 그 사람의 사실관계를 확인하지 않고 보여지는 사람의 동의없이 보는 사람의

그림 6-4 첫인상 회복효과

수면자 효과 (Sleeper Effect)	빈발효과 (Frequency Effect)	충격효과 (Shok Effect)

기준에 따라 일방적으로 각인된다. 한편 사람들은 어떤 현상을 평가하고 판단할 때 과거의 경험이나 기억을 고려하는 경우가 많다. 연관성은 첫인상을 평가할 때 실제와는 다른 사람을 떠올리거나 이미 익숙하게 기억하고 있던 사물과 연상하거나 참고해서 첫인상으로 입력시키고 평가하려고 하는 것을 말한다.

이 네 가지 특징을 살펴보면 첫인상은 상대방이 일방적으로 자신의 생각이나 판단기준에 따라 평가하기 때문에 평가이전에 첫인상을 설명할 기회를 갖지 못한다. 따라서 첫인상은 보여지는 사람에게 불리한 구조인 것을 알 수 있다. 따라서 미리 준비하고 관리하지 않으면 상대방에게 자신이 원치않는 모습으로 각인되고 평가되기 때문에 철저한 관리가 필요하다. 뿐만 아니라 첫인상에 영향을 미치는 심리적인 효과는 여러 가지가 있고 미치는 영향도 다양하다는 것이다. 첫인상이 중요하다는 것은 아무리 강조해도 부족함이 없고, 한번 나빠진 첫인상을 회복하기는 쉽지않지만, 그러나 나빠진 첫인상을 다시 좋은 인상으로 회복하기 위한 방법으로 수면자효과, 빈발효과, 충격효과 등이 있다.

첫째, 수면자효과(sleeper effect)이다. 잘못 제시된 정보도 시간이 지나고 난 후에는 점차 망각되는 현상이다. 즉, 기분 나쁜일도 시간이 지나면 잊어버리거나 잠을 자고나면 한결 가벼워지는 것처럼 처음에 각인되었던 정보가 시간이 지남에 따라 망각되어지는 현상처럼 나빠진 첫인상도 지속적인 노력을 하면 시간이 지날수록 좋아지게 되는 현상을 말한다. 둘째, 빈발효과(frequency effect)이다. 초두효과의 반대개념으로 첫인상이 좋지않게 형성되었다고 할지라도, 반복해서 제시되는 행동이나 태도가 첫인상과는 달리 긍정적이고 진지하고 솔직하게 되면 점차 좋은 인상으로 바뀌지는 현상을 말하며, 반복되는 행동이나 태도 때문에 첫인상이 바뀌는 효과를 말한다. 첫인상을 바꾸기 위해서는 빈발효과를 이용하는 것이 필요하다. 첫인상은 이해 당사자가 가지고 있는 고정관념이므로 고정관념을 해결하기 위해서는 빈발행동을 통해 첫인상을 변화시키는 것이다. 셋째, 충격효과(shock effect)이다. 평상시에는 전혀 느끼지 못했던 충격적인 일이나 예상밖의 행위나 사실을 알게 되어 개인에 대한 인상이 일시에 바뀌게 되는 현상을 말한다. 즉, 좋았던 첫인상이 상대의 나쁜사실이나 현상이 나타나므로 안 좋게 재평가되거나, 또는 좋지않았던 첫인상이 과거의 사실이나 현재의 현상이 좋은 것으로 재평가되어 첫인상에 대한 평가가 바뀌는 것을 말한다. 상대방의 인식을 바꾸는 방법이 파격적인 만큼 위험도 따르게 됨으로 다른 방법이 없을 때 마지막 수단으로 활용하는 것이 바람직하다. 이러한 심리적 효과들은 첫인상 형성에 있어서 결정적인 요인으로 작용되고 있다. 따라서 처음 만남의 목적과 상황에 따라 이해 당사자의 심리상태와 나를 바라보고 느끼는 자신의 첫인상을 어떻게 판단할 것인가를 사전에 예측하고 파악할 필요가 있다. 아울러 첫인상 형성에 이러한 심리적 효과를 활용하는 나른 더 나답게 만드는 퍼스널 아이덴티티를 만들어 가는 것이 요구된다.

사람은 일상생활을 하면서 수많은 인간관계를 맺으며 살아가고 있다. 그렇다면 수많은 사람과 인간관계를 형성하기 위해서는 이해 당사자에게 호감을 느끼는 첫인상으로 평가받는 것이 중요하다. 첫인상이 중요한 이유는 첫인상은 초기에 잘못 인지되면 상대방의 기억속에 오랫동안 각인되어 회복이 어려워지기 때문이다. 더구나 사람들은 긍정적인 부분보다는 부정적인 요소에 더 집착하는 경향이 있다. 이러한 관계에 있어 다른 사람과 차별화할 수 있는 것은 무엇일까? 가장 중요한 이미지 메이킹을 통해서 이해 당사자에게 좋은 이미지를 보여주는 첫인상이라는 대답을 얻을 수 있을 것이다. 상대에게 보여지는 첫인상을 인간관계의 시작이기 때문에 무엇보다도 중요성을 강조하고 싶다.

CHAPTER 07

경영보고서 기술 (Business Report Skill)

제 1 장

보고서 이해와 작성 (Report Understanding & writing)

제1절 보고서 이해(Report Understanding)

1. 보고서 개념(Report Concept)

보고서는 조직의 커뮤니케이션 수단이며, 수립된 계획과 대책을 시행하기 위해 결정을 돕는 문서이고, 중요한 현안을 다루는 의사소통역할을 한다. 조직의 의사결정은 작성된 보고서를 근거로 진행하기 때문에 보고서 작성은 무엇보다도 중요하다. 이해당사자에게 의견, 정보, 현안 및 진행과정, 대책, 안건 등을 보고하고 사실을 알리는 것으로 결정권자로 하여금 의사결정을 하도록 하는 문서를 보고서라고 한다. 즉, 자신이 전달하고자 하는 메시지나 의견을 상대방에게 설득력있게 전달하기 위해 논리적으로 작성하는 문서이다. 보고서의 용도는 작성하는 문서의 목적에 따라 다양하다. 매일진행되는 업무를 보고하는 일일업무보고서, 주간에 진행된 업무를 보고하는 주간업무보고서, 영업실적을 보고하는 영업보고서, 진행되었던 사안의 결과를 보고하는 결과보고서, 회사업무로 인해 외부에 다녀와서 보고하는 출장보고서, 회의의 결과를 정리하는 회의보고서, 연구개발과 관련 보고하는 연구보고서 등이 있다.

보고서의 사전적 의미는 어떤 일에 대하여 연구했거나 조사한 내용 또는 업무에 대한 사항을 타인에게 보고하기 위하여 작성한 문서라고 할 수 있다. 이와 같이 보고서는 특정한 일에 관한 현황이나 그 진행사항 또는 연구, 검토결과 등을 보고하거나 건의하고자 할 때 작성하는 문서이다. 보고서는 어떤 현안에 대한 의사소통역할을 하며 정보를 명확히 제공하여 이해와 설득 및 의사결정역할을 한다. 한편 의사결정권자로 하여금 의사결정을 돕는 역할을 한다. 보고서는 단순한 정보전달을 넘어 의사결정에 필요한 상황전달 및 정보제공, 사업진행결과 등에 보고하는 문서이기 때문에 완결성과 적시성이 매우 중요하다.

2. 보고서 작성원칙(Report Principle)

보고서 작성은 자신이 전달하고자 하는 메시지를 상대방이 이해하기 쉽도록 논리적으로 설득력있게 수요자관점에서 작성해야 한다. 즉, 이해당사자가 정확히 판단할 수 있도록 작성해야 한다. 한편 보고서는 객관적 데이터에 근거해서 작성해야 하며, 의사결정권자의 입장을 고려하여 작성한다.

또한 보고서작성은 핵심어 중심으로 간결하게 작성하되, 필요시 연결조사나 접속어를 적절히 사용하여 전체문맥이 이해되도록 기술해야 하며, 명확한 문단구조를 갖춰야 하며, 애매한 수식어는 사용을 자제하는 것이 좋다. 형용사나 부사보다 명사나 동사를 주로 사용하고, 동일한 내용, 단어, 문구가 반복되지 않게 한다. 그리고 보고서 표현방식은 결론이나 대책, 주장 등은 과장되지 않고 객관성과 신뢰성을 유지해야 한다. 또한 단순한 사실의 나열보다 의사결정을 해야 할 중요한 사항이나 쟁점사항을 제시해야 하고, 특수용어 및 과거사항 등 설명이 필요한 내용은 괄호 또는 참고표시를 통해 주석을 달아준다. 또한 표기법을 숙지하여 항목표시, 숫자, 날짜, 시분, 특수기호 등이 명확하게 표시되도록 해야 한다. 작성된 내용이 길고 복잡할 때는 모든 내용을 본문으로 처리하기보다 하이퍼링크(hyperlink) 기능을 활용하여 처리하는 것이 더 효율적이다. 보고서작성의 기본원칙은 간결성 원칙, 목적성 원칙, 핵심내용의 원칙, 중복삭제의 원칙, 반복점검의 원칙, 결정권자 중심의 원칙, 타이밍준수 등이 기본이다.

첫째, 간결성 원칙이다. KISS(Keep It Simple & Short, 심플하고 간결하게 하라) 법칙과 SES(Simple, Easy, Short, 심플하고, 쉽고, 간결하게) 법칙에 근거하여 작성하는 것을 말한다. 둘째, 목적성 원칙이다. 보고서를 작성할 때는 목적이 분명해야 가치있는 보고서 작성이 가능하다는 의미한다. 셋째, 핵심내용원칙이다. 보고서를 작성할 때 강조하고자 하는 핵심내용이 구체적이여야 하고 작성방향을 결정할 때 핵심주제와 내용중심으로 작성해야 한다는 것이다. 넷째, 중복삭제원칙이다. 반복된 표현, 유사표현을 자제해야 한다는 것이며, 보고서를 작성할 때는 결정권자가 필요로 하고 추구하는 내용과 구성으로 작성하는

그림 1-1 보고서 작성원칙

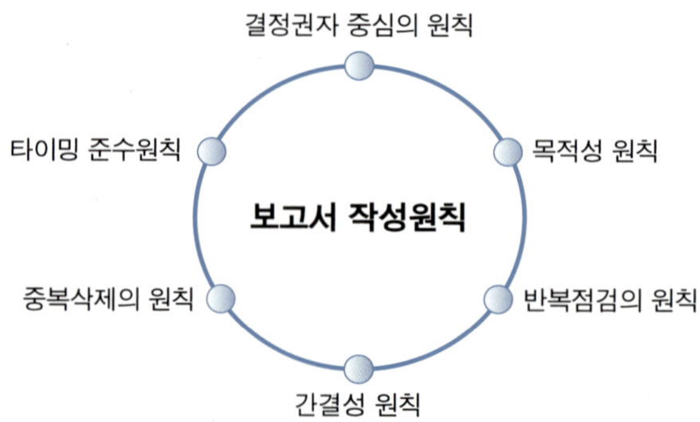

것이 필요하다. 다섯째, 반복점검의 원칙이다. 보고서를 작성하는 과정 또는 완료해 놓고 나서 내용을 추가하거나 수정할 내용, 중대한 오류가 있는지 반복해서 점검해야 한다는 것을 말한다. 여섯 번째, 타이밍준수원칙이다. 작성된 보고서를 보고할 때는 보고타이밍을 놓치지 말고 보고일자를 반드시 준수해야 한다는 것이다.

보고서 보고방법은 구두, 전화, 서면 등의 방법을 통해서 자신의 의사 또는 내용을 전달하는 것으로 일반적으로 상향적 보고형태를 갖는다. 보고할 때는 상대방에게 보고내용을 정확히 전달하는 것이 중요하다. 정확한 보고를 위해서는 불필요한 내용의 보고는 자제하고 주관적인 생각을 배제하고 사실에 입각하여 객관적 근거를 가지고 보고야 한다. 보고서 목차는 보고서 전체를 파악할 수 있는 수단이므로, 보고서 목차를 보면 전체보고서 내용과 전달하고자 하는 핵심내용을 파악할 수 있도록 키워드중심으로 작성해야 한다. 보고서를 작성할 때 목차를 구체적으로 명확하게 잡으면 보고서 품질을 높일 수 있고, 목차선정이 보고서 전체의 질을 결정한다.

제2절 보고서 작성로드맵(Report Road Map)

1. 보고서 작성프로세스(Report writing Process)

전달하고자 하는 메시지를 상대방이 이해하기 쉽도록 논리적으로 작성하는 문서를 보고서라고 앞서 설명했다. 보고서 작성에서 고려할 요소는 Short, Simple, Specific이다. 메시지를 간결하고 명확하게 하고, 핵심중심으로 간략하고 심플하며, 의사결정에 필요한 정보를 구체적으로 작성하는 것이 필요하다. 일반적으로 보고서 작성로드맵은 3단 구성법(서론, 본론, 결론), 4단 구성법(기, 승, 전, 결), 5단 구성법(발단, 전개, 위기, 절정, 결말) 등으로 구분되는데 3단 구성법으로 작성하는 것이 일반적이다.

첫째, 서론(introduction)이다. 도입부와 작성개요로 구분되며 도입부는 표지, 머리말, 목차와 개요로 구성된다. 작성개요에는 개요, 목차, 목표로 구성된다. 특히 보고서에서 제목은 보고서 전체내용을 가장 함축적으로 표현하는 것이기 때문에 무엇보다도 중요하다. 제목만 봐도 전체내용, 취지, 보고성격 등을 알 수 있도록 제목선택에 신중해야 한다. 또한 개요는 보고받는 사람이 전체보고서의 취지나 핵심내용을 파악할 수 있도록 핵심 내용

그림 1-2 보고서작성 로드맵

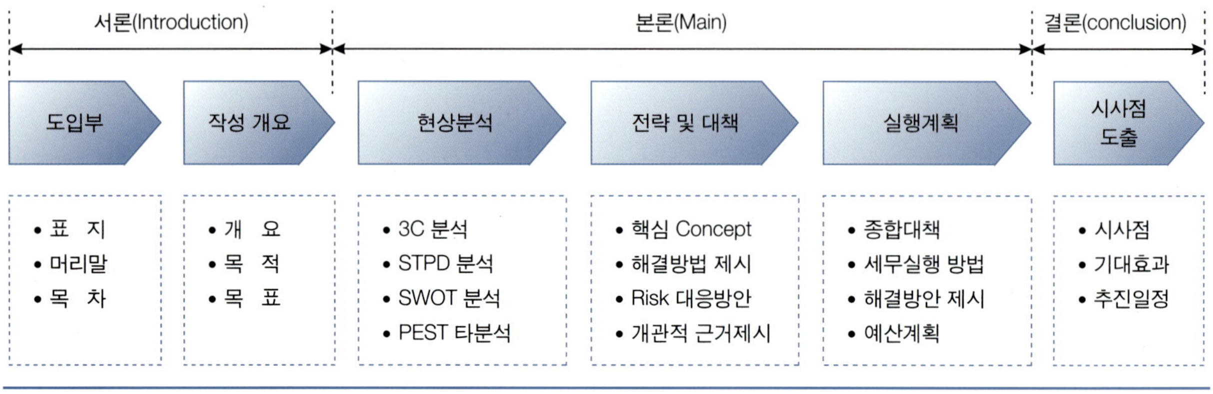

중심으로 작성해야 하며, 보고서 작성목적과 목표를 등을 서술한다. 둘째, 본론(main)이다. 주제와 관련한 실태와 현황분석, 전략과 대책, 실행계획 등 전반적인 내용을 사안별로 구체적으로 언급하는 것이다. 특히 대내외 환경분석, 경영과 시장분석, 현재 실태 및 문제점 분석, 핵심 현안에 대한 3C분석, STPD분석, SWOT분석, PESTEL 분석 등을 통해 전략과 대책을 구체적으로 수립하고 세부적인 실행계획수립하는 것이 중요하다. 셋째, 결론(conclusion)이다. 시사점과 기대효과를 강하게 제시하고 건의사항, 추진일정 등을 기술한다. 전체내용에 대한 결론을 요약하여 제시하는 부분으로 결론은 본문내용을 요약하여 핵심이슈를 종합하여 표현해야 한다. 또한 이해당사자 또는 결정권자가 의사결정할 수 있도록 해야 한다.

2. 보고서 작성방법(Report Writing Method)

보고하고자 하는 내용에 대해 간결하고 핵심적 내용을 중심으로 작성하여 문장이 불필요하게 길어지지 않게 할 필요가 있다. 특히 보고서를 마치 작문을 하듯이 장황하게 작성하는 경우가 있는데, 이것은 읽는 이해당사자로 하여금 보고서의 신뢰성을 저하시킬 수 있으므로 가급적 간결하고 핵심적 내용을 중심으로 작성하는 것이 중요하다. 그러나 보고서를 작성하다 보면 많은 내용을 담는 경우가 많다. 따라서 보고서를 작성할 때 핵심적이고 필요한 요점사항을 첫 페이지에 정리하고 그 이후에 체계적으로 기술하는 것 또한 좋은 보고서작성이라고 할 수 있다. 즉, 일반적으로 보고서의 전반적인 내용이 한 페이지로 정확하게 요약될 수 있도록 전체 요약부분을 앞부분에 넣는 것이 필요하다.

보고서는 형태나 성격에 따라 요구하는 틀과 형식이 다르며 그 형태(틀)에 맞추어 체계적으로 보고서를 작성하는 것이 모든 보고서의 공통된 사항이라 할 수 있다. 그리고 앞서 언급했듯이 보고서는 목적과 유형에 따라 여러 가지가 있다. 즉 경영보고서, 기획보고서, 작업보고서, 업무보고서, 마케팅보고서, 출장보고서, 회의보고서, 영업보고서, 정보보고 등 너무 많고 다양하다.

보고서를 시각화하는 것이 중요하다. 보고서는 의사결정권자에게 보고서 내용을 전달하여 긍정적 의사결정을 받아내는 것이 목표이다. 뿐만 아니라 정보화사회의 도래에 따라 대량의 정보를 빠른 시간내에 처리해야 하는 상황에 직면하고 있기 때문에 보고서의 시각화를 통해 결정권자가 의사결정을 신속하게 할 수 있도록 하는 것이 필요하다. 문서전체의 흐름이나 이미지가 한 눈에 들어오게 하고, 표현방법이 역동적이고 강한 인상을 주어야 하며, 각 부문 간의 관계를 파악(도형, 선, 그래프 등)하기 쉬어야 한다. 또한 보고서의 이미지화를 통해 보고서 내용을 쉽게 이해할 수 있도록 해야 하며, 의사결정권자가 오래 기억할 수 있도록 만드는 것이 필요하다. 다만, 보고서 성격에 따라 어떠한 형식의 이미지 시각화를 선택하느냐에 따라 전달효과면에서 차이가 있을 수 있다.

보고서는 정형화된 기본틀을 유지하고 있는 경우가 많다. 따라서 기본틀을 토대로 보고 내용의 요지를 간단하고 명료하게 서술하여 보고서를 읽는 사람이 작성자의 뜻을 충분히 이해할 수 있도록 작성하여야 한다. 그러므로 보고서는 작성한 후 철저한 점검을 통해 보고서의 완성도를 높여야 한다. 보고목적이 명확하게 제시하는 것이 중요하며, 서술적으로 너무 길게 작성하지 말고 사안별로 핵심 내용중심으로 명확하고 객관적 근거에 입각하여 작성하고 읽는 사람으로 하여금 이해하기 쉽도록 해야 한다. 또한 요점을 명확하게 작성하여야 하며, 문제점과 현안을 지적하고 문제원인을 제시해야 한다. 한편 중요하거나 강조할 부분은 다른 문장보다 눈에 띄게 처리하는 방법도 좋으나 복잡한 형태는 피해야 하

그림 1-3 보고서 점검사항

- 보고서가 보고목적에 적합한가?
- 보고서가 핵심내용 중심으로 명확하고 객관적인가?
- 보고서가 문제점과 현안이 분석적으로 제시되었는가?
- 보고서를 이해하고 쉽고 간결하게 작성되었는가?
- 보고서가 완결성(시사점, 대책과 대응 등)을 갖췄는가?
- 보고하기 위한 적절한 타이밍은 언제인가?

고, 특히 보고서에는 보고하고자 하는 내용의 누락이 없어야 한다. 보고내용이 명확하게 전달되어야 한다. 또한 결론부분에 시사점과 대책과 대응방안을 제시하고 언제 보고해야 하는지 보고타이밍도 중요하다.

제 2 장

기획보고서 (Project Report)

제1절 기획보고서 이해(Project Report Understanding)

1. 기획보고서 개념(Project Report Concept)

문제와 목표를 해결하기 위해 결정을 준비하는 과정과 계획을 수립하는 총체적 활동을 기획이라 한다. 발전적 방향으로 나가기 위해 구체적인 수행방법과 내용을 전달하기 위해 현상 및 문제점을 분석하고 목표와 계획을 수립하여 정책과 대안을 제안하는 문서가 기획보고서(Project Report)이다. 기획에서 최적안을 선택하는 단계는 기획의 발상, 기획서작성, 기획서 제안으로 연결되며, 발상능력을 제고시키기 위해서는 정보능력이 뛰어나야 하며, 기획보고서는 전달하고자 하는 목적이 논리적으로 명확해야 하고, 혁신과 개선의 내용이 포함되어야 한다. 경영학적 측면에서 보면 조직의 목표를 능률적이고 효과적인 달성을 위해 조직이 가지고 있는 경영자원을 효율적으로 계획, 조직화, 지휘, 통제하여 목표를 달성하는 과정을 기획이라고 언급하기도 한다. 기획은 목적과 목표를 달성을 위해 어떻게 구상하고, 제안하여, 실천할 것인지 전략을 설계하는 일련의 과정을 말한다. 피터 드러커(Peter Ferdinand Drucker, 뉴욕대학교) 교수는 자본주의 이후의 사회(Post Capitalist Society)라는 저서에서 프로직업인의 개념을 '자율적인 의지에 의해서 스스로를 개척해가는 지식근로자'라고 언급했다. 프로직업인은 계획을 스스로 세우고, 실행하며 평가를 해야 한다는 것이다.

기획보고서는 분석과 전략을 논리적으로 구성하고, 구체적이고 객관적인 자료를 제시하여 신뢰를 줄 수 있도록 작성되어야 한다. 과거에는 결정권자와 조직구성원의 역할을 보면 결정권자는 기획을 하고 조직구성원은 결정권자가 만들어 놓은 기획에 기초하여 실행만 하면 되었다. 그리고 결정권자는 조직구성원의 실행결과를 다시 평가하는 것이 의사결정권자의 역할이였다. 즉, 조직구성원은 실행하고 평가받는 것이 전부였다. 그러나 현대사회에서는 조직구성원 스스로가 기획과제를 개발하여 구체적인 실행방안을 마련하고 실행결과에 대해 스스로 평가까지 해야 한다는 것이다.

기획보고서를 작성하기 위한 기본적인 로드맵은 서론에서는 기획보고서를 작성하게 된 배경, 개요, 목적과 목표를 정의한다. 본론에서는 현상과 원인을 분석하고 전략과 대책을 수립하고 실행계획을 구체화한다. 그리고 결론에서는 시사점과 기대효과를 구체적으로

그림 2-1 기획보고서 Framework

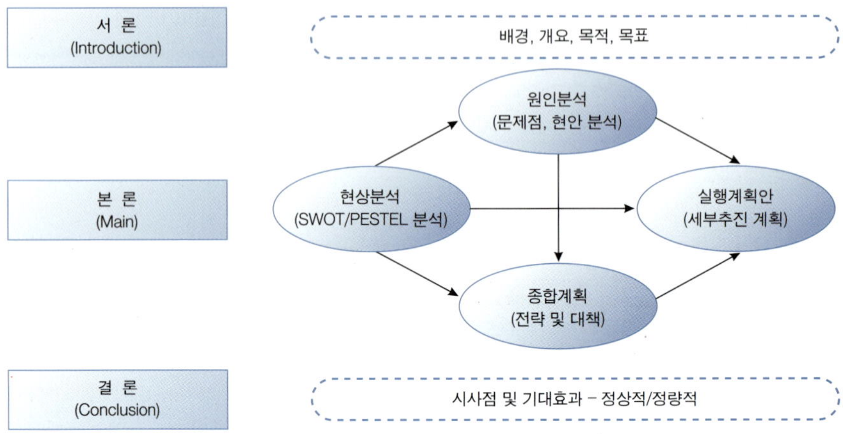

정량적, 정성적으로 표현해야 한다. 기획보고서는 과제를 명확히 하는 것이 중요하다. 기획에서 가장 중요한 것은 어떤 현상을 고려하여 과제를 도출하는 것이다. 현안문제를 해결하기 위한 문제해결과제를 발굴하고 가설을 통해 발전과제를 도출하는 것이 중요하다는 것이다. 과제라는 것은 어떤 현상을 그대로 두면 문제가 되는 것으로 문제를 만들어 내는 원인이 무엇이고, 해결방법은 무엇인지 해결책을 제시하는 것이다. 그리고 현재의 문제나 현상에 근거하지 않고 미래의 발전적 결과를 만들어 내기위한 과제를 만들어 내는 것을 기획과제라 한다. 기획보고서는 과제발굴을 통해 현재와 미래의 해결책과 발전방향을 제시는 하는 것이다.

2. 기획보고서 요소(Project Report Element)

지식정보화 시대로의 변화는 조직구성원들이 부가가치를 높일 수 있는 기획중심의 업무가 더욱더 강력하게 요구되고 있다. 과거에는 연구하는 사람은 연구만 하면 되었고, 영업하는 사람은 제품만 팔면되었던 시대였지만 이제는 회사 모든 부서에서 기획위주의 능력이 요구되고 있다. 부서의 명칭도 경영기획팀, 마케팅기획팀, 홍보기획팀, 상품기획팀, 사업기획팀, 구매기획팀, 유통기획팀, 기획조사팀, 기술개발기획팀 등 단순한 담당업무를 벗어나 기획마인드가 요구되고 기획역량이 요구되고 있다. 따라서 새로운 아이디어를 개발해야 하고, 개발된 아이디어를 실행하여 조직성과를 창출하기 위해서는 경쟁력있는 기획보고서 작성이 필수적 요소이다.

그림 2-2 기획보고서 작성요소

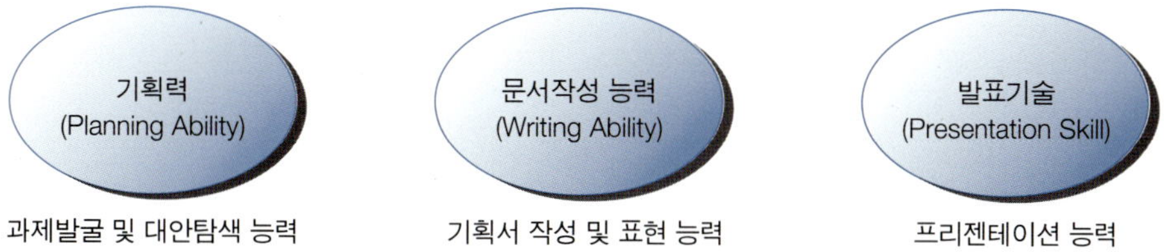

따라서 기획보고서를 작성하기 위해서 고려해야 할 요소는 기획과제를 발굴 및 개발하고 대안을 탐색하는 기획력, 발굴된 과제를 문서로 표현하는 문서작성능력, 그리고 작성된 보고서를 이해당사자에게 설득력있게 전달하는 발표기술 등이 요구되고 있다.

첫째, 기획력(Planning Ability)이다. 정보수집 및 분석, 과제발굴, 대안탐색, 이슈분석, 미래전망 등을 설계하여 대안을 도출해내는 기획능력을 말한다. 생산력을 창출하는 역량으로 문제를 해결하는 능력을 말한다. 문제점을 발견하여 문제를 어떻게 해야할 것인지 방법을 설계하는 능력이며, 새로운 대안을 제시하여 효과성과 효율성을 창출하는 방안을 만들어내는 역량이다.

둘째, 문서작성능력(writing ability)이다. 기획서 작성역량이다. 문서작성능력은 기획력에서 도출한 과제를 문서화하거나 문장으로 표현하는 능력을 말한다. 또한 핵심 키워드와 주제어 중심으로 설득력있게 표현하는 것이 중요하며 한정된 지면에 핵심어중심으로 간결하게 전달하고자 하는 내용을 문서화하는 것이다. 실질적으로 기획보고서를 작성하려면 많이 작성해 보면서 know-how를 축적해 나가는 것이 필요하다는 것을 부정하고 싶지는 않지만, 무엇보다도 기획자는 전략적 사고와 창의적 사고를 가지고 문서화하는 스킬을 배워야 한다는 것이다. 이미 앞서 언급했던 바와 같이 문서작성원칙은 핵심 내용중심으로 명확히 작성하고, 객관적인 데이타에 근거하여 작성하고, 전문가가 아닌 일반인도 알 수 있도록 단순하게 서술하고, 문체의 일관성을 유지하면서 작성해야 한다.

셋째, 발표기술(presentation skill)이다. 과제를 발굴하여 작성된 기획보고서를 의사결정권자에게 설득력있게 전달하는 프리젠테이션 능력을 말한다. 성공적인 프리젠테이션을 하기 위해서는 발표내용, 전달기술, 프리젠터의 태도가 중요하다. 누구나 많은 사람들 앞에서 프리젠테이션을 하게 될 경우 당황하지 않고 정확하게 요점만 설득력있게 전달하고 싶을 것이다. 그렇게 하기 위해서는 발표목적이 무엇인지? 왜 해야 하는지? 이해당사자에게 무엇을 전달할 것인가? 등 명확한 목표가 선행되어야 한다. 발표하기 전에 반드시 리허설을 해야 한다는 것도 명심해야 한다.

결론적으로 경쟁력있는 기획보고서가 되기 위해서는 과제를 발굴하는 기획력과 문서를 작성하는 문서작성능력, 설득력있는 프리젠테이션 능력 등을 포괄하는 통합적인 능력이 필요하다.

제2절 기획보고서 작성(Project Report Writing Method)

1. 기획과제개발(Planning Project Development)

기획보고서 작성은 당면하고 있는 문제를 해결하기 위해 대책을 강구하는 과정으로 문제를 해결을 위하여 명확한 문제이슈를 도출한 후 그 문제를 해결할 수 있는 전략을 제시하는 것이다. 따라서 기획보고서 작성을 위하여 기획의 배경, 목표, 내용, 방법, 시기, 예산 등을 고려하고 7원칙(why, what, how, who, when, where)에 근거하여 작성한다. 왜 기획을 입안하는가?(기획의 배경, 이유, 의의 등) 어떤 효과를 기대하는가?(기획의 목표), 무엇을 기획하는가?(기획의 내용), 어떻게 진행, 수행하는가?(기획의 방법), 누가 실행하고 집행하는가?(기획의 주체 및 관계자), 기획은 언제 시행되는가?(기획의 시기 및 기간), 기획은 어디에서 집행되는가?(기획의 장소) 등을 고려해서 작성해야 한다는 것이다.

기획보고서에서 가장 중요한 것은 기획과제를 발굴하는 것이다. 즉 현상이 그대로 가면 문제가 되는 것은 무엇인가? 현재 문제를 만들어 내고있는 원인은 무엇인가? 무엇을 발상하고 혁신해야 미래에 새로운 성과를 창출할 수 있는가?에 대한 창의적, 논리적, 비판적 사고를 갖는 것이다. 한 마디로 "AIDMAC를 생활화"하는 것이다. AIDMAC는 Attention, Interest, Timing, Desire, Memory, Action, Conviction를 의미한다. 사람들에게 주목을 받는 기획과제인가? 이해당사자가 흥미를 끄는 요소가 있는가? 시기에 맞는 보고서인가? 기획과제를 실행하고자 하는 욕망을 불러일으키는가? 만들어진 기획과제가 사람들의 기억에 남을 만한가? 과제에 대한 구체적인 행동이 따르는가? 과제를 신뢰할 수 있는가? 등이다.

경쟁력있는 기획보고서를 작성하기 위해서는 첫째, 좋은 문장과 Key Words를 메모하는 것이 중요하다. 문장은 글쓰기의 핵심재료이며, 글을 읽으면서 밑줄을 긋거나 메모하

그림 2-3 기획과제 개발(AIDMAC 기법)

■ Attention	• 주목을 받는 기획과제(아이템)인가?
■ Interes	• 이해 당사자가 흥미를 끄는 요소가 있는가? Timing이 맞는가?
■ Desire	• 기획과제를 실행하고자 하는 욕망을 불러 일으키는가?
■ Memory	• 만들어진 기획과제가 사람들의 기억에 남을 만 한가?
■ Action	• 과제에 대한 구체적인 행동이 따르는가?
■ Conviction	• 과제를 신뢰할 수 있는가?

는 습관은 경쟁력있는 보고서를 만드는데 있어 중요하다. 특히 Key Words를 많이 확보하고 있을 때 보고서 작성에 대한 두려움이 없고 강한 파급력을 전달할 수 있는 보고서를 만들 수 있다. 둘째, 기획보고서를 작성할 때는 전체를 요약하는 스킬이 필요하다. 제목과 소제목들을 보면 완성도를 알 수 있고, 제목은 보고서 전체내용을 대변할 수 있는 것이어야 한다. 제목은 본문의 내용을 파악할 수 있을 정도로 함축적이면서도 보고서 전체내용을 대표할 수 있도록 해야 한다. 내용을 잘 썼더라도 제목이나 소제목에 실패하면 보고서 어필에 있어 감점요인으로 작용한다. 셋째, 정보 또는 자료수집방법을 습득하는 것이다. 정보를 수집하는 방법은 다양하다. 인터뷰, 설문조사, 포럼, 벤치마킹, 문헌자료 등 다양하다. 인터뷰는 프로젝트의 목적과 취지에 적합한 인터뷰내용준비, 진행, 결과를 정리하는 것이며, 설문조사는 목적과 취지에 적합한 설문지작성하고 배포한 다음 수거하여 설문결과를 정리하는 것이다. 또한 경쟁사 또는 동종업계에서 모범이 되는 사례를 벤치마킹하고 각종 보고서, 논문, 도서 등 자료를 조사하고 수집한다.

2. 기획보고서 작성프로세스(Project Report Drawing Process)

불확실한 상태를 미리 예측하여 대책을 강구하고 미래 지향적 대응을 수립하여 미래발전을 도모하는 것은 조직의 생존을 위해 아무리 강조해도 부족함이 없다. 즉, 조직의 목표달성을 위한 수단과 방안을 모색하고 현재의 문제점을 대응하고, 미래발전과 준비를 위해 발전방안을 사전에 검토하는 것이 절대적으로 필요하다. 기획보고서는 기존의 문제점과 현상에 대해 개선하고 통제하여 바람직한 상태로 바꾸는 통제적 성격을 가지며, 조직을 효율적으로 지휘하고 관리하여 변화와 개혁을 촉진하는 역할을 한다. 뿐만 아니라 미래

지향적이고 혁신적인 이슈 및 과제를 도출하여 지속성장의 발판을 마련하고 조직발전에 기여하는 역할을 한다. 문제의 원인을 제거할 수 있는 대책을 강구하고 효과적인 대응전략을 개발하는 것이야 말로 기획보고서의 역할이며 기능이다.

기획보고서는 생각이나 아이디어와는 달리 궁극적인 문제 및 가치를 실현하기 위한 구체적인 방법이 제시되어야 한다. 따라서 기획을 할 때는 발상이나 기획의 입안단계에서부터 보고에 이르기까지의 전체적인 흐름을 염두에 두고 작성해야 한다.

첫째, 개념명확화(conceptualization)이다. 기획보고서를 작성하기 위해서는 우선 문제점과 개선점을 파악하고, 어떤 과제를 도출할 것인지 기획방향을 결정한다. 또한 주요 현안과 이슈에 대한 Needs를 조사하고 분석하여 기획과제에 대한 개념을 명확히 해야 한다. 둘째, 정보수집과 분석(information gathering & analysis)이다. 자료 및 정보조사는 보편적이고 포괄적 자료를 시작으로 자세하고 구체적 자료를 찾는 방식으로 진행한다. 셋째, 기획과제도출(planning subject derivation)이다. 기획의 목적과 방향에 기초하고 정보수집과 분석을 통해 실행가능한 아이디어를 발상하여 기획과제를 도출한다. 넷째, 기획보고서 작성(project report writing)이다. 기획과제를 도출하고 구체적으로 어떻게 실행할 것인지 세부계획을 수립하고 기본적인 기획구조를 확정한다. 이렇게 기획방향과 내용구성이 끝나면 실행을 위한 기획보고서 작성을 하고 수정 및 보완작업을 되풀이 하면서 완성도를 높여 나간다. 한편 작성된 기획보고서의 시각적 효과를 높이기 위해 이미지 활용 및 강조기법을 이용해 최종보고서를 완료한다. 다섯째, 프리젠테이션 기술(presentation skill)이다. 기획된 보고서를 의사결정권자에게 설득력있게 전달하여 경정권자의 사고의 변화를 유도하여 목표를 달성하는 것이다. 여섯째, 과제실행(project action)이다. 기획과제를 결정권자에게 프리젠테이션을 실시하여 결정된 과제에 대하여 구체적인 실행계획을

그림 2-4 기획보고서 작성 프로세스

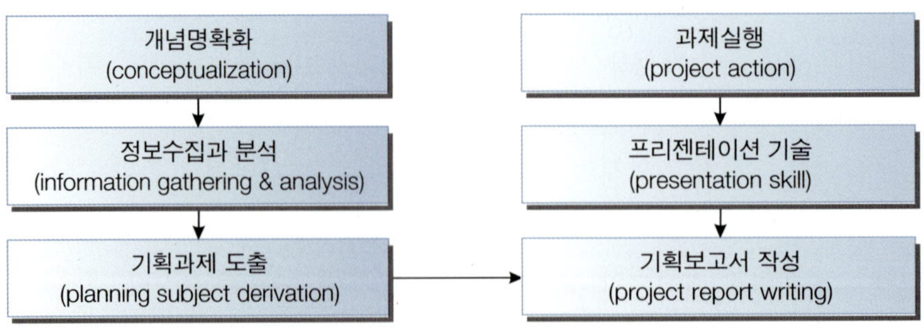

수립하고 과제실행을 본격화하는 것이다.

3. 기획보고서 작성(Project Report Marking)

기획보고서는 커뮤니케이션을 위한 문서이기 때문에 명확한 기획논리 및 일관성있게 작성하는 것은 당연히 중요하지만 기획문서를 공유하는 다양한 사람들이 쉽게 이해하고 설득할 수 있도록 작성되어야 한다. 중복어구가 없이 구체적으로 표현하는 것이 중요하다. 한편 상대의 입장에서 기술하고, 무엇을 위한 기획인가를 명확히 해야 하며 간결하고 정확하게 표현해야 한다. 또한 논리적으로 작성하며(So What/Why So?), 핵심이 되는 단어를 중심으로 전체를 한눈에 알아 볼 수 있도록 작성해야 한다. 그리고 시각화와 이미지화를 높여서 가독성 높이고, 데이터나 수치는 그래프화(막대, 원, 꺽은 선, 챠트 등)한다. 기획보고서를 작성하기 위한 기본적인 원칙은 기획체계, 기획구성, 기획내용을 고려하여 작성하는 것이다.

첫째, 기획체계(planning system)이다. 시각화(visual)을 통한 설득력 창출하고, 크고 작은 표제는 일관성있게 배열하며, 적절한 여백을 설정하고 여유가 있는 레이아웃해야 한다. 둘째, 기획구성(planning composition)이다. 표지만으로 대충의 내용을 알 수 있도록 해야 하며, 머리말을 통하여 기획의 목적과 의의를 명확하게 한다. 한편 목차를 통하여 전체내용을 이해할 수 있도록 해야 하고, 도표는 될 수 있는 대로 관련된 설명문과 함께 넣고, 중요한 부분을 언더라인을 치거나 글씨모양을 바꾼다. 셋째, 기획내용(planning content)이다. 목적을 명확하게 명시하고, 기획의 필요성을 논리적으로 설명한다. 그리고 기획의 의의, 이점을 구체적으로 표시하고 설명은 가능한 자료, 데이터를 인용해서 해야 하고, 과제실행에 필요한 비용, 기대효과를 정확하게 제시한다.

작성된 기획보고서를 제출하기 전에 보고목적에 적합한가? 보고내용이 정확한가? 보고

그림 2-5 기획보고서 작성원칙

서를 명확하고 작성되었는가? 보고서를 이해하기 쉽게 썼는가? 인용한 자료에는 출처가 정확히 표시되었는가? 보고서가 완결성을 갖추었는가? 잘못 쓴 단어 또는 부자연스러운 문장은 없는가? 보고하기 위한 적절한 타이밍은 언제인가? 등을 점검하여 보고서의 가치를 높이는 것이 필요하다. 즉 보고목적과 주제에 대하여 충분히 고민해야 하며, 객관적이고 중립적 입장에서 작성되었는지 확인하고 논리적으로 비약하지 않고 체계적으로 전개되었는지 점검하는 것이 필요하다. 또한 보고서가 명확한 해답을 제시하고 있는지 확인할 필요가 있고, 보고하기 전에 반드시 리허설을 실시하여 명확하고 설득력있는 보고가 될 수 있도록 해야 한다.

기획보고서 작성은 개념에 근거하여 정보조사와 분석을 통해 기획과제를 도출하고 실행계획을 수립하는 등 기획과제를 실행하기 위한 기획보고서를 작성한다. 그리고 작성된 보고서를 의사결정권자에게 제안하고 설득하여 과제를 실행하는 일련의 과정이다. 이러한 일련의 과정을 거쳐야함으로 기획보고서를 작성하는 일은 쉽지 않다. 이런 어려움을 개선하기 위해 바바라 민토(Barbara Minto)는 보고서 작성틀을 피라미드 구조에 기초하여 컨셉과 내용의 연계성을 강조한 'Barbara Minto의 피라미드 구조모형'을 제시하였다.

Barbara Minto 보고서 작성

보고서 작성자의 고민은 '어떻게 해야 내가 작성한 보고서가 의사결정권자에게 최고의 보고서로 평가받을 것인가'이다. 바바라 민토(Babara Minto)는 글을 쓰는 기술은 '타고난 재능이 아니라 끊임없는 훈련을 통해 이뤄지는 습관'이라고 했다. 하버드 경영대학원 출신인 바바라 민토는 맥킨지 최초의 여성컨설턴트로 입사했다. 문서작성에 관한 능력을 인정받아 글로벌 컨설턴트들을 대상으로 보고서 작성법을 지도하는 책임자가 되었다.

바바라 민토는 1973년 독립하여 민토 인터내셔널(주)를 설립하고 피라미드 구조원칙을 이용한 보고서 작성법과 분석법, 프리젠테이션 방법을 가르쳤다. 그리고 컨설팅회사와 펩

그림 2-6 Barbara Minto 보고서 작성 프로세스

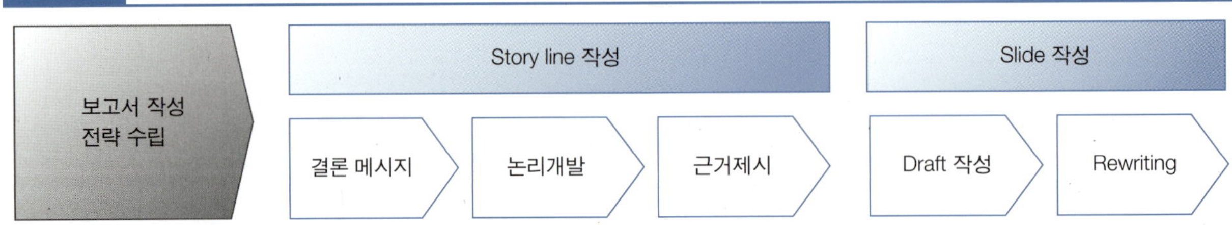

시콜라, AT&T시스템, 유니레버 등 글로벌기업뿐만 아니라 하버드, 스탠포드, 시카고, 런던 대학교 등에서 글쓰기과정을 지도했다. 바바라 민토의 기획보고서 작성은 크게 보고서 작성 전략수립, 스토리 라인작성, 슬라이드 작성순서로 구성 된다.

첫째, 전략수립(strategy planning)이다. 보고서 목적과 목표를 설정하고 정보를 수집하고 분석하여 보고서전략을 수립하는 것을 말한다. 둘째, 스토리 라인(Story line) 작성이다. 스토리 라인은 줄거리 요약을 의미하며 보고서의 줄거리를 핵심 내용중심으로 요약하여 기술하는 것이다. 결론메시지, 논리개발, 근거제시로 구성된다. 결론메시지는 전달하고자 하는 결론을 명확화 하는 것이고, 논리개발은 결론을 지지해 주는 로직을 개발하는 것이다. 근거제시는 논리개발을 지지할 수 있는 사실과 출처 등 객관적 근거를 제시한다. 셋째, 슬라이드 작성(slide draft)이다. 슬라이드 작성은 Draft 작성과 Rewriting로 구성된다. Draft 작성은 슬라이드별 핵심 메시지를 작성하고 핵심 메시지에 대한 근거를 제시하는 것이고, Rewriting은 작성이 완료된 보고서를 최종수정하고 검토하는 것을 말한다.

Barbara Minto 피라미드 구조

바바라 민토는 피라미드식으로 보고서 작성구조를 구성해야 간결하고 핵심적이고 강력한 보고서를 작성할 수가 있다고 했다. 결론과 같은 가장 핵심적인 사항을 먼저 서두에 말

그림 2-7 Barbara Minto 피라미드 구조

• Conclusion Message = Answer, Head Massage	• 전달하고자 하는 핵심(결론) 메시지
• Key Line = Summary, Sub Message	• 핵심(결론)을 지지하거나 입증하는 주요 요점
• Support = objective basis	• 각 Key Line을 지지해 주는 사실, 자료, 근거제시 등

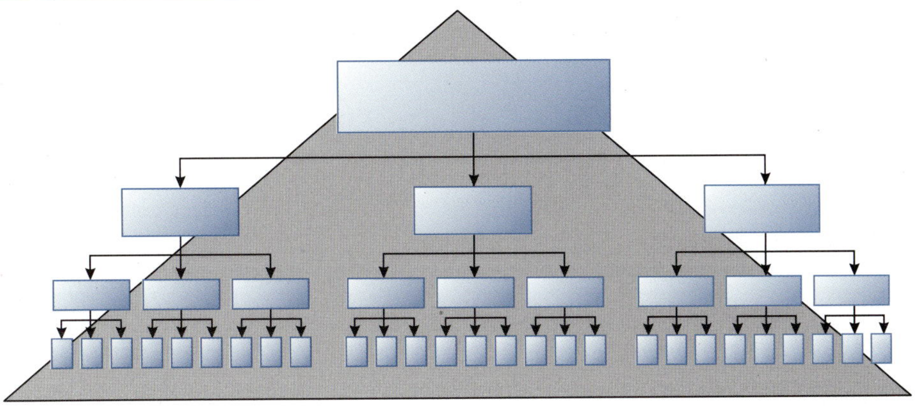

하고 그 다음에 왜 그런 결론을 내리게 됐는지 구체적인 내용을 언급해 나간다는 것이다. 즉, 바바라 민토의 피라미드 구조란 결론메시지를 언급하고 그 결론메시지를 입증하는 주요 요점을 언급하고, 주요 요점내용을 지지 또는 입증하는 사실, 자료, 근거를 제시하는 시스템을 피라미드 구조라고 한다. 이처럼 바바라 민토는 피라미드 구조를 통해 보고서를 작성해야 이해당사자가 메시지를 신속하게 이해할 수 있다고 강조했다.

바바라 민토의 피라미드 구조는 결론메시지, 주요 요점, 근거제시로 구성된다. 첫째, 결론메시지(Conclusion Message)이다. 문서작성자가 전달하고자 하는 핵심 메시지를 언급한다. 즉, 전달하고자 하는 핵심내용을 함축하여 명료하게 피력하는 것이다. 둘째, 주요 요점(Key Line)이다. 핵심을 지지하거나 입증하는 것이다. 결론메시지를 논리적으로 뒷받침하기 위한 구체적이고 논리적 근거를 제시하여 Head Massage를 지지해 주는 역할을 하는 것이다. 셋째, 근거제시(Supports)이다. 각 Sub massage를 지지해 주는 사실, 자료, 근거 등을 제시하는 것이다.

즉, 바바라 민토의 피라미드 구조는 이해당사자가 명확하게 내용을 이해할 수 있도록 전달하고자 하는 Head Message를 먼저 언급하고 Head Message를 지지하고 입증하는 Sub Message를 제시하고, Sub Message을 지지하는 사실과 자료, 근거 등 객관적 근거를 제시하는 것을 말한다.

제 3 장

사업계획서 (Business Plan)

제1절 사업계획서 이해(Business Plan Understanding)

1. 사업계획서 개념(Business Plan Concept)

사업계획서는 원래 미국에서 창업사가 개인투자자 및 벤처투자가(Venture Capitalist)로부터 자금을 조달받기 위해 작성하기 시작했다. 사업계획서는 사업계획을 문서화하는 것을 의미하며, 사업계획서를 검토하는 사람으로 하여금 사업의 내용을 쉽게 이해할 수 있도록 핵심적인 내용을 중심으로 작성되어야 한다. 또한 사업계획서의 검토 및 심사기준을 사전에 파악하여 이에 준할 수 있도록 합리적이며 설득력있게 작성하는 것이 중요하다. 사업계획서를 작성하는 목적은 내부적 목적과 외부적 목적으로 나누어 생각할 수 있다. 내부적 목적은 사업에 대한 의견교환, 내용공유를 목적으로 경영진, 조직구성원 등 조직구성원과 함께 공유하기 위한 것이고, 외부적 목적은 투자자, 보증기관, 정부기관 등에 비전을 제시하고 투자를 유치를 목적으로 활용하기 위해서 작성하는 것이다.

기존 사업혁신, 신규사업창업, 자금조달, 투자유치 등의 프로젝트를 추진함에 있어 어떻게 〈구상〉, 〈제안〉, 〈실천〉할 것인지 전략과 계획을 수립하는 문서를 사업계획서(Business Plan)라고 한다. 사업계획서는 해야 할 활동을 단순히 나열하는 것이 아니라, 조직이 추구해야 하는 목표와 목적을 달성하기 위한 구체적인 방안을 제시하는 문서이다. 또한 사업계획서는 지나치게 기술적 문제에만 초점을 맞추어서는 안 되며, 시장, 소비자, 마케팅에 대한 구체적인 내용이 포함되어야 한다. 사업계획서는 실질적으로 사업을 진행하다는 상황을 고려하여 실질적 내용을 포함하여 작성해야 한다.

사업을 준비하는 경우 부족한 정보와 지식, 미숙한 경험과 기술로 인해 사업위험을 피할 수 없게 되는 경우가 수없이 발생한다. 특히 사업이 진행되는 경우엔 더욱 많은 손실을 입을 수 있다. 지식과 경험부족으로 인한 손실을 막고 계획적인 사업이 실행되기 위해서는 자신의 구상과 정보, 지식을 문서화하여 검증할 필요가 있다. 이러한 과정을 통해 성공적인 사업진행이 이루어질 수 있도록 검증받기 위해서 사업계획서를 작성하는 것이다. 체계적이고 구체적으로 작성된 사업계획서는 창업의 기본방향과 목적, 목표를 분명하게 알려주는 사업의 이정표역할을 한다. 또한 사업과정에서 뜻하지 않게 발생되는 어려움이나 시행착오를 줄이고 효과적인 대책을 수립할 수 있게 하며, 사업과정에 수반되는 시행착오를 줄이고 대안수립을 용이하게 해주기 때문에 사업계획서를 작성하는 것이다. 한편 합리적인 근거를 가지고 구체적으로 작성된 사업계획서는 투자자나 투자기관을 설득하는 기초가 되며 투자유치 및 자금조달을 받을 경우에 유용한 도구로 활용할 수 있다.

2. 사업계획서 원칙(Business Plan Principle)

사업자가 진행하고자 하는 사업목표와 목적, 사업계획을 이해당사자에게 설득시키기 위해 작성하는 것이 사업계획서의 목적이다. 사업계획에 대한 전반적인 내용과 사업구조를 구체적이고 설득력 있게 작성하여야 한다. 또한 투자자들이 기업의 특성과 강점을 찾아 사업의 성공여부를 검토하므로 투자자의 사고를 혁신할 수 있도록 사업의 차별화된 부분을 강조하여 작성한다. 사업이 가지고 있는 재무적 이익구조와 성장성을 설명하고 회사가 목표시장에서 가지고 있는 사업의 핵심과 회사의 강점을 구체적으로 설명하도록 해야 하며, 소요자금 및 자금조달계획은 정확하고 실현가능성이 있어야 한다. 사업계획서 작성원칙을 요약해서 보면 성공적인 사업계획서 작성을 위해서는 명확성, 객관성, 단순성, 일관성을 가지고 작성해야 한다.

첫째, 명확성(Clarity)이다. 사업계획서를 작성할 때 독창성을 고려하여 작성해야 한다는 것이다. 비즈니스 모델이 있어 명확하게 독창성을 확보하게 되면 결국 차별화를 확보하게 되는 것이다. 신규 사업계획서를 작성하는 경우에는 기존 사업 또는 타 경쟁업체와 차별화할 수 있는 요소에 대한 특징을 갖고있으며 그 특징으로 인해 계획사업의 성공가능

그림 3-1 사업계획서 작성원칙

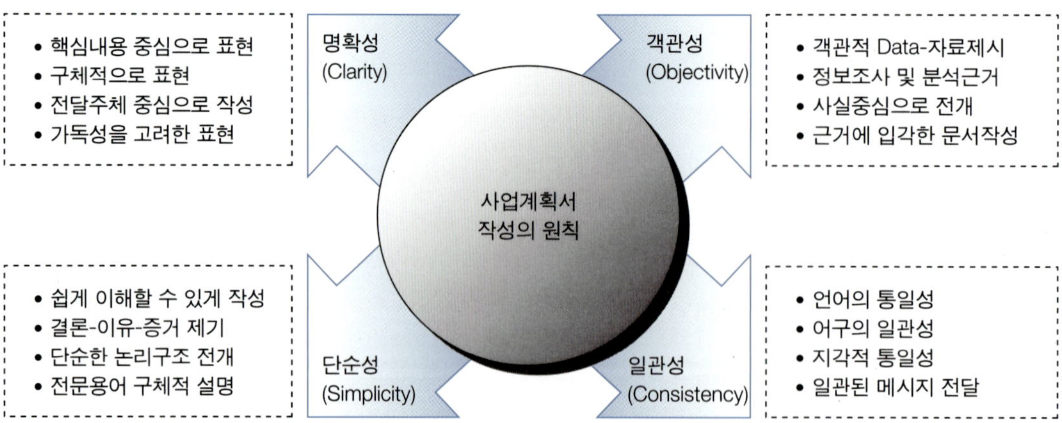

성에 어떠한 영향을 주는지를 명확히 할 필요가 있다. 신규 계획사업이 타 업체에 비해 독창성이 없을 경우 후발업체로서 성공할 가능성이 높지 못하므로 외부투자기관에서 관심을 갖지 않을 수 있으므로 계획사업이 갖는 특수성을 강조하여 사업계획서에 나타낼 필요가 있다. 둘째, 객관성(Objectivity)이다. 사업계획서를 작성하는 목적은 이해당사자를 설득하기 위해 작성하는 것이므로 객관성이 결여되어서는 안 된다. 따라서 사업계획서를 작성할 때 주관적 주장에 근거하는 것이 아니라, 사전조사와 분석을 통해서 객관적 데이터에 기초하여 작성해야 한다. 셋째, 단순성(Simplicity)이다. 기술적 전문가가 아닌 일반인도 어려움없이 쉽게 알 수 있도록 서술해야 한다는 것이다. 사업계획서를 복잡한 내용을 이해하기 쉽게 단순하게 만드는 것이 이해하기 쉽기 때문에 효과적이다. 넷째, 일관성(Consistency)이다. 매우 중요한 요소이다. 사업계획서를 작성함에 있어 각 부문계획 간의 논리적 일관성이 유지되어야 한다. 생산계획, 판매계획, 투자계획과, 마케팅계획, 재무계획, 개발계획 등 각 부문계획 간의 논리적 불일치가 존재할 경우 사업계획 전반에 대한 불신감을 증대시키게 된다. 한편 언어의 통일성, 어구의 일관성을 가지고 지각적 통일성과 사업계획의 목적과 목표에 근거하면서 작성해야 한다는 것이다. 따라서 일관성 유지는 사업계획서를 작성할 때 요구되는 가장 중요한 원칙이다.

그리고 사업계획서는 고객, 경쟁, 시장 및 잠재적 미래 경쟁자에 대한 체계적이고 광범위한 분석을 해야 하며, 기업의 내재된 리스크를 규명하고 극복방안을 제시하고 시장의 잠재적인 기회의 활용방안을 제시해야 한다. 또한 고객에게 제공할 수 있는 합리적이면서 새로운 가치를 창출하고 제공해야 하며, 전략을 수행할 수 있도록 시장 및 고객의 상황에 맞는 실현가능한 실행방안을 제시해야 한다.

3. 사업계획서 고려요소(Business Plan Element)

사업계획서를 작성할 때 반드시 포함되어야 할 핵심요소는 명확한 고객가치추구, 적절한 규모의 시장확보 가능성, 혁신적인 제품과 서비스역량, 실행가능성과 수익성 등을 고려하여 작성해야 한다.

명확한 고객가치(Clear Customer Value / Benefit)

사업에서 성공하기 위해서는 훌륭한 제품과 서비스가 당연히 중요하지만, 고객에게 명확한 만족과 가치(Satisfaction & Value)를 제공해야 한다는 것이다. 고객만족과 가치라는

그림 3-2 사업계획서 고려 요소

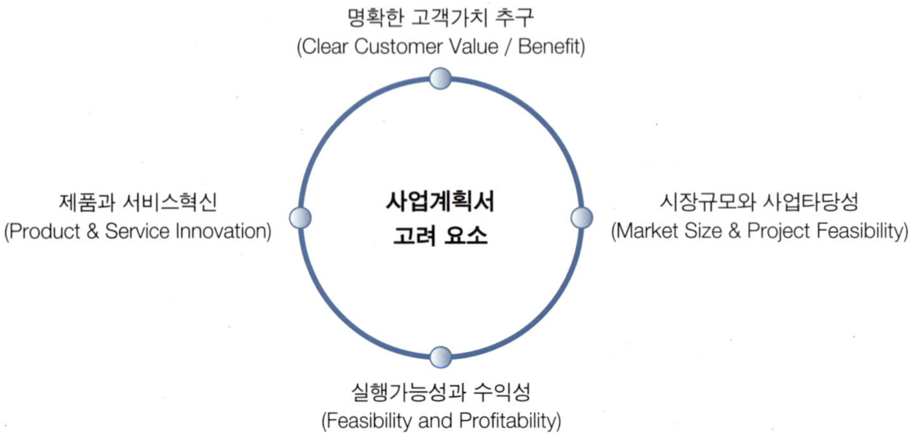

것은 고객에게 감성적 만족을 주어야 한다는 것으로 예를 들면, 우리의 새로운 설비는 분당 500번 작업을 할 수 있고, 원가절감을 30%할 수 있다는 것이 아니라, 신규설비는 소비자의 시간과 비용을 30% 절약해 준다는 식으로 가치를 제공해야 한다는 것이다. 성공적인 비즈니스 모델을 수립하기 위해서는 많은 고객을 유인할 수 있어야 되며 이를 수익과 연결시킬 수 있을 때 경쟁력 있는 비즈니스 모델을 수립해야 한다. 또한, 가치창출을 위한 활동들이 선순환적인 구조를 형성하여 경쟁자들이 쉽게 모방할 수 없게 설계가 되어야지만 지속성을 확보할 수 있다.

고객에게 의미있는 제안을 하고, 고객에게 독특한 가치를 제시해야 한다. 누가 당신의 제품과 서비스를 사는가? 왜 고객은 당신의 제품을 사는가? 다른 경쟁사가 만족시키지 못하는 고객의 Needs를 만족시키는가? 사업 아이디어에서 가장 독특한 것은 무엇인가? 고객에게 감성적 가치를 제시하고 있는가?에 대한 Key Question을 해야 한다.

시장규모와 사업타당성(Market Size & Project Feasibility)

시장규모와 사업타당성은 결국 사업성공 여부를 결정하는 실행적 요소이다. 시장규모는 목표고객, 시장점유율, 매출액 등을 숫자로 표시되어야 하며, 시장의 성장에 대한 예측 등 어떤 요소가 시장의 성장에 영향을 미치는지를 분석해야 한다. 시장규모예측은 확실한 근거를 가지고 작성해야 된다. 증명할 수 없는 막연한 예측이 아니라 명확하고 검증가능한 한 객관적 데이터에 근거하여 작성해야 한다. 추정치는 논리적 결론이어야 하며, 논리적 비약이나 명시되지 않은 가정에 의존해서는 안 된다. 여러 가지 다양한 자료(인터뷰, 통계, 전문가의견 등)를 비교하여 객관성을 확보해야 한다. 적절한 시장규모라는 것은 팔려고 하는 제품과 서비스의 목표시장이 적절한 규모가 되는지에 대한 분석이다. 전체시장의 규모는 어느 정도인가? 이 시장은 성장하고 있는가? 시장점유율은 어느 정도인가? 제품과 서비스에 대한 경쟁자는 누구인가? 경쟁자에 비해 당신의 강점과 약점은 무엇이고 위협과 기회요인은 무엇인가?에 대하여 철저하게 분석해야 한다.

그리고 사업타당성을 반드시 분석해야 한다. 사업타당성 분석은 시장성 분석, 기술성 분석, 채산성 분석을 의미한다. 시장성 분석은 시장환경, 경쟁상태, 시장진입 가능성, 수급전망 등 사업의 성장성에 대한 분석을 의미한다. 기술성 분석은 제품의 생산가능성, 품질, 성능 및 기능 등에 대한 검토와 기존 제품에 대한 비교우위, 생산시설, 원재료조달 등을 분석하는 것이다. 그리고 채산성 분석은 적정수익률확보 여부를 판단하기 위한 투자수익 및 손익분기점을 분석하는 것이다. 자본조달구조, 비용분석, 인력구성, 소요자금규모, 현금흐름 등 사업에 대한 환경을 분석을 말한다.

제품과 서비스 혁신(Product & Service Innovation)

사업계획서가 제공하려는 제품과 서비스가 현재 시장에 존재하는 혹은 등장할 제품과 서비스와 어떻게 차별화되는지를 명확히 정의해야 한다. 만약 기존의 제품과 서비스가 고객에게 주는 가치보다 더 나은 가치를 고객에게 줄 수 없다면 사업계획서는 의미가 없다. 제품과 서비스가 고객에게 주는 가치를 철저하게 분석하고, 고객의 입장에서 새로운 제품과 서비스가 주는 장점 및 단점을 주의깊게 분석해야 한다. 또한 제품과 서비스가 고객에게 전달되기 위해서는 해결해야 할 기술적, 제도적, 법적, 관습적, 사회장애 요인들을 명확히 하고 해결방안을 제시해야 한다. 사업아이디어는 제품과 서비스의 종류 및 비즈니스 체계에 따라 신제품개발, 서비스혁신, 신사업창출, 기존 사업구조혁신 등을 말한다. 또한 어떤 분야에서 혁신을 하고 있는지를 분명히 해야 한다. Key Question은 제품 및 서비스면에서 혁신적인 것이라 할 수 있는가? 신제품개발, 신사업창출, 기존 사업혁신 등 비즈니스 시스템에서 혁신한 것이 있는가? 어떤 분야에서 혁신을 하고 있는지 분명한가? 신규사업의 타당성을 다양한 각도에서 체계적으로 점검했는가? 등을 통해 제품역할(용도, 기능 등), 경쟁제품과의 차별성, 제품 및 서비스의 고객가치 등에 대한 혁신방안을 고려해야 한다.

실행 가능성 및 수익성(Feasibility and Profitability)

실행 가능성을 고려하고 전체적인 수익성을 고려하여 사업계획서를 수립해야 한다. 모든 사업은 수익성이 전제되어야 하기 때문에 아무리 시장성이 좋고 사업아이템이 좋다고 하여도 재무적 이윤을 창출할 수 없다면 사업에 대한 실행 가능성은 쉽지 않다는 것이다. Key Question은 당신이 갖고 있는 아이디어를 사업화하는데 어떤 제약이 있는가? 왜 다른 사람들은 이런 아이디어를 실행하지 않고 있었나? 계획하고 있는 사업의 손익분기점은 언제인가? 매출 대비 수익률은 어느 정도인가? 등을 고려하여야 한다.

제2절 사업계획서 작성(Business Plan Drawing)

사업계획서 작성은 사업을 진행하기 전에 사업의 방향과 비전을 제시하고 투자자들과 커뮤니케이션을 강화하여 사업성을 확대시키기 위한 것이다. 앞서 언급한 바와 같이 사업계획서는 원래 미국에서 벤처창업사들이 개인투자자들이나 벤처투자자로부터 자금을 조달받기 위해 작성하기 시작하였다. 사업계획서를 작성함으로써 얻을 수 있는 장점은 신규 사업의 타당성을 다양한 각도에서 체계적으로 점검해 볼 수 있고, 시장상황을 명확히 분

그림 3-3 사업계획서 작성 요소

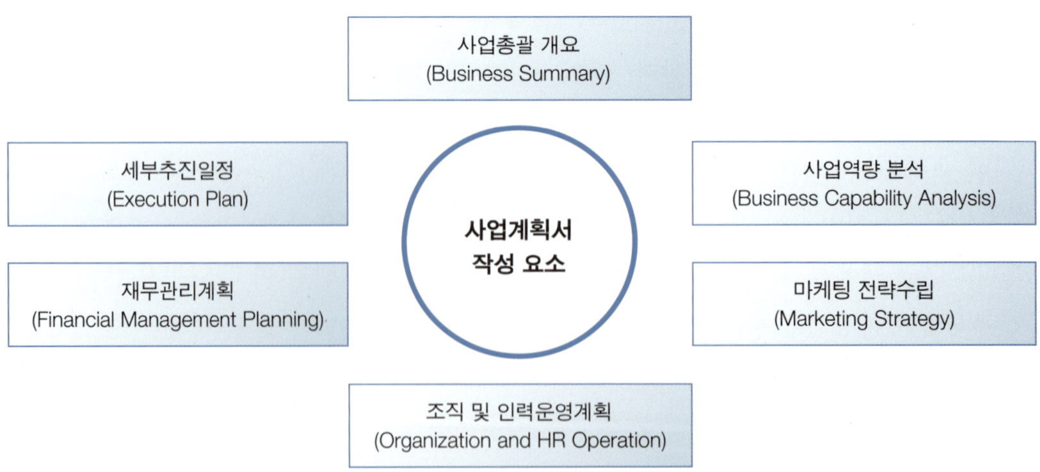

석함으로써 문제점과 장애요인제거 및 신규사업 효율성을 증대시킬 수 있다. 또한 실제사업을 진행시 추진상황을 관리하고 평가할 수 있는 핵심자료로 활용이 가능하다. 뿐만 아니라 사업추진위한 소개자료, 사업아이디어 검증, 이해당사자 설득과 사업신뢰성 제고 등을 위해서 이다. 사업계획서 작성은 용도에 따라 목표와 목적을 명확하게 설정해야 한다. 즉, 내부자용, 외부자용, 자금조달용, 회사운영용 등을 말한다. 사업계획서에 포함해야 할 내용은 제품과 서비스에 대한 시장환경에 따라 다양하고 한정하기가 쉽지 않다. 그러나 일반적으로 사업계획서에 포함되어야 할 기본적 요소는 사업총괄, 사업역량분석, 마케팅전략수립, 조직 및 인력운영계획, 재무관리계획, 세부추진일정 등을 반영하며 작성해야 한다.

1. 사업총괄 개요(Business Summary)

사업계획서 전체개요를 나타내는 것으로 사업의 목적과 목표, 전체사업내용, 시사점 등이 포함되도록 작성해야 한다. 사업목적과 목표, 비전과 미션, 경영철학, 경영이념, 주주현황, 지배구조, 사업제휴 현황, 조직 및 인력구성 현황, 경영진 구성 등 포괄적인 내용이 포함되어야 하며, 사업개요는 전체사업계획을 이해할 수 있도록 작성해야 한다. 첫째, 사업목적과 목표이다. 사업의 목적은 이이추구이며, 목표는 목적을 달성하기 위한 과정을 나타내는 것이다. 둘째, 비전과 미션이다. 기업이 고객에게 제공해야 하는 가치는 슬로건(Slogan)이라 하고, 슬로건을 바탕으로 기업이 추구해야 하는 미래상은 비전(Vision)이며, 이러한 비전달성을 위해 기업이 우선적으로 수행해야 하는 역할과 사명을 미션(Mission)이라 한다. 셋째, 경영이념과 철학이다. 경영이념은 기업이 영속적으로 발전하기 위한 구체적인 경영활동으로 경영활동을 통하여 실현하고자 하는 신념·신조·이상 등 가치관을 의미하며, 경영철학은 기업이 사회적 존재이유를 표시하고 경영활동을 방향을 말한다. 그리고 주주현황은 주식을 보유하고 있는 투자자를 말하며, 지배구조는 기업내부의 의사결정체계로 경영자와 주주와의 관계이며, 사업제휴는 이해당사자와의 협력관계이고, 조직 및 인력에 대한 운영계획, 경영진구성 등을 나타내는 것이다.

2. 사업역량분석(Business Capability Analysis)

역량분석은 기업이 보유하고 있는 자원과 능력을 분석하여 사업전략수립에 반영하는 것을 말한다. 사업역량분석은 회사가 사업을 진행하고자 하는 제품과 서비스에 대한 시장

그림 3-4 사업역량 분석

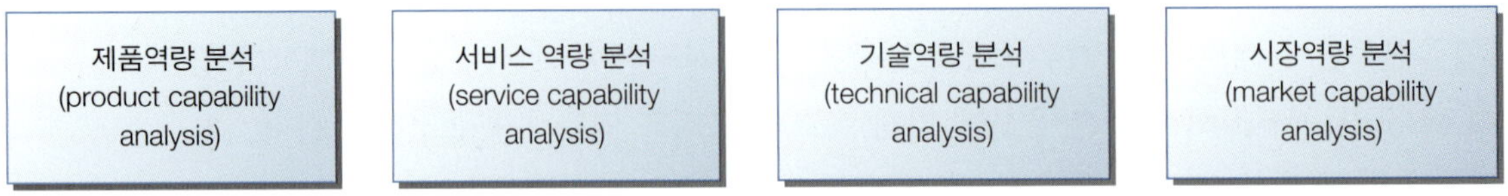

환경과 사업수행능력을 분석하는 것이다. 즉, 앞서 설명한 것처럼 SWOT 분석, PESTEL 분석, 마이클 포터의 5 force model 분석을 통해 사업전략을 제시한다. 사업역량은 전략적으로 제시하고자 하는 사업 미래상을 포괄적으로 제시하는 것으로 사업계획서를 작성함에 있어서는 제품역량, 서비스역량, 기술역량, 시장타당성에 대해 간단하게 언급하고자 한다.

첫째, 제품역량분석(product capability analysis)이다. 제품역량분석은 제품의 특성 및 편익, 제품경쟁력 비교(제품, 품질, 가격, 이미지 등), 제품차별화 포인트 등을 분석하는 것이다. 또한 현재 보유하고 있는 제품기술의 역량과 경쟁사 대비 경쟁력과 미래 제품기술에 대한 전망 등을 분석하여 제시해야 한다. 한편 표적시장과 고객, 경쟁자의 제품위치, 제품역사, 제품속성, 연구와 개발, 원가와 가격, 구매와 지식재산권 등이 포함된다. 둘째, 서비스 역량분석(service capability analysis)이다. 서비스에 대해서는 이미 앞에서 언급했다. 서비스 사업관리와 서비스 디자인을 어떻게 실행할 것인지를 분석하는 것이다. 서비스는 제품과 가격의 범주를 뛰어 넘어 고객관리의 문제이다. 서비스에 치명적인 결함이 발생하면 기업은 존속할 수 없기 때문에 서비스는 목표고객의 니즈를 반드시 부합해야 한다. 따라서 서비스속성에 대한 소비자의 선호도를 파악해서 서비스구축에 반영해야 한다. 그러므로 서비스 역량분석은 고객중심으로 진행되어야 하며, 서비스조직, 서비스전략, 서비스가치, 서비스 홍보방법, 고객만족방안, 경쟁사 서비스 운영실태 등을 고려해서 사업계획서를 수립해야 한다. 셋째, 기술역량분석(technical capability analysis)이다. 기술역량분석은 경쟁사 대비 기술수준과 연구개발규모, R&D 인력, 제품개발능력, 보유기술과 특허 등 전반적인 기술분야에 대해 분석하여 반영하는 것이 필요하다. 이 제품이 경쟁사 제품과는 어떻게 다른가? 고객들이 이 제품과 서비스를 좋은 아이디어라고 생각할 것인가? 제품이 주는 고객가치는 무엇인가? 등에 대한 세밀한 검토가 필요하다. 한편 제조업일 경우 생산라인 및 설비현황, 기반시설 및 장비, 원자재수급계획, 생산 및 시설투자계획, 제조공정, 품질보증과 관리, 생산성 향상계획 등을 분석해야 한다.

넷째, 시장역량분석(market capability analysis)이다. 시장규모와 성장성은 사업계획서를 작성하고 사업을 수행함에 있어 가장 중요한 요소이다. 시장규모가 어느 정도이고 경쟁사 시장점유율과 미래에 확보할 시장점유율은 어느 정도인지 명확하게 전망하고 분석해야 한다. 또한 시장성장성에 대한 전망과 잠재시장, 목표시장에 대해서도 기술해야 한다. 시장의 성장에 대한 예측과 분석, 세분화된 시장고객에 대한 전망을 분석해야 한다. 시장규모예측은 직접적이고 간접적인 경쟁자와 신규 진입자에 대한 반응과 예측을 고려하여 조사하고 다른 잠재적 장애나 위험에 대한 상세한 분석도 필요하다. 또한 시장점유를 확대를 위한 유통경로를 어떻게 운영할 것인지 구체적 계획을 수립해야 한다. 유통사업일 경우 입지상권을 분석해야 한다. 입지상권분석이란 소비자의 분포지역을 말하는 것으로 소비자를 얼마나 고객으로 유치할 수 있는 가를 기준으로 실제 소비자들이 소비를 이루는 범위를 말한다. 여기서 말하는 고객은 주기적으로 자주점포를 방문하여 수익을 올려주는 고객을 말한다. 상권분석은 입지가 대단히 중요한데, 고객을 유치할 수 있는 범위에 따라 일반적으로 1차, 2차, 3차 상권으로 구분한다. 1차 상권은 점포에서 가장 근접한 지역으로 고객이 60~70% 거주하며, 매출액의 70~80% 정도를 올려주는 상권의 범위이다. 2차 상권은 1차 상권의 외곽에 위치하며 상점고객의 15~25%가 거주하며, 매출액의 10~20%를 차지하는 상권이다. 끝으로 3차 상권은 1차 2차 상권을 제외한 나머지 상권이나, 매출이 거의 일어나지 않으므로 상권으로 보는 것이 큰 의미가 없다. 결과적으로 조면 성공적인 시장런칭을 위해서는 시장경쟁사가 누구인가? 경쟁사영업과 마케팅전략은 무엇인가? 경쟁사 핵심고객은 누구인가? 경쟁사가 제시하는 제품과 서비스의 주된가치는 무엇인가? 경쟁사들의 핵심역량과 경쟁원천은 무엇인가? 등에 대한 분석이 필요하다.

3. 마케팅전략수립(Marketing Strategy)

마케팅전략은 앞서 마케팅전략 분야에서 언급했기 때문에 여기서는 간단하게 언급하고자 한다. 사업계회서를 작성함에 있어 마케팅전략수립은 사업을 어떻게 운영하겠다는 구체적인 전략을 계획하는 것을 의미한다. 따라서 마케팅전략을 어떻게 수립하느냐는 결국 성공적 사업을 할 수 있느냐 없느냐의 문제이다. 따라서 마케팅전략을 수립하는 것은 사업계획서 수립의 모두를 포괄한다고 해도 부족함이 없을 것이다. 마케팅전략은 마케팅목표와 전략은 무엇인가? 제품을 어떻게 판매할 것인가? 수요를 어떻게 창출할 것인가? 유통과 가격은 어떻게 할 것인가? 홍보와 판촉은 어떻게 할 것인가? 시장을 어떻게 세분화

그림 3-5 마케팅전략수립

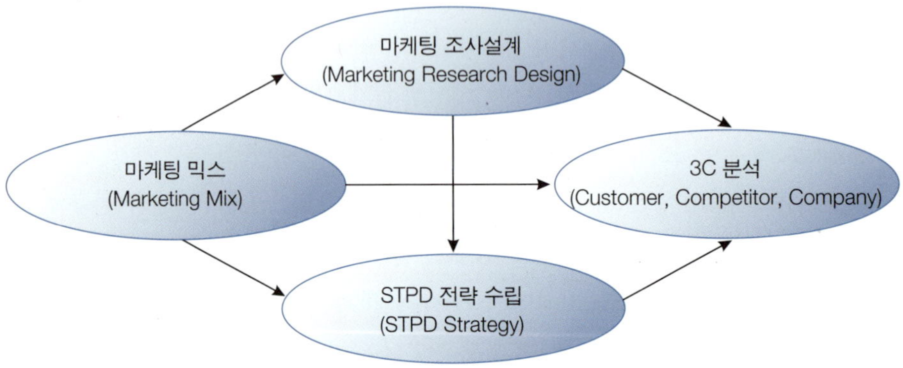

하고 차별화할 것인가? 등에 대해 분석하고 실행계획을 수립하는 것을 말한다. 따라서 마케팅전략을 수립하는 것은 사업계획서 수립에 있어서 반드시 반영되어야 한다. 즉, 마케팅전략수립을 위해 검토해야 할 요소는 시장조사설계, 3C분석, STPD 전략수립, 마케팅 믹스 등이다.

마케팅조사(Marketing Research Design)

마케팅조사설계(marketing research design)는 시장상황과 시장트랜드, 고객의 니즈와 욕구, 경쟁사 경영환경, 제품과 기술환경 등을 분석하여 마케팅전략수립에 반영하고자 하는 자료나 사실들을 수집 및 분석하는 것을 의미한다. 마케팅전략을 수립하기 위한 정보수집방법으로 서베이조사법, 실험조사법, 관찰조사법, 면접조사법 등이 있다. 일반적으로 서베이조사법을 제일 많이 사용하는데 서베이조사를 통해 자료를 수집하는 방법으로 우편조사법, 전화면접법, 대인면접조사법, 인터넷조사법 등이 있다. 그리고 마케팅조사문제를 해결하기 위하여 마케팅조사유형으로는 탐색적 조사(Exploratory), 기술적 조사(Descriptive), 인과적 조사(Causal) 등이 있다. 탐색적 조사는 특정한 현상에 대하 조사의뢰자가 당면하고 있는 상황과 유사한 사례를 찾아서 깊이 있게 총체적으로 분석하는 것으로 문헌조사, 사례조사, 심층면접조사, 표적집단면접조사 등이 있다. 기술적 조사는 시장의 전반적 상황파악을 위한 조사로 기업들이 가장 자주 이용하는 마케팅조사방법으로 갱 서베이조사, CLT조사, HUT조사, 종단형조사 등이 있다. 인과적 조사는 어떤 현상의 원인과 결과를 정확히 파악하기 위해 두 가지 이상의 변수사이에 존재하는 인과적 관계를 밝히는 것을 목적으로 하는 조사이다. 이러한 마케팅조사를 통해서 사업계획서 수립에 반영하여 소비자의 니즈와 욕구를 사전에 분석하여 리스크를 최소화하도록 사업계획서를 작성할 수 있는 것이다.

3C 분석(Customer, Competitor, Company)

3C분석(company, competitor, customer)은 경쟁하고 있는 자사와 경쟁사를 비교하고 분석하여 자사를 어떻게 차별화해서 경쟁에서 이길 것인가를 분석하는 분석기법이다. 즉, 3C분석은 고객, 경쟁사, 자사를 분석하는 것을 말한다. 3C분석이 필요한 이유는 경쟁사와의 비교를 통해 자사의 전략수립하고 고객의 니즈파악 후 자사와 경쟁사 간의 경쟁력 여부를 판단하기 위한 것이다. 고객분석(customer)은 고객의 니즈와 욕구가 무엇인가에 대해 분석하는 것으로, 시장규모, 시장성장성, 소비자 니즈를 분석하는 것이다. 경쟁사 분석(competitor)은 경쟁사의 경영환경과 경쟁력 및 차별성에 대한 상황, 미래에 발생할 수 있는 환경변화 가능성에 대해 분석하는 것으로 경쟁사의 경영전략과 경영환경을 분석하고 약점과 강점을 분석하는 것이다. 자사분석(company)은 회사가 가지고 있는 물적, 인적, 재무적, 기술자원을 분석하는 것을 의미한다. 즉, 현재 기업의 경영환경 및 경쟁력에 대한 내적요소를 분석하는 것으로 자사의 내·외부환경, 시장점유율, 기술역량 등을 분석하는 것이다. 한편 3C 분석은 기업의 시장규모와 시장성장률, 현재의 경쟁사와 잠재경쟁자, 자사와의 적합성 분석 등을 통해 세분시장별 매력도를 평가하고 자사에 가장 적합한 표적시장을 만들어서 시장지배력을 확대하려고 하는 것이다.

그림 3-6 3C 분석(customer, competitor, company)

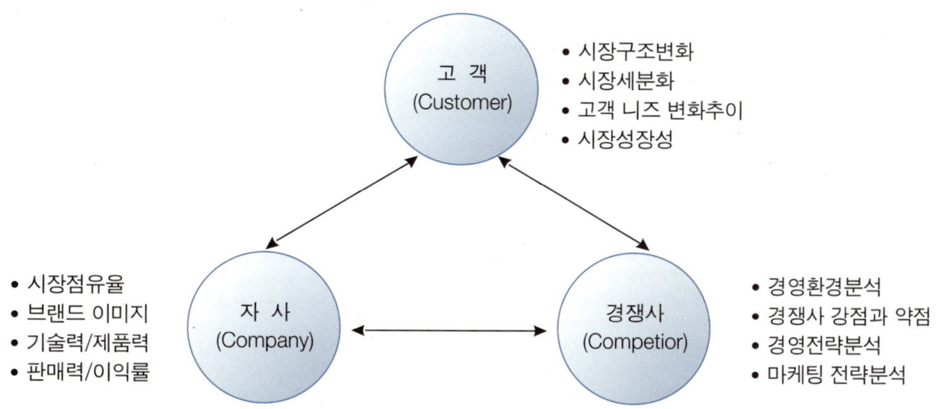

그림 3-7 STPD 전략

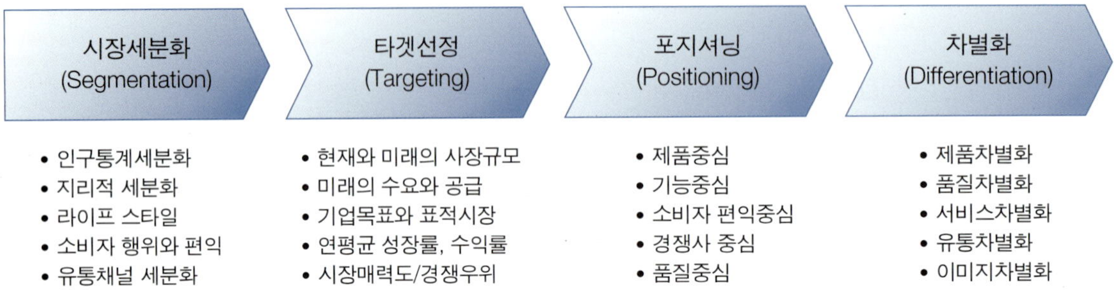

STPD 전략수립(STPD Strategy)

앞서 언급한 것처럼 STPD전략은 고객과 시장을 세분화(segmentation)하고, 세분화된 고객과 시장중에서 가장 적합한 시장과 고객을 선정(targeting)하여, 소비자의 마음속에 바람직한 위치를 형성하도록 커뮤니케이션(positioning)하며, 경쟁사의 제품 및 서비스와 차별화(differentiation)되도록 하는 것을 의미한다. 시장세분화는 인구통계 세분화, 지리적 세분화, 라이프스타일, 소비자행위와 편익, 유통채널 세분화 등을 고려하는 것이다. 표적시장은 이익을 창출할 수 있을 정도의 충분한 현재와 미래의 시장규모, 미래의 수요를 고려한 잠재적 경쟁정도, 기업의 한정된 자원을 가장 효과적으로 활용할 수 있는 세분시장, 기업목표와 표적시장의 일치여부 등을 포함한다. 시장규모, 연평균 성장률, 수익률 등을 검토하고 시장매력도와 경쟁우위를 고려하여 표적시장을 선정한다. 포지셔닝은 제품속성, 사용자, 경쟁사 위치 등을 고려하여 제품중심의 포지셔닝을 할 것인가? 소비자편익과 고객중심 포지셔닝을 할 것인가? 경쟁사중심의 포지셔닝을 할 것인가? 에 대한 전략이다. 그리고 차별화전략은 제품차별화, 품질차별화, 서비스차별화, 유통차별화, 이미지 차별화를 어떻게 할 것인지 구체화하는 것이다.

마케팅믹스(Marketing Mix)

마케팅믹스는 기업목표달성을 위해 제품, 가격, 유통, 촉진 등의 마케팅요소를 최적화해 나가는 과정이다. 성공적인 비즈니스 런칭에서 가장 중요한 요소가 마케팅이므로 4Ps (product, price, place, promotion)에 대한 명확한 전략을 제시하는 것은 중요하다. 마케팅믹스에서 핵심요소는 4Ps이지만, 최근에는 소비자의 니즈와 욕구가 점점 다양해지고 있어 4Ps 이외에 3Ps(People, process, physical evidence)를 추가하여 7Ps라고도 한다.

그림 3-8 마케팅믹스

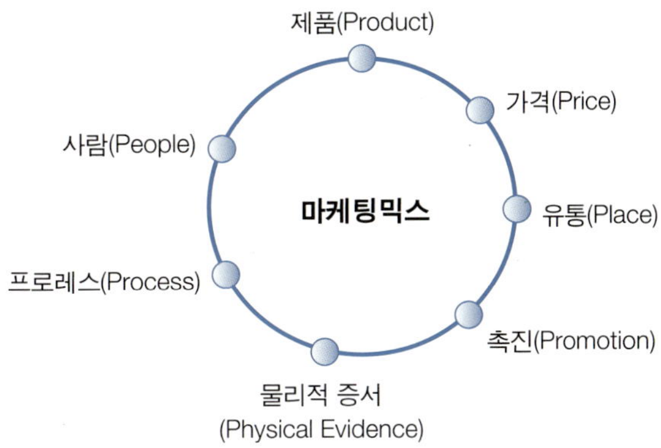

첫째, 제품(product)이다. 다양한 제품, 디자인, 상표명, 제품라인업, 기능과 성능, 품질, 반품 등 제품관련 내용을 구체화하는 것이다. 둘째, 가격(Price)이다. 소비자가 제품과 서비스에 대해 고객이 지불할 의사가 있는 금액수준을 말한다. 가격을 얼마로 정할 것인가의 문제는 시장상황과 경쟁사동향, 잠재경쟁자, 미래 사업환경 등을 고려하여 가격정책(저가, 중가, 고가, 대금지불방법, 신용판매조건, 지불기간 등)을 결정해야 한다. 가격은 기업의 시장목표에 따라서도 달라질 수도 있는데, 통상 낮은 가격으로 조기에 시장점유를 확대하는 침투가격정책과 특정 고객을 대상으로 고가가격정책으로 분류할 수 있다.

셋째, 유통(place)이다. 제품과 서비스를 어떻게 소비자에 전달할 것인가는 매우 중요한 마케팅의사결정의 하나로서 다양한 요소를 고려하여 결정하여야 한다. 고객의 잠재적 수요, 제품과 서비스의 종류, 고객유형(기업 또는 개인, 집단 등), 고객이 구매하는 장소, 제품에 대한 설명의 필요정도, 가격의 수준, 구매빈도, 법과 제도적 제약 등을 고려해야 한다. 또한, 유통을 직접 할것인지 혹은 전문업체에 위탁할 것인지도 중요한 의사결정문제 중 하나이다. 기술의 발전으로 유통경로의 다양성이 증대되고 있는데 어떤 유통을 선택할 것인지 제품과 서비스, 시장상황 등을 고려하여 결정해야 한다. 또한 유통은 유통경로, 입지선정, 재고관리, 수송과 물류 등을 고려해야 한다.

넷째, 촉진(promotion)이다. 고객이 제품과 서비스를 저렴하게 살 수 있도록 하는 과정을 말한다. 핵심은 어떻게 고객에게 우리의 제품과 서비스가 가치가 있고, 경쟁제품 혹은 대체제품보다 더 잘 고객의 니즈를 충족시킨다는 점을 효과적으로 강하게 알리는데 있다. 즉, 광고, 판매, 촉진, 홍보 등을 어떻게 할 것인지 구체화하는 것을 말한다. 그리고 사람(People)은 구매자의 의사결정에 영향을 미치는 사람이며, 프로세스(process)는 고객에게 서비스가 전달되는 과정을 말한다. 또한 물리적 증거(physical evidence)는 종업원 복장, 명함, 팜플렛 등 기업과 고객접촉이 이루어지는 환경을 분석해서 이를 통해 어떤 제품을 생산하고 개발할 것인지 마케팅전략을 수립해야 한다.

4. 조직 및 인력운영계획(Organization and HR Operation)

사업계획서를 수립할 때 조직과 인력을 어떻게 관리하고 운영할 것인지는 사업경쟁력을 확보하기 위해 중요한 요소이다. 또한 자금확보와 운영과도 밀접한 관련이 있기 때문에 역할과 기능에 대해 구체화할 필요가 있다. 투자자들은 사업에 투자하지 않고 사람에 투자한다는 말이 있다. 즉, 경영자와 인력구성은 어떻게 하고 있는지 관심이 많고 중요성을 인식하고 있다는 것이다. 조직은 사업진입 단계에서는 TF팀(Task Force Team)형태를 유지하고, 사업이 본격화될 경우에는 독립된 단위사업으로 설계되어야 한다. 사업추진 단계별로 필요한 조직도가 제시되었는가? 조직운영과 계획은 분명하고 구체적으로 제시되었는가? 각 단위별로 미션 및 기능이 상세하게 기술되었는가? 신속한 의사결정 측면에서 조직이 적절하게 구성되어 있는가? 한편 사업계획서에 근거하여 조직이 구성되어 있는가? 등에 관한 Key Question을 검토해야 한다. 의사결정권자와 조직구성원에 대한 평가를 위한 KPI(Key Performance Index)를 설정해야 한다. 목표를 달성했을 경우 또는 여러 가지 상황을 고려한 상태에서 보상방안을 제시해야 한다. 또한 사업단계별로 조직단위별, 직위별 소요인력을 산출해야 한다. 조직원에 대한 업무평가를 위한 MBO를 명확하게 구체화해야 한다. KPI(Key Performance Index)가 회사미션과 목표, 기능에 기여할 수 있도록 해야 하며, 사업목표를 달성하기 위하여 필요한 인적자원, 조직관리 등이 포함된다.

5. 재무관리계획(Financial Management Planning)

경영활동에 있어 자금을 조달하고 이를 효율적으로 운용하는 것을 재무관리라고 한다. 따라서 재무관리목표는 낮은 자본비용으로 자금을 조달하고 조달된 자금으로 수익성이 높은 투자안에 투자하여 기업의 가치를 극대화시키는 데 있다. 재무관리자의 역할은 매우 다양하고 광범위하다. 과거 재무관리자의 역할은 정확한 재무기록을 유지하거나 기업의 현금수준을 관장하는 자금관리나 자금조달중심의 재무관리에 국한되었다. 그러나 이제는 최근에는 이와 같은 한정된 기능에서 벗어나, 조달된 자본이 구체적인 자산의 형태로 전

표 3-1 재무관리 지표(손익계산서)

(1) 매출액	상품이나 제품의 판매수익금
(2) 매출원가	판매한 상품이나 제품의 원가
(3) 매출총이익	(1) − (2)
(4) 판매비와 관리비	판매와 일반관리에 소요되는 비용(급료, 접대비 등)
(5) 영업이익	(3) − (4)
(6) 영업외수익	영업과 관련없이 늘 발생하는 수익(이자수익 등)
(7) 영업외비용	영업과 관련없이 늘 발생하는 비용(이자비용 등)
(8) 경상이익	(5) + (6) − (7)
(9) 특별이익	특별한 경우에 발생하는 이익(보험차익 등)
(10) 특별손실	특별한 경우에 발생하는 손실(재해손실 등)
(11) 법인세비용차감전순이익	(8) + (9) − (10)
(12) 법인세비용	법인세, 주민세, 농특세 등 발생액
(13) 당기순이익	(11) − (12)

환되는 투자와 기업의 전반적인 평가와 관련되어 있는 자본의 최적배합에 까지 그 기능이 확대되었다. 재무관리의 목적은 이윤극대화, 시장점유율 극대화, 기업가치 극대화에 있다. 그리고 재무관리의 기능은 투자결정, 자본조달 및 운영, 배당결정, 재무분석기능을 말한다. 투자결정은 어떤 사업에 어떤 규모로 투자할 것인가에 대한 의사결정을 말하며, 의사결정에 따라 기업의 미래수익성, 성장성, 영업위험이 달라진다. 자본조달 및 운영은 사업추진관련 자금조달을 어떻게 하고 조달된 자금을 어떻게 운영할 것인지 의사결정하는 것으로 의사결정에 따라 기업의 자본구조, 재무위험 등이 달라진다. 배당결정은 투자의 결과로 실현된 순이익을 주주에게 배당하는 의사결정을 말한다. 재무분석은 기업의 회계 및 재무자료를 수집 및 분석하여 정보이용자에게 필요한 정보를 제공하는 것이다. 결과적으로 보면 재무관리계획은 기업이 사업을 진행하면서 필요로 하는 자금을 조달하고, 조달된 자금을 효율적으로 운용하는 기능을 말한다. 즉, 투자결정기능, 자본조달기능, 배당결정기능 및 재무관리분석기능을 말한다. 재무관리는 자금조달과 운영을 말하며 정확성이 요구된다. 객관적인 근거에 의해 작성되었는가? 구체적이고 체계적으로 작성되었는가? 손익분기점에 대한 분석이 제대로 이루어졌는가? 등에 대한 Key Question이 이루어져야 한다.

한편 재무관리는 사업계획서를 수립함에 있어서 반드시 검토되어야 할 중요한 요소이다. 아무리 좋은 사업계획서를 만들었다고 해도 자금조달과 운영 등 재무관리에 대한 철저한 계획이 선행되지 않으면 사업계획서 자체에 신뢰성을 상실한다. 재무관리계획에는 손익계산서, 현금흐름표, 대차대조표 구성뿐만 아니라, 자본 및 재무계획, 자본금회수방안, 투자수익성(ROI : Return On Investment) 등이 포함되어야 한다.

판매계획과 구매계획 그리고 고정비예측을 바탕으로 연간 경영실적과 수익상태를 나타내는 것을 손익계산서라고 한다. 손익계산서(income statement)는 기업의 경영성과를 명확하게 분석하기 위해 일정기간 동안 발생된 거래 또는 상황을 통해 발생한 수익과 비용을 나타내는 것이다. 현금흐름표(cash Ffow statement)는 사업추진에 투입된 투자금액과 사업에서 창출될 현금을 기간별로 체계적으로 나타낸 것이다. 한편 대차대조표(balance sheet)는 사업추진에 따른 사업의 재산상태의 변화를 년도 별로 표시한 것이다.

6. 사업추진일정(Business Execution Plan)

사업계획서에 근거하여 어떤 일정으로 사업을 진행할 것인지 세부추진일정을 〈표 3-8〉과 같이 나타낸 것을 말한다. 일정이 너무 낙관적으로 작성되어 있지는 않은가? 선후관계가 잘 정리되었는가? 중요업무가 누락되지 않았는가? 전체일정을 이해할 수 있도록 작성되었는가?에 대한 Key Question을 통해 작성한다.

세부실행계획의 수립(Drawing up your implementation schedule)은 주요 과제별로 간

그림 3-9 세부추진계획(Detailed Schedule)

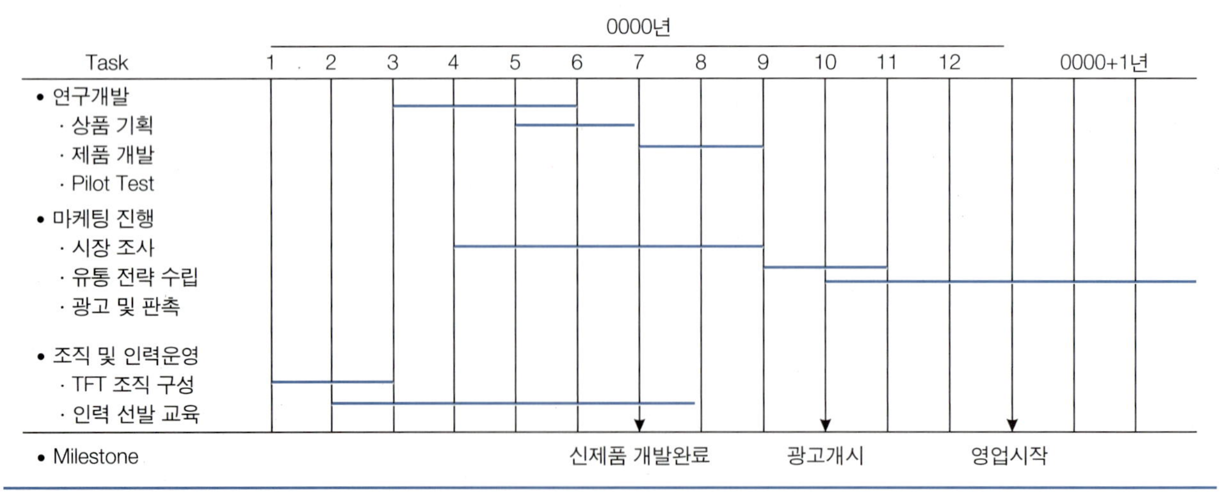

트차트로 일정계획 표시하고, 주요 이정표(Milestone) 즉, 업무수행의 이정표가 되는 이벤트를 표시하며, 업무간의 중요한 상호관계 및 의존성을 표시하는 것이다.

제3절 사업계획서 점검(Business Plan Check Point)

사업계획서 작성후에는 최종적으로 사업계획서 내용에 문제가 없는지 검증해야 한다. 사실이나 숫자에 나타난 내용을 중심으로 사업타당성을 검증하고, 사업계획서의 기본가정에 대해 문제점과 수정사항이 있는지 다시 검토한다. 그리고 사업을 진행할 경우 상황이 좋을 경우와 나쁠 경우의 민감도를 분석해 본다. 또한 추정재무제표를 바탕으로 중요한 재무상태를 분석해 본다. 그리고 사업계획서는 의사결정권자의 의사결정을 받아야 하므로 설득력있게 내용이 전달될 수 있도록 사업계획서를 제출하기 전에 발표리허설을 반드시 실시해야 한다. 사업계획서는 환경변화에 따라 계속수정 및 보완되어야 하며, 투자 등의 의사결정을 하게 될 결정권자에게 확신을 줄 수 있는지 실질적 자체평가를 해봐야 한다. 사업계획서가 제대로 작성되었는지 점검하는 것은 절대적이다.

표 3-2 사업계획서 점검사항

점검사항	평가결과
창업에 대한 비전과 목표는 설정되어 있는가?	Yes □, No □
사업화 아이템을 명확하게 설명(한 문장으로)할 수 있는가?	Yes □, No □
아이템을 설명할 수 있는 기술/시장에 대한 객관화 정보는 조사되어 있는가?	Yes □, No □
아이템 제품을 사용하는 구매자는 세분화되어 있는가?	Yes □, No □
경쟁 아이템(경쟁자)는 알고 있는가?	Yes □, No □
사업화를 위한 인적 네트워크는 갖추어져 있는가? (Team, 전문가 등)	Yes □, No □
기술실현을 위한 기본적 장비(시스템)는 갖추어져 있는가?	Yes □, No □
진입하고자 하는 시장은 명확히 알고 있는가?	Yes □, No □
홍보 및 유통채널은 보유하고 있는가?	Yes □, No □

:: 참고문헌

- 기업경영의 이해, 송무호 저 2012년, 다사랑
- 기업경영과 e-business, 윤한성, 박준철, 정기호, 2015년, 경문사
- 공유경제, 로나 골드, 안명옥, 하윤희 옮김. 2012년, 조윤커뮤니케이션
- 리더십 이론과 실제, 탁진국, 손주영 공저. 2017년, 학지사
- 마케팅 입문, 안광호 옮김. 2016년, 정문사
- 기업통합 이론과 기업경영전략, 박홍열, 신건철 공저, 2004년, 한국경제연구원
- 기업경영의 이해, 조현수, 조원길 공저. 2015년, 두남
- 공유경제의 시대, 로빈 체이스 지음, 이지민 옮김. 2016년, 신밧드프레스
- 프리젠테이션 작성, 이팔진, 2013년, 영일
- 마케팅 원론, 김성환, 김세환, 문승제, 2018년, 라온
- 기업통합이론과 기업경영전략, 박홍열, 신건철 공저, 2004년, 한국경제연구원
- 기업경영분석, 김광남, 2017년, 한올
- 기업경영의 이해, 조현수, 조원길 공저. 2015년, 두남
- 마케팅조사론, 김정희 저 2017년, 두남
- 경영의 이해, 최용식, 2014년, 창민사
- 경영학 이론과 실제, 윤남수 지음. 2015년, 한올
- 공유경제시대의 교통체제 기본구상, 장원재, 박준식, 2015년, 한국교통연구회
- 기업가정신과 창업,강용현, 2018년 ,청람
- 기업은 어떻게 공유가치를 만들 수 있는가, 최낙삼, 백동현, 2017년, 커뮤니케이션북스
- 프리젠테이션 기법, 장영식, 2014년, KCM
- 비즈니스 프리젠테이션, 러닝솔루션 옮김. 2002년, 피언스에듀케이션
- 퍼펙트 프리젠테이션, 퍼펙트에 매직을 담다, 김재성 지음, 2018년, 에이콘
- 서비스 경영론, 김용철, 나상균, 김현중 공저, 2018년, 대경
- 마케팅전략, 박철주 저 2017년, 형설출판사
- 협상의 전략, 세계를 바꾼 협상의 힘, 김연철 지음, 2017년, 휴머니스트
- 비즈니스 협상을 잘하는 방법, 노진경, 여범종 지음, 2014년, 한국학술정보
- 직장인 협상의 법칙, 박선철, 2016년, 글벗
- 공유가치창출 전략(CSR에서 CSV로), 박흥수외 저, 2014년, 박영사
- 리더십의 이해, 한은미, 서영복, 이용규 공저, 2017년, 휴양재
- 마케팅원론, 안광호, 하영원, 박흥수, 2015년, 학현사
- 경영의 이해, 정기성, 박수홍, 윤관호 공저, 2017년, 범한
- 마케팅 관리, 이영희 저 2018년, 두남

- 현대마케팅, 윤훈현 외 저 2018년, 청목
- 리더십 이론과 개발, 하미승 지음. 2018년, 윤성사
- 마케팅 관리, 이영희, 2018년, 박영사
- 마케팅 이론과 실제, 김주호 지음 2018년, 교보문고
- 기업가정신과 창업, 대표저자, 황보윤. 2018년, 이프레스
- 창업과 기업가정신, 서용한, 유상용, 전유명 공저, 2017년, 제이앤씨
- 기업가정신과 창업, 김만술 외, 2017년, 명경사
- 공유경제, 텐센트 연구원 지음, 양성희 옮김. 2018년, 열린책들
- 이미지 메이킹과 서비스 매너, 정미영외 저. 2006년, 청람
- 고객관계관리 이해, 신문식, 김효정 공저. 2015년, 범한
- 알기쉬운 기획 및 보고서 작성과정, 2011년, 서울대 대학행정아카데미
- 보고서 작성 및 발표, 조선대학교 교재편찬위원회 저 2012년, 조선대학교 출판부
- 창업 마케팅론, 노기엽, 이상기, 2016년, 학현사
- 서비스 마케팅, 이용기 옮김, 2018년, 한경사
- 고객경험을 디자인하라, 성공하는 기업의 서비스경영, 이지연, 2017년, 백산출판사
- 고객서비스경영, 김봉관. 2017년, 대왕사
- 고객관계관리, 전타식, 2017년, 북넷
- 주식시장과 투자, 임태순, 2011년, 한국학술정보
- 고객관계관리, 김승욱, 강기두, 2016년, 무역경영사
- 고객관계관리, 박찬욱, 2014년, 청람
- 심리투자 법칙, 알렉산더 엘더, 신가을 옮김. 2010년, 미래미디어
- 고객관계 관리, 염명우, 2014년, 조명문화사
- 주식용어 알아야 증권시장이 보인다, 주상철, 2000, 청림출판사
- 고객만족 서비스 리더십, 임붕진, 2017년, 백산출판사
- 주식시장에서 이기는 법, 민상일, 2010년, 원앤원북스
- 공유 플랫폼 경제로 가는 길, 이민화 저. 2018년, 창조경제연구회
- 사업계획서 잘 쓰는 법, 브라이언 핀치 지음, 한수영 옮김. 2011년, 비즈니스맵
- 보고서의 법칙, 백승권, 2018년, 바다출판사
- 사업계획서, 로버트 T. 정승원 옮김. 2001년, 함림미디어
- 창업계획서 쉽게 어필하기, 이호철,2014년, 한솜미디어
- 보고서 작성 및 발표 지침서, 박은수, 2011년, 꿈꾸는 씨앗
- 창업을 위한 사업계획서 작성 가이드, 김상수 외 공저, 2013년, 영화조세통람
- 창업과 사업계획서, 윤주석, 조준희. 2013년, 두남
- 소통 리더십 개발을 위한 비즈니스 커뮤니케이션, 이재희, 최인희 2016년, 한올
- 첫인상을 결정하는 셀프 매니지먼트, 정혜전 지음 2012년, 플레이북
- 커뮤니케이션 입문, 이제영, 2017년, 시간의 물레
- 재무제표 주식투자, 시장을 이기는 과학주식투자법, 민후식, 2013년, 한스미디어
- 커뮤니케이션 기법, 고흥, 2014년, 영일
- 비즈니스 커뮤니케이션, 유순근, 2016년, 무역경영사
- 비즈니스 커뮤니케이션, 임창희, 홍용기. 2014년, 비앤엠북스

- 첫인상이 성공을 좌우한다, 강일선 엮음. 2003년, 동문사
- 퍼스널 이미지메이킹, 오선숙 외저, 2017년, 경춘사
- 이미지 메이킹 워크북, 저자: 권태순, 김양수 2012년, 훈민사
- 첫인상을 결정하는 소통 기술, 정혜전 지음, 2012년, 블루마운틴
- 브랜드 스토리마케팅, 브랜드가 말하게 하라, 김태욱, 노진화, 2014년, 커뮤니케이션북
- 비즈니스 매너와 글로벌 에티켓, 오정주, 권인아, 2017년, 한올출판사
- 에티켓과 매너, 김종범, 배현숙 공저 2012년, 새로미
- 스토리텔링의 이해와 활용, 김동혁, 김은정 공저. 2017년, 소소담담
- 브랜드 마케팅, 서용구, 구인경, 2015년, 학현사
- 전략적 브랜드 관리, Kevin Lane Keller 지음, 김준석 옮김, 2015년, 시그마 프레스
- 브랜드 자산관리, 김정현, 유은아 지음 2016년, 커뮤니케이션 북스
- 주식시장과 투자, 임태순 지음, 2011년
- 브랜드 커뮤니케이션, 최원주 지음 2014년, 커뮤니케이션 북스
- 브랜드 이미지의 이해, 김주형, 전희원 공저, 2013년, 명성사
- 브랜드와 브랜딩, 김재영, 2016년, 비앤엠북스
- 브랜드 마케팅, 서용구, 구인경 저, 2012년, 학현사
- 브랜드 자산의 전략적 경영, 데이비드 아커 지음, 이상민 옮김, 비즈니스북스
- 기획의 이론과 실제, 윤석환, 권정만, 이향숙, 2014년, 서울출판사
- 창업과 사업계획서, 윤주석, 조준희 공저, 2013년, 두남
- 벤처기업의 기업가정신 유형화와 유형별 특성차이, 장덕수, 2011년
- 창업을 위한 사업계획서 작성 가이드, 김상수 외 공저, 2013년, 영화조세통람
- 창업활동이 경제성장을 촉진시키는가?, 이윤재, 2005년, 산업경제연구
- 스토리텔링의 이론 및 실제, 이승진, 2016년, 월인
- 스토리텔링의 이해, 류수렬 외 공저, 2007년, 글누림
- 면접의 99%는 스토리텔링이다, 임유정 지음. 2013년, 원앤원북스
- 경영학의 이해, 이규현 저, 2018년, 학현사
- 인터넷 신문과 온라인 스토리텔링, 김익현, 2003년, 커뮤니케이션북스
- 스토리텔링 이해, 2006년, 국학자료원
- 초보자를 위한 한국주식시장 가이드, 전양진, 2006년, 대영사
- 경영의 실제, 2006년, 한국경제신문사
- 기업 혁신을 위한 설득의 방법, 김민주 · 송희령 역, 2003년
- 조직행동, 임창희 제2판, 2001년, 학현사
- 국내 벤처기업의 성장 단계별 경영전략, 이규열, 1999년
- 공유경제 이야기, 2013년, 크라우드 산업연구소
- 경영학, 최수형, 추교완 외 1명 저, 2013년, 피앤씨미디어
- 재미있는 경영학 워크북, 최중락 저, 2018년
- 공유경제의 미래와 성공조건, 김점산, 지우석, 강상준, 2014년, 상경사
- 처음 시작하는사업계획서 작성법, 고인곤 지음, 2005년, 해바라기
- 사례중심의 경영학원론, 김명호 저, 2018년, 두남
- 내일을 비추는 경영학, 시어도어 레빗 저, 정준희 역, 2011년, 스마트비즈니스

- 경영학원론, Gulati Mayo 외 1명 저, 2016년, 카오스북
- 리더십 스타일, 오흥재, 이규만, 2011년. 전문경영인연구
- 경제적 혜택이 만족과 감동에 미치는 영향, 정선영, 2012년
- 공유경제에서 시작한 하우징 셰어링, 최영, 2013년
- 기업의 사회적 책임활동이 기업이미지와 구매의도에 미치는 영향, 윤승현, 2015년
- 공유경제 시스템의 사회적 기업 적용 연구, 강병준, 2012년, 한국정책학회
- 공유가치창출(CSV) 사례전달에 대한 검토, 노혜진, 2015년
- 협력적 소비, 공유경제 서비스 모델에 관한 소비자선호, 김기연 · 김흥규, 2013년
- 공유경제, 작은 경제가 세상을 바꾼다, 정지훈, 2012년
- 기업의 글로벌 CSR 현황과 공유가치창출(CSV), 김성규, 2014년
- 공유가치창출(CSV) 시대의 소비자 연구 제안, 나종연 외, 2014년
- 협상의 성과에 영향을 미치는 요인에 관한 질적 · 양적연구, 김승철, 2006년
- 면접 프레젠테이션 완전정복, 하영목, 최은석, 2008년
- 공유가치창출을 위한 기업의 역할 변화와 소비자 참여, 천혜정 외, 2014년
- 기업의 사회적 책임 활동(CSR)이 기업위기 상황에 미치는 영향, 권혁민, 2016년
- 프레젠테이션 교육 및 구성요소에 대한 직장인들의 의식 조사, 김종준, 2009년
- 효과적인 프레젠테이션을 위한 화법교육 연구, 김미림, 2006년
- 협상참여자의 협상상황과 태도가 협상전략과 성과에 미치는 영향, 김상철, 2005년
- 효과적인 프레젠테이션 기법. 문승재, 2005년, 공학교육 제12권
- 멀티미디어 프레젠테이션의 제작 유형에 따른 수용자 태도 연구, 2008년, 구보
- 프레젠테이션 잘 하는 법, 정유선, 2005년
- 비언어 전달행위가 커뮤니케이터 공신력 평가에 미치는 영향, 이현경, 2006년
- 자기효능감 증진전략을 적용한 프레젠테이션 교육, 신지윤, 2007년
- 협상의 법칙, 강두원, 2000년
- 브랜드자산의 구성요소와 관리, 경남대학교, 김애영, 2003년, 산업경영연구소
- 브랜드 이미지와 제품품질이 재방문에 미치는 영향, 이은준, 2006년
- 헤어스타일 변화에 의한 얼굴 이미지와 형태의 비교 고찰, 도주연, 1991년
- 고객관점에서 고객관계관리 활동(CRM) 척도개발, 이득규, 2012년
- 벤쳐기업의 기업가정신이 성장의도에 미치는 영향, 김영민, 박기찬, 2005년
- 리더십유형과 창의적 행위의 관계, 정범구, 염동선, 김경재, 2003년
- 기업가정신의 확장과 활성화. 배종태, 차민석, 2009년. 중소기업연구
- 서비스 브랜드, 종업원, 점표신뢰의 차별적 효과, 김종량, 2007년
- 공유가치창출의 진정성 및 정당성 지각에 관한 연구, 유문주, 2014년
- 기업의 사회적 책임 활동이 브랜드 자산에 미치는 영향에 관한 연구, 양승민, 2011년
- 조직행동으로서의 기업가 정신과 성과의 관계, 박노윤, 2000년
- 공공기관의 CRM 적용방안 및 사례발표자료, 유비시스템, 2002년
- 서비스광고의 품질정보 분석연구. 문영숙, 1998년. 광고연구
- 서비스유형에 따른 효과적인 광고 전략에 대한 실증연구, 박성연, 1996년
- 서비스 광고에 대한 이론적 고찰. 이유재, 2000년, 서울대경영논집
- 사회적 책임성과에 영향을 미치는 요인에 관한 실증연구, 고창배, 2004년

- Calrand&Hoy(1984), "Differentiating Enterpreneurs FromSmall Business Owner: A Conceptualization
- Coynem K. P., Hall, S,., & Clifford. P. G. (1997) "Is your core competence a mirage?", McKinsey Quartely
- Drucker P. F. (1986), Innovation and Entrepreneurship, Pan Books, London Gallin, S. C. D (1995) "Puttinf core conpetency thinking into practice." Research Technology Management
- Abbey, A. & Dickson, J. W. 1983. R&D work climate and innovation in semiconductors. Academy of Management Journal
- Achrol, R. S. & Stern, L. W. 1988. Environmental Determinants of Decision-Making Uncertainty in Marketing Channels. Journal of Marketing Research
- Aguilar, F. J. 1967. Scanning the business environment. NY: Macmillan Co.
- Aiken, L. S. & West, S. G. 1991. Multiple Regression : Testing and Interpreting Interactions. Newbury Park, CA: Sage.
- Felson, Marcus & Spaeth, Joe L(1978), "Community Structure and Collaborative Consumption", The American Behavioral Scientist
- Zeithaml. V (1981), "How consumer Evaluation Processes Different Between Boods and Services", Marketing of Services
- Kotler(1991), "Marketing Management: Analysis, Planning, Implementation and Control 6th ed., Englewood Cliffs: Prentice-Hall".
- Gold, L & Naughton, M(2010), "New Financial Horizons The Emergence of an Economy of Communion", New City Press.
- Carroll, A, B(1979), "A three dimensional model of corporate performance Academy of Management Review
- Friedman, M.(1970), "The counter-revolution in Monetrary theory", Wincott Foundation
- Lewis C. Winters(1986), "The Effect of Brand Advertising on Company Image: Implications for Corporate Advertising", Journal of Advertising Research.
- Michael E. Porter and Mark R. Kramer(2011), "Creating Shared Value: How to Reinvent Capitalism and Unleash a Wave of Innovation and Growth", Harvard Business Review
- Anderson, J. C. and Narus, J. A. (1990), "A Model of Distributer's Perspective of Distributer-Manufacturer Working Relationship", Journal of Marketing
- Anderson, E. and Weit, B. A. (1992), "The Use of Pledges to Build and Sustain Committment in Distribution Channel", Journal of Marketing Research
- Amabile, T. M. (1985), "Motivation & Creativity : Effects of motivational orientation on creativity writers", Journal of Personality and Social Psychology
- Amabile, T. M. (1988), "A model of creativity and innovation in organizations", Research in Organizational Behavior
- Anderson, James C. and Narus, James. A.(1990), "A Model of Distributor Firm and Manufacturer Firm Working Partnership," Journal of Marketing, 54(January)
- Asseal, Henry(1998), "Consumer Bahavior Marketing Action", International Thomson Publishing.
- AFCH & Arthur Anderson(1999), "Making Arts & Culture Work in Busines - The Business Case for Cultural Investment Guide".
- Ajzen, I.(1991), Theory of planned behavior, Organizational Behavior and Human Decision Process

- Alan, C and Malin, B.(2011), Entrepreneurial motivations: What do we still need to know? Journal of Small Business Management
- Cobb-Walgren, C. J., & Mohr, L. A. (1998). Symbols in service advertising, Journal of Services Marketing
- Cutler, B. D., & Javalgi, R. G. (1993). Analysis of print ad feature: Services versus products, Journal of Advertising Research
- Day, E. (1992). Conveying service quality through advertising, Journal of Services Marketing
- Andersen Consulting(2000), 「Reaching New Height in Customer Relationship Management」, San Francisco : Montgomery Research.
- Dyche(2002),「The CRM Handbook(A Business Guide to Customer Relationship Management)」, Addison-Wesley.
- Gartner,「Customer Relationship Management : the Gartner Perspective」, Inside Gartner Group.
- A.G, Jago, 1982, Leadership Perspectives in Theory and Research, Management Sciencek and Lauren Wright, Services Marketing: People, Technology, Startegy, 6th ed. Upper Saddle River, NJ: Prentice-Hall
- Fitsch, M. and P. Mueller(2004), "Effects of New Business Formation on Regional Development over Time"
- Auerswald, P. E., and Branscomb, L. M.(2003). "Valleys of Death and Darwinianseas: Financing the Invention to Innovation Transition in the United States,"The Journal of Technology Transfer
- Branscomb, L.M. and Auerswald, P.E. (2002). "Between Invention and Innovation_An Analysis of Funding for Early Stage Technology Development," Technology Adminstration, U.S. Department of Commerce.
- Calantone, R.J., Cavusgil, S.T. and Zhao, Y.(2002) "Learning Orientation, Firm Innovation Capability and Firm Performance", ndustrial Marketing Management,
- Carsson, M.(2004), Entrepreneurship and the Theory of the Firm, Journal of EconomicBehavior & Organization participation in hiring decision. Journal of Applied Psychology
- McCarthy, A. M., Schoorman, F. D., & Cooper, A. C. (1993). Reinvestment decisions by entrepreneurs: Rational decision-making or escalation of commitment? Journal of Business Venturing
- Staw, B. M. (1976). Knee-deep in the big muddy: A study of escalating commitment to a chosen course of action. Organizational Behavior and Human Performance
- Hagiu, A., & Rothman, S. (2016). Network effects aren't enough. Harvard business review
- Van Alstyne, M. W., Parker, G. G., & Choudary, S. P. (2016). Pipelines, Platforms, and the New Rules of Strategy. Harvard business review
- Zhu, F., & Furr, N. (2016). Products to platforms: Making the leap. Harvard business review

국문색인

ㅎ

:: 영문색인

D

E

F

G

H

I

R

S

[저자약력]

· 서경대학교 주임교수
· 서경대학교 혁신기획처 기획위원
· 서경대학교 현장실습지원센터장
· 한국창업교육학회 산학협력위원장
· 대한민국브랜드협회 최고위원
· 한국외식경영학회 부회장

학 력

· 숭실대학교 대학원 경영학 박사
· 연세대학교 화학공학 석사
· 한양대학교 자연과학 학사

주요경력

· 삼성전자(주) 마케팅전략그룹 상무(그룹장)
· 삼성경제연구소 경영컨설팅실 상무(실장)
· 삼성그룹 전략기획실 전략팀 부장
· 삼성그룹 구조조정본부 기획팀 부장
· 삼성전자(주) 홍보기획팀 차장
· 삼성자동차(주) 경영전략실 과장
· 삼성전자(주) 중앙연구소 기술기획실 대리

경영실무개론

2020년 3월 5일 1쇄 인쇄
2022년 3월 5일 3쇄 발행

저 자 유 승 규
발행인 류 재 식·박 용 범
발행처 도서출판 북 넷

서울시 용산구 효창원로70길 46 대신빌딩 2층
등 록 2010년 6월 7일(제2010-000069호)
전 화 (02) 395-2341
팩 스 (02) 395-2303

정가 29,000원

ISBN 979-11-86947-47-0(93320) e-mail : book2341@naver.com